Trabalho Decente e Agenda 2030

Estudos em homenagem ao Desembargador e Professor Lorival Ferreira dos Santos

Trabalho Decente e Agenda 2030

Estudos em homenagem ao Desembargador e Professor Lorival Ferreira dos Santos

Coordenadores:

João Batista Martins César

Márcia Cristina Sampaio Mendes

Polyanna Sampaio Candido da Silva Santos

Rosilene da Silva Nascimento

LACIER

LACIER
Lacier Livraria e Editora
www.livrarialacier.com.br

Rua Doutor Quirino, 808 – Centro
CEP 13015-081 – Campinas, SP – Brasil

Dezembro, 2023

Diretor: *Lacier José de Rezende*
Coordenação editorial: *Peter Fritz Strotbek*
Projeto de capa: *Fabio Giglio*
Projeto gráfico e editoração eletrônica: *The Best Page*

Esta é uma obra coletiva.
A responsabilidade pelo conteúdo de cada texto
é exclusiva do seu autor.

Ficha Catalográfica

Dados Internacionais de Catalogação na Publicação (CIP)
(Câmara Brasileira do Livro, SP, Brasil)

T759 Trabalho decente e agenda 2030 : estudos em homenagem ao desembargador e professor Lorival Ferreira dos Santos / Coordenadores: João Batista Martins César, Márcia Cristina Sampaio Mendes, Polyanna Sampaio Candido da Silva Santos, Rosilene da Silva Nascimento. — 1. ed. — Campinas, SP : Lacier Editora, 2023.
422 p. ; 17 x 24 cm.

ISBN 978-65-88805-66-4

1. Santos, Lorival Ferreira dos Santos. 2. Direito do trabalho — Relações de trabalho. 3. Trabalho — Aspectos sociais. 4. Relações de trabalho — Aspectos jurídicos. I. César, João Batista Martins César. II. Mendes, Márcia Cristina Sampaio. III. Santos, Polyanna Sampaio Candido da Silva. IV. Nascimento, Rosilene da Silva.

CDU 34.331(81)

Índices para catálogo sistemático:

1. Relações de trabalho — Aspectos jurídicos

Angela Schmidt da Rosa – Bibliotecária – CRB-14/1171

Sumário

Coordenadores

João Batista Martins César — Mestre em Direito pela Universidade Metodista de Piracicaba (UNIMEP). Graduado em Direito pela Faculdade de Direito de Sorocaba (FADI). Especialista em Direitos Difusos pela Escola Superior do Ministério Público do Estado de São Paulo (ESMPSP). Desembargador Federal do Trabalho do Tribunal Regional do Trabalho da 15ª Região (Campinas-SP). Presidente do Comitê Regional e Gestor Nacional do Programa de Combate ao Trabalho Infantil e de Estímulo à Aprendizagem da Justiça do Trabalho. Professor da Faculdade de Direito de Sorocaba — FADI — disciplina processo do trabalho aplicado e direito do trabalho I. Palestrante e conferencista. Doutorando pelo Instituto Toledo de Ensino — ITE (Bauru).

Márcia Cristina Sampaio Mendes — Juíza do Trabalho, Titular da 5ª VT de Ribeirão Preto e Coordenadora do Juizado Especial da Infância e Adolescência de Ribeirão Preto. Graduada pela UFMG, Mestre pela Universidade de Ribeirão Preto. Professora universitária.

Polyanna Sampaio Candido da Silva Santos — Bacharel em Direito pelo Centro Universitário das Faculdades Metropolitanas Unidas (UniFMU). Especialista em Direito do Trabalho e Direito Processual do Trabalho pela Universidade Mackenzie. Especialista em Direito Processual Civil pela Universidade Mackenzie. Juíza do Trabalho no TRT 15ª Região. Juíza Formadora do Programa de Capacitação em Processo Judicial Eletrônico na Escola Judicial do TRT da 15ª Região. Membro do Grupo de Estudos sobre Diversidade pela Escola Judicial do TRT 15ª Região. Membro do Comitê Gestor de Equidade de Gênero, Etnia e Diversidade e de Tratamento em relação a Pessoas com Deficiência do TRT 15ª Região.

Rosilene da Silva Nascimento — Juíza do Trabalho no TRT da 15ª Região. Mestre e Bacharela em Direito pela Universidade Federal de Minas Gerais. Atuou como professora de graduação e pós-graduação em Direito. Parecerista Nacional da Revista do TRT da 15ª Região. Conselheira Consultiva da Escola Judicial do TRT da 15ª Região para o Biênio 2023/2025. Membro do Grupo de Pesquisa: A Transformação do Direito do Trabalho na Sociedade Pós-Moderna e seus Reflexos no Mundo do Trabalho — GEDTRAB da USP — Ribeirão Preto. Formadora em Letramento Racial Qualificada Pelo Tribunal Superior do Trabalho — Enamat.

Prefácio

Nos termos modernos surgiram novos profissionais, como, por exemplo, os *"influencers"* que, por intermédio das redes sociais, direcionam a opinião e o comportamento de muitos seguidores, de forma absolutamente impessoal. Mas esses influenciadores, ainda que imberbes e vazios, buscam a monetização nas redes sociais. São *"influencers"* de *"idioters"*.

Existe também o *mentor*, profissional mais experiente, que investe seu tempo compartilhando o seu conhecimento para apoiar o crescimento profissional e pessoal do mentorado, mas normalmente cobrando por tal atividade.

Mas existe uma terceira modalidade: o *amigo sensato de todas as horas*, que compartilha a sua experiência de forma absolutamente desinteressada, com seus conselhos que valem ouro. LORIVAL FERREIRA DOS SANTOS é, dentre outros, esse amigo especial que Deus me concedeu durante toda a minha carreira.

Uma das minhas primeiras designações ocorreu em 1990, para participar, juntamente com os colegas substitutos Arnaldo Barbosa Moreira, Maria Madalena de Oliveira e Maria Cristina Mattioli, de um mutirão de audiências na 1ª Junta de Conciliação e Julgamento de Araçatuba, com duração de aproximadamente nove meses. As audiências eram realizadas de segunda a sexta-feira, durante todo o dia. Tal pesada carga de trabalho teria tudo para deixar uma péssima lembrança. Mas felizmente o titular da 2ª JCJ era o Lorival, que nos acolheu de braços abertos, juntamente com a esposa Cida. Lembro-me com saudade dos jantares e churrascos, seguidos de uma boa prosa. Era o momento para pedir orientações nos processos e receber dicas para a carreira.

Poucos anos depois, quando já era titular da 1ª JCJ de Campinas, recebi um telefonema do Lorival. Comunicou que seria candidato à presidência da AMATRA-XV, convidando-me para ser o seu Secretário-Geral. Confesso que titubeei, pois à época era ainda mais acanhado. Foi um tempo especial, quando Lorival transmitiu a sua experiência associativa, inclusive como dirigente sindical.

Terminado o mandato, Lorival me convidou para concorrer à presidência da AMATRA-XV. Novamente fiquei em dúvida. Mas ele, com o seu especial jeito de olhar no fundo dos olhos e colocar firmemente as duas mãos no meu braço, ensinou: *"cavalo arreado não passa duas vezes"*. Travamos grandes lutas, que foram abrandadas pelos preciosos conselhos do querido amigo.

Quando fui convocado para substituir no glorioso TRT-15, passei a participar da 3ª Turma, da qual também integrava o Lorival. Comecei a admirar os minuciosos votos do querido amigo, bem como a lhaneza na convivência nas pesadas sessões. A divina providência permitiu que, ao ser promovido para o cargo de Desembargador, poucos meses após me removi para a 5ª Câmara, que era presidida pelo Lorival. Também passei a integrar a Seção de Dissídios Coletivos, não precisando dizer que ali brilhava o querido amigo, com quem muito aprendi.

Mas as coincidências não pararam aí. Lorival foi um dos apoiadores da minha candidatura à presidência do TRT. Ao tomar posse, passei a me valer dos experientes conselhos do ex-presidente do TRT e do Colégio de Presidentes e Corregedores da Justiça do Trabalho. O círculo profissional fechou quando Lorival se aposentou, cabendo a este humilde aluno a honra de presidir as últimas homenagens.

Resumindo, Deus me deu a honra de receber do Lorival as primeiras lições como Juiz Substituto, abeberar de seus aprendizados durante toda a carreira, e, no final da brilhante carreira do amigo, presidir a sessão de homenagem.

Segundo Eclesiastes 6:14, *"quem encontra um amigo, descobriu um tesouro"*. Pois é, um deles é o Lolô.

Parabéns, amigo exemplar Lorival Ferreira dos Santos, meu paradigma. Que Deus continue te fazendo uma bênção na vida de todos que têm a honra da sua convivência!!!

Samuel Hugo Lima
Presidente do Tribunal Regional
do Trabalho da 15ª Região.

Apresentação

Recebi com muita honra e alegria o convite para fazer a apresentação do Desembargador Lorival Ferreira dos Santos nesta obra, que faz uma justíssima homenagem pela sua brilhante carreira na magistratura.

Trata-se de um magistrado que sempre demonstrou uma notável capacidade jurídica, uma imensa dedicação ao trabalho, como também um grande comprometimento com as causas sociais.

Lorival não foi somente um colega com quem convivi na magistratura durante mais de três décadas, mas um verdadeiro amigo, um irmão, que tive a felicidade de conhecer ainda antes de ingressarmos no mesmo concurso, o que torna mais prazerosa a tarefa de retratar a grandeza de sua história.

Lorival Ferreira dos Santos, no ápice de sua vitoriosa carreira, foi eleito por seus pares para exercer a Presidência do Tribunal Regional do Trabalho da 15ª Região no biênio 2014/2016, quando também exerceu, durante um ano, a Presidência do Colégio de Presidentes e Corregedores dos 24 TRTs do Brasil, o Coleprecor.

Sempre enfrentou as dificuldades e os desafios inerentes a essas importantes atividades, que não foram poucos, com competência e destemor, obtendo o reconhecimento da comunidade jurídica pelo seu trabalho exemplar.

Muito se pode aprender com sua bela história. Eis um breve relato.

O Homem

Filho dos lavradores José Ferreira dos Santos e Jocelina Rosa Ferreira, Lorival nasceu em Clementina-SP. Filho mais jovem de onze irmãos, residiu na zona rural até os 12 anos de idade, quando se mudou para a cidade de Araçatuba, onde começou a trabalhar como mecânico em uma oficina de conserto de bicicletas, passando posteriormente a exercer a função de auxiliar de balconista nas empresas do Grupo Geraldi.

Algum tempo depois, seu comprometimento com as questões sociais o conduziu a ser eleito para presidir o Sindicato dos Empregados no Comércio de Araçatuba, onde permaneceu no período de 1973 a 1986. Também integrou o Conselho Fiscal da Federação dos Empregados no Comércio do Estado de São Paulo.

Como líder comunitário, foi um dos fundadores da Cooperativa Habitacional de Araçatuba e do Centro Social do Sindicato dos Comerciários.

Graduou-se em Direito pela Instituição Toledo de Ensino de Araçatuba, bem como em Ciências pela Faculdade de Filosofia, Ciências e Letras de Araçatuba. Possui Especialização em Direito das Relações Sociais pelo Centro de Pós-Graduação da Instituição Toledo de Ensino de Bauru. Em 2003 obteve o título de Mestre em Direito Processual Civil pela Universidade Paulista — Campus de Campinas, em cuja dissertação abordou o tema Acesso à Justiça.

Foi agraciado com os títulos de Cidadão Araçatubense, Cidadão Campineiro, Cidadão Sorocabano, Cidadão Honorário de São José dos Campos, outorgado por Decreto do Prefeito Municipal, além de Cidadão Joseense, outorgado pela Câmara Municipal.

Sempre dedicou muito amor e atenção aos seus familiares, à esposa Maria Aparecida Cruz dos Santos, aos filhos Henrique, Otávio, Fabrício e Marcel, bem como aos netos João Gabriel, Felipe, João Vitor, Ana Laura e às gêmeas Antonela e Catarina.

A Docência

Apaixonado pelo Direito e pela arte de ensinar, nosso homenageado iniciou suas atividades como docente em 1979, quando passou a ministrar aulas de Organização e Técnica Comercial, bem como de Direito e Legislação, no Colégio Salesiano de Araçatuba.

Foi professor de Direito Processual do Trabalho na Instituição Toledo de Ensino de Araçatuba de 1985 a 1986 e de 1988 a 2004. Ministrou aulas de Direito do Trabalho e de Direito Processual do Trabalho na Universidade Paulista — Campus de Araçatuba no período de 1998 a 2004. Também lecionou no Curso de Pós-Graduação em Direito do Trabalho nas Faculdades Integradas de Três Lagoas – MS.

É autor de vários artigos jurídicos publicados em diversas revistas especializadas.

A Magistratura

Lorival Ferreira dos Santos ingressou na Magistratura do Trabalho em junho de 1986, mediante aprovação em concurso público, como Juiz Substituto do Tribunal Regional do Trabalho da 2ª Região. Mediante opção, passou a integrar o quadro de juízes do TRT da 15ª Região desde a sua instalação, em dezembro de 1986.

Atuou como Juiz Substituto nos municípios de São Paulo, Ourinhos, Itu, Marília, Campinas e Fernandópolis, para onde foi promovido como Juiz Titular daquela Junta de Conciliação e Julgamento. Posteriormente removeu-se para Araçatuba assumindo, em junho de 1990, a presidência da 2ª JCJ local, bem como a direção do Fórum Trabalhista.

Em 1994 removeu-se para a 3ª Junta de Conciliação e Julgamento de Araçatuba. No ano seguinte passou a integrar o quadro de Juízes Convocados do do Tribunal Regional do Trabalho da 15ª Região, onde permaneceu até ser promovido ao cargo de Desembargador do Trabalho em 2002.

Presidiu a Terceira Turma do Tribunal entre 2002 e 2006. Atuou como Vice-Diretor e, posteriormente, como Diretor da Escola Judicial do Tribunal no período de 2006 a 2010. Em março de 2009, por deliberação do Tribunal Superior do Trabalho, passou a compor o Conselho Consultivo da Escola Nacional de Formação e Aperfeiçoamento de Magistrados do Trabalho — ENAMAT.

Integrou por duas vezes a lista tríplice para concorrer ao cargo de Ministro do Tribunal Superior do Trabalho, em 2009 e 2012.

Foi Presidente das Comissões Organizadoras do 7º, 8º e 9º Congresso Nacional de Direito do Trabalho e Processual do Trabalho promovidos pelo TRT da 15ª Região, realizados em 2007, 2008 e 2009. Também presidiu a Comissão do XIII Congresso Nacional de Direito do Trabalho Rural da 15ª Região, realizado em 2007, na cidade de Barretos.

Integrou várias bancas examinadoras de concursos para a Magistratura e presidiu o Conselho Editorial da Revista do Tribunal.

Foi eleito Vice-Presidente Judicial do Tribunal no biênio 2010/2012, quando também presidiu o Núcleo Permanente de Métodos Consensuais de Solução de Conflitos da 15ª Região — NUPEMEC, criado com a finalidade de implantar politicas de conciliação em todo o território abrangido pela jurisdição do Tribunal.

Durante a sua gestão na Presidência do Tribunal instalou diversos Juizados Especiais da Infância e da Adolescência (JEIAs), além de Centros Integrados de Conciliaçao (CICs) na 1ª e 2ª instâncias.

Lorival também participou ativamente da Associação dos Magistrados da Justiça do Trabalho da 15ª Região, a AMATRA XV, tendo sido o seu primeiro Diretor Cultural, em seguida Diretor de Prerrogativas e membro do Conselho Fiscal. Exerceu, ainda, a Vice-Presidência e a Presidência da entidade.

Em junho de 2023, após completar 37 anos de atuação na magistratura, teve deferida a sua merecida aposentadoria.

Como visto, a rica história de vida do nosso homenageado demonstra o quanto contribuiu com o Poder Judiciário em sua exitosa carreira, especialmente com a Justiça do Trabalho, mercê da grande capacidade jurídica e de sua atuação participativa também nas atividades de natureza administrativa da Instituição.

Aqueles que tiveram o privilégio de compartilhar a sua história constataram que sua obra sempre mirou a concretização da justiça social, com humanismo e muita humildade, além da dedicação à família e ao trabalho, características próprias dos seres dotados de um espírito elevado.

Encerro esta singela apresentação convicto de que a edição desta obra em homenagem ao Desembargador Lorival Ferreira dos Santos, reflete o reconhecimento da comunidade jurídica a todo o profícuo trabalho que realizou ao longo de quase quatro décadas no exercício da magistratura.

Isso me faz recordar a célebre frase de ARISTÓTELES:

"A grandeza não consiste em receber honras, mas em merecê-las."

Parabéns, Desembargador Lorival, pela sua exemplar história de vida!

Campinas, Primavera de 2023.

Fernando da Silva Borges
Desembargador do Trabalho Aposentado.

Homenagens e Agradecimentos

Homenageado

Desembargador e Professor Lorival Ferreira dos Santos

Nascido em 3 de julho de 1948, em Clementina/SP. Casado com Maria Aparecida Cruz dos Santos e pai de quatro filhos: Henrique, Otávio, Fabrício e Marcel. Bacharel em Direito pela Instituição Toledo de Ensino de Araçatuba – SP. Especialista em Direito das Relações Sociais pelo Centro de Pós-graduação da Instituição Toledo de Ensino de Bauru-SP. Mestre em Direito Processual Civil pela UNIP — Universidade Paulista S/A, tendo defendido dissertação sobre o tema "Acesso à Justiça" em dezembro de 2003. Ingressou na magistratura como juiz substituto do TRT-2 em 13.6.1986 e foi transferido por remoção para o TRT-15 em 11.12.1986. Em 1988 foi promovido por merecimento a juiz titular da Junta de Conciliação e Julgamento de Fernandópolis e, em 1990, removeu-se para a 2ª Junta de Conciliação e Julgamento de Araçatuba. Promovido a desembargador em 8.2.2002, ocupou os cargos de vice-diretor e diretor da Escola Judicial do TRT-15 nos biênios 2006/2008 e 2008/2010, de vice-presidente judicial no biênio 2010/2012 e de presidente do TRT-15 no biênio 2014-2016. Compôs o Conselho Consultivo da Enamat — Escola Nacional da Magistratura do Trabalho. Foi Presidente do COLEPRECOR — Colégio de Presidentes e Corregedores da Justiça do Trabalho, de dezembro de 2015 a novembro de 2016. Foi Presidente da Associação dos Magistrados da Justiça do Trabalho da 15ª Região. Atuou como palestrante e como Professor de Direito do Trabalho e Direito Processual do Trabalho em cursos de graduação e pós-graduação de várias instituições de ensino. Recebeu inúmeros prêmios, medalhas e comendas de mérito, dentre eles, o diploma da "Ordem do Mérito Judiciário do Trabalho", do Tribunal Superior do Trabalho, em agosto de 2016, por sua trajetória profissional e pelos relevantes serviços prestados para a construção de uma sociedade plural e para a promoção do trabalho decente, por meio do combate ao preconceito, à intolerância e à discriminação.

O Menino da Bicicleta

Rosilene da Silva Nascimento[1]

O Presidente da Corte adentrou à sala.

Silenciaram as falas em deferência à autoridade.

Das expressões de solenidade, destoo. Estampo no rosto um sorriso de identidade!

Reconheci-me, pele preta. Enfim, alguém mais!

Quem vem ali? Perguntaram os ancestrais.

É o mais novo de Jocelina?

Clementina inteira parou para a vista.

Quem vem ali?

É o menino da bicicleta consertando as engrenagens da Justiça!

Pés na terra até os doze, provou o fruto do araçá doce e foi-se embora.

Esse menino não se esquiva!

Quem vem ali?

É Lorival sindicalista, fundador de cooperativa!

Lorival de José? É!

Mas vem cheio de livro e inteligência esse rapazola!

É Lorival, mestre, professor, diretor da Escola.

E vem sozinho Lorival?

Não! Formou valorosa família, vem amado e respeitado,

amigos fez em toda parte,

(1) Juíza do Trabalho no TRT da 15ª Região.

a luta de tantos seu estandarte,

vem honrando a todos que representa sua talar vestimenta.

Quem vem é Lorival juiz de Fernandópolis e Araçatuba,

é Lorival Presidente de Turma!

Quantos meninos sorrindo para ele,

a Corte inteira reparou!

São os meninos aprendizes dos juizados que ele criou!

E como aplaudem os juízes pretos, apareceram outros, quem viu?

Entraram pelas portas que Lorival abriu.

O Presidente da Corte deixou a sala.

E, mais uma vez, aprendi como se voa e olhei para o alto.

Os tantos filhos de África sem céu nos pensamentos meus.

É tanta asa meu Deus...

Quem vai lá?

É Lorival cidadão de muitos lugares, recebendo méritos e homenagens em cada esquina.

Viva! Como foi longe Lorival de Jocelina!

E vai ainda muito mais! Disseram os ancestrais.

O Menino e Seus Sonhos

Aqueles pés sujos começaram a me incomodar... Mas como não sujá-los se não tinha sapatos?

E as havaianas que usava estavam tão gastas...

Mas tinha que juntar dinheiro para levar para casa. Minha mãe me esperava com as panelas vazias.

Éramos uma família de seis irmãos.

Éramos pretos, pobres e muito honrados!

Eu e meus irmãos maiores de 10 a 13 anos vendíamos panos de prato pelas ruas da cidade grande...

Chegava em casa todos os dias exaurido, um cansaço que não acabava com uma noite de sono, na cama de tábuas, com colchão fino a embalar meus sonhos.

Mas e os sonhos?

Ora — os sonhos... e estudar? Que era o mais alto ideal?

Adiado!

Sempre adiado!

Mas eu nunca desistia.

Continuava a almejar uma vida melhor. Uma vontade imensa de proporcionar para minha amada mãe uma nova casa para vivermos com dignidade...

Mas ainda bem que existiam os sábados!

E nesse benfazejo dia eu ia ao campo de futebol perto de minha casa e me destacava como goleiro — segurava todas!

E um dia ouvi um senhor dizendo — "Esse goleiro é uma muralha! E começava a luzir em mim um farol que se chama esperança!

A esperança tomou forma e eu dei foco total a ela!

Logo vieram os convites para jogar em times pequenos, mas já levava um dinheiro melhor para casa...

Eu era feio, preto e pobre, e talentoso, e não me deixava abater — acreditava em mim!

E sabia que isso era o mais importante.

Tinha sonhos, ideais de vida e não esmorecia nunca!

Era afinal um brasileiro!

E o tempo escoou com uma rapidez insana...

Logo estava eu jogando em um time europeu com um ótimo salário.

Comprei uma boa casa para minha família, e hoje sou reconhecido e aplaudido por todos!

Olho para trás, faço um flashback e me vejo: um menino franzino, vendendo panos de prato na cidade grande — vejo minha cama de tábuas e suspiro longamente, me vejo triste, algumas vezes "enxotado" dos restaurantes e num lampejo tenho pena de mim, daquele menino que fui, e que nunca pode brincar, não pode estudar...

Mas que pode sonhar, e que a vida lhe concretizou seus sonhos e ideais...

E resolvo a partir dessas reminiscências transformar essa autocomiseração em ação!

Vou construir uma casa-escola para crianças carentes, com um técnico de futebol.

Na mesma periferia que morei.

Vou voltar para minhas origens...

Vou fazer mais meninos sonhadores realizarem seus ideais.

A partir dessa decisão minha vida nunca mais foi a mesma!

O reflexo da alegria dos meninos incidia rapidamente em mim, eu estava entusiasmado e radiante!

E foi assim que nasceu "A casa dos sonhos", na comunidade mais pobre de uma cidade grande e opulenta!

Ana Amarylis Vivacqua de Oliveira Gulla
Desembargadora do Trabalho.
Escritora (Poetisa, Contista e Cronista).
Presidente do Eg. Tribunal Regional do
Trabalho da 15ª Região no biênio 2020-2022.

Que Venham Mais Lorivais

Não teve jeito... os lugares comuns vão se repetir... porque existe uma só verdade que se pode olhar por vários prismas... como reflexo de Luz!

Esse ser de Luz, que veio a terra em um lar simples e amoroso, se chama LORIVAL FERREIRA DOS SANTOS. Uma pessoa que exerceu de forma notável diversas profissões ao longo de sua vida, sempre buscando excelência na sua forma de ser e de agir.

Dedicação, empenho, retidão de caráter, serenidade e fidalguia são suas marcas registradas, além de outras virtudes que lhe sobejam...

O colega e amigo Lorival estudou com afinco e se tornou um Magistrado respeitado e amado não apenas pelos seus pares, mas por todos aqueles que tiveram a oportunidade de seu convívio. Saiba, meu amigo, que todos nós nunca nos esqueceremos de seus bons e nobres sentimentos.

Amorosidade é uma característica forte, "ao meu sentir" — expressão que ouvi pela primeira vez, de sua fala serena, sem atropelos.

Falar do colega e amigo Lorival é paradoxal, pois é, ao mesmo tempo, muito fácil e muito difícil. O nobre colega possui tantos atributos, que não é difícil encontrar os justos elogios; mas os muitos predicados que possui também tornam difícil de sintetizar em poucas e singelas palavras as suas enormes qualidades.

A caminho da conclusão deste singelo texto, penso ser importante destacar que o mundo precisa de seres iluminados e pacificadores, serem fortes e firmes, mas seres que nos recordem um sereno lago, cujas águas são cristalinas e límpidas, a refletir muitos e muitos prismas de Luz.

Que venham mais "Lorivais" ao mundo!

Ana Amarylis Vivacqua de Oliveira Gulla
Desembargadora do Trabalho.
Escritora (Poetisa, Contista e Cronista).
Presidente do Eg. Tribunal Regional do Trabalho da 15ª Região no biênio 2020-2022.

Um Grande Juiz

Casado com "Cida" advogada competente, minha grande amiga também, formando o par perfeito.

Elevou o nosso Tribunal quando o presidiu. Administrar uma instituição do porte e da dimensão do nosso TRT é uma tarefa complexa e desafiadora, e o Desembargador Lorival a desempenhou de modo equilibrado, criativo e corajoso. Sua aposentadoria deixou uma grande lacuna nos quadros da magistratura da 15a Região, mas o registro de sua moderação, educação e gentileza, que jamais serão esquecidas por todos que com ele conviveram, está perenamente insculpido na história do TRT-15 e da Justiça do Trabalho do Brasil.

Muito Sucesso Lorival, nesta nova etapa de sua vida.

Dra. Eliana Felippe Toledo
Desembargadora do Trabalho TRT15 aposentada.
Ex-Presidente do TRT15 no período de 06.12.2002
a 09.12.2004.

Título 1

Trabalho Decente e Questões de Raça e Gênero

A Sub-Representatividade Étnico Racial no Ambiente de Trabalho Com o Fruto na Discriminação

Racial Ethnic Unrepresentation in the Work Environment with a Focus on Discrimination

Márcia Cristina Sampaio Mendes(1)
Fabiana de Almeida Martins(2)

*"Se a sociedade fosse uma casa,
o racismo seria o cimento que a construiu."*
Ana Paula Ribeiro Moreira

Resumo: A existência digna do homem é vinculada às relações trabalho. Por meio do trabalho relações sociais ocorrem, produzindo o convívio social com a finalidade de obter uma dinâmica em que surgem as oportunidades de emprego e as ascensões profissionais e econômicas. Embora pessoas declaradamente negras no Brasil representem 56,1% da população, fato é que após a abolição da escravatura não se implementou políticas públicas que possibilitassem a integração nos espaços socioeconômicos da sociedade, deixando um triste espolio do que foi a escravidão e marginalizou socialmente as pessoas negras. A marginalização traçada pela cor da pele da pessoa dificulta sobremaneira sua independência

(1) Juíza do Trabalho, Titular da 5ª VT de Ribeirão Preto e Coordenadora do Juizado Especial da Infância e Adolescência de Ribeirão Preto. Graduada pela UFMG. Mestre pela Universidade de Ribeirão Preto. Professora universitária.

(2) Licenciatura Plena em Educação Física. Pós-graduada em Gestão de Pessoas. Servidora Pública. Graduanda em Direito no Centro Universitário Barão de Mauá.

econômica, criando obstáculos à sua entrada no mercado de trabalho; fragiliza as relações sociais, tornando-se um impedimento para pelo engajamento num mercado de trabalho tão competitivo mercado de trabalho. Jovens carregam os estereótipos ainda mais cruéis por serem negros, fato que é atravessado por estruturas de opressão em fase de formação e estabilização emocional. Além de serem mais afetadas pelo desemprego, pessoas negras recebem menores salários que os brancos e possuem maior instabilidade para se manterem no mercado de trabalho, fatos que potencializam a desigualdade racial no que diz respeito as relações de trabalho para as pessoas negras, influindo negativamente ainda hoje na obtenção de sua plena dignidade.

Palavras-chave: Preconceito racial — Dignidade da pessoa humana — Racimo — Desigualdade étnico racial — Desigualdade racial.

Abstract: The dignified existence of man is linked to work relations. Through work, social relations occur, producing social interaction in order to obtain a dynamic in which job opportunities and professional and economic ascensions arise. Although declaredly black people in Brazil represent 56.1% of the population, the fact is that after the abolition of slavery, public policies were not implemented that would enable integration into the socioeconomic spaces of society, leaving a sad spoil of what slavery was and socially marginalized black people. The marginalization traced by the color of the person's skin greatly hinders their economic independence, creating obstacles to their entry into the labor market; it weakens social relations, becoming an impediment to engagement in such a competitive labor market. Young people carry even more cruel stereotypes for being black, a fact that is crossed by structures of oppression in the formation and emotional stabilization phase. In addition to being more affected by unemployment, black people receive lower wages than white people and have greater instability to remain in the labor market, facts that enhance racial inequality with regard to labor relations for black people, even negatively influencing today in obtaining their full dignity.

Keywords: Racial prejudice — Dignity of human person — Race — Ethnic racial inequality — Racial inequality.

1. Introdução

O enfrentamento de violações a direitos fundamentais que são garantidos por meio da Carta Constitucional de 1988 (que elenca, mas não de forma exaustiva, rol destes direitos considerados essenciais à vida digna da pessoa humana) encontra reconhecidas dificuldades no Brasil. A efetiva concretização destes direitos essenciais esbarra em entraves de diversas naturezas, muitos deles relacionados ao próprio amadurecimento em curso da ainda democracia do país.

Dentre as modalidades de violação dos direitos humanos no Brasil, a existência de racismo em geral e especificamente dentro do mundo do trabalho é um dos relevantes e inaceitáveis entraves enfrentados na consolidação dos direitos considerados essenciais à existência digna do ser humano. Em que pese a plena igualdade entre raças tenha sido formalmente garantida pelo texto constitucional, o tratamento desigual em razão da origem racial ainda é prática relevantemente comum no país, se refletindo na formatação do mundo do trabalho, cuja história foi forjada a partir da escravização da raça negra africana.

No Brasil, tanto a inserção como a ascensão no mercado de trabalho é flagrantemente desigual, dependendo de uma série de fatores, como escolaridade, classe, cor e gênero, urgindo a análise das motivações de tal tratamento diferenciado a despeito dos vetos constante do marco normativo.

Qualquer análise que se pretenda fazer sobre o trágico fenômeno social em que consiste o racismo, exige sua conceituação. Do ponto de vista etimológico, a palavra raça tem origem no vocábulo italiano *razza*, que por sua vez advém do latim *ratio*, que significa sorte, categoria, espécie. Para as ciências naturais, a palavra raça foi primeiramente usado pela Zoologia e pela Botânica, com o propósito de para classificar espécies animais e vegetais, sem portanto, qualquer relação com os humanos. Com o passar dos séculos o termo foi apropriado para classificar a diversidade humana em grupos fisicamente diversos, passando a denominá-los de raças, tendo o termo sido apropriado nos séculos XVI-XVII para as lutas sociais e passado inclusive a legitimar, ao longo de tempos e civilizações o hierarquização de uma raça sobre outra, dando origem ao fenômeno do racismo.

O progresso da ciência, advindo do fim do tempo das trevas deveria ter atingido a conclusão que a diversidade genética é indispensável à sobrevivência da espécie humana e que a indivíduo humano é o único e se distingue de todos pela somatória de uma infinidade de fatores (morfológicos, imunológicos, fisiológicos, comportamentais), inexistindo fundamentos para distinção no tratamento com alicerce na raça de cada um deles.

Os humanos não atingiram tal intento, contudo e o racismo permeia as relações humanas, ainda que em algumas partes do mundo, de forma velada.

O racismo no mundo do trabalho, objeto do presente artigo, pode ter sua origem e tolerância justificadas na própria sedimentação da economia brasileira, alicerçada na mão de obra escrava. É sabido que trabalho em condições análogas ao escravo atenta contra a dignidade da pessoa humana, no que se refere ao direito constitucional ao meio ambiente sadio de trabalho, garantido a todo trabalhador que se encontre vinculado juridicamente a uma relação de compra e venda de mão de obra.

Há uma relevância categórica neste fato, em razão que os indivíduos que não acreditam serem racistas, ou não presenciam práticas raciais discriminatórias, adotam uma postura no sentido de negarem a existência da discriminação nas relações de trabalho,, dificultando o enfrentamento do fenômeno. Contudo as estatísticas no mercado de trabalho indicam noutra direção: pessoas negras não ocupam, geralmente, cargos de direção ou liderança, prática que mantém o poder o econômico político e social sob o domínio da classe dominante (ALMEIDA, 2019).

A invisibilidade do trabalhador negro é fato concreto e não decorre de coincidências. É urgente que discutamos os motivos históricos e estruturais dessa ausência, tendo em vista que modernamente a plena e digna existência do homem é vinculada à sua inserção nas relações trabalho, a qual deve produzir um respeitoso convívio social com a finalidade de obter uma dinâmica em que surgem as oportunidades de emprego e as ascensões profissionais e socioeconômicas.

Impossível pensarmos em um mundo melhor, sem um mundo do trabalho que acolha a todas as raças, gêneros e crenças, possibilitando a elas plena satisfação psicofísica, naquele espaço onde permanecem a maior parte de seu dia util.

As práticas racistas são hoje tipificadas como crime sendo medidas que se impõe para completa compreensão dos motivos que geraram o legado advindo do período colonial (Lei n. 7.716/1989 e Código Penal – Decreto-lei n. 2.848/1940), o que não impede de serem vivenciadas em pleno século XXI.

O racismo para ser devidamente enfrentado não pode ser compreendido como apenas um ato isolado de determinados indivíduos, mas como parte integrante das relações sociais em que pessoas vivem racialmente discriminadas. O racismo é um processo em que as condições de organização da sociedade, reproduzem a subalternidade de determinados grupos identificados racialmente. O racismo estrutural da existência a toda as práticas preconceituosas racistas na sociedade, assim a estrutura das relações sociais reproduz o racismo de forma conjuntural, o racismo portanto constitui as relações sociais no seu padrão de normalidade estando ligado diretamente a questões como economia a política e relações jurídicas (ALMEIDA, 2019).

A convenção 111 da Organização Internacional do Trabalho, estabelece que a discriminação no ambiente de trabalho não apenas a exclusão de determinado segmento da sociedade, mas também qualquer espécie de preferência fundada na raça, cor, sexo, religião, opinião política, ascendência nacional.

O regramento constitucional pátrio prevê a figura do racismo no art. 4º inciso VIII, declarando-o como prática como ato ilícito, sendo socialmente repulsiva. Complementarmente, o art. 5º Inciso XLII declara que o racismo é crime inafiançável, crime que é previsto na Lei n. 7716/1989 sendo conhecida como a Lei Caó, trazendo uma série de impedimentos, no qual é repugnante a criação de embaraços no que diz respeito ao acesso ao emprego pelas pessoas negras. É fato que o racismo é um crime que impede a evolução das pessoas negras no ambiente de trabalho e obsta que ela atinja sua plena dignidade.

O princípio constitucional da igualdade que encontra fulcro no caput da Carta Política de 1988, art. 5º, estabelece que não deve haver distinção de qualquer natureza no reconhecimento de direitos que o Estado destina a seus cidadãos e no tratamento que cada cidadão deve destinar a outro cidadão. Todavia é notório vincular a falta de igualdade com oportunidade, nas relações de trabalho, a distinção de cor nas relações de trabalho, já que as evidências são contundentes de discriminação de pessoas negras.

Para analisarmos a questão racial no mercado de trabalho na contemporaneidade, é imprescindível compreender que as relações de trabalho no Brasil encontram-se densamente associadas a um passado colonialista e escravista, constituindo-se como uma manifestação histórica nas relações de trabalho. Inobstante, considera-se que o racismo ainda é um fato presente em nossa sociedade com manifestações sociais contemporâneas:

> O racismo é uma decorrência da própria estrutura social, ou seja, do modo "normal" com que se constituem as relações políticas, econômicas, jurídicas e até familiares, não sendo uma patologia social e nem um desarranjo institucional. O racismo é estrutural (ALMEIDA, 2019, p. 50).

2. Breve contextualização das raízes da escravidão no mercado de trabalho

O racismo no Brasil apresenta uma raiz histórica e se instala desde a chegada dos primeiros escravos para trabalhar nas lavouras de cana-de-açúcar, instalando-se uma forma de exploração de mão de obra gratuita e a partir de um ser humano assumir direitos de propriedade sobre outro designado por escravo ou escravizado, imposta por meio da violência física.

Antes de 13 de maio de 1888 contabilizava-se milhões de escravizados no país. Quanto mais rica a região maior a presença de escravos (CAMPELLO, 2018), sendo contabilizado que entre 1550 e 1855 desembarcaram em terras brasileiras dos navios portugueses (denominados tumbeiros) cerca de 4 (quatro) milhões de africanos, representados em sua maioria por jovens do sexo masculino.

Estima-se que mais de 11 (onze) mil viagens foram realizadas por esses navios que partiam do Castelo de São Jorge da Mina, na então Costa do Ouro (hoje Gana), construído a mando de João II, com o propósito de defender os interesses dos portugueses, quando o Brasil ainda não constava do mapa do mundo (1482). Os navios receberam tal nome (tumbeiros) em razão de amontoarem cadáveres dos escravizados durante a viagem antes de jogá-los ao mar (*SLAVE VOYAGES*).

É certo que a prática da escravidão é um fenômeno que não começou com o povo negro, tendo sido verificada em outros povos e decorria da vitória de um exército sobre o outro ou de uma dívida reconhecida e não paga. Na própria África, a sistemática existia de maneira endógena, quando um povo negro escraviza outro povo negro, nas circunstâncias antes mencionadas. Os motivos históricos de tal participação não serão objeto de analise no presente artigo, dada a necessária limitação do corte temático.

O povo português foi, contudo, o primeiro a fazer do comércio de escravos no Atlântico, sua mais relevante atividade econômica, praticada com exclusividade por décadas, abastecendo o mundo com mão de obra negra escravizada na África. Novamente, insta ainda registrar que a elite africana contribuiu para tal prática, dado serem dependentes do comércio das mercadorias vindas da Europa, como armas, artigos de consumo e de luxo, que não eram produzidas no território africano, fato que gerou guerras étnicas e conflitos internos que tinham como buscavam obter cada vez mais escravos, para que pudessem ser vendidos para comerciantes europeus.

O Brasil foi o país no mundo que mais recebeu negros escravizados tendo sido a nação onde tal prática perdurou por mais tempo e mais pessoas negras vitimou. As pessoas negras foram escravizadas em território brasileiro por 350 anos, vivendo como bens semoventes, e estiveram em posição de servidão nas relações de trabalho, violentamente marcadas por senhores de escravos e das autoridades. O escravo foi figura presente em todas as posições de trabalho no período colonial em especial na lavoura e na mineração. O número de negros escravizados para o Brasil foi crescendo na mesma medida em que a atividade econômica se expandia, já que baseada exclusivamente no trabalho escravo. Foi assim com a produção do açúcar, no Nordeste, exploração do ouro, em Minas Gerais, e plantação do café, em São Paulo.

Tratar o homem negro como uma raça inferior foi uma ideia importada da Europa e aqui difundida como fundamento para justificar a prática da escravidão por tantos anos, tendo, por evidente, gerado resistências políticas e sociais quando do enfrentamento da sua necessária abolição.

Importante, nessa quadra, analisar o papel desempenhado pela Igreja Católica na manutenção da escravidão negra, dada sua relevância na construção político-social do Clero na época, desempenhando a fé cristã papel central na espiritualidade das pessoas, proporcionando orientação moral, religiosa,a promessa da salvação divina e até composição com o Estado. Enquanto no mundo, durante o XVI o escravismo se tornou sistêmico, constituindo-se como um fator fundamental da vida econômica, a igreja católica encontrava dificuldades de sustentar posição que esboçasse de forma clara seu posicionamento em relação ao fenômeno, emitindo sinais díspares tanto na Europa quanto no Brasil. Este dilema é bem traduzido pelo Padre Nóbrega, em território doméstico: "ou viver num Brasil com escravos ou abandonar a missão do Brasil". Segundo Hoornaert, não existia paróquia ou convento que não se valesse do trabalho de escravos.

O papa Gregório XIV publicou a Bula Papal Cum Sicuti (1591) e, nos séculos seguintes se posicionaram no mesmo sentido os papas Urbano VIII, na Commissum Nobis e Bento XIV na Immensa Pastorum.

No século XIX, o papa Gregório XVI publicou a bula In Supremo' se manifestando contra o **tráfico** de escravo. O Papa Pio VII (1800-1823) dirigiu uma carta ao imperador Napoleão Bonaparte da França, formalizando o protesto da Igreja Católica contra os maus tratos a homens escravos, que eram vendidos como animais. De se notar a ausência de repúdio expresso à manutenção da escravidão em igual medida ao que se fez em relação ao tráfico de escravos:

> Proibimos a todo eclesiástico ou leigo apoiar como legítimo, sob qualquer pretexto, este comércio de negros ou pregar ou ensinar em público ou em particular, de qualquer forma, algo contrário a esta Carta Apostólica" (Citado por L. Conti, *"A Igreja Católica e o Tráfico Negreiro"*, em *"O Tráfico dos Escravos negros nos séculos XV-XIX"*. Lisboa, 1979. p. 337).

Em 1888, o Papa Leão XIII (1878-1903), na encíclica In Plurimis dirigida especificamente aos bispos do Brasil (em 5.5.1888), pedia apoio para o Imperador D. Pedro II e a sua filha a princesa Isabel, para a abolição definitiva da escravidão, argumentando: "É profundamente deplorável a miséria da escravidão a que desde muitos séculos está sujeita uma parte tão pequena da família humana".

Conforme se vê, a Igreja Católica emitiu em profusão documentos oficiais relacionados com a escravidão. Contudo, ainda que houvesse a publicação de tantos documentos, a atuação da igreja através de seus líderes papais se limitava a comandos formais, sugerindo a compreensão e tolerância com aqueles que escravizavam negros e nativos das terras descobertas e colonizadas em nome da garantia da expansão do pensamento cristão. Sempre houve críticas à postura pouco clara da igreja predominante em relação à escravidão. Ainda que os textos contrários à prática possam ter agido como influência à sua extinção, não se pode relacioná-las como fator determinante ao êxito da luta abolicionista no mundo, posto que existissem outras frentes de luta neste combate, agindo de maneira mais explícitas e menos contraditória.

Inexistiu durante muito tempo uma condenação expressa e generalizada da escravidão, sendo possível afirmar que a Igreja não corrigiu o seu ensinamento sobre a ilegitimidade moral da escravidão até 1965, com a publicação de *Gaudium et Spes* (A Constituição Pastoral sobre a Igreja no Mundo Moderno), onde considera infame o sistema de produção em questão.

Ainda assim e embora se reconheça a relevância histórica do documento aprovado a partir do Concílio Vaticano II (1962-1965) o termo *'escravidão' surge* de maneira quase imperceptível, somada a diversas outras condutas consideradas infames pela igreja, o que dificulta a compreensão de que enfim se tratava da expressa condenação à prática de prestação de serviços que possibilitou os trabalhos missionários durante muitos séculos:

> São infames as seguintes coisas: tudo quanto se opõe à vida, como seja, toda espécie de homicídio, genocídio, aborto, eutanásia e suicídio voluntário;

> tudo o que viola a integridade da pessoa humana, como as mutilações, os tormentos corporais e mentais e as tentativas para violentar as próprias consciências; tudo quanto ofende a dignidade da pessoa humana, como as condições de vida infra-humanas, as prisões arbitrárias, as deportações, *a escravidão*, a prostituição, o comércio de mulheres e jovens; e também as condições degradantes de trabalho; em que os operários são tratados como meros instrumentos de lucro e não como pessoas livres e responsáveis (No § 27 da Constituição *'Gaudium et Spes'*).

Apenas no ano de 2.000 o Papa João Paulo II, publicou um documento de noventa laudas, sistematizando em blocos aquelas que chamou de *incorreções* praticadas pela igreja católica, abarcando praticamente toda sua história da existência da igreja católica naquilo que tem sido entendido como uma revisão histórica, um formal pedido de desculpas por ter tolerado crimes como a escravidão. O documento mencionava *pecados* contra os direitos dos povos e o respeito à diversidade cultural e religiosa, ou seja, a evangelização forçada colocada a serviço da colonização de povos dominados, além de citar a Inquisição, as Cruzadas, ataques aos judeus, indígenas, árabes, dentre outros. O mesmo Papa voltaria a pedir perdão à humanidade por aquilo que chamou de "erros cometidos a serviço da verdade por meio do uso de métodos que não têm relação com a palavra do Senhor" durante os últimos dois mil anos, descrevendo sua atitude como uma tentativa para "purificar a memória" de uma triste história de ódio e rivalidades.

Sob a tolerância da igreja, a escravidão negra no Brasil vigorou oficialmente durante quase 400 anos, contados a partir do descobrimento em 22 de abril de 1500 até a assinatura da Lei Áurea de 13 de maio de 1888 e estabeleceu mais que uma modalidade de relação de trabalho. Fixou, para além disto, valores que geram efeitos para a sociedade que são sentidos até nos dias atuais, como preconceito racial e social contra os negros e seus descendentes. No campo do trabalho, a despeito do distanciamento cronológico com a oficial abolição da escravatura, ainda são noticiados muitos casos de trabalho análogo ao escravo no Brasil, como se verá adiante.

As comemorações pela abolição no Brasil foram revividas e relembradas no dia 28 de setembro de 1888. Neste dia, na Capela Imperial, foi celebrada uma grande missa para a entrega da Rosa de Ouro, enviada pelo Santo Padre, o Papa Leão XIII, a Princesa Isabel, como presente pela "atitude caridosa e cristã" de libertar todos os escravos do Brasil, no dia 13 de maio do mesmo ano. A homenagem Do Papa foi cantada por uma Escola de Samba em 1968 em um Samba enredo denominado Sublime Pergaminho (RUSSO, Nilton; MELODIA, Zeca; MADRUGADA, Carlinhos. Intérpretes: Martinho da Vila; Nara Leão; Emílio Santiago. c1968):

> Uma voz na varanda do paço ecoou
> Meu Deus, meu Deus

Tá extinta a escravidão
Mas uma voz uma voz na varanda do paço ecoou
Meu Deus, meu Deus
Tá extinta a escravidão
Mas quando
Quando
O navio negreiro
Transportava negros africanos
Para o rincão brasileiro
Iludidos
Com quinquilharias
Os negros não sabiam
Que era apenas sedução
Pra serem armazenados e vendidos como escravos
Na mais cruel traição
Formavam irmandades
Em grande união
Daí nasceram festejos que alimentavam o desejo
De libertação
Era grande o suplício
Pagavam com sacrifício
A insubordinação
E de repente
Uma lei surgiu
Uma lei surgiu!
E os filhos dos escravos
Não seriam mais escravos
No Brasil
E de repente
Uma lei surgiu
Uma lei surgiu!
E os filhos dos escravos
Não seriam mais escravos
No Brasil
Mais tarde raiou a liberdade
Pra aqueles que completassem
Sessenta anos de idade

Ó sublime pergaminho
Libertação geral
A princesa chorou ao receber
A rosa de ouro papal
Uma chuva de flores cobriu o salão
E o negro jornalista
De joelhos beijou a sua mão
Uma voz na varanda do paço ecoou
Meu Deus, meu Deus
Tá extinta a escravidão
Mas uma voz
Uma voz na varanda do paço ecoou
Meu Deus, meu Deus
Tá extinta a escravidão.

Cumpre ressalvar, contudo, que a efetivação formal da abolição da escravatura foi promovida mais por pressões políticas externas potencializadas pelos movimentos abolicionistas do que por vontade política dos então governantes brasileiros, e por isso mesmo enfrentou uma forte resistência por parte da ala conservadora da política de então. A somatória de tais elementos, levou a não inserção plena dos então libertos na vida social brasileira, fazendo com que não fosse adquirido pleno status de cidadania aos escravizados. Sem uma política de conscientização da sociedade que fizesse parte do processo de libertação, com a assinatura da Lei Áurea verificou-se um processo de abandono e apagamento cultural, manutenção e fortalecendo de divisões sociais entre pessoas brancas e negras, desigualdade de direitos sociais como saúde, educação, trabalho, renda e segurança (CAMPELLO, 2018).

Mesmo com o fim da escravidão no Brasil, aqueles que foram libertos não foram objeto de efetiva política pública, deixando de serem integrados factualmente na sociedade. Não houve interesse político em fazer políticas públicas para os libertos, seja no tocante à criação de moradias, de obtenção de empregos, de alfabetização e educação. Os negros libertos não eram considerados pertencentes a sociedade como cidadãos e, portanto, não merecedores de políticas públicas, o que deixou um espólio do que foi a escravidão submetendo as pessoas negras a pobreza e exclusão, marginalizando-as socialmente.

> Se as pessoas negras discriminadas no acesso educação, é provável que tenham dificuldade para conseguir um trabalho, além de terem menos contato com informações sobre os cuidados com a saúde, a população negra terá mais

dificuldades não apenas para conseguir um trabalho mais para permanecer nele (ALMEIDA, 2019, p. 157).

Embora a possibilidade jurídica da escravidão tenha sido abolida desde a Lei Áurea, ficando a prática à margem do reconhecimento jurídico, existem ainda situações fáticas em que indivíduos são forçados a trabalhar em condições análogas a de escravo, o que afronta os princípios fundamentais da dignidade da pessoa humana. O trabalho escravo contemporâneo e é assim definido pelo Conselho Nacional do Ministério Público:

> "O conceito de trabalho escravo contemporâneo trazido pelo ordenamento brasileiro representa grande avanço no combate à essa dura realidade, pois evidencia que, nos tempos atuais, sua configuração vai muito além da privação de liberdade, ocorrendo nas mais amplas situações de ofensa à dignidade do ser humano, como em hipóteses de submissão a condições degradantes de trabalho, jornadas exaustivas ou forçadas por dívidas impostas aos trabalhadores."

Assim, mesmo no século XXI trabalho escravo ainda persiste e vitima essencialmente pessoas negras. O hoje denominado como trabalho escravo contemporâneo é usando no Brasil para designar a situação em que uma pessoa está submetida a trabalho forçado, jornada exaustivo, servidão por dívidas e/ou condições degradantes de vida no ambiente de trabalho, ainda que os quatro elementos nãoestejam presentes de forma concomitantes. A verificação de tal modalidade cruel e desumana de trabalho em pelo século XXI demonstra que a libertação dos escravizados não se deu de forma plena a afastar derradeiros os resquícios daquele momento histórico.

Importa salientar que a principal distinção na caracterização do trabalho escravo contemporâneo está em que para sua caracterização se impõe o estado ou a condição de um indivíduo ao constrangimento à prestação de trabalho, em condições que tenham como objetivo a frustração de direito assegurado pela legislação de trabalho, utilizando o tomador de serviços de mantença do vínculo compulsório a figura da fraude, violência ou grave ameaça, que podem se verificar através da retenção de documentos pessoais, ou contratuais ou em virtude de dívidas contraídas ao empregador ou pessoa a ele relacionada.

No que se refere ao tema do presente artigo, a cada cinco trabalhadores resgatados em situação análoga à escravidão entre 2016 e 2020, 82% representam pretos e pardos representam. Entre os negros resgatados estão principalmente homens (91%), jovens de 15 a 29 anos (40%) e nascidos em estados do Nordeste (46%), o que evidencia identidade entre o sujeito escravizado em tempos antigos e contemporaneos. O levantamento foi feito pela *Repórter Brasil*, com base em dados obtidos da Subsecretaria de Inspeção do Trabalho, por meio da Lei de Acesso à Informação.

Decorrentemente, a não inserção natural do trabalhador negro no mundo do trabalho tem no o racismo e sua consequente discriminação sua natural consequencia. Tais circunstancias se perpetuam também no ambiente de trabalho, ainda que relevante parcela da população brasileira acredite tratar-se de manifestações e atos isolados, crença equivocada que dificulta o enfrentamento exitoso dessa histórica chaga social. A existência do racismo e seus deletérios desdobramentos no mundo do trabalho é reflexão que se impõe, já que referido recorte de raça possibilitará perceber a manifestação do racismo estrutural dentro das estruturas da compra e venda de mão de obra livre.

3. Racismo. Conceito. Modalidades e suas possíveis origens

O conceito do fenômeno racismo já foi objeto de diversas leituras e interpretações ao longo do seu estudo, embora sempre tenha em sua estrutura básica o mesmo denominador comum, a saber, o tratamento desigual e injustificado fundado nas características diversas da raça humana. Hoje é, preponderantemente, objeto de repúdio por ausência de sustentação e justificativa.

A partir do crivo ideológico consensualmente utilizado, o racismo é abordado a partir do um critério de raça, sendo essa a divisão da humanidade em grandes grupos que têm características físicas hereditárias comuns, sendo estes últimos suportes das características psicológicas, morais, intelectuais e estéticas. Visto deste ponto de vista, o racismo é uma crença na existência das raças naturalmente hierarquizadas pela relação intrínseca entre o físico e o moral, o físico e o intelecto, o físico e o cultural.

Uma primeira origem para o racismo é encontrada em uma leitura fundamentalista texto bíblico do Livro de Gênese, onde a justificativa divina para existência da diversidade da raça humana se encontraria no Dilúvio, na Arca de Noé e seus três filhos, Jafé (raça Branca) Sem (raça amarela) e Cam (raça negra). Em castigo pela postura desrespeitosa de Cam, seu pai Noé teria o amaldiçoado com a escravidão de seus descendentes pelos descendentes dos próprios irmãos.

A segunda origem do racismo tem lastro na modernidade ocidental a partir da observação de caracteres físicos das quatro raças em que os humanos foram classificados e de suas influências no comportamento de cada uma delas. A classificação é atribuída a Carl Von Linné, promovendo tal classificação d*o Homo Sapiens* relacionado-as ao grau de sua inteligência.

A equivocada construção ideológica acima descrita justificou durante anos o tratamento diferenciado e sujeição entre povos e, por mais que a ciência tenha desmentido a afirmação de Carl Von Linné, demonstrando que racismo está ligado à ideia absolutamente equivocada de que há diferenças externas e corporais entre os seres humanos, a ideologia ainda persiste. Toda teoria, doutrina, ideologia e conjunto de ideias racistas são cientificamente falsas, moralmente censuráveis, socialmente injustas e contrárias aos princípios fundamentais do Direito Internacional e, portanto, perturbam gravemente a paz e a segurança internacional, sendo, dessa maneira, condenadas pelos Estados Partes.

Para o professor Silvio Almeida, o racismo se diferencia do preconceito e da discriminação racial. O preconceito é entendido como a definição de um conceito sobre determinada pessoa ou grupo. Isso ocorre, por exemplo, na frase pejorativa "negros são mais violentos", visto que ela pressupõe e conceitua que negros são violentos. A discriminação racial é entendida como dar tratamento diferenciado a alguém ou a um grupo em razão da raça. Um caso hipotético de discriminação racial seria proibir um negro de frequentar determinado ambiente ou estabelecimento apenas por sua cor de pele. E o racismo, por fim, é entendido como uma forma sistemática de discriminação, por meio de práticas conscientes ou inconscientes que resultam em desvantagens a determinado grupo racial. Nesse sentido, o racismo engloba não apenas o preconceito e a discriminação, mas também todas as relações sociais, políticas, jurídicas e econômicas que desfavorecem uma pessoa ou grupo por conta de sua raça. Um exemplo hipotético seria uma tendência de realização de abordagens policiais truculentas contra indivíduos apenas devido à sua raça.

Isso significa que o racismo estabelece uma visão de hierarquia entre raças, que pode ser entendida como um grupo de pessoas que possui determinadas características físicas e hereditárias em comum (características físicas, como o formato dos olhos, a cor da pele, a cor do cabelo, entre outras).

O fenômeno do racismo se apresenta sob diversos mantos, alguns dos quais entendemos necessária abordagem, ainda que superficial no presente artigo, com o propósito de amalgamar o tema central da missiva (MPF/PR, Núcleo de Promoção da Igualdade Etnico-Racial).

Racismo Estrutural

Para compreender o tema, importante ter em mente que a perversa herança discriminatória da escravidão, que normalizou relações com base na ideia de equivocada ideia de inferioridade dos negros, aliada a falta de medidas e ações que integrassem os negros e indígenas na sociedade, como políticas de assistência social ou de inclusão racial no mercado de trabalho, gerou o que se entende por racismo estrutural, ou seja, um tipo de discriminação racial enraizado e por vezes invisibilizado na sociedade.

Nessa quadra, o racismo estrutural não se caracteriza por um ato isolado em si ou mesmo a um conjunto de atos, mas sim por um processo histórico em que condições de desvantagens e privilégios a determinados grupos étnico-raciais são reproduzidos nos âmbitos políticos, econômicos, culturais, laborais e até mesmo nas relações cotidianas.

Racismo Institucional

Trata-se da desigualdade de tratamento entre negros e brancos que ocorre dentro das instituições. Importa dizer, quando alguém recebe um tratamento diferente por ser negro em uma empresa; quando alguém tem privilégios — mesmo que indiretamente — por se branco, podendo se configurar em órgãos públicos ou privados.

Racismo Recreativo

Designa uma política cultural que utiliza o humor para expressar hostilidade em relação a minorias raciais, propagando o racismo. Permite que pessoas brancas possam manter uma imagem positiva de si mesmas e conseguem então propagar a ideia de que o racismo não tem relevância social.

É preciso reconhecer que o racismo é uma crença, uma doutrina, um sistema político, imposto para hostilizar, dominar e praticar o genocídio contra outras pessoas, existindo justificativas religiosas ou científicas que possam sustentá-lo.

4. Desigualdade racial e o privilégio dos favorecidos

Com a abolição da escravatura, tornou-se imperioso a substituição da mão de obra na economia brasileira, com alterações significativas de condições para os trabalhadores que substituíram a mão de obra escravizada. Segundo ANDREWS (1991), a chegada dos emigrantes europeus, no Brasil aconteceu de acordo com regras e normas previamente estabelecidas. Em sua ampla maioria, os imigrantes desfrutaram até de compra de passagens transatlânticas custeadas pelo governo, para trabalhar no país. Os europeus estavam adaptados às normas e determinações para o trabalho industrial que já havia na Europa e não se submeteram às condições desumanas que o mercado de trabalho ofereceu ao trabalhador escravizado.

Sem capacitação profissional que deveria ter seguido a libertação, as pessoas negras não tiveram tempo nem sequer oportunidade de se amoldar as mudanças e capacitar para a competitividade do mercado de trabalho. Por conseguinte, sua a substituição e marginalização foram feitas de forma sistemática, visto que o fator raça e cor eram predominantes para obtenção de oportunidades de empregos.

No início do século XX, conforme ANDREWS (1991), os trabalhos nas lavouras do centro-oeste paulista eram compostos apenas por emigrantes. Negros e mestiços eram empregados apenas em trabalhos sazonais, em atividades menos complexas, na cidade e no campo. Imigrantes camponeses usufruíram das mesmas vantagens na contração de mão de obra nas cidades.

Segundo os dados do recenseamento do Brasil realizado já em 1º de setembro de 1920, as desigualdades nas obtenções de oportunidades de empregos eram evidentes, havia uma grande diferença de oportunidade para brasileiros e imigrantes conforme evidencia o gráfico a seguir:

DADOS DO RECENCIAMENTO DE 1920

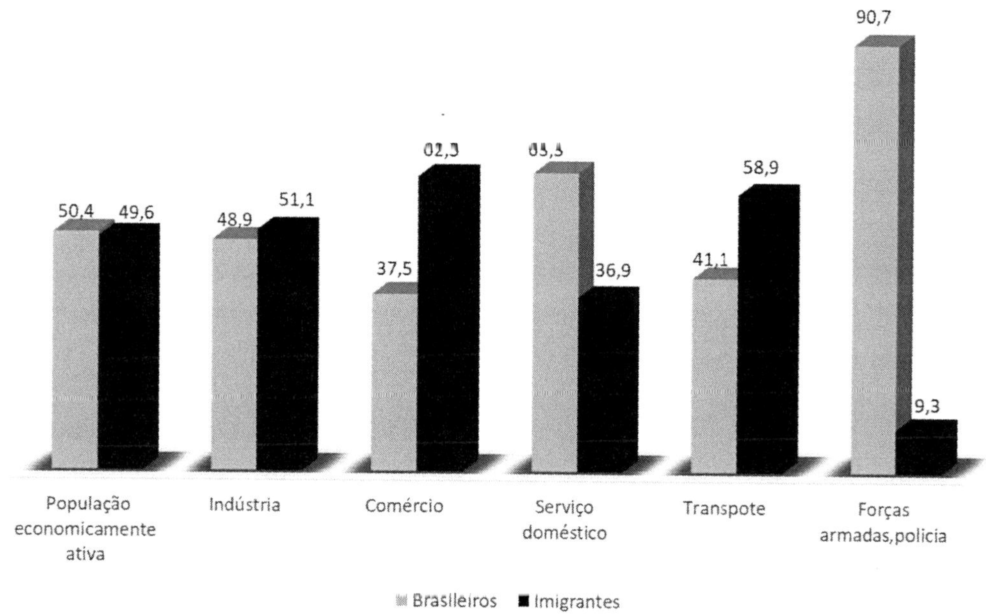

Fonte: Diretoria Geral de Estatística, 1927, p. 170- 173.

Para ANDREWS (1991), está evidenciada a preferência do mundo do trabalho da época por trabalhadores europeus e euro-brasileiros, fato que perpetuou danos profundos para os afro-brasileiros, retroalimentando um nefasto ciclo de difícil rompimento que os mantém a margem do crescimento profissional e jungidos a parcas oportunidades e baixos salários: os escravizados não foram alfabetizados nem capacitados para o mundo livre do trabalho; o mundo livre do trabalho não absorve a mão de obra negra para funções qualificadas e a mão de obra negra segue sem capacitação para tais funções. Nas fábricas que se instalavam os negros foram praticamente impedidos de trabalhar, obtendo subemprego sendo novamente desintegrados socialmente. Na atualidade esse tipo de trabalho é conhecido por trabalho informal.

O negro, como se diz na gíria atual, tinha que se virar. Tiveram que criar várias fontes de trabalho, como carregadores, limpadores de quintal, empregados domésticos, carpidores de ruas, lavadores de automóveis, todos empregos que não existiam o negro criaram, o próprio engraxate, o vendedor de jornal, o trabalhador em pequenos sítios, trabalhos criados para a sua subsistência porque os fazendeiros não aceitavam o trabalho do negro (ANDREWS, 1991, p. 114).

A migração da economia brasileira do módulo rural para o industrial levou o trabalhador branco que incialmente prestava seus serviços no campo, vertiginosamente se concentrar nas regiões urbanas e prósperas do estado de São Paulo, onde também se concentravam os melhores empregos, oportunidades profissionais e salários. Via de inarredável consequência, os trabalhadores negros e pardos foram compelidos para regiões mais pobres da cidade e de seus arredores formando as comunidades hoje conhecidas como "favelas", onde os ganhos recebidos por seus subempregos possibilitavam a subsistência de suas famílias.

Segundo Almeida (2019) os homens negros foram pluralmente cerceados pelo preconceito racial existente na sociedade, que os impediu de ascender no mercado de trabalho, fruto desses que é mais cruel e fatídico episódio da história contemporânea brasileira, a escravidão.

Importante ressaltar que, segundo dados divulgados pelo Instituto *IDados*, com base em dados da Pesquisa Nacional por Amostragem de Domicílios (PNAD Contínua) do IBGE em 2020, 35% dos negros que conseguiram completar o ensino superior estão alocados em funções nas quais não são exigidos seus diplomas. Comparada a amostragem às pessoas brancas, tem-se o percentual de 28%.

Considerando dados levantados pela Liga de Ciência Preta Brasileira, em 2020, dentre os alunos de pós-graduação, 2,7% são pretos, 12,7% são pardos, 2% são amarelos, menos de 0,5% é indígena e 82,7% são brancos. A análise foi efetivada a partir de dados da Plataforma Lattes, serviço do CNPq que agrupa informações curriculares, grupos de pesquisa e instituições das áreas de ciência e tecnologia.

Segundo o Instituto Ethos, trabalhadores negros ocupam apenas 4,9% das cadeiras nos Conselhos de Administração das 500 empresas de maior faturamento do Brasil. Entre os quadros executivos, representam 4,7%, enquanto na gerência, apenas 6,3% dos trabalhadores são negros. Assim, quando os trabalhadores negros conseguem superar todas as barreiras que lhe são impostas à sua qualificação, ainda assim não chegam aos cargos de direção. Os números acima apenas comprovam ser estrutural o racismo no ambiente de trabalho.

Analisando os dados, o professor Sérgio Roberto Kieling sistematiza que "por questões que envolvem o racismo estrutural no país, as famílias negras, em sua maioria, têm poder financeiro menor do que o das famílias brancas. Então, entre o emprego e o estudo, acabam optando pelo trabalho." E segue afirmando que "alguns empregos oferecem uma carga horária que inviabiliza a conciliação de emprego e estudo. Uma das áreas que mais contratam jovens negros e de favela são as linhas de supermercado, mas você vê que o horário não é compatível com a escola. Isso faz os jovens optarem pelo trabalho para ajudar em casa".

Novamente, o Estado falha ao não propiciar políticas públicas que garantam a educação integral e de qualidade para as crianças e os jovens, deixando de cumprir comando constitucional correspondente, em evidente demonstração de racismo estrutural.

Fato importante a ser adicionado nas considerações é o recorte de gênero. Na primeira metade do século XX grande parte das mulheres negras contribuía fortemente com o sustento de suas famílias, trabalhando na informalidade como empregada doméstica, uma vez que outras formas de trabalho também lhes eram negado.

A informalidade no mercado de trabalho para as mulheres negras perpetua-se conforme dados Dieese (2022), 12,6% das mulheres negras trabalham sem registro em carteira de trabalho (na informalidade, portanto), como empregadas domésticas e somente 3,7% possuem registro em carteira de trabalho. Cerca de 21% das mulheres negras trabalham por conta própria e 10,8% sem registro em carteira de trabalho, 47,3% das mulheres negras trabalham sem a proteção social da consolidação das leis do trabalho, formando um contingente de subempregadas que são levadas a tal situação também pela necessidade de assumirem tarefas que lhe são socialmente designadas, como criação de filhos e cuidados com o lar.

Nesse cenário, sob qualquer ângulo que se analise a questão é indisfarçável o cerceamento de oportunidade de ingresso e progressão no mercado de trabalho.

Todo o quadro acima delineado se insere dentro do conceito de racismo, já que:

> Racismo é a **discriminação social** baseada na falsa ideia de que a espécie humana é dividida em raças e que uma é superior às outras. Trata-se de uma atitude depreciativa e discriminatória, **não baseada em critérios científicos**, já que do ponto de vista biológico é incorreto falar em raças humanas. (DIEESE, 2022)

Ou, noutro dizer

> Racismo é mecanismo constante e persistente de discriminação. Os preconceitos, estereótipos e discriminações fazem parte da dinâmica do racismo. Para existir racismo, é necessário que uma sociedade tenha **preconceitos altamente disseminados e constantemente produzidos** sobre determinado grupo, e somado a esse imaginário é preciso que exista **ação discriminatória sistemática**. (DIEESE, 2022)

Assim, a desigualdade, arraigada pelo racismo gera efeitos também no mercado de trabalho, já que se encontra presente na **estruturação de toda a sociedade e, a partir daí, se perpetua nos demais setores de convivência social.** Trata-se de um racismo por vezes (mas nem sempre) negado, mas presente em sociedades que construíram a sua história e cultura sobre práticas conceitos racistas, naturalizando atitudes práticas de tratamento desigual. É o caso da sociedade brasileira.

Para Andrews (1991), foi esse o fator preponderante para que as pessoas negras fossem submetidas a condições de subalternidade dentro e fora do mundo do trabalho e que se tornassem a vítima preferencial de retrações econômicas como a verificada na pandemia do Covid-19.

A desordem social no mundo de trabalho livre que teve início do século XX Andrews (1991), gerou reações políticas, assim como efeitos na própria segurança pública, o que exigiu ações afirmativas governamentais, a exemplo do Decreto-lei n. 1.843, de 7 de dezembro de 1939, conhecida como, Lei de nacionalização do trabalho. Referido regramento, instituiu que empresas, industriais e comerciantes mantivessem pelo menos dois terços de brasileiros natos, em seu quadro de empregados. O dispositivo legal seguiu silente quando a mão de obra negra, mantendo hígido o racismo histórico que dificultou e dificulta o desenvolvimento profissional da raça negra.

A invisibilidade destinada ao grupo étnico-racial descendente dos escravizados arraigou marcas sociais evidenciadas nas relações socioeconômicas e que persistem na atualidade. Dessa forma homens e mulheres negros não tiverem acesso a profissionalização e, através do preconceito racial, determinou a sua marginalização.

Por elas vivem mendigos, os autênticos, quando não se vão instalar pelas hospedarias da Rua da Misericórdia, capoeiras, malandros, vagabundos de toda sorte: mulheres sem arrimo de parentes, velhos dos que já não podem mais trabalhar, crianças, enjeita dos em meio a gente válida, porém, o que é pior, sem ajuda de trabalho, verdadeiros desprezados da sorte, esquecidos de Deus (EDMUNDO, 2003, p. 148).

A discriminação racial no ambiente laboral é verificada tanto em instituições públicas como em privadas. Existe no mundo do trabalho uma cultura que estabelece padrões e privilegia características para o empregado, dentre elas a cor da pele, elemento que engendra um ideal onde os postos nas altas posições administrativas gerenciais de controle deve ser um homem branco heterossexual e de classe média.

É irrefutável as afirmações anteriores, quando analisados dados do (IBGE 2022), Observou-se que:

a) <u>55,8% da população brasileira são de pessoas negras e pardas</u>:

Embora seja a maioria da população brasileira a população negra, os dados do IBGE despontam que 69% dos cargos gerenciais são ocupados por pessoas brancas em contrapartida 29,5% ocupados por pretos e pardos.

b) <u>Desocupados e subutilizados</u>:

Segundo dados do IBGE de (2022), 11,5% da população preta está desocupada ou subtilizada, 54,1% da população parda está desocupada ou subutilizada para trabalho, pretos e pardos juntos somam 65,5% da população que não está sendo absolvida no mercado de trabalho, enquanto 33,6% da população branca.

c) <u>Rendimentos do trabalho</u>

A população branca possui rendimentos mais favoráveis, sendo o trabalho a principal fonte de aquisição de bens e serviços, procedeu que, o rendimento mensal de pessoas brancas é de R$ 3099, as pessoas pretas e possuem renda mensal R$ 1.764 pardas R$ 1.814.

Ao pontuar que os fenômenos socioculturais e oportunidade no mercado de trabalho podemos afirmar que:

> As classes sociais só podem ser adequadamente percebidas, portanto, como um fenômeno, antes de tudo, sociocultural, e não apenas econômico. Sociocultural posto que o pertencimento de classe é um aprendizado que possibilita, em um caso, o sucesso e, em outros, o fracasso social. São os estímulos que a criança de classe média recebe em casa para o hábito de leitura, para a imaginação, o reforço constante de sua capacidade e autoestima que fazem com que os filhos dessa classe sejam destinados ao sucesso escolar e depois ao sucesso profissional no mercado de trabalho. Os filhos dos trabalhadores precários, sem os mesmos estímulos ao espírito e que brincam com o carrinho de mão do pai servente de pedreiro, aprendem a ser afetivamente, pela identificação com quem se ama, trabalhadores manuais desqualificados. A dificuldade na escola é muito maior pela falta de exemplos em casa, condenando essa classe ao fracasso escolar e, mais tarde, ao fracasso profissional no mercado de trabalho competitivo (SOUZA, 2019, p. 72).

O mercado de trabalho, usa em suas relações o argumento da meritocracia para justificar critérios de ascensão profissional. É necessário contudo, considerar que para os trabalhadores negros as oportunidades de capacitação foram negadas desde a abolição da escravatura, sendo que seus efeitos se perpetuam e impedem ou quando pouco dificultam sobremaneira a conquista dos objetivos profissionais em igualdade de condições aos trabalhadores brancos, uma vez que as suas condições socioeconômicas criam barreiras desde a concepção das pessoas pré-estabelecendo critérios étnico-raciais.

Como o caminho social do mérito individual é esquecido, esse conceito de classe é a melhor arma ideológica já inventada para legitimar a meritocracia, ou seja, a ideia de que o mundo até pode ser difícil para alguns, mas é "justo", premiando o mérito individual dos que, por esforço e trabalho duro, conseguem ganhar 500 vezes mais que outros. Não é que deixemos de lamentar aqueles que ganham 500 vezes menos do que outros, mas paciência... Infelizmente eles ganham menos por culpa própria, por serem mais burros e preguiçosos (SOUZA, 2021, p. 18).

O quadro antes apontado destaca a necessidade de uma leitura mais ampla e de medidas eficazes, uma vez que o mercado de trabalho deve ser considerado o principal espaço de reprodução das desigualdades. Dito isso, imprescindível que se conclua que elas dificilmente se reduzirão sem um compromisso das esferas pública e privada.

Fazendo um recorte especial e necessário, tem-se que para os jovens negros o mercado de trabalho usa de fatores como experiencia e estudo, que lhes são exigidos para atingir determinada posição, segundo pesquisas realizadas pelo IBGE (2022), 45% dos empregadores no Brasil são de pessoas brancas, entretanto 60% dos trabalhadores informais são de pessoas negras.

Os obstáculos concretos para as pessoas negras especialmente para os jovens negros no mercado de trabalho são explícitos, dado que, passados mais de um século da abolição da escravatura, este grupo ainda enfrenta dificuldades socioeconômicas que interferem na conclusão escolar, e consequentemente na vida profissional, minimizando as probabilidades de sucesso no mercado de trabalho impossibilitando expectativas de uma vida digna e de oportunidades iguais.

Um estudo realizado denominado Jovens Negros e o Mercado de Trabalho, produzido pelo Núcleo de Pesquisa Afro do Cetro brasileiro de Análise e Planejamento (Cebrap), a partir de dados fornecidos pelo IBGE em cinco capitais brasileiras, conclui que o caminho para garantir a igualdade no mercado de trabalho ainda é longo:

> Cerca de 60% dos trabalhadores e trabalhadoras informais no Brasil, por exemplo, são negros e negras. Essa parcela da população ocupa apenas 6,3% dos cargos gerenciais e menos de 5% das posições executivas. Quase metade das mulheres negras são inativas.
>
> Mesmo quando a população negra supera os muitos obstáculos educacionais, ela tem retornos mais baixos do investimento em educação no mercado de trabalho. Esse cenário é apontado tanto pelos dados quantitativos quanto qualitativos (...)
>
> Não é surpresa que jovens afrodescendentes muitas vezes sejam céticos em geral quanto a continuar a estudar, a procurar emprego e permanecer nele (...) Suas inserções no mercado de trabalho permanecem precárias e não condizentes com sua formação (...)
>
> Entre os sonhos mais citados na pesquisa, estão a estabilidade, profissional e financeira. Ao mesmo tempo, a falta de oportunidades, a exigência de experiências e mecanismos de discriminação aparecem como barreiras para tal.

Para além das limitações antes mencionadas, impera mencionar outros obstáculos que o racismo impõe aos trabalhadores e trabalhadoras negras no mercado de trabalho. Embora mais sutil e igualmente reprovável referido fator está ligado ao desprezo e à desvalorização em decorrência da raça e do status social antes já abordado. O tema foi objeto de estudo publicado em 2016 e 2018 na revista acadêmica "Socio-Economic Review", da Universidade de Oxford (JEM, 2023). Em referido trabalho, um grupo de pesquisadores desenvolveu uma série de currículos fictícios manipulando traços físicos e nomes de candidatos idênticos para processos seletivos de 12.783 vagas reais de emprego em 3 países da Europa para cargos de cozinheiro, cabeleireiro, vendedor de loja, recepcionista, contador e profissional de TI.

A triste conclusão da pesquisa, devidamente publicada depois de auditada, é que a aparência racial isoladamente (sem considerar origem, estado civil, gênero, dentre outros dados), interfere de maneira relevante na probabilidade de resposta positiva do recrutador, sendo essa interferência menor na Espanha. Não há estudos similares realizados no Brasil.

É induvidoso que as barreiras impostas no mercado trabalho às pessoas negras, construído e consolidado ao longo de três séculos de tolerância com o mercado e flagelo de pessoas, tornar-se-ia um preconceito sistematizado, estruturado em nossa sociedade, gerando uma falsa percepção de que nosso povo, por fisicamente miscigenado, não compactuava com a intolerância racial. Quer seja sob a ótica dos direitos individuais, coletivos e difusos, o preconceito, mesmo quando negado ou minimizado sua existência, fere mortalmente o princípio da dignidade da pessoa humana, entendido como a garantia das necessidades vitais de todo e qualquer indivíduo, assegurando uma vida digna enquanto valor instrinseco a ser respeitado, tudo como previsto no art. 1º, III da (CF/1988).

Não é inédito afirmar que o Brasil um país com intensa desigualdade social. É, entretanto necessário reconhecer que somos um pais onde as desigualdades se interseccionam de modo muito complexo (inclusive negado ao fundamento da mestiçagem), exigindo políticas públicas efetivas que foram negadas aos negros desde a abolição da escravatura. Sabemos que a classe social de origem é o fator preponderante na determinação das chances de vida de um indivíduo, mas ela sozinha não explica todos os obstáculos que ele enfrentará no decorrer de sua trajetória social. As dificuldades são atravessadas e imbricadas por questões raciais, de gêneros e outros recortes.

No que diz respeito ao presente artigo, desde o fim da década de 1970, diferentes estudos vêm mostrando que pessoas pretas e pardas tendem a ter metade das chances de melhorar de vida do que pessoas brancas. O mercado de trabalho é o principal espaço de reprodução das desigualdades sociais brasileiras, que afeta essencialmente o trabalhador e a trabalhadora negra, em especial o jovem.

O maior desafio para os jovens negros no mercado de trabalho é superar estereótipos e ter o acesso no mercado de trabalho com dignidade, superando as dificuldades étnico-raciais.

Lembrando o musicista Jorge Aragão, jovens negros são herança da memória de tempo que precisa ser reverenciado e resgatado para garantir, no presente, dignidade:

> Somos herança da memória
> Temos a cor da noite
> Filhos de todo açoite
> Fato real de nossa história
> Se o preto de alma branca pra você
> É o exemplo da dignidade
> Não nos ajuda, só nos faz sofrer
> Nem resgata nossa identidade"

4. Considerações finais

A igualdade étnico-racial é a perspectiva de pertencimento social que as pessoas negras almejam e merecem alcançar. Porém as práticas discriminatórias baseadas na cor da pele, evidenciadas pelo racismo estrutural na sociedade brasileira, engendram profundas desigualdades nas relações trabalhistas.

Há plausível anseio das pessoas negras para da obtenção de oportunidades de trabalho, em cujo cenário possam não apenas sustentar suas famílias, mas vivenciar o esplendor da independência econômica. Porém vale dizer que o fenômeno ideológico racial no mercado de trabalho impossibilita que as pessoas negras desfrutem dos direitos previstos na (CF/1988).

Há reconhecidas desvantagens educacionais que atingem jovens que pertencem a população negra, levando-os a empregados de baixa qualificação, vínculos frágeis e não formais e consequentemente baixa remuneração, o que reforça e perpetua o ciclo de vulnerabilidade geracional que os levou à condição de desigualdade.

É importante considerar que ao participar de um processo seletivo em uma empresa privada as pessoas negras, lidam com os fatores preferenciais como a cor da pele como exposto no texto, a rotulagem social imposta pela marginalização reduz a chance de avançar nas fases decisivas, no qual sua grande maioria muitas vezes se quer são chamadas para um processo seletivo.

Fatores como local de moradia, educação, até rendimento médio per capita, influência, diretamente na obtenção de uma oportunidade de emprego, seus talentos que poderiam ser atraídos por diversas áreas dos setores da economia, são invalidades por estereótipos.

Finalmente, evidencia-se que as pessoas negras, no Brasil, ainda vivem sobre critérios impeditivos baseados na cor da pele, para que sejam inseridas no mercado de trabalho, para que obtenham posição de destaques dentro das organizações. Todavia é evidente que é necessário a edição de políticas públicas, a fim de minimizar as ideologias raciais.

Referências

AGBRA. *Agência Brasil.* Pesquisa: 86% de trabalhadoras negras relatam casos de racismo. 2023. Disponível em: <https://agenciabrasil.ebc.com.br/direitos-humanos/noticia/2023-03/pesquisa-86-de-trabalhadoras-negras-relatam-casos-de-racismo>. Acesso em: 1º ago. 2023.

ALMEIDA, Silvio Luiz de. *Racismo estrutural:* feminismos plurais. São Paulo: Jandaíra, 2019.

BRASIL DE FATO – 20 ANOS – Edição Arturo Hartman.

CAMPELLO, André Barreto. *Manual jurídico da escravidão:* Império do Brasil. 1. ed. Jundiaí: Paco, 2018.

CAMPOS, Luiz Agusto. *Desigualdades no Mercado de Trabalho.* Artigos analisan mútiplas faces desta realidade. 1º ago. 2023.

DIEESE, Departamento Intersindical de Estatísticas e Estudos Econômicos. *A persistente desigualdade entre negros e não negros no mercado de trabalho.* São Paulo, Diesse, 2022. Disponível em: <https://www.dieese.org.br/boletimespecial/2022/boletimPopulacaoNegra2022.html>. Acesso em: 10 ago. 2023.

EDMUNDO, Luís. *O Rio de Janeiro do meu tempo.* v. 1. Brasilia: Senado Federal, 2003.

FERNANDES, Florestan. *A integração do negro na sociedade de classes:* o legado da raça branca. v. 1. 5. ed. São Paulo: Editora Globo, 2008.

FERNANDES, Roger Bastide Florestan. *Branco e negros em São Paulo.* 2. ed. São Paulo: Companhia Editora Nacional, 1959.

GONÇALVES, Caio. *Migalhas.* Disponível em: <https://www.migalhas.com.br/depeso/391744/as-dificuldades-de-insercao-do-jovem-negro-no-mercado-de-trabalho>.

IBGE — NUCLEO DE PROMOÇÃO DA IGUALDADE ETNICO-RACIAL DO MINISTÉRIO PUBLICO DO PARANÁ.

REPORTER BRASIL.

SLAVE VOYAGES. *Explore as origens e realocações forçadas de africanos escravizados pelo mundo atlântico.* Disponível em: <https://www.slavevoyages.org/>. Acesso em: 10 ago. 2023.

SOUZA, Jessé José Freire de. *A elite do atraso:* da escravidão a Bolsonaro. Rio de Janeiro: Estação Brasil, 2019.

SOUZA, Jessé José Freire de. *Como o racismo criou o Brasil.* Rio de Janeiro: Estação Brasil, 2021.

Colonialidades e Direito do Trabalho: A Invisibilidade do Trabalho da Mulher Negra

Colonialities and Labor Law: The Invisibility if Black Women's Work

Camila Moura de Carvalho[1]

Polyanna Sampaio Candido da Silva Santos[2]

Resumo: Mesmo 135 anos após a abolição do escravismo, a população negra continua vivendo, em sua maioria, em condições de existência marcadas pela exclusão social, promovidas pela colonialidade de poder. Acrescido a isso está o fato de que a desigualdade de gênero e raça desvalorizou o trabalho feminino, vinculando as mulheres às atividades reprodutivas. Apesar dos avanços, subsistem profundas dificuldades das trabalhadoras no mercado de trabalho, com um sistema jurídico-trabalhista que oculta e impõe discriminações. Assim, para diminuir referidas desigualdades, propomos atuações partindo de uma análise decolonial e interseccional das questões laborais, o que levará a pensar o Direito do Trabalho contemporâneo de forma crítica e compreender as articulações entre racismo, sexismo e outras formas de discriminação que produzem violências transversais sobre determinados grupos de trabalhadores, bem como de trabalhadoras.

Este trabalho alinha-se aos seguintes Objetivos de Desenvolvimento Sustentável da Agenda 2030 da ONU: 05 (igualdade de gênero); 08 (trabalho decente e crescimento econômico); 10 (redução das desigualdades dentro e entre países) e 16 (paz, justiça e instituições eficazes).

---

(1) Juíza do Trabalho no TRT-15ª Região. Mestranda em Ciências do Trabalho e Relações Laborais/ ISCTE-IUL, Lisboa.

(2) Juíza do Trabalho no TRT 15ª Região. Membro do Comitê Gestor de Equidade de Gênero, Etnia e Diversidade e de Tratamento em relação a Pessoas com Deficiência do TRT 15ª Região.

Palavras chaves: Colonialidade — Trabalho da mulher negra — Interseccionalidade.

Abstract: Even 135 years after the abolition of slavery, the black population continues to live, for the most part, in conditions of existence marked by social exclusion, promoted by coloniality of power. In addition, gender and race inequality devalued female labor, linking them to reproductive activities. Despite the advances, there remain deep difficulties of workers in the labor market, with a legal-labor system that conceals and imposes discrimination. Thus, to reduce these inequalities, we propose actions starting from a decolonial and intersectional analysis of labor issues, which will lead to think contemporary Labor Law critically and understand the articulations between racism, sexism and other forms of discrimination that produce transversal violence on certain groups of workers.

Keywords: Coloniality — Black women's work — Intersectionality.

1. Colonialidades e Direito do Trabalho

Pode o Direito do Trabalho servir de instrumento para reforçar o racismo, o sexismo e o classismo nas relações laborais? A ciência jurídica, sabemos, não é exata. Portanto, a resposta a essa pergunta pode ser "sim" ou "não", dependendo mais dos argumentos utilizados e de quem os apresenta do que necessariamente de uma correspondência fiel entre teoria e realidade. Desde logo, neste texto e contexto, evidenciamos adotar, como resposta, o "sim".

O sociólogo peruano Aníbal Quijano, um dos principais teóricos do conceito de "colonialidade", explica-nos que esse constructo se assenta a partir da ideia de raça, por meio da qual, no contexto do processo histórico das colonizações, novas identidades foram criadas, dando origem às figuras do índio, do negro, do branco, do mestiço e do europeu(3). Tais identidades, de acordo com Quijano (2005), passaram a ser classificadas por meio de um sistema de hierarquias e associadas a papéis e posições sociais, legitimando relações de dominação e exploração que se perpetuam no tempo e que viabilizam de forma estrutural um sistema de "controle do trabalho de seus recursos e de seus produtos".

Essa complexa relação de poder, dominação e subjugação instituída pela colonialidade não se esgota, contudo, na dimensão racial, mas assume uma outra faceta ao se entrelaçar com a condição de gênero e com a ordem patriarcal estabelecida.

Emerge, então, uma nova forma de colonialidade em relação à mulher, instrumentalizando a força de trabalho feminina, ao mesmo tempo em que reduz seu valor e cria, dessa maneira, uma diferença de poder entre mulheres e homens. Essa outra dimensão do domínio colonial, a socióloga e teórica feminista argentina Maria Lugones (2008) conceitua como "colonialidade do gênero".

(3) Para saber mais sobre o conceito de colonialidade, consultar a obra de Aníbal Quijano *"Colonialidade do Poder, eurocentrismo e América Latina"*, referenciada ao final deste texto.

Nesse contexto, o papel social de pessoas negras, brancas e indígenas — homens ou mulheres — foi moldado pela colonialidade tanto na dimensão do poder quanto na dimensão do gênero e, assim, estabeleceu, no campo das relações de trabalho, uma rígida sociabilidade baseada na hierarquia racial e de gênero.

Outra faceta assumida pela colonialidade ocorre na esfera do conhecimento e constitui a colonialidade do saber, o que nos leva a identificar, no campo da produção e aplicação do Direito brasileiro em geral e, em especial, do Direito do Trabalho, que a perspectiva teórica, doutrinária e prática prevalentes nesse campo, em grande medida, é derivada de um paradigma jurídico eurocêntrico(4).

Nesse sentido, o entendimento trilhado pela doutrina hegemônica justrabalhista advoga que a sociedade brasileira experimentou uma sequência histórica linear da transição do trabalho escravo — e/ou servil — para o trabalho livre/ subordinado(5), dando origem ao Direito do Trabalho como um ramo especial fundado em pressupostos modernos, humanistas e universais (Barros, 2007; Delgado, 2017; Süssekind *et al*, 2002).

Tensionamos, aqui, tal perspectiva, sustentando a hipótese de que o arcabouço juslaboral brasileiro — tal como concebido em sua origem e reproduzido na contemporaneidade — emana de um paradigma epistemológico eurocêntrico de ordem colonial, e que essa concepção incorpora, apaga e naturaliza discriminações de raça e gênero nas relações de trabalho contemporâneas. Por força da colonialidade do saber, tanto as normas laborais quanto a maneira de aplicar o direito foram gestadas a partir de um lugar epistêmico do sujeito dominante, não levando em conta a perspectiva dos sujeitos subalternizados (Pereira; Bersani, 2020).

O Direito do Trabalho, portanto, ao incorporar o modelo eurocêntrico de sociabilidade de relações homogêneas de trabalho, (re)produziu um sistema jurídico que não considerou outros modos de trabalhar existentes no mundo e que persistiram mesmo após o fim da escravidão, ocultando sobreposições entre formas de trabalho escravo-servil e assalariado, as quais "foram simultâneas e associadas à ideia de raça e gênero, para naturalizar as funções inferiores na divisão social do trabalho" (Muradas; Pereira, 2018, p. 2.120).

---

(4) Entendemos relevante apontar que essa inspiração jurídica eurocêntrica do Direito do Trabalho brasileiro não deriva necessariamente do direito português. A análise acerca dos pressupostos eurocêntricos do sistema juslaboral pode ser aprofundada a partir das leituras dos artigos de Palhares e Nicoli (2020); Muradas e Pereira (2018); e Pereira e Bersani (2020).

(5) Nesse sentido, apontam Muradas e Pereira (2018, p. 2.131) que "a doutrina pátria majoritária juslaboral, ao perpetuar o pensamento eurocêntrico que estabelece esta pretensa diferença trans-histórica entre trabalho escravo-servil e trabalho livre-subordinado, tratou de esconder as sobreposições entre tais formas de trabalho que ocorreram no Brasil colônia e suas respectivas articulações com raça e gênero, o que oculta até hoje, no Direito do Trabalho Brasileiro, sujeições interseccionais".

Em outros termos, mesmo com o fato histórico que consistiu no fim da escravidão, a sociedade brasileira manteve relações de trabalho muitas outras que não aquelas estabelecidas sob o modelo do trabalho assalariado em sua versão protegida pelo núcleo essencial do Direito do Trabalho, funções estas invisibilizadas pelas ideias da universalidade e da "relação de emprego advinda como a grande conquista da sociedade moderna" (Muradas; Pereira, 2018, p. 2.128). Esse fenômeno marca os sujeitos e promove a continuidade do projeto colonial, atualizando-o nos moldes do capitalismo sob a forma neoliberal.

É sob tais pressupostos que a formação do mercado livre de trabalho nos circuitos das colonialidades do poder, do gênero e do saber caracterizou-se por baixa mobilidade social, bem como institucionalizou privilégios aos imigrantes europeus recém-chegados e às pessoas brancas em detrimento dos homens e mulheres negras, que ficaram relegados a posições subalternas, sendo as mulheres negras destinadas, sobretudo, ao trabalho doméstico (Bernardino-Costa, 2014). Com efeito, a partir da promulgação da Lei de Terras de 1850[(6)], por exemplo, ao mesmo tempo em que essa legislação promoveu uma histórica concentração fundiária, pessoas ex-escravizadas foram legalmente impedidas de adquirirem, pela posse, a propriedade da terra e, assim, de explorarem o trabalho que nela já exerciam na condição de escravizados (Vieira, 2017).

A lei de locação de serviços de 1879[(7)], por sua vez, foi a primeira a regulamentar o trabalho livre rural e claramente privilegiou os fazendeiros contratantes em detrimento dos trabalhadores negros ex-escravizados, expondo esse grupo a uma posição marginal (Jacino, 2019; Vieira, 2017).

No caso específico do ingresso mulher negra no mercado de trabalho, esse processo transcorreu permeado por uma ideologia fundada na desigualdade de gênero e raça, em que a desvalorização do trabalho feminino e a naturalização de sua vinculação às atividades reprodutivas (de afazeres domésticos e de cuidados) foram a tônica da construção do papel social da mulher no mercado de trabalho (Vieira, 2017).

Se é verdade que nem toda relação de exploração e opressão funda-se na colonialidade (exemplifiquemos com as opressões decorrentes do sistema patriarcal), a recíproca não é verdadeira: é possível afirmar que a colonialidade invariavelmente envolve opressão, exploração e dominação de um sujeito ou grupo por outro. Nesse contexto, partindo do pressuposto de que as relações de trabalho são relações de poder, nossa análise pretende revelar as colonialidades que permeiam e constituem o Direito do Trabalho brasileiro, bem como as relações de trabalho estabelecidas na contemporaneidade.

Portanto, à medida que a colonialidade é um elemento ao mesmo tempo constitutivo e ocultador de discriminações e desigualdades nas relações de trabalho, é necessário

---

(6) Lei n. 601, de 18 de setembro de 1850 — art. 1º: "ficam prohibidas (*sic*) as acquisições (*sic*) de terras devolutas por outro título que não seja o de compra".

(7) Conferir Decreto n. 2.827, de 15 de março de 1879.

jogar luzes sobre aquelas pessoas que se encontram nos pontos de intersecções nos quais as categorias de gênero e raça se encontram.

Para alcançar nosso objetivo, tanto no campo epistêmico, quanto no campo da prática justrabalhista, propomos, em termos de análise, a adoção de uma perspectiva decolonial[(8)] e interseccional[(9)] do Direito do Trabalho, de modo que, ao tratarmos das categorias de gênero e raça, levemos em conta as perspectivas da mulher e do negro em geral, e da mulher negra em particular, uma vez que esta localiza-se na intersecção de diferentes dimensões de desigualdades que necessitam ser visibilizadas (Passos; Santos; Espinoza, 2020).

A importância de alargar a compreensão nesses termos se impõe à medida que, ao nos circunscrevermos ao campo discursivo doutrinário hegemônico sobre tais opressões, acabamos por reforçar as estruturas engendradas pela colonialidade que pretendemos questionar. Por isso, entendemos necessário transcender as fronteiras do conhecimento juslaboral hegemônico para irmos além, na busca de alternativas potenciais de enfrentamento à dominação e à opressão nas relações de trabalho. Esse deslocamento do modo de pensar é o que Boaventura Souza Santos chama de *epistemologias do sul* (2020), Catherine Walsh denomina de *giro decolonial* (2018) e Walter Mignolo conceitua como *desobediência epistêmica* (2017).

Obviamente, essa perspectiva não implica, em absoluto, negar o rico contributo teórico apresentado pelos alicerces epistemológicos eurocêntricos, tampouco afirmar que seus fundamentos de nada servem para a produção de conhecimento a partir do nosso *locus* de enunciação[(10)]. Contudo, é premente dar lugar às falas provenientes das periferias, das margens do Sul Global, de modo que a produção das teorias, saberes e práticas também conte com a efetiva participação desses sujeitos, uma vez que historicamente invisibilizados e silenciados pelo discurso acadêmico hegemônico.

(8) Optamos pelo termo "decolonial" ao invés de "descolonial" como uma posição teórica, prática, política e epistêmica que se contrapõe à lógica da colonialidade, não para negá-la, mas para transcendê-la a partir da perspectiva da subalternidade colonial, cujo pensamento foi negado pela colonialidade (BALLESTRIN, 2013). Por outro lado, a expressão "descolonial" é um conceito que se contrapõe ao colonialismo, "para se referir ao processo histórico de ascensão dos Estados-nação após o fim das administrações coloniais" cujos efeitos ainda impactam as discussões sobre subalternidade" (PASSOS; SANTOS; ESPINOZA, 2020, p. 144).

(9) o conceito de interseccionalidade é aperfeiçoado e cunhado por Kimberlé Crenshaw, intelectual estadunidense, como uma ferramenta analítica crítica ao que chama de uma tendência do direito antidiscriminatório, de teorias feministas e de políticas antirracistas de considerar a raça e o gênero como categorias excludentes de experiência e de análise. Para saber mais, consultar a obra seminal da autora *"Demarginalizing the Intersection of Race and Sex: A Black Feminist Critique of Antidiscrimination Doctrine, Feminist Theory and Antiracist Politics"* e Carla Akotirene "Interseccionalidade", Feminismos Plurais, coordenação de Djamila Ribeiro — Sueli Carneiro. São Paulo: Pólen, 2019.

(10) Por *locus* de enunciação, compreende-se uma forma de pensar a partir da perspectiva subalterna em que o sujeito epistêmico assume um compromisso ético e político de produzir um conhecimento contra-hegemônico em contraponto ao pensamento eurocêntrico. Para saber mais, consultar as obras de Bernardino-Costa, 2014 e Grosfoguel, 2008 referenciadas ao final.

Nesse contexto, ao voltarmos nosso olhar para a sociedade brasileira, verificamos que, mesmo 135 anos após a abolição do escravismo, a população negra em geral e, em particular e mais acentuadamente, as mulheres negras continuam vivendo, em sua maioria, em condições de existência marcadas pela exclusão social — consequência dos efeitos promovidos pelas colonialidades do poder e do gênero.

As desigualdades de gênero e raça, quando entrecruzadas, portanto, desvalorizaram duplamente o trabalho feminino, vinculando-o às atividades reprodutivas. Estas, quando não remuneradas, são pouco valorizadas. Assim, apesar dos avanços, subsistem profundas dificuldades enfrentadas pelas trabalhadoras no mercado de trabalho, diante da referida arquitetura jurídico-normativa prevalente, que oculta e impõe discriminações, eis que demarcada pelos limites epistêmicos da colonialidade do saber.

Nos espaços acadêmicos e no âmbito das instituições de ensino, devemos nos opor ao epistemicídio(11) (re)produzido pelo sujeito epistêmico dominante "branco-cis-heterenormativo", que opera em benefício de si próprio e do conhecimento hegemônico, ambos dotados de privilégios. Nesses termos, racismo, sexismo e classismo devem ser enfrentados por meio de uma pedagogia que se disponha a considerar uma pluralidade epistemológica em que tais problemáticas advindas da modernidade possam ser efetivamente compreendidas e diluídas.

2. A inserção da mulher no mercado de trabalho

O movimento feminista, que surgiu no contexto do segundo pós guerra, impulsionou a inserção das mulheres no mercado de trabalho, fenômeno conhecido como "feminização do mercado de trabalho".

Esse movimento traz um conjunto de pautas que transcendem questões relacionadas à igualdade entre homens e mulheres em termos de classe e de problematização do trabalho produtivo x reprodutivo, para também enfrentar temas relacionados às opressões de gênero e raça (Siqueira; Bussinger, 2020).

O impulso das feministas dos anos 70 do século XX abre espaço para que mulheres negras, pobres e subalternizadas, que não se viam representadas pelas feministas liberais (da primeira onda), protagonizem suas lutas. Sob esse prisma, Hooks ao teorizar sobre a natureza do trabalho no mercado estadunidense, aponta o viés de classe das feministas

(11) A Doutora Sueli Carneiro assim explica o epistemicídio: "para nós, porém, o epistemicídio é, para além da anulação e desqualificação do conhecimento dos povos subjugados, um processo persistente de produção da indigência cultural: pela negação ao acesso à educação, sobretudo de qualidade; pela produção da inferiorização intelectual; pelos diferentes mecanismos de deslegitimação do negro como portador e produtor de conhecimento, da autoestima pelos processos de discriminação correntes no processo educativo. (...) Por isso o epistemicídio fere de morte a racionalidade do subjugado ou a sequestra, mutila a capacidade de aprender etc." (Carneiro, 2005, p. 97).

burguesas da época que sustentavam um discurso universal de que o trabalho seria a chave de libertação das mulheres da dependência econômica:

> Quando essas mulheres falavam de trabalho, elas estavam se referindo a carreiras bem-remuneradas, não aos empregos de baixa remuneração, os chamados trabalhos "subalternos". Elas estavam tão mergulhadas em sua própria experiência que até ignoraram o fato de que a vasta maioria das mulheres já estava trabalhando fora de casa em empregos que não só não as libertavam da dependência dos homens, como não lhes garantiam a autossuficiência econômica (HOOKS, 2019, *e-reader*, posição 1498).

Além disso, o ingresso das mulheres brancas no mercado de trabalho norte-americano, promovido pelo movimento feminista liberal, fez com que homens e mulheres negras, ainda que qualificados, vissem seus empregos ameaçados por mulheres brancas até menos qualificadas, em virtude da força excludente da supremacia branca (Hooks, 2019).

No Brasil, a segunda onda do movimento feminista chega um pouco mais à frente em relação ao movimento norte-americano, e as pautas das mulheres negras passam a integrar o movimento a partir dos anos 80 do século XX, evidenciando, sobretudo, as diferenças entre as reivindicações de mulheres brancas e negras, principalmente no campo das políticas públicas (Siqueira; Bussinger, 2020).

Da mesma forma, os estudos e pesquisas sobre as mulheres e o mercado de trabalho se intensificaram a partir dos anos de 1980 (em contexto de elevado nível de desemprego e crise econômica), destacando, principalmente, as diferenças salariais e a concentração do trabalho feminino em ocupações ligadas a comércio, serviços, trabalho doméstico, em condições vulneráveis e de baixa exigência de qualificação profissional. Nesse contexto, a intelectual feminista brasileira Sueli Carneiro aduz que o movimento das mulheres negras do Brasil ganha um protagonismo mundial, tornando-se referência internacional, ao se afirmar como um divisor de águas em termos de movimentos sociais no Brasil, por ter grande parte de sua agenda incorporada à Constituinte de 1988:

> É também um dos movimentos com melhor performance dentre os movimentos sociais do país. Fato que ilustra a potência deste movimento foram os encaminhamentos da Constituição de 1988, a qual contemplou cerca de 80% das suas propostas, o que mudou radicalmente o status jurídico das mulheres no Brasil. A Constituição de 1988, entre outros feitos, destituiu o pátrio poder (Carneiro, 2003, p. 117).

O processo de inserção da mulher negra no mercado de trabalho nacional, à semelhança do movimento estadunidense, enfrentou contradições em torno das questões das desigualdades raciais, de classe e da fragilidade das propostas universalistas da luta das mulheres (Carneiro, 2003). A saber, a especificidade do trabalho negro feminino enfrenta contradições próprias em diferentes aspectos da exploração do trabalho. A mais-valia, que constitui a diferença que o capitalista obtém entre o custo do trabalho e o valor do bem por ele produzido (lucro), no caso do trabalho da mulher negra, é exponenciada pelo fato de que esta experimenta, de outro lado, uma dupla desvalorização (racial e de gênero) (Santos *et al*, 2020).

Aponta Carneiro que, diante "dessa dupla subvalorização, é válida a afirmação de que o racismo rebaixa o status dos gêneros" (Carneiro, 2003, p. 119). Disso advém o fato de que somente com uma potente mobilidade social as mulheres negras alcançariam os mesmos níveis de igualdade existentes entre homens e mulheres brancos, considerando que homens negros, na maioria dos indicadores sociais — conforme veremos a seguir —, encontram-se abaixo das mulheres brancas (Carneiro, 2003).

Além disso, é preciso considerar um aspecto da força de trabalho feminina que mesmo Marx não considerou e que a filósofa feminista italiana Sílvia Federici aponta: oculta-se o valor econômico do trabalho doméstico e, consequentemente, de como as mulheres contribuíram para a reprodução da força de trabalho e para o processo de "acumulação primitiva"[(12)], já que o aumento da jornada e da intensidade do trabalho (desenvolvido pela mulher em paralelo com o exercício do trabalho no âmbito doméstico) é uma das maneiras de potencializar a extração da mais-valia (Federici, 2017; Santos *et al*, 2020).

Transpondo o processo de "acumulação primitiva" promovido pela exploração do trabalho da mulher negra para o contexto da sociedade brasileira, a historiadora e ativista negra Beatriz Nascimento explica bem como o retrato de uma sociedade escravocrata, colonial e patriarcal moldou a sociabilidade do trabalho da mulher negra, denunciando o caráter rígido das divisões sociais, raciais e de gênero que persistem até os dias de hoje, sob a nova roupagem:

> Contrariamente à mulher branca, sua correspondente no outro polo, a mulher negra, pode ser considerada como uma mulher essencialmente produtora, com um papel semelhante ao do seu homem, isto é, como tendo um papel ativo. Antes de mais nada como escrava, ela é uma trabalhadora, não só nos

(12) Ao tratar do conceito da "acumulação primitiva" apoiado nas reflexões de seu criador, Karl Marx, o sociólogo do direito Gulherme Leite Gonçalves explica que "a acumulação primitiva é tratada como um ato originário que permite observar o movimento do capital não como um círculo vicioso em que dinheiro é transformado em capital e que, por meio desse, se faz mais-valia e vice-versa (...). O pressuposto para a produção capitalista é a transformação de bens materiais ou imateriais em valor, e isto só é possível pela 'separação entre os trabalhadores e a propriedade das condições de realização do trabalho' (...) esse processo é chamado de 'primitivo', pois identificado com a 'pré-história do capital'". (Gonçalves, 2017 p. 1.050). Para saber mais sobre o conceito consultar a obra referenciada ao final deste artigo.

afazeres da casa-grande (atividade que não se limita somente a satisfazer os mimos dos senhores, senhoras e seus filhos, mas como produtora de alimentos para a escravaria), mas também no campo, nas atividades subsidiárias do corte e do engenho Por outro lado, além de sua capacidade produtiva, pela sua condição de mulher, e, portanto, mãe em potencial de novos escravos, dava-lhe a função de reprodutora de nova mercadoria para o mercado de mão de obra interno. Isto é, a mulher negra é uma fornecedora de mão de obra em potencial, concorrendo com o tráfico negreiro (NASCIMENTO, 2010).

3. Um breve panorama do trabalho doméstico no mundo. A divisão dentro da divisão sexual do trabalho e a hipervulnerabilidade das trabalhadoras domésticas imigrantes

Um estudo promovido pela OIT em 117 países no ano de 2013 estimou que existam 67 milhões de trabalhadoras/es domésticas/os adultos no mundo, sendo que o Brasil figura como o país no mundo com o maior número de trabalhadores domésticos (OIT, 2013).

Em 2021, dez anos após a aprovação da *Convenção n. 189 sobre os trabalhadores e trabalhadoras do serviço doméstico*, a OIT publicou o relatório *denominado Tornar o trabalho digno uma realidade para o trabalho doméstico*, apresentando um balanço em níveis global e regional sobre os progressos obtidos com o advento da Convenção (OIT, 2021).

Em termos de cobertura jurídica — isto é, em que medida os países conferem proteção legal e segurança social às trabalhadoras e trabalhadores domésticos —, o estudo apontou que apenas 6% desses trabalhadores no mundo todo têm acesso a algum tipo de proteção social. Segundo o relatório, 94% dos trabalhadores domésticos não contam com seguro-saúde, licença-médica, seguro-desemprego ou licença-maternidade remunerada. Além disso, a maioria é contratada de maneira informal, e as mulheres representam 76,2% (57,7 milhões de pessoas) desse quantitativo (OIT, 2021).

Chama a atenção no mencionado relatório a disparidade entre regiões. Enquanto na Europa e Ásia Central, 57,3% dos domésticos contam com alguma proteção legal e benefícios sociais, nas Américas, esse percentual cai para 10% e, nos países Árabes e na Ásia, praticamente inexiste qualquer proteção legal a esses trabalhadores.

A situação das trabalhadoras imigrantes, sobretudo daquelas oriundas do Sul global, que chegam aos países do Norte, é ainda mais extrema em termos de precariedade.

Em razão do crescente número de mulheres das sociedades do Norte investirem em suas carreiras profissionais, ocorre o fenômeno da "externalização do trabalho doméstico", em que tais mulheres recorrem à enorme reserva de outras mulheres trabalhadoras que imigram com expectativa de melhorar as condições de vida e, para isso, recorrem aos trabalhos domésticos (Hirata; Kergoat, 2007). Essas trabalhadoras imigrantes, muitas com formação universitária, entram em concorrência direta com outras trabalhadoras imigrantes também em situação precária e com baixo nível de escolaridade (Hirata; Kergoat, 2007).

A externalização do trabalho doméstico promove, assim, a partir de uma relação de classe, uma nova divisão dentro da divisão sexual do trabalho. Esse fenômeno cria uma situação ambivalente: ao mesmo tempo em que, de um lado, mais mulheres ascendem profissionalmente nas suas carreiras, de outro, há um aumento do número de mulheres em situação precária (Hirata; Kergoat, 2007).

4. Dados estatísticos: revelando as colonialidades constitutivas das trabalhadoras brasileiras

Em 2018, de acordo com a PNAD-Contínua, o Brasil apresentava um total de 6,2 milhões de trabalhadores domésticos entre homens e mulheres. Desse quantitativo, 5,7 milhões eram mulheres trabalhadoras domésticas — 14,6 % das mulheres ocupadas no mercado de trabalho (PNADC/IBGE, 2019).

Esse mesmo estudo mostra que, dentre o universo de 6.2 milhões de trabalhadoras e trabalhadores domésticos, mais de 4 milhões eram pessoas negras — destas, 3, 9 milhões eram mulheres negras. Isso implica dizer que 63% do total da força de trabalho doméstico no Brasil é constituído por mulheres negras (PNADC/IBGE, 2019).

Além disso, levantamento realizado pelo DIEESE revela que, entre o 4º trimestre de 2019 e o 4º trimestre de 2022, a ocupação no trabalho doméstico caiu de 6,2 milhões para 5,7 milhões. De acordo com o estudo, mulheres representaram 92% das ocupações no trabalho doméstico, das quais 65% eram mulheres negras (DIEESE, 2023).

Vê-se, portanto, que, no caso da realidade brasileira, na prática, o discurso feminista universalizante de que "as mulheres podem estar onde quiserem" não se aplica às mulheres negras, a quem quase que inexoravelmente são destinados os trabalhos subalternizados, precários, invisibilizados e superexplorados (Pinheiro *et al*, 2019).

Segundo Proni e Gomes (2015), considera-se ocupação precária quando sua inserção no mercado de trabalho não está protegida pelas normas vigentes — tal como os casos de subemprego, informalidade e desproteção social —, os rendimentos não atendem o mínimo para subsistência e há grande incerteza quanto à continuidade da atividade. O trabalho doméstico desempenhado pelas mulheres negras, como evidenciam os dados estatísticos, reveste-se de todas essas características.

Considera-se importante também destacar os impactos decorrentes da pandemia da Covid-19, que afetou de forma diferenciada o conjunto das mulheres trabalhadoras, mas impactou de maneira específica as trabalhadoras domésticas, aprofundando sua vulnerabiligdade tanto em razão do tipo de trabalho realizado, quanto em razão da falta de proteção social em relação a direitos trabalhistas e previdenciários (Tokarski; Pinheiro, 2021).

Dez anos após a promulgação da EC n. 72 de 02 de abril de 2013 (conhecida como PEC das domésticas), outro levantamento realizado pelo Instituto Brasileiro de Geografia e Estatística (IBGE) apontou que o número de empregadas domésticas diminuiu enquanto houve um aumento da atuação das diaristas, sem carteira assinada e sem a proteção legal mínima assegurada pela legislação (PNADC/IBGE, 2023).

Quando se trata de rendimentos, o estudo "Síntese de Indicadores Sociais/IBGE" (2021) revelou que mulheres recebem um rendimento de cerca de 78% dos homens. Com relação às pessoas pretas e pardas, estas auferem um rendimento de cerca de 57% em relação às pessoas brancas.

Ou seja, no Brasil, constata-se que pessoas negras recebem, em média, um rendimento de pouco menos que a metade do rendimento de pessoas brancas (IBGE, 2021).

A despeito do rigor metodológico e da consistência de dados revelados pelo referido estudo, verificamos uma limitação importante na metodologia de recolhimento dos dados: o levantamento restringiu-se a colher os dados a partir dos indicadores isolados do gênero e da raça sem, contudo, realizar um cruzamento dessas categorias.

Como já argumentamos, na sociedade brasileira, pessoas brancas e negras estão sujeitas a diferentes formas de opressão e exclusão, e essa desigualdade se acentua quando consideramos o recorte de gênero.

Desse modo, entendemos que seria pertinente a elaboração de um indicador que interseccionasse as categorias de gênero e raça, pois isso adensaria o estudo, proporcionando um refinamento do mapeamento das desigualdades, uma vez que "a situação das mulheres negras se torna crítica porque aglutina as desvantagens associadas às desigualdades de gênero e de raça" (Feijó, 2022).

Apesar dos avanços experimentados pelas trabalhadoras domésticas nas últimas décadas, tanto por força dos movimentos feministas, quanto por força da conquista de direitos decorrentes das lutas sociais, ainda subsistem profundas dificuldades de inserção dessas trabalhadoras no mercado de trabalho. Esse paradoxo reflete o quão distante ainda está no horizonte a proteção jurídica plena dessa categoria (Carneiro, 2003; Biavaschi, 2017).

5. Conclusão

Nesse contexto, questiona-se como o sistema jurídico trabalhista brasileiro, em relação a determinadas/os trabalhadoras/es, de um lado, absorve, oculta e naturaliza discriminações nas dimensões de raça e gênero e, de outro, protege, no âmbito da relação de emprego, determinados sujeitos privilegiados em termos de raça, gênero, classe social e origem. Afirmamos, pois, que a norma jurídica laboral brasileira é predominantemente branca, masculina, heterocisnormativa, tendo classe e origem determinadas.

Mesmo assim, devemos reconhecer que necessitamos do Direito do Trabalho brasileiro para resguardar o chamado patamar civilizatório mínimo (Delgado, 2017), notadamente no contexto da necropolítica (Mbembe, 2017) e do capitalismo neoliberal contemporâneo.

Sem dúvidas, discutir acerca dos caminhos possíveis para a produção de uma justiça social conectada com a realidade brasileira e concretamente emancipatória é uma tarefa extremamente complexa que não cabe neste artigo. Podemos, contudo, apontar alguns caminhos possíveis.

Um deles é a possibilidade de os/as profissionais das diversas instâncias do direito do trabalho, pautarem suas atuações a partir de uma análise decolonial e interseccional das questões laborais que lhe são postas, buscando identificar as diversas formas de opressão e exclusão que são ocultadas pela perspectiva imposta pela colonialidade do saber, que ainda assegura lugares privilegiados a determinados sujeitos no contexto das relações de emprego.

Sob esse prisma, afirma-se que a interseccionalidade é uma das propostas teóricas e práticas para se pensar o direito do trabalho contemporâneo de forma crítica, revelando-se uma importante ferramenta para a compreensão das articulações entre o racismo, o sexismo e outras formas de discriminação que produzem violências transversais. Evidentemente, entretanto, ela não resolve todos os problemas, mas abre caminhos para alcançarmos um Direito do Trabalho mais inclusivo, transformador e verdadeiramente emancipatório para todas as trabalhadoras e trabalhadores.

Referências

AKOTIRENE, Carla. *Interseccionalidade*. São Paulo: Pólen, 2019.

BALLESTRIN, Luciana. América Latina e o giro decolonial. *Revista Brasileira de Ciência Política*, Brasília, n. 11, p. 89-117.

BARROS, Alice Monteiro de. *Curso de Direito do Trabalho*. 3. ed. São Paulo: LTr, 2007.

BASTOS, Jamille. "A desconhecida 'rede de sorrisos' entre mulheres negras". *BBC News Brasil*, jan. 2023. Disponível em: <https://www.bbc.com/portuguese/geral-64335991>. Acesso em: 25 maio 2023.

BERNARDINO-COSTA, Joaze. Decolonialidade e Interseccionalidade emancipadora: a organização política das trabalhadoras domésticas no Brasil. *Revista Sociedade e Estado*, v. 30, n. 1, Brasília. Disponível em: <SEv30n1.indb (scielo.br)>. Acesso em: 23 maio 2023.

BIAVASCHI, Magda Barros. Os direitos das trabalhadoras domésticas e as dificuldades de implementação no Brasil: contradições e tensões sociais. In: LEONE, Eugênia *et al. Mundo do*

Trabalho das Mulheres, ampliar direitos e promover a igualdade. Campinas: Instituto de Economia/ CESIT, Unicamp, 2017. Disponível em: <https://www.cesit.net.br/wp-content/uploads/2017/12/ Mundo-trabalho-mulheres-web.livro_-1.pdf>. Acesso em: 27 jun. 2023.

CARNEIRO, Sueli. Mulheres em movimento. *Estudos Avançados*, v. 17, n. 49, p. 117-133. Disponível em: <https://doi.org/10.1590/S0103-40142003000300008>. Acesso em: 29 maio 2023.

CRENSHAW, Kimberle. Demarginalizing the Intersection of Race and Sex: A Black Feminist Critique of Antidiscrimination Doctrine, Feminist Theory and Antiracist Politics. *University of Chicago Legal Forum*, n. 1, p. 139-167. Disponível em: <https://chicagounbound.uchicago.edu/ cgi/viewcontent.cgi?article=1052&context=uclf>. Acesso em: 27 jun. 2023.

DELGADO, Mauricio Godinho. *Curso de Direito do Trabalho:* obra revista e atualizada. São Paulo: LTr, 2017.

DIEESE. *Trabalho doméstico.* São Paulo, 2023. Disponível em: <https://www.dieese.org.br/ infografico/2023/trabalhoDomestico2023.pdf>. Acesso em: 27 jun. 2023.

FEDERICI, Sílvia. *Calibã e a Bruxa:* Mulheres, Corpo e Acumulação Primitiva. São Paulo: Ed. Elefante, 2017.

FEIJÓ, Janaína. *A Participação das Mulheres Negras no Mercado de Trabalho.* FGVIBR. São Paulo. Disponível em: <https://blogdoibre.fgv.br/posts/participacao-das-mulheres-negras-no-mercado-de-trabalho>. Acesso em: 27 jun. 2023.

GONÇALVES, Gabriel Leite. Acumulação primitiva, expropriação e violência jurídica: expandindo as fronteiras da sociologia crítica do direito. *Revista Direito e Práxis*, v. 8, n. 2, p. 1.028–1.082. Disponível em: <https://doi.org/10.12957/dep.2017.28770>. Acesso em: 03 jul. 2023.

GROSFOGUEL, Ramon. Para descolonizar os estudos de economia política e os estudos pós-coloniais: Transmodernidade, pensamento de fronteira e colonialidade global (trad. Inês Martins Ferreira). *Revista Crítica de Ciências Sociais*, v. 80, p. 115-147.

HIRATA, Helena; KERGOAT, Danièle. Kergoat, Novas Configurações da divisão sexual do trabalho. *Cadernos de Pesquisa*, v. 37, n. 132, set./dez. 2007. Disponível em: <https://www.scielo. br/j/cp/a/cCztcWVvvtWGDvFqRmdsBWQ/?format=pdf>. Acesso em: 27 jun. 2023.

HOOKS, Bell. *Teoria feminista: da margem ao centro* (trad. Rainer Patriota). São Paulo: Perspectiva, 2017. *E-book.*

INTERNATIONAL LABOUR ORGANIZATION — ILO. *Domestic workers across the world:* global and regional statistics and the extent of legal protection. Geneve. Disponível em: <https:// www.ilo.org/wcmsp5/groups/public/@dgreports/@dcomm/@publ/documents/publication/ wcms_173363.pdf>. Acesso em: 27 jun. 2023.

______. *Tornar o trabalho digno uma realidade para o trabalho doméstico.* Geneve. Disponível em: <https://www.ilo.org/wcmsp5/groups/public/---europe/---ro-geneva/---ilo-lisbon/documents/ publication/wcms_832867.pdf>. Acesso em: 27 jun. 2023.

INSTITUTO BRASILEIRO DE GEOGRAFIA E ESTATÍSTICA — IBGE. *Pesquisa Nacional por Amostra de Domicílios Contínua (PNADC).* Rio de Janeiro, 2019. Disponível em: <https://www.ibge.gov.br/estatisticas/sociais/trabalho/9171-pesquisa-nacional-por-amostra-de-domicilios-continua-mensal.html>. Acesso em: 27 jun. 2023.

______. *Síntese de Indicadores Sociais.* Rio de Janeiro, 2021. Disponível em: <https://www.ibge.gov.br/estatisticas/sociais/educacao/9221-sintese-de-indicadores-sociais.html?edicao=32373&t=resultados>. Acesso: 27 jun. 2023.

______. *Pesquisa Nacional por Amostra de Domicílios Contínua (PNADC).* Rio de Janeiro, 2023. Disponível em: <https://ftp.ibge.gov.br/Trabalho_e_Rendimento/Pesquisa_Nacional_por_Amostra_de_Domicilios_continua/Mensal/Quadro_Sintetico/2023/pnadc_202301_quadroSintetico.pdf>. Acesso em: 30 ago. 2023.

JACINO, Ramatis. *Desigualdade Racial no Brasil.* São Paulo: Ed. Imó, 2019.

PRESIDÊNCIA DA REPÚBLICA. *Lei n. 601, de 18 de setembro de 1850.* Brasília. Disponível em: <https://www.planalto.gov.br/ccivil_03/leis/l0601-1850.htm>. Acesso em: 04 jul. 2023.

LUGONES, María. Colonialidad y Género. *Revista Tábula Rasa*, n. 9, p. 73-101.

MBEMBE, Achille. *Crítica da Razão Negra* (trad. Marta Lança). Lisboa: Ed. Antígona, 2017.

MIGNOLO, Walter. Desafios decoloniais hoje. *Revista Epistemologias do Sul*, v. 1, n. 1, p. 12-32.

MURADAS, D.; PEREIRA, F. S. M. Decolonialidade do saber e direito do trabalho brasileiro: sujeições interseccionais contemporâneas. *Revista Direito & Praxis*, vol. 9, n. 4, p. 2.117-2.142.

NASCIMENTO, Beatriz. A mulher negra e o mercado de trabalho. *Portal Geledés*, São Paulo, publicado originalmente no jornal *Última Hora*, Rio de Janeiro, em 25 de julho de 1976. Disponível em: A mulher negra no mercado de trabalho — por Beatriz Nascimento — Geledés (<usp.br>). Acesso em: 23 maio 2023.

PALHARES, José Vítor; NICOLI, Pedro Augusto. A colonialidade da organização e regulação do trabalho. *Revista Direito & Praxis*, v. 12, n. 3, p. 1.924-1.957.

PASSOS, R. *et al.* Direitos Humanos, decolinialidade e feminismo decolonial: ferramentas teóricas para a compreensão de raça e gênero nos locais de subalternidade. *Revista Brasileira de Políticas Públicas*, v. 10, n. 2, p. 143-172.

PEREIRA, Flávia Souza Máximo; BERSANI, Humberto. Crítica à interseccionalidade como método de desobediência epistêmica no Direito do Trabalho brasileiro. *Revista Direito & Práxis*, v.11, n. 4, 2020, p. 2.743-2.772.

______; NICOLI, Pedro Augusto. Os Segredos Episgtêmicos do Direito do Trabalho. *Revista Brasileira de Políticas Públicas*, v. 10, n. 2 p. 520-545. Disponível em: <http://www.repositorio.ufop.br/jspui/handle/123456789/15543>. Acesso em: 09 maio 2023

PINHEIRO, Luana *et al.* Os Desafios do Passado no Trabalho Doméstico do Século XXI: Reflexões para o caso brasileiro a partir dos dados da PNAD Contínua. *Instituto de Pesquisa Econômica Aplicada — IPEA.* Disponível em: <https://repositorio.ipea.gov.br/bitstream/11058/9538/1/td_2528.pdf>. Acesso em: 26 jun. 2023.

PRONI, Marcelo Wheishaupt; GOMES, Darcilene Cláudio. Precariedade ocupacional: uma questão de gênero e raça. *Estudos Avançados*, v. 29, n. 85, 2015. Disponível em: <https://doi.org/10.1590/S0103-40142015008500010>. Acesso em: 27 jun. 2023.

QUIJANO, Anibal. Colonialidade do poder, Eurocentrismo e América Latina. Consejo Latinoamericano de Ciencias Sociales (CLACSO), Buenos Aires. In: *Colonialismo; Modernidad; Capitalismo; Poder Politico; Sociedad; Historia; Eurocentrismo; America Latina.*

SANTOS, Boaventura de Souza. *O fim do Império Cognitivo* — A afirmação das Epistemologias do Sul. 2. ed. Coimbra: Almedina, 2015.

SANTOS, L. G.; CARVALHO, R. L. D.; SOUSA, M. J. R.; FIGUEIREDO, L. S.; MARTINS, J. G. B. A. As relações de trabalho no capitalismo contemporâneo: a inserção da mulher negra no mercado. *Uninter*, v. 7, n.3. Disponível em: <https://cadernosuninter.com/index.php/humanidades/article/view/1016>. Acesso em: 23 maio 2023.

SIQUEIRA, Caroline Bastos de; BUSSINGER, Elda Coelho de Azevedo. As ondas do feminismo e seu impacto no mercado de trabalho da mulher. *Revista Thesis Juris*, v. 9, n. 1, p. 145-166. Disponível em: <http://repositorio.fdv.br:8080/bitstream/fdv/894/1/14977-73812-1-PB.pdf>. Acesso em: 25 maio 2023.

SÜSSEKIND, A. *et al. Instituições de Direito do Trabalho*. Vol. I. 20. ed. São Paulo: LTr, 2002.

TOKARSKI, Carolina; PINHEIRO, Luana. Trabalho doméstico remunerado e Covid-19: aprofundamento das vulnerabilidades em uma ocupação vulnerabilizada. *Boletim de Análise Político-Institucional*, n. 26, Instituto de Pesquisa Econômica Aplicada-IPEA, Brasília, 2021. Disponível em: <https://repositorio.ipea.gov.br/handle/11058/10521>. Acesso em: 26 jun. 2023.

VERGÈS, Françoise. *Um Feminismo Decolonial* (trad. Jamille Pinheiro Dias e Raquel Camargo). Ed. Ubu, 2015 (*e-book*).

VIEIRA, Bianca. Quando sexo, raça e classe se encontram: mulheres negras no mercado de trabalho e políticas públicas. In: LEONE, Eugênia *et al* (Orgs.). *Mundo do Trabalho das Mulheres, ampliar direitos e promover a igualdade*. Campinas: Instituto de Economia/CESIT. Disponível em: <https://www.cesit.net.br/wp-content/uploads/2017/12/Mundo-trabalho-mulheres-web.livro_-1.pdf>. Acesso em: 27 jun. 2023;

WALSH, Caterine; OLIVEIRA, Luiz Fernandes de; CANDAU, Vera Maria. Coloniality and decolonial pedagogy: To think of other education. *Education Policy Analysis Archives*, v. 26, n. 83. Disponível em: <https://doi.org/10.14507/epaa.26.3874>. Acesso em: 03 jul. 2023.

Discriminação Racial por Impacto Desproporcional nas Relações de Trabalho

Racial Discrimination due to Disparate Impact in the Labour Relationships

Rosilene da Silva Nascimento[1]

"Ao embarcarmos nesta jornada coletiva, comprometemo-nos que ninguém seja deixado para trás."
ONU, 2015.

Resumo: O racismo estrutural e sistêmico é um obstáculo evidente para o alcance dos objetivos de desenvolvimento sustentável, dentre eles o trabalho decente para todos. Medidas de acesso, manutenção e promoção no emprego, adotadas por instituições públicas ou privadas, aparentemente neutras no critério racial mas que podem gerar impacto desproporcional em grupos afrodescendentes, devem ser reconhecidas como discriminatórias. Toda forma de discriminação no trabalho, intencional ou não, deve ser combatida para garantir a igualdade de oportunidades e reduzir as desigualdades de resultados, alcançando o cumprimento da Agenda 2030 da Organização das Nações Unidas.

(1) Juíza do Trabalho no TRT da 15ª Região. Mestre e Bacharela em Direito pela Universidade Federal de Minas Gerais. Parecerista Nacional da *Revista do TRT da 15ª Região*. Conselheira Consultiva da Escola Judicial do TRT da 15ª Região para o Biênio 2023/2025. Membro do Grupo de Pesquisa: A Transformação do Direito do Trabalho na Sociedade Pós Moderna e seus Reflexos no Mundo do Trabalho — GEDTRAB da USP — Ribeirão Preto. Formadora em Letramento Racial Qualificada Pelo Tribunal Superior do Trabalho — Enamat.

Palavras-chave: Racismo estrutural — Trabalho decente — Discriminação indireta — Impacto desproporcional.

Abstract: Structural and systemic racism is an obvious obstacle to achieving sustainable development goals, including decent work for all. Measures of access, maintenance and promotion in employment, adopted by public or private institutions, apparently neutral in terms of race but which can have a disparate impact on Afro-descendant groups, must be recognized as discriminatory. All forms of discrimination at work, whether intentional or not, must be fought to ensure equal opportunities and reduce inequalities in results, achieving compliance with the United Nations 2030 Agenda.

Keywords: Structural racism — Decent work — Indirect discrimination — Disparate impact.

1. Agenda 2030 e Trabalho Decente

Em setembro de 2015, com a participação de 193 países-membros, dentre eles o Brasil, foi estabelecido na Assembleia Geral das Nações Unidas, realizada em Nova York, um plano de ação para as pessoas, para o planeta e para a prosperidade. São 17 Objetivos de Desenvolvimento Sustentável (ODS) e 169 metas a serem atingidas no período de 2016 a 2030, relacionadas à efetivação dos direitos humanos e promoção do desenvolvimento.

No contexto do desafio perseguido pelo plano global de ação, constata-se que o racismo sistêmico é um obstáculo evidente para o alcance dos objetivos de desenvolvimento sustentável. Não obstante, a abordagem da Agenda 2030 à justiça racial foi, de certa maneira, tímida, sem considerar indicadores específicos desagregados por raça e etnia. Ainda assim, a Agenda apresenta grande e ainda pouco explorado potencial para avançar na promoção dos direitos humanos e dos valores de igualdade racial e não discriminação.

Especificamente no campo deste estudo, destacam-se os Objetivos de Desenvolvimento Sustentável de número 8 e 10 que, analisados de forma conjunta, podem contribuir para transformar a realidade sistêmica de marginalização contínua de grupos raciais e étnicos desfavorecidos. O objetivo de número oito, segundo disposição da Agenda 2030 é "Promover o crescimento econômico sustentado, inclusivo e sustentável, emprego pleno e produtivo e trabalho decente para todos" (ONU, 2015). Como desdobramento deste objetivo, a Agenda 2030 conclama à proteção dos direitos trabalhistas e promoção de ambientes de trabalho seguros e protegidos para todos os trabalhadores.

A concepção de Trabalho Decente, na extensão proposta pela Agenda 2030, não comporta tipo algum de discriminação. Diz-se decente aquilo que está em conformidade com os padrões morais e éticos da sociedade; digno. Trabalho decente é aquele que se exerce de forma livre, com equidade, segurança e remuneração adequada, de forma a garantir uma vida digna ao trabalhador. Observa-se, então, que o elemento central do conceito de trabalho decente é a igualdade de oportunidades e de tratamento e o combate a todas as formas de discriminação, de forma a romper o círculo vicioso da exclusão e superar a pobreza, reduzir as desigualdades sociais, garantir a governabilidade democrática e o desenvolvimento sustentável.

A ideia de trabalho decente prevista no objetivo de número 8 da Agenda 2030 é, por corolário, indissociável da ideia de inclusão e igualdade prevista no Objetivo de Desenvolvimento Sustentável de número 10. Tal Objetivo trata da redução da desigualdade dentro dos países e entre eles, com menção expressa à necessidade de, até 2030, empoderar e promover a inclusão social, econômica e política de todos, independentemente da idade, gênero, deficiência, raça, etnia, origem, religião, condição econômica ou outra. Destaca-se a meta 10.3 que trata da garantia de igualdade de oportunidades e da redução das desigualdades de resultados, inclusive por meio da eliminação de leis, políticas e práticas discriminatórias e da promoção de legislação, políticas e ações adequadas a este respeito. Observa-se, portanto, que a Agenda 2030, ao mencionar a igualdade de oportunidades e a desigualdade de resultados, incorpora o conceito de impacto desproporcional que será abordado mais adiante.

É indubitável, a partir da análise dos Objetivos de Desenvolvimento Sustentável descritos, que o movimento exigido globalmente através da Agenda 2030 pressupõe medidas enérgicas e profundas de combate à discriminação racial no trabalho, pois não há como falar de trabalho decente apenas para uma parcela privilegiada da sociedade, com marginalização direta ou indireta de grupos humanos em razão de características fenotípicas. Por consequência, e sendo o trabalho elemento fundante do sistema econômico capitalista, não há desenvolvimento que se sustente sem garantia de trabalho decente.

As medidas necessárias vão além da superfície social e o combate à discriminação estende-se para além da subsunção direta a normas específicas. Para alcançar as raízes do racismo é preciso conhecer os fatores estruturantes da sociedade brasileira, dialogar com as diversas fontes normativas, bem como pressupor a atuação conjunta dos poderes da república por meio de políticas públicas, que incluem ações repressivas (para combater os atos discriminatórios), valorativas e afirmativas (que buscam garantir o acesso de grupos discriminados e ampliar sua participação na sociedade).

2. Racismo estrutural, branquitude e viés inconsciente

No mapeamento do genoma humano elaborado no ano de 2000, as análises concluíram que os seres humanos são 99,9% iguais geneticamente, o que demonstra o componente social, e não científico, da noção de distinção racial. Quando vemos alguma pessoa e a rotulamos como negra, o que realmente estamos externando são os estereótipos aprendidos e significados associados à cor da pele pela ideologia escravocrata. O rótulo racial esconde uma hierarquização artificial de seres humanos, atribuindo valores e pressupostos a traços físicos inatos e hereditários, revelando-se como a forma mais cruel de discriminação, já que a pessoa carrega, de uma forma visível, que não pode alterar e nem depende de sua vontade, o elemento de discriminação.

Isabel Wilkerson (2011), jornalista americana vencedora do prêmio Pulitzer, em uma profunda análise sobre o sistema de castas, na qual estabelece um paralelo entre o sistema de castas indiano, a sociedade racista dos Estados Unidos e a Alemanha nazista, ensina que os pilares da divisão humana ao longo da história são muito mais profundos do que podemos imaginar. A autora demonstra que a divisão da sociedade por castas raciais sustenta-se em oito pilares. O primeiro pilar é a crença em uma vontade divina ou lei natural que determina a hierarquização dos seres humanos entre superiores e inferiores, a ideia da "tribo eleita". Projeta-se, assim, a discriminação e a exclusão para além de um ato de vontade, situando-a como algo natural e decorrente da vontade de Deus. O segundo pilar é a hereditariedade, com a transmissão da casta de pai para filho, atribuindo a condição de superioridade ou inferioridade ao indivíduo desde o seu nascimento, concepção que garante a perpetuação da casta, colocando o indivíduo inferiorizado em um beco, sem saída. Nesse aspecto, há uma distinção entre a noção de casta racial e classe social, já que esta última pode ser adquirida ou perdida ao longo da vida, pois decorre da posição socioeconômica. Quando se é um afrodescendente, esta é uma condição imutável, não importando o quão rica, famosa ou bem-sucedida é a pessoa. A restrição do casamento a pessoas da mesma casta também é considerada pela autora uma base para o sistema discriminatório pois, ao evitar a ligação familiar através da endogamia, afasta a possibilidade de empatia entre as diferentes castas.

Ainda segundo a citada autora, a crença de que a casta dominante poderia ser aviltada ou degradada pela mistura com grupos tidos por inferiores gerou um medo fundamental para a permanência do sistema de castas e justificou setenta anos de isolamento e exclusão formal entre as castas americanas, a ponto de livros de crianças negras e brancas e lençóis de prisioneiros negros e brancos serem guardados separadamente. O medo que sustenta o racismo ultrapassa os limites da razão, fazendo as pessoas da casta que se reconhece como superior temer uma degradação não só moral, mas também física pelo contato com o grupo racial inferiorizado.

A segregação humana ocorrida na Idade Contemporânea, fundada em diferenças fictícias entre as pessoas impostas pelo grupo dominante, pode ser definida como um tipo de política de Estado que tem por objetivo separar indivíduos ou grupos de indivíduos de uma mesma sociedade por meio de critérios raciais (ou étnicos). Esse tipo de medida passou a ser executado a partir do fim do século XIX e teve forte vigor no século XX, em países como a Alemanha nazista, com o antissemitismo, a África do Sul, com o apartheid e o Sul dos Estados Unidos da América, com o segregacionismo.

O *Apartheid* (em africâner, "segregação"), regime de separação racial ocorrido na África do Sul, durou 46 anos, de 1948 a 1994, sustentado pelo sistema jurídico, por exemplo com a Lei de Terras Nativas (1913) que dividia a posse da terra na África do Sul por grupos raciais; Lei sobre Nativos em Áreas Urbanas (1918) que obrigava os negros a viverem em locais específicos; Lei de Proibição dos Casamentos Mistos (1949) que tornava ilegal o casamento entre pessoas de raças diferentes; Lei de Registro Populacional (1950) que formalizou a divisão racial através da introdução de um cartão de identidade diferenciado por raças; Lei de Áreas de Agrupamento (1950) que determinou os locais onde cada grupo viveria de acordo com sua raça; Lei de Auto-Determinação dos Bantu (1951) que criou fundamentos governamentais distintos para cidadãos negros; Lei de Reserva dos Benefícios Sociais (1953) que determinou quais locais públicos poderiam ser frequentados por cada raça. Na prática do Apartheid, a candidatura de não brancos era recusada e eles não podiam votar; os negros eram proibidos de exercer diversos trabalhos e não podiam empregar trabalhadores brancos; a terra destinada aos negros era, geralmente, improdutiva e não permitia a subsistência digna; a educação para os negros era de péssima qualidade e voltada ao mercado de trabalho braçal; trens e ônibus eram segregados, bem como as praias, piscinas públicas, bibliotecas e cinemas.

Sobre o processo de implantação das leis segregacionistas nos EUA, o historiador Leandro Karnal explica:

> Leis de segregação racial haviam feito breve aparição durante a reconstrução, mas desapareceram até 1868. Ressurgiram no governo de Grant, a começar pelo Tennesse, em 1870: lá, os sulistas brancos promulgaram leis contra o casamento inter-racial. Cinco anos mais tarde, o Tennessee adotou a primeira Lei Jim Crow e o resto do sul o seguiu rapidamente. O termo *"Jim Crow"*, nascido de uma música popular, referia-se a toda lei (foram dezenas) que seguisse o princípio "separados, mas iguais", estabelecendo afastamento entre negros e brancos nos trens, estações ferroviárias, cais, hotéis, barbearias, restaurantes, teatros, entre outros. Em 1885, a maior parte das escolas sulistas também foram divididas em instituições para brancos e outras para negros. Houve *"leis Jim Crow"* por todo o sul. Apenas nas décadas d 1950 e 1960 a suprema Corte derrubaria a ideia de "separados, mas iguais.(KARNAL, 2007).

A autora Isabel Wilkerson apresenta-nos o quinto pilar do sistema de castas, centrado na ideia de hierarquia ocupacional, ou seja, a divisão do trabalho conforme a posição que o indivíduo ocupa na hierarquia social, a fim de garantir que as tarefas servis sejam executadas, ainda que contra a vontade, de modo a atender a finalidade econômica do sistema social. Esse pilar guarda estreita conexão com o objeto deste estudo, uma vez que aos afrodescendentes foram relegados, por definição, os trabalhos não decentes e degradantes, indesejados pela casta racial dominante, sendo os pretos postos, historicamente, em um lugar de trabalhadores e empregados domésticos dos brancos. O perfil básico, divulgado pelo Departamento Intersindical de Estudos e Estatísticas (Dieese) em 2022, mostra que 65% das empregadas domésticas no Brasil são mulheres negras (DIEESE).

Constata-se, ao longo dos tempos, que as raízes do racismo alcançam e rasgam a própria humanidade das pessoas inferiorizadas. Elaine Cristina Morais Santos (2020) conta-nos que, toda vez que as africanas e os africanos iam embarcar no navio negreiro para serem escravizados no Brasil, eles eram obrigados a realizar um ritual de desenraizamento em torno da árvore do Baobá. As prisioneiras e prisioneiros que eram crianças, jovens e adultos, caminhavam longas distâncias a pé durante a noite, para que a escuridão as impedisse de encontrar o caminho de volta, caso tentassem fugir. Quando chegavam ao forte, ficavam acorrentadas(os) até que fosse realizado um leilão para saber quem seria o comprador daquelas pessoas. E antes de embarcarem, eram obrigados a dar voltas em torno do Baobá, forçados a deixar aquela terra natal e toda sua história. A ordem era para que as mulheres dessem sete voltas e os homens nove. Ao destituir esses povos de seus vínculos e memória, esse rito garantia a submissão dos mesmos, pois renegar os ancestrais ao redor daquela árvore, significava perder todo referencial de pertencimento para tornar-se objeto na mão de alguém. Por causa disso, o Baobá passou a ser chamado também de *árvore do esquecimento.*

Desde o apagamento da história de vida do escravizado, passando pelo leilão de escravos em praça pública, como uma mercadoria, há uma lógica perversa que procura excluir das normas de humanidade os integrantes de castas raciais subordinadas. Desumanizar e estigmatizar um grupo social inteiro, retirando a individualidade de seus integrantes é indispensável para a manutenção do sistema de castas. Isso porque, a desumanização cria uma distância que gera, para o grupo tido como superior, uma insensibilidade e uma aura de racionalidade quando os atributos humanos do grupo marginalizado são atacados. A morte de um jovem negro por violência policial, por exemplo, não gera a comoção que deveria gerar. A desumanização é citada por Isabel Wilkerson como sendo o sexto pilar da casta. A utilização da violência e do terror para prevenir resistências e a criação constante de sinais, imagens, símbolos e costumes que elevem a casta superior e diminuam os alocados na base são citados como sétimo e oitavo pilares da casta.

Os diversos pilares do sistema de castas demonstram o enraizamento do racismo em nossa sociedade. Em outras palavras, trata-se de algo reproduzido ao longo de séculos em várias partes do planeta, de uma lógica de pensamento normalizada que estrutura a sociedade. A lógica racista abarca leis, políticas, comportamentos que operam cotidianamente nas estruturas sociais e no setor público e privado, resultando em discriminação de fato ou de direito, direta e indireta, intencional ou não. É o que tem sido denominado de racismo sistêmico.

Diante de uma realidade de racismo sistêmico e estrutural, tem-se que não basta combater o racismo direto, mas implementar medidas antirracistas de forma concreta, mesmo quando o comportamento observado seja de aparente normalidade, porque essa normalidade está contaminada por uma visão de mundo baseada na existência de castas raciais. Assim, o elemento culpa ou intenção não adquire importância, cabendo aos poderes públicos e a todos nós que temos interesse em uma sociedade justa combater a exclusão e a marginalização de grupos humanos. Ao Direito, que por décadas sustentou o sistema segregacionista, cabe agora, urgentemente, acabar com suas raízes e seus frutos.

Compreendido que enfrentamos um racismo sistêmico e estrutural, é preciso pensar por qual razão um sistema de discriminação em função de aspectos físicos e imutáveis ainda subsiste em pleno século XXI, em sociedades modernas, globalizadas e interligadas por transporte e tecnologias eficientes, capazes de conectar todos os seres humanos do planeta e disseminar conhecimento de suas particularidades e valores. É que a moeda da injustiça racial possui duas faces: De um lado, a desigualdade, discriminação e violência. De outro, o privilégio. Além de pensar em racismo, é preciso pensar em branquitude. Em uma sociedade estruturalmente racista, uma pessoa branca não se vê como racializada. É sempre o outro. Em outras palavras, qualquer pessoa branca é beneficiada por uma sociedade racista apenas como decorrência de sua cor. Entre dois moradores de rua, por exemplo, o morador branco poderá usar o banheiro do *shopping* apenas por ser branco, enquanto ao negro será proibida a entrada. Esse é o principal motivo pelo qual o racismo ainda se sustenta na contemporaneidade: há um privilégio sendo usufruído, o qual a parte da sociedade privilegiada não quer perder. Mantém-se a exclusão de muitos para que o centro se mantenha, já que o que há no centro é pensado como não acessível a todos e nem possibilidade de todos. Aqui é preciso ressaltar que, não obstante esta parcela social hoje privilegiada possa dizer que não participou da criação do sistema de castas raciais, tem-se que ela precisa abrir mão dos seus privilégios e admitir viver em uma sociedade diversa.

A ideia do homem branco vencedor e dotado de superioridade, cunhada através das gerações, a partir de uma visão eurocêntrica do mundo, legitima, ainda hoje, a violência racial contra grupos não brancos, bem como forma um substrato que permeia as escolhas para as melhores oportunidades, mormente no mundo do trabalho. No Brasil, tenta-se defender a ideia de democracia racial a partir da miscigenação do povo brasileiro, concluindo-se, falsamente, que as relações sociais são pautadas por igualdade entre indivíduos etnicamente diversos, dando embasamento ao discurso da meritocracia e deixando de reconhecer que o racismo é estruturante das relações sociais também no Brasil. Não há como reconhecer mérito diante de oportunidades desiguais. O privilégio decorrente da cor permite aos brancos chegarem, com grande vantagem, aonde chegaram.

Em seu livro *'Pequeno Manual Antirracista'*, a filósofa brasileira Djamila Ribeiro reforça:

> Pessoas brancas não costumam pensar o que significa pertencer a esse grupo, pois o debate racial é sempre focado em negritude. (...) Portanto, uma

pessoa branca deve pensar seu lugar de modo que entenda os privilégios que acompanham sua cor. Isso é importante para que privilégios não sejam naturalizados ou considerados apenas esforço próprio (RIBEIRO, 2019).

As estatísticas também revelam o racismo estrutural no Brasil. De acordo com o Observatório da Diversidade e da Igualdade de Oportunidades no Trabalho da *Smartlab*, (*SMARTLAB*) plataforma conjunta da OIT com o Ministério Público do Trabalho (MPT), há uma diferença de remuneração relacionada a sexo e raça no setor formal. Enquanto a média salarial de um homem branco, em 2019, foi de R$ 3,6 mil e a de uma mulher branca foi de R$ 2,8 mil, a de homens e mulheres negros foi de R$ 2,4 mil e R$ 1,9 mil, respectivamente. Também houve segregação ocupacional de negros em cargos de direção — estes compunham apenas 29% dos cargos.

O estudo Desigualdades Sociais por Cor ou Raça no Brasil, produzido pelo Instituto Brasileiro de Geografia e Estatística (IBGE), em 2019, (IBGE, 2019) apontou que, no mercado de trabalho, os pretos ou pardos representavam 64,2% da população desocupada e 66,1% da população subutilizada. Além disso, o número de trabalhadores negros em ocupações informais era de 47,3%, enquanto o de brancos era de 34,6%. Em relação ao rendimento médio, pessoas brancas ocupadas tiveram salário 73,9% superior ao da população preta ou parda (R$ 2.796 contra R$ 1.608). Entre os trabalhadores com nível superior completo, brancos ganhavam, por hora, 45% a mais que pretos ou pardos. Quanto à distribuição de renda, os pretos ou pardos representavam 75,2% do grupo formado pelos 10% da população com os menores rendimentos e apenas 27,7% dos 10% da população com os maiores rendimentos.

No Brasil, de acordo com dados de 2021 do Instituto Brasileiro de Geografia e Estatística (IBGE), 56,1% da população se autodeclara negra, entre pretos e pardos. (IBGE, 2020) Já segundo a Pesquisa PoderData, de 2020, (FREIRE, 2020) 81% dos brasileiros disseram haver preconceito contra negros no Brasil por causa da cor da pele, enquanto apenas 34% afirmaram ter preconceito contra os negros. Observa-se a discrepância dos números, o que revela uma grande parcela de racismo inconsciente. Esse viés racista inconsciente manifesta-se, por exemplo, quando um recrutador branco seleciona alguém para trabalhar e acredita que o branco é mais competente; ou quando, ao selecionar alguém para fazer a propaganda, o *marketing* da empresa acredita que a pessoa branca tem melhor aparência.

3. Discriminação indireta e impacto desproporcional nas relações de trabalho

Nas relações de trabalho, em razão da desigualdade dos contratantes e da ampla pessoalidade envolvida, o ambiente é propício à projeção de sentimentos e práticas presentes no meio social, tais como o racismo. A discrepância entre o percentual dos trabalhadores negros no Brasil e o percentual de pessoas negras em posições laborais qualificadas, de poder, chefia e gestão, demonstra a existência de práticas que não promovem, ou mesmo vedam, qualificação ou inserção de pessoas negras em tais funções. Trata-se da discriminação indireta no trabalho.

É importante distinguir a discriminação racial direta da discriminação racial indireta para melhor compreensão dos seus efeitos. Discriminar é uma palavra com vários sinônimos: distinguir, diferenciar, apartar, afastar, isolar, marginalizar, segregar, separar. É possível alcançar o resultado discriminatório de várias maneiras, por tratamento ou por impacto. O tratamento discriminatório é mais facilmente comprovável e combatível que o impacto discriminatório.

A discriminação direta implica exclusão explícita de uma pessoa ou grupo social em razão de sua característica própria, no caso do presente estudo a cor da pele, gerando tratamento desigual ou indigno. É mais facilmente detectável e tratável pois já existem vedações antidiscriminatórias expressas no ordenamento jurídico brasileiro. Por exemplo, é mais fácil para o trabalhador insurgir-se contra um anúncio de emprego que exija candidatos brancos para determinada função, já que a discriminação em razão de cor e raça é expressamente vedada constitucional e infraconstitucionalmente.

Na discriminação indireta, há igualdade no tratamento formal, porém desigualdade na produção dos efeitos, ou seja, há impacto desproporcional em determinadas pessoas ou grupos. São práticas aparentemente lícitas, mas que não guardam relação com a capacidade exigida para o cargo ou posição ofertada e, em uma sociedade estruturalmente racista, implicam desfavor para pessoas ou grupos afrodescendentes. No processo seletivo ou avaliativo com impacto discriminatório não há, em princípio, intenção visível, mas há utilização de medidas aparentemente neutras no critério racial que dificultam ou impedem o acesso ao emprego e promoção funcional de pessoas negras.

Nos tribunais brasileiros não são comuns as ações judiciais envolvendo a discriminação indireta e as condutas com impacto discriminatório em razão das dificuldades de natureza probatória e da necessidade de se reconhecer o componente estruturante do racismo na nossa sociedade, avançando para uma análise mais profunda e lastreada em princípios e normas internacionais. A discriminação indireta nem sempre é praticada por indivíduos contra indivíduos, podendo ser uma discriminação institucional e estrutural, sutil e devastadora para todo um grupo social a longo prazo, desafiando, na maior parte das vezes, ações coletivas ou, ao menos, decisões judiciais de maior espectro.

A dificuldade para o poder judiciário está em alcançar a ilicitude ou caráter segregacionista escondido sob o véu de medidas empresariais supostamente corriqueiras e legais e superar o componente intencional da conduta discriminatória. Para tanto, tem adquirido destaque a teoria do impacto desproporcional, surgida nos Estados Unidos da América, com menção no *Civil Rights Act* de 1964, teoria posteriormente aprimorada pelas decisões proferidas pela Suprema Corte daquele país. A Seção 703 do Título VII da lei em referência define as práticas do empregador consideradas ilegais. Entre elas, destacam-se: a) contratar ou deixar de contratar um empregado, por causa de sua raça, cor, religião, sexo ou nacionalidade e b) impedir ou limitar que um indivíduo tenha uma oportunidade de emprego por causa de sua raça, cor, religião, sexo ou nacionalidade. A primeira hipótese faz referência à discriminação direta, com componente intencional, já a segunda proibição busca evitar a discriminação indireta e o impacto desigual na contratação de trabalhadores, garantindo igualdade de oportunidade.

Griggs v. Duke Powers Co. foi o *leading case* que ampliou o conceito de discriminação, inaugurando os novos paradigmas que alteraram a legislação americana (*Civil Rights Act* de 1991) e diversos ordenamentos jurídicos internacionais. Em 1965, a empresa, responsável pela geração e distribuição de energia elétrica, adotou uma nova política de contratação: todos os candidatos, exceto os oriundos do *Labor Department* (onde estavam empregados negros), deveriam ter um diploma de conclusão do ensino médio (*high school* diploma), além de serem aprovados em dois testes escritos.

As posições laborais em questão haviam sido preenchidas apenas por empregados brancos como resultado de uma antiga prática racista do empregador que, nove anos antes, iniciara uma política de contratação em que os brancos que se candidatavam a vagas de emprego em departamentos brancos racialmente segregados tinham que ter um diploma de conclusão do ensino médio, ao tempo em que os funcionários brancos admitidos antes daquela data, podiam ser transferidos de uma vaga para outra, mesmo aquelas com melhor remuneração, sem ter concluído o ensino médio, o que demonstrava que a exigência não tinha relação significativa com o desempenho no trabalho e que, na prática, desclassificava negros em índice substancialmente superior ao dos candidatos brancos. Em 1966, a empresa foi processada por treze empregados negros. Em outras palavras, a medida, aparentemente neutra e meritocrática, beneficiava os trabalhadores que estudaram nas melhores escolas, prejudicando aqueles que haviam estudado nas escolas de pior qualidade, em sua maioria negras, ou seja, o impacto da medida foi a promoção apenas de funcionários brancos.

Roger Raupp Rios resume este caso emblemático:

> Retomando a explicação do caso Griggs, nele discutiu-se a legitimidade de exigência de requisito escolar (ou, alternativamente, obtenção de certa pontuação em teste de inteligência) para a contratação ou para a promoção para certos cargos da estrutura da empresa. Os autores sustentaram que a exigência de tais requerimentos, ainda que neutros em face do critério racial, resultava em discriminação proibida, uma vez que uma porcentagem muito mais elevada de negros era reprovada. A defesa, por sua vez, invocou a neutralidade racial dos requerimentos, bem como a liberdade do empre-

> gador em aplicar tais testes. Interpretando o Título VII do *Civil Rights Act*, o tribunal concluiu pela ilegitimidade dos testes, dado o seu caráter discriminatório quanto aos resultados obtidos, isto é, em face do impacto racial diferenciado. A constatação de tal impacto expressou-se nos números considerados pela Suprema Corte: enquanto 34% dos brancos possuía diploma secundário, apenas 12% dos negros alcançara a exigência; 58% dos brancos eram bem sucedidos nos testes de inteligência, contra 6% dos negros. A decisão, tomada por unanimidade, considerou que o conceito de discriminação deveria ser interpretado amplamente, alcançando não só medidas com intenção discriminatória, mas também medidas com impacto racial diferenciado, ainda que não intencionais. Nas palavras da opinião unânime, "práticas, procedimentos ou testes facialmente neutros, e mesmo neutros em termos de intencionalidade, não podem ser mantidos se eles operam, para "congelar" o status quo anterior de práticas discriminatórias. Assentou-se que toda medida com efeito discriminatório cuja adoção não for estritamente necessária para a consecução dos objetivos do negócio não tem validade perante o direito antidiscriminatório, não importando a ausência de intenção de discriminar. No caso, o empregador não logrou comprovar nenhum motivo específico para a exigência (RIOS, 2008).

O Direito Americano então desenvolveu a partir dos casos concretos a Teoria do Impacto Desproporcional, que trata da discriminação indireta e amplia o conceito de igualdade para além da intencionalidade, abarcando tanto as intenções discriminatórias quanto as medidas neutras com impacto discriminatório (*disparate impact*). Definiu a Suprema Corte norte-americana em suas decisões sobre o assunto:

> Pleitos de *disparate treatment* podem ser distintos de pleitos que enfatizam o *disparate impact*. O último envolve práticas empregatícias que são facilmente neutras no tratamento dos diferentes grupos mas que de fato incidem mais duramente sobre um grupo que outro e não podem ser justificadas pelas necessidades do negócio. Comprovação de motivação discriminatória, nós temos decidido, não é requerida sob a teoria do *disparate impact* (RIOS, 2008).

Note-se que não estamos tratando das qualificações funcionais de boa-fé, que são exigências lícitas para um referido cargo ou atividade, como no clássico exemplo mencionado por Paulo Jakutis (2006), da exigência de um restaurante francês de contratação de um cozinheiro de origem específica da França. Trata-se aqui de critérios justos em sua forma, mas que contêm barreiras invisíveis, arbitrárias e desnecessárias, que operam injustamente no sentido da discriminação racial ou outra inadmissível.

É importante ressaltar que a definição de critérios de acesso, manutenção e promoção no emprego pode ser discriminatória de forma inconsciente, mas também pode conter o propósito empresarial camuflado de manter os privilégios decorrentes da branquitude e, consequentemente, uma confortável situação de poder social. Em outras palavras, sendo o racismo, em regra, estruturante do pensamento empresarial, pode haver o interesse deliberado de manter o negro no lugar subalterno onde foi posto, alimentando o sistema de castas. Não podendo fazê-lo de maneira explícita, em razão das normas expressas na legislação constitucional e infraconstitucional que vedam a discriminação, tende-se a fazê-lo de forma a parecer lícito e normal.

Segundo Paulo Jakutis:

> Não é o inconsciente, frise-se, o único reduto ou a única razão de ser da discriminação. Também a intenção de subordinação, de dominação são fortes traços característicos da conduta discriminatória. Sem embargo disso, a constatação de que a discriminação é, por vezes, fruto do inconsciente, tem destacada importância quando se dá um passo adiante e se pretende confrontar a ideia de motivação com a de discriminação. Em outras palavras, concluir-se que a discriminação pode ser fruto do inconsciente equivale a tornar inaceitável qualquer teoria que defenda a necessidade de prova da intenção discriminatória para a invalidação de um ato. Intenção racional, motivação e inconsciente são conceitos dissonantes que não se afinam (JAKUTIS, 2006).

A teoria do impacto desproporcional possibilita compreender o fenômeno discriminatório como algo institucional e estrutural, exatamente como tal fenômeno se apresenta na sociedade, e não tratar a discriminação como algo pontual, intencional e individualizado. A partir da aplicação de tal teoria, é possível avançar para o campo da responsabilização objetiva do empregador por atos discriminatórios, efetivamente adentrando ao combate do racismo sistêmico. Por certo, o conceito de igualdade formal, embora inegável seu valor, não tem forças suficientes para reverter situações de desigualdade. É preciso dimensionar o princípio da igualdade, combatendo tanto as práticas discriminatórias explícitas e intencionais, quanto as condutas que, com roupagem de neutralidade, promovem a discriminação e a exclusão.

4. Fundamentos jurídicos para o enfrentamento da discriminação racial no trabalho

É necessário pontuar que a existência de tratamento diferenciado é pressuposto do conceito de igualdade substancial. É compatível com a isonomia a reparação ou compensação dos elementos de desigualdade com medidas de superioridade jurídica, constituindo ações afirmativas que, ao introduzirem tratamento desigual aos desiguais, produzem concreta e efetiva igualdade. Isso ocorre quando se prevê, por exemplo, a "proteção do mercado de trabalho da mulher, mediante incentivos específicos, nos termos da lei" (Constituição do BRASIL, 1988) ou quando são definidas políticas de cotas raciais para acesso a universidades e empregos públicos.

Alguns denominam tais medidas como discriminação positiva, a qual é permitida e encorajada no texto constitucional brasileiro. O repúdio à discriminação arbitrária, todavia, tem sido objeto de grande preocupação dos legisladores em grande parte do mundo desenvolvido. Muitos são os fundamentos legais e principiológicos, nacionais e internacionais, que permitem o enfrentamento da discriminação racial direta ou de tratamento e também da discriminação indireta ou por impacto desproporcional.

A Declaração Universal dos Direitos Humanos da Organização das Nações Unidas (ONU), de 1948, documento que serviu de base para diversos tratados com força jurídica sobre direitos humanos e influenciou o constitucionalismo das democracias recentes, dispõe no

> artigo I Todas as pessoas nascem livres e iguais em dignidade e direitos. São dotadas de razão e consciência e devem agir em relação umas às outras com espírito de fraternidade;
>
> artigo II Toda pessoa tem capacidade para gozar os direitos e as liberdades estabelecidos nesta Declaração, sem distinção de qualquer espécie, seja de raça, cor, sexo, língua, religião, opinião política ou de outra natureza, origem nacional ou social, riqueza, nascimento, ou qualquer outra condição;
>
> artigo VII Todos são iguais perante a lei e têm direito, sem qualquer distinção, a igual proteção da lei. Todos têm direito a igual proteção contra qualquer discriminação que viole a presente Declaração e contra qualquer incitamento a tal discriminação (BRASIL, 1948).

A Convenção Internacional para a Eliminação de Todas as Formas de Discriminação Racial, de 1965 (ratificada pelo Brasil por meio do Decreto n. 65.810/1969, destaca no Artigo I que

> a expressão "discriminação racial" significará qualquer distinção, exclusão, restrição ou preferência baseadas em raça, cor, descendência ou origem nacional ou étnica que tem por objetivo ou efeito anular ou restringir o recebimento, gozo ou exercício num mesmo plano, (em igualdade de condição), de direitos humanos e liberdades fundamentais no domínio político-econômico, social, cultural ou em qualquer outro domínio de vida pública (BRASIL, 1969).

E no artigo II que

> Os Estados Partes condenam a discriminação racial e comprometem-se a adotar, por todos os meios apropriados e sem tardar uma política de eliminaçao da discriminação racial em todas as suas formas e de promoção de entendimento entre todas as raças e para esse fim: a) Cada Estado Parte compromete-se a efetuar nenhum ato ou prática de discriminação racial contra pessoas, grupos de pessoas ou instituições e fazer com que todas as autoridades públicas nacio-

> nais ou locais, se conformem com esta obrigação; b) Cada Estado Parte compromete-se a não encorajar, defender ou apoiar a discriminação racial praticada por uma pessoa ou uma organização qualquer (BRASIL, 1969).

Merecem menção o Pacto de San José da Costa Rica (1966), incorporado ao ordenamento interno por meio do Decreto n. 678, de 06.11.1992, garantindo o respeito aos direitos e liberdades fundamentais sem qualquer tipo de discriminação (art. 1º), bem como o Protocolo de San Salvador (1988), incorporado ao sistema jurídico brasileiro por meio do Decreto n. 3.321, de 30.12.1999, reiterando a obrigação de não discriminação.

A Convenção n. 111 da Organização Internacional do Trabalho (OIT) define discriminação como

> a) Toda distinção, exclusão ou preferência fundada na raça, cor, sexo, religião, opinião política, ascendência nacional ou origem social, que tenha por efeito destruir ou alterar a igualdade de oportunidade ou de tratamento em matéria de emprego ou profissão;
>
> b) Qualquer outra distinção, exclusão ou preferência que tenha por efeito destruir ou alterar a igualdade de oportunidades ou tratamento em matéria de emprego ou profissão. (...) (BRASIL, 2019).

Em anos recentes, a teoria do impacto desproporcional foi expressamente inserida na Convenção Interamericana Contra o Racismo, a Discriminação Racial e Formas Correlatas de Intolerância, sob o conceito de "discriminação indireta". Ratificada pelo Brasil através do Decreto n. 10.932 de 10.01.2022, a Convenção conceitua em seu art. 1º, item 2:

> Discriminação racial indireta é aquela que ocorre, em qualquer esfera da vida pública ou privada, quando um dispositivo, prática ou critério aparentemente neutro tem a capacidade de acarretar uma desvantagem particular para pessoas pertencentes a um grupo específico, com base nas razões estabelecidas no Art. 1.1, ou as coloca em desvantagem, a menos que esse dispositivo, prática ou critério tenha um objetivo ou justificativa razoável e legítima à luz do Direito Internacional dos Direitos Humanos (BRASIL, 2022).

No âmbito das leis internas, a Constituição da República de 1988, no art. 3º, inciso IV dispõe que: "Constituem objetivos fundamentais da República Federativa do Brasil: promover o bem de todos, sem preconceitos de origem, raça, sexo, cor, idade e quaisquer outras formas de discriminação". A proteção contra atos ou comportamentos discriminatórios ainda aparece em outros trechos da Carta Magna. O art. 4º consagra o repúdio ao racismo como princípio das relações internacionais, e o art. 5º declara a igualdade de todos perante a lei e enquadra o racismo como crime inafiançável e imprescritível. O art. 7º, inciso XXX, proíbe diferenças salariais por motivo de sexo, idade, cor ou estado civil (BRASIL, 1988).

A Consolidação das Leis do Trabalho (CLT) prevê multa por discriminação em razão do sexo ou etnia e assegura a isonomia salarial (art. 461). A Lei n. 9.029/1995 proíbe genericamente a adoção de qualquer prática discriminatória para efeito de acesso à relação de emprego ou sua manutenção, seja por motivo de sexo, origem, raça, cor, estado civil ou idade.

A Lei n. 7.716/1989 (que ficou conhecida como Lei Caó, por ter sido proposta pelo jornalista e político Carlos Alberto Caó de Oliveira) prevê o crime de racismo que implica conduta discriminatória dirigida a determinado grupo ou coletividade e, geralmente, refere-se a crimes mais amplos. Compreende uma série de crimes, como o impedimento de acesso, de emprego, de promoção ou de qualquer vantagem em razão da cor da pele, da dependência ou da origem racial ou étnica. Na área trabalhista, caracteriza-se na recusa da contratação ou no pagamento de salários mais baixos, por exemplo.

O Estatuto da igualdade Racial (Lei n. 12.288/2010) traz o dever estatal de garantir a igualdade de oportunidades por meio de políticas públicas, ações afirmativas, eliminação de obstáculos históricos, estímulo a iniciativas de igualdade e promoção de ajustes normativos para combater a discriminação étnica.

Apenas o arcabouço normativo citado é suficientemente sólido para fundamentar o combate à discriminação racial em todas as suas formas. Em especial, destaca-se a Convenção Interamericana Contra o Racismo, a Discriminação Racial e Formas Correlatas de Intolerância ratificada pelo Brasil através do Decreto 10932 de 10/01/2022, cujo status jurídico é o de emenda constitucional, na qual foi reconhecido o caráter discriminatório de critérios neutros que acarretam impacto desproporcional em determinados grupos humanos.

A questão da discriminação racial já é tema de diversos processos judiciais. De acordo com dados da Coordenadoria de Estatística e Pesquisa do Tribunal Superior do Trabalho, a indenização por dano moral decorrente de atos discriminatórios foi o 88º assunto mais frequente na Justiça do Trabalho em 2019. O tema também aparece na 137ª posição, relativa à rescisão do contrato de trabalho por dispensa discriminatória, e na 609ª, relativa à garantia constitucional de não discriminação. Todavia, ainda é majoritariamente tratada de forma pontual e considerando apenas situações de discriminação direta ou de tratamento.

5. Caminhos possíveis ao judiciário trabalhista para a promoção de trabalho decente aos trabalhadores afrodescendentes

Uma mudança estrutural requer uma mudança das instituições. Mas são os indivíduos, os tomadores de decisão, formadores de opinião, gestores e agentes os quais formam as instituições que constroem as estruturas. Uma política pública de transformação das estruturas não pode intimidar-se pelos erros do passado. Cabe ao Estado, pelos seus poderes, comprometer-se com o futuro, com os valores e princípios universais que incorporou em seu ordenamento jurídico, devendo criar mecanismos, não apenas para garantir os direitos humanos, mas para torná-los efetivos e extensivos a todos sem distinção. Para isso é urgente reconhecer que temos no Brasil um patamar cultural absorvido pelo viés inconsciente do racismo, que definiu um lugar inferior ao negro na sociedade e, a partir desta compreensão, caminhar para uma realidade de trabalho decente para todos e desenvolvimento sustentável.

No âmbito do judiciário trabalhista, a partir do reconhecimento do racismo como fundante da sociedade brasileira, é preciso estender o combate à discriminação para abarcar o impacto discriminatório e não apenas o tratamento discriminatório. Há disposições jurídicas nacionais e internacionais que permitem este elastecimento e mais, o recomendam e o determinam. Em especial, o reconhecimento jurídico da discriminação indireta e da prática ou critério aparentemente neutro capaz de gerar impacto desproporcional a grupos afrodescendentes, previstos na Convenção Interamericana Contra o Racismo, a Discriminação Racial e Formas Correlatas de Intolerância, ratificada pelo Brasil com caráter constitucional, não pode ser ignorado.

Verifica-se que o conceito de discriminação por impacto desproporcional começa a se delinear na jurisprudência brasileira. O Supremo Tribunal Federal empregou o raciocínio da Teoria do Impacto Desproporcional no julgamento da ADIn 1946-5/DF, que tratou do salário-maternidade. Vale destacar parte do voto do ex-ministro Sydney Sanches:

> Na verdade, se se entender que a Previdência Social, doravante, responderá apenas por R$ 1.200,00 (hum mil e duzentos reais) por mês, durante a licença da gestante, e que o empregador responderá, sozinho, pelo restante, ficará sobremaneira, facilitada à opção deste pelo trabalhador masculino, ao invés da mulher trabalhadora. Estará, então, propiciada a discriminação que a Constituição buscou combater, quando proibiu diferença de salários, de exercício de funções e de critérios de admissão, por motivo de sexo (art. 7º, inc. XXX da CF/88), proibição, que, em substância, é um desdobramento do princípio da igualdade de direitos, entre homens e mulheres, previsto no inciso I do art. 5º da Constituição Federal (BRASIL, Supremo Tribunal Federal, ADIn 1946-5/DF).

Também na ADPF 291, o STF foi chamado a esclarecer se o crime militar de pederastia (art. 235, CPM) que veda que militares pratiquem atos libidinosos, homossexuais ou não, em lugares sujeitos à Administração Militar e, de maneira muito interessante, a teoria do impacto desproporcional foi utilizada no voto do Eminente Ministro Luís Roberto Barroso como um argumento contrário à recepção do crime de pederastia:

> Torna-se, assim, evidente que o dispositivo, embora em tese aplicável indistintamente a atos libidinosos homo ou heterossexuais, é, na prática, empregado de forma discriminatória, produzindo maior impacto sobre militares gays. Esta é, portanto, uma típica hipótese de

discriminação indireta, relacionada à teoria do impacto desproporcional (disparate impact), originária da jurisprudência norte-americana. Tal teoria reconhece que normas pretensamente neutras podem gerar efeitos práticos sistematicamente prejudiciais a um determinado grupo, sendo manifestamente incompatíveis com o princípio da igualdade (BRASIL, Supremo Tribunal Federal, ADPF 291).

A 1ª turma do Supremo Tribunal Federal mencionou a teoria no HC 124.306 em caso envolvendo a criminalização do aborto. Em seu voto, o Ministro Roberto Barroso concluiu que

> Por fim, a tipificação penal produz também discriminação social, já que prejudica, de forma desproporcional, as mulheres pobres, que não tem acesso a médicos e clínicas particulares, nem podem se valer do sistema público de saúde para realizar o procedimento abortivo. Por meio da criminalização, o Estado retira da mulher a possibilidade de submissão a um procedimento médico seguro. Não raro, mulheres pobres precisam recorrer a clínicas clandestinas sem qualquer infraestrutura médica ou a procedimentos precários e primitivos, que lhes oferecem elevados riscos de lesões, mutilações e óbito. (...) De um lado, já se demonstrou amplamente que a tipificação penal do aborto produz um grau elevado de restrição a direitos fundamentais das mulheres. Em verdade, a criminalização confere uma proteção deficiente aos direitos sexuais e reprodutivos, à autonomia, à integridade psíquica e física, e à saúde da mulher, **com reflexos sobre a igualdade de gênero e impacto desproporcional sobre as mulheres mais pobres** (BRASIL, Supremo Tribunal Federal, HC 124.306).

No âmbito do Tribunal Superior do Trabalho, encontramos menções à teoria do impacto desproporcional em julgamentos envolvendo trabalhadores portadores de deficiência:

> DECISÃO REGIONAL PUBLICADA NA VIGÊNCIA DA LEI N. 13.467/2017. AGRAVO DE INSTRUMENTO EM RECURSO DE REVISTA INTERPOSTO PELO MINISTÉRIO PÚBLICO DO TRABALHO. AÇÃO CIVIL PÚBLICA. NÃO PREENCHIMENTO DE VAGAS DESTINADAS A PESSOAS COM DEFICIÊNCIA OU REABILITADAS. ART. 93 DA LEI N. 8.213/1991. HIPÓTESE EM QUE O QUADRO FÁTICO DEMONSTRA QUE A RECLAMADA NÃO IMPRIMIU TODOS OS ESFORÇOS PARA REALIZAR O PREENCHIMENTO DAS VAGAS. VIOLAÇÃO AO PRINCÍPIO DA IGUALDADE DE OPORTUNIDADES. TRATAMENTO DISCRIMINATÓRIO NO PROCESSO SELETIVO MEDIANTE A UTILIZAÇÃO DE CRITÉRIOS GENÉRICOS SEM JUSTIFICATIVA PARA REPROVAÇÃO ("INSTABILIDADE PROFISSIONAL"), SEM QUE HOUVESSE PROVA DE QUE CRITÉRIOS FOSSEM TAMBÉM APLICADOS AOS DEMAIS CANDIDATOS, SEM IMPEDIMENTOS, E MEDIANTE A EXIGÊNCIA DE CONHECIMENTOS DE INGLÊS E INFORMÁTICA PARA A FUNÇÃO DE AUXILIAR DE LIMPEZA, A CARACTERIZAR A "DISCRIMINAÇÃO POR SOBREQUALIFICAÇÃO". OBRIGAÇÃO DE FAZER. INDENIZAÇÃO POR DANOS MORAIS COLETIVO. <u>TRANSCENDÊNCIA SOCIAL CONSTATADA.</u> Agravo de instrumento a que se dá provimento para determinar o processamento do recurso de revista, em face de haver sido demonstrada possível violação do art. 93 da Lei n. 8.213/91 (BRASIL, Tribunal Superior do Trabalho, Processo RR 1001046-33.2017.5.02.0712).
>
> RECURSO DE REVISTA EM FACE DE DECISÃO PUBLICADA NA VIGÊNCIA DA LEI N. 13.015/2014. PROTEÇÃO JURÍDICA E ACESSO AO TRABALHO DA PESSOA COM DEFICIÊNCIA. DIREITO ÀS ADAPTAÇÕES RAZOÁVEIS. OBRIGAÇÕES DO ESTADO BRASILEIRO PERANTE A SOCIEDADE INTERNACIONAL. SISTEMAS DA ORGANIZAÇÃO DAS NAÇÕES UNIDAS E INTERAMERICANO

DE PROTEÇÃO DOS DIREITOS HUMANOS. DECLARAÇÃO SOCIOLABORAL DO MERCOSUL. EFICÁCIA HORIZONTAL DOS DIREITOS FUNDAMENTAIS. APLICAÇÃO ÀS RELAÇÕES PRIVADAS. PERSPECTIVA CONSOLIDADA PELA CONVENÇÃO DAS NAÇÕES UNIDAS SOBRE OS DIREITOS DAS PESSOAS COM DEFICIÊNCIA, DE 2007, APROVADA NO ÂMBITO INTERNO COM EQUIVALÊNCIA A EMENDA CONSTITUCIONAL E PELA LEI N. 13.146/2015 – LEI BRASILEIRA DE INCLUSÃO DA PESSOA COM DEFICIÊNCIA (ESTATUTO DA PESSOA COM DEFICIÊNCIA). RESPONSABILIDADE E FUNÇÃO SOCIAL DA EMPRESA. DISCRIMINAÇÃO POR IMPACTO ADVERSO (BRASIL, Tribunal Superior do Trabalho, Processo RR 1RR – 1076-13.2012.5.02.0049).

Em dezembro de 2020, em uma decisão paradigmática, o Tribunal Superior do Trabalho reconheceu o caráter discriminatório de guia de padronização visual de empregados sem diversidade racial. A decisão foi proferida na reclamação trabalhista ajuizada por uma operadora de atendimento contra uma rede de laboratórios de São Paulo. A trabalhadora insurgiu-se diante do material distribuído pela empresa na segunda etapa do treinamento admissional, denominada Treinamento de Padronização Visual, em que era explicado o padrão adotado em relação a cabelos, vestimenta e maquiagem. Causou estranheza para a trabalhadora que o material não fizesse referência alguma à cútis ou ao cabelo da raça negra.

Uma das exigências do guia de padronização era que os cabelos abaixo dos ombros deveriam ficar sempre presos, podendo-se usar soltos os cabelos curtos sem franja. Segundo a operadora, no entanto, embora seus cabelos fossem curtos, foi orientada a mantê-los sempre presos em razão de chamarem a atenção por causa do volume. Assim, apenas as empregadas de cabelos curtos lisos podiam usá-los soltos. O laboratório, em sua defesa negou a intenção discriminatória e sustentou que o material de treinamento é meramente ilustrativo, composto de desenhos e de regras a serem observadas, e as alegações da ex-empregada se deviam à sua insatisfação com o desligamento.

O pedido de indenização da trabalhadora fora julgado improcedente em primeira e segunda instâncias, por entenderem, a Vara e o Tribunal, que o fato de não haver no guia fotos ou ilustrações de pessoas negras não demonstrava, por si só, discriminação, não existindo na legislação nada que determinasse que os documentos internos de empresas "sejam ilustrados por todas as cores".

A decisão considerou, ainda, que a empregada não fizera prova do assédio moral alegado, e que, nos termos dos arts. 818, inciso I, da CLT e 373, inciso I do Código de Processo Civil, que tratam do ônus da prova, a conduta deveria ser inequivocamente comprovada por quem a alega.

A relatora do recurso de revista da trabalhadora, Ministra Delaíde Miranda Arantes, fez um histórico sobre a evolução da proteção ao princípio da não discriminação. No plano internacional, citou a Declaração Universal dos Direitos Humanos da Organização das Nações Unidas (ONU), de 1948, a Convenção Internacional para a Eliminação de Todas as Formas de Discriminação Racial, de 1965 (ratificada pelo Brasil por meio do Decreto n. 65.810/1969 e a Convenção n. 111 da Organização Internacional do Trabalho (OIT). No plano nacional, a ministra lembrou o art. 3º da Constituição da República, o Estatuto da Igualdade Racial (Lei n. 12.288/2010) e a Lei n. 9.029/1995, que proíbe a adoção de práticas discriminatórias.

Com fundamento nesses instrumentos legais, a ministra afirmou que qualquer distinção, exclusão, restrição ou preferência baseada exclusivamente na cor da pele, raça, nacionalidade ou origem étnica pode ser considerada discriminação racial. No caso do laboratório, a seu ver, a falta de diversidade racial no guia de padronização visual é uma forma de discriminação que pode ferir a dignidade humana e a integridade psíquica dos empregados da raça negra, como no caso da operadora, que não se sentem representados em seu ambiente de trabalho.

A ministra assinalou ainda que, no atual estágio de desenvolvimento da nossa sociedade, "toda a forma de discriminação deve ser combatida, notadamente aquela mais sutil de ser detectada em sua natureza, como a discriminação institucional ou estrutural", praticada por instituições públicas ou privadas, e não por indivíduos, "de forma intencional ou não, com o poder de afetar negativamente determinado grupo racial". Com fundamento nos arts. 186 e 927 do Código Civil, que tratam do ato ilícito e do dever de indenizar, a relatora considerou que, ainda que de forma não intencional, o guia surtiu um efeito negativo na esfera íntima da operadora, razão pela qual deveria ser reparado o dano por meio de indenização, arbitrada em R$ 10 mil. A decisão da 2ª Turma do Tribunal Superior do Trabalho foi mantida pela Seção de Dissídios Individuais 1 (BRASIL, 2023).

No ano de 2021, as ONGs Educafro e Visibilidade Feminina e pelo Centro Santo Dias de Direitos Humanos ajuizaram ação civil pública contra as empresas do mercado financeiro XP e Ável Investimentos em razão de falta de diversidade entre os profissionais das empresas. A ação foi movida após circular na *internet* uma foto da equipe da Ável com mais de 100 pessoas, quase todas homens, brancos e jovens. Na imagem não há nenhuma pessoa negra. A 25ª Vara do Trabalho de Porto Alegre acolheu a ação e deferiu o prazo de 15 dias para as rés explicarem sobre a falta de diversidade em seu quadro funcional. O litígio foi encerrado em 2022 com um acordo sem pagamento de indenizações porém com compromissos e planos de ação assumidos pelas empresas para promoção de diversidade em seus quadros.

Analisando os casos concretos submetidos à apreciação do judiciário, é possível identificar questões de complexo e difícil enfrentamento judicial em situações de discriminação por impacto desproporcional. Abordaremos, dado o aspecto limitado deste estudo, duas questões centrais: A hermenêutica e a prova.

Não há dúvida de que, ao judiciário, rumo ao trabalho decente para todos previsto na Agenda 2030 da ONU, cabe transformar a sociedade, tornando-a mais justa e igualitária e não homologar desigualdades. Assim, a interpretação do princípio da igualdade e o convencimento do juízo em ações que tratam da discriminação racial indireta deve considerar o impacto desproporcional de certas medidas empresariais observada a coletividade da população afrodescendente no Brasil e sua historicidade. Em outras palavras, a hermenêutica tradicional a partir da lente de grupos que sempre foram hegemônicos na sociedade é insuficiente para apreciar o fenômeno da discriminação indireta ou por impacto. É preciso incorporar à interpretação judicial as circunstâncias históricas e a realidade social, interpretando o racismo como algo estrutural e não individual.

A hermenêutica do oprimido é construída por Moreira (2020) que alerta que mesmo em uma sociedade tida como democrática e que assegura dimensões formais de direitos, coexistem hierarquias sociais que mantém os grupos minoritários em *status* subordinados ao longo do tempo (MOREIRA, 2020, p. 298-300).

O autor complementa que "o processo de interpretação da igualdade deve sempre estar pautado pelo conhecimento do contexto no qual as pessoas vivem porque tem em vista a complexidade das suas experiências" (MOREIRA, 2020, p. 316).

A utilização da hermenêutica do oprimido, ou seja, a adoção de um protocolo de julgamento com perspectiva racial apresenta-se como essencial ao judiciário para percepção da complexidade da questão da discriminação indireta, reconhecendo-se as múltiplas facetas do racismo e como ele opera, bem como admitindo-se que o lugar de subalternidade onde foi historicamente posta a população negra demanda reparação coletiva e não mais, apenas, enfrentamento pontual.

Além da hermenêutica, outra questão central de difícil enfrentamento judicial em ações de discriminação indireta refere-se à prova. A regra legal é de que a conduta discriminatória do empregador ou seu preposto deve ser demonstrada pelo reclamante, porquanto se trata de fato constitutivo do seu direito. Mas no caso da discriminação indireta ou por impacto é necessário o uso de meios atípicos de prova já que a prática discriminatória recai sobre múltiplas questões com aparência de legalidade, o que dificulta sobremaneira a prova do ilícito.

Um tipo de prova que permite enfrentar casos de discriminação indireta é a prova estatística. Embora não exista um consenso no Brasil sobre a aceitação desse meio probante, os números levantados por instituições confiáveis, podem precisar as características de uma "população" ou "universo" de eventos, transações, atitudes ou opiniões, pela observação de amostragem de uma população, permitindo acesso a dados comparáveis para que os decisores possam avaliar a escala e a natureza da discriminação sofrida.

Segundo Sergio Cruz Arenhart, embora o tema ainda seja pouco tratado no sistema brasileiro, cabe referir que, em certos ordenamentos, o emprego da prova estatística é até mesmo regulado expressamente, tamanha a importância que se vê em seu emprego. É o caso dos Estados Unidos, em que o Manual for *Complex Litigation* (editado pelo *Federal Judicial Center*) expressamente alude ao emprego da técnica no item 11.493. Ademais, a regra 703, das Federal *Rules of Evidence*, expressamente autoriza, naquele sistema, peritos a expressarem opiniões, desde que baseadas em resultados de pesquisas, o que de certa forma autoriza o oferecimento de opiniões pessoais fundamentadas em análises estatísticas (ARENHART, 2019).

A União Europeia, na Diretiva 2000/43/CE, de 29 de junho de 2000, regulou expressamente o uso da estatística como meio de prova da discriminação indireta no ambiente do trabalho, dispondo que

> (15) A apreciação dos factos dos quais se pode deduzir que houve discriminação directa ou indirecta é da competência dos órgãos judiciais, ou outros órgãos competentes, a nível nacional, de acordo com as normas ou a prática do direito nacional. Essas normas podem prever, em especial, que a determinação da discriminação indirecta se possa fazer por quaisquer meios de prova, incluindo os estatísticos (UNIÃO EUROPEIA, 2000).

Para Wallace Corbo, [...] "a demonstração estatística da discriminação, contudo, só tem sentido quando se fala em uma discriminação indireta de natureza coletiva, ou seja, uma discriminação que afeta todo o grupo, produzindo seus efeitos de tal modo que, inda que todos os indivíduos pertencentes àquele grupo sejam impactados, uma análise individualizada pode não ser suficiente para demonstrá-la" (CORBO, 2017).

Note-se que é possível obter um estudo estatístico comparável a partir de fontes de dados de guarda obrigatória do empregador, tais como registros de empregados, resumos de pessoal, folha de pagamento e outros registros ou a partir de dados informados pela empresa a órgãos públicos, por exemplo o CAGED — Cadastro Geral de Empregados e Desempregados. Pode o juízo ainda, convocar especialistas em estatísticas para maior esclarecimento e detalhamento das análises.

Outra questão importante sobre a qual cabe, ao menos, breve menção é a culpa. A responsabilidade do empregador, em situações de discriminação racial indireta por adoção de medidas de impacto desproporcional em grupos afrodescendentes, é objetiva, sendo irrelevante perquirir se a conduta foi ou não culposa. No aspecto convém ressaltar que a discriminação indireta em regra é não intencional e baseada em vieses inconscientes, mas nem sempre. Medidas com aparência de neutralidade podem, propositadamente, esconder uma intenção discriminatória consciente.

Para propiciar maior reflexão sobre os caminhos possíveis ao Judiciário Trabalhista para a promoção de trabalho decente aos trabalhadores afrodescendentes, convém relembrar o caso emblemático Simone Diniz X Brasil no qual a decisão proferida pela Comissão Interamericana de Direitos Humanos (CIDH) reconheceu a discriminação indireta, representando um marco na luta contra a insensibilidade do judiciário às questões raciais no Brasil.

O caso Simone André Diniz contra o Brasil é pioneiro ao analisar a discriminação racial sob a perspectiva do Direito Internacional dos Direitos Humanos. A Corte Interamericana traduziu o dever geral de diligência do Estado Brasileiro, afirmando a obrigação positiva de prevenir, regular e sancionar as violações cometidas por particulares.

O caso Simone

Simone André Diniz, mulher preta de 44 anos, filha de pai mecânico e mãe faxineira, sentiu na pele os efeitos da discriminação institucionalizada quanto tinha apenas 19 anos. Em março de 1997, ela era estudante de um curso de auxiliar de enfermagem, pago por seu pai, e decidiu concorrer a uma vaga de empregada doméstica.

Embora o anúncio se destinasse a jovens "de preferência brancas, com 21 anos", a observação não era um excludente, e Simone decidiu candidatar-se. Ao conversar com a responsável pelo anúncio, foi informada que sua cor "não preenchia os requisitos".

Ela, então, ligou para a Ordem dos Advogados do Brasil (OAB – Seção São Paulo) para denunciar a discriminação. Após confirmar a restrição de raça imposta pelo anúncio, a OAB e a vítima prestaram notícia-crime à Delegacia de Crimes Raciais de São Paulo (SP). Esse foi apenas o começo de uma longa jornada de luta contra o racismo.

Omissão e racismo institucional

A notícia-crime deu início a um inquérito policial. O relatório do inquérito foi enviado ao Judiciário com ciência ao Ministério Público, que se manifestou pelo arquivamento do caso. A fundamentação do MP foi "falta de indícios de que o ato constituísse crime de racismo". Em apenas um mês, em abril de 1997, o caso foi arquivado.

Inconformados, o Centro pela Justiça e o Direito Internacional (Cejil), a Subcomissão do Negro da Comissão de Direitos Humanos da OAB/SP e o Instituto do Negro Padre Batista apresentaram uma petição contra o Estado brasileiro à Comissão Interamericana de Direitos Humanos (CIDH). A petição denunciava violações a diversos artigos da Convenção Americana sobre Direitos Humanos e da Convenção Internacional para a Eliminação de Todas as Formas de Discriminação Racial. A alegação era a de que o Estado brasileiro não havia garantido o pleno exercício do direito à justiça e ao devido processo legal, falhara na condução dos recursos internos para apurar a discriminação racial e, por isso, descumprira a obrigação de garantir o exercício dos direitos previstos na Convenção Americana.

Em 2006, a CIDH concluiu, no Relatório 66/06, pela responsabilização do Estado brasileiro e efetuou 12 recomendações ao Brasil. Entre elas, a de reconhecer publicamente a responsabilidade pela violação dos direitos humanos de Simone André Diniz e conceder apoio financeiro à vítima, para que pudesse iniciar e concluir curso superior, além do pagamento de indenização por danos morais (BRASIL, Tribunal Superior do Trabalho, 2022).

A Comissão Interamericana, no caso em estudo, utilizou-se de uma ampliada gama de meios probatórios. Inicialmente, foi utilizado o seu próprio relatório sobre o Brasil, de 1997, com valor de prova pré-constituída, permitindo analisar a linha evolutiva da igualdade racial no Brasil, a partir dos próprios parâmetros (standards) da Comissão. Além disso, a Comissão Interamericana baseou-se em vários estudos estatísticos de instituições confiáveis e renomadas, a saber, o Instituto Sindical Interamericano pela Igualdade Racial (INSPIR), o Instituto Superior de Estudos da Religião (ISER), o Instituto Brasileiro de Análises Sociais e Econômicas, o Instituto de Pesquisa Econômica Aplicada (IPEA) e o Instituto Brasileiro de Geografia e Estatística (IBGE). Interessante observar que as duas últimas instituições fazem parte do aparato do próprio Estado brasileiro, sendo os dados considerados então como informação oficial. Por fim, a Comissão considera vários artigos e estudos acadêmicos de reconhecidos especialistas na questão da desigualdade racial.

O caso Simone Diniz contou, ainda, com um espectro consideravelmente rico de reparações propostas ao Estado brasileiro, conforme se extrai do relatório 66/06:

> A Comissão Interamericana de Direitos Humanos reitera ao Estado brasileiro as seguintes recomendações:
>
> 1. Reparar plenamente a vítima Simone André Diniz, considerando tanto o aspecto moral como o material, pelas violações de direitos humanos determinadas no relatório de mérito e, em especial,
>
> 2. Reconhecer publicamente a responsabilidade internacional por violação dos direitos humanos de Simone André Diniz;
>
> 3. Conceder apoio financeiro à vítima para que esta possa iniciar e concluir curso superior;
>
> 4. Estabelecer um valor pecuniário a ser pago à vítima a título de indenização por danos morais;
>
> 5. Realizar as modificações legislativas e administrativas necessárias para que a legislação anti-racismo seja efetiva, com o fim de sanar os obstáculos demonstrados nos parágrafos 78 e 94 do presente relatório;
>
> 6. Realizar uma investigação completa, imparcial e efetiva dos fatos, com o objetivo de estabelecer e sancionar a responsabilidade a respeito dos fatos relacionados com a discriminação racial sofrida por Simone André Diniz;
>
> 7. Adotar e instrumentalizar medidas de educação dos funcionários de justiça e da polícia a fim de evitar ações que impliquem discriminação nas investigações, no processo ou na condenação civil ou penal das denúncias de discriminação racial e racismo;

8. Promover um encontro com organismos representantes da imprensa brasileira, com a participação dos peticionários, com o fim de elaborar um compromisso para evitar a publicidade de denúncias de cunho racista, tudo de acordo com a Declaração de Princípios sobre Liberdade de Expressão;

9. Organizar Seminários estaduais com representantes do Poder Judiciário, Ministério Público e Secretarias de Segurança Pública locais com o objetivo de fortalecer a proteção contra a discriminação racial e o racismo;

10. Solicitar aos governos estaduais a criação de delegacias especializadas na investigação de crimes de racismo e discriminação racial;

11. Solicitar aos Ministérios Públicos Estaduais a criação de Promotorias Públicas Estaduais Especializadas no combate ao racismo e a discriminação racial;

12. Promover campanhas publicitárias contra a discriminação racial e o racismo (ARAS, 2020).

Tomando como parâmetro o caso Simone André Diniz, observa-se que a Comissão Interamericana desenvolveu uma abordagem consideravelmente avançada em matéria de hermenêutica, construindo a fundamentação jurídica a partir de instrumentos internacionais de Direitos Humanos, considerando uma perspectiva a partir do oprimido na valoração da prova da discriminação e sem limitar-se à investigação de culpa em sentido estrito, bem como utilizou-se a Comissão de vários meios probatórios, inclusive indiretos, contribuindo significativamente para a evolução da jurisprudência internacional relacionada à discriminação racial. A decisão proferida projetou efeitos de ordem coletiva, reconhecendo o caráter estrutural e sistêmico do racismo no Brasil e não tratando a situação da trabalhadora como um caso isolado.

6. Conclusão

"Um mundo sem castas libertaria a todos."
WILKERSON, 2011.

A tendência é que a discriminação facial ou expressa diminua em confronto com as normas antidiscriminatórias específicas. Todavia, a discriminação indireta recrudesce nesse contexto, desafiando a jurisprudência nacional a atentar para novos caminhos e novos meios de prova indireta para enfrentar as modalidades de discriminação sutis que escondem uma ideologia empresarial ilícita e antiética, não admitida por ato, mas levada a efeito por impacto. Ao comparar a situação fora da empresa, observado o conjunto da população, com a amostra do empregador, é possível concluir pela existência ou não de discriminação indireta. Assim, a prova estatística é de grande relevância em ações civis públicas ou em ações coletivas que tratem do tema.

Cabe ao Judiciário Trabalhista assumir sua responsabilidade na implementação do trabalho decente para todos, Objetivo de Desenvolvimento Sustentável previsto na Agenda 2030 da ONU, contribuindo para o alcance do objetivo fundamental da República brasileira de construir uma sociedade mais justa e igualitária. Para tanto, a interpretação da igualdade como princípio deve ser substancial e histórica, compreendendo o fenômeno do racismo no Brasil como algo estrutural e não isolado. Os casos submetidos ao Judiciário Trabalhista nos quais denunciada situação de discriminação racial devem ser julgados sob perspectiva própria e decididos de forma a promover soluções coletivas e duradouras.

O combate à discriminação direta e intencional é insuficiente para examinar a chaga do racismo no Brasil. A perspectiva do impacto desproporcional gerado por vieses discriminatórios sedimentados na nossa cultura precisa ser considerada. A eliminação da discriminação no mundo do trabalho, mais do que uma busca pelo trabalho decente, é uma questão de direitos humanos, de dignidade, de alcance de uma sociedade genuinamente sustentável e feliz.

Referências

ARAS, Vladimir. O caso Simone André Diniz (2006). *Blog do Vlad*. 23 nov. 2020. Disponível em: <https://vladimiraras.blog/2020/11/23/o-caso-simone-andre-diniz-2006/>. Acesso em: 27 set. 2023.

ARENHART, Sérgio Cruz. A prova estatística e sua utilidade em litígios complexos. *Revista Direito e Práxis*, Rio de Janeiro, v. 10, n. 1, p. 661-677, 2019.

BRASIL. Comissão Interamericana de Direitos Humanos. *Relatório n. 66/06*. Caso 12.001 Mérito Simone André Diniz Brasil, 21 out. 2006. Disponível em: <https://moodle.ufsc.br/mod/resource/view.php?id=572842>. Acesso em: 15 set. 2023.

______. *Constituiçao da República Federativa do Brasil de 1988*. Disponível em: <https://www.planalto.gov.br/ccivil_03/Constituicao/Constituicao.htm>. Acesso em: 26 set. 2023.

______. Convenção n. 111 da OIT. *Decreto n. 10.088, de 5 de novembro de 2019*. Disponível em: <https://www.planalto.gov.br/ccivil_03/_Ato2019-2022/2019/DecretoD10088.htm#art5>. Acesso em: 26 set. 2023.

______. Convenção Interamericana contra o Racismo, a Discriminação Racial e Formas Correlatas de Intolerância. *Decreto n. 10.932, de 10 de janeiro de 2022*. Disponível em: <https://www.planalto.gov.br/ccivil_03/_Ato2019-2022/2022/Decreto/D10932.htm>. Acesso em: 26 set. 2023.

______. Convenção Internacional sobre a Eliminação de todas as Formas de Discriminação Racial. *Decreto n. 65.810, de 8 de dezembro de 1969*. Disponível em: <https://www.planalto.gov.br/ccivil_03/decreto/1950-1969/D65810.html>. Acesso em: 26 set. 2023.

______. *Declaração Universal dos Direitos Humanos*. 1948. Disponível em: <https://brasil.un.org/sites/default/files/2020-09/por.pdf>. Acesso em: 26 set. 2023.

______. Supremo Tribunal Federal. *ADIn 1946-5/DF*. Disponível em: <https://redir.stf.jus.br/paginadorpub/paginador.jsp?docTP=AC&docID=347341>. Acesso em: 26 set. 2023.

______. Supremo Tribunal Federal. *ADPF 291*. Disponível em: <http://redir.stf.jus.br/paginadorpub/paginador.jsp?docTP=TP&docID=10931627>. Acesso em: 26 set. 2023.

______. Supremo Tribunal Federal. *HC 124.306*. Disponível em: <http://www.stf.jus.br/arquivo/cms/noticiaNoticiaStf/anexo/HC124306LRB.pdf>. Acesso em: 26 set. 2023.

______. Tribunal Superior do Trabalho. *Processo RR – 1076-13.2012.5.02.0049*. Órgão Judicante 7ª Turma, relator Claudio Mascarenhas Brandao. Julgamento 24 abr. 2019. Publicação 03 maio 2019. Disponível em: <https://jurisprudencia.tst.jus.br/>. Acesso em: 26 set. 2023.

______. Tribunal Superior do Trabalho. *Processo RR 1001046-33.2017.5.02.0712*. Órgão Judicante 7ª Turma, relator Claudio Mascarenhas Brandao. Julgamento 10 maio 2023. Publicação 26 maio 2023. Disponível em: <https://jurisprudencia.tst.jus.br/>. Acesso em: 26 set. 2023.

______ Tribunal Superior do Trabalho. *Racismo institucional:* o que o Brasil aprendeu com o caso Simone Diniz. 20 nov. 2022. Disponível em: <https://www.tst.jus.br/-/racismo-institucional-o-que-o-brasil-aprendeu-com-o-caso-simone-diniz>. Acesso em: 30 ago. 2023.

______Tribunal Superior do Trabalho. *TST mantém condenação por ausência de pessoas negras em guia de padronização visual*. 09 fev. 2023. Disponível em: <https://www.tst.jus.br/-/aus%C3%AAncia-de-pessoas-negras-em-guia-de-padroniza%C3%A7%C3%A3o-visual-%C3%A9-considerada-discriminat%C3%B3ria>. Acesso em: 30 ago. 2023.

CORBO, Wallace. *Discriminação indireta:* conceito, fundamentos e uma proposta de enfrentamento à luz da Constituição de 1988. Rio de Janeiro: Lumen Juris, 2017.

DIEESE — Departamento Intersindical de Estatística e Estudos Socioeconômicos. *Perfil Básico*. Disponível em: <https://www.dieese.org.br/infografico/2022/trabalhoDomestico.html>. Acesso em: 26 ago. 2023.

FREIRE, Sabrina. 81% veem racismo no Brasil, mas só 34% admitem preconceito contra negros. *Poder 360*, 19 nov. 2020. Disponível em: <https://www.poder360.com.br/brasil/81-veem-racismo-no-brasil-mas-so-34-admitem-preconceito-contra-negros/>. Acesso em: 26 set. 2023.

IBGE — Instituto Brasileiro de Geografia e Estatística. Desigualdades Sociais por Cor ou Raça no Brasil. Estudos e Pesquisas. *Informação Demográfica e Socioeconômica*, n. 41, 2019. Disponível em: <https://biblioteca.ibge.gov.br/visualizacao/livros/liv101681_informativo.pdf>. Acesso em: 26 set. 2023.

______. *Pesquisa Nacional por Amostra de Domicílios Contínua trimestral*. Rio de Janeiro: IBGE, 2020.

JAKUTIS, Paulo. *Manual de estudo da discriminação no trabalho*. São Paulo: LTr, 2006.

KARNAL, Leandro [*et al.*]. *História dos Estados Unidos:* das origens ao século XXI. São Paulo: Contexto, 2007.

MOREIRA, Adilson José. *Tratado de Direito Antidiscriminatório*. São Paulo: Contracorrente, 2020.

ONU — Nações Unidas no Brasil. *Agenda 2030*. 15 set. 2015. Disponível em: <https://brasil.un.org/pt-br/91863-agenda-2030-para-o-desenvolvimento-sustent%C3%A1vel>. Acesso em: 05 ago. 2023

RIBEIRO, Djamila. *Pequeno Manual Antirracista*. São Paulo: Companhia das Letras, 2019.

RIOS, Roger Raupp. *Direito da antidiscriminação:* discriminação direta, indireta e ações afirmativas. Porto Alegre: Livraria do Advogado, 2008.

SANTOS, Elaine Cristina Moraes. *Griot digital:* ressignificando a ancestralidade afro-brasileira na educação. 2020. Tese (Doutorado em Educação) – Faculdade de Educação, Universidade de São Paulo, São Paulo, 2020. Disponível em: <doi:10.11606/T.48.2020.tde-16022021-110956>. Acesso em: 26 set. 2023.

SMARTLAB. *Observatório da Diversidade e da Igualdade de Oportunidades no Trabalho.* Disponível em: <https://smartlabbr.org/diversidade/localidade/0?dimensao=raca>. Acesso em: 26 set. 2023.

UNIÃO EUROPEIA. *Directiva 2000/43 do Conselho da União Europeia, de 29 de junho de 2000.* Disponível em: <https://eur-lex.europa.eu/legal-content/PT/TXT/?uri=celex%3A32000L0043>. Acesso em: 15 set. 2023.

WILKERSON, Isabel. *Casta:* as origens de nosso mal-estar. Tradução Denise Bottmann e Carlos Alberto Medeiros. 1. ed. Rio de Janeiro: Zahar, 2011.

Mulheres em Uma Cidade Sustentável: Diferença no Trabalho em Razão de Gênero, Raça e Classe

Women in a Sustainable City: Differences in Work by Gender, Race and Class

Bárbara Ferrito[1]

Resumo: Trata-se de artigo que busca enfrentar as desigualdades de raça e gênero no mercado de trabalho como meio de forjar a cidade sustentável proposta pela Agenda 2030 da ONU. Faz isso adotando como metodologia a revisão bibliográfica dos principais autores que tratam de raça, gênero e trabalho, pensando no papel do Direito em um cenário de desigualdades estruturais. Como pergunta central que se pretende responder busca-se entender como o Direito atua também na intensificação das desigualdades de gênero, raça e classe.

Abstract: This is an article that seeks to address race and gender inequalities in the labor market as a means of forging the sustainable city proposed by the UN 2030 Agenda. It does so by adopting a bibliographical review of the main authors that deal with race, gender and work as a methodology, thinking about the role of Law in a scenario of structural inequalities. As a central question that it intends to answer, it seeks to understand how the Law also acts in the intensification of gender, race and class inequalities.

1. Introdução

Não é possível falar em desenvolvimento sustentável, sem falar em trabalho. Trabalho é o motor que move as sociedades, edifica o indivíduo e fortalece laços. Não é a

(1) Juíza do Trabalho no Tribunal Regional do Trabalho da 1ª Região, mestre e graduada em Direito pela Universidade Federal do Rio de Janeiro, especialista em Direito pela Universidade Gama Filho, Conteudista da ENAMAT, autora do livro *"Direito e Desigualdade: Uma análise da discriminação das mulheres no mercado de trabalho em razão dos usos dos tempos"*.

toa que Supiot[2] fala em trabalho como *parto*, no sentido de criação dolorosa. É dor e é também o sublime.

Além disso, a trabalho hoje ainda é uma meio eficaz e comum de integração social. Somos cidadãos, somos integrados a sociedade por meio do trabalho. Não é por outra razão que a qualificação dos indivíduos ainda pergunta qual a profissão. Ricardo Antunes[3] nos recorda que, mesmo na sociedade da tecnologia digital dos *smarts* tudo, a vida ainda se centra no trabalho: tudo começa no trabalho infernal dos mineradores. Ainda vivemos, a meu ver, a sociedade com certa centralidade do trabalho na vida do indivíduo.

Então, qualquer plano tendente a abordar o desenvolvimento de uma sociedade deve pensar nesse aspecto humano essencial: o trabalho.

2. Panorama do mercado de trabalho

Para examinarmos o trabalho, precisamos voltar nosso olhar para uma estrutura própria dessa área: o Mercado de Trabalho. É claro que é um termo criticável, já que o Tratado de Versalhes, ao criar a OIT, determinou o princípio da não mercadorização do trabalho, mas como nosso Constituição o institucionalizou, falando da proteção ao mercado de trabalho da mulher, é ele que utilizaremos.

O mercado de trabalho é, em geral, esquecido nas análises sobre desigualdades em temática de trabalho e emprego. Age-se e pesquisa-se como se o mercado de trabalho fosse algo dado, natural, quando, na verdade , é criado socialmente. As diversas estruturas que moldam a sociedade, política, economia, direito, cultura, forjam também o mercado de trabalho que temos.

Torna-se, então, importante percebermos o Estado como mais do que simples regulador do mercado de trabalho, mas atuante incisivamente em sua própria formação. Então, o Estado, inclusive o liberal, cria os nichos de emprego, as possibilidades e molda o mercado de trabalho, forjando também as estruturas desiguais que geram a discriminação da mulher, do negro e do pobre.

Assim, o mercado, como construção social da qual participa ativamente o Estado, não é um dado natural e imutável. Como estrutura social, reproduz mitos, hábitos e imaginários da sociedade. Então, se o Estado é formado a partir do racismo e sexismo estruturais, o mercado de trabalho por ele criado ostentará esses mesmos signos.

Nesse sentido, foi o Estado quem disse que a mulher não pode executar trabalho noturno. Foi o Estado quem determinou que a revista íntima das mulheres é passível de indenização e sanção, que regula a licença maternidade e licença paternidade na forma

(2) SUPIOT, Alain. *Crítica do direito do trabalho*. Lisboa: Fundação Calouste Gulbenkian, 2016. p. 3.

(3) ANTUNES, Ricardo. *O privilégio da servidão:* o novo proletariado de serviços na era digital. São Paulo: Boitempo, 2020. p. 21.

como temos hoje, quem diz que pessoas podem trabalhar em contratos intermitentes, sem garantias mínimas ou estabilidade, que permite a uberização predatório dos empregos.

E isso ganha relevo, quando percebemos que a sociedade se organiza a partir de certas desigualdades não contestadas. Se for considerada justa, a desigualdade simplesmente não será perceptível, por ser tida como evidente e, porque não, natural. É por isso, por causa dessa naturalização, que conseguimos enfrentar no nosso dia a dia tantas cenas de injustiça e desigualdade sem nos revoltarmos profundamente. Essa racionalização também nos permite aceitar como naturais ou dadas tantas injustiças e desigualdades.

E assim, achamos normal a mulher se encarregar dos serviços domésticos e de cuidado. Achamos normal a mulher não retornar ao trabalho após a licença maternidade, como se isso fosse a única forma de expressar o amor materno. Achamos normal a mulher e os negros ganharem menos que os homens brancos, ou se submeterem a trabalhos mais precários ou vínculos mais inseguros. Achamos normal a mulher não "querer" trabalhar na estrada ou embarcada. Achamos normal só ter chefes homens brancos, nos cargos de direção ou nas listas tríplices dos tribunais superiores. Achamos normal o trabalhador demorar 2 horas no trajeto para o trabalho. E assim vamos naturalizando a exclusão, a brecha salarial, o teto de cristal e outras violências.

Por isso, imprescindível que, ao tratar de mercado de trabalho, a partir dos objetivos da Agenda 2030, abordemos os conceitos de divisão sexual do trabalho e divisão racial do trabalho.

3. Divisão sexual do trabalho

Como o próprio nome já diz, a divisão sexual do trabalho consiste na divisão do trabalho, em sentido amplo, a partir do sexo/gênero. Essa divisão é feita a partir de duas lógicas principais: a lógica da separação, que nos ensina que há trabalhos próprio para homens e há trabalhos próprios para mulheres; e a lógica da hierarquia, que diz que os trabalhos próprios dos homens valem mais que os próprios das mulheres.

Foi com base nesse conceito e nessa divisão que o mercado de trabalho foi moldado. Essa concepção passa pela ideia de que aos homens cabe a atuação na seara pública e as mulheres na seara privada, ou melhor dizendo, doméstica. É por isso que os homens atuam desde sempre na política e economia; enquanto as mulheres se especializaram com o serviço doméstico e de cuidado.

Ubaldo Martinez[(4)] analisa o primeiro conceito de trabalhador na Espanha, trazido por uma lei sobre acidente do trabalho, que diz ser operário *"todo aquele que executa habitualmente um trabalho manual fora de seu domicílio, por conta alheia"*. Além disso, e

(4) MARTÍNEZ VEIGA, Ubaldo. *Mujer, trabajo y domicílio:* las orígenes de la discriminación. Barcelona: Icaria Editorial, 1995.

para o que nos interessa aqui, o conceito traz a ideia de trabalho como algo feito "fora do domicílio".

Essa excludente retirou não apenas da proteção do direito do trabalho, mas do próprio conceito de trabalho, o trabalho doméstico e a maior parte dos trabalhos realizados por mulheres, que permaneceram por muito tempo, alguns até hoje, invisibilizados. Então, mesmo as costureiras, lavadeiras, passadeiras, que executavam o serviço em seu próprio domicílio, foram excluídas desse conceito.

Esse foi o molde adotado na Espanha, não muito diferente do que vimos no Brasil. Fica claro que o Direito do Trabalho adotou como modelo de trabalhador um caso específico: o homem, branco, com vínculo regular, contrato por tempo indeterminado e algum nível de profissionalização. A exclusão das mulheres não foi feita de forma direta, portanto, mas pelo próprio conceito do que é trabalho. Trabalho é aquilo que o homem faz.

O meu ponto aqui, porém, não seria propriamente essa origem. A questão que enfrento é a percepção de que, ainda hoje, apesar do ingresso massivo das mulheres no mercado de trabalho, o modelo regulatório adotado é o do homem, branco, com vínculo formal, contrato por tempo indeterminado e algum nível de profissionalização. E as mulheres se veem obrigadas a se enquadrar nesse modelo que não as atende, não as abarca e não foi feito pensando nelas. É essa incongruência entre o modelo adotado e o contexto social de 51,8% da população (formada por mulheres[(5)]), explica um pouco as dificuldades que as mulheres enfrentam no mercado de trabalho.

E o que importa, nesse cenário, é entender que foi naturalizada como biológico uma divisão artificial do mercado de trabalho, extremamente desvantajoso para as mulheres. E digo "como biológico", porque essa divisão em tarefas é meramente discursiva. O mito da fragilidade da mulher não se sustenta, por exemplo, na análise da vida das mulheres negras, que, como narra Angela Davis[(6)], trabalhavam grávidas nos campos de algodão quando escravizadas, das quais eram exigidas a mesma produtividade dos companheiros homens. Não se sustenta a partir da experiência das Guerras Mundiais, quando as mulheres assumiram diversos postos de trabalho anteriormente exclusivo dos homens, para depois serem deles expulsas quando do retorno aos tempos de paz.

Entao, o que fica claro é que quando as mulheres são desumanizadas e se tornam corpos biológicos, tais corpos são explorados em igual medida ao dos homens, com o agravamento das explorações sexuais. Não há biologia que salve a mulher da barbárie. Mas, quando voltamos para a sociedade dita civilizada, com mercado estruturado de trabalho, surge esse discurso da fragilidade da mulher, que a amarra aos serviços domésticos e de cuidado.

---

(5) IBGE. *Estatísticas de Gênero* — Indicadores sociais das mulheres no Brasil. Disponível em: <https://www.ibge.gov.br/estatisticas-novoportal/multidominio/genero/20163-estatisticas-de-genero-indicadores-sociais-das-mulheres-no-brasil. html?=&t=resultados>. Acesso em: 24 set. 2018.

(6) DAVIS, Angela. *Mulheres, Raça e Classe*. São Paulo: Boitempo, 2016 p. 17-19.

Essa divisão sexual do trabalho, portanto, molda o mercado de trabalho, que se forja a partir da desigualdade de gênero, com base em um discurso sobre as diferenças biológicas.

4. Divisão racial do trabalho

Igualmente, pela divisão racial do trabalho, os trabalhos mais precarizados e menos valorizados são relegados às negras e aos negros. Há um resquício aqui da pouca importância dada ao trabalho da negra e do negro, em razão da escravidão e também da dicotomia entre trabalho braçal e trabalho intelectual, na qual aquele, menos valorizado, caberia aos negros e negras, e este, consideravelmente mais valorizado, aos brancos e brancas.

Essa exclusão não é expressa. Não existe norma ou regra de qualquer fonte ou tipo que impeça a negra e o negro de atuarem em qualquer área lícita. Outro ponto importante é reconhecer que essa exclusão pode não ser absoluta, isto é, a existência de um profissional não prejudica a análise.

O que temos, na verdade, é a sobre-representação das negras e negros em serviços precários e a sub-representação desse grupo nos trabalhos mais valorizados.

Assim, é possível perceber que o mercado se estrutura a partir da criação de nichos racializados de profissões, que permitem a perpetuação da desigualdade social a partir da criação de obstáculos a mobilidade social do povo negro.

O Brasil, sendo o último país a abolir oficialmente a escravidão, forjou um mercado de trabalho extremamente hostil aos negros e negras. Passando pelas leis paliativas, que buscavam atrasar a abolição, mas também pela política eugenista de recebimento de trabalhadores europeus em detrimento dos negros e negras, bem como da Lei de Terras, o cenário pós abolição não permitia a inserção do negro ou negra em qualquer esfera da cidadania plena. A marginalização foi profunda e construída pelo próprio Estado.

Essa exclusão institucional do mercado de trabalho se torna ainda mais evidente quando analisamos a Consolidação das Leis do Trabalho. Ao trazer o desenho de um mercado de trabalho civilizado para o povo brasileiro, a CLT excluiu dois grupos sociais: trabalhador rural e empregada doméstica, justamente os grupos de trabalhadores representados majoritariamente por negros e negras, respectivamente. O recado dado pela CLT foi claro: o mercado de trabalho formal e protegido pertence aos brancos.

5. Desigualdades naturalizadas

Essas divisões sexuais e raciais do mercado de trabalho geram cismas na integração do indivíduo na sociedade. Ela define normas descritivas, que diz quem você é, sem nunca ter te visto; e prescritivas, que dizem o seu papel na sociedade. Em outros termos, raça e gênero trazem papeis sociais e lugares a serem ocupados. Sempre subalternizados.

Isso é velado, no sentido de não haver norma que determina isso. Ninguém diz que uma mulher negra não pode ser ministra do STF. Qualquer um que falasse isso seria repreendido imediatamente. Mas é ostensivo, na medida em que não há mulheres negras no STF, não há mulheres negras em postos de poder, na mesma medida em que conformam a sociedade. As entraves e os obstáculos enfrentados pelos grupos subalternizados tornam concreta essa norma específica, que diz que as arenas de debate e poder devem ser ocupadas majoritariamente por homens brancos.

6. Questão do tempo

De tudo o que já conversamos, percebe-se que temos uma sociedade desigual, que cria um mercado de trabalho também desigual quanto ao gênero e raça. Essa desigualdade se mantém, apesar dos instrumentos antidiscriminatórios, porque a estrutura que reproduz essa desigualdade foi naturalizada e normalizada.

Nesse sentido, quanto ao gênero, é interessante perceber que o próprio direito atua como tecnologia de gênero, já que seu discurso molda diferenciações sobre os corpos, divididos conforme o gênero. Assim, o direito "é capaz de atribuir significações ao que é ser mulher, à forma como se deve ser mulher e ao modo como o mundo deve encarar corpos estigmatizados enquanto femininos"(7). O direito pode iniciar essa tecnologia de gênero de diversas formas, tais como criando diferenciações inexistentes, disciplinando as mulheres a partir de estereótipos; e quando esquece que suas normas surtirão efeitos em contextos fáticos específicos.

Igualmente, o direito funciona como dispositivo de racialidade, quando indica como tratar corpos marcados como negros. No dizer de Grada Kilomba(8), não se é discriminado por ser diferente, se é diferente por ser discriminado.

Ao regular, o Direito muitas vezes faz isso a partir da criação de casos e consequência. Haveria, então, uma norma primária, determinando um dever jurídico diante de uma situação de fato, e, uma norma secundária, prevendo a sanção no caso de descumprimento(9). Se os casos foram considerados diferentes em razão do gênero e/ou raça, é possível que o Direito atribua resultados diversos. A definição da distinção entre os supostos casos decorre em grande medida dos aspectos culturais, dos estereótipos e dos papeis sociais atribuídos aos gêneros e raças.

Para ilustrar, é possível pensar na regulamentação da licença maternidade e da licença paternidade, com 120 dias e 5 dias, como regra, respectivamente. O fato gerador

(7) DUQUE, Ana Paula; PRANDO, Camila Cardoso de Mello. Direito como tecnologiade gênero: a tortura contra as mulheres nos inquéritos militares (1964-1979). In: *Universitas JUS*, v. 27, n. 2, p. 57-65, 2016, p. 3.

(8) KILOMBA, Grada. *Memórias da plantação:* episódios de racismo cotidiano. 1. ed. Rio de Janeiro: Cobogó, 2019.

(9) NADER, Paulo. *Introdução ao estudo do direito*. 34. ed., rev. e atual. Rio de Janeiro: Forense, 2012. p. 84.

das duas licenças é o mesmo: nascimento do filho. O que definirá se a licença será de 120 dias ou de 5 dias é o sexo do genitor: se o indivíduo por o homem, gozará de 5 dias; se for a mulher, terá 120 dias.

É claro que gestar e parir é um ato privativo das mulheres, mas a licença maternidade não tem esse fato gerador. Ao adotar essa estrutura normativa segmentada, o Direito pretende emitir a seguinte mensagem: às mulheres cabe o cuidado da criança nos primeiros meses de vida; e aos homens a regularização burocrática, com registro e emissão da certidão. É o Direito, e não a biologia, quem define tais papéis. A mulher parturiente necessita sim de um período de convalescência, mas a licença maternidade não é para isso. A licença maternidade tem por finalidade permitir o cuidado com a criança nos primeiros meses de vida.

A amamentação tem sido utilizada como argumento para justificar a licença maternidade prolongada em comparação à deferida ao homem, mas não parece certo. Veja, a amamentação é apenas um dos cuidados com a criança, existem diversos outros. Se a amamentação é exclusiva da mulher, o que também não é verdade, os homens seriam muito úteis no banho e cuidado entre as mamadas. Fato é que ao estabelecer essa sistemática, o Direito criou uma distinção entre homens e mulheres que não deveria existir, criando desigualdades.

E não se pode alegar que tal distinção beneficia as mulheres com 115 dias a mais de licença. O mercado de trabalho feminino sofre imensamente com as questões atinentes à maternidade. Ainda hoje existe discriminação na contratação de mulheres em idade fértil, em razão do risco de engravidarem. É comum a dispensa após o retorno da licença maternidade. Há, também, obscuridade sobre as normas (afinal, há estabilidade no contrato por prazo determinado?) e claudicância da jurisprudência. A licença maternidade de 120 dias vem com um custo alto para a mulher trabalhadora.

A segunda forma de o Direito atuar como tecnologia de gênero se manifesta quando regula a partir de estereótipos. Estereótipos "constituem-se por uma série de associações sobre grupos que é governada por um processo cognitivo automatizado, sendo eles constituídos por associações simbólicas inseridas no imaginário social"[(10)]. Esses mecanismos mentais atuam não apenas na elaboração da norma, mas na seleção dos fatos que serão regulados e também na aplicação e interpretação da norma. Por isso, permitir a participação política de mulheres e negros em todas as esferas de poder e arena de debate é fundamental, para viabilizar visões plurais sobre as amplas possibilidades do ser mulher, para além de visões machistas engessadas.

Um bom exemplo para ilustrar a visão das mulheres a partir de estereótipo se encontra no art. 390. CLT, que impede o emprego da mulher em serviço que demande

(10) MOREIRA, Adilson José. *O que é discriminação*. Belo Horizonte: Letramento: Casa do Direito: Justificando, 2017. p. 40.

força muscular superior a 20 quilos para o trabalho contínuo e 25 quilos para o trabalho ocasional. Essa norma vem retirar as mulheres da incidência do art. 198 do mesmo diploma, que determina, de forma geral, o peso máximo de 60 quilos. Trata-se de uma disciplina baseada na ideia de que mulheres são mais frágeis fisicamente do que homens. O fundamento da norma é quase biológico.

No entanto, esse mito da fragilidade da mulher não se sustenta na biologia. Hoje vivemos em uma sociedade em que a beleza masculina está relacionada com a força física enquanto que a feminina tem a ver com a delicadeza e fragilidade. Mulheres fortes fisicamente são tidas como masculinizadas. Assim, as mulheres são incentivadas a não cultivar a força física, o que resulta, de fato, em uma sociedade com mulheres mais débis. Mas isso não vem necessariamente da biologia, mas dos padrões culturais e estéticos de como uma mulher deve ser. E, ainda que se reconheça o papel da biologia na diferença entre os sexos, interessante perceber os sentidos que o Direito dá a essas diferenças, como determinantes de acesso ou exclusão à mercado de trabalho.

Dito isto, é preciso reconhecer que existem, é verdade, diferenças biológicas entre homens e mulheres. A questão aqui refere-se ao significado dado a essas diferenças. Ainda que as mulheres, de fato, não possam carregar mais do que 25 quilos, a pergunta que se deve fazer é: os homens devem carregar 60 quilos? Não seria o caso de padronizar o mercado de trabalho a fim de acolher todas as possibilidades? Isso não seria também uma forma de proteger o mercado de trabalho do homem, tão marcado por doenças ocupacionais relacionadas ao levantamento de peso, em especial na construção civil?

De toda sorte, esse mito da fragilidade não se sustenta quando, por exemplo, na análise da vida das mulheres negras, que, como narra Angela Davis[(11)], trabalhavam grávidas nos campos de algodão quando escravizadas, das quais eram exigidas a mesma produtividade dos companheiros homens. Bem como, quando se visita o Museu do Campo de Concentração de Dachau, ao sul da Alemanha, próximo a Munique, onde se exigia das judias feitas prisioneiras a mesma produtividade de seus colegas homens.

Finalmente, o Direito atua como tecnologia de gênero quando olvida que suas normas surtirão efeitos em contextos diversos. Fala-se aqui da falsa neutralidade do Direito, que age como se o impacto de suas normas fosse ser igual em todas as circunstâncias, não percebendo, convenientemente, as desigualdades que cria.

Essa falsa neutralidade pode ser exemplificada na ideia de pobreza de tempo. Trata-se de conceito que busca abarcar o fenômeno no qual as pessoas não possuem tempo para atividades necessárias no cotidiano. Elas são pobres de tempo. E nas diversas pesquisas sobre pobreza de tempo, as mulheres figuraram como grupo social que ostenta tal carência. As mulheres não têm soberania sobre o próprio tempo, uma vez que papeis

(11) DAVIS, Angela. *Mulheres, Raça e Classe.* São Paulo: Boitempo, 2016.

sociais de gênero impõe serviços domésticos e de cuidado. Por outro lado, temos atualmente um mercado de trabalho altamente flexibilizado.

Nesse sentido, a fim de entender melhor o fenômeno da pobreza, alguns estudiosos da economia tem sugerido uma abordagem bidimensional da pobreza, analisando não apenas a renda, mas também o tempo(12). Isso porque as pesquisas sobre o uso dos tempos têm demonstrado que algumas pessoas são pobres de tempo, ou seja, não possuem o tempo necessário para atividades importantes e fundamentais(13).

Em termos de uso do tempo, a dupla jornada que caracteriza a rotina da mulher segue naturalizada e não permite a dedicação exclusiva a um mercado de trabalho cada vez mais flexível e, por isso, exigente. Essa diversificação de jornadas irregulares, cláusulas de disponibilidade, turnos diferenciados que marcam a flexibilidade, exigindo a adequação do labor às necessidades do mercado, podem gerar embate direto com as responsabilidades familiares e os papéis de gênero, afetando intensamente as trabalhadoras.

Dizer que a trabalhadora deve estar ao dispor do mercado de trabalho significa que o tempo de trabalho tem prioridade frente aos demais, que deverão se adequar. Se essa realidade já é difícil para os trabalhadores homens, imaginem para as mulheres que, muitas vezes, não têm soberania sobre seu próprio tempo. As mulheres, muitas vezes, precisam acionar redes de apoio para poderem trabalhar em jornadas flexíveis, mas muitas não tem qualquer rede de apoio possível e, por isso, se veem excluídas desses nichos.

Igualmente, os negros sofrem déficit de tempo em razão da falta de acesso a estruturas mínimas de transporte, saúde e educação. Qualquer ida ao médico se torna um calvário que toma um dia inteiro. O trajeto casa x trabalho x casa pode tomar boa parte do dia. Há casos de moradores de rua no Rio de Janeiro que não são, na verdade, moradores, mas trabalhadores, sem dinheiro e sem tempo para retornar diariamente para suas residências, que optam, por isso, em dormir ao relento, próximo ao trabalho. Essa é a indignidade imposta ao trabalhador preto.

Nesse cenário, não podemos esquecer que se esses dois aspectos, sexuais e raciais, já demonstram violências absurdas, o que falar daquelas marcadas pela interseccionalidade da raça e gênero? É importante trazer a interseccionalidade aqui para não invisibilizar as mulheres negras que sofrem, a um só tempo, com os papeis de gênero e as violências racistas. Assim, a interseccionalidade consiste, na metáfora de Aza Njeri(14), em um monstro com diversos tentáculos, um para cada posição social do sujeito subalternizado.

---

(12) RIBEIRO, Lilian Lopes; TAQUES, Fernando Henrique. Pobreza: da insuficiência de renda à privação de tempo. In: *RDE — Revista de Desenvolvimento Econômico*, ano XIV, n. 25, jun. 2012, Salvador, Bahia.

(13) RIBEIRO, Lilian Lopes. Tese de doutorado. *Uma nova abordagem para a pobreza no Brasil:* uma medida de bem estar através da privação de tempo. Curso de Pós-Graduação em Economia da Universidade Federal do Ceará — CAEN/UFC. Orientador: Prof. Dr. Emerson Luiz Lemos Marinho. Fortaleza/CE, 2012.

(14) NJERI, Aza. Aula "Racismo e Interseccionalidade", proferida em 05.09.2023, no Tribunal Superior do Trabalho, no bojo do curso "Letramento Racial".

Nessa trilha da desigualdade, os estereótipos de gênero e de raça influenciam as possibilidades das mulheres e dos negros e negras no mercado de trabalho. Vistas como pouco dedicadas ao trabalho, com alto índice de absenteísmo, capazes de desligar-se a qualquer momento e sem personalidade de liderança, naturaliza-se a falta das mulheres, brancas e negras, nos topos das carreiras, como decorrentes do ser mulher.

Quanto à flexibilização, os autores são unânimes em relaciona-la com retirada de direitos sociais. Pensando em seus efeitos, o instituto poderia ser caracterizado pela *"redução das garantias sociais dos trabalhadores, a fim de permitir que a empresa se amolde aos ditames do mercado"*(15).

Pensando em jornada, um dos grandes efeitos da flexibilidade é borrar a diferença entre o tempo de trabalho e o tempo de não trabalho. O aumento da intensidade, da disponibilidade, da multifuncionalidade e, porque não, dos riscos, alteram a relação entre os tempos, fazendo com que aquele invada progressivamente este(16). Além disso, essa multiplicidade de jornada desorganiza a vida social da trabalhadora, criando dificuldade para harmonizá-la a outras temporalidades(17).

Assim, considerando um mercado de trabalho marcado pela flexibilidade, ser pobre de tempo se apresenta como empecilho à integração. O Direito, ao tornar, pela Reforma Trabalhista, ordinária, por exemplo, a escala 12x36, normalizou uma jornada que exige alta disponibilidade, com alterações constantes de turnos. O Direito, portanto, ignorou que essa norma produziria impactos diferenciados conforme se tratasse de um trabalhador homem ou mulher. Se para o homem, trata-se de uma jornada cansativa e um trabalho, muitas vezes, precário, fica a pergunta, quanto à mulher: o que sobra quando nem ao trabalho precarizado se tem acesso?(18)

Com esses exemplos, procurou-se ilustrar como o Direito pode atuar como tecnologia de gênero, disciplinando mulheres a partir de estereótipos, falsa neutralidade e distinção infundadas. O passo seguinte, como operadores do Direito, exige um exercício para se superar essa atuação do Direito como promotor e mantenedor de desigualdades e injustiças.

---

(15) FERRITO. Bárbara. *Direito e Desigualdade:* uma análise da discriminação das mulheres no mercado de trabalho a partir dos usos dos tempos. São Paulo, LTr, 2021. p. 91.

(16) ROSSO, Sadi Dal. *O ardil da flexibilidade:* os trabalhadores e a teoria do valor. São Paulo: Boitempo, 2017. p. 120.

(17) CARDOSO, Ana Claudia Moreira. *Tempos de trabalho, tempos de não trabalho:* disputas em torno da jornada do trabalhador. São Paulo: Annablume, 2009. Coleção Trabalho e Contemporaneidade. p. 48.

(18) Essa é uma pergunta que tenho feito em relação ao fenômeno da uberização. Temos centenas de trabalhos sobre esse tema, que ganhou nome novo e novas roupagens, mas que significa em última instância a precarização atingindo o homem branco. Os homens negros estão, em sua maioria, nos modelos mais precarizados desse tipo de trabalho (entrega com bicicleta). As mulheres, negras ou brancas, seguem praticamente excluídas, diante da falta de segurança para o exercício desse labor. Não se trata aqui de reivindicar a precarização, mas de fazer notar a severidade da exclusão de determinados grupos sociais marcados pelo gênero, pela raça ou pelos dois.

7. Conclusão

Essa disfunção decorre, em grande medida, da sistemática do Direito de regular a mulher aos pedaços. Normatiza-se a mulher como "mãe", "esposa", "vítima", mas a mulher nunca é colocada como modelo da norma. O direito do trabalho, ao elaborar o modelo de trabalhador que pretendia regular, utilizou-se de um bem específico. O trabalhador regulado pela CLT é homem, branco, com vínculo regular, contrato por tempo indeterminado e algum nível de profissionalização. A exclusão das mulheres e dos negros e negras foi feita de forma indireta, pela exclusão do que é trabalho. Trabalho é aquilo que o homem branco faz[19].

O homem médio, portanto, é homem branco. Significa que a norma foi feita a partir de um modelo masculino branco, que não contempla, nem atende as mulheres, negros e negras. Para solucionar esse descompasso, o Direito busca compensações e normatizações específicas sobre o trabalho da mulher, cuidando dela "aos pedaços". Sempre em alguma especificidade, mas nunca como molde. Isso gera uma normatização deficiente e, muitas vezes, ineficaz, quer pelo paternalismo[20], quer pelas lacunas.

Essa análise foi uma forma de demonstrar como o Direito possui papel ativo na manutenção dessas desigualdades no mercado de trabalho, especificamente quanto ao gênero, mas também produzindo efeitos quanto à raça e classe, principalmente a partir de uma visão interseccional.

Como operadores do Direito, precisamos superar visões engessadas de indivíduos e normatizações que adotem como parâmetro modelo retirado de pequena parcela da população, incapazes de atender aos demais. Não se trata de criar subjetivismos na análise do Direito, mas de dotar o Direito de agilidade para perceber os avanços e corrigir seus próprios erros estruturais.

A partir dessa visão, torna-se possível perceber o Direito como sistema capaz de manter exclusão, mas, também, uma arena de promoção da transformação social[21]. A dimensão política do Direito deve estar comprometida com reformas sociais, igualdade substancial e integração. Para isso, necessário pensar no sujeito do Direito como cortado por vulnerabilidades que marcam o lugar do indivíduo na estrutura social.

---

(19) As mulheres foram relegadas em grande medida aos serviços de cuidado e doméstico, trabalhos que foram invisibilizados por muito tempo, e ainda hoje, como trabalho. São tarefas executadas em razão do afeto e do amor, são demonstração de carinho. Essa significação cultural mascara o fato de se tratar de trabalho, que demanda vigor físico, tempo e dedicação, como os trabalhos em geral.

(20) Um exemplo de paternalismo seria a norma que proibia o trabalho noturno das mulheres por entender o ambiente noturno inadequado para a moral delas.

(21) MOREIRA, Adilson José. *Pensando como um negro*. Ensaio de hermenêutica jurídica. São Paulo: Editora Contracorrente, 2019.

Para auxiliar nesse exercício, um conceito tem se colocado como excelente chave de leitura. A ideia de transversalidade convida a adoção da perspectiva de gênero de forma integral, em todas as políticas públicas e decisões. A transversalidade se apresenta como a resposta ao patriarcado, como sexismo estrutural[(22)], e também ao racismo estrutural. É possível pensa-la a partir de quatro eixos. A dimensão material enfatiza a ampliação do âmbito de aplicação da igualdade de gênero, que não se deve se ater a alguns aspectos da vida, mas a todos. A dimensão instrumental refere-se a sua capacidade de servir como instrumento de transformação institucional e dos próprios agentes públicos, para que assumam como próprio e para si o princípio da igualdade de gênero. A dimensão subjetiva exige que a atuação contra a discriminação se apoie no reconhecimento da diversidade, a fim de fugir da universalização de apenas um modelo de trabalhador. *"Se trata de superar la universalidade cuantitativa para lograr la universlidad cualitativa"*[(23)]. Por fim, a dimensão temporal reconhece o patriarcado e a discriminação como estruturantes da nossa sociedade, exigindo combate permanente.

Segundo Supiot, cabe ao Direito alcançar novos limites de trabalho compatíveis com a vida. E não qualquer vida, a vida integrada, plena e digna: *"o impossível, o direito substitui pela proibição"*[(24)].

Referências

ANTUNES, Ricardo. *O privilégio da servidão:* o novo proletariado de serviços na era digital. São Paulo: Boitempo, 2020.

CARDOSO, Ana Claudia Moreira. *Tempos de trabalho, tempos de não trabalho:* disputas em torno da jornada do trabalhador. Sao Paulo: Annablume, 2009. Coleção Trabalho e Contemporaneidade.

DAVIS, Angela. *Mulheres, Raça e Classe.* São Paulo: Boitempo, 2016

DUQUE, Ana Paula; PRANDO, Camila Cardoso de Mello. Direito como tecnologia de gênero: a tortura contra as mulheres nos inquéritos militares (1964-1979). In: *Universitas JUS*, v. 27, n. 2, p. 57-65, 2016.

FERRITO. Bárbara. *Direito e Desigualdade:* uma análise da discriminação das mulheres no mercado de trabalho a partir dos usos dos tempos – São Paulo, LTR, 2021.

IBGE. *Estatísticas de Gênero* — Indicadores sociais das mulheres no Brasil. Disponível em: <https://www.ibge.gov.br/estatisticas-novoportal/multidominio/ genero/20163-estatisticas-de-genero-indicadores-sociais-das-mulheres-no-brasil. html?=&t=resultados>. Acesso em: 24 set. 2018.

KILOMBA, Grada. *Memórias da plantação:* episódios de racismo cotidiano. 1. ed. Rio de Janeiro: Cobogó, 2019.

(22) QUINTANILLA NAVARRO, Beatriz. Principio de la transversalidade. In: VALDÉS DAL-RÉ, Fernando; QUINTANILLA NAVARRO, Beatriz. *Igualdad de género y relaciones laborales.* Madrid: Ministerio de trabajo y imigración, 2008. p. 52.

(23) *Ibidem*, p. 53.

(24) SUPIOT, Alain. *Crítica do direito do trabalho.* Lisboa: Fundação Calouste Gulbenkian, 2016. p. 164.

MARTÍNEZ VEIGA, Ubaldo. *Mujer, trabajo y domicílio:* las orígenes de la discriminación. Barcelona: Icaria Editorial, 1995.

MOREIRA, Adilson José. *O que é discriminação.* Belo Horizonte: Letramento: Casa do Direito: Justificando, 2017.

_____. *Pensando como um negro.* Ensaio de hermenêutica jurídica. São Paulo: Editora Contracorrente, 2019.

NADER, Paulo. *Introdução ao estudo do direito.* 34. ed., rev. e atual. Rio de Janeiro: Forense, 2012.

NJERI, Aza. Aula *"Racismo e Interseccionalidade"*, proferida em 05.09.2023, no Tribunal Superior do Trabalho, no bojo do curso "Letramento Racial".

QUINTANILLA NAVARRO, Beatriz. Principio de la transversalidade. In: VALDÉS DAL-RÉ, Fernando; QUINTANILLA NAVARRO, Beatriz. *Igualdad de género y relaciones laborales.* Madrid: Ministerio de trabajo y imigración, 2008. p. 19-43.

RIBEIRO, Lilian Lopes; TAQUES, Fernando Henrique. Pobreza: da insuficiência de renda à privação de tempo. In: *RDE — Revista de Desenvolvimento Econômico*, ano XIV, n. 25, jun. 2012, Salvador, Bahia.

_____. Tese de doutorado: *Uma nova abordagem para a pobreza no Brasil:* uma medida de bem estar através da privação de tempo. Curso de Pós-Graduação em Economia da Universidade Federal do Ceará — CAEN/UFC. Orientador: Prof. Dr. Emerson Luiz Lemos Marinho. Fortaleza/CE, 2012.

ROSSO, Sadi Dal. *O ardil da flexibilidade:* os trabalhadores e a teoria do valor. São Paulo: Boitempo, 2017.

SUPIOT, Alain. *Crítica do direito do trabalho.* Lisboa: Fundação Calouste Gulbenkian, 2016.

Tornar-se Juíza. Considerações de Gênero e Raça na Magistratura Trabalhista

Become a Judge. Gender and Race Considerations in the Labor Judiciary

Manuela Hermes de Lima[1]

Viviane Christine Martins Ferreira[2]

Resumo: Exercer a magistratura não é vivência universal e indistinta entre homens e mulheres, e a despeito do tratamento genérico de integrantes da magistratura por códigos de organização da profissão, atuar para dizer o direito e pacificar conflitos determina vivências diferenciadas que não imunizam magistradas das assimetrias de gênero e raça estruturais em sociedade e que repercutem na atividade profissional e em participação institucional das juízas do trabalho. Compreender as vivências de magistradas em perspectiva interseccional para destacar essa diferenciação pode contribuir para entender a atuação de mulheres na Justiça do Trabalho e como discriminações de gênero e raça atravessam as suas trajetórias profissionais, permitindo articular estratégias em direção à redução de desigualdade de gênero e raça no judiciário trabalhista.

Palavras-chave: Magistratura trabalhista — Discriminações de gênero e raça — Interseccionalidade.

Abstract: Exercising the magistracy is not a universal and indistinct experience between men and women, and despite the generic treatment of members of the magistracy by codes of organization of the profession, acting to say the law and to resolve conflicts determines

(1) Mestre em Direito Público pela UCSal em convênio interinstitucional com a UFPE. Juíza do Trabalho do Tribunal Regional do Trabalho da 5ª Região.

(2) Especialista em Direito Constitucional do Trabalho pela UFBA. Juíza do Trabalho pelo Tribunal Regional do Trabalho da 5ª Região.

differentiated experiences that do not immunize female magistrates from the structural gender and race asymmetries in society and that have repercussions in the professional activity and in the institutional participation of female labor judges. Understanding the experiences of female magistrates from an intersectional perspective to highlight this differentiation can contribute to understanding the performance of women in the labor judiciary and how gender and race discriminations cross their professional trajectories, allowing the articulation of strategies toward the reduction of gender and race inequality in the labor judiciary.

Keywords: Labor judiciary — Gender and race discrimination — intersectionality.

1. Corporificando a toga. As pessoas que compõem a Justiça do Trabalho

A primeira medida que se estabelece em tentativa de promover entendimento das diferentes trajetórias entre homens e mulheres na Justiça do Trabalho, destacando marcadores de gênero e raça, é fixar que a composição sociodemográfica da magistratura trabalhista sofre influxos das desigualdades que estruturam a sociedade brasileira, determinando ocupação por estratos sociais mais elevados, distribuindo postos a pessoas do grupo social branco e, internamente, lugares institucionais de poder às pessoas brancas do gênero masculino, majoritariamente.

De início, destaca-se que segundo dados da PNAD Contínua (Pesquisa Nacional por Amostra de Domicílios Contínua) de 2019, o número de mulheres no Brasil já era superior ao de homens, de modo que a população brasileira era composta por 52,2% de mulheres, representando as mulheres negras 27,8% do total da população brasileira (IBGE, 2019).

A magistratura trabalhista não reflete a sociedade com simetria em relação à participação de mulheres, notadamente observando a reduzida presença de mulheres negras. Quanto ao judiciário trabalhista, revelou o Conselho Nacional de Justiça, ser branco e distribuído em equilíbrio entre homens e mulheres brancas. Expôs o Perfil Sociodemográfico dos Magistrados Brasileiros, em 2018, que a Justiça do Trabalho, com 56,9% de respondentes, é composta por 47% de mulheres, sendo 79% brancas, e apenas 17% pardas e 2% pretas (CONSELHO NACIONAL DE JUSTIÇA, 2018).

Em desdobramento da pesquisa do Conselho Nacional de Justiça, em 2018 a Corregedoria-Geral da Justiça do Trabalho apurou desequilíbrio sob a perspectiva de gênero entre Tribunais Regionais do Trabalho do país, extraindo que somente dois dos tribunais trabalhistas apresentaram situação de razoável equilíbrio em distribuição de cargos no segundo grau, com 52% de cargos de Desembargador ocupados por mulheres na Bahia (TRT5) e de 42% no Estado do Espírito Santo (TRT17), ao passo que nos demais Tribunais, as distorções no segundo grau determinaram, em média, em torno de

25,71% de Desembargadoras e 74,29% de Desembargadores (TST, 2018). Até a data de redação deste texto, em relação ao Tribunal Superior do Trabalho, há 21 Ministros homens, 6 mulheres, e destas, nenhuma mulher negra.

Apontou ainda o Instituto de Pesquisa Econômica Aplicada (IPEA), em estudo de 2019 para investigação de perfil de candidatos aprovados em concurso nacional unificado para a magistratura do trabalho, proporção quase igual de aprovados entre homens (48,9%) e mulheres (51,1%), sendo não negros 83% entre aprovados (IPEA/ENAMAT, 2019).

O referido estudo, coletando informações sobre sexo, idade, região de residência, raça/cor, deficiência ou não, estado civil, nacionalidade, grau de instrução, estrato social, experiências profissionais, médias salariais, jornadas semanais de trabalho, a partir de regressões logísticas binomiais, possibilitou verificar que há, de modo geral, determinadas características comuns a quem chega à aprovação no concurso para a magistratura, especificamente: i) ter até 31 anos; ii) possuir pós-graduação; iii) ter renda individual média maior que R$ 4.569,90; iv) possuir experiência assalariada no Poder Judiciário; v) apresentar evolução da média salarial nos últimos dez anos; vi) não possuir experiência como advogado, exceto quando a etapa é a prova oral. Revelou a pesquisa que a probabilidade de aprovação de candidato(a) que tenha, de maneira simultânea, os seis atributos anteriores, é 57 vezes maior que a probabilidade de aprovação de candidato(a) que, também de modo simultâneo, não tenha nenhum desses seis atributos sociais, educacionais e laborais. Concluiu a pesquisa que a magistratura trabalhista ainda é ocupada por pessoas oriundas de estratos mais elevados da estrutura social.

A Pesquisa sobre negros e negras no Poder Judiciário, de 2021, revelou a gravidade da ausência de informações quanto ao quesito raça/cor em sistema de justiça, incluindo a Justiça do Trabalho, apontando que o não registro de dados prejudicou a apresentação de informações, e que o percentual de não informação chegou a 31,9% no grupo de magistrados(as), bem como que vários órgãos não souberam separar categoria preta de parda, classificando-as como negras, ocasionando perda de dados para a pesquisa. Apesar dos aspectos qualitativos e quantitativos ressalvados, expôs o relatório da pesquisa que a Justiça do Trabalho mantém 15,9% de juízes(as) negros(as), indicando que nos Tribunais Superiores, considerando todo o sistema de justiça, somente há uma ministra com registro de raça/cor negra. Fixou o relatório, ainda, para mensuração do cumprimento ou não da Resolução CNJ n. 203/2015, em estimativa como referência do período necessário para se atingir, na magistratura, a paridade entre a população branca e negra, avaliando o tempo de vigência do sistema de cotas e ressalvadas as limitações metodológicas para projeções a longo prazo, que a equivalência dos(as) magistrados(as) negros(as) será atingida somente entre os anos de 2056 a 2059 (CONSELHO NACIONAL DE JUSTIÇA, 2021).

Noutro passo, a pesquisa Dificuldades na Carreira da Magistrada, realizada pela Escola Nacional da Magistratura Trabalhista/ENAMAT, por iniciativa de Comissão de Estudos para o Incentivo à Participação Institucional Feminina (Ato ENAMAT n. 01/2019), contando com 41% de magistradas ativas na Justiça do Trabalho como respondentes, apesar da cautela exigida diante do universo de participantes, confirmou, quanto ao elemento étnico-racial, ser composta a magistratura de mais de 80% de mulheres brancas.

Relativamente às dificuldades em carreiras, 53,2% das magistradas responderam positivamente quanto a ter sofrido atitudes discriminatórias pela condição de mulher dentro do ambiente de trabalho; e dessa ocorrência situam-se como principais agentes agressores membros da advocacia (quase 80%), seguido de partes do processo ou testemunha homem (47,6%) e magistrados (46,2%). Além disso, observou que, segmentadas as respostas por cor/raça, há maior proporcionalidade de agressão sofrida pelas magistradas pretas ocorre por parte do processo ou testemunha homem, comparativamente às demais. Quanto à percepção para oportunidades em carreira, de modo geral em torno de 30% das respondentes concordam que a condição feminina dificulta ou atrasa as promoções na carreira.

Conclui-se que os dados apontam para a confirmação de espelhamento, em magistratura trabalhista, de desigualdades e assimetrias da sociedade brasileira, marcada por racismo e sexismo. Assim, dando corpo à toga, metaforicamente indicada para compreensão das pessoas que integram o ramo de poder, constata-se na Justiça do Trabalho, quanto às suas magistradas, a ampliação de acesso de mulheres brancas à carreira, com a manutenção de segmentação para afastamento de mulheres em espaços institucionais de poder, e de exclusão de mulheres negras (pretas e pardas) no judiciário trabalhista.

Considerando os elementos expostos, observa-se que o quantitativo numérico de magistradas como juízas, substitutas ou titulares, não determina maior presença feminina como desembargadoras ou ministras, e mantém cenário de ausência em relação às mulheres negras.

Dito isso, tomando de empréstimo a expressão de Frantz Fanon, de que a empreitada colonial colocou em suspenso a subjetividade da pessoa negra, determinando para esta posição em zona do "não ser" (FANON, 2008, p. 26), a partir da negação de sua subjetividade com a inscrição simbólica na categoria homogênea "negro", destina-se o presente texto a visibilizar vivência interseccional de mulheres na justiça do trabalho, inscrevendo em particular a distinção da atuação de magistrada negra em judiciário trabalhista, majoritariamente branco e ocupado por pessoas representantes de estratos sociais mais elevados.

2. Doutora, os colegas da senhora. Referenciais masculinos e brancos no exercício da magistratura

O referencial da magistratura, em presença, agir ou julgar, ainda é masculino e branco, fazendo com que a vivência de magistradas trabalhistas, em dimensão existencial ou sob enfoque de performance, seja localizada a partir de marcadores de gênero e raça, em desempenho que reflete o *status* social de pertencimento a grupos que apesar de constituírem maiorias numéricas ainda ostentam posição política minorizada.

O exercício da magistratura sob atenção de gênero permite observar que a consciência desse marcador por magistradas pode ser instaurada a partir de vivências que amplificam exposição aos efeitos das desigualdades estruturais, fazendo com que magistradas, por analogia do que sugere Simone de Beauvoir, "se tornem mulheres" a partir da experimentação dos efeitos concretos da desigualdade; seja, exemplificativamente, no aspecto da escassez de tempo para equilíbrio das dimensões da vida produtiva e reprodutiva, porque não imunes à desigual distribuição de atividades de cuidado; seja quanto à constatação de ausência de consideração das assimetrias de gênero em regulação da organização da profissão por Tribunais Regionais do Trabalho, ampliando dificuldades de compatibilidade entre vida privada e profissional. O gênero, portanto, observado em relação às desigualdades a ele associadas, é constitutivo da vivência da magistrada, ainda que a consciência sobre a distinção ocorra ao longo do exercício profissional.

Em continuidade, com relação à vivência de se tornar mulher, exemplificada a partir do desafio de equacionar o exercício da magistratura e a maternidade, é possível apontar que também as magistradas trabalhistas precisam lidar com elemento de escassez de tempo para equilíbrio das dimensões da vida produtiva e reprodutiva,[(3)] porque não isentas da desigual distribuição de atividades de cuidado em ambiente familiar e que no Brasil determina para as mulheres o gasto do dobro de tempo com afazeres domésticos, em torno de 21,4 horas por semana, em comparação com os homens, com 11 horas por semana (IBGE, 2019). A propósito, a pandemia do Covid-19 explicitou a desigualdade em distribuição dos usos dos tempos entre homens e mulheres, determinando, para as últimas, magistradas incluídas, a necessidade de acumulação de atividades domésticas e de cuidado com o trabalho produtivo, especialmente amalgamado com o ambiente domiciliar em função do trabalho em modalidade telepresencial.

Destaque-se que mesmo em situações em que parte das atividades de cuidado são delegadas a outras mulheres, empregadas domésticas, negras em sua maioria, o trabalho

(3) Depreende-se de estudos compilados por FERRITO que o gênero atua como fator que desestabiliza igualdade em âmbito doméstico, de modo que a escassez de tempo decorrente da assunção de serviços domésticos e de cuidado determina, para mulheres, efeitos como compensação com redução de horas dedicadas ao trabalho remunerado ou produtivo, múltiplas jornadas, restringe possibilidades de descanso etc., uma vez que os usos do tempo, por vezes, estão condicionados por papeis sociais de indivíduos (FERRITO, 2021, p. 125-132).

de planejamento, organização e tomada de decisões em casa ainda é assumido principalmente por mulheres, determinando aumento de carga mental para as trabalhadoras, magistradas incluídas. Assim, embora comparativamente em relação a trabalhadoras em geral, possuam as magistradas período ampliado de afastamento para fruição de licença maternidade, não podem ser excluídas dos atravessamentos do papel de cuidado, naturalizado para as mulheres em diferentes etapas da vida e que envolve não apenas filhos, mas também outras pessoas que estejam sob seus cuidados (pais idosos, por exemplo).

Além disso, é possível ainda exemplificar ausência de consideração das assimetrias de gênero em regulação da organização da profissão por Tribunais Regionais do Trabalho, acrescendo dificuldades de compatibilidade entre vida privada e profissional, com efeito discriminatório indireto, tendo em vista que apesar de não implicar direta exclusão, normas aparentemente neutras podem ensejar resultados desfavoráveis a grupos determinados, entre os quais cabe incluir o de magistradas. Exemplifique-se, nessa direção, ausência de regulamentação para garantia de realização de audiências telepresenciais a magistradas lactantes; ou de regramento de licença parental compartilhada; ou ainda ausência de normativo que possibilite suspensão de curso de férias em hipótese de advento de licença maternidade ou adotante; ou de incorporação de perspectiva de gênero em julgamentos administrativos, para visibilizar em âmbito decisório interno o reconhecimento de desigualdades e assimetrias em prejuízo das mulheres e produção de julgamento que promova a igualdade em aspecto substancial em processos administrativos, mitigando a influência de vieses cognitivos(4) e estereótipos de gênero.(5)

De outro passo, direcionando análise às performances de gênero, podem ser entendidas sob definição da filósofa Judith Butler, para quem o gênero não é passivamente inscrito no corpo nem determinado pela natureza, mas que se supõe sob coerção, diária e incessante, e no sentido de que concepções reificadas e naturalizadas de gênero podem ser percebidas como constituídas, de maneira que a identidade de gênero é uma realização performativa compelida por sanções sociais e tabus, integrando, consequentemente, a humanização de indivíduos dentro da cultura (BUTLER, 2018).

---

(4) A respeito, adotamos a compreensão do jurista Adilson Moreira, segundo o qual discursos e práticas institucionais podem sofrer influência de operações mentais não conscientes que refletem tendências ou disposições cognitivas implícitas decorrentes de processos de categorização, generalização e associação operadas a partir de representações culturais internalizadas e que podem ter efeito discriminatório (MOREIRA, 2020, p. 380).

(5) O Protocolo para Julgamento com Perspectiva de Gênero do Conselho Nacional de Justiça reforça o entendimento de que um julgamento imparcial pressupõe uma postura ativa voltada a desconstruir e superar vieses e estereótipos, considerando que os estereótipos estão presentes na cultura, na sociedade, nas instituições e no próprio direito, daí a necessidade de sua identificação e afastamento, aprimorando a objetividade e a imparcialidade sob compreensão de que a pessoa julgadora ocupa uma posição social e que informa a sua visão de mundo e percepção sobre indivíduos e grupos (CNJ, 2021, p. 36).

Pensamos não ser possível negar que a exclusão de mulheres de funções públicas esteve associada ao contexto histórico e social sexista presente na estruturação da sociedade brasileira, determinando não somente o ingresso tardio de mulheres em atividades públicas, quais o exercício da magistratura, como também que, no desempenho dessas atividades, as mulheres, porque tidas como diferentes dos homens, consideradas mais emotivas e intelectualmente suscetíveis a influências de diversas ordens, se expressam no exercício atividade profissional mimetizando comportamentos masculinos, especialmente em direção a neutralizar características associadas ao gênero feminino, qual a emotividade ou sensibilidade. Tudo isso permite concluir ocorra o acréscimo, para as magistradas, de trabalho emocional para conformação de códigos de gênero e para performar padrões de neutralidade e de racionalidade esperados, atribuídos ao gênero masculino.

A respeito, investigando a construção de gênero na carreira judicial, Maria da Gloria Bonelli e Fabiana Luci de Oliveira avaliam que a maior presença de mulheres não oportuniza equidade na distribuição de vantagens e privilégios institucionais. Constataram as pesquisadoras que a presença de mulheres, embora possibilite uma composição heterogênea da Justiça, por si só não altera a "visão dominante do profissionalismo, que ao enfocar a excelência como neutra invisibiliza a distribuição desigual de privilégios e desvantagens quanto a gênero e cor/raça no ingresso e na ascensão" (BONELLI, OLIVEIRA, 2020). Assim, prosseguem, mesmo com uma trajetória estruturada e com etapas de progressão padronizadas, persiste o predomínio de magistrados brancos nas posições de maior poder profissional, como também nos tribunais com mais autonomia e recursos, com variações regionais e por segmento da Justiça (BONELLI, OLIVEIRA, 2020).

É possível, assim, examinando a atuação na magistratura sob o parâmetro de performance de gênero, observar que as desigualdades, apagadas em aparência pelo acesso à profissão por concurso público, são camufladas sob um *éthos* masculino, interpretado como neutro, a ensejar uma percepção jurídica de existência de iguais oportunidades, associando as magistradas a construção do "ser magistrado" a partir dessa feição de neutralidade de gênero (BONELLI, OLIVEIRA, 2020).

Descortinando que o fazer político em âmbito das instituições do judiciário se concretiza em padrões não declarados de disputas, mas em condutas de aproximação, alianças e coesão entre iguais, referem as pesquisadoras:

> Esse ideário da neutralidade tomou como referencial os profissionais que dominaram a atividade durante sua constituição e consolidação, no caso, os homens brancos socialmente favorecidos. A postura da autoridade, o modelo da vestimenta, as representações do ser profissional foram elaboradas como universais, mas se apoiaram em modelos particulares que expressavam gênero, raça e classe específicos. Dessa forma, alimenta-se a força da figura

> da autoridade na profissão como resultado legítimo e justamente merecido de seus privilégios sistemáticos, com a inclusão subalternizada das diferenças. Outros corpos que não refletem as imagens esperadas pelos pares e jurisdicionados precisam lidar com a ausência que essa representação produz, por vezes tentando mimetizar o modelo valorizado.
>
> Tal inclusão, portanto, é acompanhada de um viés implícito em relação ao trabalho das mulheres, colocando obstáculos a seu percurso na carreira ao mesmo tempo que gera mais oportunidades para eles. Se há quarenta anos elas eram 10% do corpo profissional, hoje, embora tenha aumentado a inserção delas no grupo, não foi suficiente para que chegassem à cúpula do Judiciário. Isso, por si só, revela a existência de vantagens para uns e desvantagens para outras como resultado da forma como o gênero se manifesta na magistratura (BONELLI, OLIVEIRA, 2020).

Observa-se, em âmbito trabalhista, pela pesquisa Dificuldades na Carreira da Magistrada, realizada pela Escola Nacional da Magistratura Trabalhista/ENAMAT que, no judiciário trabalhista, quando questionadas as magistradas trabalhistas quanto à percepção de oportunidades na carreira, 37% de magistradas percebe haver desigualdade de oportunidades em relação aos colegas homens para receber convites para participar de comissões/comitês; 36% desigualdade para concorrer a cargos diretivos; 28,5% responderam pela relação desigual para concorrer a mandatos associativos; quase 30% percebem desigualdade em relação aos colegas homens para participar de atividades acadêmicas (ENAMAT, 2019, p. 33).

Nota-se, de um lado, o comportamento profissional de magistradas voltado a neutralizar elementos que possam provocar associação a gênero feminino; e de outro, que a aparente igualdade de oportunidades não se confirma em plano material, que se traduz em diferença de acessos a postos de maior prestígio e visibilidade institucional, ainda ocupados majoritariamente por homens brancos.

Conclui-se, também, que na magistratura trabalhista a trajetória de juízas não se dissocia de elementos que estruturam desigualdades sob marcadores de gênero e raça, prestigiando, em movimentos internos, ascensão profissional de homens brancos e materializando, em nível hierárquico, desigualdade e obstáculo que se conhece por teto de vidro ou de cristal, assim compreendido como uma "barreira supostamente invisível que impede a ascensão hierárquica das mulheres" (CAMPOS, 2019).

Em termos de participação feminina na magistratura em geral e na Justiça do Trabalho, em particular, não se pode desconsiderar, portanto, que as performances de gênero implicam comportamentos tendentes a ocultar características gendradas, em mimetização de elementos considerados neutros/masculinos, sem que tal proceder determine, para as mulheres, ampliação de presença em instâncias de cúpula institucional. Em igual direção conclusiva:

> Os obstáculos inferidos no aspecto hierarquia denotam que, apesar do processo de feminização, a magistratura está inserida, enquanto profissão, em um "sistema de gênero", ou seja, um sistema socialmente construído, que coloca mulheres e homens em lugares bem determinados nas instituições e na sociedade. Nota-se a predominância de um paradigma masculino no exercício profissional que impõe às magistradas posturas profissionais mais rígidas e a necessidade constante — ainda hoje — de afirmação de sua competência para ocupação o cargo. Essa observação desdobra-se em outro dado interessante: a ocupação dos cargos de direção pelas mulheres não significa necessariamente que estes espaços estejam se tornando "mais femininos" — do ponto de vista subjetivo — ou que neles se apresentem pautas de interesse das mulheres. Em suma, entre sexo, gênero e questões de alteridade, ainda há muito a construir no judiciário brasileiro (FILHO, OLIVEIRA, SCIAMMARELLA, 2015).

Assim, mirando os colegas, homens brancos, tem-se o desempenho de atividade influenciando performances que expressam comportamentos direcionados a neutralizar os elementos gênero e raça em âmbito profissional, alcançando as magistradas, brancas em sua maioria, entretanto, versões que em aparência ocultam comportamentos associados a grupos minorizados, sem que intervenham, todavia, em paradoxo, a cessar clivagem de gênero e raça que mantém magistrados brancos em topo de posições de vantagens, privilégios, hierarquias e poder nas estruturas do sistema de justiça em geral e da Justiça do Trabalho em especial.

3. Onde está a juíza? Vivenciando a magistratura em perspectiva interseccional

Quando projetamos as lentes para uma perspectiva interseccional, abordagem sobre as interações das categorias raça, gênero e classe, questões que, analisadas em conjunto, concorrem para acentuação da condição de desigualdade que alcança mulheres negras, percebemos que esses atravessamentos concorrem para que mulheres negras em postos de poder, como a magistratura, não sejam vistas ou percebidas no ambiente institucional.

O entrecruzamento entre gênero, classe e etnia foi objeto de estudos e pesquisas pela socióloga, antropologa, historiadora e filósofa, Lélia Gonzalez, mas coube a Kimberlé Crenshaw, jurista estadunidense, cunhar o termo interseccionalidade, a partir de vias identitárias que se entrecruzam, em sobreposições de opressões. Para Lélia, ao analisar as possibilidades e alternativas de mulheres negras nesse contexto social inóspito, ser uma mulher negra no Brasil, é estar suscetível à tripla discriminação, já que os esteriotipos, resultado do racismo e sexismo, a colocam no nível mais alto de opressão (GONZALEZ, 2020, p.58).

Se a mulher negra ainda ocupa o imaginário da sociedade neste local de subalternidade e subordinação, essa percepção coletiva internalizada pela sociedade brasileira repercute, inevitavelmente, em todos os segmentos público e privado, causando estranhamentos quando a mulher negra galga postos institucionais, então considerados como de poder e, até então, ocupados em razão do gênero e raça, em sua maioria, por homens e brancos.

Em presença ainda reduzida na magistratura, mulheres negras experienciam, quando investidas na toga, o que ora é nomeado de "acuidade visual coletiva embranquecida/seletiva", sendo comum "não serem vistas", mesmo estando com suas respectivas togas, trajes formais, nas salas de audiências, em razão de serem reservados às mulheres negras locais pré definidos, o que tem contribuído para uma demarcação e estratificação do papel da mulher negra na sociedade em local de subalterna. Isso porque, historicamente, o trabalho doméstico e de cuidados têm sido desempenhados por mulheres negras, com baixa ou quase nenhuma remuneração, sujeitando-as a toda espécie de exploração, situando-as na base da sociedade.

Essa ausência de mulheres negras e magistradas do campo de visão dentro do ambiente institucional é também informada pelas relações de poder e hierarquia que historicamente projetam mulheres negras ao imaginário coletivo a postos de serviço menos valorizados. Analisando as formas de manifestação dessas invisibilidades, Júlia Tomás explica que "a invisibilidade social vai depender (entre outras coisas) da percepção que os outros têm de mim. Se o outro não me vê é certamente porque eu não existo para o outro, no entanto existo fisicamente, logo sou visível. A não percepção do outro é o resultado da sua vida da qual eu não faço parte" (TOMÁS, 2012, p. 2).

Assim, mulheres negras investidas em posições de poder e decisão tem suas vivências marcadas por lugar de gênero e raça e experimentam opressões interseccionais. Nesse sentido, Vilma Piedade (2017) cunhou a expressão dororidade para melhor compreensão epistemológica das dores que marcam as vivências de mulheres negras nesse lugar de sobreposições de opressões.

Um corpo negro e feminino em qualquer espaço de poder ainda causa incômodo e, por isso, a ocupação desses espaços impõe seja a representação acompanhada de criticidade, do entender-se negra e do significado dessa representatividade, acompanhada por inúmeros desafios no percurso, seja no ambiente institucional ou fora dele.

Para Bell Hooks, a presença de mulheres negras em espaços considerados como hegemônicos surge como uma espécie de interferência, sinalizando que ainda estão situadas como o Outro, em tentativas de silenciamento e enfraquecimento de suas vozes, sendo imprescindível fazer a transição do silêncio à fala, erguendo a voz. Continua a autora, sobre a necessidade da fala, que, "quando pensamos em falar em um ambiente onde a liberdade é valorizada, frequentemente nos surpreendemos com o quanto nossas palavras são desvalorizadas", sendo preciso entender que a voz libertadora, que sempre estava posicionada numa condição subalterna, "irá necessariamente confrontar, incomodar e exigir uma mudança de paradigma das maneiras de ouvir e ser" (HOOKS, 2019, p. 53).

Nessa linha de pensamento, magistradas negras são constantemente interrompidas como meios conscientes ou não de deslegitimação da sua fala.

Em metáfora, Grada Kilomba utiliza como signo a máscara que era utilizada em pessoas escravizadas, a *mask of speechlessness* ou "máscara do silenciamento" para discorrer sobre as práticas ainda atuais para silenciamento de pessoas negras, sobretudo mulheres, estando a fala estruturada a partir de uma relação dialética de falar e ouvir, sendo ouvidos(as) somente aqueles(as) pertencentes à ideologia dominante e silenciadas as mulheres negras e outras pessoas de grupos minoritários.

Em sendo um espaço predominantemente preenchido por pessoas brancas e masculino, é comum que a mulher negra, ao ingressar na carreira, passe pelo processo de embranquecimento, como mecanismo inconsciente de adequação ou numa tentativa de busca de pertencimento.

O processo de embranquecimento passa não só pela estética negra, como também pela concepção construída no país de uma falsa harmonia racial, erigida pelas teorias da mestiçagem no Brasil, que negavam a existência de racismo na sociedade.

Não se concretizando os rearranjos políticos e ideológicos do período em que se tentou o branqueamento da população brasileira a partir da estimulação do processo de imigração em massa, justamente quando as teses de superioridade branca emergiram, surge, nesse contexto, o mito da democracia racial que, para Lélia Gonzalez, ao passo que age nos níveis público e oficial, o branqueamento atua na dimensão privada, consciente e inconsciente, distribuindo papéis sociais estereotipados às mulheres negras (GONZALEZ, 2020, p. 169).

Nesse sentido, ainda que uma mulher negra caia na armadilha inconsciente do embranquecimento como mecanismo de pertencimento para ocupação deste espaço institucional, é possível que seja confrontada periodicamente com a sua condição de gênero e raça, projetando-a, como proposto por Patricia Hill Collins (2016), como *outsider within*, então traduzido como forasteira de dentro ou estrangeira de dentro, constituindo um lugar de não pertencimento na instituição em que está situada.

Como ferramenta metodológica para construção de narrativas, tomando como modelo a escrevivência da autora Conceição Evaristo, a partir do "escrever", "sentir" e "ver", contando as histórias de mulheres negras, cabe utilizar o termo "jurisvivências" para narrar algumas das vivências de mulheres negras na magistratura, sendo a recorrente indagação "onde está a juíza" uma experiência coletivamente experimentada por magistradas negras na carreira. Não se trata de uma história única, ante as suas vivências pessoais e reconhecimento de suas diferenças, porquanto os efeitos do racismo, seja estrutural ou institucional, gera opressões interseccionais, inevitavelmente sentidas e compartilhadas entre mulheres negras e magistradas, em razão do gênero e raça.

Inúmeras são as microagressões que vão se apresentando no ambiente institucional ao longo da carreira para a magistrada negra; seja pela ausência da percepção do corpo negro e feminino como juíza, que, de modo recorrente, é indagada sobre a presença da magistrada; sejam pelas situações em que tais mulheres negras e magistradas são impedidas de acessar determinados lugares no próprio fórum, ainda que trabalhando há anos no mesmo local, sendo liberadas, somente depois de devidamente apresentada a sua identificação funcional, ao passo que pessoas brancas, na mesma situação, transitam sem qualquer constrangimento.

Compreendemos que se é certo que o racismo não se trata de uma invenção de pessoas negras, mas seus efeitos nefastos continuam reverberando nessa população, permite o letramento racial crítico entender, a partir de uma construção teórica e prática, bem assim do processo de racialização de cada pessoa, dinâmicas de exclusão que operam sobre as pessoas negras e, mais intensamente, em relação às mulheres negras, em contraposição à manutenção de privilégio por pessoas brancas. Assimilar como se processa o racismo deve constituir prioridade institucional, como forma de eliminar a reprodução de violências simbólicas e microagressões de gênero e raça.

Visando proporcionar maior participação feminina no Poder Judiciário e em atenção ao 5º Objetivo de Desenvolvimento Sustentável (ODS, que trata da igualdade de gênero, da Organização das Nações Unidas, inserido na Agenda 2030), o CNJ instituiu a Resolução n. 255 em 04 de setembro de 2018.

Se a garantia da presença e participação feminina ainda são objetivos a serem alcançados no Poder Judiciário, exigindo das mulheres magistradas comprovação de competência para alçar os cargos de administração nos tribunais, para mulheres negras e magistradas, ocupar esses espaços ainda se apresenta como uma realidade distante em razão da sua não presença no Judiciário, determinando, para as poucas existentes, majoração de esforço para comprovar sua competência, exigência significativamente maior em sua vivência se comparada aos homens negros, mulheres brancas e homens brancos.

Construir estratégias de resistência fundada no fortalecimento da identidade e alteridade revela-se, portanto, como ferramenta para as multifárias opressões de gênero e raça que mulheres negras defrontarão no curso da carreira, para que tais desafios sejam ultrapassados, tornando a presença de mulheres negras uma realidade, afinal, parafraseando o discurso de Sojourner Truth, "e eu não sou, mulher negra, uma magistrada"?

4. Nada sobre mim, sem mim. Importância da política de cotas e a necessidade da diversidade no ambiente jurisdicional

Evidenciar desigualdades e expor ausências marcadas por gênero e raça destaca a importância da manutenção e fortalecimento da política de cotas no âmbito do judiciário trabalhista, especialmente porque a política de cotas tem se revelado, desde a sua criação, instrumento de aceleração para ampliação de acesso de pessoas negras aos programas educacionais, negados por anos e agudizado pelo processo de desigualdade que atinge essa parcela da população.

Nesse sentido, a Lei n. 12.711, de 29.08.2012, também conhecida como a Lei de Cotas, tem proporcionado a reserva de vagas para as pessoas que se autodeclaram negras, assim compreendidas como pretas e pardas, bem assim para indígenas e pessoas com deficiência, conforme diretrizes estabelecidas na respectiva lei.

Com dez anos de existência, a Lei de Cotas tem previsão para ser revista neste ano de 2022, impondo à sociedade brasileira atenção para que não sofra mudança ou interrupção naquilo que se propõe, que consiste na democratização e diversidade nas instituições.

Ultrapassado em tópico anterior os dados estatísticos obtidos a partir da Resolução n. 203/2015, do CNJ, que estabelece a reserva de vagas às pessoas negras, em percentual mínimo de 20%, em certames públicos para provimento de cargos efetivos dos Tribunais, cumpre destacar, ainda, que o CNJ removeu a cláusula de barreira que dificultava acesso de candidatos(as) negros(as) às etapas seguintes, constituindo forma de restrição à participação de cotistas em concursos.(6)

O ingresso na magistratura a partir da política de cotas proporciona a experiência coletiva da valorização da diversidade, da pluralidade de pensamentos a partir das vivências experimentadas por diferentes pessoas, possibilitando uma maior amplitude de saberes numa perspectiva decolonial e aproximação da sociedade, que se reconhecerá no corpo institucional, numa magistratura heterogênea, repercutindo na produção de suas decisões.

Cada pessoa carrega em si concepções próprias, resultado de uma construção social, com interferências resultantes dos vieses inconscientes na tomada de decisão, na forma de enxergar o mundo e as pessoas à sua volta. Fomentar uma magistratura mais plural proporcionará ao(a) jurisdicionado(a) a construção de interpretações jurídicas distintas pelas lentes da diversidade, convergentes aos propósitos de justiça e igualdade substancial que devem nortear uma sociedade democrática e pluralista.

---

(6) O Ato Normativo n. 0002241-05.2022.2.00.0000, de relatoria do Conselheiro Luiz Philippe Vieira de Mello, aprovado à unanimidade no Plenário, alterando as Resoluções ns. 75/2009, que dispõe sobre os concursos públicos para ingresso na carreira da magistratura, e 203/2015, determinando aos tribunais a implementação obrigatória de comissões de heteroidentificação, observando para sua formação especialistas no tema racial e questões antidiscriminatórias, evitando, assim, possíveis fraudes.

5. Considerações finais

A composição da magistratura trabalhista, examinada sob elementos de gênero e raça, revela espelhamento de desigualdades sociais, ausência de mulheres negras e sobre representação masculina e branca em postos de maior visibilidade, hierarquia e poder. Conquanto equilibrada quanto ao gênero, são mulheres brancas maioria no judiciário trabalhista, apesar da maioria numérica populacional das mulheres negras no Brasil.

A prevalência de homens brancos em posições de hierarquia em nível institucional influencia, ainda, experiências de mulheres magistradas com apagamento de comportamentos associados a performance de gênero, percepção de marcadores de gênero e vivências desiguais, inclusive sob mediação de normas de organização profissional que geram resultados desfavoráveis às mulheres e ao equilíbrio entre vida pública e privada. Inexiste, em contrapartida, apesar da presença numérica relativamente equilibrada quanto ao gênero, ampliação da presença e participação feminina em órgãos e posições de cúpula no sistema de justiça em geral e na Justiça do Trabalho em particular.

A Justiça do Trabalho, avaliada sob marcadores de gênero e raça, sofre influxos das desigualdades que estruturam a sociedade brasileira, revela ocupação por estratos sociais mais elevados, ainda distribui postos de maior hierarquia a pessoas do grupo social branco e, internamente, lugares institucionais de poder a homens brancos, majoritariamente.

Da não presença de mulheres negras resulta atravessamento de opressões de gênero e raça em vivência de magistradas negras, em razão do que a interseccionalidade surge como ferramenta necessária para melhor compreensão das interações das categorias gênero e raça que alcançam essas mulheres negras magistradas, concorrendo tais opressões para que essas mulheres, em razão de sua etnia, não sejam vistas ou percebidas como juízas no ambiente institucional.

Com presença muito reduzida nos cargos da magistratura, mulheres negras experienciam, quando investidas na toga, da denominada "acuidade visual coletiva embranquecida/seletiva", sendo comum "não serem vistas" ou reconhecidas como magistradas, mesmo estando com suas respectivas togas, trajes formais, em salas de audiências, denotando leitura social que corrobora a estratificação do papel da mulher negra na sociedade em *status* desigual e subalterno.

O posicionamento desigual e a não percepção do corpo negro feminino como juíza, em ambiente institucional, acarreta, para a mulher negra magistrada, vivência permeada por microagressões de gênero e raça, dificultando inclusive transitar em espaços profissionais e de exercício de poder.

Diante das assimetrias destacadas, o letramento racial crítico deve ser estimulado em âmbito institucional para entendimento, a partir de uma construção teórica e prática, das dinâmicas de exclusão que operam sobre as pessoas negras e, mais intensamente, em relação às mulheres negras, em contraposição à manutenção de privilégio por pessoas brancas, eliminando a reprodução de violências simbólicas nos espaços institucionais.

O ingresso na magistratura a partir da política de cotas possibilita experienciar coletivamente a valorização da diversidade, da pluralidade de pensamentos, com ampliação dos saberes e aproximação da sociedade, que se reconhecerá no corpo institucional, numa magistratura heterogênea, repercutindo na produção de suas decisões.

Se cada pessoa é resultado de uma construção social, com vivências próprias e interferências resultantes dos vieses inconscientes na tomada de decisão, na forma de interpretar o mundo, os fatos, e indivíduos à sua volta, a diversidade de gênero e raça em todos os níveis das instituições brasileiras em geral e da Justiça do Trabalho em especial promove valores como a legitimidade democrática e a pluralidade de vivências e saberes. Assim, o fomento para uma magistratura mais plural proporciona, de um lado, a expansão da presença feminina e negra, de outro, a construção de uma alteridade de gênero e de raça que propicie diversidade e igualdade substancial, internamente, e para o(a) jurisdicionado(a), a construção de interpretações jurídicas variadas e aprimoradas pelas lentes da diversidade e interseccionais, convergentes aos propósitos de justiça e igualdade que devem nortear uma sociedade democrática e pluralista.

Referências

BONELLI, Maria da Gloria; OLIVEIRA, Fabiana Luci de. Mulheres magistradas e a construção de gênero na carreira judicial. *Novos estudos CEBRAP* [*online*]. 2020, v. 39, n. 1, p. 143-163. Disponível em: <https://doi.org/10.25091/S01013300202000010006>. Acesso em: 07 ago. 2022.

BUTLER, Judith. Os atos performativos e a constituição do gênero: um ensaio sobre fenomenologia e teoria feminista. *Caderno de Leituras*, n. 78, 2018. Disponível em: <https://chaodafeira.com/wp-content/uploads/2018/06/caderno_de_leituras_n.78-final.pdf>. Acesso em: 07 ago. 2022.

CAMPOS, Veridiana Pereira Parahyba. Relatório elaborado pela pesquisadora Veridiana Pereira Parahyba Campos a partir dos dados extraídos do processo CJF-ADM-2017/00121. *Nota técnica Ajufe Mulheres 02/2019*. Brasília, 2019. Disponível em: <http://ajufe.org.br/images/2019/PDF2019/Nota-Tecnica-Mulheres-2.pdf>. Acesso em: 07 ago. 2022.

COLLINS, Patricia Hill. Aprendendo com a outsider within: a significação sociológica do pensamento feminista negro. *Sociedade e Estado*, v. 31, n. 1, p. 99-127, 2016. Disponível em: <https://doi.org/10.1590/S0102-69922016000100006>. Acesso em: 07 ago. 2022.

CONSELHO NACIONAL DE JUSTIÇA. *Perfil Sociodemográfico dos Magistrados Brasileiros*. Brasília. 2018. Disponível em: <https://www.cnj.jus.br/wp-content/uploads/2019/09/a18da313c6fdcb6f364789672b64fcef_c948e694435a52768cbc00bda11979a3.pdf>. Acesso em: 06 ago. 2022.

______. *Pesquisa sobre Negros e Negras no Poder Judiciário*. Brasília. 2021. Disponível em: <https://www.cnj.jus.br/wp-content/uploads/2021/09/rela-negros-negras-no-poder-judiciario-150921.pdf>. Acesso em: 06 ago. 2022.

______. *Protocolo para julgamento com perspectiva de gênero*. Brasília: Conselho Nacional de Justiça — CNJ; Escola Nacional de Formação e Aperfeiçoamento de Magistrados – Enfam, 2021. Disponível em: <https://www.cnj.jus.br/wp-content/uploads/2021/10/protocolo-18-10-2021-final.pdf>. Acesso em: 09 ago. 2022.

FANON, Frantz. *Pele negra, máscaras brancas*. Salvador: EDUFBA, 2008.

FERRITO, Bárbara. *Direito e desigualdade:* uma análise da discriminação das mulheres no mercado de trabalho a partir dos usos dos tempos. São Paulo: LTr, 2021.

FRAGALLE FILHO, Roberto; MOREIRA, Rafaela Selem; SCIAMMARELLA, Ana Paula de O. Magistratura e gênero: um olhar sobre as mulheres nas cúpulas do judiciário brasileiro. *e-Cadernos CES* [Online], 24, 2015, posto *online* em 15 dez. 2015. Disponível em: <http://journals.openedition.org/eces/1968>. Acesso em: 07 ago. 2022.

GOMES, Raíza Feitosa. Dissertação de mestrado. *Magistradas Negras no Poder Judiciário Brasileiro:* representatividade, política de cotas e questões de raça e gênero. Universidade Federal da Paraíba/UFPB, 2018. Disponível em: <https://repositorio.ufpb.br/jspui/handle/123456789/15113>. Acesso em: 07 ago. 2022.

GONZALEZ, Lélia. *Por um feminismo afro-latino americano:* ensaios, intervenções e diálogos. Organização Flávia Rios, Márcia Lima. Rio de Janeiro: Zahar, 2020.

hooks, Bell. *Erguer a voz:* pensar como feminista, pensar como negra. São Paulo: Elefante, 2019.

IBGE — INSTITUTO BRASILEIRO DE GEOGRAFIA E ESTATÍSTICA. *Conheça o Brasil* — População. Disponível em: <https://educa.ibge.gov.br/jovens/conheca-o-brasil/populacao/21130-domicilios-brasileiros.html>. Acesso em: 07 ago. 2022.

______. *Estatísticas de Gênero* — Indicadores sociais das mulheres no Brasil. Disponível em: <https://www.ibge.gov.br/estatisticas/multidominio/genero/20163-estatisticas-de-genero-indicadores-sociais-das-mulheres-no-brasil.html?=&t=resultados>. Acesso em: 07 ago. 2022.

IPEA — INSTITUTO DE PESQUISA ECONÔMICA APLICADA. TRIBUNAL SUPERIOR DO TRABALHO. ESCOLA NACIONAL DE APERFEIÇOAMENTO E FORMAÇÃO DE MAGISTRADOS DO TRABALHO. *Perfil dos candidatos aprovados no primeiro concurso público nacional unificado da magistratura do trabalho.* Brasília. 2019. Disponível em: <http://www.enamat.jus.br/wp-content/uploads/2020/02/Produto_1_Pesquisa_Perfil.pdf>. Acesso em: 06 ago. 2022.

KILOMBA, Grada. *A máscara.* Tradução de Jessica Oliveira de Jesus. In: Cadernos de Literatura em Tradução, n. 16, p. 171-180, 2016. Disponível em: <http://www.pretaenerd.com.br/2017/02/mascara-grada-kilomba.html>. Acesso em: 07 ago. 2022.

MOREIRA, Adilson José. *Tratado de Direito Antidiscriminatório.* São Paulo: Editora Contracorrente, 2020.

PIEDADE, Vilma. *Dororidade.* São Paulo: Editora Nós, 2017.

TOMÁS, J. *A invisibilidade social, uma construção teórica.* Colóquio "Crise das Socializações". Abr. 2012, p. 1-12. Disponível em: <https://www.researchgate.net/profile/Julia-Tomas/

publication/228333133_A_invisibilidade_social_uma_construcao_teorica/links/0fcfd4ff9604f657c0000000/A-invisibilidade-social-uma-construcao-teorica.pdf>. Acesso em: 07 ago. 2022.

TRIBUNAL SUPERIOR DO TRABALHO. *Igualdade de gênero ainda é uma realidade a ser construída no Poder Judiciário*. Disponível em: <https://www.tst.jus.br/web/corregedoria/-/nova-pagina-da-corregedoria-ger-1>. Acesso em: 07 ago. 2022.

Título 2

Trabalho Infantil e Trabalho da Pessoa com Deficiência

A Ação Civil Pública para a Efetivação de Políticas Públicas para Combater o Trabalho Infantil, a Implementação da Educação Profissionalizante e a Abertura de Vagas de Aprendizagem seria Um Processo Kafkiano?

Would Public Civil Action for the Implementation of Public Policies to Combat Child Labor, the Implementation of Vocational Education and the Opening of Apprenticeship Vacancies be a Kafkaesque Process?

João Batista Martins César[(1)]

(1) Mestre em Direito pela Universidade Metodista de Piracicaba (UNIMEP). Graduado em Direito pela Faculdade de Direito de Sorocaba (FADI). Especialista em Direitos Difusos pela Escola Superior do Ministério Público do Estado de São Paulo (ESMPSP). Desembargador Federal do Trabalho do Tribunal Regional do Trabalho da 15ª Região (Campinas-SP). Presidente do Comitê Regional e Gestor Nacional do Programa de Combate ao Trabalho Infantil e de Estímulo à Aprendizagem da Justiça do Trabalho. Professor da Faculdade de Direito de Sorocaba — FADI — disciplina processo do trabalho aplicado e direito do trabalho I. Palestrante e conferencista. Doutorando pelo Instituto Toledo de Ensino — ITE (Bauru).

"o direito processual sofre da natural propensão ao formalismo e ao isolamento. Ele não vai diretamente à realidade da vida, nem fala a linguagem do homem comum. O homem comum o ignora. (...)"[(2)]

Sumário: 1. Introdução. 2. Políticas públicas. 3. A doutrina da proteção integral, o direito fundamental ao não trabalho das crianças e adolescentes e as políticas públicas para a infância. 4. Ação civil pública na Justiça do Trabalho. 4.1. As decisões pela incompetência da Justiça do Trabalho para determinar a implementação de políticas públicas de prevenção e erradicação do trabalho infantil estavam embasadas em dois argumentos principais. 4.1.1. O Poder Judiciário trabalhista não poderia determinar a implementação de políticas públicas (em geral). 4.1.2. A matéria não seria derivada da relação de trabalho. 4.1.3. A tripartição dos poderes. 4.1.3.1. A tripartição dos poderes e as audiências públicas. 5. Conclusões. Referências.

1. Introdução

Segundo relatório da Organização Internacional do Trabalho (OIT) e da Comissão Econômica para a América Latina e o Caribe (CEPAL), divulgado em 11.06.2020: *"a desaceleração da produção, o desemprego, a baixa cobertura da proteção social, a falta de acesso à seguridade social e os níveis mais altos de pobreza são condições que favorecem o aumento do trabalho infantil"*[(3)]. O estudo aponta que o trabalho infantil possa aumentar entre 1 e 3 pontos percentuais.[(4)]

De acordo com os dados da Pesquisa Nacional por Amostra de Domicílios Contínua — PnadC (IBGE, 2021), do Instituto Brasileiro de Geografia e Estatística (IBGE), de 2019 e divulgada em 2020, o Brasil tinha cerca de 1,8 milhão de crianças e adolescentes, com idades entre 5 e 17 anos, em situação de trabalho infantil. Desses, 706 mil (45,9%) estavam em ocupações classificadas entre as piores formas de trabalho infantil, ou seja, 4,6% das crianças brasileiras estão nessa situação.[(5)]

---

(2) DINAMARCO, Cândido Rangel. *A instrumentalidade do processo*. 3. ed. São Paulo: Malheiros, 1990. p. 11.

(3) Cf. <https://www.ilo.org/brasilia/noticias/WCMS_747701/lang--pt/index.htm>. Acesso em: 14 out. 2023.

(4) FAPESP, *Revista*. Risco de aumento do trabalho infantil. 2020. Disponível em: <https://revistapesquisa.fapesp.br/risco-de-aumento-do-trabalho-infantil>. Acesso em: 14 out. 2023.

(5) Mas esse quadro é ainda mais grave, já que um estudo, a partir de dados do Banco Mundial, concluiu que o trabalho infantil no Brasil pode ser sete vezes maior do que apontam as pesquisas. O percentual seria, na verdade, de 19,15%, ou 5,658 milhões de crianças de 7 a 14 anos estão em situação de trabalho infantil. Cf. LICHAND, G.; WOLF, S. *Measuring child labor:* Whom should be asked, and why it matters. 14 set. 2022. Disponível em: <https://papers.ssrn.com/sol3/papers.cfm?abstract_id=4125068>. Acesso em 14 out. 2023.

No que toca aos direitos das crianças e dos adolescentes, o E. Supremo Tribunal Federal (STF) tem jurisprudência notória, iterativa e consolidada no sentido de que a ação civil pública (ACP), em situações específicas, pode ser utilizada para determinar que os gestores públicos inadimplentes implementem políticas públicas assecuratórias de direitos fundamentais[6].

Mesmo com esse posicionamento firme do E. STF, o C. Tribunal Superior do Trabalho (TST) ainda titubeava em relação ao tema. De fato, na linha da posição do STF podem ser mencionadas as seguintes decisões: RR-32100-09.2009.5.16.0006, 5.8.15, rel. Min. José R. Freire Pimenta – 2ª T; RR-7570037.2010.5.16.0009, 17.9.13, rel. Min. Mauricio G. Delgado, 3ª T; AIRR – 98040-04.2005.5.22.0002, 27.6.12, rel. Min. Augusto César Leite de Carvalho, 6ª T; AIRR-487-22.2012.5.20.0016, Min. Augusto César Leite De Carvalho; AIRR-18800-82.2011.5.17.0005, 14.12.16, rel. Min. Douglas Alencar Rodrigues, 7ª T.

Já na posição contrária, mencione-se as seguintes decisões: RR – 44-64.2013.5.09.0009, 04.10.2017, rel. Min. João Oreste Dalazen – 4ª T; RR – 589-86.2011.5.23.0051, 26.11.2013, rel. Min. João Batista Brito Pereira – 5ª T; RR – 47300-22.2010.5.16.0006, 29.04.2015, rel. Min. Guilherme Augusto Caputo Bastos – 5ª T; RR – 175-35.2010.5.09.0594, 30.09.2015, rel. Min. Márcio Eurico Vitral Amaro – 8ª T; RR-44-21.2013.5.06.0018, 21.8.19 – Rel. Min. Breno Medeiros – 5ª T; RR-2426238.2014.5.24.0096, 2.10.19 – Rel. Min. Cláudio Brandão – 7ª T.

Em razão dessa divergência jurisprudencial, a SBDI-I do TST, processo TST-E--RR-44-64.2013.5.09.0009, foi chamada a pacificar a questão, tendo entendido que a ACP, em situações específicas, pode ser utilizada para determinar que os gestores públicos inadimplentes implementem políticas públicas assecuratórias de direitos fundamentais das crianças e adolescentes no que toca ao combate ao trabalho infantil e ao estímulo à aprendizagem, contudo, não deixou expressa a competência para impor ao município a elaboração e implementação de políticas públicas acerca da educação e profissionalização de crianças e adolescentes, pois não estariam diretamente ligadas à relação de trabalho.[7]

No mesmo sentido, processo TST-E-RR-44-21.2013.5.06.0018, *DJ* 4.11.2021, rel. Min. Lelio Bentes Corrêa, a E. SBDI-I do C. TST, e processo TST-E-

(6) Esclareça-se que os direitos sociais são direitos fundamentais, conforme diz Walter Claudius Rothenburg: "Os direitos sociais são, portanto, direitos fundamentais e apresentam-se como "regras de reconhecimento constitucional", dotadas de superioridade normativa e aptas a aferir a constitucionalidade das demais normas jurídicas (controle de constitucionalidade). Nessa medida, não se justifica — senão pelo uso corrente da expressão — a qualificação de direitos sociais. ROTHEMBURG, Walter Claudius. *Direitos sociais são direitos fundamentais:* Simples assim. Salvador: JusPodivm, 2021., p. 41.

(7) Cf. <https://www.tst.jus.br/-/tst-reitera-compet%C3%AAncia-da-justi%C3%A7a-do-trabalho-em-a%C3%A7%C3%B5es-sobre-pol%C3%ADticas-p%C3%BAblicas-para-erradicar-trabalho-infantil%C2%A0>. Processos: E-RR-44-21.2013.5.06.0018 e E-RR-24325-63.2014.5.24.0096. Acesso em: 14 out. 2023.

-RR-24325-63.2014.5.24.0096, *DJ* 16.11.2021, rel. Min. Augusto César Leite de Carvalho, SDI-I do C. TST.

Assim, a pergunta que fica é: a ação civil pública utilizada para determinar que os gestores públicos implementem políticas públicas seria um processo kafkiano?[(8)] Ou as decisões proferidas nesses feitos seriam kafkianas?

Franz Kafka, no seu bestseller "O Processo"[(9)], retratou um processo composto por um conjunto de atos misteriosos e sem sentido, que não levavam a lugar nenhum, ou seja, um processo injusto e inexplicável. Na obra, Josef K, personagem principal[(10)(11)], até a sua morte, não descobriu os motivos ensejadores da instauração do processo contra si. Morreu sem fazer qualquer mal e sem saber do que era acusado.[(12)]

Adriana Santos, no artigo O processo à luz de Kafka[(13)], p. 14, afirma que:

> "a literatura é o meio de aprofundamento de temas sob um olhar filosófico, sendo a obra de Kafka rico instrumento para essa atividade. A leitura de Der Process permite desenvolver linhas de raciocínio sobre os laços sociais em vários ângulos, como, por exemplo, o do homem, em sua dimensão

---

(8) O STF HC 85.200-9, relator Ministro Eros Grau, *DJ* 8.11.2005, DP 3.2.206, reconheceu a existência de processo Kafkiano, anulou o feito com base no interrogatório.

(9) KAFKA, Franz. *O processo*. Tradução de Mariana Ribeiro de Souza. São Paulo: Vila Leitura, 2020.

(10) E. STF: AI 646.079/SP, relator o Ministro Marco Aurélio, DJ de 28.11.08, AI 725.891/SC, relator o Ministro Celso de Mello, *DJ* de 10.10.08, AI 474.444-AgR/SP, rel. Min. MARCO AURÉLIO – RE 410.715-AgR/SP, rel. Min. CELSO DE MELLO – RE 436.996-AgR/SP, rel. CELSO DE MELLO, AI 455.802/SP, rel. Min. MARCO AURÉLIO – AI 475.571/SP, rel. Min. MARCO AURÉLIO – RE 401.673/SP, rel. Min. MARCO AURÉLIO – RE 411.518-AgR/SP, rel. Min. MARCO AURÉLIO. RE 431.773/SP, rel. Min. MARCO AURÉLIO, AI 813590/MG – Rel. Min. DIAS TOFFOLI, AI 598212/PR, rel. Min. Celso de Mello; ADPF 45/DF, rel. Min. CELSO DE MELLO, ARE 1361965, relator Min. NUNES MARQUES, *DJ* 9.5.2022, DP 17.5.2022, ARE 963663, relator Min. LUIZ FUX, *DJ*, 25.8.2017, DP 6.9.2017, RE 669635, relator Min. DIAS TOFFOLI, *DJ* 17.3.2015, DP, 13.4.2015, ARE 1355665, relator Min. NUNES MARQUES, *DJ* 13.6.2022, DP 21.6.2022, RE 1219482, relator Min. CELSO DE MELLO, *DJ* 3.10.2020, DP. 8.10.2020.

(11) Em uma manhã comum, Josef K., um jovem procurador de banco, foi surpreendido, na pensão em que morava, por dois guardas que vieram comunicar-lhe a respeito de um processo que estava sendo movido contra ele e que estaria preso. Tendo indagado sobre o "mandado de prisão", recebeu evasivas por parte dos guardas. Inicialmente, K, pensando tratar-se de uma brincadeira, não levou a sério. Desconhecendo a motivação da sua prisão, fez inúmeras suposições, inclusive de que seria uma artimanha de seus colegas de banco, a fim de surpreendê-lo. Depois, um inspetor informou a sua detenção, contudo, não ficaria preso em uma cela, deveria aguardar o resultado do processo. Fez inúmeras diligências para saber do que era acusado e de como se defender em uma situação tão inusitada, contudo, suas tentativas foram em vão. Na véspera de seu trigésimo primeiro aniversário, Josef K. foi levado de sua casa por dois homens e morto, desconhecendo completamente os motivos pelos quais havia sido processado durante um ano. Em sua obra, Franz Kafka faz uma crítica aos sistemas jurídicos que são incompreensíveis para a maior parte dos cidadãos. Portanto, a simplificação e a racionalidade do processo deve ser a busca constante dos estudiosos do direito.

(12) Ob. cit., p. 18: "O senhor me entendeu mal. Sem dúvida, está preso, mas isso não deve impedi-lo de cumprir suas tarefas. O senhor não pode ser impedido de levar sua vida cotidiana".

(13) Cf. <https://revistajuridica.tjdft.jus.br/index.php/rdj/article/view/737#:~:text=O%20percurso%20narrativo%20trata%20dos,a%20discuss%C3%A3o%20ao%20patamar%20filos%C3%B3fico>. Acesso em. 14 out2023.

singular, bem como o da articulação entre os indivíduos, dimensão coletiva, dentro de uma mesma comunidade, inclusive com e entre as instituições sociopolíticas. Nessa moldura, discute-se o "processo", à luz de Kafka, pela filosofia jurídica, buscando os sentidos últimos do texto, extraindo a potencialidade de entendimento sobre a essência do "processo" e quais são seus limites para proteger o cidadão."

Ela prossegue:

> "Kafka chama a atenção para a absurdidade do real, em que o indivíduo depende do "processo" e, ao mesmo tempo, não reconhece nele instrumento hábil para a defesa de seus legítimos interesses.
>
> A narrativa dá notícia de que K. foi submetido a acusação e procedimento criminal conturbado, secreto, sigiloso, sem observância das regras legais, em afronta ao conceito de cidadania. Resultou, no meio jurídico, o estabelecimento de expressão "processo kafkiano", que traz a noção, em sentido figurado, de labiríntico, complicado, absurdo, caracterizando um processo conduzido sem a observância das garantias processuais mínimas estabelecidas no ordenamento jurídico."

Efetivamente, Kafka chamou a atenção para o fato de que o cidadão depende do processo, todavia, não o compreende e não o reconhece como um instrumento hábil para a defesa dos seus interesses.(14)

Como se sabe, o procedimento é o aspecto formal do processo e os autos são a materialidade dos atos nele praticados. Ressalte-se que o processo está presente em todas as atividades estatais (processo judicial administrativo, legislativo) e em outros setores da sociedade (empresas, partidos políticos, associações etc.).

Para Fábio Túlio Correia Ribeiro o processo é um "método estatal de composição da lide e se perfaz de uma série de atos concatenados, em que o consequente é lógica e temporalmente dependente do antecedente, com vistas à obtenção de uma sentença de mérito".(15)

Contudo, como afirmou João José Sady: "Na prática, entretanto, é comum as coisas caminharem no sentido inverso, numa espiral absurda onde o processo torna-se um conjunto de pequenos cuidados com detalhes, organizados para impedir a obtenção de uma

(14) Ob. cit., p. 11: "ele admite que não conhece a lei e afirma ao mesmo tempo que é inocente". "sou acusado, mas não consigo enxergar o motivo pelo qual fui acusado. (...) A questão principal é: por quem sou acusado? Que autoridade conduz o processo? p. 15.

(15) CORREIA RIBEIRO, Fábio Túlio. *Processo do Trabalho Básico*. São Paulo: LTr, 1997. p. 20.

sentença de mérito. Chega a ser impressionante a proliferação de episódios onde a tônica está em impor obstáculos kafkianos ao conhecimento do mérito."(16)

Sobre a instrumentalidade e a efetividade do processo Cândido Rangel Dinamarco(17) asseverou que: "a força das tendências metodológicas do direito processual civil na atualidade dirige-se com grande intensidade para a efetividade do processo, a qual constitui expressão resumida a ideia de que o processo deve ser apto a cumprir integralmente toda a sua função sócio-político-jurídica, atingindo em toda plenitude todos os seus escopos institucionais."

No início da mesma obra, p. 12, o autor disse que existe *"uma série de mensagens, ligadas entre si pelo núcleo comum da instrumentalidade do processo ao direito e do sistema jurídico aos valores sociais e políticos da nação"* que propõem a *"desmistificação das regras do processo e de suas formas e a correspondente otimização do sistema, para a busca da alcandorada efetividade do processo"*. É chegado o momento *"para que, com a consciência dos defeitos do sistema e visão dos caminhos a trilhar, uma nova mentalidade se forme entre os cultores do processo. É preciso pensar de acordo com os tempos"*.

Dessa forma, a instrumentalidade do processo deve ser analisada não só em uma ordem jurídica justa, mas também com o escopo político e social – eliminação dos conflitos em busca da paz social. Para que o Estado Democrático de Direito saia da Constituição e se concretize por todo o país, é necessário que o processo cumpra a sua função social, política e jurídica, ou seja, faça valer os direitos fundamentais para todos os cidadãos.

Araújo Cintra, Grinover e Dinamarco ensinaram que a instrumentalidade do processo não pode ser vista apenas como um instrumento técnico para uma ordem jurídica justa, mas sobretudo ético, profundamente influenciado por fatores históricos, sociológicos e políticos.(18)

Prosseguem mencionando que o processo "é um instrumento ético de solução de conflitos, profundamente vinculado aos valores fundamentais que informam a cultura da nação." Continuam: "o processo deve absorver os princípios básicos de ordem ética e política que orientam o ordenamento jurídico por ele integrado, para constituir-se em meio idôneo para obtenção do escopo de pacificar e fazer justiça." E arrematam: "o caráter técnico da norma processual fica subordinado à sua adequação à finalidade geral do processo".(19)

---

(16) SADY, João José. Uma Proposta para a Reforma do Judiciário. Cf. <https://jus.com.br/artigos/3921/reforma-do-judiciario>. Acesso em: 14 out. 2023.

(17) DINAMARCO, Cândido Rangel. *A instrumentalidade do processo*. 3. ed. São Paulo: Malheiros, 1990. p. 270.

(18) CINTRA, Antonio Carlos de Araújo; GRINOVER, Ada Pellegrini; DINAMARCO, Cândido Rangel. *Teoria geral do processo*. 9. ed. São Paulo: Malheiros, 1993. p. 72.

(19) Ob. cit., p. 81.

A instrumentalidade do processo está vinculada aos valores fundamentais da cultura da nação, sociais e políticos, para que de fato promova a justiça e a paz social.

A tutela jurídica prestada pelo estado tem o propósito maior da pacificação social, ou seja, para evitar e eliminar os conflitos sociais. O processo é um instrumento a serviço da paz social.[20]

Quando se trata de tutela coletiva, obviamente, essa função do processo é mais acentuada. Portanto, as ACPs com pedidos de obrigação de fazer por parte dos agentes públicos, ou seja, a implementação de políticas públicas de combate ao trabalho infantil, de educação e profissionalização de crianças e adolescentes e estímulo à aprendizagem poderiam ser considerados como kafkianos? Ou são obstáculos kafkianos impostos aos autores dessas demandas para que os direitos fundamentais das crianças e adolescentes não sejam efetivados?

Esse será o norte deste artigo, tentar elucidar a possibilidade ou não da utilização da ACP para dar efetividade e concretude às políticas públicas em prol do combate ao trabalho infantil.

2. Políticas públicas

> *"Não os considero culpados; c*
> *ulpada é a organização,*
> *culpados são os altos funcionários."*
> Franz Kafka[21]

J. J. Gomes Canotilho assevera que para a efetivação dos direitos sociais (direito à saúde, educação e habitação) é necessário impor uma política de solidariedade social. Para ele:

> "Os direitos sociais realizam-se através de políticas públicas ("política de segurança social", "política de saúde", "política de ensino") orientados segundo o princípio básico e estruturante da solidariedade social. Designa-se, por isso, política de solidariedade social o conjunto de dinâmicas político-sociais através das quais a comunidade política (Estado, organizações sociais, instituições particulares de solidariedade social e, agora, a Comunidade Europeia) gera, cria e implementa protecções institucionalizadas no âmbito económico, social e cultural como, por exemplo o sistema de segurança social, o

(20) Ob. cit., p. 41.

(21) Ob. cit., p. 76.

sistema de pensões de velhice e invalidez, o sistema de creches e jardins--de-infância, o sistema de apoio à terceira idade, o sistema de proteção da juventude, o sistema de proteção de deficientes e incapacitados."[(22)]

Efetivamente, a delimitação do conceito de políticas públicas perpassa pelo reconhecimento da existência do direito subjetivo do cidadão a prestações positivas do estado, conforme ressalta Renato Barão Varalda.[(23)]

Assim, para se conceituar políticas públicas, deve se analisar o que representam para a efetivação dos direitos sociais, notadamente para a criança e o adolescente.[(24)]

O referido autor esclarece que o vocábulo política é "derivado do latim politice, procedente do grego politiké, cujo significado é a ciência de bem governar um povo, estabelecendo princípios e normas necessárias ao bom funcionamento da administração estatal, para efetivar seus objetivos e garantir o bem comum."

Prossegue citando Eros Roberto Grau para quem o estado social legitima-se, antes de tudo, pela realização de políticas, isto é, programa de ação; [...] essas políticas, contudo, não se reduzem à categoria das políticas econômicas; englobam, de modo mais amplo, todo o conjunto de atuações estatais no campo social (políticas sociais). A expressão políticas públicas designa todas as atuações do Estado, cobrindo todas as formas de intervenção do poder público na vida social."

Renato Barão Varalda, ob. cit., p. 27, conclui que: "o conceito de políticas públicas, por ser mais amplo do que a mera prestação de serviço público, também abrange as funções de coordenação e de fiscalização dos agentes públicos e privados e engloba os programas de ação do Estado, elaborados a partir de um processo de escolhas políticas, seja por meio de atos emanados do Legislativo, como representante do povo, seja do Executivo, eleito para administrar a coisa pública e atingir metas e fins previamente determinados." Acrescente-se: pelo Poder Judiciário, nos casos de omissão do Poder Executivo para a efetivação dos direitos fundamentais.

A doutrina apregoa a necessidade de políticas públicas para a efetivação dos direitos sociais (direito à saúde, educação e habitação). Assim, reconhecimento de direitos e políticas públicas para a sua efetivação devem andar juntos.

---

(22) CANOTILHO, J. J. Gomes. *Direito constitucional e teoria da Constituição*. 7. ed., 15 reimp. COIMBRA: Almedina. p. 518-519.

(23) VARALDA, Renato Barão. "Responsabilidade do Estado pela omissão do cumprimento das normas gerais do Conselho Nacional dos Direitos da Criança e do Adolescente". *Boletim Científico — Escola Superior do Ministério Público da União*, Brasília: ESMPU, ano 7, n. 26, jan./mar. 2008, p. 11-63.

(24) Ob. cit., p. 25.

De acordo com a Enciclopédia Jurídica da PUCUSP (*online*)(25):

> Política pública consiste em programa de ação governamental, do qual se extrai a atuação do Estado na elaboração de metas, definição de prioridades, levantamento do orçamento e meios de execução para a consecução dos compromissos constitucionais, que se exterioriza mediante arranjos institucionais.
>
> (...)
>
> As políticas públicas são instrumentos capazes de proporcionar, mediante a ação conjunta dos poderes públicos, a efetivação de direitos fundamentais sociais, conferindo aos cidadãos as condições necessárias para usufruírem a real liberdade e a igualdade material e, tão logo, a dignidade humana.
>
> (...)
>
> Tanto é que a importância do tema de políticas públicas, em seu sentido jurídico, concentra-se não somente no direito público, que disciplina a atuação do Poder Público, mas, sobremaneira, no campo processual. (...)
>
> "A luta por políticas públicas se faz especialmente necessária diante de um modelo econômico que promove imensa desigualdade e no qual muitos se encontram alijados de bens e serviços produzidos socialmente. São as políticas públicas que podem reverter esse cenário de injustiça e de falta de acesso em que vivemos", apontam Bove e Figueiredo(26).

Renata Falso Cavalca e João Batista Martins César ressaltam que: "A afirmação teórica dos direitos humanos fundamentais é relevantíssima, mas insuficiente para concretizar o princípio da dignidade da pessoa humana. É preciso mais. É preciso realizá-los no mundo da vida. E uma das vias para efetivá-los é por meio de políticas públicas. É incontestável que a *política pública* tem por escopo primordial a satisfação dos direitos previstos no plano do direito material. Mas para que consiga ser efetiva é imprescindível que esteja em sincronia com as mutações sociais".(27)

---

(25) Cf. <https://enciclopediajuridica.pucsp.br/verbete/376/edicao-1/politicas-publicas>. Acesso em: 14 out. 2023.

(26) BOVE, Cristina; FIGUEIREDO, Gladston. A política nacional para a população em situação de rua: processo e participação. In: GRINOVER, Ada Pellegrini *et. al.* (Orgs.). *Direitos fundamentais das pessoas em situação de rua.* 2. ed. Belo Horizonte: Editora D'Plácido, 2016. p. 425.

(27) Cf. CAVALCA, Renata Falson; CÉSAR, João Batista Martins. População em situação de rua: O direito à educação e às políticas públicas. In: NOGUEIRA, Eliana dos Santos Alves; AQUINO, Gabriela Marcassa Thomaz de; CÉSAR, João Batista Martins (Orgs). *Contribuições das ciências humanas e sociais para a (re)construção da dignidade da pessoa humana:* em homenagem ao padre Júlio Lancellotti. 1. ed. Campinas,SP: Lacier Editora, 2022. p. 60-61.

E quando se fala em dignidade da pessoa humana é sempre bom ter em mente que toda pessoa deve ser considerada como um fim em si mesma, nunca como um meio, assim, nenhum ser humano deveria ser coisificado ou instrumentalizado como meio para o lucro fácil, conforme a visão de Immanuel Kant[(28)].

Nesse viés, Almeida Neto assevera: "Quando, portanto, se afirma o respeito à dignidade da pessoa humana, está sendo afirmado o indispensável respeito a uma existência digna do ser humano, o que, como visto, é a mesma coisa".[(29)]Or.

desenvolvimento nacional deve se pautar tanto pela ordem social quanto pela ordem econômica, porém, esta última só existe para propicia os meios necessários a dar concretude àquela, e não o contrário (art. 170 CF/88)[(30)].

Ressalte-se que a participação da sociedade civil na elaboração, implementação e acompanhamento das políticas públicas é muito importante, pois se trata de democracia participativa.

Elenaldo Celso Teixeira[(31)] escreve que:

> "Elaborar uma política pública significa definir *quem* decide *o quê, quando*, com que *consequências* e *para quem*. São definições relacionadas com a natureza do regime político em que se vive, com o grau de organização da sociedade civil e com a cultura política vigente."

Por seu turno, Norberto Bobbio[(32)] alertava que não pode haver um vilipêndio contínuo de direitos dos cidadãos:

> "(...) o problema que temos diante de nós não é filosófico, mas jurídico e, num sentido mais amplo, político. Não se trata de saber quais e quantos são esses direitos, qual a natureza e seu fundamento, se são esses direitos naturais ou históricos, absolutos ou relativos, mas, sim, qual é o modo mais seguro para garanti-los, para impedir que, apesar das solenes declarações, eles sejam continuamente violados."

---

(28) KANT, Immanuel. *Fundamentação da Metafísica dos Costumes*. Tradução de Paulo Quintela. Lisboa: Edições 70, 2007. p. 67-68.

(29) ALMEIDA NETO, Amaro Alves de. Dano existencial: a tutela da dignidade da pessoa humana. *Revista dos Tribunais*, São Paulo, v. 6, n. 24, p. 10, out./dez. 2005.

(30) Art. 170. A ordem econômica, fundada na valorização do trabalho humano e na livre iniciativa, tem por fim assegurar a todos existência digna, conforme os ditames da justiça social. (...).

(31) TEIXEIRA, Elenaldo Celso. O papel das políticas públicas no desenvolvimento local e na transformação da realidade. *Revista Políticas Públicas*, Salvador, AATR — Associação dos Advogados de Trabalhadores Rurais da Bahia, 2002, p. 02. Disponível em: <http://www.dhnet.org.br/dados/cursos/aatr2/a_pdf/03_aatr_pp_papel.pdf >. Acesso em: 20 fev. 2021.

(32) BOBBIO, Norberto. *A era dos direitos*. Rio de Janeiro: Campus, 1992. p. 25.

De fato, o estado deve garantir um patamar mínimo civilizatório[33] — um mínimo existencial — para todos os seus cidadãos, do contrário, pode ruir a estrutura social. Assim, a observância da dignidade da pessoa humana é condição básica para a harmonia da vida em sociedade. Como a história mostra, a carestia e miséria sempre foram causas de conflitos e guerras.[34]

Relembre-se a Declaração de Filadélfia (Constituição da OIT): "Considerando que a paz para ser universal e duradoura deve assentar sobre a justiça social; "Considerando que existem condições de trabalho que implicam, para grande número de indivíduos, miséria e privações, e que o descontentamento que daí decorre põe em perigo a paz e a harmonia universais (...)"[35].

Assim, garantir a implementação de políticas públicas para efetivação dos direitos fundamentais — da justiça social — é trabalhar para a paz duradoura e para a harmonia social.

Por outro lado, sabe-se que definir políticas públicas e respectivas prioridades é uma disputa de poder político, pois os recursos são limitados. Por isso, os diversos segmentos da sociedade disputam esses recursos e fazem lobby nos meios políticos. Todavia, quando se trata de criança e adolescente, toda a sociedade deve ter consciência que se trata de investimento no futuro da nação.[36]

Relembre-se o Preâmbulo da Declaração Universal dos Direitos Humanos (1948):

> **§ 1º**: "Considerando que o reconhecimento da dignidade inerente a todos os **membros da família humana** e dos seus **direitos iguais e inalienáveis constitui o fundamento da liberdade, da justiça e da paz do mundo**".
>
> [...]

---

(33) Maurício Godinho Delgado deu notoriedade a expressão "patamar civilizatório mínimo", que é o limite mínimo de direitos aos trabalhadores, abaixo do qual não se pode relativizar os direitos dos trabalhadores, sob pena de afronta da dignidade da pessoa humana. *Curso de Direito do Trabalho*. 14. ed. São Paulo: LTr, 2015. p. 122.

(34) "A Declaração de Filadélfia reafirmou o princípio de que a paz permanente só pode estar baseada na justiça social e estabeleceu quatro ideias fundamentais, que constituem valores e princípios básicos da OIT até hoje: que o trabalho deve ser fonte de dignidade; que o trabalho não é uma mercadoria; que a pobreza, em qualquer lugar, é uma ameaça à prosperidade de todos; e que todos os seres humanos tem o direito de perseguir o seu bem estar material em condições de liberdade e dignidade, segurança econômica e igualdade de oportunidades." Cf. <https://www.ilo.org/brasilia/conheca-a-oit/hist%C3%B3ria/lang--pt/index.htm>. Acesso em: 14 out. 2023.

(35) Cf. <https://www.ilo.org/wcmsp5/groups/public/---americas/---ro-lima/---ilo-brasilia/documents/genericdocument/wcms_336957.pdf>. Acesso em: 14 out. 2023.

(36) É preciso tem em mente que investir na criança e no adolescente é ter certeza do retorno garantido. E os estudos internacionais apontam o retorno de 1 para 10. Cf. DUTRA, Maria Zuíla Lima. Trabalho infantil: Caminho que Perpetua a Pobreza. In: NOCCHI, Andréa Saint Pastous; FAVA, Marcos Neves; CORREA, Lelio Bentes (Orgs.). *Criança e trabalho:* da exploração à educação. São Paulo: LTr, 2015. p. 19.

§ 3º: "Considerando que é essencial a proteção dos direitos do homem através de um regime de direito, para que **o homem não seja compelido [...] à revolta contra a tirania e a opressão**".

§ 4º: "Considerando que, na Carta, os povos das Nações unidas proclamam de novo **a fé nos direitos fundamentais, na dignidade e no valor da pessoa humana, na igualdade de direitos dos homens e das mulheres** [...]" (ONU, 2020, grifo nosso).

De acordo com a referida Declaração, somos integrantes da "família humana", assim, deve haver um regime de direitos de proteção ao ser humano para que o homem não seja compelido à revolta contra a tirania e a opressão. E as Nações Unidas proclamaram a fé nos direitos fundamentais, na dignidade e no valor da pessoa humana e na igualdade de direitos dos homens e das mulheres.

É importante relembrar o disposto no art. 174 da CF/88:

Art. 174. Como agente normativo e regulador da atividade econômica, o Estado exercerá, na forma da lei, as funções de fiscalização, incentivo e planejamento, sendo este determinante para o setor público e indicativo para o setor privado.

§ 1º A lei estabelecerá as diretrizes e bases do planejamento do desenvolvimento nacional equilibrado, o qual incorporará e compatibilizará os planos nacionais e regionais de desenvolvimento.

Percebe-se que a Constituição impôs ao estado a normatização e a regulação da atividade econômica, mais do que isso, na forma da lei, exercerá as funções de fiscalização, incentivo e planejamento. E é aqui que se encaixam as políticas públicas, propiciando o desenvolvimento nacional equilibrado.

Sobre políticas públicas, Élida Graziane Pinto(37) afirma que:

> "O art. 6º do Decreto-lei n. 200/1967 designa implicitamente política pública como um ciclo decisório, finalística e processualmente voltado ao cumprimento dos ditames constitucionais, organizado em torno de três grandes fases: planejar, executar e controlar.
>
> Infelizmente, nosso país planeja mal, porque sequer formula adequadamente diagnóstico dos seus problemas, daí porque não sabe arrolar e avaliar soluções possíveis a pretexto de prognóstico. O curto prazo e o caráter protocolar do planejamento agravam a falta de clareza sobre nossas prioridades sociais e sobre quais rotas de enfrentamento poderiam ser adotadas."

---

(37) Cf. <https://www.conjur.com.br/2020-jun-30/contas-vista-inafastabilidade-controle-politicas-publicas-mp>. Acesso em: 14 out. 2023.

Prossegue:

> "Em suma, devemos considerar política pública como o ciclo de identificação e, tanto quanto possível, de resolução dos problemas atinentes à vida em sociedade, cujo termômetro jurídico mais sensível é o déficit de efetividade dos direitos fundamentais.
>
> Se nós tivéssemos essa leitura íntegra de que política pública é planejar, executar e controlar para melhor corrigir, fundamentar e aprimorar a próxima etapa de planejamento, nós buscaríamos soluções mais sistêmicas, ao invés de só apenas "enxugar gelo" e responsabilizar isoladamente alguns gestores, sem, de fato, enfrentar as causas dos nossos problemas."

Assim, políticas públicas é o conjunto de programas e atividades desenvolvidas pelo estado, direta ou indiretamente, com o escopo de assegurar a realização plena dos direitos fundamentais, seja de modo difuso ou para atender determinado grupo social. Essas políticas públicas, portanto, destinam-se a fazer valer o princípio da solidariedade social (art. 3º CF/88) e dar concretude aos direitos sociais.(38)

Pedro H. G. Ferreira de Souza(39) apregoa que: *"Em condições minimamente democráticas, a concentração no topo apresenta forte caráter inercial, pois os mais ricos dispõem de recursos políticos e econômicos que facilitam a sua organização em grupos capazes de exercer poder de veto ou barganhar em posições vantajosas. Com isso, a redução prolongada da desigualdade via reformas graduais e duradouras tem grande dificuldade de sair do papel".*

Adilson José Moreira(40) afirma que um sistema jurídico pode adotar várias formas de proteção de grupos de pessoas, porém, quase todas as jurisdições democráticas adotam uma proteção amplamente assimétrica entre grupos, "*vez que reconhecem a necessidade de criação de mecanismos destinados à proteção dos diversos grupos; todas as pessoas são titulares de direitos universais, mas alguns grupos terão proteção especial*".

Ricardo Tadeu Marques da Fonseca(41), ao comentar as ações afirmativas, fala que:

> "O direito assume, assim, o papel ousado de instrumento pró-ativo que desiste da proibição eloquente e desce ao mundo da realidade tocando-a,

---

(38) Cf. Eliana dos Santos Alves Nogueira, Kátia Magalhães Arruda e João Batista Martins César in: "A competência da Justiça do Trabalho para conhecer das Ações Civis Públicas com o escopo de implementação de políticas públicas voltadas à erradicação do trabalho infantil e o estímulo à aprendizagem". 30 *anos do Estatuto da Criança e do Adolescente:* a proteção integral sob a ótica do direito e do processo do trabalho. Organizadores: Eliana dos Santos Alves Nogueira, Gabriela Marcassa Thomaz de Aquino, João Batista Martins César, Kátia Magalhães Arruda e Victor Hugo de Almeida. Belo Horizonte: RTM, 2020. p. 431.

(39) SOUZA, Pedro H. G. Ferreira de. *Uma história de desigualdade:* a concentração de renda entre ricos no Brasil, 1926-2013. 1. ed. São Paulo: Hucitec: Anpocs, 2018. p. 377.

(40) MOREIRA, Adilson José. *Tratado de direito antidiscriminatório*. São Paulo: Editora Contracorrente, 2020. p. 259-260.

(41) FONSECA, Ricardo Tadeu Marques. *O trabalho da pessoa com deficiência e a lapidação dos direitos humanos: o direito do trabalho, uma ação afirmativa*. São Paulo: LTr, 2006. p. 185-186.

> transformando-a, materializando as aspirações grandiloquentes da liberdade, da igualdade, por meio da fraternidade, como se o Estado agisse como verdadeiro pai que encaminha os filhos de forma a se entenderem, ainda que por medidas coercitivas."

A política pública tem esse papel de fraternidade, materializando as grandes aspirações da sociedade, ainda que por meio de medidas coercitivas, como forma de efetivamente proteger as crianças e adolescentes.

E é bom relembrar as palavras de Jessé de Souza[(42)]: "Como todo conflito social é dramatizado nessa falsa oposição entre mercado divinizado e Estado demonizado, os reais conflitos sociais que causam dor, sofrimento e humilhação cotidiana para dezenas de milhões de brasileiros são tornados literalmente invisíveis."

Prossegue[(43)]:

> "O atual estágio do debate intelectual e público brasileiro apenas contribui para o desconhecimento sistemático do grande drama histórico da sociedade brasileira desde o início de seu processo de modernização: a continuação da reprodução de uma sociedade que "naturaliza" a desigualdade e aceita produzir "gente" de um lado e "subgente" de outro. Isso não é culpa apenas de governos. São os consensos sociais vigentes, dos quais todos nós participamos, que elegem os temas dignos de debate na esfera pública, assim como elegem a forma de (não) compreendê-los."

Não se pode, portanto, continuar a naturalizar uma sociedade que produz "subgente". Para colocar um termo nisso, devem ser utilizadas as políticas públicas.

Por outro lado, é bom ressaltar que já passou da hora de o Brasil reconhecer a dívida histórica para com a população afrodescendente, a qual deve ser reparada com a adoção de políticas afirmativas.

Segundo o professor Laurentino Gomes (2019), o Brasil foi construído por mão de obra cativa; tudo que nós somos, mas principalmente até o Século XIX, foi construído por mão de obra escrava, sem remuneração, sem compensação por esse trabalho. Essa é a dívida histórica e o resultado aparece nos indicadores sociais.

A população negra é a maioria no Brasil, que é a maior nação negra fora do continente africano. Logo, a ausência ou a baixa incidência de pessoas negras em espaços de poder deveria ser perturbadora. Entretanto, não costuma causar incômodo ou surpresa. É preciso pensar em ações que mudem essa realidade.

---

(42) SOUZA, Jessé. *Ralé brasileira:* quem é e como vive. Belo Horizonte: Editora UFMG, 2009. p. 17.

(43) Ob. cit., p. 24.

As políticas de combate ao trabalho infantil e estímulo à aprendizagem também combatem o racismo, por conectar a educação e o valor social do trabalho, garantindo a efetiva inserção do adolescente e do jovem afrodescendente no mercado de trabalho, ao mesmo tempo que vincula a frequência à escola com aproveitamento adequado, contribuindo para o desenvolvimento profissional, moral, psicológico e social dessas pessoas, ao mesmo tempo que traz benefícios às famílias, às empresas e à sociedade.

Deve ser revisitada a história do país e dar os devidos créditos aos afrodescendentes pela grande contribuição para o desenvolvimento da nação seja na mineração, agricultura, artes etc., especialmente para a nossa política, pois, foi o presidente Nilo Procópio Peçanha o grande incentivador da criação de escolas técnicas voltadas aos jovens em vulnerabilidade social.

Segundo o Desembargador do Trabalho Dr. Lorival Ferreira dos Santos[44] (2020): "apenas as mulheres das famílias dos libertos continuaram a prestar serviços para as famílias dos antigos senhores, mediante pequena remuneração. Sem emprego ou políticas igualitárias, a maior parte das pessoas negras foi jogada às ruas e empurrada para as favelas, passando a compor a massa de desempregados ou subempregados, fato bem sintetizado pelo samba enredo da Mangueira, em 1988: Livre do açoite da senzala, preso na miséria da favela.

Enquanto Presidente do E. TRT15, o Dr. Lorival Ferreira dos Santos[45] assinou o Ato Regulamentar n. 6, de 30.6.2015, em observância à Lei n. 12.288/2010, que dispõe sobre o Estatuto da Igualdade Racial, e à Lei n. 12.990/2014 (Lei de Cotas), estabelecendo reserva de 20% das vagas para negros nos concursos públicos para servidores e juízes do trabalho substitutos daquele Tribunal, sendo o pioneiro nessa iniciativa.[46]

É bom relembrar que Ingo Wolfgang Sarlet[47] fala que os direitos fundamentais são direitos a prestações por parte do estado. Os direitos a prestações *"podem ser reconduzidos ao status positivus de Jellinek, implicam uma postura ativa do Estado, no sentido de que este se encontra obrigado a colocar à disposição dos indivíduos prestações de natureza jurídica e material (fática)"*.

---

(44) Cf. SANTOS, Lorival Ferreira dos. Palestra proferida em Webinário da Escola Judicial do TRT15, no Programa Escola ao Vivo, no evento Diálogos sobre Diversidade Racial no Mercado de Trabalho, 2020. Disponível em: <https://www.youtube.com/watch?v=amrRvwupiw8>. Acesso em 2 nov. 2023.

(45) Consigne-se que é um grande prazer e um privilégio poder participar desta obra coletiva que presta homenagem ao Dr. Lorival Ferreira dos Santos, um magistrado que exerceu o seu ofício com dedicação, denodo e zelo, mas, mais do que isso, é um homem que está muito a frente do seu tempo e não se esquece de sua ancestralidade e honra o seu passado, lembrando-nos da nossa dívida histórica para com os afrodescendentes.

(46) Cf. <https://trt15.jus.br/legislacao/normas-institucionais/atos/ato-regulamentar-gp-no-062015>. Acesso em: 2 nov. 2023.

(47) SARLET, Ingo Wolfgang. *A eficácia dos direitos fundamentais*. 8. ed., ver. e atual. Porto Alegre: Livraria do Advogado, 2007. p. 217.

Continua:

> "Os direitos fundamentais a prestações enquadram-se, como visto, no âmbito dos direitos da segunda dimensão, correspondendo à evolução do Estado de Direito, de matriz liberal-burguesa, para o Estado democrático e social de Direito, incorporando-se à maior parte das Constituições do segundo pós-guerra."

Luzidio, assim, que os direitos fundamentais são direitos de segunda dimensão e levam à uma postura proativa por parte do estado, que deve adotar meios para materializá-los, já que inerentes ao estado democrático e social de direito.

3. A doutrina da proteção integral, o direito fundamental ao não trabalho das crianças e adolescentes e as políticas públicas para a infância

"a humanidade deve à criança o melhor de seus esforços."[48]

No passado, as crianças não eram vistas como sujeitos de direitos, prevaleciam os "códigos de menores"[49], a teoria do direito penal do menor, que os viam apenas como infratores.

Após a teoria do Direito Penal do Menor[50], sobreveio a Doutrina da Situação Irregular, a qual disciplinava a questão dos adolescentes que não se enquadravam "nos padrões normais da sociedade", assistência e proteção somente eram garantidas aos adolescentes em situação irregular. Foi essa doutrina que norteou o Código de Menores de 1979 (Lei n. 6.697).

A Doutrina da Proteção Integral teve como embrião a Declaração de Genebra de 1924[51], quando ainda prevalecia no Brasil a doutrina do Direito Penal. Foi reconhecida uma proteção especial à criança, mesmo não tendo natureza vinculativa, trazia a natureza

(48) Cf. Declaração Universal dos Direitos da Criança/1959.

(49) O ECA, em seu art. 2º, em consonância com os tratados internacionais, prevê: CRIANÇA = pessoa até 12 anos incompletos; ADOLESCENTE = pessoa entre 12 e 18 anos incompletos. Claro, portanto, a impropriedade da terminologia menor, que tem origem no Código de Menores e traz uma carga ideologicamente preconceituosa. Chama-se "menor" o filho do pobre, e criança/adolescente os filhos dos brasileiros da classe média e alta. A manutenção do termo "menor" perpetua uma discriminação dos integrantes das classes sociais do Brasil, menor é o infrator filho do pobre, a criança e o adolescente são as vítimas.

(50) Essas leis "dos menores" mantinham e reforçavam a exclusão social desse público, dando ensejo às ações assistencialistas, postergando-se a adoção de políticas públicas de proteção e inclusão. Notadamente na América Latina, essas leis postergaram o reconhecimento de que as crianças são sujeitos de direito e não objeto.

(51) Cf. <https://enciclopediajuridica.pucsp.br/verbete/517/edicao-1/convencoes-de-direitos-humanos-sobre-direitos-das-criancas>. Acesso em: 14 out. 2023.

universal da proteção à infância, especificamente no tratamento diferenciado aos órfãos e abandonados.[(52)]

A Declaração Universal dos Direitos Humanos das Nações Unidas (1948) igualmente proclamou que as crianças e adolescentes devem ter cuidados e assistências especiais (artigo XXV).

Em 20.11.1959, a Assembleia Geral da Organização das Nações Unidas (ONU), adotou a Declaração Universal dos Direitos da Criança[(53)], que também é apontada como base normativa para o princípio da proteção integral e absolutamente prioritária das crianças e adolescentes, vez que no último considerando do seu Preâmbulo afirma que: "a humanidade deve à criança o melhor de seus esforços."[(54)]

A Declaração explicitou a preocupação com a proteção e priorização dos interesses da criança e do adolescente, pois disso depende o futuro da humanidade.[(55)]

De acordo com os seus princípios, a criança gozará de proteção especial, inclusive na elaboração de leis que devem visar os melhores interesses da criança (princípio segundo). A imposição de cuidados especiais às crianças em situação de vulnerabilidade social

---

(52) CURY, Munir. *Estatuto da Criança e do Adolescente Comentado* — Comentários jurídicos e sociais. 2018. p. 96-97.

(53) Cf. <https://www.google.com/url?sa=t&rct=j&q=&esrc=s&source=web&cd=&cad=rja&uact=8&ved=2ahUKEwjQpcao7PaBAxVxqpUCHUE6AJkQFnoECCMQAQ&url=https%3A%2F%2Fwww.unicef.org%2Fbrazil%2Fmedia%2F22026%2Ffile%2Fdeclaracao-dos-direitos-da-crianca-1959.pdf&usg=AOvVaw0QwpxORniN79d4GaOjT50D&opi=89978449>. Acesso em: 14 out. 2023.

(54) Ainda dos considerandos da Declaração pode-se mencionar: "VISTO que a criança, em decorrência de sua imaturidade física e mental, precisa de proteção e cuidados especiais, inclusive proteção legal apropriada, antes e depois do nascimento", "VISTO que a necessidade de tal proteção foi enunciada na Declaração dos Direitos da Criança em Genebra, de 1924, e reconhecida na Declaração Universal dos Direitos Humanos e nos estatutos das agências especializadas e organizações internacionais interessadas no bem-estar da criança,"

(55) Dentre os vários princípios da Declaração, é importante transcrever os seguintes:

Princípio 2º. A criança gozará proteção social e ser-lhe-ão proporcionadas oportunidade e facilidades, por lei e por outros meios, a fim de lhe facultar o desenvolvimento físico, mental, moral, espiritual e social, de forma sadia e normal e em condições de liberdade e dignidade. **Na instituição das leis visando este objetivo levar-se-ão em conta, sobretudo, os melhores interesses da criança.**

Princípio 6º. Para o desenvolvimento completo e harmonioso de sua personalidade, a criança precisa de amor e compreensão. Criar-se-á, sempre que possível, aos cuidados e sob a responsabilidade dos pais e, em qualquer hipótese, num ambiente de afeto e de segurança moral e material, salvo circunstâncias excepcionais, a criança da tenra idade não será apartada da mãe. **À sociedade e às autoridades públicas caberá a obrigação de propiciar cuidados especiais às crianças sem família e aquelas que carecem de meios adequados de subsistência. É desejável a prestação de ajuda oficial e de outra natureza em prol da manutenção dos filhos de famílias numerosas.**

Princípio 8º. A criança figurará, em quaisquer circunstâncias, entre os primeiros a receber proteção e socorro.

Princípio 9º. A criança gozará proteção contra quaisquer formas de negligência, crueldade e exploração. Não será jamais objeto de tráfico, sob qualquer forma.

Não será permitido à criança empregar-se antes da idade mínima conveniente; de nenhuma forma será levada a ou ser-lhe-á permitido empenhar-se em qualquer ocupação ou **emprego que lhe prejudique a saúde ou a educação** ou que interfira em seu desenvolvimento físico, mental ou moral. (grifei)

e econômica está no princípio sexto, ressaltando a necessidade de adoção de políticas públicas para esse público. Do princípio oitavo também se percebe essa necessidade ao apregoar que a criança será a primeira a receber proteção e socorro. Por fim, no princípio nono está contida a obrigação de proteção contra quaisquer formas de negligência, bem como a origem do direito fundamental ao não trabalho antes da idade mínima adequada e em atividades que não prejudique a saúde ou a educação.

Esses instrumentos da ONU são considerados como a origem do princípio da proteção integral das crianças e adolescentes e ao mesmo tempo a obrigação do estado de implementar programas para assegurar os direitos desse público.

Nessa onda, adveio a Convenção sobre os Direitos da Criança[56], adotada pela Assembleia Geral da Organização das Nações Unidas (ONU), em 20.11.1989, é o instrumento de direitos humanos mais aceito na história universal (ratificado por 196 países)[57]. Somente os Estados Unidos não ratificaram a Convenção. Essa Convenção[58] ratificou o princípio da proteção integral e é um significativo marco legislativo em prol das crianças, que deve impactar o vetor interpretativo/jurisprudencial nos países signatários. Mais uma vez é destacada a necessidade de proporcionar à criança uma proteção especial, já que se trata de uma pessoa em peculiar condição de desenvolvimento.

Renato Barão Varalda[59], citando Alessandro Baratta e sua importante contribuição para o tema no artigo "Infancia y democracia", transcreve: "o contexto democrático das políticas públicas de proteção às crianças adquire um determinado sentido e relevância a depender do reconhecimento ou não destas como parte integrante nas relações de democracia, por um lado, e de como são entendidas as relações entre as crianças e os adultos, por outro lado." Entende que o contexto democrático tem que ser considerado como a premissa básica no momento de definir as estratégias adequadas de implementação dos direitos estabelecidos na convenção.

O citado autor ressalta que deve ser efetivado o princípio do interesse superior da criança, previsto no art. 3º da Convenção sobre os Direitos da Criança.

---

(56) Cf. <https://www.planalto.gov.br/ccivil_03/decreto/1990-1994/d99710.htm>. Acesso em: 14 out. 2023.

(57) Cf. <https://www.unicef.org/brazil/convencao-sobre-os-direitos-da-crianca>. Acesso em: 14 out. 2023.

(58) Dentre os considerandos da referida Convenção, constam:

Conscientes de que a **necessidade de proporcionar à criança uma proteção especial** foi enunciada na Declaração de Genebra dos Direitos da Criança, de 1924, e na Declaração dos Direitos da Criança adotada pela Assembleia Geral em 20 de novembro de 1959, e reconhecida na Declaração Universal dos Direitos Humanos, no Pacto Internacional de Direitos Civis e Políticos (em particular, nos arts. 23 e 24), no Pacto Internacional de Direitos Econômicos, Sociais e Culturais (em particular, no art. 10) e nos estatutos e instrumentos pertinentes das Agências Especializadas e das organizações internacionais que se interessam pelo bem-estar da criança;

Conscientes de que, conforme assinalado na Declaração dos Direitos da Criança, "**a criança, em virtude de sua falta de maturidade física e mental, necessita de proteção e cuidados especiais**, incluindo a devida proteção legal, tanto antes quanto após seu nascimento";

(59) Ob. cit., p. 28.

Portanto, as ações voltadas às crianças, seja de instituições públicas ou privadas, bem como as decisões judiciais, devem ter em conta o superior interesse dessas pessoas em peculiar condição de desenvolvimento.

É bom ressaltar que a teoria da proteção integral tem por fundamentos:

1) o reconhecimento da criança/adolescente como sujeitos de direitos; objeção à ideia do "menor-coisa"; são cidadãos em formação e titulares de direitos fundamentais.

2) o reconhecimento da criança/adolescente como pessoas em condição peculiar de desenvolvimento: necessidade de intervenção do Estado para resguardar que esse período da vida, de profundas transformações biológicas, psíquicas e socioculturais possa fornecer condição à formação de um adulto que exerça plenamente sua cidadania.

3) assegurar os direitos fundamentais da criança e do adolescente como prioridade absoluta. Não apenas dever moral — jurídico-constitucional. Norma de eficácia imediata, não de eficácia contida;

4) atuação em rede para a efetivação dos direitos das crianças e adolescentes.

O art. 4º do ECA repete a disposição Constitucional, art. 227[60], no sentido de que "É dever da família, da comunidade, da sociedade em geral e do poder público assegurar, com absoluta prioridade, a efetivação dos direitos referentes à vida, à saúde, à alimentação, à educação, ao esporte, ao lazer, à profissionalização, à cultura, à dignidade, ao respeito, à liberdade e à convivência familiar e comunitária."

E em seu parágrafo único estabelece que a garantia de prioridade compreende:

a) primazia de receber proteção e socorro em quaisquer circunstâncias;

b) precedência de atendimento nos serviços públicos ou de relevância pública;

c) preferência na formulação e na execução das políticas sociais públicas;

d) destinação privilegiada de recursos públicos nas áreas relacionadas com a proteção à infância e à juventude.

Assim, a formulação e execução de políticas públicas, bem como a destinação de recursos para as causas da criança e do adolescente devem ter absoluta prioridade.

(60) **É sempre bom ressaltar que os fundamentos da doutrina internacional da proteção integral da criança** e do adolescente foram inseridos no art. 227 CF/88 por meio de proposta de iniciativa popular subscrita por mais de um milhão e meio de cidadãos, que foi meramente referendada pela Assembleia Constituinte, e ECA (Lei n. 8.069, de 13.7.1990) também foi consequência dessa mobilização popular, aprovado por votação unânime das lideranças de todos os partidos. Estabeleceu-se um novo paradigma no tratamento que deve ser dado ao ser humano que se encontra na peculiar condição de pessoa em desenvolvimento.

Alerte-se que a interpretação harmônica do art. 227 com o art. 7º, inciso XXXIII da CF/88 leva ao reconhecimento do direito fundamental ao não trabalho de nossas crianças e adolescentes, ao mesmo tempo em que foi garantido o direito fundamental à profissionalização (art. 227, § 3º, I), preservando-se o seu desenvolvimento biopsicossocial.(61)

Esse direito à profissionalização está previsto na nossa Lei Maior e na Declaração Universal dos Direitos Humanos, que deverá ser acessível a todos (art. 26 da DUDH) e no Pacto Internacional sobre Direitos Econômicos, Sociais e Culturais (art. 13). Portanto, a educação profissional, especialmente a aprendizagem, é um direito fundamental e um direito universal, todos devem trabalhar permanentemente para a sua efetivação.

O Brasil ratificou as Convenções ns. 138 (1973) e 182 (1999), da Organização Internacional do Trabalho (OIT), sobre a idade mínima para o trabalho e as piores formas de trabalho infantil(62), respectivamente. O Decreto n. 6.481, de 12.6.2008, trouxe em seu anexo a "Lista TIP", das piores formas de trabalho infantil.

Como dito, em 1989, a ONU adotou a Convenção sobre os Direitos da Criança, promulgada no Brasil pelo Decreto n. 99.710, de 21.11.1990(63). Por essa convenção, a criança deve ser protegida contra toda forma de abandono, crueldade e exploração. Não se deve permitir que a criança trabalhe antes de uma idade mínima adequada. E em caso algum será permitido que a criança se dedique ou a ela se imponha, qualquer ocupação ou emprego que possa prejudicar sua saúde ou sua educação, ou impedir seu desenvolvimento físico, mental ou moral.(64)

O Brasil precisa adotar medidas concretas para atingir o objetivo global de erradicação do trabalho infantil, não só para não sofrer sanções internacionais por dumping social, como também, e principalmente, para garantir um futuro melhor às nossas crianças e adolescentes e suas famílias.(65)

(61) Os arts. 4º, *caput*, e 60 e seguintes do ECA também garantiram ao adolescente o direito fundamental à profissionalização e à inserção no mercado de trabalho.

(62) Essa convenção foi a mais rapidamente ratificada na história da OIT e, recentemente, foi subscrita por todos os 187 países-membros que integram o organismo, feito jamais visto nos 100 anos de sua existência. No Brasil, foi aprovada pelo Decreto Legislativo n. 178, de 14 de dezembro de 1999, e promulgada pelo Decreto n. 3.597, de 12 de setembro de 2000.

(63) Cf. <http://www.planalto.gov.br/ccivil_03/decreto/1990-1994/D99710.htm>. Acesso em: 14.10.2023.

(64) O país também é signatário dos Objetivos de Desenvolvimento Sustentável (ODS) da ONU para o ano de 2052, que tem dentre suas metas a eliminação de todas as formas de trabalho infantil até 2025 (Objetivo 8, meta 8.7), da agenda 2030: "Objetivo 8.7. Tomar medidas imediatas e eficazes para erradicar o trabalho forçado, acabar com a escravidão moderna e o tráfico de pessoas e assegurar a proibição e eliminação das piores formas de trabalho infantil, incluindo recrutamento e utilização de crianças-soldado, e até 2025 acabar com o trabalho infantil em todas as suas formas. ONU. Agenda 2030.

(65) Ressalte-se que muitos países, notadamente os desenvolvidos, investem maciçamente na qualificação profissional de seus jovens, pois sabem que o retorno é de 1 para 10. Inexiste essa conscientização por aqui, o que reflete na ausência de políticas públicas para a profissionalização de qualidade desse público. Somente em razão dos jovens fora da escola, o país perde R$ 151 bi por ano (*GLOBO*, 2019).

Por aqui, ainda não existe essa consciência de que o trabalho precoce, além de desrespeitar o direito fundamental ao não trabalho das crianças e adolescentes, perpetua um ciclo intergeracional de miséria e pobreza que somente será interrompido quando for garantido a essas pessoas em peculiar condição de desenvolvimento o acesso à escola pública, gratuita, de qualidade e em tempo integral.(66) (67) (68) (69) (70) (71)

Ressalte-se que com a promulgação do ECA, em 1990, e a da Lei Orgânica da Assistência Social (LOAS), em 1993, estabeleceu-se um novo paradigma para as políticas públicas de proteção integral para infância e juventude. Neste novo marco legal, a criança e o adolescente passam a ser considerados sujeitos de direitos, cabendo aos adultos o dever de construir um sistema de garantia desses direitos (políticas públicas). E, para alcançar estes objetivos, as políticas públicas devem ser organizadas segundo os princípios da descentralização, da articulação de ações governamentais e não governamentais, e da participação da população, por meio dos diversos conselhos.(72)

---

(66) Cf. DUTRA, Maria Zuíla Lima. Trabalho infantil: Caminho que Perpetua a Pobreza. In: Andréa Saint Pastous Nocchi, Marcos Neves Fava, Lelio Bentes Correa (Orgs.). *Criança e trabalho:* da exploração à educação. São Paulo: LTr, 2015. p. 19.

(67) País perde R$ 151 bi por ano com jovens fora da escola. Dos 3,2 milhões de brasileiros que completam 18 anos, 35% ainda não concluíram o ensino médio. A elevada evasão escolar provoca perdas anuais de R$ 151 bilhões à economia brasileira, aponta estudo inédito de Ricardo Paes de Barros, economista-chefe do Instituto Ayrton Senna e professor do Insper. Este é o custo de manter 15% dos jovens de 15 a 17 anos fora da escola. Sem formação adequada, esses jovens viram trabalhadores pouco qualificados, condenados a salários baixos e a uma saúde mais precária. Isso eleva gastos públicos com assistência e reduz a produtividade, gerando a fatura calculada por Barros. Cf. <https://oglobo.globo.com/economia/pais-perde-151-bi-por-ano-com-jovens-fora-da-escola-1-23694394>. Acesso em: 15 out. 2023.

(68) Brasil perde R$ 214 bilhões com evasão escolar todos os anos. Cf. <https://www.correiobraziliense.com.br/app/noticia/eu-estudante/ensino_educacaobasica/2020/07/14/interna-educacaobasica-2019,872165/brasil-perde-r-214-bilhoes-com-evasao-escolar-todos-os-anos.shtml>. Acesso em: 14 out. 2023.

(69) "A professora Lilia Moritz Schwarcz na excelente obra "Sobre o Autoritarismo Brasileiro", ao abordar a desigualdade social, explica: "São muitos os fatores que explicam a nossa desigualdade social, mas, entre eles, as políticas educacionais continuam a funcionar como um importante gatilho de reprodução das desigualdades. Atualmente, três em cada dez crianças abandonam a escola e, destas, quase a totalidade provém de áreas economicamente destavorecidas (...)". Cf. Artigo Eleonora Bordini Coca já mencionado acima.

(70) Segundo dados da PNAD continua de 2020, 14% das crianças e adolescentes que trabalham estão fora da escola. Entre os que não trabalham, o índice é de 3,5%. "Esse dado comprova que não trabalhar garante o acesso à educação", analisa Isa. Cf. <https://fnpeti.org.br/noticias/2020/12/17/reducao-do-trabalho-infantil-nos-ultimos-quatro-anos-nao-garante-cumprimento-da-meta-de-2025/>. Acesso em: 14 out. 2023.

(71) Na sociedade globalizada, das informações em tempo real, da indústria 4.0 e da tecnologia 5G, o valor advém do conhecimento, em outras palavras, da educação que o país proporciona às suas crianças e adolescentes. Assim, para a construção de uma grande nação, é indispensável proporcionar educação de qualidade para todas as crianças e adolescentes, preparando-os para os desafios do mercado de trabalho cada vez mais competitivo e, com a pandemia da covid19, abrindo-se às possibilidades de globalização também da mão de obra, já que muitos brasileiros são atraídos pelos bons salários em dólar ou euro e pela oportunidade de fazer parte de companhias internacionais trabalhando da sala de casa. Cf. <https://g1.globo.com/trabalho-e-carreira/noticia/2021/10/21/trabalho-em-empresas-estrangeiras-o-que-e-preciso-para-concorrer-a-uma-vaga.ghtml>. Acesso em: 14 out. 2023.

(72) Eliana dos Santos Alves Nogueira, Kátia Magalhães Arruda e João Batista Martins César. Ob. cit., p. 427.

O III Plano Nacional de Erradicação do Trabalho Infantil e de Proteção ao Adolescente Trabalhador (2019-2022)(73), em sintonia com as ODS, prevê a erradicação de todas as formas de trabalho infantil até o ano de 2025. E o II Plano, mencionado no III, estabelece que as políticas públicas são essenciais para erradicar a chaga social. O III Plano estabelece as matrizes estratégicas e operacionais a curto, médio e longo prazo, para enfrentamento do problema. O item 7.2 prevê como ação a atuação progressiva para garantir a implementação de políticas públicas.

Esclareça-se que a Resolução n. 113, de 19.4.2006 do CONANDA (Conselho Nacional dos Direitos da Criança e do Adolescente)(74), estabelece os parâmetros para a institucionalização e fortalecimento do Sistema de Garantias dos Direitos da Criança e do Adolescente (SGD) — arts. 60 a 69, 88 e 248 do ECA. O art. 6º da Resolução afirma que o eixo da defesa dos direitos humanos de crianças caracteriza-se pela garantia do acesso à justiça.

Mencione-se que, em 2012, a Justiça do Trabalho, procurando contribuir com a causa da criança e do adolescente, criou a Comissão Nacional sobre Trabalho Infantil, Ato n. 99/CSJT.GP.SG, 4.5.2012, a Comissão de Erradicação do Trabalho Infantil e de Proteção ao Trabalho Decente do Adolescente, Ato Conjunto n. 21/TST.CSJT.GP, 19.7.2012, e o Programa de Combate ao Trabalho Infantil no âmbito da Justiça do Trabalho — Ato CSJT n. 419, 11.11.13, com gestores nacionais e regionais nos 24 TRTs, ou seja, com capilaridade por todo o território nacional.

Claro, portanto, que o princípio da proteção integral e absolutamente prioritária da criança e do adolescente impõe priorizar a implementação das políticas básicas para esses cidadãos em peculiar situação de desenvolvimento.

Afinal, bem educando e preparando as crianças e adolescentes para os desafios da sociedade globalizada e interconectada, será mais fácil resolver os graves problemas que afetam a humanidade, seja de desenvolvimento, concentração de renda, ambiental, empregabilidade, saúde etc.

4. Ação civil pública na Justiça do Trabalho

> *"o processo e as suas teorias e a sua técnica têm a sua dignidade e o seu valor dimensionados pela capacidade, que tenham, de propiciar a pacificação social, educar para o exercício e respeito aos direitos, garantir as liberdades e servir de canal para a participação democrática."*(75)

(73) O Plano Nacional de Prevenção e Erradicação do Trabalho Infantil é elaborado em obediência ao disposto no art. 227 da CF/88 e nos arts. 86, 88 e 94 do ECA.

(74) Cf. <https://www.legisweb.com.br/legislacao/?id=104402>. Acesso em: 14 out. 2023.

(75) DINAMARCO, Cândido Rangel. Ob. cit., p. 12.

O sistema da Justiça do Trabalho tem doutrina e jurisprudência de vanguarda sobre a ACP e o dano moral coletivo, é o caso de mencionar a paradigmática decisão e o subsequente acordo celebrado no caso Shell/Basf (processo RR 22200-28.2007.5.15.0126).(76) Porém, em matéria de ACPs em face de entes públicos, com pedidos para implementação de políticas públicas para erradicar o trabalho infantil, existe o paradoxo de que muitos ministros ainda não têm consciência da importância do princípio da proteção integral e prioritária de nossas crianças e adolescentes, albergado pelo art. 227 da CF/88, relatando decisões contrárias ao referido princípio, mencionadas no início deste artigo.

Dentre estas decisões, está a da 5ª Turma do TST, assim ementada:

> **(...) AÇÃO CIVIL PÚBLICA. INCOMPETÊNCIA DA JUSTIÇA DO TRABALHO. IMPLEMENTAÇÃO DE POLÍTICAS PÚBLICAS. ERRADICAÇÃO DO TRABALHO INFANTIL.** Cinge-se a controvérsia acerca da competência desta Justiça Especializada para apreciar Ação Civil Pública ajuizada pelo Ministério Público do Trabalho que objetiva a imposição de realização de políticas públicas pelo Município do Recife, com vistas a erradicar o trabalho infantil. É certo que à luz do art. 1º, III e IV, da Constituição, a dignidade da pessoa humana e os valores sociais do trabalho constituem direitos fundamentais. E, com base na preservação desses direitos o Ministério Público, como representante da sociedade, no desempenho de sua função, pretende a adoção de medidas tendentes à erradicação do trabalho infantil (art. 7º, XXXIII, da CF). De outro lado, não se pode olvidar que, não obstante a Emenda Constitucional n. 45 de 2004 tenha ampliado significativamente a competência da Justiça do Trabalho, passando a estabelecer em seu art. 114, I e IX, a competência para processar e julgar ações oriundas da relação de trabalho e outras controvérsias dela decorrentes, a matéria objeto de debate não se caracteriza como derivada de relação de trabalho. Isso possui nítido conteúdo social, consistente tanto na prevenção e erradicação do trabalho infantil, como na redução das desigualdades e a profissionalização de adolescentes e jovens, cabendo ao Município, que detém autonomia político-administrativa, a realização de

---

(76) Pelo acordo celebrado na mais alta Corte trabalhista, foi garantida indenização e tratamento médico aos trabalhadores contaminados, bem como indenização por dano moral coletivo de mais de 200 milhões de reais, destinado alternativamente a vários projetos de cunho social. Foram beneficiadas as entidades: Associação Ilumina de Piracicaba, para a construção do Hospital de Câncer de Piracicaba e na aquisição de uma unidade móvel de atendimento; o Barco Hospital Papa Francisco na Bacia Amazônica, com atendimento a mais de mil comunidades ribeirinhas e quase 700 mil pessoas, com dois hospitais de apoio e abrangência em doze municípios que margeiam o Rio Amazonas; o Centro Infantil Boldrini, para construção e aquisição de equipamentos do Instituto de Engenharia Molecular e Celular, primeiro centro de pesquisas sobre câncer pediátrico do País; o Hospital de Câncer de Barretos, para a construção do Instituto de Prevenção de Câncer em Campinas e mais cinco carretas adaptadas e equipadas com aparelhos para realização de exames, sendo quatro delas para diagnósticos e uma para educação; o Hospital Estadual de Sumaré, para aquisição de equipamentos que serão utilizados pelo setor de Neurocirurgia; Universidade Federal da Bahia e Fundacentro, que deverão apresentar um projeto de mapeamento da exposição ocupacional ao asbesto (mineral utilizado na produção de amianto) e seus efeitos sobre a saúde; Fundação de Pesquisas Médicas de Ribeirão Preto (Fupeme), para a atualização tecnológica e modernização da infraestrutura dos setores de Alta Complexidade da Unidade de Queimados e da Unidade de Emergência do Hospital das Clínicas e da Faculdade de Medicina de Ribeirão Preto (HCFMRP/USP); e por último, Fundação Área de Saúde de Campinas (Fascamp) para a construção do Instituto de Otorrinolaringologia de Cabeça e Pescoço, na Unicamp, que prestará atendimento médico à população pelo SUS, sendo o primeiro centro nacional de diagnóstico e tratamento das doenças otorrinolaringológicas relacionadas ao trabalho, como a perda auditiva e doenças relacionadas à voz. Cf. <https://trt15.jus.br/noticia/2021/caso-shell-basf-e-tema-da-visita-de-estudantes-ao-trt-15>. Acesso em: 14 out. 2023.

> medidas administrativas, tais como: a garantia de verba suficiente para implementação adequada do programa de erradicação do trabalho infantil, a fiscalização e a regularização do trabalho, a promoção de parcerias permanentes com outras entidades, bem como encaminhamento de projetos de lei, questões que não se confundem na competência material da Justiça do Trabalho. Precedentes. Recurso de revista conhecido e provido. (Processo RR 44-21.2013.5.06.0018. 5ª T. Data do Julgamento: 20.09.2019. Relator Min. BRENO MEDEIROS)

No caso, apesar de o relator entender que a matéria discutida nos autos tinha relevante caráter social e exigia a adoção de medidas pelo administrador local, não era de competência material da Justiça Especializada, pois não derivada da relação de trabalho.

A SBDI-1 do C. TST, nos autos do **RR-44-64.2013.5.09.0009,** 2020, "pacificou" a questão entendendo como da competência da Justiça do Trabalho a análise da ação civil pública proposta pelo Ministério Público do Trabalho em face do município de Campo Largo-PR. Entendeu-se que compete à Justiça do trabalho processar e julgar ações que visem a implementação de políticas públicas destinadas à erradicação do trabalho infantil, **<u>rejeitando-se, contudo, a competência para implementação de políticas públicas destinadas à educação e profissionalização de crianças e adolescentes</u>**.

Da ementa do acórdão consta:

> **RECURSO DE EMBARGOS. AÇÃO CIVIL PÚBLICA. PROVOCAÇÃO DO PODER EXECUTIVO MUNICIPAL PARA A IMPLEMENTAÇÃO DE POLÍTICAS PÚBLICAS DE COMBATE AO TRABALHO INFANTIL E PROFISSIONALIZAÇÃO DE ADOLESCENTES. COMPETÊNCIA MATERIAL DA JUSTIÇA DO TRABALHO. (...)**
>
> 5. **Se é da competência da Justiça do Trabalho coibir a prática do trabalho infantil, bem como o julgamento de ações envolvendo atos irregulares dos entes da administração pública municipal, estadual e federal, também é de sua competência o julgamento da inércia do poder público em adotar políticas públicas constitucionalmente previstas visando erradicar o trabalho infantil** (art. 227 da CF). (...) 7. Por outro lado, salvo **quanto a programas de aprendizagem, não se vislumbra a competência desta Especializada para impor ao Município a elaboração e implementação de políticas públicas acerca da educação e profissionalização de crianças e adolescentes** (pedidos 2, 3, 4, 5, 6, 10, 11 e 13), pois, embora necessárias, não dizem respeito, diretamente, à relação de trabalho. Recurso de embargos conhecido e parcialmente provido." (Tribunal Superior do Trabalho. TST-E-RR-44-64.2013.5.09.0009, Min. relator Alberto Bresciani, *DEJT* 18.12.2020)[77]

A 1ª SBDI do TST deu com uma mão, mas retirou com a outra, em outras palavras, embora tenha admitido a competência da Justiça do Trabalho para conhecer as ações civis públicas que tratem de medidas para eliminação do trabalho infantil, entendeu que não seria competente para impor ao ente público a elaboração e implementação de políticas públicas acerca da educação e profissionalização de crianças e adolescentes.

---

(77) Consta do acórdão: "não se vislumbra a competência desta Especializada para impor ao Município a elaboração e implementação de políticas públicas acerca da educação e profissionalização de crianças e adolescentes (pedidos 2, 3, 4, 5, 6, 10, 11 e 13), pois, embora necessárias, não dizem respeito, diretamente, à relação de trabalho."

Com todo o respeito, a educação, a profissionalização e a aprendizagem são direitos fundamentais e universais das crianças e adolescentes, conforme já exposto neste artigo, portanto devem ser adotadas políticas públicas para a efetivação desses direitos que são interdependentes e complementares para que o trabalho infantil seja erradicado. Luzidia a competência da Justiça do Trabalho para determinar a implementação dessas políticas, já que é o ramo do Judiciário a quem cabe analisar toda e qualquer demanda que tenha relação com o trabalho.(78)

Não basta proibir o trabalho infantil, é preciso garantir a educação de qualidade e o ensino profissionalizante. Ademais, para os adolescentes e jovens na faixa etária dos 14 aos 24 anos a aprendizagem é um importante instrumento para combater o trabalho precoce e ao mesmo tempo proporcionar a profissionalização adequada desse público e a garantia de uma renda.

A aprendizagem(79) é única política pública adequada e eficaz para inserção de adolescentes e jovens, de modo protegido, no mercado de trabalho.

Para uma grande parte dos adolescentes vítimas do trabalho precoce, leia-se adolescentes em vulnerabilidade social e econômica,(80) a aprendizagem pode ser uma alternativa, já que ao mesmo tempo que propicia a formação profissional, exige que continuem frequentando a escola regular e com desempenho adequado.

Por essa razão, não se deve dissociar as políticas públicas que visam a erradicação do trabalho infantil daquelas que visam a educação e profissionalização de crianças e adolescentes, inclusive o estímulo à aprendizagem, lembrando que os entes públicos podem e devem implementar programas de aprendizagem dentro de suas repartições.(81)

Esclareça-se que o art. 1º do Ato n. 63/CSJT, de 14.3.2016, afirma que: "Art. 1º O "Programa de Combate ao Trabalho Infantil", instituído pelo Ato n. 419/CSJT, de

(78) Mencione-se que Breno Medeiros, no artigo A (in) eficácia da ação civil pública como instrumento de combate ao trabalho infantil, p. 27, defende que "A instituição da aprendizagem é, de longe, o instrumento mais eficaz de que dispomos hoje para a derrocada do trabalho precoce, visto que, desde sua gênese, foi concebida para, de plano, manter o adolescente na escola, sem a qual não há nenhuma esperança de melhora futura." Livro Brasil sem trabalho infantil/Kátia Magalhães Arruda, James Magno Araújo Farias, coordenadores. São Paulo: LTr, 2019. Contudo, a aprendizagem está vinculada ao ensino de qualidade e à educação profissionalizante.

(79) Foi a Lei n. 10.097, de 19.12.2000, que estabeleceu a aprendizagem nos arts. 429 e seguintes da CLT.

(80) A cota de aprendizagem social está prevista no art. 66 do Decreto Federal n. 9.579, de 22.11.2018, a qual autoriza que as empresas, cujas peculiaridades da atividade ou dos locais de trabalho constituam embaraço à realização das aulas práticas, possam contratar aprendizes por meio de entidades qualificadas em formação técnico profissional, que farão a parte prática da aprendizagem em entidade concedente dessa experiência. Para tanto, deve ser assinado termo de compromisso junto ao Ministério do Trabalho. As entidades concedentes da experiência prática do aprendiz social podem ser: I – órgãos públicos; II – organizações da sociedade civil; III – unidades do sistema nacional de atendimento socioeducativo (§ 2º do referido artigo).

(81) Nesse ponto, o município de Guaratinguetá-SP pode ser apontado como referência na aprendizagem de adolescentes, cujo programa beneficia quase uma centena de adolescentes todos, os anos. Cf. <http://www.gjfguara.com.br/contas/2019/Plano_A%C3%A7%C3%A3o_2019.pdf>. Acesso em: 14 out. 2023.

11.11.2013, passa a ser denominado "Programa de Combate ao Trabalho Infantil e de Estímulo à Aprendizagem".

Pois bem. Como o nome do programa foi alterado de "Programa de Combate ao Trabalho Infantil" para "Programa de Combate ao Trabalho Infantil e de Estímulo à Aprendizagem", obviamente, foi reconhecido que o combate ao trabalho infantil deve andar conjuntamente com o estímulo à aprendizagem, como pode a Justiça do Trabalho entender que não tem competência para impor políticas públicas visando a educação e a profissionalização? Estar-se-á diante de um processo kafkiano?

A situação fica ainda mais Kafkiana quando o referido Ato n. 419/2013, em seu art. 2º, prevê: "Art. 2º As atividades do Programa serão norteadas pelas seguintes linhas de atuação: (...) **I – política pública: colaborar na implementação de políticas públicas de prevenção, combate, segurança, saúde e erradicação do trabalho infantil;**".

Ora, se as atividades do Programa do TST/CSJT serão norteadas pela linha de atuação em políticas públicas, parece um contrassenso que esse ramo do Poder Judiciário diga que não tem competência para tanto.

Portanto, é claro que a Justiça do Trabalho tem competência para processar e julgar as ACPs que tratem de políticas públicas voltadas à erradicação do trabalho infantil e para determinar a adoção de políticas públicas voltadas à elaboração e implementação de políticas públicas acerca da educação e profissionalização de crianças e adolescentes, inclusive à aprendizagem, pois é o instituto adequado, aliás, único no país, para a inserção segura desse público no mundo do trabalho.

Em 15.6.2023, a SDI-1 do TST, em acórdão de relatoria da Min. Maria Helena Mallmann, declarou que a Justiça do Trabalho pode executar um Termo de Ajuste de Conduta (TAC) firmado entre o Município de Anapurus (MA) e o Ministério Público do Trabalho (MPT) voltado para políticas públicas para erradicar o trabalho infantil e regularizar o trabalho adolescente. A decisão foi proferida nos embargos do MPT contra decisão da Sexta Turma do TST, que não admitiu a execução do TAC na Justiça do Trabalho, pois não havia nenhum vínculo de natureza trabalhista entre as crianças e adolescentes e o município, razão pela qual a competência trabalhista deveria ser afastada. A ministra relatora entendeu que a presença de empregado, empregador ou tomador de serviços na relação processual não é um requisito indispensável para o reconhecimento da competência da Justiça do Trabalho. E o critério definidor da competência é a causa de pedir relacionada à execução do trabalho, o que inclui o cumprimento de normas de proteção ao trabalho infantil. Processo: E-RR-90000-47.2009.5.16.0006.[82]

(82) Cf. <https://www.tst.jus.br/-/justi%C3%A7a-do-trabalho-pode-executar-termo-de-ajuste-de-conduta--para-combater-trabalho-infantil%C2%A0>. Acesso em: 14 out. 2023.

Assim, percebe-se que a tendência jurisprudencial no TST é no sentido de ampliar a competência da JT para admitir pedidos de implementação de políticas públicas de combate ao trabalho infantil, implementar a educação profissional e a aprendizagem.

4.1. As decisões pela incompetência da Justiça do Trabalho para determinar a implementação de políticas públicas de prevenção e erradicação do trabalho infantil estavam embasadas em dois argumentos principais.

Apesar dessa corrente jurisprudencial no TST já ter sido superada, é importante mencionar e repelir os seus principais argumentos:

4.1.1. O Poder Judiciário trabalhista não poderia determinar a implementação de políticas públicas (em geral)

A Justiça do Trabalho não poderia impor a obrigação de criação e instauração de política pública por ente público, em respeito a tripartição dos poderes da União (art. 2º CF/88). Tratar-se-ia de ingerência em questão que envolve o poder discricionário do Executivo.

A competência material da Justiça especializada também não abarcaria medidas administrativas, como a garantia de verba suficiente para implementação adequada do programa de prevenção e erradicação do trabalho infantil, para fiscalização e regularização do trabalho, nem a promoção de parcerias permanentes com outras entidades ou o encaminhamento de projetos de lei.

Por primeiro, destaque-se que a utilização da palavra "criação" é inadequada, porque o que se discute, em verdade, é a competência para determinar a implementação de políticas públicas estabelecidas no marco legal do país.

Trata-se de inadmissível inversão, pois a imposição de obrigações ao Executivo, pelo Judiciário, insere-se na possibilidade jurídica do pedido (condição da ação) ou no acolhimento ou rejeição do pedido (mérito). Tais aspectos somente devem ser apreciados após a fixação da competência material, como bem ressaltou o Ministro José Roberto Freire Pimenta no voto condutor do RR-32100-09.2009.5.16.0006 (2ª Turma, *DEJT* 11.9.2015).

Ainda que assim não fosse, pacífico o entendimento do E. STF no sentido de que, em situações excepcionais, o Poder Judiciário pode determinar que a administração pública adote medidas assecuratórias de direitos constitucionalmente reconhecidos como essenciais, sem que isso configure violação do princípio da separação de poderes, o que é a hipótese de tutela da prevenção e erradicação do trabalho infantil.

Essa tese já foi superada em sede de repercussão geral (RE 1171152, relator Min. Alexandre de Moraes, *DJ* 3.10.2019).

Necessário perpassar alguns aspectos, esmiuçados na paradigmática decisão de relatoria do Ministro Celso de Mello no ARE 639337, *DJ* 23.8.2011, de cuja ementa transcreve-se alguns tópicos:

> "CRIANÇA DE ATÉ CINCO ANOS DE IDADE – ATENDIMENTO EM CRECHE E EM PRÉ-ESCOLA – SENTENÇA QUE OBRIGA O MUNICÍPIO DE SÃO PAULO A MATRICULAR CRIANÇAS EM UNIDADES DE ENSINO INFANTIL PRÓXIMAS DE SUA RESIDÊNCIA OU DO ENDEREÇO DE TRABALHO DE SEUS RESPONSÁVEIS LEGAIS, SOB PENA DE MULTA (...) – COMPREENSÃO GLOBAL DO DIREITO CONSTITUCIONAL À EDUCAÇÃO – DEVER JURÍDICO CUJA EXECUÇÃO SE IMPÕE AO PODER PÚBLICO, NOTADAMENTE AO MUNICÍPIO (CF, ART. 211, § 2º) – LEGITIMIDADE CONSTITUCIONAL DA INTERVENÇÃO DO PODER JUDICIÁRIO EM CASO DE OMISSÃO ESTATAL NA IMPLEMENTAÇÃO DE POLÍTICAS PÚBLICAS PREVISTAS NA CONSTITUIÇÃO – INOCORRÊNCIA DE TRANSGRESSÃO AO POSTULADO DA SEPARAÇÃO DE PODERES – PROTEÇÃO JUDICIAL DE DIREITOS SOCIAIS, ESCASSEZ DE RECURSOS E A QUESTÃO DAS "ESCOLHAS TRÁGICAS" – RESERVA DO POSSÍVEL, MÍNIMO EXISTENCIAL, DIGNIDADE DA PESSOA HUMANA E VEDAÇÃO DO RETROCESSO (...) POLÍTICAS PÚBLICAS, OMISSÃO ESTATAL INJUSTIFICÁVEL E INTERVENÇÃO CONCRETIZADORA DO PODER JUDICIÁRIO EM TEMA DE EDUCAÇÃO INFANTIL: POSSIBILIDADE CONSTITUCIONAL. – A educação infantil representa prerrogativa constitucional indisponível, que, deferida às crianças, a estas assegura, para efeito de seu desenvolvimento integral, e como primeira etapa do processo de educação básica, o atendimento em creche e o acesso à pré-escola (CF, art. 208, IV). – Essa prerrogativa jurídica, em consequência, impõe, ao Estado, por efeito da alta significação social de que se reveste a educação infantil, a obrigação constitucional de criar condições objetivas que possibilitem, de maneira concreta, em favor das "crianças até 5 (cinco) anos de idade" (CF, art. 208, IV), o efetivo acesso e atendimento em creches e unidades de pré-escola, sob pena de configurar-se inaceitável omissão governamental, apta a frustrar, injustamente, por inércia, o integral adimplemento, pelo Poder Público, de prestação estatal que lhe impôs o próprio texto da Constituição Federal. – A educação infantil, por qualificar-se como direito fundamental de toda criança, não se expõe, em seu processo de concretização, a avaliações meramente discricionárias da Administração Pública nem se subordina a razões de puro pragmatismo governamental. – Os Municípios – que atuarão, prioritariamente, no ensino fundamental e na educação infantil (CF, art. 211, § 2º) – não poderão demitir-se do mandato constitucional, juridicamente vinculante, que lhes foi outorgado pelo art. 208, IV, da Lei Fundamental da República, e que representa fator de limitação da discricionariedade político-administrativa dos entes municipais, cujas opções, tratando-se do atendimento das crianças em creche (CF, art. 208, IV), não podem ser exercidas de modo a comprometer, com apoio em juízo de simples conveniência ou de mera oportunidade, a eficácia desse direito básico de índole social. – Embora inquestionável que resida, primariamente, nos Poderes Legislativo e Executivo, a prerrogativa de formular e executar políticas públicas, revela-se possível, no entanto, ao Poder Judiciário, ainda que em bases excepcionais, determinar, especialmente nas hipóteses de políticas públicas definidas pela própria Constituição, sejam estas implementadas, sempre que os órgãos estatais competentes, por descumprirem os encargos político- -jurídicos que sobre eles incidem em caráter impositivo, vierem a comprometer, com a sua omissão, a eficácia e a integridade de direitos sociais e culturais impregnados de estatura constitucional. DESCUMPRIMENTO DE POLÍTICAS PÚBLICAS DEFINIDAS EM SEDE CONSTITUCIONAL: HIPÓTESE LEGITIMADORA DE INTERVENÇÃO JURISDICIONAL. – O Poder Público – quando se abstém de cumprir, total ou parcialmente, o dever de implementar políticas públicas definidas no próprio texto constitucional – transgride, com esse

comportamento negativo, a própria integridade da Lei Fundamental, estimulando, no âmbito do Estado, o preocupante fenômeno da erosão da consciência constitucional. Precedentes: ADI 1.484/DF, Rel. Min. CELSO DE MELLO, *v.g.* – A inércia estatal em adimplir as imposições constitucionais traduz inaceitável gesto de desprezo pela autoridade da Constituição e configura, por isso mesmo, comportamento que deve ser evitado. É que nada se revela mais nocivo, perigoso e ilegítimo do que elaborar uma Constituição, sem a vontade de fazê-la cumprir integralmente, ou, então, de apenas executá-la com o propósito subalterno de torná-la aplicável somente nos pontos que se mostrarem ajustados à conveniência e aos desígnios dos governantes, em detrimento dos interesses maiores dos cidadãos. – A intervenção do Poder Judiciário, em tema de implementação de políticas governamentais previstas e determinadas no texto constitucional, notadamente na área da educação infantil (RTJ 199/1219-1220), objetiva neutralizar os efeitos lesivos e perversos, que, provocados pela omissão estatal, nada mais traduzem senão inaceitável insulto a direitos básicos que a própria Constituição da República assegura à generalidade das pessoas. Precedentes. A CONTROVÉRSIA PERTINENTE À "RESERVA DO POSSÍVEL" E A INTANGIBILIDADE DO MÍNIMO EXISTENCIAL: A QUESTÃO DAS "ESCOLHAS TRÁGICAS". – A destinação de recursos públicos, sempre tão dramaticamente escassos, faz instaurar situações de conflito, quer com a execução de políticas públicas definidas no texto constitucional, quer, também, com a própria implementação de direitos sociais assegurados pela Constituição da República, daí resultando contextos de antagonismo que impõem, ao Estado, o encargo de superá-los mediante opções por determinados valores, em detrimento de outros igualmente relevantes, compelindo, o Poder Público, em face dessa relação dilemática, causada pela insuficiência de disponibilidade financeira e orçamentária, a proceder a verdadeiras "escolhas trágicas", em decisão governamental cujo parâmetro, fundado na dignidade da pessoa humana, deverá ter em perspectiva a intangibilidade do mínimo existencial, em ordem a conferir real efetividade às normas programáticas positivadas na própria Lei Fundamental. Magistério da doutrina. – A cláusula da reserva do possível – que não pode ser invocada, pelo Poder Público, com o propósito de fraudar, de frustrar e de inviabilizar a implementação de políticas públicas definidas na própria Constituição – encontra insuperável limitação na garantia constitucional do mínimo existencial, que representa, no contexto de nosso ordenamento positivo, emanação direta do postulado da essencial dignidade da pessoa humana. Doutrina. Precedentes. – A noção de "mínimo existencial", que resulta, por implicitude, de determinados preceitos constitucionais (CF, art. 1º, III, e art. 3º, III), compreende um complexo de prerrogativas cuja concretização revela-se capaz de garantir condições adequadas de existência digna, em ordem a assegurar, à pessoa, acesso efetivo ao direito geral de liberdade e, também, a prestações positivas originárias do Estado, viabilizadoras da plena fruição de direitos sociais básicos, tais como o direito à educação, o direito à proteção integral da criança e do adolescente, o direito à saúde, o direito à assistência social, o direito à moradia, o direito à alimentação e o direito à segurança. Declaração Universal dos Direitos da Pessoa Humana, de 1948 (Artigo XXV). (...)".

Ficou claro, portanto, que, excepcionalmente, o Poder Judiciário, quando os entes públicos descumprirem os encargos político-jurídicos que sobre eles incidem em caráter impositivo, comprometendo a eficácia e a integridade de direitos individuais e/ou coletivos impregnados de estatura constitucional, pode determinar a adoção de políticas públicas asseguradoras de direitos, especialmente quando se trata de crianças e adolescentes.

Também não há que se falar em discricionariedade, conveniência e oportunidade, do gestor público para a implementação de políticas públicas previstas na ordem social constitucional. Eventuais dúvidas sobre essa "suposta" discricionariedade devem ser dirimidas pelo Poder Judiciário. O magistrado deve dar concretude à norma e controlar a legitimidade do ato administrativo (omissivo ou comissivo), fazendo valer a finalidade constitucional.

A decisão do STF aborda, de forma precisa e exauriente, a questão da reserva do possível e afasta o argumento de que a inobservância da sistemática do ciclo de políticas pública seria óbice à admissão da ACP como meio de forçar a implementação de políticas públicas.Tratando-se de proteção à criança e ao adolescente, as opções inerentes à discricionariedade político-administrativa do Poder Público não podem ser exercidas de modo a comprometer, com apoio em juízo de simples conveniência ou de mera oportunidade, a eficácia desse direito básico de índole social.

4.1.2. A matéria não seria derivada da relação de trabalho

Outro argumento utilizado era no sentido de que a questão principal não tem como causa de pedir uma relação de trabalho. A controvérsia alusiva a um implemento de políticas públicas ligadas à prevenção e erradicação do trabalho infantil não seria derivada da relação de trabalho, possuindo conteúdo social.

Com todo o respeito, as ACPs objetivam assegurar o respeito à Constituição e à legislação infraconstitucional, bem como às normas internacionais para a proteção das crianças quanto ao trabalho precoce.

Neste ponto, importante afastar o argumento de que existiriam dificuldades para cumprir provimento jurisdicional que determine a implementação de tais medidas, em razão das pretensões veiculadas nas ACPs com pedidos muito amplos ou específicos.

Mesmo nos casos de pedidos amplos e específicos, o art. 11 da Lei n. 7.347/1985 (LACP) possibilita que o magistrado faça a necessária adequação do pedido de ofício, ou seja, sem a necessidade de requerimento da parte interessada. Sempre com o escopo de dar efetividade à decisão judicial no mundo real.[83]

Logo, seria o caso de rejeitar alguns dos pedidos, não de reconhecimento da incompetência da Justiça do Trabalho para determinar a implementação de tais medidas.

Ressalte-se que o regime democrático impõe novo valores, como a participação mais ativa do estado-juiz na condução do processo, tendo em conta o interesse social. Para Pedro Lenza[84] o magistrado não pode mais:

---

(83) Art. 11. Na ação que tenha por objeto o cumprimento de obrigação de fazer ou não fazer, o juiz determinará o cumprimento da prestação da atividade devida ou a cessação da atividade nociva, sob pena de execução específica, ou de cominação de multa diária, <u>se esta for suficiente ou compatível, independentemente de requerimento do autor</u>.

(84) LENZA, Pedro. *Teoria Geral da Ação Civil Pública*. 2. ed. São Paulo: RT, 2005. p. 303-304.

> (...) atuar durante a instrução processual como uma simples "estátua" na comparação feita por Barbosa Moreira, bem como deixar de utilizar os diversos deveres-poderes que lhe foram conferidos pela lei processual, quando haja a necessidade de sua utilização a fim de se assegurar a Justiça.

Em reforço a essa tese, é importante transcrever a fala do ministro Carlos Ayres Britto[(85)]:

> "eu me pergunto se o intérprete da Constituição e seu guardião tem o direito de ser conservador. Por que não internalizamos a ideia de que a Constituição exige de cada um de nós uma militância profissional gloriosa? Temos uma mentalidade atrasada, somos conservadores, valorizamos excessivamente o nosso lado lógico, metódico. Somos idólatras da segurança e não hesitamos em sacrificar qualquer ideia de Justiça."

Ele segue afirmando que o texto legislativo está em constante movimento e só se dará por inteiro ao intérprete, caso o mesmo se dê por inteiro aquele.[(86)]

Assim, a justiça deve atuar sempre de forma a observar o princípio da dignidade da pessoa humana e o Poder, seja ele qual for, não deve ser exercido sobre a dignidade humana. Todos os princípios e valores que orientam a criação dos direitos — interno e externo — devem servir de base de sustentação aos direitos humanos — patamar mínimo civilizatório de todos os povos — que têm valia universal.[(87)]

Não há dúvidas de que a relação de trabalho atrai a competência da Justiça do Trabalho, que não pode sofrer uma *capitis diminutio* em flagrante ofensa ao disposto no *caput* do art. 114 da CF/88, bem como da jurisprudência pacífica do STF sobre a possibilidade de utilização da ACP para determinar ao ente público que adote políticas públicas para fazer valer os direitos fundamentais. Não há qualquer ofensa à tripartição dos poderes (art. 2º CF/88).

Também não pode prevalecer o argumento da inexistência de relação de trabalho *in concreto*. A competência da Justiça do Trabalho foi ampliada pela EC n. 45/2004,

---

(85) Palestra proferida no XVI Congresso Nacional dos Procuradores do Trabalho, em 14 de abril de 2011. Cf. <https://anpt.jusbrasil.com.br/noticias/2649988/ministro-ayres-britto-aborda-estado-constitucional-e-direitos-fundamentais-no-xvi-cnpt>. Acesso em: 14 out. 2023.

(86) *Idem*: para ele o intérprete "precisa ser humilde para perceber que entre ele e o objeto pode haver um estado de osmose, sinérgico, de interpenetração. Eu acredito que entre o homem e o objeto pode ser eliminada toda e qualquer distância. É tudo uma só realidade. Teremos um novo olhar sobre a vida, sobre o mundo, sobre o ordenamento jurídico e sobre nós mesmos. O que nos cabe é nos disponibilizar para o universo, na perspectiva de interação para criar um novo juiz, um novo procurador, um novo tipo de Direito. Aí sim nossa única questão fechada será nossa abertura para o novo."

(87) BITTAR, Eduardo C. B. *Curso de ética jurídica*. São Paulo: Saraiva, 2011. p. 112.

abrangendo as relações de emprego e as de trabalho, com suas lides conexas, nos termos do art. 114, incisos I a IX, da CF/88.

Por outro lado, a prevenção e erradicação do trabalho infantil é questão que se assemelha às ocorridas na fase pré-contratual. Há, indiscutivelmente, trabalhadores em potencial e o ato ilícito guarda relação direta com relações de trabalho. É da competência da Justiça Especializada a solução de quaisquer lides sobre direitos e obrigações decorrentes da relação de trabalho, que abranjam não apenas as que já existem, mas também as relações de trabalho em potencial, vez que a pretensão submetida à justiça pode repercutir em futuras relações de trabalho.

O art. 114 da Constituição da República estabelece que a Justiça do Trabalho é competente para processar e julgar as ações oriundas da relação de trabalho, competência na qual, segundo entendimento pacífico no TST, inserem-se as questões relacionadas à fase pré-contratual, cujas contratações potencialmente realizadas são regidas pelas normas trabalhistas (Ag-RR-79000-91.2010.5.13.0008, 3ª Turma, relator Ministro Alexandre de Souza Agra Belmonte, *DEJT* 15.03.2019; RR-83-60.2015.5.17.0141, 2ª Turma, relator Ministro José Roberto Freire Pimenta, *DEJT* 27.09.2019; AIRR-532-49.2014.5.03.0074, relator Ministro: Mauricio Godinho Delgado, 3ª Turma, *DEJT* 12.2.2016).

Claro, portanto, que a Justiça do Trabalho tem plena competência para analisar essas ACPs, não apenas pelo argumento da fase pré-processual, como também em razão do pedido e da causa de pedir (o trabalho infantil — objeto de inúmeros tratados internacionais, da CF/88 — art. 7º, inciso XXXIII e da legislação infraconstitucional). Mas não é só, caso haja o trabalho infantil irregular, essa Justiça também detém a competência para conhecer dessas demandas individuais, como é corriqueiro no seu dia a dia. Essas reclamações trabalhistas não são propostas na Justiça Comum, mas na Justiça especialidade. Portanto, todas as demandas decorrentes dessas relações irregulares serão de competência da Justiça do Trabalho.

A proibição do trabalho infantil tem caráter protetivo para esse ser em formação, mas, quando houver o trabalho, não se pode devolver as partes ao *status quo ante*, é impossível devolver a força do trabalho despendida ou o tempo.

Como a pretensão nas ACPs é justamente impor aos entes públicos a adoção de políticas públicas para a prevenção e erradicação do trabalho infantil, é descabida a exigência de relação de trabalho pré-existente ou *in concreto*.

O principal pedido, em muitos casos, é a tutela inibitória, para evitar que o dano aconteça[(88)], ou seja, objetiva prevenir e erradicar o trabalho infantil. A existência de dano não é pressuposto, nem deve ser. O ideal é que a prevenção baste e a reparação de danos

(88) Cf. MELO, Raimundo Simão. *Ação civil pública na Justiça do Trabalho*. 4. ed. São Paulo: LTr, 2012. p.189.

não seja necessária, notadamente porque, como dito, não há como devolver à criança e ao adolescente a força de trabalho despendida nem os anos de infância comprometidos.

É indispensável a adoção de uma visão ampla, não restritiva, da competência da Justiça do Trabalho, a fim de dar efetividade à garantia de direitos fundamentais, que, segundo o art. 5º, § 1º, da CF/88, são de aplicação imediata.

A prevenção e a erradicação do trabalho infantil, por meio da imposição, ao ente público, da adoção de medidas concretas, estão inseridas no conceito amplo e vanguardista de relação de trabalho.

Outro aspecto a ser considerado é o de que as relações de trabalho irregulares são o objeto da lide e os entes públicos potenciais devedores de medidas públicas eficazes para impedir, sanar ou reduzir as lesões, circunstâncias que enquadram o litígio na competência da Justiça do Trabalho, que tem inequívoca vocação para dirimir questões sociais relacionadas ao trabalho.

Por outro lado, como já dito na decisão do Min. Celso de Melo, o argumento da cláusula da reserva do possível não pode servir de fundamento para a rejeição dos pedidos. Essa cláusula não pode ser invocada pelo Poder Público, com o propósito de fraudar, de frustrar e de inviabilizar a implementação de políticas públicas definidas na Constituição, nas Convenções internacionais e na legislação infraconstitucional. Deve prevalecer a garantia constitucional do mínimo existencial (art. 1º, III, art. 3º, III e IV e art. 170 da CF/88), que representa, no contexto de nosso ordenamento positivo, emanação direta do postulado da essencial dignidade da pessoa humana.

Essa relação dilemática do mínimo existencial e a reserva do possível, causada pela insuficiência de disponibilidade financeira e orçamentária, deve ter como vetor interpretativo básico a garantia de condições adequadas para a existência digna, viabilizadoras da plena fruição de direitos sociais básicos, tais como o direito à educação, o direito à saúde, o direito à assistência social, o direito à moradia, o direito à alimentação, o direito à profissionalização e o direito ao não trabalho antes de se atingir a idade mínima adequada.

Nesse ponto, é importante relembrar Jessé de Souza[(89)], quando afirma que o Brasil teve o maior crescimento do globo entre 1930-1980, mesmo assim, não houve redução das taxas de desigualdade.

Relembre-se que a Declaração Universal dos Direitos da Pessoa Humana, de 1948 (Artigo XXV) alberga o princípio da proibição do retrocesso social, que também é um obstáculo constitucional à frustração e ao inadimplemento, pelo poder público, de direitos prestacionais. O princípio da proibição do retrocesso impede, em tema de direitos fundamentais de caráter social, que sejam desconstituídas as conquistas já alcançadas.

(89) Ob. cit., p. 59.

É bom lembrar que, em muitos casos, a alegação de falta de recursos esconde o propósito de não cumprir a Lei Maior, já que não faltam verbas para a propaganda do governo, para as grandes festas, para as obras supérfluas, para os cargos dos apaniguados etc., mas não há para as políticas públicas destinadas às crianças.

Por fim, ressalte-se, mais uma vez, que essa questão estaria vinculada, eventualmente, à adequação do pedido e não à competência, como bem ressaltou o Ministro José Roberto Freire Pimenta no voto condutor do RR-32100-09.2009.5.16.0006 (2ª Turma, *DEJT* 11.9.2015).

Jair Aparecido Cardoso e Sebastião Sérgio da Silveira afirmam que:

> "Contemporaneamente, na era do Estado Democrático de Direito, consoante a Força Normativa dos princípios e a ideia de que o Direito só se concretiza quando é efetivamente aplicado, cabe ao intérprete-aplicador um papel fundamental nesse processo de concretização do projeto jurídico constitucional."(90)

De fato, como mencionado já no início deste artigo, o Estado Democrático e Social de Direito exige-se ao intérprete-aplicador uma postura concretizadora dos direitos fundamentais. Não se pode esquecer que a humanidade deve à criança o melhor de seus esforços.

Esclareça-se que a Lei Complementar n. 101, de 4.5.2000, que estabelece normas de finanças públicas voltadas para a responsabilidade na gestão fiscal, cujo § 2º do art. 9º preceitua: "**Não serão objeto de limitação as despesas que constituam obrigações constitucionais e legais** do ente, inclusive aquelas destinadas ao pagamento do serviço da dívida, as relativas à inovação e ao desenvolvimento científico e tecnológico custeadas por fundo criado para tal finalidade e as ressalvadas pela lei de diretrizes orçamentárias".

Interessante que essa norma é religiosamente aplicada quanto aos recursos destinados ao pagamento do serviço da dívida, mas negligenciada quando se trata de garantir os direitos básicos da criança e do adolescente. Os melhores esforços são feitos para o pagamento do serviço da dívida pública e não em prol da pessoa em peculiar condição de desenvolvimento.

Por fim, mencione-se que as primeiras leis trabalhistas foram voltadas à limitação do trabalho das crianças. Exemplo disso é a Lei de Peel, de 1802, na Inglaterra, que disciplinou o trabalho dos aprendizes paroquianos nos moinhos, limitando em 12 horas a

(90) CARDOSO, Jair Aparecido; SILVEIRA, Sebastião Sérgio da. Entre a exegese e a heresia jurídica: a busca pela efetividade do projeto jurídico constitucional. *Rev. Fac. Direito UFMG*, Belo Horizonte, n. 71, p. 269 – 288, jul./dez. 2017, p. 284.

jornada. Em 1819, aprovou-se a lei que proibia o trabalho de crianças com menos de 09 anos. Na França, em 1813, foi proibido o trabalho de crianças em minas. Em 1839, foi proibido o trabalho de crianças com menos de 09 anos e a jornada de trabalho era de 10 horas diárias para os adolescentes com menos de 16 anos.

Ora, a Justiça do Trabalho, como ramo especializado que é e com a vocação para a efetivação dos direitos fundamentais dos trabalhadores, deve resgatar o seu papel central para a solução de todas as lides decorrentes do trabalho humano, especialmente para fazer valer o direito fundamental ao não trabalho e ao mesmo tempo adotar políticas públicas para a aprendizagem.

Aliás, consta da ementa da decisão proferida no processo TST-E--RR-24325-63.2014.5.24.0096: "A Justiça do Trabalho está vocacionada à apreciação das causas — como a causa sob exame — que envolvem o trabalho humano, pois assim o poder constituinte, originário e derivado, estabeleceu no art. 114 da Constituição, com destaque para os incisos I e IX na espécie. A omissão do Poder Judiciário — em nosso caso, a omissão da Justiça do Trabalho — poderá implicar inclusive a responsabilização internacional do Estado brasileiro, conforme precedente da Corte Interamericana de Direitos Humanos acerca da proteção a crianças (caso Villagran Morales e outros *vs.* Guatemala)". Rel. Min. Augusto César Leite de Carvalho.

Assim, precisa abandonar o processo kafkiano e migrar para o processo que proporcione a concretude dos direitos fundamentais das crianças e adolescentes.

4.1.3. A tripartição dos poderes

Outro argumento utilizado para o não acolhimento das ACPs era o da separação dos poderes, o Judiciário não poderia interferir nas atribuições do Executivo. No Estado democrático de direito, havendo conflito entre a interpretação do interesse público feita pelo executivo e a interpretação da sociedade, o Poder Judiciário deve ser o árbitro desse conflito.

Em algumas decisões judiciais, encontrava-se o argumento de que o chefe do executivo passou pelo escrutínio das urnas, o que não acontece com os integrantes do Poder Judiciário. A argumentação é fraca porque o chefe do executivo, ao tomar posse do seu cargo, faz o juramento solene de cumprir fielmente a Constituição e as leis do país. Assim, é obrigação de todo chefe do executivo cumprir o ordenamento jurídico.

4.1.3.1. A tripartição dos poderes e as audiências públicas

Mas existe um outro instrumento democrático que o Judiciário pode utilizar para constatar as carências e os efetivos interesses dos integrantes da sociedade que serão afetados pela decisão judicial, trata-se da audiência pública, por meio da qual poderão ser ouvidos os diversos atores sociais.

Sobre essa questão, já tive a oportunidade de escrever[(91)]:

> "A audiência pública administrativa é um instrumento colocado à disposição dos órgãos públicos para, dentro de sua área de atuação, promover um diálogo com os atores sociais, com o escopo de buscar alternativas para a solução de problemas que contenham interesse público relevante. Também pode servir como instrumento para colheita de mais informações ou provas (depoimentos, opiniões de especialistas, documentos, etc) sobre determinados fatos. Nesse evento, também podem ser apresentadas propostas e críticas.
>
> Sem dúvida, esse diálogo democrático, promovido entre os atores sociais, torna mais fácil a solução do conflito social. Com a participação de todos, é mais fácil encontrar um caminho que, se não agrada a todos, pelo menos valorizou o diálogo social, os envolvidos tiveram a possibilidade de participação no debate e na construção de alternativas para solucionar o problema que os aflige."

A Lei n. 9.882, de 3.12.1999 (ADPF), em seu art. 6º, prevê que o relator, se entender necessário, poderá fixar data para declarações, em audiência pública, de pessoas com experiência e autoridade na matéria.

No âmbito do TST, o Ato Regimental n. 1/2011, fez incluir em seu Regimento Interno o inciso XXXVI, ao art. 35, para prever a realização de audiência pública com o objetivo de ouvir o depoimento de pessoas com experiência e autoridade em determinada matéria de grande repercussão social ou econômica, pendente de julgamento naquela Corte.

O CPC, nos arts. 983 (IRDR) e 1.038 (recursos repetitivos), também prevê o instituto da audiência pública.

Nesses feitos, também pode ser admitido o *amicus curiae*, ou seja, outros atores sociais podem participar dos debates e contribuir com subsídios para a futura decisão judicial.

Caso sejam realizadas as audiências públicas, as decisões judiciais não sofrerão a crítica de eventual inobservância do processo democrático, caindo por terra o argumento de que o chefe do executivo é o único legitimado pela vontade das urnas. O Judiciário tem meios para, democraticamente, ouvir a sociedade e colaborar para a efetiva implementação das políticas públicas já previstas no arcabouço legislativo.

---

(91) CÉSAR, João Batista Martins. "A audiência pública como instrumento de efetivação dos direitos sociais", *RVMD UCB*, Brasília, v. 5, n. 2, jul./dez. 2011, p. 356-384.

5. Conclusões

Franz Kafka chamou a atenção para o fato de que o cidadão depende do processo, todavia, não o compreende e não o reconhece como um instrumento hábil para a defesa/efetivação dos seus interesses.

Cândido Rangel Dinamarco, várias décadas depois, alertava que o direito processual tende ao isolamento e ao formalismo exacerbado, não indo à realidade da vida do homem comum, que o ignora. Portanto, a obra de Kafka continua atual quando chama a atenção do que deveria ser o processo, ou seja, um efetivo instrumento para a materialização dos direitos do povo, no caso deste artigo, o direito fundamental ao não trabalho das crianças e adolescentes e ao ensino e à educação profissionalizante.

Assim, a instrumentalidade do processo tem que ser compreendida não só como meio para uma ordem jurídica justa, mas também com o escopo político e social — eliminação dos conflitos em busca da paz social. Quando as decisões judiciais esquecem essa instrumentalidade e se apegam às questiúnculas processuais, caminha-se para um processo kafkiano.

A Justiça do Trabalho, como ramo especializado e com vocação histórica para a efetivação dos direitos fundamentais dos trabalhadores, deve resgatar o seu papel central para a solução de todas as lides decorrentes do trabalho humano, especialmente para fazer valer o direito fundamental ao não trabalho, erradicar o trabalho infantil, efetivar o ensino de qualidade e a educação profissionalizante, inclusive a aprendizagem.

Assim, precisa abandonar o processo kafkiano e migrar para o processo que proporcione a concretude dos direitos fundamentais das crianças e adolescentes.

Ademais, essa Justiça especializada conta com um "Programa de Combate ao Trabalho Infantil e de Estímulo à Aprendizagem", assim, quando não acolhe um pedido de política pública voltada à educação profissionalizante ou à aprendizagem, inclusive a social, depara-se com um dilema kafkiano: possui um programa que estimula à aprendizagem e não tem competência para impor políticas públicas de educação profissional ou de aprendizagem social?

Por outro lado, quando o seu "Programa de combate ao trabalho infantil" deve ser norteado pela linha de atuação em políticas públicas, parece um contrassenso que esse ramo do Poder Judiciário diga que não tem competência para tanto. Relembremos Kafka.

Assim, para fugir do processo kafkiano, a Justiça do Trabalho deve reconhecer a sua plena competência para processar e julgar as ACPs que tratem de políticas públicas voltadas à erradicação do trabalho infantil e para determinar a adoção de políticas públicas voltadas à educação profissional e à aprendizagem para os adolescentes, vez que é o instituto adequado, aliás, único no país, para a inserção segura desse público no mercado de trabalho.

A uniformização da jurisprudência da mais alta Corte trabalhista, objeto da decisão da SDI-1, **RR-44-64.2013.5.09.0009**, 2020, ainda não atendeu os interesses dos adolescentes quando não deixou expresso a possibilidade de acolhimento dos pedidos de políticas públicas voltadas ao ensino de qualidade, à educação profissionalizante e à aprendizagem, inclusive a social.

Quando as decisões da Justiça do Trabalho deixam de aplicar a disposição do art. 11 da Lei n. 7.347/85, lembrando o juiz estátua, não fazendo a necessária adequação do pedido, depara-se com um processo kafkiano, pois é dado maior valor ao procedimento e não ao mérito, esquece-se da instrumentalidade do processo para que se atinja o bem da vida, no caso, o interesse maior das crianças e adolescentes, é preciso que o pedido não seja analisado de uma forma hermética, mas que os interesses da sociedade sejam albergados e protegidos, já que a LACP garante esse papel proativo da magistratura.

Quando ainda se reconhece a incompetência da Justiça do Trabalho para a implementação de políticas públicas, em flagrante ofensa à jurisprudência do STF; quando ainda se rejeita esses pedidos com o fundamento que não decorrem de uma relação do trabalho; quando os pedidos de implementação de políticas públicas ainda são rejeitados com o argumento da "reserva do possível"; quando os pedidos são rejeitados sob o pretexto de que somente o chefe do executivo passou pelo crivo das urnas e o membro do Judiciário, não; o "Processo" de Kafka continua atual.

A competência para processar e julgar as ações cujo objeto seja a efetivação de políticas públicas voltadas a erradicar o trabalho infantil, a efetivação da educação profissionalizante e o estímulo à aprendizagem, sem sombra de dúvidas, pertence à Justiça do Trabalho, vez que é o ramo do Poder Judiciário naturalmente vocacionado para a resolução dos conflitos sociais em que haja qualquer tipo de relação de trabalho, notadamente o flagelo do trabalho infantil. Não há que se falar em "reserva do possível" ou que somente o chefe do executivo pode analisar a conveniência e oportunidade para a implementação de políticas públicas de combate ao trabalho infantil, para a efetivação da educação profissionalizante ou de estímulo à aprendizagem.

O Poder Judiciário e o processo têm tendências aos formalismos e ao isolamento. É preciso mudar para focar na efetiva pacificação social, priorizando a tutela de mérito e ao mesmo tempo se expressar na linguagem do homem comum do povo, para que não seja ignorado por este.

Um processo não kafkiano tem que teorizar e aplicar a sua técnica com vistas à pacificação social, a efetivação dos direitos fundamentais para que a democracia seja valorizada e defendida pelo povo.

O trabalho infantil será coisa dos livros de história apenas quando o Judiciário Trabalhista, como parte integrante do Sistema de Garantia de Direitos, evoluir no trato das questões que envolvem essa temática e construir novas pontes que assegurem a travessia do mundo do trabalho infantil para o do direito fundamental ao não trabalho, no qual a educação profissionalizante e a aprendizagem sejam a porta segura para o adolescente/jovem ingressar no mundo do trabalho, devidamente preparado para os desafios da globalização.

A profissionalização está prevista na CF/88 (art. 205 e 227), na Declaração Universal dos Direitos Humanos (acessível a todos — art. 26) e no Pacto Internacional sobre Direitos Econômicos, Sociais e Culturais (art. 13). Portanto, a educação profissional, aí incluída a aprendizagem, é um direito fundamental e universal, que deve ser garantido pelo estado ou por determinação do Judiciário, quando provocado.

Assim, acredita-se que foi respondida a indagação inicial, ou seja, as ACPs com pedidos de obrigação de fazer, implementação de políticas públicas de combate ao trabalho infantil, ao ensino de qualidade e à educação profissionalizante e estímulo à aprendizagem podem ser considerados como kafkianos? Ou são obstáculos kafkianos impostos aos autores para que esses direitos não sejam efetivados? A resposta é no sentido de que as ACPs não são kafkianas, mas os obstáculos enfrentados pelos seus legitimados levam a um processo kafkiano.

Como diz a Declaração Universal dos Direitos da Criança (1959) a humanidade deve à criança o melhor de seus esforços, vamos fazer esses esforços para um futuro melhor para todos.

Referências

ALMEIDA NETO, Amaro Alves de. Dano existencial: a tutela da dignidade da pessoa humana. *Revista dos Tribunais*, São Paulo, v. 6, n. 24, p. 10, out./dez. 2005.

BITTAR, Eduardo C. B. *Curso de ética jurídica*. São Paulo: Saraiva, 2011.

BOBBIO, Norberto. *A era dos direitos*. Rio de Janeiro: Campus, 1992. p. 25.

BOVE, Cristina; FIGUEIREDO, Gladston. A política nacional para a população em situação de rua: processo e participação. In: GRINOVER, Ada Pellegrini *et. al.* (Orgs.). *Direitos fundamentais das pessoas em situação de rua*. 2. ed. Belo Horizonte: Editora D'Plácido, 2016.

BRITTO, Carlos Ayres. Palestra proferida no XVI Congresso Nacional dos Procuradores do Trabalho, em 14 de abril de 2011. Cf. <https://anpt.jusbrasil.com.br/noticias/2649988/ministro-ayres-britto-aborda-estado-constitucional-e-direitos-fundamentais-no-xvi-cnpt>. Acesso em: 14 out. 2023.

CANOTILHO, J. J. Gomes. *Direito constitucional e teoria da Constituição*. 7. ed., 15 reimp. Coimbra: Almedina.

CARDOSO, Jair Aparecido; SILVEIRA, Sebastião Sérgio da. Entre a exegese e a heresia jurídica: a busca pela efetividade do projeto jurídico constitucional. *Rev. Fac. Direito UFMG*, Belo Horizonte, n. 71, jul./dez. 2017.

CAVALCA, Renata Falson; CÉSAR, João Batista Martins. População em situação de rua: O direito à educação e às políticas públicas. *Contribuições das ciências humanas e sociais para a (re)construção da dignidade da pessoa humana:* em homenagem ao padre Júlio Lancellotti.

Organizadores: Eliana dos Santos Alves Nogueira, Gabriela Marcassa Thomaz de Aquino, João Batista Martins César. 1. ed. Campinas,SP: Lacier Editora, 2022. p. 60-61.

CÉSAR, João Batista Martins. "A audiência pública como instrumento de efetivação dos direitos sociais", *RVMD UCB, Brasília*, v. 5, n. 2, jul./dez. 2011.

CINTRA, Antonio Carlos de Araújo; GRINOVER, Ada Pellegrini; DINAMARCO, Cândido Rangel Dinamarco. *Teoria geral do processo*. 9. ed. São Paulo: Malheiros, 1993.

COCA, Eleonora Bordini. *O trabalho infantil e os saudosistas do atraso*. publicado em 18.12.2020. Disponível em: <https://www.dmtemdebate.com.br/o-trabalho-infantil-e-os-saudosistas-do-atraso/>. Acesso em: 15 out. 2023.

CORREIA RIBEIRO, Fábio Túlio. *Processo do Trabalho Básico*. São Paulo: LTr: 1997. p. 20.

CURY, Munir. *Estatuto da Criança e do Adolescente Comentado* — Comentários jurídicos e sociais, 2018.

DELGADO, Mauricio Godinho. *Curso de Direito do Trabalho*. 14. ed. São Paulo: LTr, 2015.

DINAMARCO, Cândido Rangel. *A instrumentalidade do processo*. 3. ed. São Paulo: Malheiros, 1990.

DUTRA, Maria Zuíla Lima. Trabalho infantil: Caminho que Perpetua a Pobreza. In: *Criança e trabalho:* da exploração à educação. Organizadores: Andréa Saint Pastous Nocchi, Marcos Neves Fava, Lelio Bentes Correa. São Paulo: LTr, 2015.

Enciclopédia Jurídica da PUCUSP. Cf. <https://enciclopediajuridica.pucsp.br/verbete/376/edicao-1/politicas-publicas>. Acesso em: 14 out. 2023.

FAPESP, *Revista*. Risco de aumento do trabalho infantil. 2020. Disponível em: <https://revistapesquisa.fapesp.br/risco-de-aumento-do-trabalho-infantil>. Acesso em: 14 out. 2023.

FONSECA, Ricardo Tadeu Marques. *O trabalho da pessoa com deficiência e a lapidação dos direitos humanos:* o direito do trabalho, uma ação afirmativa. São Paulo: LTr, 2006.

KAFKA, Franz. *O processo*. Tradução de Mariana Ribeiro de Souza – São Paulo: Vila Leitura, 2020.

KANT, Immanuel. *Fundamentação da Metafísica dos Costumes*. Tradução de Paulo Quintela. Lisboa: Edições 70, 2007.

LENZA, Pedro. *Teoria Geral da Ação Civil Pública*. 2. ed. São Paulo: RT, 2005.

LICHAND, G.; WOLF, S. *Measuring child labor:* Whom should be asked, and why it matters. 14 set. 2022. Disponível em: <https://papers.ssrn.com/sol3/papers.cfm?abstract_id=4125068>. Acesso em: 14 out. 2023.

MEDEIROS, Breno. A (in)eficácia da ação civil pública como instrumento de combate ao trabalho infantil. In: *Livro Brasil sem trabalho infantil*. Kátia Magalhães Arruda, James Magno Araújo Farias, coordenadores. São Paulo: LTr, 2019.

MELO, Raimundo Simão. *Ação civil pública na Justiça do Trabalho*. 4. ed. São Paulo: LTr, 2012

MOREIRA, Adilson José. *Tratado de direito antidiscriminatório*. São Paulo: Editora Contracorrente, 2020. p. 259-260.

NOGUEIRA, Eliana dos Santos Alves, Kátia Magalhães Arruda e João Batista Martins César. In: "A competência da Justiça do Trabalho para conhecer das Ações Civis Públicas com o escopo de implementação de políticas públicas voltadas à erradicação do trabalho infantil e o estímulo à aprendizagem." *30 anos do Estatuto da Criança e do Adolescente:* a proteção integral sob a ótica do direito e do processo do trabalho. Organizadores: Eliana dos Santos Alves Nogueira, Gabriela Marcassa Thomaz de Aquino, João Batista Martins César, Kátia Magalhães Arruda e Victor Hugo de Almeida. Belo Horizonte: RTM, 2020.

OLIVA, José Roberto Dantas. *O Princípio da proteção integral e o trabalho da criança e do adolescente no Brasil.* São Paulo: LTr, 2006.

PINTO, Élida Graziane. Cf. <https://www.conjur.com.br/2020-jun-30/contas-vista-inafastabilidade-controle-politicas-publicas-mp>. Acesso em: 14 out. 2023.

ROTHEMBURG, Walter Claudius. *Direitos sociais são direitos fundamentais:* Simples assim. Salvador: JusPodivm, 2021.

SADY, João José. "Uma Proposta para a Reforma do Judiciário". Cf. <https://jus.com.br/artigos/3921/reforma-do-judiciario>. Acesso em: 14 out. 2023.

SANTOS, Adriana. O processo à luz de Kafka, p. 14. Cf. <https://revistajuridica.tjdft.jus.br/index.php/rdj/article/view/737#:~:text=O%20percurso%20narrativo%20trata%20dos,a%20discuss%C3%A3o%20ao%20patamar%20filos%C3%B3fico>. Acesso em: 14 out. 2023.

SARLET, Ingo Wolfgang. *A eficácia dos direitos fundamentais.* 8. ed., ver. e atual. Porto Alegre: Livraria do Advogado, 2007.

SOUZA, Jessé. *Ralé brasileira:* quem é e como vive. Belo Horizonte: Editora UFMG, 2009.

SOUZA, Pedro H. G. Ferreira de. *Uma história de desigualdade:* a concentração de renda entre ricos no Brasil, 1926-2013. 1. ed. São Paulo: Hucitec: Anpocs, 2018.

TEIXEIRA, Elenaldo Celso. O papel das políticas públicas no desenvolvimento local e na transformação da realidade. *Revista Políticas Públicas,* Salvador: AATR — Associação dos Advogados de Trabalhadores Rurais da Bahia, 2002, p. 02. Disponível em: <http://www.dhnet.org.br/dados/cursos/aatr2/a_pdf/03_aatr_pp_papel.pdf>. Acesso em: 14 out. 2023.

VARALDA, Renato Barão. "Responsabilidade do Estado pela omissão do cumprimento das normas gerais do Conselho Nacional dos Direitos da Criança e do Adolescente". *Boletim Científico* — Escola Superior do Ministério Público da União, Brasília: ESMPU, ano 7, n. 26, jan./mar. 2008.

Avanços e Perigos de Retrocesso aos Direitos Humanos: Uma Análise Voltada ao Direito do Trabalho e aos Direitos da Pessoa com Deficiência

Advances and Dangers of Setback to Human Rights: An Analysis Focused on Labor Law and the Rights of Persons with Disabilities

Maíra S. Marques da Fonseca(1)

Ricardo Tadeu Marques da Fonseca(2)

Sumário: Introdução; 1. O papel do direito do trabalho e dos direitos da pessoa com deficiência no processo histórico de formação dos direitos humanos de caráter social; 1.1. Liberalismo estatal: igualdade formal e desigualdade de fato; 1.2. Questão social e o nascimento da ideia de igualdade material a partir da intervenção estatal; 1.3. Desregulamentação e precarização; 2. Retomada de força e avanços nos campos juslaboralista e de direitos da pessoa com deficiência; 3. Perigos de retrocesso: Reforma Trabalhista e investidas contra a normativa relativa às pessoas com deficiência; 4. Considerações finais. Referências.

---

(1) Advogada trabalhista. Conselheira Estadual da OAB/PR. Doutora em Direito do Trabalho pela Universidade de São Paulo (USP). Mestre e Graduada em Direito pela Universidade Federal do Paraná (UFPR). Professora de Direito Material e Processual do Trabalho.

(2) Desembargador do TRT/PR. Doutor em Direito do Trabalho pela Universidade Federal do Paraná (UFPR). Mestre, especialista e Graduado em Direito pela Universidade de São Paulo (USP). Professor de Direito Material e Processual do Trabalho.

Introdução

A Constituição Federal de 1988, essencial ao processo de democratização do Brasil após a queda do modelo ditatorial e totalitário, ladeou o aparato internacional de proteção aos direitos humanos e entabulou ferramentas de resguardo nacional a eles.

À luz da contemporânea concepção de direitos humanos, que se caracteriza pelas ideias de universalização[(3)], indivisibilidade e interdependência, a Constituição Brasileira vigente assimilou ao seu texto o conteúdo essencial da Declaração Universal de 1948 e, de forma estruturalmente inédita, o matiz central do Pacto Internacional de Direitos Econômicos, Sociais e Culturais da ONU, de 1966, diploma que assegura juridicidade ao resguardo de condições de trabalho justas e favoráveis.[(4)]

É com a Carta Cidadã, portanto, que se confere a chancela de direitos fundamentais aos direitos humanos sociais no Brasil. Com base na dignidade humana e na valorização social do trabalho, insculpidos como fundamentos da República Federativa do Brasil no art. 1º, em seu art. 6º faz constar, ainda, os direitos sociais à educação, à saúde, ao trabalho, à moradia, ao lazer, à segurança, à previdência social, à proteção à maternidade e à infância, e, por fim, à assistência aos desamparados.

Ampliam-se os direitos sociais mais pontualmente às trabalhadoras e aos trabalhadores no art. 7º, que consagra o princípio da norma mais favorável em seu *caput* e indica, especificamente, direitos dados aos trabalhadores urbanos, rurais e domésticos[(5)];

---

(3) Universalização notadamente marcada de "contrastes, de entrecruzamentos e de mesclas", como pontuou Joaquín Herrera Flores em HERRERA FLORES, Joaquín. *El vuelo de Anteo:* derechos humanos y crítica de la razón liberal, p. 19.

(4) PIOVESAN, Flávia. Direitos humanos e o trabalho. In: FREITAS JR., Antônio Rodrigues de. *Direito do trabalho:* direitos humanos, p. 307.

(5) Segundo Carlos Henrique Bezerra Leite, o texto constitucional anuncia princípios específicos do direito do trabalho, quais sejam: a. princípio da fonte normativa mais favorável ao trabalhador (art. 7º, *caput*, combinado com o art. 5º, § 2º, da CF); b. princípio da proteção a relação de emprego (art. 7º, I, da CF e art. 10 do ADCT); c. princípio da proteção ao salário (art. 7º, IV, VI e XXX, da CF); d. princípio da proteção ao mercado de trabalho da mulher (art. 7º, XX, da CF); e. princípio da proibição ao trabalho infantil e da exploração do trabalho do adolescente (art. 7º, XXXIII, da CF); f. princípio da proteção ao meio ambiente do trabalho (art. 225 c/c art. 200, III, da CF) implementado pelo princípio da limitação da duração do trabalho (art. 7º, XIII, XIV, XV, XVI e XVII, da CF), pelo princípio da proteção em face automação (art. 7º, XXVII, da CF), pelo princípio da redução dos riscos inerentes ao trabalho (art. 7º, XXII, da CF), pelo princípio da obrigatoriedade de seguros contra acidentes de trabalho (art. 7º, XXVIII, 1ª parte, da CF), princípio da responsabilidade civil do empregador pelos danos morais e materiais sofridos pelo trabalhador (art. 7º, XXVIII, 2ª parte, da CF), e pelo princípio do pagamento de adicionais de remuneração para as atividades insalubres, perigosas ou penosas (art. 7º, XXIII, da CF); g. princípio da proibição de discriminação, que se desdobra em outros três: g.1. princípio da proibição de diferença de salários, de exercício de funções e de critério de admissão por motivos de sexo, idade, cor ou estado civil (art. 7º, XXX, da CF); g.2. princípio da proibição de qualquer discriminação no tocante a salário e critérios de admissão do trabalhador com deficiência (art. 7º, XXXI, da CF); e g.3. princípio de proibição de distinção entre trabalho manual, técnico e intelectual ou entre os profissionais respectivos; h. princípio do reconhecimento das convenções e acordos coletivos (art. 7º, XXVI, da CF). Informações extraídas de LEITE, Carlos Henrique Bezerra. O direito do trabalho na perspectiva dos direitos humanos. In: COLNAGO, Lorena de Mello Rezende; e ALVARENGA, Rúbia Zanotelli de (Orgs.). Direitos humanos e direito do trabalho, p. 65.

e nos arts. 8º ao 11, que regulam normas afetas ao direito coletivo do trabalho, tais como liberdade e autonomia sindicais e o direito de greve.

Faz-se menção ao trabalho digno também no *caput* do art. 170 da Constituição Federal, que entabula a valorização do trabalho humano e a livre iniciativa como fundamentos da ordem econômica nacional.

De se vislumbrar, destarte, a centralidade da condição de vida das trabalhadoras e dos trabalhadores na consagração de patamares essenciais à garantia de dignidade humana. Não por outra razão, pode-se afirmar que "a dignidade do trabalhador — decorrência lógica dos direitos fundamentais sociais — é o ponto de partida do diálogo em torno da disciplina e aplicação das normas constitucionais"[(6)].

No modelo capitalista de produção circunscrito no Estado Democrático de Direito, sem condições de trabalho dignas não há dignidade humana ao cidadão que vive da venda de sua própria energia vital na forma da mercadoria "força de trabalho". Sem dignidade no trabalho não se perfaz, portanto, a dignidade humana à maioria da população nacional.

Há que se divisar, a partir desse recorte específico, o direito do trabalho como ferramenta garantidora da efetividade dos direitos humanos sociais positivados como fundamentais no ordenamento constitucional.

A questão social emergente do contexto produtivo bradou por direitos humanos que não mais se limitassem à proteção do indivíduo em face do abuso estatal (direitos civis e políticos), mas que assegurassem, pela atuação do Estado, a proteção contra abusos calcados na desigualdade de distribuição do poder econômico (direitos econômicos, sociais e culturais).

1. O papel do direito do trabalho e dos direitos da pessoa com deficiência no processo histórico de formação dos direitos humanos de caráter social

O processo de amadurecimento histórico que culminou com a formação do rol de direitos humanos de cunho social teve assento, de forma contundente, no contexto da correlação de forças entre classes sociais inserta no cenário laboral. Ou seja, "não é incorreto dizer que a origem dos direitos sociais se confunde com a própria história do direito do trabalho"[(7)].

---

(6) MONTANHANA. Beatriz. A constitucionalização dos direitos sociais: a afirmação da dignidade do trabalhador. *In*: FREITAS JR., Antônio Rodrigues de. *Direito do trabalho*: direitos humanos, p. 103.

(7) LEITE, Carlos Henrique Bezerra. O direito do trabalho na perspectiva dos direitos humanos. In: COLNAGO, Lorena de Mello Rezende; ALVARENGA, Rúbia Zanotelli de (Orgs.). *Direitos humanos e direito do trabalho*, p. 54.

Assim foi e assim ainda é, haja vista o fato de os direitos humanos decorrerem de construção humana em incessante transformação, como já anunciava Hannah Arendt(8).

Reconhecendo-se os direitos humanos como "produtos culturais"(9), à luz do que legou Joaquín Herrera Flores, não se pode negar a luta por proteções laborais e a concretização do direito do trabalho incrustrada na dialética das relações de poder comuns ao capitalismo como pontos fulcrais de aprimoramento desses direitos humanos.

Ao enaltecer a teoria crítica e contextualizada proposta por Joaquín Herrera Flores sobre os direitos humanos, Carol Proner pontua que o autor trabalha de forma propositiva sobre o concreto, com um método marcadamente "aberto e mutante", atento aos contextos sociais sobre os quais se funda a aplicação normativa(10).

Faz-se adiante, pois, a verificação histórica do processo de formação do direito do trabalho como elemento determinante e orientador do aperfeiçoamento dos direitos humanos, especialmente aqueles de categoria social.

Destaque-se que a verificação histórica há de ser encarada neste texto como um "saber voltado para o presente", com fins didáticos, "como instrumento de análise e de compreensão, que respeite a efetiva lógica da mudança, das contradições e das diacronias próprias do passado."(11). Nos termos instruídos por Ricardo Marcelo Fonseca, o estudo histórico se presta a contextualizar os dados pesquisados

Os próximos subitens dividem-se, com fins didáticos, de acordo com a vastamente disseminada periodização econômico-social de renovação histórica do capitalismo, iniciando pelo liberalismo econômico, passando pelo intervencionismo estatal para, por fim, chegar-se ao contexto de instauração do neoliberalismo.

1.1. Liberalismo estatal: igualdade formal e desigualdade de fato

O contexto da Revolução Industrial, ápice da consolidação do modelo de produção capitalista, preencheu-se pelas ideologias surgidas com a Revolução Francesa, em 1789, que ensejaram o liberalismo econômico, valorizando-se três princípios: liberdade, igualdade e fraternidade. A liberdade foi responsável por levar as relações de trabalho à plena autonomia contratual, despidas de qualquer interferência do Estado(12). As fundamentais características do período são as projeções de uma sociedade individualista e do não intervencionismo estatal.

---

(8) ARENDT, Hannah. *Origens do totalitarismo.*

(9) HERRERA FLORES, Joaquín. *Los derechos humanos como productos culturales:* crítica del humanismo abstracto.

(10) PRONER, Carol. Reiventando los derechos humanos: el legado de Joaquín Herrera Flores. In: PRONER, Carol; CORREAS, Oscar (Coords.). *Teoria crítica dos direitos humanos: in memoriam* Joaquín Herrera Flores, p. 28.

(11) FONSECA, Ricardo Marcelo. *Modernidade e contrato de trabalho:* do sujeito de direito à sujeição jurídica, p. 28.

(12) NASCIMENTO, Amauri Mascaro. *Iniciação ao Direito do trabalho*, p. 24.

Em face da ausência de regulamentação e das exigências de alta produtividade, os trabalhadores eram submetidos a extensas jornadas de trabalho em condições desumanas, de modo que o número de acidentes e doenças ocupacionais cresceu exponencialmente no então ainda novo ambiente produtivo fabril(13). As jornadas de trabalho eram levadas além do máximo da resistência normal humana. Em linhas gerais, a fase inicial do capitalismo apresenta aumento das horas de trabalho, eis que marcada pelo processo de acumulação primitiva e da vigência da lei da mais-valia absoluta(14).

Na sequência da Revolução Industrial, o trabalho foi estendido às mais longas durações já constatadas, atingindo margens de 3.750 a 4.000 horas por ano, o que equivalia a semanas de 67 a 77 horas de labor(15). Nesses momentos o trabalho absorvia e consumia todos os espaços da vida individual e articulava a vida coletiva.

Diante dos maiores abusos dos fortes contra os fracos, viu-se anulada a tão almejada liberdade. O Estado, mais do que simples espectador dos acontecimentos, passou a ser, sob o domínio do capitalismo liberal, um instrumento de opressão contra os menos favorecidos, afastando-se de sua missão de fazer inseparáveis o bem individual e o bem coletivo, negligenciando os interesses da sociedade(16).

Nesse diapasão, a limitação da jornada de trabalho tornou-se uma das principais reivindicações dos movimentos operários, de modo que, a despeito da falta de clima propício ao desenvolvimento do direito do trabalho durante a política do liberalismo econômico, algumas leis desta natureza foram editadas. Não por acaso, referem-se vastamente à limitação da duração do trabalho(17).

As mobilizações, em conjunto com o progresso técnico alcançado, permitiram a redução em nome do aumento da produtividade(18). Importante mencionar, ainda, a influência do Constitucionalismo Social, marcado pela inclusão de leis trabalhistas nas Constituições de alguns países, tais como o México, pela Constituição de 1917, e a Alemanha, com a Constituição de Weimar, de 1919. O Tratado de Versalhes, de 1919, trouxe inovações em relação à atenção dada pelas classes dominantes às questões operárias.

---

(13) SILVA, Alessandro da. Duração do trabalho: reconstrução à luz dos direitos humanos. In: SILVA, Alessandro da; SOUTO MAIOR, Jorge Luiz; FELIPPE, Kenarik Boujikian; SEMER, Marcelo (Coords.). *Direitos humanos:* essência do Direito do trabalho, p. 232.

(14) DAL ROSSO, Sadi. *O debate sobre a redução da jornada de trabalho*, p. 30.

(15) DAL ROSSO, Sadi. *A Jornada de trabalho na sociedade:* o castigo de prometeu. São Paulo: LTr, 1996. p. 95.

(16) VIANNA, Segadas. Antecedentes históricos. In: SÜSSEKIND, Arnaldo *et. al. Instituições do Direito do trabalho*, p. 36.

(17) FONSECA, Maíra S. Marques da. *Redução da jornada de trabalho:* fundamentos interdisciplinares, p. 76-77.

(18) SILVA, Alessandro da. Duração do trabalho: reconstrução à luz dos direitos humanos. In: SILVA, Alessandro da, SOUTO MAIOR, Jorge Luiz; FELIPPE, Kenarik Boujikian; SEMER, Marcelo (Coords.). *Direitos humanos:* essência do Direito do trabalho, p. 233.

O ideal da jornada de oito horas, acolhido em algumas legislações, tornou-se realidade na maioria dos países ao longo das três primeiras décadas do século XX, com o fim da Primeira Guerra Mundial e a criação da Organização Internacional do Trabalho — OIT, sugerida pelo Tratado de Versalhes[19]. Aliás, o principal ponto da ordem do dia da primeira Conferência realizada pela OIT, em 1919, foi justamente o problema da fixação da jornada de trabalho em oito horas ou da semana de 48 horas, que deu ensejo à primeira Convenção da OIT. Inaugura-se a concepção intervencionista ou tutelar do Estado.

1.2. Questão social e o nascimento da ideia de igualdade material a partir da intervenção estatal

A intensa mobilização obreira espalhada por todo o mundo sinalizou ao capitalismo a possível crise do modelo liberal. Quando se nota que o choque entre o público e o individual põe em risco a própria estabilidade social, o individualismo passa a um plano secundário, ganhando realce o interesse social. A partir desse momento, os grupos profissionais passam a ser cada vez mais reconhecidos. Inaugura-se uma fase de gradativo intervencionismo estatal. O reconhecimento do direito à associação profissional possibilita o surgimento de corpos intermediários, o que começa a dar à sociedade uma feição pluralista. Passam a atuar o patronato de um lado, os trabalhadores unificados de outro lado, e o Estado como mediador.[20]

A consagração constitucional dos direitos sociais não decorreu da benevolência de seus redatores constituintes, mas da correlação de forças na qual se destacou a mobilização da classe trabalhadora, que deu ensejo ao estabelecimento de novas justificações ao capitalismo, obrigando a classe dominante, no dizer de Wilson Ramos Filho, a "ceder os anéis para não ceder os dedos".[21]

Relevante notar, igualmente, que o direito do trabalho surge num contexto histórico em que se renova a reflexão acerca da discussão política e filosófica relativa à efetivação do princípio da igualdade material[22], a fim de, segundo Antonio Baylos, "corrigir e remediar a real desigualdade socioeconômica e jurídica"[23]. Inaugura-se a ideia de proteção jurídica a quem não dispõe de nada além da própria força de trabalho; indivíduos que, nas palavras do coautor Ricardo Tadeu Marques da Fonseca, passam a adquirir "patrimônio jurídico que os equipara, socialmente, aos que detêm o patrimônio econômico"[24].

---

(19) MAGANO, Octavio Bueno. *Manual de Direito do trabalho*: direito tutelar do trabalho, p. 27.

(20) MAGANO, Otávio Bueno. *Manual de Direito do trabalho:* parte geral, p.19.

(21) RAMOS FILHO, Wilson. *Direito capitalista do trabalho:* história, mitos e perspectivas no Brasil, p. 80.

(22) FONSECA, Ricardo Tadeu Marques da. *O trabalho da pessoa com deficiência e a lapidação dos direitos humanos:* o direito do trabalho, uma ação afirmativa, p. 19.

(23) BAYLOS, Antonio. *Direito do trabalho:* um modelo para armar, p. 68.

(24) FONSECA, Ricardo Tadeu Marques da. *O trabalho da pessoa com deficiência e a lapidação dos direitos humanos:* o direito do trabalho, uma ação afirmativa, p. 23.

A forma de gestão conhecida como taylorismo-fordismo confere um caráter massivo ao trabalho social, que se torna indiferenciado e homogeneizado. Ganha vez a solidariedade de classe fundada numa identificação entre os trabalhadores, submetidos a rotinas similares. A socialização entre os trabalhadores demonstra ao capitalismo "as fragilidades intrínsecas dos processos que constituíam massas homogêneas"(25).

Essa fase de intervencionismo estatal marcou-se, portanto, pela notável retração e regulação da duração do trabalho e de outros direitos vinculados às relações de trabalho, o que parece dever-se à oportunidade de ampla mobilização da classe trabalhadora.

1.3. Desregulamentação e precarização

O modelo intervencionista assinalado pelo compromisso fordista de contraprestações aos trabalhadores foi unilateralmente rompido pelo patronato em todo o mundo. A partir do momento em que, ao final de século XX, desaparecem os supostamente ameaçadores Estados comunistas, desaparecem, igualmente, as necessidades de justificação das vantagens da economia capitalista.

O modelo taylorista-fordista é substituído pelo novo e complexo modelo de reestruturação produtiva japonês, comumente intitulado toyotismo — também conhecido como pós-fordismo ou neofordismo. Segundo Giovanni Alves, o toyotismo inaugura um poder ideológico voltado à ideia de flexibilização característica de um momento de mundialização do capital(26).

A grande empresa se desarticula e se dilui em diversos nichos diversificados, de modo que grande parte dos trabalhadores pode prestar seu labor sem sequer sair de casa, valendo-se das novas tecnologias virtuais para tanto. Verifica-se uma desestruturação progressiva do espaço produtivo(27). Desestrutura-se, igualmente, a configuração dos tempos de trabalho, que se flexibilizam e dão espaço a categorias precarizadas, tais como o trabalho em tempo parcial e o banco de horas.

Esfumaça-se o que resta dos laços de solidariedade intraclasse dominada. O trabalho torna-se debilitado como força social organizada. Giovanni Alves aponta o surgimento de um "novo (e precário) mundo do trabalho", marcado pela fragmentação de classe(28).

O Estado vai sendo retirado da posição de garantidor das relações de trabalho, focando mais na manutenção da economia financeira. A aplicação de avançada tecnologia à produção exige novos padrões de especialidade, o que ocasiona a acentuação do

---

(25) DAL ROSSO, Sadi. *A Jornada de trabalho na sociedade:* o castigo de prometeu. São Paulo: LTr, p. 61.

(26) ALVES, Giovanni. *O novo (e precário) mundo do trabalho:* reestruturação produtiva e crise do sindicalismo, p. 29.

(27) DE MASI, Domenico. *O futuro do trabalho:* fadiga e ócio na sociedade pós-industrial, p. 174.

(28) ALVES, Giovanni. *O novo (e precário) mundo do trabalho:* reestruturação produtiva e crise do sindicalismo, p. 65.

desemprego como grande problema social. Segundo Ricardo Marcelo Fonseca, as relações de trabalho passam a ser marcadas como nunca "pelos estigmas da insegurança, da incerteza, da instabilidade"[(29)].

Segundo Flávia Piovesan, a flexibilização de direitos sociais básicos se manifesta como esvaziamento dos direitos sociais fundamentais, o que vem a ameaçar o caráter indivisível dos direitos humanos[(30)].

2. Retomada de força e avanços nos campos juslaboralista e de direitos da pessoa com deficiência

As medidas flexibilizadoras acabam por fazer com que o direito do trabalho se torne mais tutelar dos interesses patronais, de modo que "mais vale a mantença da empresa, geradora de empregos, que a vontade e a pessoa do empregado"[(31)]. Resta ignorado, destarte, o princípio de proteção ao trabalhador, parte hipossuficiente na relação de trabalho. Além disso, trata-se de argumentação incompatível com os preceitos fixados pela Constituição ederal de 1988 para a nova ordem econômica, que deve se subordinar à valorização social do trabalho.

Desde o início dos anos 1990, momento em que o processo de flexibilização e desregulamentação da legislação trabalhista passou a ser implementado no Brasil, sérios sintomas de desequilíbrio econômico, tais como a concentração de renda e o desemprego, passaram a agravar-se. A precarização do direito do trabalho no país comprovou-se pela ineficácia da política neoliberal[(32)].

Após 2002, quando o governo brasileiro passou a apresentar resistência quanto à tomada de medidas flexibilizadoras e precarizantes do Direito do trabalho, o país passou a caminhar em direção a índices de quase pleno emprego, atingindo a marca de 6,1% de desocupação nas seis principais capitais em outubro de 2010. O rendimento médio habitual dos trabalhadores, por sua vez, cresceu 6,5% com relação aos indicadores de outubro de 2009, atingindo montante 98% superior ao pago a mesmo título em outubro de 2002[(33)].

Nesse contexto ganhou oportunidade, em âmbito internacional, a redação da Convenção da ONU sobre os Direitos das Pessoas com Deficiência, que se insere no

(29) FONSECA, Ricardo Marcelo. *Modernidade e contrato de trabalho:* do sujeito de direito à sujeição jurídica, p. 170.

(30) PIOVESAN, Flávia. Direitos humanos e o trabalho. In: FREITAS JR., Antônio Rodrigues de. *Direito do trabalho:* direitos humanos, p. 312.

(31) DALLEGRAVE NETO, José Affonso. *Contrato individual de trabalho:* uma visão estrutural, p. 55.

(32) POCHMANN, Marcio. *A década dos mitos:* o novo modelo econômico e a crise do trabalho no Brasil, p. 80-81.

(33) IBGE — Instituto Brasileiro de Geografia e Estatísticas. Disponível em: <http://www.ibge.gov.br/home/presidencia/noticias/noticia_visualiza.php?id_noticia=1762&id_pagina=1>. Acesso em: 26 nov. 2013.

processo de construção do conjunto dos direitos humanos sistematizados a partir do Pacto Internacional dos Direitos Econômicos, Sociais e Culturais e do Pacto Internacional dos Direitos Civis e Políticos, ambos de 1966, os quais elencaram os direitos individuais básicos e os direitos sociais.

Posteriormente, esta construção voltou-se a grupos vulneráveis, a saber: minorias raciais, mulheres, pessoas submetidas à tortura e outros tratamentos ou penas cruéis, desumanos ou degradantes, crianças, migrantes e, finalmente, pessoas com deficiência. Observa-se, destarte, conforme expresso no próprio preâmbulo da última Convenção Internacional que a atenção aos grupos vulneráveis visa dar eficácia aos direitos humanos de forma a fazê-los unos, indivisíveis e interdependentes, de vez que as liberdades individuais e os direitos sociais fazem parte de uma sistematização monolítica e reciprocamente alimentada.

A dedicação conferida aos grupos vulneráveis faz-se necessária para que aqueles direitos universais de natureza individual e social encontrem instrumentos jurídicos hábeis a torná-los eficazes. Logo, cada convenção internacional, assim como a da pessoa com deficincia, implica uma retomada de todas aquelas liberdades individuais e daqueles direitos sociais por intermédio de princípios jurídicos especificamente aplicáveis a cada grupo vulnerável. Defender as minorias, significa, portanto, preservar os Direitos Humanos de todos, para que a maioria democrática não se faça opressiva e possa legitimar-se pela incorporação das demandas de cada grupo humano, preservando-se a idia de igualdade real a ser assegurada pelo Direito.

Para tanto, a referida Convenção contém 30 artigos que contemplam direitos humanos universais, devidamente instrumentalizados para atender a necessidade do seguimento das pessoas com deficiência, sem os quais os direitos em questão não se lhes beneficiam. Trata-se de assegurar-lhes, assim, direitos humanos básicos, como o de livre expressão, de ir e vir, de acessibilidade, de participação política, de respeito a sua intimidade e dignidade pessoal, bem como aqueles de índole social, como direito à saúde, ao trabalho e ao emprego, à educação, à cultura, ao lazer, aos esportes, à moradia etc.

Além do mais, o próprio conceito de pessoa com deficiência incorporado pela Convenção, a partir da participação direta de pessoas com deficiência levadas por Organizações Não Governamentais de todo o mundo, carrega forte relevância jurídica porque incorpora na tipificação das deficiências, além dos aspectos físicos, sensoriais, intelectuais e mentais, a conjuntura social e cultural em que o cidadão com deficiência está inserido, vendo nestas o principal fator de cerceamento dos direitos humanos que lhe são inerentes.

O Brasil participou de todo o processo de elaboração da Convenção, que se deu em tempo recorde — cerca de 5 anos —, e a subscreveu, o que reforçou a imperiosa necessidade de ratificação do Tratado, que se deu sob a égide do § 3º, do art. 5º, da

Constituição Federal. É que, embora nosso País apresente amplo rol de Leis e Decretos Regulamentares em favor das pessoas com deficiência, estes não gozavam de eficácia plena, seja porque muitos direitos encontravam-se em Decretos sem força de cogência, em razão da inexistência de normas que impusessem sanções aos transgressores, seja porque a grande proliferação de Leis e Decretos se deu de forma desordenada e assistemática, dificultando, ao aplicador, a apreensão e correta aplicação dos dispositivos.

O fato da Convenção ter sido aprovada com força de norma constitucional, em 1º de agosto de 2008, foi de marcada relevância, uma vez que as pessoas com deficiência representam cerca de 25% da população nacional grupo este que é transversal às questões sociais, de gênero, de raça ou qualquer outro fator de discrímen, que todavia se agrava em razão da deficiência e do longo abismo cultural que vem isolando as pessoas com deficiência há séculos. Assinale-se, que em torno das pessoas com deficiência, há os seus familiares e cônjuges, os quais, por vezes, suportam ônus que não deveriam, justamente em razão da precariedade de acesso aos direitos que caracteriza o grupo em comento.

3. Perigos de retrocesso: Reforma Trabalhista e investidas contra a normativa relativa às pessoas com deficiência

Embora tenha parecido pertinente a conclusão então proposta pelo coautor Ricardo Tadeu Marques da Fonseca, no sentido de que "o fracasso histórico das medidas puramente neoliberais já se patenteou"[(34)], veio contundente a onda de novas flexibilizações precarizantes das condições de trabalho subordinado no Brasil a partir de fins da segunda década do século XXI, marcadamente pela Reforma Trabalhista inscrita na Lei n. 13.467/2017.

Apesar da impressão evidente de que a crise anterior na empregabilidade tivesse decorrido justamente da informalidade gerada pela própria precarização da legislação trabalhista, o movimento dialético de interesses do patronato e da classe trabalhadora direcionou o país a um novo momento de afrouxamento da legislação trabalhista.

As primeiras manifestações do capitalismo, ainda baseado na indústria familiar, já ensejaram a apuraçao, por Max Weber[(35)], daquilo que chamou de "espírito do capitalismo", um ideário dedicado a estimular a aceitação social de categorias imprescindíveis ao bom funcionamento do novo modelo econômico e produtivo: a acumulação ilimitada de capital e a lógica do trabalhismo ("trabalhar dignifica o homem").

Marcados por mecanismos de sedução da classe trabalhadora, os espíritos do capitalismo nomeados mais tarde, por Luc Boltanski e Ève Chiapello[(36)], reproduziram

(34) FONSECA, Ricardo Tadeu Marques da. *O trabalho da pessoa com deficiência e a lapidação dos direitos humanos:* o direito do trabalho, uma ação afirmativa, p. 28.

(35) WEBER, Max. *A ética protestante e o espírito do capitalismo.* Tradução de Pietro Nassetti. 4. ed. São Paulo: Martins Claret, 2009.

(36) BOLTANSKI, Luc; CHIAPELLO, Ève. *O novo espírito do capitalismo.* Tradução de Ivone C. Benedetti. São Paulo: WMF Martins Fontes: 2009.

na esfera intelectiva as mudanças produtivas instauradas pelo taylorismo e pelo fordismo ("segundo espírito do capitalismo"), e, mais tarde, pelo toyotismo ("terceiro espírito do capitalismo").

O "terceiro espírito do capitalismo", que se associa à reestruturação produtiva toyotista, demarca o mais amplo processo de sequestro da subjetividade obreira. As estratégias de remuneração variável, a divisão do trabalho em pequenas equipes e a relativização da hierarquização funcional produziram artificialmente a figura do "colaborador", um novo tipo de empregado, comprometido com o sucesso do empreendimento patronal e, portanto, alijado da percepção de sua condição de subordinado e explorado.

O trabalhador que não se reconhece como tal e tem de si apartada sua própria subjetividade, afasta-se, igualmente, da condição de sujeito de direito, ocasionando impedimento à função civilizatória do Direito do Trabalho frente ao poder empregatício.

Tal cenário gerou o arrefecimento da consciência de classe dos trabalhadores e, consequentemente, implicou desmobilização e, ainda como consequência, a flexibilização de proteções normativas anteriormente conquistadas a partir da correlação de forças com o patronato. O maior exemplo contemporâneo de tal investida flexibilizadora é a Reforma Trabalhista.

Na toada do fortalecimento dos "Estados de Bem-Estar das Empresas", marca do modelo neoliberal de gestão pública e privada iniciado em fins do século XX, ao fim da segunda década do século XXI a Reforma Trabalhista institucionaliza um pacote de medidas flexibilizadoras da normativa juslaboral finamente alinhado ao ideário do "terceiro espírito do capitalismo".

Consagrando o conceito de "empresas esbeltas", a novel redação manifestada no art. 4º-A da Lei n. 6.019/74 vem autorizar expressamente a terceirização de quaisquer atividades, inclusive as ditas atividades-fim da empresa contratante. Tal contorno normativo veio contrariando frontalmente o entendimento democraticamente construído ao longo de anos pela jurisprudência especializada, sabendo-se, é certo, que a jurisprudência consolidada se amolda, necessariamente, aos argumentos vastamente expostos por trabalhadores e empregadores ao longo dos debates inerentes ao contraditório e à ampla defesa.

A autorização legal da terceirização de serviços, especialmente daqueles essenciais ao funcionamento da instituição patronal, contribui com o esfumaçamento do senso de pertença dos trabalhadores inseridos nesse modelo de gestão. Além de colocar em questão o conceito de subordinação estrutural, pulveriza o grupo de empregados atuantes na empresa entre distintas categorias profissionais e, consequentemente, sindicatos.

Na mesma linha de fracionamento da massa trabalhadora, vem o art. 452-A da CLT, criando a figura do trabalho intermitente. O trabalhador intermitente é o sujeito que é empregado, mas que não tem em relação a si garantido o intercâmbio fundamental de direitos e obrigações inerente ao contrato de trabalho. Significa dizer: instaura-se a figura do empregado que não tem obrigação de trabalhar de forma habitual e, por outro lado, não tem direito ao salário.

Apesar dos crescentes índices de desocupação no mercado, certamente agravados pela pandemia da Covid-19, mas já gravosos antes dela, a Reforma Trabalhista vem facilitar a extensão das jornadas de trabalhos daqueles que estão empregados, dificultando ainda mais o ingresso dos que estão excluídos e nublando as fronteiras entre os tempos de trabalho e os tempos de vida íntima.

Além de tornar facultativo o regime de trabalho 12x36, pactuável até por acordo individual, abranda as regras para adoção de banco de horas e autoriza, mais uma vez contrariando a jurisprudência sumulada do TST, a cumulação da compensação com a prorrogação habitual da jornada.

De forma ainda mais gravosa, contradizendo o ensinamento doutrinário mais valoroso, o entendimento pacificado na Súmula n. 437/TST, e toda a incidência constitucional que há sobre a Consolidação das Leis do Trabalho, a Lei n. 13.467/17 impôs que as regras relativas à duração do trabalho, inclusive afetas aos intervalos, não constituem normas de saúde pública, deixando de ser matérias infensas à negociação coletiva. Nessa toada, permitiu a redução do intervalo intrajornada para menos de uma hora sem a necessidade de autorização do órgão competente do Poder Executivo.

Além dessas citadas, há inúmeras outras as alterações normativas trazidas pela Reforma Trabalhista que contrariam o comando fundamental do art. 7º da Constituição Federal, fundamento jurídico do caráter tutelar do Direito do Trabalho e, mais fundamentalmente, do princípio da norma mais favorável.

A constatação das privações normativas impostas à classe trabalhadora pela Lei n. 13.467/17 é essencial à retomada conflitualidade impulsionadora da mobilização obreira.

Na razão oposta à importância da Convenção da ONU e sua ratificação com *status* constitucional pelo Brasil, o Poder Executivo tem proporcionado ataques sistemáticos e chocantes às conquistas logradas pelo grupo vulnerável em tela.

O Projeto de Lei n. 6.159/2019 propõe a substituição do emprego de pessoas com deficiência propiciado pela Lei n. 8.213 pelo custeio de um fundo para a formação profissional de pessoas com deficiência fora das empresas, custeio esse muito inferior aos salários que poderiam ser pagos aos trabalhadores no interior das empresas. Olvida-se de forma intencional que a formação de pessoas com deficiência nas empresas pode se dar perfeitamente pelo contrato de aprendizagem, o qual também viabiliza a adaptação da empresa para recebe-las. Nota-se aqui retrocesso flagrantemente inconstitucional, contrário aos arts. 4º e 27 da convenção da ONU.

Não apenas o trabalho da pessoa com deficiência tem sido alvo de precarização. A educação inclusiva está perigosamente vulnerada pelo Decreto n. 10.502/2020, que autoriza, em afronta ao art. 24 da Convenção da ONU, que as crianças e adolescentes com deficiência retornem ao gueto já proscrito das escolas especiais não comprometidas com o princípio da educação absolutamente inclusiva. Assinale-se que a Suprema Corte já firmou entendimento plenamente favorável à educação inclusiva e se estabeleceu a primazia da Convenção da ONU sobre o tema. Tal entendimento foi reiterado na Ação Direta de Inconstitucionalidade (ADI) 6.590, em que o Ministro Dias Toffoli concedeu, em 12/2020, liminar que suspendeu os efeitos do Decreto em questão.

A educação inclusiva deve ser considerada ponto nodal do Tratado em foco, porque o convívio entre todas as crianças na escola regular educa a sociedade para a compreensão da riqueza inerente à diversidade humana, que, conforme o art. 3º da Convenção da ONU, se constitui como princípio norteador da aplicação de suas normas. A deficiência nada mais é o que um aspecto da diversidade humana.

Sabendo-se que a (di)lapidação dos direitos trabalhistas e humanos referentes à grupos vulneráveis — fundamentais ao processo de aperfeiçoamento dos próprios direitos humanos em geral — é questão essencialmente sócio-política, já que decorrente da correlação de forças entre classes sociais e entre grupos dominantes e grupos vulneráveis, em distintos momentos históricos, tem-se que a recuperação e o fortalecimento da consciência acerca das idiossincrasias do sistema produtivo e de sua regulamentação é combustível para o pensamento crítico e emancipatório.

4. Considerações finais

As mutações do liberalismo econômico para uma conjuntura de intervencionismo estatal foram atreladas ao movimento de mobilização da classe trabalhadora e de grupos vulneráveis em geral em favor de melhores condições de vida. O capitalismo passou a necessitar de legitimações para vigorar como modo produtivo hegemônico.

Destacou-se a centralidade do sujeito e de suas relações sociais no processo histórico de formação do direito. Os direitos humanos socais espelham os efeitos da correlação de forças travada entre classes sociais e entre grupos dominantes e grupos vulneráveis, assim como tem no direito do trabalho e no arcabouço de proteção à pessoa com deficiência grandes expressões de sua intenção protetiva e assecuratória de dignidade humana.

Conforme proclama Joaquín Herrera Flores, os direitos humanos constroem-se e efetivam-se "à medida que vamos atuando no processo de construção social da realidade"[(37)] Não se tratam, em absoluto, de categoria que paira sobre um mundo ideal. A ação política, para o mesmo autor, deve voltar-se ao resgate das realidades de cada povo e, precipuamente, à recuperação da plenitude de cada indivíduo.

(37) HERRERA FLORES, Joaquín. *El Vuelo de Anteo*. Derechos Humanos y Crítica de la Razón Liberal. Hacia una visión compleja de los derechos humanos, p. 27.

Assim como a formação das bases materiais sobre as quais se funda o sistema capitalista de produção é fruto de construções sociais contextualizadas por momentos históricos específicos, acredita-se que o artifício de transformação desse sistema também dependerá de contextos e movimentos históricos condicionados ao amadurecimento da consciência social e respaldados na humanização assegurada pelo respeito aos direitos humanos sociais.

Nunca é demais reiterar que as normas de regulamentação das relações do trabalho se subordinam aos comandos constitucionais e, especialmente, ao princípio da norma mais favorável, impresso no citado *caput* do art. 7º da Constituição Federal. Da mesma forma, os direitos relativos às pessoas com deficiência se atrelam aos comandos da respectiva Convenção da ONU. Diante disso, alterações legais supressivas de conquistas de trabalhadores e de grupos vulneráveis devem ser encaradas com máxima cautela.

Já que a efetivação dos direitos humanos está intrinsecamente associada ao asseguramento de dignidade e cidadania às trabalhadoras e aos trabalhadores subordinados do Brasil e aos integrantes de grupos vulneráveis, tais quais as pessoas com deficiência, é preocupante que a normatização da proteção ao mercado se dê ao arrepio da diretriz de valorização social do trabalho.

Em tempos de crise, tal qual este que se manifesta em face à pandemia de Covid-19, ainda mais incisivamente se deve recobrar a vinculação essencial que há entre o direito do trabalho, a Constituição Federal, Convenções da ONU e os direitos humanos, sob pena de que a subtração de proteções legais justificada pelo estado de exceção recaia de forma excessivamente onerosa sobre a população trabalhadora e os grupos vulneráveis, colocando em risco o próprio Estado Democrático de Direito.

Referências

ALVES, Giovanni. *O novo (e precário) mundo do trabalho:* reestruturação produtiva e crise do sindicalismo. 1. reimp. São Paulo: Boitempo, 2005.

ARENDT, Hannah. *Origens do totalitarismo*. São Paulo: Companhia das Letras, 2000.

BEZERRA LEITE, Carlos Henrique. O direito do trabalho na perspectiva dos direitos humanos. In: COLNAGO, Lorena de Mello Rezende; e ALVARENGA, Rúbia Zanotelli de (Orgs.). *Direitos humanos e direito do trabalho*. São Paulo: LTr, 2013.

BOLTANSKI, Luc; CHIAPELLO, Ève. *O novo espírito do capitalismo*. Tradução de Ivone C. Benedetti. São Paulo: WMF Martins Fontes: 2009

COUTINHO, Aldacy Rachid. Efetividade do direito do trabalho: uma mirada no "homem sem gravidade". *Revista do Tribunal Regional do Trabalho da 3ª Região*. Belo Horizonte, v. 45, n. 75, p. 93-105, jan./jun. 2007.

DAL ROSSO, Sadi. *A Jornada de trabalho na sociedade:* o castigo de prometeu. São Paulo: LTr, 1996.

DAL ROSSO, Sadi. *O debate sobre a redução da jornada de trabalho*. São Paulo: Associação Brasileira de Estudos do Trabalho — ABET, 1998.

DALLEGRAVE NETO, José Affonso. *Contrato individual de trabalho:* uma visão estrutural. São Paulo: LTr, 1998.

DELGADO, Mauricio Godinho. *Jornada de trabalho e descansos trabalhistas*. Belo Horizonte: Editora RTM, 1996.

FONSECA, Maíra S. Marques da. *Redução da jornada de trabalho:* fundamentos interdisciplinares. São Paulo: LTr, 2012.

FONSECA, Ricardo Marcelo. *Modernidade e contrato de trabalho:* do sujeito de direito à sujeição jurídica. São Paulo: LTr, 2002.

FONSECA, Ricardo Tadeu Marques da. *O trabalho da pessoa com deficiência e a lapidação dos direitos humanos:* o direito do trabalho, uma ação afirmativa. São Paulo: LTr, 2006.

HERRERA FLORES, Joaquín. *El vuelo de Anteo:* derechos humanos y crítica de larazón liberal. Bilbao: Desclée de Brouwer, 2000.

HERRERA FLORES, Joaquín. *Los derechos humanos como productosculturales:* crítica del humanismo abstracto. Madrid: Libros de la Catarata, 2005.

IBGE — Instituto Brasileiro de Geografia e Estatísticas. Disponível em: <http://www.ibge.gov.br/home/presidencia/noticias/noticia_visualiza.php?id_noticia=1762&id_pagina=1>. Acesso em: 26 abr. 2013.

MAGANO, Octavio Bueno. *Manual de Direito do trabalho:* direito tutelar do trabalho. 2. ed. v. 4. São Paulo: LTr, 1992.

______. *Manual de Direito do trabalho:* parte geral. 2. ed. v. 1. São Paulo: LTr, 1992.

MONTANHANA. Beatriz. A constitucionalização dos direitos sociais: a afirmação da dignidade do trabalhador. In: FREITAS JR., Antônio Rodrigues de. *Direito do trabalho:* direitos humanos. São Paulo: BH Editora e Distribuidora de Livros: 2006.

NASCIMENTO, Amauri Mascaro. *Iniciação ao Direito do trabalho*. 32. ed. São Paulo: LTr, 2006.

PIOVESAN, Flávia. Direitos humanos e o trabalho. In: FREITAS JR., Antônio Rodrigues de. *Direito do trabalho:* direitos humanos. São Paulo: BH Editora e Distribuidora de Livros, 2006.

POCHMANN, Márcio. *A Década dos Mitos:* o novo modelo econômico e a crise do trabalho no Brasil. São Paulo: Editora Contexto, 2001.

PRONER, Carol. Reiventandolosderechos humanos: el legado de Joaquín Herrera Flores. In: PRONER, Carol; CORREAS, Oscar (Coords.). *Teoria crítica dos direitos humanos: in memoriam* Joaquín Herrera Flores. Belo Horizonte: Fórum, 2011.

RAMOS FILHO, Wilson. *Direito capitalista do trabalho:* história, mitos e perspectivas no Brasil. São Paulo: LTr, 2012.

RIFKIN, Jeremy. *O fim dos empregos:* o declínio inevitável dos níveis dos empregos e a redução da força global de trabalho. Tradução de Ruth Gabriela Bahr. São Paulo: Makron Books, 1995.

SILVA, Alessandro da. Duração do trabalho: reconstrução à luz dos direitos humanos. In: SILVA, Alessandro da; SOUTO MAIOR, Jorge Luiz; FELIPPE, KenarikBoujikian; SEMER, Marcelo (Coords.). *Direitos humanos:* essência do Direito do trabalho. São Paulo: LTr, 2007.

VIANNA, Segadas. Antecedentes históricos. In: SÜSSEKIND, Arnaldo *et. al. Instituições do Direito do trabalho*. 22. ed., atual. São Paulo: LTr, 2005.

WEBER, Max. *A ética protestante e o espírito do capitalismo*. Tradução de Pietro Nassetti. 4. ed. São Paulo: Martins Claret, 2009.

Deficiência, Capacitismo e Trabalho: Uma Breve Reflexão

Disability, Ableism and Work: A Brief Reflection

Rita de Cássia Scagliusi do Carmo[1]

1. Introdução

A inserção da pessoa com deficiência no ambiente de trabalho, pode ser um grande desafio.

O direito ao trabalho está expressamente previsto em lei própria dirigida às pessoas com deficiência e vai além da sua contratação obrigatória. O exercício desse direito pressupõe a disponibilidade das vagas sem indevidas restrições, a livre escolha, a livre aceitação, um processo admissional adaptado e acessível. No passo seguinte, exposta ao ambiente laboral competitivo, a pessoa com deficiência tem direito à remoção das barreiras existentes, por meio de mudanças comportamentais e, também, de concretas adaptações do ambiente, inclusive a qualificação da equipe, os ajustes no espaço físico e o fornecimento de tecnologias assistivas, que garantam, enfim, a igualdade de oportunidades em ambiente acessível.

Entre a inclusão por meio da política de ação afirmativa vigente e a vitoriosa transformação de um ambiente presumivelmente hostil e capacitista em um ambiente inclusivo e acessível para a pessoa com deficiência há uma longa distância a ser percorrida.

---

(1) Desembargadora do Trabalho. Integrante da 6ª Câmara do Tribunal Regional do Trabalho da 15ª Região. Coordenadora da Comissão de Acessibilidade e Inclusão do TRT da 15ª Região. Integrante do Comitê Gestor de Equidade de Gênero, Etnia e Diversidade e de Tratamento em relação às Pessoas com Deficiência. Mestranda em Desenvolvimento Econômico no Instituto de Economia da Universidade Estadual de Campinas (Unicamp), na área de concentração Economia Social e do Trabalho. Integrante do Núcleo de Pesquisa sobre Mercado de Trabalho e Pessoas com Deficiência (NTPcD) do Cesit/IE/Unicamp. Graduada em Direito pela Faculdade de Direito da USP.

Os instrumentos existem, contudo.

Discorro, nestas breves linhas, sobre os direitos da pessoa com deficiência e sobre sua presença e participação no ambiente de trabalho, passando por algum esforço reflexivo a respeito do capacitismo, intimamente relacionado às ideias de incapacidade e de ineficiência das pessoas com deficiência para o trabalho produtivo valorizado. O capacitismo certamente encontra, no ambiente de trabalho, um espaço propício para se revelar

Está nas causas da limitada presença de pessoas com deficiência no mundo do trabalho, nos ambientes públicos, de um modo geral, e nos espaços de poder. Está, também, na gênese dos entraves à realização pessoal e à inclusão social por meio do trabalho, assim como da frustração das expectativas pela experiência de efetivo pertencimento no ambiente do trabalho.

Nesse sentido, aponto, de início, a potente base normativa que apoia a proteção dos direitos humanos e das garantias fundamentais das pessoas com deficiência (tópico 1).

Destaco, em seguida, a concepção moderna da deficiência, para revelar sua perspectiva coletiva, que permite a conclusão de que a estrutura em que estamos inseridos é de uma sociedade com deficiência, como, também, podem ser considerados "com deficiência" espaços privados, como o local de trabalho (tópico 2).

O tema da deficiência reclama alguma incursão sobre a importância de abordar o capacitismo, para a afirmação da existência desse sistema de opressão que atravessa as pessoas com deficiência e que é equiparável a outros modos de discriminação social disseminados e estruturantes, o que é abordado, então, nos tópicos 3 e 4.

Dado esse contexto, uma breve análise se faz sobre a relação entre a pessoa com deficiência e o trabalho, como direito e como experiência de vida que se pretende inclusiva, voltada à conquista das desejadas autonomia, independência e liberdade de escolha, sempre à luz da avançada legislação protetiva vigente (tópico 5).

2. Base normativa de proteção da pessoa com deficiência

Quando da elaboração da Convenção sobre os Direitos das Pessoas com Deficiência (CDPD), na Assembleia realizada em Nova Iorque no ano de 2006, os países que compõem as Nações Unidas explicitaram, em relação aos compromissos que seriam então assumidos, premissas reveladoras do patamar de importância a que alçado o tema da deficiência no cenário das preocupações globais em relação à garantia e proteção dos direitos humanos.

Trata-se, sem dúvidas, do mais importante instrumento de reconhecimento dos direitos das pessoas com deficiência e sobre o tratamento a elas devido; um verdadeiro divisor de águas.

Por essa Convenção Internacional, a ONU apostou que a promoção e a proteção dos direitos e da dignidade das pessoas com deficiência, nesses moldes instituídas para alcançar todos os Estados Partes, serviria, de forma significativa, "para corrigir as profundas desvantagens sociais das pessoas com deficiência e para promover sua participação na vida econômica, social e cultural, em igualdade de oportunidades" (preâmbulo, alínea "y")[(2)].

O Tratado é expresso ao pretender posicionar "questões relativas à deficiência no centro das preocupações da sociedade como parte integrante das estratégias relevantes de desenvolvimento sustentável" (preâmbulo, alínea "g")[(3)].

Nesse sentido, em suas premissas, o documento divisa e almeja "significativo avanço do desenvolvimento humano, social e econômico da sociedade, bem como na erradicação da pobreza", ganhos sociais que ultrapassam, portanto, o âmbito individual da deficiência, e seriam resultantes da "promoção do pleno exercício, pelas pessoas com deficiência, de seus direitos humanos e liberdades fundamentais e de sua plena participação na sociedade".

A atuação dos Estados Partes nesse sentido fortaleceria, também, o senso de pertencimento das pessoas com deficiência em relação à sociedade (preâmbulo, alínea "m")[(4)], igualmente desejável.

Os objetivos do debate internacional e da Convenção foram, como se lê, a correção de distorções históricas e desvantagens atuais, o reconhecimento do imperativo da garantia da dignidade humana e o incremento da participação social ampla das pessoas com deficiência, a partir da proteção e da promoção de seus direitos. De fato, trata-se de grupo severamente estigmatizado, discriminado, invisibilizado e oprimido, em virtude apenas de condições atípicas na estrutura ou na funcionalidade de seus corpos.

O Brasil é signatário da Convenção sobre os Direitos da Pessoa com Deficiência, ratificada por meio do Decreto n. 6.949, de 25 de agosto de 2009. Por seu conteúdo de direitos humanos, ao ser internalizada no ordenamento pátrio, assumiu *status* de Emenda Constitucional e o processo de sua ratificação, segundo BRANDÃO[(5)], pode ser qualificado como um marco histórico no Direito Constitucional: foi o primeiro processo legislativo em que observado o trâmite previsto no § 3º do art. 5º da Constituição da República.

---

(2) ORGANIZAÇÃO DAS NAÇÕES UNIDAS. Convenção sobre os direitos das pessoas com deficiência. Nova York: Nações Unidas, 2006. Disponível em: <https://www.governoeletronico.gov.br/documentos>.

(3) *Idem.*

(4) *Idem.*

(5) BRANDÃO, Claudio. *Direitos humanos das pessoas com deficiência:* história no Brasil e em Portugal. 1. ed. Brasília, DF: Editora Venturoli, 2023.

A partir das lições de Luis Roberto Barroso, BRANDÃO[6] destaca a eficácia qualificada das normas dos tratados de direitos humanos ratificados, que passam a servir de parâmetro para constitucionalidade das leis, integrando, pois o chamado "bloco de constitucionalidade", entre outros efeitos.

Porque representam o alicerce e apontam o sentido das normas que viriam a ser produzidas no âmbito dos Estados, merecem destaque os princípios gerais expressamente listados na CDPD. São eles:

> "a) O respeito pela dignidade inerente, a autonomia individual, inclusive a liberdade de fazer as próprias escolhas, e a independência das pessoas;
>
> b) A não discriminação;
>
> c) A plena e efetiva participação e inclusão na sociedade;
>
> d) O respeito pela diferença e pela aceitação das pessoas com deficiência como parte da diversidade humana e da humanidade;
>
> e) A igualdade de oportunidades;
>
> f) A acessibilidade;
>
> g) A igualdade entre o homem e a mulher;
>
> h) O respeito pelo desenvolvimento das capacidades das crianças com deficiência e pelo direito das crianças com deficiência de preservar sua identidade." (CDPD, art. 3º)

É adequado dizer que existem dois eixos fundamentais que sustentam a base da defesa e da proteção das pessoas com deficiência: o da eliminação de todas as formas de discriminação e o da garantia da igualdade de oportunidades, que se aplica a todos os aspectos da vida, mas está especialmente ligado ao que se pretende alcançar por meio do trabalho produtivo.

Ainda quanto a fontes internacionais, toda iniciativa interna voltada à pessoa com deficiência encontra sustentação nas teses e preceitos da Organização Internacional do Trabalho (OIT). No enredo de defesa e promoção do trabalho decente, focalizado pela OIT de há muito, a condição da pessoa com deficiência sempre esteve presente.

Da mesma forma, quanto às diretrizes para o desenvolvimento sustentável da chamada Agenda 2030, que, entre outros propósitos fundamentais, busca induzir a eliminação de toda discriminação — inclusive em razão da deficiência —, a proteção dos

---

(6) BRANDÃO, Claudio. *Direitos humanos das pessoas com deficiência:* história no Brasil e em Portugal. 1. ed. Brasília, DF: Editora Venturoli, 2023. p. 309.

grupos sociais mais vulneráveis e a construção de uma sociedade inclusiva e com plena acessibilidade.

Tive a oportunidade de exemplificar elementos de interesse extraídos dessas fontes, em obra de 2022, resultante de pesquisa realizada no âmbito do Núcleo de Pesquisa sobre Mercado de Trabalho e Pessoa com Deficiência (NTPcD) do Cesit/IE/Unicamp[7].

No Brasil, em 2015, importante passo foi dado no sentido da efetivação das premissas da Convenção da ONU, com a promulgação da Lei n. 13.146/2015, a chamada Lei Brasileira de Inclusão (LBI) ou o Estatuto das Pessoas com Deficiência, que chancela, no plano infraconstitucional, o avanço civilizatório pretendido com a elaboração da norma internacional.

De fato, no plano legal, poucas críticas merece o arcabouço nacional, pois os pressupostos da norma internacional e os princípios nela instituídos e ratificados pelo país foram contemplados nos 125 (cento e vinte e cinco) artigos que compõem a LBI, assinada pela Presidenta Dilma Roussef, em 6 de julho de 2015, com vigência a partir de janeiro de 2016.

O diploma reafirma a igualdade substancial, veda a discriminação, declara o direito, definindo sanções, propõe ações afirmativas, regulando de forma ampla direitos sociais como à saúde, à educação, à moradia, à cultura, ao esporte, turismo e lazer, à assistência e previdência social, entre outros. O direito ao trabalho está regulado no Capítulo VI, nos arts. 34 a 38.

Algumas disposições desse diploma serão referidas adiante.

3. Deficiência

Dever-se-ia saber que seria inglório o intento de fazer que o corpo atípico, os sentidos impedidos e o intelecto diverso se modificassem para alcançar uma pretensa cura ou pudessem ser reabilitados de maneira a admitirem seu enquadramento no padrão ideal (corponormatividade), de forma e de funcionalidade, que não desafia as estruturas sociais e que se pressupõe plenamente capaz, produtivo e útil.

Entretanto, compreendida como um problema médico da alçada individual, como um diagnóstico a ser superado, a deficiência ensejava, de fato, tal expectativa, até passado recente, e eram nesse sentido as ações das famílias, do Estado e da sociedade, de um modo geral. Para uma deficiência inerente à pessoa, o remédio era a busca de reabilitação ou o esforço individual para a adaptação, a fim de que se aproximasse, ao máximo, da "normalidade.

---

(7) *Pessoa com Deficiência e Trabalho:* estudo para o estado de São Paulo e um breve panorama nacional e internacional. Disponível em: <https://www.unicamp.br/unicamp/sites/default/files/2022-12/PESSOA%20COM%20DEFICI%C3%8ANCIA%20E%20TRABALHO%20-%20Estudos%20para%20o%20estado%20de%20S%C3%A3o%20Paulo%20e%20um%20breve%20panorama%20nacional%20e%20internacional.pdf>.

A evolução na percepção e no conceito da deficiência, incorporada a partir das premissas e dos preceitos consagrados no plano das Nações Unidas[(8)], determinou a redação do art. 2º da LBI[(9)], que define a deficiência como o resultado da interação entre a pessoa e o meio, consagrando, assim, o chamado "modelo social" da deficiência.

Passa-se à compreensão, então, de que a deficiência se constitui como a experiência vivenciada por algumas pessoas e grupos, diante de determinadas circunstâncias e condições excludentes, mal desenhadas, mal instituídas.

Nesse sentido, considera-se "com deficiência" a pessoa que tem "impedimento de longo prazo de natureza física, mental, intelectual ou sensorial", conforme os termos da norma citada, mas também se deve considerar "com deficiência" todo o meio social que lhes impõe barreiras a "obstruir sua participação plena e efetiva na sociedade em igualdade de condições com as demais pessoas".

Segundo MELLO, no modelo social, a "deficiência não se encerra no corpo", mas é produto da relação dele com "um ambiente incapaz de prover acessibilidade", deslocando-se, assim, a deficiência, até então, circunscrita à esfera individual, para o contexto das barreiras sociais impostas pelas estruturas, vale dizer, para a esfera pública[(10)].

Embora a expressão "pessoa com deficiência" seja pacífica e legitimamente aceita na atualidade, empregada que foi nas normas vigentes, e estando superados todos os outros antigos termos e expressões, penso que, dado o conceito legal, melhor seria apreendida essa definição com o emprego da expressão "pessoa sob deficiência".

Não se trata de uma condição definitiva e estática, mas do que se observa no encontro entre o impedimento da pessoa e as barreiras sociais a que estão todos expostos, mas que se revelam como tal apenas para alguns. Assim, essa deficiência, pelo conceito vigente, também é dos espaços, dos serviços, dos ambientes e até das pessoas que, com suas atitudes, mantêm barreiras à inclusão e à acessibilidade das pessoas com deficiência.

É importante que tanto a criança, quanto o adulto trabalhador com tais impedimentos, se reconheçam como pessoa com deficiência, em sua atipicidade, com suas limitações e na sua condição de ser e de estar no mundo. Inclusive para que se identifiquem como sujeitos de direitos a serem exercidos e reclamados, assim como demandantes e merecedores de cuidados.

No entanto, não somente a eles, mas a todas as pessoas, é necessária a consciência de que a deficiência está, também, na sociedade que continua impondo obstáculos à inclusão

---

(8) CDPD, Preâmbulo, alínea "e".

(9) BRASIL. *Lei n. 13.146, de 6 de julho de 2015*. Disponível em: <http://www.planalto.gov.br/ccivil_03/_ato2015-2018/2015/lei/l13146.htm>.

(10) MELLO, A. Corpos (in)capazes. In: *Jacobin Brasil*. 2021. Disponível em: <https://jacobin.com.br/2021/02/corpos-incapazes/>.

e à acessibilidade de parte de seus integrantes. São barreiras urbanísticas, arquitetônicas, nos transportes, nas comunicações, na informação, tecnológicas e atitudinais(11).

A superação de todos os obstáculos sociais que obstruem o bem viver independente das pessoas com deficiência depende de mudança profunda de cultura, que somente se pode obter a partir da ampliação do conhecimento, da transformação de valores, do honesto abandono dos preconceitos e, sobretudo, se a palavra for concedida às próprias pessoas com deficiência.

Não será suficiente o movimento empático dos incluídos, sem a devida representação de quem vive o lugar da exclusão. Sobre suas necessidades, portanto, devem dizer as próprias pessoas. A respeito das demandas de inclusão e de acessibilidade das pessoas com deficiência, elas próprias devem falar, como vêm, aliás, defendendo desde 2001(12).

A melhor ilustração do resultado esperado dessa mudança de cultura está em um dos conceitos que a CDPD traz em seu art. 2, referente ao denominado "desenho universal":

> "Desenho universal" significa a concepção de produtos, ambientes, programas e serviços a serem usados, na maior medida possível, por todas as pessoas, sem necessidade de adaptação ou projeto específico. O "desenho universal" não excluirá as ajudas técnicas para grupos específicos de pessoas com deficiência, quando necessárias.

A inclusão e a acessibilidade devem estar, portanto, na concepção de tudo; presente na idealização, em cada projeto, nos primeiros passos do desenvolvimento.

Ainda somos, contudo, uma sociedade deficiente e são necessárias desde soluções prosaicas e de fácil alcance até complexas tecnologias, que o país se comprometeu a pesquisar, desenvolver e, uma vez criadas, as empregar amplamente, conforme obrigação também estampada na Convenção da ONU(13).

4. Capacitismo

As desvantagens sociais indicadas como pressuposto da preocupação mundial com as pessoas com deficiência, são, ainda hoje, constatadas estatisticamente, como noticiam, sistematicamente, os organismos internacionais.

---

(11) Lei n. 13.146/2015, art. 3º, IV, *"a"* a *"f"*.

(12) "Nada sobre nós sem nós", lema adotado a partir da Conferência Internacional "Deficiência com Atitude", Austrália, 2001.

(13) CDPD, Obrigações gerais, art. 4, "g) Realizar ou promover a pesquisa e o desenvolvimento, bem como a disponibilidade e o emprego de novas tecnologias, inclusive as tecnologias da informação e comunicação, ajudas técnicas para locomoção, dispositivos e tecnologias assistivas, adequados a pessoas com deficiência, dando prioridade a tecnologias de custo acessível;"

Elas decorrem, por primeiro, da trajetória de opressão e de discriminação que marcou, para as pessoas com deficiência, o curso da história. Desde a tentativa de extermínio por critérios de eugenia dos anos 1920 até as mais variadas formas atuais de capacitismo, passando pela completa invisibilização produzida pelas próprias famílias e, também, pela inexistência ou insuficiência de políticas públicas dirigidas, como, por exemplo, aquelas voltadas ao acesso das pessoas com deficiência à educação.

Decorrem, também, da resistência à diversidade, que se traduz, em relação às pessoas com deficiência, como uma das vertentes do capacitismo. Trata-se de um sistema de opressão que faz com que a pessoa seja identificada exclusivamente por sua deficiência, o que lhes retira a própria humanidade. Negando-se toda a complexidade inerente ao ser humano, com suas questões, seus desejos, seus interesses, seus dons, qualidades e defeitos, a pessoa, sob o prisma capacitista, é a deficiência. Como consequência, presumem-se sua incapacidade, ineficiência, improdutividade.

Esse preconceito pode se revelar como abjeção ou aversão pela diferença, mas também pode se externar pelo tratamento meramente infantilizado da pessoa com deficiência. Pode se manifestar violento ou se revelar no excesso de piedade, a impedir que sejam percebidas como quem realmente são.

Já tive a oportunidade de apresentar breve reflexão sobre a transformação de uma das causas da marginalização das pessoas com deficiência com o advento da sociedade industrial e do império da exploração do trabalho para a produção de mais valia, na lógica do sistema capitalista. De acordo com ROSA[(14)], a dificuldade ou incapacidade de manter a si próprio, até então colada à imagem da pessoa com deficiência, cede importância a outra incapacidade: a de produzir o necessário excedente, o mais trabalho não pago, necessário à expansão da riqueza, que beneficia somente alguns poucos. Nesse sentido, a pessoa com deficiência não é ajustada à nova lógica de exploração do trabalho humano, voltado à produção de mais riqueza, com menor custo, e à valorização do capital.

O preconceito e a discriminação testemunhados ainda hoje são, tal como em relação ao racismo, de ordem estrutural. O capacitismo deriva dessa história de opressão e de apagamento, de desajuste à ordem capitalista, de presunção de ineficácia, com consequente interdição à participação social da pessoa com deficiência e inviabilidade da representação social e política.

A pessoa com deficiência não é o trabalhador produtivo a seduzir o empresário.

Bem por isso, permaneceram completa e literalmente fora do mercado de trabalho por muitos anos. MELLO destaca que, mais do que práticas discriminatórias de empresas,

(14) ROSA, Enio Rodrigues. *O trabalho das pessoas com deficiência e as relações sócias de produção capitalista:* uma análise crítica das políticas de cotas no Brasil, dissertação de mestrado, Universidade Estadual do Oeste do Paraná, Cascavel-PR, 2009.

tomadas isoladamente, a exclusão da pessoa com deficiência do mercado de trabalho se deve "ao próprio sistema de organização do trabalho dentro da economia capitalista, que se baseia nos princípios da competição e da obtenção do máximo lucro.". Na compreensão da autora, a deficiência deveria compor as pautas da classe trabalhadora, mas não é o que acontece e jamais aconteceu(15).

Fundamental importância está na contribuição de MELLO ao apontar que o capacitismo, vivenciado pelas pessoas com deficiência, tem raiz nas mesmas instituições econômicas e políticas que edificam o racismo, o sexismo, a lesbohomofobia. Dessa forma "faz sentido a afirmação de que o capacitismo está para as pessoas com deficiência como o racismo para as pessoas negras e indígenas, o sexismo para as mulheres e a lesbohomotransfobia para as pessoas LGBTI(16)".

O tema diz, sem dúvidas, sobre a resistência e até aversão social à diversidade e sobre as questões ainda intrincadas, dentro do debate público, que envolvem as diferenças e o que é concebido como normal, o que é automaticamente aceito e o que se rejeita.

Não se trata do ponto central destas reflexões, mas não tenho dúvidas de que o estudo interseccional sobre deficiência e capacitismo é fundamental, sob diferentes perspectivas.

Importa, por ora, extrair a conclusão de que o preconceito em relação à deficiência está relacionado, portanto, à ideia de ineficiência e de inutilidade, num mundo que supervaloriza a eficiência, quaisquer que sejam os efeitos deletérios dessa hierarquização.

Contra o preconceito e a discriminação estrutural, a CDPD aponta, entre outras, medidas que visam à conscientização. Segundo seu art. 8, os signatários do Tratado e de seu protocolo se obrigaram a atuar no sentido de favorecer, em relação às pessoas com deficiência, atitude receptiva sobre seus direitos ("i"), promover percepção positiva e maior consciência social em relação a elas ("ii") e promover, também, o reconhecimento de suas habilidades, seus méritos e capacidades, bem como sua contribuição ao local de trabalho e ao mercado laboral ("iii").

No contexto da conscientização, pressupondo-se já superado o uso impróprio de todo e qualquer outro termo ou expressão que não seja "pessoa com deficiência", para a elas fazer referência, exsurge, como medida de ampliação da percepção e do reconhecimento social da pessoa com deficiência, a observação sobre a heterogeneidade que caracteriza o grupo das pessoas com deficiência.

A diversidade nas deficiências deve ser reconhecida em respeito às suas subjetividades, que são constituídas de formas distintas, conforme as respectivas experiências,

---

(15) MELLO, A. Corpos (in)capazes. In: *Jacobin Brasil*. 2021. Disponível em: <https://jacobin.com.br/2021/02/corpos-incapazes/>.

(16) *Idem*.

com a deficiência e na intersecção com outros marcadores sociais. O reconhecimento de que não compõem uma massa homogênea permite, também, a compreensão dos respectivos impedimentos e de suas consequências; das barreiras que lhes afetam e onde se concentram; das soluções, encontradas ou não. O que é eliminação de barreira para uma pessoa pode representar aposição de barreira para outra.

O capacitismo e a necessidade de conscientização passam, pois, por esse ponto, assim como passam pela concepção distorcida que se observa corrente sobre o que seja inclusão e sobre o que pode e deve produzir.

É preciso questionar o que tem sido compreendido como inclusão social: um movimento que parte dos não excluídos, que, nessa condição, como que concedem licenças para quem, a princípio, é de fora, está fora e, embora componha o mesmo corpo social, precisa pedir para entrar e para participar.

Para DI MARCO, "Inclusão é um conjunto de ações que combate a desigualdade de oportunidades originadas por diferenças sociais."(17) Combater não é fazer mera deferência. E em uma sociedade inclusiva, pessoas diferentes estão no mesmo espaço, exercendo os mesmos direitos; não há espaço específico para pessoas diferentes; não são selecionados e oferecidos só alguns direitos, alguns ambientes, alguns serviços, alguns acessos.

Apenas a título exemplificativo, às distorções referidas acrescento postura capacitista corriqueira: manifestações elogiosas desproporcionais à pessoa com deficiência que obtém conquistas profissionais, superando os muitos obstáculos que se lhe foram impostos, chamando-a "heroína" e guerreira. As circunstâncias e tal reação revelam, na realidade, que as barreiras estavam lá, não foram removidas; que a igualdade de condições e de oportunidades não foi garantida e que o interlocutor desconsidera o fato notório de que apenas alguns poucos terão esse êxito, e desrespeita o direito de a pessoa com deficiência ser simplesmente comum, igual, ordinária. Isso também é capacitismo.

5. Pessoa com deficiência e o trabalho

Pode ser transformadora a compreensão de que o principal propósito identificável no ativismo das pessoas com deficiência e na luta anticapacitista, de um modo geral, tem por conteúdo a conquista de um viver autônomo e independente, a liberdade para as próprias escolhas, na exata medida da independência e liberdade das demais pessoas. Significa dizer que não buscam ou merecem piedade, caridade e a proteção assistencialista, mas o reconhecimento inequívoco e efetivo de todos os seus direitos humanos e a oportunidade de seu exercício, em igualdade de condições.

(17) MARCO, Vitor Di. *Capacitismo:* o mito da capacidade. Belo Horizonte, MG: Letramento, 2020.

Dados das Nações Unidas, do Banco Mundial e da Organização Mundial da Saúde atestam que a maioria das pessoas com deficiência vive em condições de pobreza, com índices relativos à escolaridade, saúde, emprego, rendimento do trabalho sempre inferiores aos relativos às pessoas sem deficiência(18), o que embasa o reconhecimento mundial da "necessidade crítica de lidar com o impacto negativo da pobreza sobre pessoas com deficiência", apontada como uma das premissas da Convenção da ONU (premissa "t"). A desigualdade social os atinge frontalmente.

Não é necessário grande esforço reflexivo para concluir que afastar a pobreza e permitir autonomia, independência, emancipação e participação social são objetivos intimamente ligados ao direito da pessoa com deficiência ao trabalho digno.

Outras políticas públicas antecedem a possibilidade de acesso ao trabalho. Educação, formação profissional e qualificação facilitam, ao menos em tese, uma melhor colocação no mercado de trabalho. Todavia, no Brasil, a educação inclusiva é, ainda, um lindo ideal a ser alcançado, no futuro, e não sem ultrapassar numerosos entraves, de maior ou menor complexidade, de acordo com circunstâncias como, por exemplo, as desigualdades regionais.

Não se pode olvidar, ademais, na abordagem sobre o direito da pessoa com deficiência ao trabalho, da concreta possibilidade de sua realização pessoal pelo trabalho. Não cabe discutir aqui se o trabalho produtivo, único a que se confere valor econômico e social em nosso sistema, merece críticas ou enaltecimento. O que se pretende, sob a perspectiva desta reflexão, é considerar que é a partir do trabalho que a pessoa se encontra fora de casa, constrói relações, desenvolve conhecimentos e autoconhecimento, obtém o próprio sustento e, de consequência, quiçá, autonomia e independência financeira.

O art. 27 da CDPD destaca o direito social das pessoas com deficiência ao trabalho, dispondo que ele deve abranger o "direito à **oportunidade de se manter com um trabalho de sua livre escolha ou aceitação** no mercado laboral, **em ambiente de trabalho que seja aberto, inclusivo e acessível a pessoas com deficiência**". Cabe aos Estados Partes salvaguardar e promover a realização do direito ao trabalho.

O documento internacional reconhece às pessoas com deficiência, ainda, o direito a "condições justas e favoráveis de trabalho", o que inclui a igualdade de oportunidades e a igualdade remuneratória, para trabalhos de igual valor, além de "condições seguras e salubres de trabalho", com explicitação, ainda, do direito à "reparação de injustiças e proteção contra o assédio no trabalho" (art. 27, "*b*").

---

(18) CARMO, Rita C. S. – Capítulo 6 – Breve panorama dos direitos e das políticas de trabalho e emprego para as pessoas com deficiência no Brasil. In: *Pessoa com deficiência e trabalho:* estudos para o estado de São Paulo e um breve panorama nacional e internacional — Guirlanda Maria M. C. Benevides. Curitiba: CRV, 2022

É do mesmo dispositivo convencional que se extrai a obrigação dos Estados Partes de "**assegurar que adaptações razoáveis sejam feitas para pessoas com deficiência no local de trabalho**", de acordo com sua alínea "*i*".

Na Lei Brasileira de Inclusão, o direito ao trabalho está regulado no Capítulo VI e as normas insculpidas no art. 34 da LBI conferem concretude e eficácia à CDPD, ao dispor:

> **Art. 34.** A pessoa com deficiência tem direito ao trabalho de sua livre escolha e aceitação, em ambiente acessível e inclusivo, em igualdade de oportunidades com as demais pessoas.
>
> § 1º As pessoas jurídicas de direito público, privado ou de qualquer natureza são obrigadas a garantir ambientes de trabalho acessíveis e inclusivos.
>
> § 2º A pessoa com deficiência tem direito, em igualdade de oportunidades com as demais pessoas, a condições justas e favoráveis de trabalho, incluindo igual remuneração por trabalho de igual valor.
>
> § 3º É vedada restrição ao trabalho da pessoa com deficiência e qualquer discriminação em razão de sua condição, inclusive nas etapas de recrutamento, seleção, contratação, admissão, exames admissional e periódico, permanência no emprego, ascensão profissional e reabilitação profissional, bem como exigência de aptidão plena.
>
> (...)

Sem desconsiderar o complicado contexto geral do mercado de trabalho brasileiro, é dado da realidade que há norma legal dispondo que o trabalho a que a pessoa com deficiência tem direito é aquele que escolher e que aceitar.

Supera-se não apenas a permanente tutoria de familiar, quando desnecessária, a exigida presença de quem escolha pela pessoa com deficiência ou que seja seu porta-voz, mas também se busca e deve ultrapassar a prática patronal de restrição do acesso delas apenas às chamadas "vagas PcD", selecionadas e designadas unilateralmente.

Nesse sentido, é obrigação do empregador eliminar toda e qualquer discriminação em razão da deficiência, "desde etapas de recrutamento, seleção, contratação, admissão, exames admissional e periódico", sendo expressamente vedada a exigência de aptidão plena (LBI, art. 34, § 3º).

Para que não houvesse dúvidas sobre o óbvio, o art. 34 é expresso na imposição de que o ambiente do trabalho deve ser acessível e inclusivo. Ocorre que, em tese, o local de trabalho não se constitui como espaço propício à participação digna e plena das pessoas com deficiência, uma vez que, na realidade, de um modo geral, não são ali bem-vindas.

Para além da visão estereotipada e a presunção da ineficiência para o enfrentamento do espaço competitivo, é fato que as empresas no país não admitiriam pessoas com deficiência se não fossem obrigadas pela política de cotas no emprego prevista no art. 93 da Lei n. 8.213/91[19]. Gestores o admitem e basta observar os índices de contratação por empresas não obrigadas à cota, além do sistemático não preenchimento da cota legal e a resistência em fazê-lo, quando auditadas, pelo Ministério do Trabalho e pelo Ministério Público do Trabalho.

É bem verdade que se pode observar uma mudança de postura e um movimento inclusivo em curso, atingindo algumas empresas, por vezes porque mais atentas às exigências da sustentabilidade, mormente na trilha dos objetivos identificados comumente pela sigla ESG (*Environmental, Social and Governance*). Quando não para o estrito cumprimento da lei ou por efetiva transformação ética e cultural, algumas empresas têm buscado, também, o aprimoramento de sua imagem pública e o consequente retorno econômico-financeiro, como lhes é próprio e necessário, afinal, para efeito de manutenção e de crescimento em mercados competitivos.

Ainda assim, raros os casos de contratações de pessoas com deficiência em número suficiente ao preenchimento da cota legal.

Essa política de emprego direcionada consiste em ação afirmativa de pouca incidência em outros países de relevo, nos quais vigoram, por outro lado, outras tantas regras de incentivo e restrições comerciais voltadas à contratação de pessoas com deficiência[20].

A imposição legal, no país, produz o efeito de formalmente inserir pessoas com deficiência no ambiente de trabalho, o que não praticamente havia, antes da exigência e da fiscalização de seu cumprimento. Ela aproxima a pessoa trabalhadora e a empresa empregadora, sem que necessariamente garanta a inclusão da pessoa com deficiência no ambiente do trabalho, senão de maneira formal.

Uma vez promovido o ingresso da pessoa com deficiência nos quadros da empresa, os procedimentos inclusivos e acessíveis que devem ter sido observados desde a oferta de vagas e em todo o processo admissional, agora devem lhe garantir "colocação competitiva" (LBI, art. 37), para que faça frente aos efeitos da sua exposição ao ambiente de concorrência generalizada, que induz competitividade, também, entre os trabalhadores, influenciando o meio ambiente laboral.

A concepção falaciosa de meritocracia, nesse contexto competitivo e sob o ideário neoliberal, para a pessoa com deficiência, se revela sobremaneira injusto e perverso.

(19) Pela política de cotas, as empresas com 100 empregados ou mais são obrigadas a contratar pessoas com deficiência ou trabalhadores reabilitados pelo INSS, nos percentuais o próprio dispositivo define, proporcionais ao respectivo porte.

(20) A respeito, CARMO, Rita C. S. – Capítulo 5 – Breve panorama internacional das políticas de trabalho e emprego para as pessoas com deficiência. In: *Pessoa com deficiência e trabalho:* estudos para o estado de São Paulo e um breve panorama nacional e internacional — Guirlanda Maria M. C. Benevides. Curitiba: CRV, 2022.

Barreiras atitudinais, nesse contexto, devem ser enfrentadas, mediante a atuação da empresa à qual incumbe a garantia da igualdade de condições e de oportunidades.

O citado dispositivo em análise dispõe que o empregador está obrigado a eliminar barreiras discriminatórias que prejudiquem as condições de "permanência no emprego, ascensão profissional e reabilitação profissional" da pessoa com deficiência.

No sentido da superação de todas as demais espécies de barreiras no ambiente de trabalho, retomo a ideia do "desenho universal", fundamental na perspectiva da mudança de cultura no sentido da efetiva inclusão e da acessibilidade sem restrições.

Na LBI, o desenho universal está definido como a "**concepção** de produtos, ambientes, programas e serviços **a serem usados por todas as pessoas**, sem necessidade de adaptação ou de projeto específico, incluindo os recursos de tecnologia assistiva".

A transformação vem, portanto, da adoção de uma premissa inclusiva rigorosa, inafastável desde a gênese de tudo que se crie, construa, adquira ou adote.

O fundamental para a garantia de um ambiente de trabalho seguro, inclusivo, acessível e livre de assédio e discriminação, está na disposição contida no art. 37 da LBI, que dispõe:

> Art. 37. Constitui modo de inclusão da pessoa com deficiência no trabalho a colocação competitiva, em igualdade de oportunidades com as demais pessoas, nos termos da legislação trabalhista e previdenciária, na qual devem ser atendidas as regras de acessibilidade, o fornecimento de recursos de tecnologia assistiva e a adaptação razoável no ambiente de trabalho

O posto de trabalho da pessoa com deficiência deve ser previamente modificado, sob os mais variados aspectos, para recebe-la adequadamente. Nesse sentido, a obrigação da "adaptação razoável" do local de trabalho é abrangente.

Como adaptação razoável a LBI define as:

> "adaptações, modificações e ajustes necessários e adequados que não acarretem ônus desproporcional ou indevido, quando requeridos em cada caso, a fim de assegurar que as pessoas com deficiência possam gozar ou exercer, em igualdade de oportunidades com as demais pessoas, todos os direitos humanos e liberdades fundamentais;" (art. 3º, VI)

A inclusão indesejável, que não funciona e que causa traumas e danos morais, se faz mediante a mera alocação da pessoa em posto de trabalho, improvisado, sem prévios ajustes, para cujo acesso existem empecilhos, no qual a comunicação é falha, insuficiente, inacessível. Ainda que todos aparentem ter, no princípio, boa vontade, será frustrada a tentativa de incluir se não estiverem preparados para o desconhecido.

A adaptação que se pretende apenas razoável inclui a instrução dos integrantes da equipe e requer liderança receptiva, qualificada e especificamente destinada ao acolhimento do(a) novo(a) empregado.

Novamente, as barreiras de atitude são as mais sensíveis e que impõe maior dificuldade para serem debeladas.

Por fim, para a superação das demais barreiras, notadamente que envolvem adaptações tecnológicas, a lei previu medidas de aprimoramento da experiência do(a) trabalhador(a), determinando a adoção de "tecnologia assistiva", conforme dispositivo transcrito, instrumento que tem o seguinte conceito:

> — tecnologia assistiva ou ajuda técnica: produtos, equipamentos, dispositivos, recursos, metodologias, estratégias, práticas e serviços que objetivem promover a funcionalidade, relacionada à atividade e à participação da pessoa com deficiência ou com mobilidade reduzida, visando à sua autonomia, independência, qualidade de vida e inclusão social; (LBI, art. 3º, III)

A recusa à adaptação razoável do ambiente de trabalho configura discriminação em razão da deficiência e é crime.

O desrespeito às regras de acessibilidade, por ação ou omissão, mormente a providência da adaptação razoável do local de trabalho e da adoção das tecnologias necessárias para a garantia de equidade no tratamento e nas oportunidades, configura discriminação punível, em relação à pessoa com deficiência, nos termos do § 1º do art. 4º, que prevê:

> § 1º Considera-se discriminação em razão da deficiência toda forma de **distinção, restrição ou exclusão, por ação ou omissão, que tenha o propósito ou o efeito de** prejudicar, impedir ou anular o reconhecimento ou o exercício dos direitos e das liberdades fundamentais de pessoa com deficiência, **incluindo a recusa de adaptações razoáveis e de fornecimento de tecnologias assistivas.** (grifo nosso)

Dispensado o dolo, o empregador que não promove as necessárias adaptações do local de trabalho, ou não disponibiliza tecnologias assistivas aos empregados protegidos por essa lei, incorre em discriminação pela deficiência, que está devidamente tipificado como crime, no art. 88 do mesmo diploma, a sujeitar o agente a pena de reclusão e multa.

Não se trata apenas, portanto, de não inquinar de capacitistas os envolvidos no processo falho de transformação do ambiente de trabalho em espaço inclusive e acessível, mas, se em discussão judicial, reconhecer-se o ilícito praticado e aplicar a lei, quando consumada a hipótese do art. 4º, § 1º, da Lei n. 13.146/2015 (LBI).

A esse respeito, de observância inquestionável pelo Judiciário Trabalhista, impõe o art. 5 da Convenção sobre os Direitos das Pessoas com Deficiência, em especial em seus itens 2 a 4:

> 2. Os Estados Partes proibirão qualquer discriminação baseada na deficiência e garantirão às pessoas com deficiência igual e efetiva proteção legal contra a discriminação por qualquer motivo.
>
> 3.A fim de promover a igualdade e eliminar a discriminação, os Estados Partes adotarão todas as medidas apropriadas para garantir que a adaptação razoável seja oferecida.
>
> 4.Nos termos da presente Convenção, as medidas específicas que forem necessárias para acelerar ou alcançar a efetiva igualdade das pessoas com deficiência não serão consideradas discriminatórias.

Existem instrumentos, portanto, para a exigência de construção de um meio ambiente de trabalho efetivamente inclusivo, acessível e seguro para que as pessoas com deficiência atuem em igualdade de condições e com igualdade de oportunidades em relação às demais pessoas.

6. Considerações finais

Os passos para a promoção dos direitos humanos das pessoas com deficiência no país estão bem delineados por legislação exemplar, que incorpora os compromissos assumidos no plano internacional, perfeitamente compatíveis com os preceitos da Constituição cidadã de 1988, e que se constitui de normas produzidas internamente, sob potente pressão de grupos engajados.

Essa legislação transfere para o plano coletivo o que antes era compreendido como questão individual e relegado a uma experiência solitária.

A partir do conceito atual da deficiência, consagrado por essa legislação, é possível identificar que nos constituímos em uma sociedade com deficiência, que exclui e que é incapaz de garantir o exercício pleno de direitos, ao impor obstruções às pessoas que são atípicas na estrutura do corpo físico, nas suas funcionalidades, na constituição intelectual ou em aspectos psicossociais.

Na realidade, estamos sujeitos a espaços públicos com deficiência, a serviços com deficiência, a ambientes privados com deficiência.

O ideal de construção de um ambiente de trabalho inclusivo, genuinamente aberto à diversidade, tem um significado muito peculiar em relação às pessoas com deficiência. A transformação passa pela informação, pela ampliação do conhecimento, pela remoção de preconceitos e pela construção de empatia, mas exige mais. São necessárias adaptações, desde as físicas, arquitetônicas, até as comportamentais, passando por aquelas de ordem comunicacional, entre outras. São barreiras muito concretas a serem removidas e, quanto às caracterizadas como atitudinais, demandam mais do que aceitação pacífica e respeito formal. Requerem substituição de atitudes e, portanto, ação e movimento.

A existência de política de emprego extraordinária é fundamental no contexto discriminatório, mas não garante plena inclusão social. Constituída a relação de emprego, a inclusão no meio ambiente do trabalho se perfaz mediante profunda mudança de cultura, apoiada na eliminação de todas as formas de discriminação e na garantia de plena igualdade de oportunidades.

Desenho universal, adaptação razoável e tecnologia assistiva são instrumentos legais voltados à viabilização da participação plena e à acessibilidade no ambiente do trabalho, sem os quais não está garantida a dignidade humana das pessoas com deficiência e o ilícito da discriminação pela deficiência pode ser configurada.

O anticapacitismo deve chegar ao ambiente de trabalho e como prática. Pressupõe posturas e atitudes, para além do respeito silencioso, da tentativa de desconstrução de um preconceito arraigado e do mero discurso de apreço e de reconhecimento de direitos.

Referências

BENEVIDES, Guirlanda M. M. C.; ALENCAR, Maria L. Negociações coletivas garantem direitos para os trabalhadores com deficiência? In: livro eletrônico: *Negociações coletivas:* Pós-reforma trabalhista (2017). São Paulo: CESIT — Centro de Estudos Sindicais e de Economia do Trabalho, Vol. 2, Cap.o 15, 2021.

BRANDÃO, Claudio M. *Direitos humanos das pessoas com deficiência:* história no Brasil e em Portugal. 1. ed. Brasília, DF: Editora Venturoli, 2023.

BRASIL. *Lei n. 13.146, de 6 de julho de 2015*. Disponível em: <http://www.planalto.gov.br/ccivil_03/_ato2015-2018/2015/lei/l13146.htm>.

CÂMARA OS DEPUTADOS. Proposições. *Projeto de Lei, PL n. 6.159/2019*. Disponível em: <https://www.camara.leg.br/proposicoesWeb/fichadetramitacao?idProposicao=2230632>. Acesso em: 12 set. 2022.

CARMO, Rita C. S. do. Breve panorama dos direitos e das políticas de trabalho e emprego para as pessoas com deficiência no Brasil. In: *Pessoa com deficiência e trabalho:* estudos para o estado de São Paulo e um breve panorama nacional e internacional — Guirlanda Maria M. C. Benevides. Curitiba: CRV, 2022.

CGEE. Centro de Gestão e Estudos Estratégicos. Relatório Final. *Mapeamento de Competências em Tecnologia Assistiva*. Brasília: 2012. Disponível em: <https://www.cgee.org.br/relatorios/-/asset_publisher/gjaL0bGaR8Qb/document/id/864973?inheritRedirect=false>. Acesso em: 14 jun. 2022.

DINIZ, Debora. *O que é deficiência*. São Paulo: Brasiliense, 2012 (Coleção Primeiros Passos).

GARCIA, Vinicius Gaspar. *Pessoas com deficiência e o mercado de trabalho* — histórico e o contexto contemporâneo. Tese de Doutorado, Instituto de Economia da Unicamp, Campinas/SP, 2010.

MARCO, Vitor Di. *Capacitismo:* o mito da capacidade. Belo Horizonte, MG: Letramento, 2020.

MELLO, A. Corpos (in)capazes. In: *Jacobin Brasil*. 2021. Disponível em: <https://jacobin.com.br/2021/02/corpos-incapazes/>.

ONU — ORGANIZAÇÃO DAS NAÇÕES UNIDAS. *Convenção sobre os direitos das pessoas com deficiência.* Nova York: Nações Unidas, 2006. Disponível em: <https://www.governoeletronico.gov.br/documentos>. Acesso em: 14 jun. 2022.

ROSA, Enio Rodrigues. *O trabalho das pessoas com deficiência e as relações sócias de produção capitalista:* uma análise crítica das políticas de cotas no Brasil. Dissertação de mestrado. Universidade Estadual do Oeste do Paraná, Cascavel-PR, 2009

SASSAKI, Romeu Kazumi. *Vida Independente:* história, movimento, liderança, conceito, filosofia e fundamentos. São Paulo: RNR, 2003.

SCHUMPETER, J.A. *Capitalismo, Socialismo e Democracia.* Rio de Janeiro: Zahtar Editores, 1942.

FELICIANO, Guilherme Guimarães; DA COSTA, Mariana Benevides (Coords.). *Curso de direito ambiental do trabalho.* Capítulos 28 e 29. São Paulo: Matrioska Editora, 2021.

O Direito à Adaptação Razoável como Elemento Integrante do Direito ao Trabalho Digno da Pessoa com Deficiência

The Right to Reasonable Adaptation as an Integral Element of the Right to Decent Work for Persons with Disabilities

Cláudio Brandão[1]

Antes do texto jurídico, uma manifestação de apreço ao homenageado.

Conheço o Desembargador Lorival há muitos anos (não sou muito bom na cronologia e, por isso, não sei há quanto tempo), mas tenho certeza de que nós nos conhecemos no movimento associativo, já que ambos fomos dirigentes das Amatras das Regiões de onde somos originários (5ª e 15ª).

De temperamento calmo, gestos firmes, embora pausados, e sorriso fácil, ele é uma daquelas pessoas cuja presença deixa boas e inesquecíveis marcas por onde passa.

Sempre disposto e pronto para escutar (mais do que simplesmente ouvir), ele inspira a confiança de todos e, talvez por isso, sempre esteve presente nos debates que envolvem as grandes questões da magistratura e do Direito do Trabalho, de modo especial na

(1) Ministro do Tribunal Superior do Trabalho. Doutor em Ciências Jurídicas pela Universidade Autônoma de Lisboa "Luís de Camões". Mestre em Direito pela Universidade Federal da Bahia. Membro da Academia Brasileira de Direito do Trabalho, da Academia de Letras Jurídicas da Bahia, do Instituto Baiano de Direito do Trabalho, do Instituto Brasileiro de Direito Processual. Membro correspondente da Academia Paulista de Letras Jurídicas. Autor de livros e artigos jurídicos.

permanente luta pela efetiva igualdade entre as pessoas. Como exemplo, foi sob a sua Presidência que o TRT-15 implementou as cotas para afrodescendentes nos concursos e se tornou o primeiro Tribunal a fazê-lo.

Pessoa de muitas qualidades e outros tantos talentos, fez da magistratura e do magistério o centro de suas atenções e o principal palco da expressão de sua inteligência, embora em outros momentos de sua vida tenha exercido a sua liderança no movimento sindical e em atividades comunitárias, o que mereceu o reconhecimento público por intermédio da outorga de diversos títulos de cidadania por municípios onde atuou.

A sua origem humilde e a sua sensibilidade incomum moldaram o perfil de magistrado comprometido com a ordem jurídica justa, revelada nos julgados por ele proferidos no primeiro grau ou em acórdãos sob a sua relatoria.

É, pois, privilégio e honra poder estar entre aqueles que unem as suas mãos em abraço coletivo para agradecê-lo pela grande contribuição deixada para o Direito e para a Justiça do Trabalho quando deixa de envergar a toda que tanto enobreceu e percorrer outros caminhos na condição de aposentado.

Por isso, cabe dizer: **muito obrigado**!

1. Evolução do reconhecimento internacional dos direitos das pessoas com deficiência

Ao se analisar o direito à adaptação razoável como elemento integrante do direito fundamental ao trabalho digno, não se pretende, à guisa de introdução, rememorar a trajetória histórica do reconhecimento dos direitos das pessoas com deficiência, notadamente no que se refere à igualdade plena e ao trabalho digno. É suficiente mencionar que discriminação e exclusão a marcaram e não foi fácil superar os inúmeros obstáculos havidos.

A doutrina não é uniforme na indicação das fases que sistematizam o estudo dessa trajetória. Por todos, cita-se a doutrina de Flávia Piovesan que a classifica em quatro fases distintas:

> a) fase de intolerância: as pessoas com deficiência eram representativas da impureza, pecado ou castigo divino;
>
> b) fase da invisibilidade: não havia preocupação especial que lhes fosse destinada;
>
> c) fase da ótica assistencialista: a deficiência era considerada doença a ser curada e o indivíduo como alguém a ser tratado da "enfermidade";
>
> d) fase do paradigma de direitos humanos: marcada pelo reconhecimento dos direitos à inclusão social, com ênfase na relação com o meio em que elas se inserem

e na necessidade de "eliminar obstáculos e barreiras superáveis, sejam elas culturais, físicas ou sociais, que impeçam o plano exercício dos direitos humanos".[2]

Algumas iniciativas foram marcantes para a consagração no plano internacional. Em apertada síntese, menciona-se uma série de ações desenvolvidas pela Organização das Nações Unidas voltadas ao reconhecimento e proteção dos direitos que lhes são inerentes, a exemplo da Declaração dos Direitos das Pessoas com Deficiência Mentais, de 1971; da segunda Declaração sobre os Direitos das Pessoas Deficientes, de 1975; da Convenção para a Eliminação de Todas as Formas de Discriminação contra as Mulheres, de 1979; da consagração do ano de 1981 como o Ano Internacional das pessoas deficientes e dos anos de 1983 a 1992 como a Década das Nações Unidas para as Pessoas Deficientes; do Programa Mundial para as Pessoas Deficientes, de 1982; da Convenção sobre os Direitos da Criança, de 1989; e das Regras Gerais sobre a Igualdade de Oportunidades para Pessoas com Deficiências, de 1993, entre muitas outras.

Ainda no âmbito internacional, destaca-se a Convenção n. 159 da Organização Internacional do Trabalho — OIT —, promulgada no Brasil pelo Decreto n. 129, de 22.05.1991,[3] que trata especificamente da reabilitação profissional e emprego das pessoas com deficiência e destaca a necessidade de atuação dos Estados Membros para a promoção da sua inserção profissional.

As obrigações assumidas pelo Estado brasileiro quanto ao tema, perante a sociedade internacional, não se esgotaram — e nem se esgotam — no sistema das Nações Unidas. Com efeito, no sistema interamericano, a preocupação com questões trabalhistas e com a igualdade de oportunidades já exsurge na Carta da Organização dos Estados Americanos[4] (art. 34).

Ademais, define o trabalho como "[...] um direito e um dever social", que

> [...] confere dignidade a quem o realiza e deve ser exercido em condições que, compreendendo um regime de salários justos, assegurem a vida, a saúde e um nível econômico digno ao trabalhador e sua família, tanto durante os anos de atividade como na velhice, ou quando qualquer circunstância o prive da possibilidade de trabalhar (art. 45).

Reitera, ainda, a obrigação dos Estados Membros com a habilitação para o trabalho, em seu art. 50.

---

(2) PIOVESAN, Flávia. Convenção da ONU sobre os Direitos das Pessoas com Deficiência: inovações, alcance e impacto. In: FERRAZ, Carolina Valença, *et al* (Coords.). *Manual dos Direitos da Pessoa com Deficiência*. São Paulo: Saraiva, 2012. ISBN 978-85-02-17030-8. p. 46.

(3) BRASIL. *Decreto n. 129, de 22 de maio de 1991*. Promulga a Convenção n. 159, da Organização Internacional do Trabalho — OIT, sobre Reabilitação Profissional e Emprego de Pessoas Deficientes. Disponível em: <http://www.planalto.gov.br/ccivil_03/decreto/1990-1994/D0129.htm>. Acesso em: 21 dez. 2019.

(4) ORGANIZAÇÃO DOS ESTADOS AMERICANOS. *Carta da Organização dos Estados Americanos*. Disponível em: <http://www.oas.org/OASpage/port/Documents/Democractic_Charter.htm>. Acesso em: 14 nov. 2019.

Na Carta Democrática Interamericana,[5] de 2001, estabelece-se que a garantia do exercício pleno e eficaz dos direitos dos trabalhadores, tal qual consagrado na Declaração da OIT relativa aos Princípios e Direitos Fundamentais no Trabalho (1998), é elemento primacial para a promoção e fortalecimento da democracia (art. 10).

Por seu turno, o Pacto de San José da Costa Rica (1966), incorporado ao ordenamento interno por meio do Decreto n. 678, de 06.11.1992[6], garante o respeito aos direitos e liberdades fundamentais sem qualquer tipo de discriminação (art. 1), oportunidade em que estabelece a obrigação estatal de promover o desenvolvimento progressivo dos direitos econômicos, sociais e culturais.

O Protocolo de San Salvador (1988), incorporado ao sistema jurídico brasileiro por meio do Decreto n. 3.321, de 30.12.1999[7], reitera a obrigação de não discriminação (art. 3) e positiva o direito ao trabalho, "[...] o que inclui a oportunidade de obter os meios para levar uma vida digna e decorosa por meio do desempenho de uma atividade lícita, livremente escolhida ou aceita" (art. 6). Em relação às pessoas com deficiência, fixa:

> Os Estados Partes comprometemse a adotar medidas que garantam plena efetividade do direito ao trabalho, especialmente as referentes à consecução do pleno emprego, à orientação vocacional e ao desenvolvimento de projetos de treinamento técnicoprofissional, particularmente os destinados aos deficientes. Os Estados Partes comprometemse também a executar e a fortalecer programas que coadjuvem um adequado atendimento da família, a fim de que a mulher tenha real possibilidade de exercer o direito ao trabalho. (art. 6, item 2)

Ainda destaca, em seu art. 18, que têm *"[...] direito a receber atenção especial, a fim de alcançar o máximo desenvolvimento de sua personalidade"*, razão por que estabelece que os Estados Partes se comprometem a:

> a. Executar programas específicos destinados a proporcionar aos deficientes os recursos e o ambiente necessário para alcançar esse objetivo, inclusive programas trabalhistas adequados a suas possibilidades e que deverão ser livremente aceitos por eles ou, se for o caso, por seus representantes legais;
>
> b. Proporcionar formação especial às famílias dos deficientes, a fim de ajuda-los a resolver os problemas de convivência e convertêlos em elementos atuantes no desenvolvimento físico, mental e emocional destes;

---

(5) ORGANIZAÇÃO DOS ESTADOS AMERICANOS. *Carta Democrática Interamericana.* Disponível em: <http://www.oas.org/OASpage/port/Documents/Democractic_Charter.htm>. Acesso em: 14 nov. 2018.

(6) BRASIL. *Decreto n. 678, de 6 de novembro de 1992.* Promulga a Convenção Americana sobre Direitos Humanos (Pacto de São José da Costa Rica), de 22 de novembro de 1969. Disponível em: <http://www.planalto.gov.br/ccivil_03/decreto/D0678.htm>. Acesso em: 21 dez. 2019.

(7) BRASIL. *Decreto n. 3.321, de 30 de dezembro de 1999.* Promulga o Protocolo Adicional à Convenção Americana sobre Direitos Humanos em Matéria de Direitos Econômicos, Sociais e Culturais "Protocolo de São Salvador", concluído em 17 de novembro de 1988, em São Salvador, El Salvador. Disponível em: <http://www.planalto.gov.br/ccivil_03/decreto/D3321.htm>. Acesso em: 21 dez. 2019.

c. Incluir, de maneira prioritária, em seus planos de desenvolvimento urbano a consideração de soluções para os requisitos específicos decorrentes das necessidades deste grupo;

d. Promover a formação de organizações sociais nas quais os deficientes possam desenvolver uma vida plena."

Na seara da integração latino-americana, erigida à norma constitucional (art. 4º, parágrafo único, da CRFB), a Declaração Sociolaboral do Mercosul[(8)] garante a não discriminação como direito individual (art. 1º) e, acerca das pessoas com deficiência, consigna que "[...] serão tratadas de forma digna e não discriminatória, favorecendo-se sua inserção social e no mercado de trabalho" (art. 2º). Nesse passo, celebra o comprometimento dos Estados Partes em:

[...] adotar medidas efetivas, especialmente no que se refere à educação, formação, readaptação e orientação profissional, à adequação dos ambientes de trabalho e ao acesso aos bens e serviços coletivos, a fim de assegurar que as pessoas portadoras de necessidades especiais tenham a possibilidade de desempenhar uma atividade produtiva. (art. 2º)

Como se constata — e apenas a título exemplificativo —, a disciplina **transversal e multidisciplinar** atribuída em normas de diferentes origens e hierarquias revela a preocupação do legislador contemporâneo com os direitos das pessoas com deficiência, notadamente graças à destacada contribuição prestada pelos diversos organismos internacionais, em especial no sentido na consolidação de ideias que viriam a fortalecer a compreensão da necessidade de edição de uma convenção específica sobre o tema.

2. O passo decisivo em direção ao direito à igualdade plena: a edição da Convenção da ONU dos Direitos das Pessoas com Deficiência

O ápice dessa evolução normativa ocorreu, sem dúvida, com a aprovação pela ONU da Convenção sobre os Direitos das Pessoas com Deficiência e seu Protocolo Facultativo, aquela também conhecida como "Convenção de Nova Iorque".

Assinados pelo Brasil em Nova Iorque no dia de sua edição pela ONU (30 de maio de 2007), foram incorporados no direito brasileiro pelo Decreto n. 6.949, de 25.08.2009[(9)], e significaram o passo decisivo e definitivo em direção ao reconhecimento do direito à igualdade plena das pessoas com deficiência e de sua dignidade.

Primeiro tratado internacional de direitos humanos do século XXI, a Convenção incorporou em seu texto diversas reivindicações de movimentos sociais e de organizações não governamentais que, desde a década de 1970, atuavam em busca da igualdade de direitos e de condições de vida em sociedade para as pessoas com deficiência, a partir da

(8) MERCOSUL. *Declaração Sociolaboral do Mercosul*. Disponível em: <http://www.dhnet.org.br/direitos/deconu/a_pdf/dec_sociolaboral_mercosul.pdf>. Acesso em: 21 nov. 2019.

(9) BRASIL. *Decreto n. 6.949, de 25 de agosto de 2009*. Promulga a Convenção Internacional sobre os Direitos das Pessoas com Deficiência e seu Protocolo Facultativo, assinados em Nova York, em 30 de março de 2007. Disponível em: <http://www.planalto.gov.br/ccivil_03/_ato2007-2010/2009/decreto/d6949.htm>. Acesso em: 21 dez. 2019.

compreensão do "direito à diferença em relação aos padrões hegemônicos de normalidade",[10] e combatiam a denominada "ideologia da normalização", que "[...] representava a necessidade de introduzir a pessoa com deficiência na sociedade, ajudando-a a adquirir as condições e os padrões da vida cotidiana o mais próximo do normal quanto possível".[11]

Entre eles, destaca-se o Movimento de Vida Independente, surgido em 1970, a partir da iniciativa de Ed Roberts, na Universidade de Berkeley. Ao criar o Programa de Estudantes com Deficiência, traduzia a filosofia da emancipação, *"prática que fortalece as pessoas com deficiência e as permite influenciar, escolher e controlar cada aspecto de suas vidas ...".*[12]

Outro exemplo marcante teve lugar no Reino Unido, nos anos de 1970, com a criação de associações radicais dirigidas e controladas por pessoas com deficiência, como a *Union of the Physically Impaired Against Segregation*[13] (UPIAS), fundada pelo sociólogo com deficiência física Paul Hunt, primeira organização política sobre deficiência.[14]

Some-se às iniciativas mencionadas o trabalho realizado anos a fio por Judith Heumann, considerada a "mãe do movimento pelos direitos das pessoas com deficiência", em prol da regulamentação da Seção 504 do *Rehabilitation Act of 1973* (Lei de Reabilitação de 1973), que vedava a exclusão de pessoa com deficiência da participação, ter seus benefícios negados ou ser sujeito a discriminação em qualquer programa ou atividade que recebesse assistência financeira federal, alcançada em 28 de abril de 1977, no Governo Carter.

Representantes desses movimentos sociais atuaram diretamente durante o processo de elaboração da Convenção da ONU e puderam influenciar na fixação das bases para a compreensão de um novo conceito de deficiência, nela incorporado, inspirados no slogan "*Nothing About Us Without Us*" ("Nada Sobre Nós Sem Nós"): a mudança do "conceito médico"[15] para o "conceito social"[16] da deficiência.

---

(10) CORDEIRO, Mariana Prioli. *Nada Sobre Nós Sem Nós:* vida independente, militância e deficiência. São Paulo: Annablume; Fapesp, 2011. ISBN 978-85-391-0220-4. p. 34.

(11) CORRER, Rinaldo. *Deficiência e inclusão social:* construindo uma nova comunidade. Bauru: EDUSC, 2003. ISBN 85-7460-186-1. p. 29-30.

(12) CORDEIRO, Mariana Prioli. *Op. cit.*, p. 68.

(13) Liga dos Lesados Físicos contra a Segregação.

(14) SHELDON Alison. Estudos da deficiência para a "era da austeridade". In: MARTINS, Bruno Sena; FONTES, Fernando (Orgs.). *Deficiência e Emancipação Social:* para uma crise da normalidade. Coimbra: Almedina, 2016. ISBN 978-972-40-6452-9. p. 68.

(15) Modelo baseado na compreensão de que a deficiência constitui "uma anormalidade, uma patologia individual, uma disfunção do corpo, sendo que a pessoa com deficiência era considerada um incapaz, submissa e dependente do cuidado de terceiros". MOREIRA, Teresa Coelho. *Igualdade e Não Discriminação:* estudos de direito do trabalho. Coimbra: Almedina, 2013. ISBN 978-972-40-5284-7. p. 166.

(16) Nesse modelo, a deficiência não resulta apenas da condição pessoal ou consequência do binômio saúde/doença, mas também se origina do "contexto meio ambiente físico e social, pelas diferentes percepções

A mencionada Convenção e o seu Protocolo compreendem normas material e formalmente constitucionais, aliás, as primeiras com tais características do direito brasileiro, na medida em que aprovadas pelo quórum disposto no § 3º do art. 5º da Constituição Federal.

Significa reconhecer, com apoio na doutrina de Valério Mazzuoli, o *status* de **normas formal e materialmente constitucionais**, além de produzirem os seguintes efeitos no ordenamento jurídico brasileiro:

> 1) eles passarão a reformar a Constituição, o que não é possível tendo apenas o *status* de norma constitucional;
>
> 2) eles não poderão ser *denunciados*, nem mesmo com Projeto de Denúncia elaborado pelo Congresso Nacional, podendo ser o Presidente da República responsabilizado em caso de descumprimento dessa regra (o que não é possível fazer — responsabilizar o chefe de Estado — tendo os tratados apenas *status* de norma constitucional); e
>
> 3) eles serão paradigma do controle *concentrado* de convencionalidade, podendo servir de fundamento para que os legitimados do art. 103 da Constituição (*v.g.*, o Presidente da República, o Procurador-Geral da República, o Conselho Federal da OAB etc.) proponham no STF as ações do controle abstrato (ADIn, ADECON, ADPF etc.) a fim de invalidar *erga omnes* as normas domésticas com eles incompatíveis.(17)

A sua aprovação no âmbito interno, com base no rito procedimental previsto no citado dispositivo constitucional, como dito, tornou-os equivalentes a emenda constitucional, o que significa concluir que têm o poder de reformar a Constituição em tudo aquilo em que com eles se mostre incompatível.

A mencionada Convenção reitera os fundamentos da Declaração Universal dos Direitos Humanos e dos Pactos de Direitos Humanos firmados no âmbito do sistema universal das Nações Unidas.

Reafirma, no particular, no item "b" do Preâmbulo,

> [...] a universalidade, a indivisibilidade, a interdependência e a inter-relação de todos os direitos humanos e liberdades fundamentais, bem como a necessidade de garantir que todas as pessoas com deficiência os exerçam plenamente, sem discriminação.

---

culturais e atitudes em relação à deficiência, pela disponibilidade de serviços e de legislação". FARIAS, Norma; BUCHALA, Cassia Maria. A Classificação Internacional de Funcionalidade, Incapacidade e Saúde da Organização Mundial de Saúde: conceitos, usos e perspectivas. *Revista Brasileira de Epidemiologia*, São Paulo, v. 8, n. 2, jun. 2005, p. 190.

(17) MAZZUOLI, Valério. *Curso de Direitos Humanos*. 6. ed., rev., atual. e ampl. Rio de Janeiro: Forense; São Paulo: Método, 2019. p. 233.

Rompeu todos os paradigmas até então adotados na compreensão da deficiência, ao reconhecer tratar-se de

> um conceito em evolução e [...] resulta da interação entre pessoas com deficiência e as barreiras devidas às atitudes e ao ambiente que impedem a plena e efetiva participação dessas pessoas na sociedade em igualdade de oportunidades com as demais pessoas (item "e" do Preâmbulo).

Ou seja, não mais algo que as pessoas "portam", "levam consigo" e as impossibilita, de modo definitivo, de adequar-se aos "padrões de normalidade" e, por isso, tornam-se merecedoras de "tratamentos" que permitem adaptar-se ao modo de viver das pessoas tidas como "normais".

Da compreensão "estática" para uma relação "dinâmica" das pessoas com o meio em que vivem, a Convenção inova ao voltar-se para a garantia de exercício pleno e equitativo dos direitos humanos e das liberdades fundamentais das pessoas com deficiência e as define, no art. 1, como

> [...] aquelas que têm impedimentos de longo prazo de natureza física, mental, intelectual ou sensorial, os quais, em interação com diversas barreiras, podem obstruir sua participação plena e efetiva na sociedade em igualdades de condições com as demais pessoas.

Outras inovações merecem destaque.

Consagra de maneira ampla o direito ao trabalho e emprego "em igualdade de oportunidades com as demais pessoas", o qual "abrange o direito à oportunidade de se manter com um trabalho de sua livre escolha ou aceitação no mercado laboral, em ambiente de trabalho que seja aberto, inclusivo e acessível a pessoas com deficiência" (art. 27, "1"), e o concretiza ao prever diversas medidas, algumas delas enumeradas adiante.

Nesse passo, altera a perspectiva acerca do tema, na medida em que evidencia o papel determinante das barreiras impostas pela sociedade a esses cidadãos e releva sua responsabilidade pela eliminação desses obstáculos.

Por outro lado, também estabelece o dever de promover as adaptações razoáveis, consistentes em

> [...] modificações e os ajustes necessários e adequados que não acarretem ônus desproporcional ou indevido, quando requeridos em cada caso, a fim de assegurar que as pessoas com deficiência possam gozar ou exercer, em igualdade de oportunidades com as demais pessoas, todos os direitos humanos e liberdades fundamentais (art. 2).

Avança ainda mais ao fixar os seus princípios estruturantes, em especial os da não discriminação, da plena e efetiva participação e inclusão na sociedade, do respeito pela diferença e pela aceitação das pessoas com deficiência como parte da diversidade humana e da humanidade, da igualdade de oportunidades e da acessibilidade (art. 3, itens “b”, “c”, “d”, “e” e “f”).

A respeito da deficiência como elemento integrante da diversidade humana, destaca Ricardo Tadeu Marques da Fonseca:(18)

> Se a deficiência é tida como algo inerente à diversidade humana, é possível afirmar, sem qualquer jogo de palavras, que as pessoas cegas, surdas, paraplégicas, tetraplégicas, etc, apresentam atributos, como já disse, que devem ser equiparados aos demais atributos humanos, como gênero, raça, idade, orientação sexual, origem, classe social, entre outros. Tais atributos, porém, não contêm qualquer deficiência. A deficiência está, doravante, nas barreiras sociais que excluem essas pessoas do acesso aos direitos humanos básicos. Trocando em miúdos, quero dizer que a deficiência não está na pessoa, e sim na sociedade, que deve, como determinam todos os demais dispositivos da Convenção da ONU, buscar políticas públicas para que os detentores daqueles atributos outrora impeditivos emancipem-se.

Aliás, nesse aspecto, merece destacar a contundente a afirmação do Ministro Edson Fachin, em julgamento paradigmático do Supremo Tribunal Federal, na condição de relator, ao rejeitar pretensão de entidades de ensino privado que questionavam a obrigatoriedade, prevista em lei, de oferecerem atendimento educacional adequado e inclusivo às pessoas com deficiência, e se argumentava envolver medidas de alto custo para as escolas privadas, o que violaria a Constituição e levaria ao encerramento das atividades de muitas delas:(19)

> 5. O enclausuramento em face do diferente furta o colorido da vivência cotidiana, privando-nos da estupefação diante do que se coloca como novo, como diferente. 6. É somente com o convívio com a diferença e com o seu necessário acolhimento que pode haver a construção de uma sociedade livre, justa e solidária, em que o bem de todos seja promovido sem preconceitos de origem, raça, sexo, cor, idade e quaisquer outras formas de discriminação (art. 3º, I e IV, CRFB). [...]
>
> Como não é difícil intuir, a capacidade de surpreender-se com, na e pela alteridade, muito mais do que mera manifestação de empatia, constitui elemento essencial para um desarmado — e verdadeiro — convívio e também debate democrático. [...]
>
> É somente com o convívio com a diferença e com o seu necessário acolhimento que pode haver a construção de uma sociedade livre, justa e solidária, em que o bem de todos seja promovido sem preconceitos de origem, raça, sexo, cor, idade e quaisquer outras formas de discriminação (art. 3º, I e IV, CRFB).

---

(18) FONSECA, Ricardo Tadeu Marques da. O Novo Conceito Constitucional da Pessoa com Deficiência: um Ato de Coragem. In: FERRAZ, Carolina Valença, *et al* (Coords.). *Manual dos Direitos da Pessoa com Deficiência.* São Paulo: Saraiva, 2012. ISBN 978-85-02-17030-8. Parte I – Elementos Conceituais, Cap. 1. p. 19-32.

(19) BRASIL. Supremo Tribunal Federal. *ADI n. 5.357 MC-Ref.* Rel. Min. Édson Fachin. 09 jun. 2016. Disponível em: <http://redir.stf.jus.br/paginadorpub/paginador.jsp?docTP=TP&docID=12012290>. Acesso em: 20 nov. 2019.

No campo das obrigações impostas aos Estados Partes, o mencionado tratado internacional de direitos humanos impõe sejam adotadas "[...] todas as medidas apropriadas para eliminar a discriminação baseada em deficiência, por parte de qualquer pessoa, organização ou empresa privada" (art. 4, item "e"). Também determina que se promova a habilitação e reabilitação das pessoas com deficiência, começando pelo estágio mais precoce possível (art. 26).

Especificamente acerca do trabalho e emprego, explicita em seu art. 27:

> Art. 27 – Trabalho e emprego
>
> 1. Os Estados Partes reconhecem o direito das pessoas com deficiência ao trabalho, em igualdade de oportunidades com as demais pessoas. Esse direito abrange o direito à oportunidade de se manter com um trabalho de sua livre escolha ou aceitação no mercado laboral, em ambiente de trabalho que seja aberto, inclusivo e acessível a pessoas com deficiência. Os Estados Partes salvaguardarão e promoverão a realização do direito ao trabalho, inclusive daqueles que tiverem adquirido uma deficiência no emprego, adotando medidas apropriadas, incluídas na legislação, com o fim de, entre outros:
>
> *a)* Proibir a discriminação baseada na deficiência com respeito a todas as questões relacionadas com as formas de emprego, inclusive condições de recrutamento, contratação e admissão, permanência no emprego, ascensão profissional e condições seguras e salubres de trabalho;
>
> *b)* Proteger os direitos das pessoas com deficiência, em condições de igualdade com as demais pessoas, às condições justas e favoráveis de trabalho, incluindo iguais oportunidades e igual remuneração por trabalho de igual valor, condições seguras e salubres de trabalho, além de reparação de injustiças e proteção contra o assédio no trabalho;
>
> *c)* Assegurar que as pessoas com deficiência possam exercer seus direitos trabalhistas e sindicais, em condições de igualdade com as demais pessoas;
>
> *d)* Possibilitar às pessoas com deficiência o acesso efetivo a programas de orientação técnica e profissional e a serviços de colocação no trabalho e de treinamento profissional e continuado;
>
> *e)* Promover oportunidades de emprego e ascensão profissional para pessoas com deficiência no mercado de trabalho, bem como assistência na procura, obtenção e manutenção do emprego e no retorno ao emprego;
>
> *f)* Promover oportunidades de trabalho autônomo, empreendedorismo, desenvolvimento de cooperativas e estabelecimento de negócio próprio;
>
> *g)* Empregar pessoas com deficiência no setor público;
>
> *h)* Promover o emprego de pessoas com deficiência no setor privado, mediante políticas e medidas apropriadas, que poderão incluir programas de ação afirmativa, incentivos e outras medidas;
>
> *i)* Assegurar que adaptações razoáveis sejam feitas para pessoas com deficiência no local de trabalho;
>
> *j)* Promover a aquisição de experiência de trabalho por pessoas com deficiência no mercado aberto de trabalho;

k) Promover reabilitação profissional, manutenção do emprego e programas de retorno ao trabalho para pessoas com deficiência.

2. Os Estados Partes assegurarão que as pessoas com deficiência não serão mantidas em escravidão ou servidão e que serão protegidas, em igualdade de condições com as demais pessoas, contra o trabalho forçado ou compulsório." (destaquei)

Em decorrência das obrigações assumidas perante a sociedade internacional, o Estado brasileiro buscou adotar as medidas legislativas necessárias para concretizar os direitos humanos das pessoas com deficiência.

Tais inovações objetivaram densificar os princípios da inclusão e igualdade, da não discriminação e da dignidade inerente e impuseram a releitura do direito interno, mediante a aprovação de lei específica com a finalidade de detalhar as diretrizes genéricas fixadas na Convenção, no caso a Lei Brasileira de Inclusão da Pessoa com Deficiência.

3. A Lei n. 13.146/2015 – Lei Brasileira de Inclusão da Pessoa com Deficiência (Estatuto da Pessoa com Deficiência)

A edição da Lei n. 13.146/2015, conhecida como Lei Brasileira de Inclusão da Pessoa com Deficiência ou Estatuto da Pessoa com Deficiência, foi "[...] consequência direta das obrigações impostas ao Brasil pela Convenção sobre os Direitos das Pessoas com Deficiência e seu Protocolo Facultativo [...]"[(20)] e, tal como a Convenção, foi aprovada com iniciativas inéditas no Congresso brasileiro, a exemplo da participação direta da sociedade por meio de consulta pública sobre o projeto de forma inteiramente acessível, como descreve com detalhes a então Deputada Federal Mara Gabrili, que o relatou.[(21)]

Tal norma reitera na legislação nacional as concepções que norteiam a Convenção da ONU e pauta-se por princípios inerentes às pessoas com deficiência. Dentre eles, os princípios da inclusão,[(22)] da igualdade (arts. 3º, 24, 25, 28, XIII, XIV, XVI, 30, II, 31, 44 e 55) e da não discriminação (4º, § 1º, 23, 44, § 1º, 51, § 1º).

Nesse contexto, o princípio da inclusão ou efetiva participação é compreendido como aquele pelo qual se

> [...] visa a garantir a eliminação das barreiras que podem obstruir a participação plena e efetiva da pessoa com deficiência na sociedade em igualdade

(20) MAZZUOLI, Valério. *Curso de Direitos Humanos*. 6. ed., rev., atual. e ampl. Rio de Janeiro: Forense; São Paulo: Método, 2019. p. 374.

(21) GABRILI, Mara. Apresentação — sobre leis e vidas. In: LEITE, Flávia Piva Almeida; RIBEIRO, Lauro Luiz Gomes; COSTA FILHO, Waldir Macieira da (Coords.). *Comentários ao Estatuto da Pessoa com Deficiência*. São Paulo: Saraiva, 2016. p. 23-26.

(22) Entre outros, arts. 2º, 3º, 18, 27 e 34 da Lei n. 13.146/2015; e arts. 3º, 19 e 20 da Convenção da ONU sobre pessoas com deficiência, de 2007.

> de condições com as demais pessoas, seja por meio de medidas de acessibilidade de todos os tipos (física, arquitetônica, atitudinal, tecnológica, de comunicação), nas searas do trabalho, da educação inclusiva etc., ou seja, esse princípio visa que a PCD tenha plena e efetiva participação em todas as facetas da vida em sociedade.(23)

Já o princípio da igualdade,

> [...] reconhece que todas as pessoas são iguais perante e sob a lei e que fazem jus, sem qualquer discriminação, à igual proteção, igual benefício da lei e igualdade de oportunidades, ou seja, ele tem uma feição de obrigação de fazer [...](24).

O princípio da não discriminação, por seu turno, possui natureza de obrigação de não fazer, na medida em que

> [...] proíbe qualquer distinção, restrição ou exclusão, por ação ou omissão, que tenha o propósito ou o efeito de prejudicar, impedir ou anular o reconhecimento ou exercício dos direitos e das liberdades fundamentais de pessoa com deficiência, incluindo a recusa de adaptações razoáveis e de fornecimento de tecnologias assistidas [...].(25)

Mas, ainda que seja considerado relevante, a mencionada Lei não se resume a esse conjunto principiológico que delineia a sua estrutura e constitui decorrência direta da Convenção. Inúmeros direitos nela são previstos, a partir do marco valorativo da dignidade e do direito à diferença, a exemplo dos direitos à vida, à habilitação e à reabilitação, à saúde, à educação, à moradia, ao trabalho, à assistência social, à previdência social, à cultura, ao esporte, ao turismo, ao lazer, ao transporte, à mobilidade, entre outros.

Mais propriamente vinculado ao direito ao trabalho digno, além de, como visto, consagrar os direitos à igualdade de oportunidades e da não discriminação (art. 4º), incluiu na discriminação por motivo de deficiência (art. 4º, § 1º) a recusa à promoção das adaptações razoáveis e o não fornecimento das tecnologias assistivas (art.4º, § 1º), adiante comentada, assim como detalhou a acessibilidade como dever atribuído ao Estado (art. 8º) e uma das formas de propiciar a inclusão da pessoa com deficiência no trabalho, a partir da colocação competitiva, em igualdade de oportunidades com as demais pessoas (art. 37).

---

(23) LORENTZ, Lutiana Nancur. *A norma da igualdade e o trabalho das pessoas com deficiência à luz da Convençao sobre Direitos das pessoas com deficiência da ONU, de 2006 e do Estatuto das pessoas com deficiência:* Lei n. 13.146, de 6 de julho de 2015. São Paulo: LTr, 2016. p. 28.

(24) *Ibidem, op. cit.*, p. 28-29.

(25) *Ibidem, op. cit.*, p. 29.

A obrigação principal, todavia, reside no art. 34, § 1º, e consiste em "garantir ambientes de trabalho acessíveis e inclusivos". Portanto, esse dever atribuído ao empregador de assegurar condições que garantam o meio ambiente de trabalho seguro e saudável, previsto originariamente no art. 157 da CLT, no caso das pessoas com deficiência é mais amplo por incluir a adoção das medidas necessárias ao exercício do direito à inclusão pelo trabalho, as quais abrangem a implantação das alterações que forem necessárias à observância das regras de acessibilidade, do desenho universal, do fornecimento das tecnologias assistivas e da realização das adaptações razoáveis no posto de trabalho.

Ao comentar o dispositivo, Renata Coelho reconhece a sua importância, no que se refere à redução dos riscos propiciados pelo trabalho:

> Essa norma é um desdobramento do art. 7º, inciso XXII, da Constituição da República, pelo qual é direito do trabalhador a redução dos riscos inerentes ao trabalho, por meio de normas de saúde, higiene e segurança. Mais ainda, é uma decorrência do princípio muito utilizado em relação a normas de meio ambiente de trabalho de que é o ambiente de trabalho que deve se adaptar ao trabalhador e não o trabalhador ao ambiente. Isso porque cada trabalhador é único em sua história, sua formação, suas origens, seu entendimento do mundo e das normas, suas crenças e convicções, sua forma de andar, falar, ver e ouvir, executar tarefas mesmo as mais simples; nas formas de estar saudável ou doente; na sua força, na sua alma e em seu intelecto.(26)

As medidas de alcance coletivo são abrangidas pelo conceito de acessibilidade previsto no art. 3º, I, e, nesse aspecto, alterou a redação do art. 2º, I, da Lei n. 10.098/2000. Compreende-a como:

> possibilidade e condição de alcance para utilização, com segurança e autonomia, de espaços, mobiliários, equipamentos urbanos, edificações, transportes, informação e comunicação, inclusive seus sistemas e tecnologias, bem como de outros serviços e instalações abertos ao público, de uso público ou privados de uso coletivo, tanto na zona urbana como na rural, por pessoa com deficiência ou com mobilidade reduzida.

Essas medidas incorporam o conceito de desenho universal, marco orientador da concepção de produtos, ambientes, programas e serviços de modo a assegurar a condição de igual, previsto no art. 3º, II:

> X – desenho universal: concepção de produtos, ambientes, programas e serviços a serem usados por todas as pessoas, sem necessidade de adaptação ou de projeto específico, incluindo os recursos de tecnologia assistiva.

---

(26) COELHO, Renata. Do Direito ao Trabalho. In: SETUBAL, Joyce Marquezin; FAYN, Regiane Alves Costa (Orgs.). *Lei Brasileira de Inclusão da Pessoa com Deficiência* — Comentada. Campinas: Fundação FEAC, 2016.

Cabe-lhe modificar o ambiente de trabalho para que as pessoas com deficiência possam exercer o direito ao trabalho de "livre escolha e aceitação, em ambiente acessível e inclusivo, em igualdade de oportunidades com as demais pessoas" (art. 34). Ocorrerá, dessa forma, a compensação de eventual limitação provocada pela deficiência para que a disputa possa ser igual.

A propósito, veja-se a lição de Lauro Luiz Gomes Ribeiro:

> Dentro deste contexto, fica claro que o processo de inclusão social não pode se limitar a incorporar os excluídos a um padrão básico de vida, preparando-o para sobreviver nesta sociedade e sim proceder a mudanças estruturais que permitam a todos viverem em igualdade de condições, com equiparação de oportunidades em todas as áreas, ou seja, é necessário instrumentalizar as pessoas com deficiência para que possam usufruir com independência, autonomia e liberdade as mesmas oportunidades oferecidas aos demais citadinos, compensando-lhes alguns prejuízos, mas não e nunca pretendendo estabelecer os limites de até onde podem chegar; tal tarefa é exclusiva dela.[27]

Com efeito, as barreiras enfrentadas pela pessoa com deficiência não são apenas físicas, mas também culturais e atitudinais, estas, aliás, não raras vezes, muito maiores. Como dito, constitui dever do empregador a implementação de meios eficazes e razoáveis que propiciem não apenas a inserção, mas precipuamente, a manutenção do empregado com deficiência no emprego, de acordo com as particularidades de cada caso (conceito previsto nos arts. 2 e 27, 1, "i", da Convenção de Nova Iorque e 2º, VI, da LBI).

Ao lado desses deveres, também lhe cabe implementar as modificações específicas no posto de trabalho, em cada caso, direcionadas ao pleno exercício do direito ao trabalho e ao emprego.

Trata-se de cumprir o correlato dever contido no art. 3º, VI, consistente em promover as adaptações razoáveis, assim definidas:

> VI – adaptações razoáveis: adaptações, modificações e ajustes necessários e adequados que não acarretem ônus desproporcional e indevido, **quando requeridos em cada caso**, a fim de assegurar que a pessoa com deficiência possa gozar ou exercer, em igualdade de condições e oportunidades com as demais pessoas, todos os direitos e liberdades fundamentais.

Esse direito, também consagrado na Convenção, tem origem no direito americano, a partir do *Equal Employment Opportunity Act* de 1972, editado para combater a discriminação no mercado de trabalho. Difundiu-se em demandas voltadas ao campo da discriminação religiosa.

---

(27) MUNIZ, Lauro Luiz Gomes. *Manual dos direitos das pessoas com deficiência*. São Paulo: Verbatin, 2010. p. 38.

Também se assenta no *Americans with Disabilities Act* — ADA, de 1990, depois disseminado no Canadá, a partir de 1970, mediante construção jurisprudencial, como assinala Letícia de Campos Velho Martel[(28)].

Quanto à titularidade desse "direito fundamental à adaptação razoável", a autora diz pertencer a todas as pessoas com deficiência, "desde que possuam as competências, qualificações, títulos, etc., necessários ao cargo, função ou atividade para a qual pleiteiam a adaptação"[(29)].

Para ela, o conceito não se limita ao ambiente físico de trabalho:

> A respeito dos componentes da locução adaptação razoável, entende-se que adaptação se refere a todas as modificações, ajustes, amoldamentos e mesmo flexibilizações a serem efetuados no ambiente material e normativo no qual é pleiteada, mediante emprego dos mais diversos mecanismos, **desde técnicas, tecnologias, revisão de procedimentos, até exceções no horário e local de trabalho, realização de tarefas, atividades acadêmicas**, etc.[(30)]

Portanto, é tudo aquilo que for necessário para tornar o meio ambiente do trabalho que nele for executado acessíveis à pessoa, e não o contrário. É muito mais amplo do que o local de trabalho propriamente dito.

Essa compreensão "alargada" do conceito de meio ambiente de trabalho é compartilhada por outros doutrinadores. Júlio César de Sá da Rocha, por exemplo, destaca ser "[...] *locus* dinâmico, formado por todos os *componentes* que integram as relações de trabalho e que tomam uma forma no dia a dia laboral"; não se restringe ao espaço interno da fábrica ou da empresa e alcança, por isso mesmo, o próprio local de morada ou o ambiente urbano.

Representa "[...] todos os elementos, inter-relações e condições que influenciam o trabalhador em sua saúde física e mental, comportamento e valores reunidos no *locus* do trabalho"; é o ponto de partida para que se assegure a saúde no trabalho, que representa o resultado da interação dos diversos elementos do ambiente (bens, maquinários, instalações, pessoas, etc...), "[...] provocando ou não o bem-estar no trabalho".[(31)]

Não se resume, por conseguinte, ao posto de trabalho exclusivamente; as circunstâncias em seu derredor que sejam afetadas com as condições materiais ou psicológicas em que o labor é executado também nele estão compreendidas, e, por isso, abrange a saúde do trabalhador.

---

(28) MARTEL, Letícia de Campos Velho. Adaptação Razoável: o novo conceito sob as lentes de uma gramática constitucional inclusiva. *SUR Revista Internacional de Direitos Humanos*, v. 8, n. 14 (dez. 2011), p. 89-113.

(29) *Ibidem, op. cit.*, p. 105.

(30) *Ibidem, op. cit.*, p. 105 — grifos postos.

(31) ROCHA, Júlio César de Sá da. *Direito ambiental do trabalho*. São Paulo: LTr, 2002, p. 127-128.

De referência à compreensão do que seja razoável, limite inserido pelo legislador, propõe Letícia de Campos Velho Martel ser interpretado à luz do que possa ser compreendido como ônus indevido, exceção prevista na própria norma:

> Recomenda-se que o temo razoável seja interpretado como o que é *eficaz* para adaptar o ambiente material e normativo às necessidades da pessoa com deficiência com o mínimo de segregação e estigma possível, com atenção às particularidades que tornam permissível excepcionar ou flexibilizar enunciados e práticas gerais. *Eficaz* não se restringe apenas a aspectos práticos, pelo contrário, é extensível a aspectos menos palpáveis, como evitar o estigma, a humilhação, o constrangimento.[32]

Correlacionam-se, dessa forma, as medidas gerais abrangidas pela acessibilidade e pelo desenho universal com as medidas específicas representadas pela adaptação razoável (ou acomodação razoável) e pela implantação de tecnologias assistivas ou ajuda técnica, objeto de conceito no art. 3º, III:

> III – tecnologia assistiva ou ajuda técnica: produtos, equipamentos, dispositivos, recursos, metodologias, estratégias, práticas e serviços que objetivem promover a funcionalidade, relacionada à atividade e à participação da pessoa com deficiência ou com mobilidade reduzida, visando à sua autonomia, independência, qualidade de vida e inclusão social.

São medidas que se voltam à garantia do exercício de forma digna do direito ao trabalho,[33] erigido à condição de direito fundamental no *caput* do art. 6º Constituição e constituem direitos instrumentais, assim considerados porque viabilizam o exercício de outros direitos.

3.1. A inovadora discriminação por motivo de deficiência

Uma das principais inovações contidas na Lei e originariamente prevista na Convenção foi a introdução do conceito de discriminação por motivo da deficiência e nele incluir a recusa à promoção da adaptação razoável (ou acomodação razoável).

Atento à possibilidade de não ser atendido o dever de promover às adaptações razoáveis que, ao mesmo tempo, constitui direito fundamental assegurado às pessoas com deficiência, o legislador, ciente da sua relevância, assim disciplinou no art. 4º, 1º, da LBI:

> § 1º Considera-se discriminação em razão da deficiência toda forma de distinção, restrição ou exclusão, por ação ou omissão, que tenha o propósito ou o efeito de prejudicar, impedir ou anular o reconhecimento ou o exercício dos direitos e das liberdades fundamentais de pessoa

---

(32) MARTEL, Letícia de Campos Velho. Adaptação Razoável: o novo conceito sob as lentes de uma gramática constitucional inclusiva. *SUR Revista Internacional de Direitos Humanos*, v. 8, n. 14 (dez. 2011), p. 106.

(33) PADILHA, Norma Sueli. *Do meio ambiente do trabalho equilibrado*. São Paulo: LTr, 2000. p. 21.

com deficiência, incluindo a recusa de adaptações razoáveis e de fornecimento de tecnologias assistivas.

A esse respeito, convém destacar a afirmação de Ricardo Tadeu Marques da Fonseca sobre a evolução conceitual tratada na norma internacional:

> Quero destacar apenas alguns aspectos para reforçar a minha argumentação. A Convenção esclarece que os mecanismos criados pelas pessoas com deficiência para que possam comunicar-se, movimentar-se, participar da vida social não devem ser tidos como meras curiosidades, mas como expressões legítimas da sua condição e absorvidas pela sociedade, para que as barreiras que a própria sociedade as impõe sejam afastadas. Atribui-se, ademais, à própria sociedade a missão de criar instrumentos a partir do conceito de 'desenho universal', que a capacitem a vencer as próprias deficiências em face dos cidadãos, cujos impedimentos pessoais são atendidos pela presente norma constitucional e internacional. Trata-se, portanto, de se estabelecer uma via de mão dupla entre o cidadão com deficiência e o seu meio.
>
> Outro ponto relevantíssimo é a definição de discriminação. Nesse passo, a Convenção repreende tanto a intenção de excluir, diferenciar ou restringir direitos de pessoas com deficiência, quanto a constatação objetiva de que tal se opera em determinada sociedade. É o que se revela na expressão 'que resulte em', presente no citado art. 2. Essa constatação dá-se pela mera análise estatística da realidade de cada povo. A falta de participação ou inserção de pessoas com deficiência em clubes, empresas, escolas ou em atividades como lazer, turismo, esporte, entre outras, já evidencia a discriminação. Mas não só isso. Quando se opera a 'recusa' em se providenciarem as adaptações necessárias, também aí evidenciar-se-á a discriminação. Nisso a Convenção inova e já é possível verificar um efeito imediato na legislação pátria.(34)

Letícia de Campos Velho Martel ratifica essa conclusão, ao assinalar, como dito acima, que a Convenção também introduziu no direito brasileiro a "discriminação por impacto adverso", a qual

> ocorre quando medidas públicas ou privadas que não são discriminatórias em sua origem nem estão imbuídas de intuito discriminatório, acabam por ensejar manifesto prejuízo, normalmente em sua aplicação, a alguns grupos

---

(34) FONSECA, R. T. M. O novo conceito constitucional de pessoa com deficiência: um ato de coragem. In: FERRAZ, Carolina Valença; LEITE, George Salomão; LEITE, Glauber Salomão; LEITE, Glauco Salomão. (Orgs.). *Manual dos direitos da pessoa com deficiência*. São Paulo: Saraiva, 2012. p. 19-32.

minoritários, cujas características físicas, psíquicas ou modos de vida escapam ao da generalidade das pessoas a quem as políticas se destinam.(35)

Esse dever encontra inteira aderência ao texto constitucional, pois, hoje, a empresa não mais pode ser apenas fonte de lucro. Ao contrário, o art. 170 da Constituição Federal, ao consagrar o direito ao exercício de atividade econômica, deixa claro o seu condicionamento aos princípios nele fincados, entre os quais se encontra o valor do trabalho humano (*caput*), a função social da propriedade (inciso III), que também pode ser compreendida como função social da empresa, e a defesa do meio ambiente (inciso IV).

Significa, portanto, dizer que o dispositivo consagra verdadeira ação afirmativa em benefício de pessoas que são excluídas do mercado de trabalho e muitas vezes sem condições de provar o seu potencial, a sua adaptabilidade e a possibilidade de convivência com a rotina da empresa. Simplesmente o acesso lhes é negado. Trata-se, assim, de implementar medidas que assegurem o emprego digno.

Não há, portanto, como ser afastada a incidência dessas normas às relações privadas, a partir do cenário constitucional, como tive oportunidade de ressaltar em trabalho publicado sobre o tema:(36)

> A Carta de 1988 apontou um novo rumo ao encimar os princípios fundamentais no portal de suas disposições, seguindo a trilha deixada pelas constituições de países como a Itália, que reconhece o trabalho como um dos seus fundamentos, assegura o dever de torná-lo efetivo e proclama a sua função social (arts. 1º e 4º), como salientado.
>
> Não se tratou de mera alteração de natureza topológica. Ao contrário, a mudança na disposição introdutória do texto constitucional fincou de modo definitivo a opção política em estabelecer tratamento privilegiado ao trabalho como elemento integrante do próprio conceito de dignidade humana e fundamentador do desenvolvimento da atividade econômica, o que representou um compromisso inafastável com a valorização do ser humano e a legitimação do Estado Democrático de Direito, no qual se inserem, como destacado, o trabalho enquanto valor social, a busca pela justiça social, a existência digna, a função social da propriedade e a redução das desigualdades sociais, entre outros princípios (art. 170).(37)

---

(35) MARTEL, Letícia de Campos Velho. Adaptação Razoável: o novo conceito sob as lentes de uma gramática constitucional inclusiva. *SUR Revista Internacional de Direitos Humanos*, v. 8, n. 14 (dez. 2011), p. 106.

(36) TEPEDINO Gustavo, *et al* (Orgs.). *Diálogos entre o direito do trabalho e o direito civil.* São Paulo: Revista dos Tribunais, 2013. p. 39-40.

(37) Apenas para recordar: "Art. 170. A ordem econômica, fundada na valorização do trabalho humano e na livre iniciativa, tem por fim assegurar a todos existência digna, conforme os ditames da justiça social, observados os seguintes princípios: [...] III – função social da propriedade; VI – defesa do meio ambiente, inclusive

> Estabeleceu, por conseguinte, diretriz a ser perseguida pelos poderes constituídos, inclusive pelo Poder Judiciário, e, de igual modo, aplicável nas relações privadas: tornar esses princípios efetivos, concretos, realizados, implementados, elevados que foram à condição de direitos fundamentais, na clássica linha evolutiva traçada por Bobbio.(38),
>
> Em outras palavras, corresponde a um compromisso de atuação, um dever mesmo, de todos os Poderes da República e dos sujeitos titulares de relações privadas fazer com que rompam a linha meramente teórica e se projetem na vida.

Essa também é a jurisprudência doSupremo Tribunal Federal, ao reconhecer o respeito aos direitos e às liberdades fundamentais, mesmo nas relações privadas (RE n. 201.819, relator(a) Min. Ellen Gracie, relator(a) p/ Acórdão Min. Gilmar Mendes, 2ª T, julg. em 11.10.2005, *DJ* 27.10.2006).

Como se não bastassem tais argumentos, estudo feito pelo Sindicato da Indústria da Construção do Estado de São Paulo (Sinduscon-SP) identificou diversas medidas médicas e técnicas para a viabilidade de inclusão segura de pessoas com deficiência nos canteiros de obra de forma segura.

Além disso, mostrou que 92% das pessoas com deficiência empregadas no setor têm desempenho e produtividade iguais ou superiores à média dos demais empregados. Também segundo os gestores, 85% das pessoas com deficiência que trabalham na construção têm um relacionamento interpessoal de bom a ótimo(39) o que justifica, ainda mais, a atuação em prol da efetividade das normas no contrato de trabalho.

Portanto, o debate sobre o tema é extremamente atual e inspira a inserção nos grandes temas contemporâneos, a exemplo da denominada Agenda 2030 para o Desenvolvimento Sustentável, das Nações Unidas, analisada no tópico a seguir.

3.2. Agenda 2030 para o Desenvolvimento Sustentável

Informações colhidas no sítio da ONU na internet explicam o significado da denominada Agenda 2030 para o Desenvolvimento Sustentável, sob o título "Transformando Nosso Mundo: A Agenda 2030 para o Desenvolvimento Sustentável", e o seu exame revela em que se relaciona com as pessoas com deficiência.

---

mediante tratamento diferenciado conforme o impacto ambiental dos produtos e serviços e de seus processos de elaboração e prestação; VII – redução das desigualdades regionais e sociais;".

(38) BOBBIO, Norberto. *A era dos direitos*. 18. tir. Rio de Janeiro: Campus, 1992. p. 49-66.

(39) PITA, Marina. Estudo: deficientes têm rendimento igual ou superior à média. *Terra*. São Paulo, 04 abr. 2012. Disponível em: <http://economia.terra.com.br/terra-da-diversidade/estudo-deficientes-tem-rendimento-igual-ou-superior-a-media,3978b920548da310VgnCLD200000bbcceb0aRCRD.html>. Acesso em: 1º nov. 2019.

Constitui resultado da reunião de líderes mundiais, representantes de 193 Estados Membros da ONU, realizada em 2015, que concretiza plano de ação "para erradicar a pobreza, proteger o planeta e garantir que as pessoas alcancem a paz e a prosperidade".

Contém 17 Objetivos de Desenvolvimento Sustentável (ODS), os quais, ainda de acordo com a própria ONU, "constituem uma ambiciosa lista de tarefas para todas as pessoas, em todas as partes, a serem cumpridas até 2030".

As pessoas com deficiência são mencionadas em diversas passagens do citado documento:

a) no item 19 da Nova Agenda, ao ser reafirmada a importância da Declaração Universal dos Direitos Humanos e a responsabilidade de todos os Estados de respeitar, proteger e promover os direitos humanos e as liberdades fundamentais para todos, sem qualquer espécie de distinção, inclusive a baseada na deficiência;

b) no item 23 também da Nova Agenda, ao ser reconhecida a maior vulnerabilidade das pessoas com deficiência e a necessidade de serem mais protegidas ou, na expressão da própria norma, "empoderadas", em especial por que mais de 80% delas vivem na pobreza;

c) no item 25 da Nova Agenda, ao lhes serem asseguradas educação inclusiva e oportunidades de aprendizagem, para que possam "adquirir os conhecimentos e habilidades necessários para explorar oportunidades e participar plenamente da sociedade";

d) no Objetivo 4. Assegurar a educação inclusiva e equitativa e de qualidade, e promover oportunidades de aprendizagem ao longo da vida para todos, item 4.5, ao lhes assegurar o direito à "igualdade de acesso a todos os níveis de educação e formação profissional";

e) no item 4.a, do item 4.7 do mencionado Objetivo 4, ao serem incluídas como destinatários da meta de serem construídas e melhoradas as instalações físicas para educação que lhes sejam apropriadas;

f) no Objetivo 8. Promover o crescimento econômico sustentado, inclusivo e sustentável, emprego pleno e produtivo e trabalho decente para todos, item 8.5, como destinatários do emprego pleno e produtivo, a ser alcançado até 2030;

g) no Objetivo 10. Reduzir a desigualdade dentro dos países e entre eles, item 10.2, como destinatárias do empoderamento e inclusão social, econômica e política, a serem alcançados até 2030;

h) no Objetivo 11. Tornar as cidades e os assentamentos humanos inclusivos, seguros, resilientes e sustentáveis, item 11.2, com o fim de proporcionar, até 2030, acesso aos sistemas de transporte seguros, acessíveis, sustentáveis e a preço acessível;

i) no item 11.7 do Objetivo citado no item anterior, pois, até 2030, se tenciona lhes proporcionar "o acesso universal a espaços públicos seguros, inclusivos, acessíveis e verdes";

j) no item 17.18, relativo a Dados, monitoramento e prestação de contas, ao terem incluída a deficiência como um item a ser objeto dos dados de alta qualidade, atuais e confiáveis, a serem disponibilizados por todos os países, mediante reforço e capacitação, até 2020, aos países em desenvolvimento, menos desenvolvidos e pequenos Estados insulares em desenvolvimento;

k) no item 74.g, ao ser destacada a deficiência como um dos itens que integram princípios que guiarão os processos de avaliação e acompanhamento da Agenda.

Aspecto a ser ressaltado diz respeito à diversidade dos temas tratados na Agenda, naquilo em que se referem às pessoas com deficiência. Abrangem desde o reconhecimento de sua maior vulnerabilidade e da necessidade de maior proteção, até o direito à educação inclusiva, equitativa e de qualidade.

Sem dúvida que são ambiciosos os objetivos, em especial quando é fixado o prazo de quinze anos para que sejam implementadas medidas tão distintas e tão amplas, o que envolve tomada de posição firme no direcionamento de investimentos para que se tornem realidade e signifique a concretude das promessas feitas ao mundo pelas Nações Unidas ao editar a Convenção e aos países que a ratificaram.

4. Conclusão

O reconhecimento e a busca pela efetividade do direito fundamental ao trabalho digno, atribuído aos empregados em geral, encontra campo ainda mais fértil quando se trata da pessoa com deficiência, de modo especial a partir de 2009, ano em que entrou em vigor, no Brasil, a Convenção da ONU dos Direitos das Pessoas com Deficiência, aprovada pelo Congresso Nacional seguindo-se o trâmite previsto no § 3º do art. 5º da Constituição.

Diante dessa característica, equivale a emenda constitucional e, por tal condição, derrogou imediatamente todas as normas que se mostraram incompatíveis com o seu arcabouço normativo, nele incluídos os princípios e as normas, e promoveu a releitura de todo o sistema protetivo dirigido às pessoas com deficiência.

Entre os muitos direitos assegurados na Convenção, alguns possibilitam o exercício de outros direitos e, por isso, são considerados instrumentais, como o direito à promoção das adaptações razoáveis, cujo alcance não se resume ao posto de trabalho propriamente dito e nem pode ser analisado isoladamente, pois intrinsecamente relacionado à acessibilidade, ao desenho universal e às tecnologias assistivas.

Por isso, deve ser considerado dever do empregador e, ao mesmo tempo, direito fundamental do empregado, na medida em que viabiliza o exercício do direito fundamental ao trabalho mencionado expressamente no *caput* do art. 6º da Constituição.

Essa obrigação deve ser compartilhada não apenas pelo Estado, mas por toda a sociedade e, mais especialmente, pelos empregadores, diante das obrigações que lhes são impostas pelo art. 157 da CLT, as quais devem ser interpretadas em consonância com a Convenção da ONU e a Lei Brasileira de Inclusão das Pessoas com Deficiência.

Somente assim se poderá resgatar a dívida histórica existente para com as pessoas com deficiência e lhes garantir o exercício da igualdade plena.

Referências

BOBBIO, Norberto. *A era dos direitos.* 18. tir. Rio de Janeiro: Campus, 1992.

BRASIL. *Decreto n. 129, de 22 de maio de 1991.* Promulga a Convenção n. 159, da Organização Internacional do Trabalho — OIT, sobre Reabilitação Profissional e Emprego de Pessoas Deficientes. Disponível em: <http://www.planalto.gov.br/ccivil_03/decreto/1990-1994/D0129.htm>. Acesso em: 21 dez. 2019.

______. *Decreto n. 3.321, de 30 de dezembro de 1999.* Promulga o Protocolo Adicional à Convenção Americana sobre Direitos Humanos em Matéria de Direitos Econômicos, Sociais e Culturais "Protocolo de São Salvador", concluído em 17 de novembro de 1988, em São Salvador, El Salvador. Disponível em: <http://www.planalto.gov.br/ccivil_03/decreto/D3321.htm>. Acesso em: 21 dez. 2019.

______. *Decreto n. 6.949, de 25 de agosto de 2009.* Promulga a Convenção Internacional sobre os Direitos das Pessoas com Deficiência e seu Protocolo Facultativo, assinados em Nova York, em 30 de março de 2007. Disponível em: <http://www.planalto.gov.br/ccivil_03/_ato2007-2010/2009/decreto/d6949.htm>. Acesso em: 21 dez. 2019.

______. *Decreto n. 678, de 6 de novembro de 1992.* Promulga a Convenção Americana sobre Direitos Humanos (Pacto de São José da Costa Rica), de 22 de novembro de 1969. Disponível em: <http://www.planalto.gov.br/ccivil_03/decreto/D0678.htm>. Acesso em: 21 dez. 2019.

______. Supremo Tribunal Federal. *ADI n. 5357 MC-Ref.* Rel. Min. Édson Fachin. 09 jun. 2016. Disponível em: <http://redir.stf.jus.br/paginadorpub/paginador.jsp?docTP=TP&docID=12012290>. Acesso em: 20 nov. 2019.

COELHO, Renata. Do Direito ao Trabalho. In: SETUBAL, Joyce Marquezin; FAYN, Regiane Alves Costa (Orgs.). *Lei Brasileira de Inclusão da Pessoa com Deficiência* — Comentada. Campinas: Fundação FEAC, 2016.

CORDEIRO, Mariana Prioli. *Nada Sobre Nós Sem Nós:* vida independente, militância e deficiência. São Paulo: Annablume; Fapesp, 2011. ISBN 978-85-391-0220-4.

CORRER, Rinaldo. *Deficiência e inclusão social:* construindo uma nova comunidade. Bauru: EDUSC, 2003. ISBN 85-7460-186-1.

FARIAS, Norma; BUCHALA, Cassia Maria. A Classificação Internacional de Funcionalidade, Incapacidade e Saúde da Organização Mundial de Saúde: conceitos, usos e perspectivas. *Revista Brasileira de Epidemiologia*, São Paulo, v. 8, n. 2, jun. 2005.

FONSECA, R. T. M. O novo conceito constitucional de pessoa com deficiência: um ato de coragem. In: FERRAZ, Carolina Valença; LEITE, George Salomão; LEITE, Glauber Salomão; LEITE, Glauco Salomão. (Orgs.). *Manual dos direitos da pessoa com deficiência.* São Paulo: Saraiva, 2012.

FONSECA, Ricardo Tadeu Marques da. O Novo Conceito Constitucional da Pessoa com Deficiência: um Ato de Coragem. In: FERRAZ, Carolina Valença, *et al* (Coords.). *Manual dos Direitos da Pessoa com Deficiência.* São Paulo: Saraiva, 2012. ISBN 978-85-02-17030-8. Parte I – Elementos Conceituais, Cap. 1.

GABRILI, Mara. Apresentação — sobre leis e vidas. In: LEITE, Flávia Piva Almeida; RIBEIRO, Lauro Luiz Gomes; COSTA FILHO, Waldir Macieira da (Coords.). *Comentários ao Estatuto da Pessoa com Deficiência.* São Paulo: Saraiva, 2016.

LORENTZ, Lutiana Nancur. *A norma da igualdade e o trabalho das pessoas com deficiência à luz da Convenção sobre Direitos das pessoas com deficiência da ONU, de 2006 e do Estatuto das pessoas com deficiência:* Lei n. 13.146, de 6 de julho de 2015. São Paulo: LTr, 2016.

MARTEL, Letícia de Campos Velho. Adaptação Razoável: o novo conceito sob as lentes de uma gramática constitucional inclusiva. *SUR Revista Internacional de Direitos Humanos*, v. 8, n. 14 (dez. 2011).

MAZZUOLI, Valério. *Curso de Direitos Humanos.* 6. ed., rev., atual. e ampl. Rio de Janeiro: Forense; São Paulo: Método, 2019.

MERCOSUL. *Declaração Sociolaboral do Mercosul.* Disponível em: <http://www.dhnet.org.br/direitos/deconu/a_pdf/dec_sociolaboral_mercosul.pdf>. Acesso em: 21 nov. 2019.

MOREIRA, Teresa Coelho. *Igualdade e Não Discriminação:* estudos de direito do trabalho. Coimbra: Almedina, 2013. ISBN 978-972-40-5284-7.

MUNIZ, Lauro Luiz Gomes. *Manual dos direitos das pessoas com deficiência.* São Paulo: Verbatin, 2010. p. 38.

ORGANIZAÇÃO DOS ESTADOS AMERICANOS. *Carta da Organização dos Estados Americanos.* Disponível em: <http://www.oas.org/OASpage/port/Documents/Democractic_Charter.htm. Acesso em: 14 nov. 2019.

______. *Carta Democrática Interamericana.* Disponível em: <http://www.oas.org/OASpage/port/Documents/Democractic_Charter.htm>. Acesso em: 14 nov. 2018.

PIOVESAN, Flávia. Convenção da ONU sobre os Direitos das Pessoas com Deficiência: inovações, alcance e impacto. In: FERRAZ, Carolina Valença, *et al* (Coords.). *Manual dos Direitos da Pessoa com Deficiência.* São Paulo: Saraiva, 2012. ISBN 978-85-02-17030-8.

PITA, Marina. Estudo: deficientes têm rendimento igual ou superior à média. *Terra.* São Paulo, 4. abr. 2012. Disponível em: <http://economia.terra.com.br/terra-da-diversidade/estudo-deficientes-tem-rendimento-igual-ou-superior-a-media,3978b920548da310VgnCLD200000bbcceb0aRCRD.html>. Acesso em: 1º Nov. 2019.

ROCHA, Júlio César de Sá da. *Direito ambiental do Trabalho*. São Paulo: LTr, 2002.

SHELDON Alison. Estudos da deficiência para a "era da austeridade". In: MARTINS, Bruno Sena; FONTES, Fernando (Orgs.). *Deficiência e Emancipação Social*: para uma crise da normalidade. Coimbra: Almedina, 2016. ISBN 978-972-40-6452-9.

TEPEDINO Gustavo, *et al* (Orgs.). *Diálogos entre o direito do trabalho e o direito civil*. São Paulo: Revista dos Tribunais, 2013.

Trabalho Infantil: Um Debate sobre Gênero, Raça e Cidadania

Child Labor: A Debate on Gender, Race and Citizenship

Maria Zuila Lima Dutra[1]

Entre os títulos constrangedores que o Brasil possui na era contemporânea, um deles é ser o primeiro na exploração de crianças e adolescentes nas Américas e o segundo em todo o mundo[2]. Essa constatação provém do Fundo das Nações Unidas para a Infância (Unicef)[3] e do Grupo de Organizações Não Governamentais, ao debater a Convenção dos Direitos da Criança.

Essa forma de exploração em nosso país remonta à época da colonização. Antes mesmo de serem estabelecidas as relações entre o branco conquistador e os grupos aqui existentes, as caravelas portuguesas já traziam crianças trabalhadoras, no século XVI.

No livro documentário "ESCRAVIDÃO"[4], Laurentino Gomes diz que entre 1500 a 1850 chegaram ao Brasil cerca de 4,9 milhões de africanos, o que representa 86% das pessoas que vieram para o Brasil depois da colonização. Na verdade, o Brasil não foi descoberto em 22/04/1500 porque aqui já existiam civilizações. O Brasil foi invadido, saqueado e seu povo explorado pela elite que o dominou. Para explorar as nossas riquezas, os africanos foram trazidos como mão de obra escrava (eles não eram escravos no seu

(1) Mestre e Especialista em Direitos Fundamentais e das Relações Sociais. Desembargadora do Trabalho do TRT da 8ª Região. Gestora Nacional e Coordenadora Regional do Programa de Combate ao Trabalho Infantil e de Estímulo à Aprendizagem da Justiça do Trabalho.

(2) Disponível em: <htpp://www.unicef.org.br>. Acesso em: 08 nov. 2005.

(3) Disponível em: <www.andi.org.br>. Acesso em: 07 set. 2005.

(4) Gomes, Laurentino. *Escravidão*. Rio de Janeiro: Editora Globo: 2019. p. 255-256.

país) e o Porto de Valongo do Rio de Janeiro se transformou no maior porto negreiro da história mundial.

Para a historiadora Wlamyra de Albuquerque[(5)], citada em uma excelente reportagem de Guilherme Soares, depois da abolição da escravatura, em 13/05/1888, o estado sofisticou mecanismos de exclusão, na medida em que o projeto de abolição relegou os escravos libertos a uma espécie de subcidadania. A abolição foi um evento organizado pelas elites para impedir a liberdade de homens e mulheres negros, pois entendiam que se eles não estivessem mais sob o controle de um "senhor" deveriam ficar sob o controle do Estado. Assim, embora a escravidão legal tenha sido abolida pela Lei Áurea, os ex-escravos não tiveram o que comemorar porque os governantes nada planejaram no sentido de absorver toda a massa humana que foi deixada à sua própria sorte.

Na obra "Exclusão Social e a nova desigualdade", José Martins defende até a existência de inclusão às avessas, por entender que nem os marginalizados estão excluídos, já que servem e alimentam a cadeia produtiva. Para esse autor "não existe exclusão: existe contradição, existem vítimas de processos sociais, políticos e econômicos excludentes". Ele defende uma "lógica de exclusão e inclusão. A sociedade capitalista desenraiza e exclui, para incluir, incluir de outro modo, segundo suas próprias regras, segundo sua própria lógica"[(6)]. Assim, os pequenos trabalhadores são excluídos do que tem valor social e cultural, mas incluídos no sistema capitalista, pela ciranda da mais valia do capital. Alguém lucra e acumula riqueza, enquanto se paga menos ao trabalhador por sua força de trabalho. O mais vergonhoso é que crianças e adolescentes pobres incluídos na economia são excluídos do acesso à educação formal e de qualidade que deveriam obter da escola.

Para a Procuradora do Trabalho Elisiane Santos[(7)], trata-se de racismo estrutural considerando que "as pessoas negras, escravizadas e libertas, não tiveram inserção de trabalho, de forma digna, com direitos assegurados, com estrutura mínima que permitisse acesso aos demais direitos". Poucas famílias conseguem quebrar esse ciclo. Estudos mostram que leva 9 gerações para que isso ocorra (mais de 200 anos)[(8)].

Fazendo um paralelo na história, o Estado Alemão condenou as empresas privadas que exploraram o trabalho escravo de judeus na época da 2ª guerra mundial a

---

(5) Entrevista concedida ao *site Brasil Direitos*, em 12 maio 2020. Disponível em: <https://www.brasildedireitos.org.br/noticias/589-depois-da-abolio-estado-sofisticou-mecanismos-de-excluso-diz-historiadora?utm_source=google&utm_medium=ads&utm_campaign=search&gclid=Cj0KCQjwweyFBhDvARIsAA67M73Nob_LpEiEtfgPa447AfPPtvWZWzry92r0LafaN-E0NMev7snO_jMaAineEALw_wcB>. Acesso em: 05 jun. 2021.

(6) *Ibidem*, p. 32.

(7) *Rede Peteca*, reportagem de SOARES, Guilherme, de 17 dez. 2020. Disponível em: <https://livredetrabalhoinfantil.org.br/especiais/trabalho-infantil-sp/reportagens/trabalho-infantil-negro-e-maior-por-heranca-da-escravidao/>. Acesso em: 04 jun. 2021.

(8) Disponível em: <https://www.jw.ind.br/en/news/familias-pobres-brasileiras-levariam-9-geracoes-para-alcancar-renda-media-diz-ocde>. Acesso em: 31 jan. 2022.

pagarem indenizações às vítimas do nazismo. No Brasil, a legislação previu indenização aos proprietários de escravos, após a vigência da lei áurea, o que serviu para solidificar o racismo estrutural, que insiste em permanecer em pleno século 21.

A Procuradora do Trabalho Elisiane Santos diz que "as crianças filhas dos escravos libertos ocupavam as ruas, lutando pela sobrevivência por meio de mendicância, pequenos trabalhos ou atividades ilícitas". É exatamente como acontece hoje com o grande número de crianças e adolescentes nas ruas e nos sinais de trânsito das cidades, vendendo balas, água ou simplesmente pedindo, pois, a dor da fome fala mais alto.

Sobre esse tema, Darci Ribeiro escreve com muita propriedade que "o Brasil foi o último país a abolir a escravidão, mas tem uma perversidade intrínseca na sua herança, que torna a nossa classe dominante enferma de desigualdade, de descaso". Neste mesmo sentido, o pedagogo André Araújo[(9)] enfatiza que "tivemos uma pseudolibertação. O dia seguinte da abolição foi um dos mais duros da história, pois os negros estavam libertos, mas não tinham para onde ir, não eram bem quistos. O que sobrou foi ocupar os lugares que ninguém queria". E prossegue dizendo que "a ausência de oportunidades se desdobrou em miséria e na impossibilidade de gerar renda e ter condições de cuidar dos filhos de forma digna. É uma vida pautada na ausência que joga essas pessoas para situação de subemprego e mão de obra barata. A sociedade vai naturalizando a violação de direitos dessa parcela da população".

O trabalho infantil doméstico é um claro exemplo desse racismo estrutural. É a realidade vivida pelas meninas que são entregues para famílias estranhas como "filhas de criação" para cuidar de outras crianças ou realizando todos os serviços domésticos, como constatei nos relatos de 20 meninas que entrevistei pala elaboração da minha dissertação de mestrado defendida em 2006 perante a UFPA (85% eram da cor parda ou negra). Aliás, os dados de trabalho infantil divulgados pelo IBGE, em 2020, revelam que as crianças negras representam 62,7% do trabalho infantil no Brasil. Esse índice é elevado para 73,5% no caso de trabalho infantil doméstico, que inclui 94% de meninas, o que justifica o permanente debate sobre gênero e raça envolvendo o trabalho infantil.

Essa realidade comprova que a Lei Áurea, de 13 de maio de 1888, não significou o fim da prática da escravidão, até porque essa lei foi aprovada por parlamentares compostos majoritariamente por membros da elite de grandes fazendeiros, que também eram proprietários de escravos. Mais do que a lei, o que importa é a efetiva construção das condições da liberdade, o que não ocorreu. Por isso, a exploração do trabalho infantil doméstico é um estigma genético e atávico da história nacional.

(9) *Rede Peteca*, reportagem de SOARES, Guilherme. 17 dez. 2020. Disponível em: <https://livredetrabalhoinfantil.org.br/especiais/trabalho-infantil-sp/reportagens/trabalho-infantil-negro-e-maior-por-heranca-da-escravidao/>. Acesso em: 04 jun. 2021.

Na minha pesquisa eu procurei saber qual o motivo que leva os pais a entregarem suas filhas para serem exploradas no trabalho doméstico? Qual o motivo que levam os pais a colocarem os filhos para trabalhar, apartando-os do convívio familiar tão necessário nessa fase da vida? Li dezenas de livros, até descobrir. Foi na clássica obra, "a condição Humana", de Hannah Arendt, que achei a resposta: a cientista diz que, à exceção da tortura, nenhuma outra violência exercida pelo homem pode se igualar à "força natural com que as necessidades da vida compelem o homem". Este fato inclusive justifica o registro histórico de que na antiguidade ocidental a tortura só podia ser aplicada aos escravos, que sendo conhecedores da dor da necessidade, somente eles teriam condições de suportar a tortura e continuar vivos.

Esse esclarecimento científico nos fez concluir que libertar os filhos da indigência é uma das maiores provas de amor que pai e mãe podem dar aos seus filhos, mesmo que este gesto represente uma dolorosa separação, pois essa dor é ainda menor do que a dor de não possuir o mínimo indispensável à subsistência.

Como resultado, tem-se o rompimento das relações do Estado com a sociedade que deveria representar, em face da hegemonia dos grupos predadores, que transformam as classes média, pobre e excluída num grupo de subcidadãos. Isso fica bem nítido quando se analisa o tratamento dedicado às crianças e aos adolescentes pobres do Brasil.

Por isso, durante muito tempo, o trabalho infantil foi encarado no país como uma solução para a pobreza. Somente na década de 1990 o panorama começou a mudar em face de denúncias na imprensa nacional e internacional e o país passou a reconhecer a existência do problema, dando início às discussões sobre as políticas públicas capazes de atacar as suas causas.

Importante lembrar que entre os princípios fundamentos da República Federativa do Brasil, a Constituição Federal de 1988 (chamada de constituição cidadã) prescreve no art. 1º, incisos I, III e IV, "a soberania; a dignidade da pessoa humana; os valores sociais do trabalho e a livre iniciativa". O atingimento desses princípios é feito pelo exercício pleno da democracia, de modo a romper com a ideia de igualdade estática.

Neste sentido, não basta o estado proibir as práticas discriminatórias. Vai muito além; o estado tem o dever constitucional de implementar oportunidades iguais pata todos, indistintamente, como única forma de atingir o objetivo proposto no art. 3ª da mesma Constituição Federal (incisos I, III e IV), que visa " construir uma sociedade livre, justa e solidária; erradicar a pobreza e a marginalização e reduzir as desigualdades sociais e regionais; e promover o bem de todos, sem preconceitos de origem, raça, sexo, cor, idade e quaisquer outras formas de discriminação".

Não resta dúvida de que a exploração de criança e adolescente no trabalho precoce afronta esses mandamentos constitucionais porque impede que eles exerçam as suas principais obrigações, que são brincar e estudar, atividades essas que possibilitam o desenvolvimento de suas potencialidades, garantem uma vida digna no futuro e os capacita para o mundo do trabalho na idade adequada. Todavia, a realidade que salta aos olhos de todos é que o trabalho de meninos e meninas está presente em todos os Estados brasileiros. E por que isso ainda ocorre em pleno século 21?

Para responder a essa pergunta é imprescindível dizer que desde a antiguidade, crianças e adolescentes partilhavam do trabalho dos adultos e viviam numa espécie de anonimato. Eles aprendiam as coisas que deviam saber ajudando os adultos a fazê-las. A primeira grande mudança dessa prática ocorreu a partir das sociedades industriais, sobretudo no fim do século XVII, quando a escola substituiu a aprendizagem como forma de educação.

Ocorre que o progresso econômico, científico e tecnológico experimentado pela sociedade capitalista durante a revolução industrial, e as transformações no modo de produção favoreceram a exploração do trabalho humano e, por consequência, o trabalho de crianças e adolescentes foi intensificado.

Hoje nós convivemos com a revolução tecnológica, cujo carro-chefe é o capital que busca lucros cada vez maiores, como demonstraram muitos dos seus representantes na época de pandemia do coronavírus, para os quais a economia é mais importante do que as vidas humanas. Aliás, no ano de 2020, a riqueza dos maiores bilionários do mundo aumentou em cerca de US$ 5 trilhões, de acordo com a revista Forbes. Não é só isso: 493 pessoas entraram para a seleta lista de mais ricos do mundo de março a dezembro de 2020 (em plena pandemia).

É preciso lembrar sempre que, de acordo com o art. 7º, XXXIII, da Constituição Federal, é proibido o trabalho noturno, perigoso ou insalubre aos menores de 18 anos de idade; proíbe também qualquer trabalho aos menores de 16 anos, com apenas 3 exceções: a) aprendiz legal (Lei n. 10.097, de 20/12/2000); b) aprendiz de futebol (Lei Pelé), ambos a partir dos 14 anos; c) além do trabalho artístico (sem idade definida) em casos autorizados e acompanhados pela autoridade judicial (Convenção 138 da OIT, ratificada pelo Brasil).

E também não podemos esquecer que o Brasil é um dos países comprometidos com a proposta da Organização Internacional do Trabalho para eliminar todas as formas de trabalho infantil até 2025. Ocorre que o relatório "Trabalho Infantil: Estimativas Globais 2020, tendências e o caminho a seguir", divulgado em 09/06/2021 pela Organização Internacional do Trabalho (OIT) e o UNICEF adverte que milhões de crianças estão em risco pelos efeitos da Covid-19, que elevou para 160 milhões o número de trabalhadores infantis no mundo. O relatório registra que nos últimos 4 anos houve um incremento de 8,4 milhões, além do aumento do número de crianças trabalhadoras de 5 a 11 anos de idade.

É hora da sociedade exigir do poder público, com muita determinação, o cumprimento do art. 227 da CF/88 e do ECA, pois o trabalho precoce destrói sonhos e a esperança de um futuro digno, não somente para a pessoa explorada, mas para toda a sociedade.

É incontestável que a sociedade brasileira está diante de um problema sério e de extrema gravidade, representado pela exploração de crianças e adolescentes no trabalho, diante da comprovação de que crianças e adolescentes estão lutando para sobreviver numa fase da vida em que deveriam apenas viver, estão aprendendo a cartilha da exploração e da humilhação quando deveriam conhecer somente os verdadeiros caminhos de libertação dentro da escola e no ambiente familiar, recebem agressão dos seus exploradores quando deveriam receber toda a atenção e o carinho de sua própria família e estão perdendo a vida para os vícios, o crime e as drogas.

Será possível mudar esse quadro? Para quem assume a defesa dos direitos humanos sempre acredita que é possível mudar a ordem das coisas. E diante da impunidade, da injustiça e da barbárie, devemos assumir o papel de SUJEITOS DA HISTÓRIA, transformando em atos a nossa indignação para que os direitos humanos sejam respeitados e a democracia seja efetivada. A democracia com inclusão e desenvolvimento, com melhoria de vida para todos, lembrando sempre que a infância perdida nunca mais se recupera, além do que não existe desenvolvimento com trabalho infantil. Por isso, o lugar de criança é na escola, é brincando e desenvolvendo as suas potencialidades.

Apesar da gravidade do problema, devemos manter a crença de que temos capacidade para mudar esse quadro, desde que nos mobilizemos neste sentido e que cada um de nós assuma de uma vez por todas que nenhuma mudança ocorrerá se ficarmos indiferentes; e que os nossos erros de hoje comprometem a vida das gerações futuras.

A conscientização sobre os males provocados pelo trabalho infantil é fundamental e está ao nosso alcance promovê-la em nossos ambientes: família, ambiente de trabalho, encontro com amigos, enfim. Cada um de nós pode contribuir, por exemplo, orientando os pais sobre a importância do estudo na vida dos seus filhos. Como nos ensina James Baldwin, em uma frase que está na lápide de Martin Luther King: "Nem tudo que se enfrenta pode ser modificado, mas nada pode ser modificado até que seja enfrentado".

Aliás, o Brasil já foi exemplo para o mundo com as medidas adotadas para eliminar essa vergonhosa chaga social, pois em 27 anos reduziu 82% no número de trabalhadores infantis (de 10 milhões, em 1992, para 1.800 mil em 2019). Mas, o cenário de 2019 a 2022 decorrente da defesa do trabalho infantil por parte do governo federal, aliada ao desmonte do Ministério do Trabalho (recriado pela MP 1058/2021)[10] e também à

(10) Criado em 1930, o Ministério do Trabalho havia sido incorporado ao Ministério da Economia no começo do governo do presidente Jair Bolsonaro.

pandemia do coronavírus colocaram em risco o enfrentamento do trabalho infantil e nos leva a projetar elevação dos números do trabalho infantil porque a necessidade de sobrevivência empurra crianças e adolescentes a trocarem a sua força de trabalho por comida.

A situação do Brasil apresenta-se está ainda mais dramática porque um Relatório que contém assinaturas de relevantes entidades (FAO, ONU, OMS e UNICEF), divulgado em 12.07.2023[(11)], deixa evidente que 70,3 milhões de brasileiros se encontram em situação de insegurança alimentar, ou seja, não possuem acesso a alimentos para satisfazer as suas necessidades. Este vergonhoso número representa um terço da população brasileira, sendo que um estudo feito pela Organização Internacional do Trabalho concluiu que, quando o índice de pobreza aumenta 1%, o trabalho infantil se eleva, no mínimo, em 0,7%.

Este cenário exige urgente a mobilização de todos (poder público e sociedade). Sobre essa urgência, a cientista chilena Gabriela Mistral nos indica o caminho quando diz: "Muitas das coisas de que precisamos podem esperar. A criança não. Agora é o tempo em que os seus ossos se formam, o seu cérebro se desenvolve. Para ela não podemos dizer amanhã, o seu nome é hoje". O tempo da criança é hoje porque a infância é breve, muito breve, e não pode esperar. Por isso, na luta contra o trabalho infantil é imprescindível que nosso sangue se inflame e que nos incendiemos para que todos se comovam com a situação das crianças e dos adolescentes explorados no trabalho infantil, pois, enquanto existirem essas gravíssimas desigualdades sociais e de oportunidades, de sobrecidadania de uns e subcidadania de outros, não se pode falar em cidadania do povo brasileiro, "porque esta não admite graus nem adjetivos: ou a cidadania é plena ou não é cidadania"[(12)].

Belém, out. 2023.

---

(11) Disponível em: <https://www1.folha.uol.com.br/cotidiano/2023/07/brasil-tem-101-milhoes-passando-fome-diz-onu.shtml>. Acesso em: 13 out. 2023.

(12) MACIEL, Cláudio Baldino. Justiça Seja Feita. Artigo publicado no *Jornal do Magistrado – AMB*, ed. out. 2002.

Título 3

Trabalho Decente, Direitos Humanos e Questões Conexas

A Importância da Proteção aos Direitos Humanos para Cumprimento da Agenda 2030 e Concretização do Trabalho Decente

The Importance of Protecting Human Rights to Comply with the 2030 Agenda and Achievement of Decent Work

Camila Ceroni Scarabelli(1)

Resumo: O objetivo desse artigo é demonstrar a importância da Agenda 2030 para promoção do trabalho decente, diante da necessidade de proteção e implementação dos direitos humanos.

Palavras-chaves: Direitos humanos — Trabalho decente — Agenda 2030.

Abstract: The objective of this article is to demonstrate the importance of the 2030 Agenda for promoting decent work, given the need to protect and implement human rights.

Keywords: Human rights — Decent work — Agenda 2030.

---

(1) Mestre em Direto. Especialista em Direitos Difusos e Coletivos. Especialista em Sindicalismo e Economia do Trabalho. Juíza Titular de Vara do Trabalho no Tribunal Regional do Trabalho da 15ª Região (Campinas/SP). Ex-Coordenadora do Juizado Especial da Infância e da Adolescência da Circunscrição de Campinas-SP (JEIA-Campinas) de 2015 a 2020. Membra dos Comitês Regionais do Tribunal Regional do Trabalho da 15ª Região de: de Prevenção e Enfrentamento do Assédio Moral e do Assédio Sexual, de Erradicação ao Trabalho Infantil e Estímulo à Aprendizagem Profissional, de Política Nacional de Atenção Prioritária Ao Primeiro Grau de Jurisdição e do Comitê Gestor Regional do Pje-JT. Membra do Grupo de Estudos sobre LGPD e Provas Digitais da Escola Judicial — EJUD15.

Introdução

Ao longo da história da civilização, especialmente no pós guerra, ganhou destaque a preocupação mundial com o respeito aos direitos humanos, a paz mundial, o combate à fome, sem prejuízo do respeito a outros direitos.

Para tanto, surgiram normas internacionais que, ao par de inicialmente se preocuparem com a preservação isolada de direitos, alcançaram maior magnitude e importância quando os tratados internacionais passaram a assegurar proteção ao ser humano enquanto detentor de um conjunto amplo de direitos humanos.

Com o objetivo de abordar o trabalho decente na atualidade, este artigo se propõe a efetuar um resgate histórico das normas internacionais desde o início do que se possa considerar como marco inicial da normatização dos direitos humanos, analisando tratados internacionais da Organização das Nações Unidas, da Corte Interamericana de Direitos Humanos e da Organização Internacional do Trabalho, especialmente quanto aqueles que, em conjunto, asseguram a concretização da Agenda 2030 e concretização do trabalho decente.

Para tanto, adotou-se o método histórico de levantamento normativo, identificando os tratados internacionais correlacionados com a Agenda 2030 e o trabalho decente, para disponibilizar ao leitor um conjunto completo de atos normativos internacionais relacionados a esse tema, para que sirva de fonte de pesquisa para implementação de ações e medidas efetivas e eficazes para concretização dos objetivos da Agenda 2030.

1. A Importância do Direito Internacional e da análise judicial de conformidade com Tratados Internacionais de Direitos Humanos

Inicialmente, são necessárias algumas considerações acerca do Direito Internacional do Trabalho, disciplina voltada à universalização de princípios de justiça social e das normas jurídicas correspondentes, com estudo de questões conexas necessárias para consecução desses ideais, e incrementação da cooperação internacional visando à melhoria das condições de vida do trabalhador e à harmonia entre o desenvolvimento técnico-econômico e o progresso social, com proteção aos direitos humanos.

Na análise da relação entre o direito internacional público e o direito interno estatal, surgiram ao menos duas teorias (dualista e monista) para explicar se são duas ordens jurídicas distintas ou não. No entanto, prevalece a corrente monista, segundo a qual *"O Direito é um só"* tanto nas relações internacionais, quanto nas relações internas do Estado.

É importante ressaltar que o Brasil ratificou a *Convenção de Viena sobre o Direito dos Tratados* pelo Decreto n. 7.030, de 14.12.2009, a qual adota a teoria monista internacional, nos exatos termos do seu art. 27, segundo o qual *"Uma parte não pode invocar as disposições de seu direito interno para justificar o inadimplemento de um tratado"*.

No âmbito interno, a *Constituição Brasileira* promulgada em 5 de outubro de 1988 não estabelece distinção entre jurisdição interna e jurisdição internacional, o que, analisado em conjunto com o art. 27 da *Convenção de Viena sobre o Direito dos Tratados*, demonstra que internamente o Brasil adota o primado do Direito Internacional sobre o Direito Interno, de forma a se concluir que a legislação interna não pode violar tratados internacionais e normas imperativas de Direito Internacional.

A Corte Interamericana de Direitos Humanos adota a teoria internacionalista dialógica, de acordo com a qual se estabelece a necessidade de diálogo das fontes de proteção internacional e interna, consagrando no que diz respeito aos direitos humanos o princípio *pro homine* (ou *in dubio pro homine*), de acordo com o qual deve prevalecer a norma mais favorável ao ser humano, independente de sua hierarquia.

No âmbito interno, o art. 5º da Constituição Federal apresentou um contorno diferenciado quanto ao estabelecimento da posição hierárquica dos tratados de direitos humanos no direito interno, em consonância com a ordem internacional.

O § 2º do art. 5º constitucional, que mantém sua redação originaria, estabelece que *"Os direitos e garantias expressos nesta Constituição não excluem outros decorrentes do regime e dos princípios por ela adotados, ou dos tratados internacionais em que a República Federativa do Brasil seja parte."*.

Contudo, o § 3º do mesmo dispositivo, incluído na Constituição Federal pela Emenda Constitucional n. 45/2004, passou a estabelecer que *"Os tratados e convenções internacionais sobre direitos humanos que forem aprovados, em cada Casa do Congresso Nacional, em dois turnos, por três quintos dos votos dos respectivos membros, serão equivalentes as emendas constitucionais."*.

A posição prevalecente do Supremo Tribunal Federal a respeito da hierarquia dos tratados internacional frente ao sistema normativo é retratada no julgado no RE 466.343-SP:

> **"EMENTA: PRISÃO CIVIL.** Depósito. Depositário infiel. Alienação fiduciária. Decretação da medida coercitiva. Inadmissibilidade absoluta. Insubsistência da previsão constitucional e das normas subalternas. Interpretação do art. 5º, inc. LXVII e §§ 1º, 2º e 3º, da CF, à luz do art. 7º, § 7º, da Convenção Americana de Direitos Humanos (Pacto de San José da Costa Rica). Recurso improvido. Julgamento conjunto do RE n. 349.703 e dos HCs n. 87.585 e n. 92.566. É ilícita a prisão civil de depositário infiel, qualquer que seja a modalidade do depósito." (STF. Pleno. RE 466.343-SP. Relator Ministro Cezar Peluso. Data do Julgamento: 03.12.2008. *DJe* 04.06.2009)

Assim sendo, os tratados e normas internacionais ratificados pelo país pelo procedimento estabelecido no § 3º do art. 5º da Constituição Federal terão hierarquia constitucional, sendo que os demais tratados e normas internacionais de direitos humanos terão posição de supralegalidade, conforme estalecido no § 2º do mesmo dispositivo constitucional, exatamente nos termos da jurisprudência prevalecente na Corte Constitucional Brasileira.

As normas de Direito Internacional se materializam em: tratado (acordo internacional concluído por escrito entre Estados, podendo ser bilateral ou multilateral), convenção internacional (tratado internacional solene multilateral, versando sobre assuntos de interesse geral), pacto (um tratado com objetivo político, que pode ser constitutivo ou tratar de assunto relevante), carta (tratado solene que constitui uma organização internacional), protocolo (acordos internacionais subsidiários ou complementares de tratado anterior), declaração (estabelece compromissos gerais para os sujeitos de direito internacional, sem força cogente mas de extrema relevância), constituição (tratado de criação).

Em que pese a variabilidade dos possíveis atos normativos internacionais, somente os que possuem caráter de tratado internacional ou são a eles equiparados necessitam ser ratificados para entrarem em vigor em âmbito interno no Brasil. Ainda que não ratificados ou passíveis de ratificação, os documentos internacionais são exigíveis internacionalmente dos Estados-membros deles signatários.

Quando se analisa a aplicabilidade de tratados internacionais em âmbito interno, possui especial relevância a compreensão adequada sobre o controle de convencionalidade, para fins de sua realização e implementação pelos Poderes Estatais, inclusive pelo Poder Judiciário. O controle de convencionalidade consiste na verificação de conformidade de atos administrativos, legislativos e judiciais com as disposições contidas em tratados internacionais de direitos humanos, podendo ser exercido tanto pelo Tribunal Internacional, quanto pelos juízes internos de cada país.

No âmbito internacional, através do controle de convencionalidade, o Tribunal Internacional pode averiguar quando o poder constituinte elabora sua Constituição ou a reforma em desacordo com tratados internacionais de direitos humanos, mesmo controle que pode realizar quando o poder legislativo derivado interno aprova leis infraconstitucionais ou o administrador público edita atos administrativos que sejam incompatíveis com o art. 2º da *Convenção Americana de Direitos Humanos*, ratificada pelo Brasil pelo Decreto n. 678/1992, o qual dispõe:

> "**Art. 2. Dever de adotar disposições de direito interno** – Se o exercício dos direitos e liberdades mencionados no art. 1 ainda não estiver garantido por disposições legislativas ou de outra natureza, os Estados Partes comprometem-se a adotar, de acordo com as suas normas constitucionais e com as disposições desta Convenção, as medidas legislativas ou de outra natureza que forem necessárias para tornar efetivos tais direitos e liberdades."

Assim sendo, os países se obrigam na adoção de dispositivos legais em seu direito interno que assegurem os direitos humanos e liberdades públicas.

Mas o Tribunal Internacional também pode, no exercício do controle de convencionalidade, se manifestar quando ocorrer incompatibilidade entre a jurisprudência, as práticas administrativas ou judiciais em relação à *Convenção Americana de Direitos Humanos.*

Já no âmbito nacional e interno, o controle de convencionalidade pode ser realizado por qualquer juiz ou tribunal, quando proferir decisão protegendo os direitos da pessoa humana, deixando de aplicar no caso concreto o direito interno, para aplicar o tratado ou a convenção internacional, mediante exame de confrontação normativa (direito interno X tratado internacional) se o direito interno afrontar tratados internacionais ou estiver com eles em desacordo.

Dessa forma, através do *controle jurisdicional de convencionalidade das leis,* o Poder Judiciário nacional, em quaisquer de suas esferas e instâncias, pode realizar a análise de validade de uma lei em cotejo com tratado internacional de direitos humanos em vigência no país, numa espécie de averiguação de compatibilidade vertical material de normas de direito interno em relação às convenções internacionais de direitos humanos ratificadas pelo país.

Não se pode confundir o controle de constitucionalidade com o controle de convencionalidade, já que pelo primeiro se averiguará a adequação de leis com a Constituição do país (ambas normas de direito interno), sendo que pelo último se averiguará a conformidade de leis nacionais com normas internacionais. Exatamente por isso que os procedimentos e requisitos que versam sobre controle difuso e concentrado de constitucionalidade, assim como a exigência de reserva de plenário, não se aplicam ao controle de convencionalidade, mas apenas ao controle de constitucionalidade.

Ademais, se o controle de constitucionalidade somente pode ser exercício no âmbito interno no Poder Judiciário do próprio país, diversamente ocorre em relação ao controle de convencionalidade, o qual poderá dar ensejo à análise de conformidade com tratados internacionais, não apenas no Poder Judiciário interno, mas também pode ser realizado em Cortes Internacionais de Justiça.

Na dicotomia entre essas duas modalidades de controles de aplicabilidade de legislação interna, por força das reiteradas decisões da Corte Interamericana de Direitos Humanos, o controle de convencionalidade deve ser exercido prioritariamente e de ofício, inclusive antes de se apreciar se a norma interna é inconstitucional.

Nesse sentido, porque extremamente relevante, há que se pontuar o ensinamento de Mazzuoli:

> "[...] o exercício prioritário do controle de convencionalidade pelos tribunais internos ("controle primário") tem sido ordenado pela Corte Interamericana de Direitos Humanos desde 2006, cujas decisões o Brasil se comprometeu

> (pelo Decreto Legislativo no 89/1998) a respeitar e a fielmente cumprir. Esse controle interno deve ser efetivado sempre em primeiro plano, antes da eventual manifestação de um tribunal internacional a respeito, por terem os juízes nacionais maiores condições de avaliar o grau da violação de direitos humanos em causa, além de serem melhores conhecedores das realidades e complexidades locais".[2]

Assim sendo, o exercício do controle de convencionalidade de normas internas em relação aos tratados de direitos humanos e que disciplinam o trabalho decente é obrigação imposta aos juízes nacionais, sendo que o seu não exercício pode gerar responsabilização internacional ao Brasil por violação de direitos humanos.

Uma vez realizado o controle de convencionalidade e sendo verificada a incompatibilidade da lei nacional com um tratado de direitos humanos e que estabelece exigências para a concretização do trabalho decente, por serem esses tratados norma mais favorável à pessoa humana (princípio *pro homine*), a norma nacional será inválida e não será aplicada ao caso concreto (conformidade difusa) ou a todos os casos (conformidade concentrada), cuja decisão produzirá efeitos "*ex tunc*".

No caso de controle concentrado de convencionalidade, no entanto, a decisão ainda produzirá efeitos "*erga omnes*" vinculante para todos os órgãos do Poder Judiciário e da Administração Pública nacionais.

2. Agenda 2030 e o Trabalho Decente

A Agenda 2030 é um pacto global voltado ao desenvolvimento humano sustentável, através do qual os países signatários comprometeram-se a adotar as medidas necessárias e eficazes para promover o desenvolvimento sustentável até o ano de 2030.

Vários foram os documentos internacionais que se sucederam tanto da Organização Internacional do Trabalho, quanto da Organização das Nações Unidas para concretização da Agenda 2030 e implementação do Trabalho Decente.

Contudo, especificamente a Organização das Nações Unidas definiu a Agenda 2030 como sendo um o "um plano de ação para as pessoas, para o planeta e para a prosperidade" constituído por 17 ODS, 169 metas globais e 231 indicadores, os quais orientam medidas nas três dimensões do desenvolvimento sustentável: econômica, social e ambiental. Assim sendo, determina-se a necessidade de se conciliar as políticas de gestão econômica, política e social, com a necessária sustentabilidade, com a proteção ao meio ambiente, inclusive meio ambiente do trabalho e com a promoção de melhores condições de vida a todos.

---

(2) MAZZUOLI, Valério de Oliveira. *Controle jurisdicional de convencionalidade das leis*. 5. ed. Rio de Janeiro: Forense, 2018. p. 40.

Inicialmente, foram estabelecidos, em setembro de 2020, *Objetivos de Desenvolvimento do Milênio (ODM),* que deveriam ter sido concretizados até 2015, como um compromisso para construção de um munto mais seguro, mais próspero e mais justo. Os oito ODS são: **1)** erradicar a pobreza extrema e a fome, inclusive mediante promoção do pleno emprego, produtivo e decente a todos, inclusive mulheres e jovens; **2) Alcançar educação primária universal; 3) Promover a igualdade entre os sexos e a autonomia das mulheres; 4) Reduzir a mortalidade infantil; 5) Melhorar a saúde materna; 6) Combater o HIV/AIDS, a malária e outras doenças; 7) Garantir a sustentabilidade ambiental; 8) Estabelecer uma parceria global para o desenvolvimento.**

Posteriormente, sobre o legado das ODMs, foram estabelecidos dezessete *Objetivos de Desenvolvimento Sustentável* para concretização da Agenda 2030 da ONU, a serem atingidos até 2030, com o objetivo de *"fortalecer a paz universal com mais liberdade (...) erradicação da pobreza em todas as suas formas e dimensões, incluindo a pobreza extrema (...) determinados a tomar as medidas ousadas e transformadoras que são urgentemente necessárias para direcionar o mundo para um caminho sustentável e resiliente (...) buscam concretizar os direitos humanos de todos e alcançar a igualdade de gênero e o empoderamento das mulheres e meninas. Eles são integrados e indivisíveis, e equilibram as três dimensões do desenvolvimento sustentável: a econômica, a social e a ambiental"*[3].

Os Objetivos de Desenvolvimento Sustentável são os seguintes:

"Objetivos de Desenvolvimento Sustentável

Objetivo 1. Acabar com a pobreza em todas as suas formas, em todos os lugares;

Objetivo 2. Acabar com a fome, alcançar a segurança alimentar e melhoria da nutrição e promover a agricultura sustentável;

Objetivo 3. Assegurar uma vida saudável e promover o bem-estar para todos, em todas as idades;

Objetivo 4. Assegurar a educação inclusiva e equitativa e de qualidade, e promover oportunidades de aprendizagem ao longo da vida para todos;

Objetivo 5. Alcançar a igualdade de gênero e empoderar todas as mulheres e meninas;

Objetivo 6. Assegurar a disponibilidade e gestão sustentável da água e saneamento para todos;

Objetivo 7. Assegurar o acesso confiável, sustentável, moderno e a preço acessível à energia para todos;

(3) MAZZUOLI, Valério de Oliveira. *Controle jurisdicional de convencionalidade das leis*. 5. ed. Rio de Janeiro: Forense, 2018. p. 40.

Objetivo 8. Promover o crescimento econômico sustentado, inclusivo e sustentável, emprego pleno e produtivo e trabalho decente para todos;

Objetivo 9. Construir infraestruturas resilientes, promover a industrialização inclusiva e sustentável e fomentar a inovação;

Objetivo 10. Reduzir a desigualdade dentro dos países e entre eles;

Objetivo 11. Tornar as cidades e os assentamentos humanos inclusivos, seguros, resilientes e sustentáveis;

Objetivo 12. Assegurar padrões de produção e de consumo sustentáveis;

Objetivo 13. Tomar medidas urgentes para combater a mudança climática e seus impactos;

Objetivo 14. Conservação e uso sustentável dos oceanos, dos mares e dos recursos marinhos para o desenvolvimento sustentável;

Objetivo 15. Proteger, recuperar e promover o uso sustentável dos ecossistemas terrestres, gerir de forma sustentável as florestas, combater a desertificação, deter e reverter a degradação da terra e deter a perda de biodiversidade;

Objetivo 16. Promover sociedades pacíficas e inclusivas para o desenvolvimento sustentável, proporcionar o acesso à justiça para todos e construir instituições eficazes, responsáveis e inclusivas em todos os níveis;

Objetivo 17. Fortalecer os meios de implementação e revitalizar a parceria global para o desenvolvimento sustentável".

O ODS-8 sobre a promoção do crescimento sustentado, inclusivo e sustentável, emprego pleno e produtivo e trabalho decente para todas e todos, se desdobra em outros 10 itens, citando-se os principais, sem prejuízo da importância também dos demais: **ODS 8.3** - Promover políticas orientadas para o desenvolvimento que apoiem as atividades produtivas, geração de emprego decente, empreendedorismo, criatividade e inovação, e incentivar a formalização e o crescimento das micro, pequenas e médias empresas, inclusive por meio do acesso a serviços financeiros; **ODS 8.5** - Até 2030, alcançar o emprego pleno e produtivo e trabalho decente para todas as mulheres e homens, inclusive para os jovens e as pessoas com deficiência, e remuneração igual para trabalho de igual valor; **ODS 8.6** – Até 2020, reduzir substancialmente a proporção de jovens sem emprego, educação ou formação; **ODS 8.7** – Tomar medidas imediatas e eficazes para erradicar o trabalho forçado, acabar com a escravidão moderna e o tráfico de pessoas, e assegurar a proibição e eliminação das piores formas de trabalho infantil, incluindo recrutamento e utilização de crianças-soldado, e até 2025 acabar com o trabalho infantil em todas as suas formas; **ODS 8.8** – Proteger os direitos trabalhistas e promover ambientes de trabalho seguros e protegidos para todos os trabalhadores, incluindo os trabalhadores migrantes, em particular as mulheres migrantes, e pessoas em empregos precários; **ODS 8.9** – Até 2030, elaborar e implementar políticas para promover o turismo sustentável, que gera empregos e promove a cultura e os produtos locais; **ODS 8.b** – Até 2020, desenvolver e operacionalizar uma estratégia global para o emprego dos jovens e implementar o Pacto Mundial para o Emprego da Organização Internacional do Trabalho [OIT].

Aliado aos Objetivos de Desenvolvimento Sustentável, e aos diversos tratados internacionais das Nações Unidas, a Organização Internacional do Trabalho possui diversas convenções internacionais, dentre as quais citam-se as 10 Convenções Fundamentais da OIT, agrupáveis em cinco temáticas que compõem o que se denomina de Trabalho Decente: trabalho forçado (Convenções ns. 29 e 105), trabalho infantil (Convenções ns. 138 e 182), discriminação (Convenções ns.100 e 111), liberdade sindical (Convenções n. 98 e 87) e saúde e segurança no trabalho (Convenções ns. 155, 187 e 190).

Por certo que, somente com o efetivo empenho dos países é que se conseguirá concretizar efetivamente a Agenda 2030 com implantação de medidas, políticas e ações avançadas, ousadas, abrangentes e indispensáveis à concretização do Estado Democrático de Direito, proteção dos direitos humanos e consagração do trabalho decente.

3. Proteção Internacional dos Direitos Humanos: dos primórdios até a consagração do Trabalho Decente para cumprimento da Agenda 2030

Para melhor compreender a exigência atual de cumprimento da Agenda 2030 e de implementação do trabalho decente, é necessário ser realizado um resgate histórico dos direitos humanos.

O *Tratado de Paz*, aprovado durante a "Conferência de Paz de Paris", iniciada em 18 de janeiro de 1919 na Sala dos Espelhos no Palácio de Versalhes, que ficou conhecido como *Tratado de Versalhes*, não apenas pôs termo à Primeira Guerra Mundial estabelecendo a necessidade de responsabilização dos Estados pelos danos causados impondo a convivência não beligerante entre as nações, mas também demonstrou a necessidade se implantar uma solidariedade internacional diferenciada em prol da humanidade, efetuando a criação da Liga das Nações (Parte I – arts. 1 a 26 e anexo), berço de organizações internacionais de relevo e expoentes como a Organização das Nações Unidas — ONU e a Organização Internacional do Trabalho — OIT (Parte XIII – arts. 387 a 399).

No entanto, tem se sustentado que o início efetivo da proteção internacional aos direitos humanos somente ocorreu após a Segunda Guerra Mundial, mais especificamente a partir da *Declaração Universal de Direitos Humanos (DUDH)*, adotada e proclamada pela Assembleia Geral das Nações Unidas (resolução 217 A III) em 10 de dezembro 1948, estabelecendo a implementação de um patamar civilizatório mínimo para a humanidade. Essa Declaração Universal menciona ao menos em quatro passagens o termo "trabalho" e destina dois dos seus trinta artigos para tratar sobre o trabalho decente (livre, seguro, protegido, igualitário, com justa remuneração, jornada razoável e com repouso periódico e anual):

> **"Art. 23**
>
> 1. Todo ser humano tem direito ao trabalho, à livre escolha de emprego, à condições justas e favoráveis de trabalho e à proteção contra o desemprego.
>
> 2. Todo ser humano, sem qualquer distinção, tem direito a igual remuneração por igual trabalho.
>
> 3. Todo ser humano que trabalha tem direito a uma remuneração justa e satisfatória que lhe assegure, assim como à sua família, uma existência compatível com a dignidade humana e a que se acrescentarão, se necessário, outros meios de proteção social.
>
> 4. Todo ser humano tem direito a organizar sindicatos e a neles ingressar para proteção de seus interesses.
>
> **Art. 24**
>
> Todo ser humano tem direito a repouso e lazer, inclusive a limitação razoável das horas de trabalho e a férias remuneradas periódicas."

A partir dessa Declaração Universal de Direitos Humanos, vários outros tratados internacionais voltados a temática do trabalho decente e seus desdobramentos, foram aprovados, seja em âmbito mais regionalizado como a Convenção Americana de Direitos Humanos, seja de âmbito irrestrito internacional como os demais documentos internacionais da ONU e as convenções e recomendações da OIT.

A *Convenção Americana de Direitos Humanos*, assinada na Conferência Especializada Interamericana sobre Direitos Humanos, em San José, na Costa Rica, em 22 de novembro de 1969, que ficou conhecida como Pacto de São José da Costa Rica, foi ratificada pelo Brasil pelo Decreto n. 678/1992. Essa convenção estabelece em seu *"Capítulo II – Direitos Civis e Políticos"* um rol de direitos a serem respeitados pelas nações americanas e implementados mediante ações concretas, inclusive para fins de atualização de seu direito interno, dentre os quais, citam-se: direito à vida (art. 4), direito à integridade pessoal (art. 5), proibição da escravidão e da servidão (art. 6), direito à liberdade pessoa e à segurança (art. 7), proteção da honra e da dignidade (art. 11), direito da criança (art. 19), da igualdade perante a lei (art. 24).

A Organização Internacional do Trabalho — OIT também é responsável por vasta normatização internacional voltada à concretização do trabalho decente. Trata-se de uma agência tripartite das Nações Unidas, instituída com o objetivo de promover a justiça social, com a missão de redução das desigualdades sociais, promover o trabalho decente e o desenvolvimento sustentável, mediante desempenho de sua função normativa em prol principalmente do emprego, da proteção social, dos recursos humanos, da saúde e da segurança, da proteção às crianças e às mulheres em relação ao trabalho.

Embora criada através do Tratado de Versalhes em 1919, o documento de constituição da Organização Internacional do Trabalho passou por várias revisões em 1922 e 1934, sendo aprovada, em substituição, uma nova Constituição da OIT na 26ª reunião da Conferência Internacional do Trabalho, na Filadélfia, em 1944, que ficou conhecida como *Constituição da Filadélfia*, a qual foi atualizada na 29ª reunião da Conferência Internacional do Trabalho, em Montreal em 1946. O texto final iniciou sua vigência internacional em 20 de abril de 1948.

São objetivos e finalidades estabelecidos na Constituição da Organização Internacional do Trabalho:

"ANEXO — DECLARAÇÃO REFERENTE AOS FINS E OBJETIVOS DA ORGANIZAÇÃO INTERNACIONAL DO TRABALHO

A Conferência Geral da Organização Internacional do Trabalho, reunida em Filadélfia em sua vigésima sexta sessão, adota, aos dez de maio de mil novecentos e quarenta e quatro, a presente Declaração, quanto aos itens e objetivos da Organização Internacional do Trabalho e aos princípios que devem inspirar a política dos seus Membros.

I

A Conferência reafirma os princípios fundamentais sobre os quais repousa a Organização, principalmente os seguintes:

a) o trabalho não é uma mercadoria;

b) a liberdade de expressão e de associação é uma condição indispensável a um progresso ininterrupto;

c) a penúria, seja onde for, constitui um perigo para a prosperidade geral;

d) a luta contra a carência, em qualquer nação, deve ser conduzida com infatigável energia, e por um esforço internacional contínuo e conjugado, no qual os representantes 20 dos empregadores e dos empregados discutam, em igualdade, com os dos Governos, e tomem com eles decisões de caráter democrático, visando o bem comum.

II

A Conferência, convencida de ter a experiência plenamente demonstrado a verdade da declaração contida na Constituição da Organização Internacional do Trabalho, que a paz, para ser duradoura, deve assentar sobre a justiça social, afirma que:

a) todos os seres humanos de qualquer raça, crença ou sexo, têm o direito de assegurar o bem-estar material e o desenvolvimento espiritual dentro da liberdade e da dignidade, da tranquilidade econômica e com as mesmas possibilidades;

b) a realização de condições que permitam o exercício de tal direito deve constituir o principal objetivo de qualquer política nacional ou internacional;

c) quaisquer planos ou medidas, no terreno nacional ou internacional, máxime os de caráter econômico e financeiro, devem ser considerados sob esse ponto de vista e somente aceitos, quando favorecerem, e não entravarem, a realização desse objetivo principal;

d) compete à Organização Internacional do Trabalho apreciar, no domínio internacional, tendo em vista tal objetivo, todos os programas de ação e medidas de caráter econômico e financeiro;

e) no desempenho das funções que lhe são confiadas, a Organização Internacional do Trabalho tem capacidade para incluir em suas decisões e recomendações quaisquer disposições que julgar convenientes, após levar em conta todos os fatores econômicos e financeiros de interesse.

III

A Conferência proclama solenemente que a Organização Internacional do Trabalho tem a obrigação de auxiliar as Nações do Mundo na execução de programas que visem:

a) proporcionar emprego integral para todos e elevar os níveis de vida;

b) dar a cada trabalhador uma ocupação na qual ele tenha a satisfação de utilizar, plenamente, sua habilidade e seus conhecimentos e de contribuir para o bem geral;

c) favorecer, para atingir o fim mencionado no parágrafo precedente, as possibilidades de formação profissional e facilitar as transferências e migrações de trabalhadores e de colonos, dando as devidas garantias a todos os interessados;

d) adotar normas referentes aos salários e às remunerações, ao horário e às outras condições de trabalho, a fim de permitir que todos usufruam do progresso e, também, que todos os assalariados, que ainda não o tenham, percebam, no mínimo, um salário vital;

e) assegurar o direito de ajustes coletivos, incentivar a cooperação entre empregadores e trabalhadores para melhoria contínua da organização da produção e a colaboração de uns e outros na elaboração e na aplicação da política social e econômica;

f) ampliar as medidas de segurança social, a fim de assegurar tanto uma renda mínima e essencial a todos a quem tal proteção é necessária, como assistência médica completa;

g) assegurar uma proteção adequada da vida e da saúde dos trabalhadores em todas as ocupações;

h) garantir a proteção da infância e da maternidade;

i) obter um nível adequado de alimentação, de alojamento, de recreação e de cultura;

j) assegurar as mesmas oportunidades para todos em matéria educativa e profissional."

O Brasil ratificou o instrumento de emenda da *Constituição da OIT* (*Constituição de Montreal*) em 13 de abril de 1948, conforme Decreto de Promulgação n. 25.696, de 20 de outubro de 1948, comprometendo-se a dar cumprimento as convenções e recomendações internacionais da OIT.

A *Declaração de Princípios e de Direitos Fundamentais no Trabalho* aprovada na 86ª sessão da Conferência Internacional do Trabalho da Organização Internacional do Trabalho realizada, em Genebra em 1998, arrolou seus quatro princípios fundamentais e objetivos estratégicos, os quais compõem a configuração do que se entende por ser trabalho decente:

"2. Declara que todos os Membros, ainda que não tenham ratificado as convenções aludidas, têm um compromisso derivado do fato de pertencer à Organização de respeitar, promover e tornar realidade, de boa fé e de conformidade com a Constituição, os princípios relativos aos direitos fundamentais que são objeto dessas convenções, isto é:

a) a liberdade sindical e o reconhecimento efetivo do direito de negociação coletiva;

b) a eliminação de todas as formas de trabalho forçado ou obrigatório;

c) a abolição efetiva do trabalho infantil; e

d) a eliminação da discriminação em matéria de emprego e ocupação."

Já no ano subsequente (1999), durante a 87ª Conferência Internacional do Trabalho, foi adotado pela primeira vez oficialmente pela Organização Internacional do Trabalho o termo **"trabalho decente"**, como decorrente da convergência dos quatro objetivos estratégicos estabelecidos em sua declaração de princípios.

Outros documentos internacionais surgiram na mesma onda protetiva dos direitos humanos, da promoção de uma vida digna e da eliminação de violações que impeçam a concretização do trabalho decente, dentre os quais, citam-se: Pactos de Direitos Civis e Políticos (PIDCP) e de Direitos Econômicos, Sociais e Culturais (PIDESC), Convenções Internacionais sobre a Eliminação de todas as formas de Discriminação Racial, sobre a Eliminação de todas as formas de Discriminação contra a Mulher, sobre os Direitos das Pessoas com Deficiência, sobre a Proteção de todos os Trabalhadores Migrantes e dos Membros de suas Famílias e a Convenção sobre os Direitos da Criança.

O *Pacto de Direitos Civis e Políticos (PIDCP)*, adotado pela Resolução n. 2.200 A (XXI) da Assembleia Geral das Nações Unidas, em 16 de dezembro de 1966, foi ratificado pelo Brasil em 24 de janeiro de 1992. Referido Pacto Internacional estabelece em seu preâmbulo os seus fundamentos, quais sejam:

> "reconhecimento da dignidade inerente a todos os membros da família humana e dos seus direitos iguais e inalienáveis constitui o fundamento da liberdade, da justiça e da paz no mundo,
>
> Reconhecendo que esses direitos decorrem da dignidade inerente à pessoa humana,
>
> Reconhecendo que, em conformidade com a Declaração Universal dos Direitos Humanos, o ideal do ser humano livre, no gozo das liberdades civis e políticas e liberto do temor e da miséria, não pode ser realizado, a menos que se criem as condições que permitam a cada um gozar de seus direitos civis e políticas, assim como de seus direitos econômicos, sociais e culturais."

Ao longo de seu texto, o PIDCP assegura a vedação à discriminação por motivo de raça, cor, sexo, língua, religião, opinião política ou de qualquer outra natureza, origem nacional ou social, situação (art. 2º, § 1º), a igualdade entre homens e mulheres no gozo de direitos civis e políticos (art. 3º), o direito à vida (art. 6º), a vedação a tratamentos desumanos e degradantes (art. 7º), a proibição de submissão à escravidão e ao tráfico de pessoas em todas as formas, a proibição de servidão, de trabalhos forçados e obrigatórios (art. 8º), a proteção à criança, inclusive contra discriminação (art. 24), a vedação à discriminação em quaisquer de suas formas (art. 25), a igualdade perante a lei (art. 26), a proteção das minorias étnicas, religiosas e linguísticas (art. 27).

O *Pacto de Direitos Econômicos, Sociais e Culturais (PIDESC)*, foi adotado pela Resolução n. 2.200-A (XXI) da Assembleia Geral das Nações Unidas, em 16 de dezembro de 1966 e ratificado pelo Brasil em 24 de janeiro de 1992, trazendo em seu preâmbulo os mesmos fundamentos do Pacto de Direitos Civis e Políticos (PIDCP). Contudo, o PIDESC é um documento internacional que se destaca pela sua relevância específica à seara trabalhista, pois, em seu teor, assegura a liberdade de trabalho (art. 6º, § 1º), a formação técnica e profissional (art. 6º, § 2º), as condições de trabalho justas e favoráveis (art. 7º), incluindo a remuneração que proporcione salário equitativo e a remuneração igual para trabalho igual, sem qualquer distinção (art. 7º, item 2), apto a assegurar existência decente do trabalhador e de sua família (art. 7º, item 3), as condições seguras e higiênicas (art. 7º, item 4), a igualdade de oportunidade (art. 7º, item 5), o descanso periódico e anual remunerado (art. 7º, item 6), a liberdade sindical e direito de greve (art. 8º), a previdência social (art. 9º), o direito de desfrutar de elevado nível de saúde física e mensal (art. 12), inclusive mediante promoção de meio ambiente de trabalho saudável e livre protegido contra doenças profissionais (art. 12º, itens 2 e 3).

Na proteção infanto-juvenil, é importante resgatar a *Convenção sobre os Direitos da Criança*, que entrou em vigor internacionalmente em 02 de setembro de 1990, a qual foi ratificada pelo Brasil pelo Decreto n. 99.710, de 21 de novembro de 1990, apresentando em seu art. 1º um relevante conceito internacional ao termo "criança", ao estabelecer que *"considera-se como criança todo ser humano com menos de dezoito anos de idade, a não ser que, em conformidade com a lei aplicável a criança, a maioridade seja alcançada antes."*.

Essa norma internacional obriga no reconhecimento da condição especial da criança como pessoa em desenvolvimento e no respeito à sua dignidade, prevendo a necessidade de sua proteção e cuidados especiais desde antes do seu nascimento até completar 18 anos de idade. Impõe aos Estados-Membros *"reconhecerem o direito da criança de estar protegida contra a exploração econômica e contra o desempenho de qualquer trabalho que possa ser perigoso ou interferir em sua educação, ou que seja nocivo para sua saúde ou para seu desenvolvimento físico, mental, espiritual, moral ou social."* (art. 32.1) e os obrigando na adoção de *"medidas legislativas, administrativas, sociais e educacionais com vistas a assegurar a aplicação do presente artigo. Com tal propósito, e levando em consideração as disposições pertinentes de outros instrumentos internacionais, os Estados Partes, deverão, em particular: a) estabelecer uma idade ou idades mínimas para a admissão em empregos; b) estabelecer regulamentação apropriada relativa a horários e condições de emprego; c) estabelecer penalidades ou outras sanções apropriadas a fim de assegurar o cumprimento efetivo do presente artigo.*" (art. 32.2). Estabelece ainda ser dever dos Estados Membros "*proteger a criança contra todas as formas de exploração e abuso sexual. Nesse sentido, os Estados Partes tomarão, em especial, todas as medidas de caráter nacional, bilateral e multilateral que sejam necessárias para impedir: a) o incentivo ou a coação para que uma criança se dedique a qualquer atividade sexual ilegal; b) a exploração da criança na prostituição ou outras praticas sexuais ilegais; c) a exploração da criança em espetáculos ou materiais pornográficos*" (art. 34).

Na área trabalhista, para fins de proteção da criança, da erradicação ao trabalho infantil e da promoção da profissionalização do adolescente em trabalho seguro e protegido, a Convenção dos Direitos da Criança deve ser aplicada em conjunto com a Declaração de Princípios e de Direitos Fundamentais do Trabalho da OIT, e as Convenções ns. 138 e 182 e as Recomendações ns. 146 e 190, que disciplinam, respectivamente, a idade mínima para admissão no emprego e as piores formas de trabalho infantil a serem eliminadas pelos Estados-membros.

Na proteção contra a discriminação em todas as suas formas, citam-se, pela relevância, sem exclusão dos demais atos normativos sobre essa temática: Convenção Internacional sobre a Eliminação de todas as formas de Discriminação Racial, Convenção Interamericana contra o Racismo, a Discriminação Racial e Formas Correlatas de Intolerância, Convenção Internacional sobre a Eliminação de todas as formas de Discriminação contra a Mulher, Convenção sobre os Direitos das Pessoas com Deficiência e seu protocolo facultativo e Convenção Internacional sobre a Proteção de todos os Trabalhadores Migrantes e dos Membros de suas Famílias, além das Convenções da OIT ns. 100 e 111, sobre discriminação.

Duas convenções da Organização Internacional do Trabalho ganham destaque quanto à proteção do trabalhador contra a discriminação, quais sejam: a) *Convenção n. 100* sobre Igualdade de Remuneração de Homens e mulheres Trabalhadores por Trabalho de Igual Valor, aprovada na 34ª reunião da Conferência Internacional do Trabalho (Genebra — 1951), que entrou em vigor no plano internacional em 23 de maio de 1953, e ratificada pelo Brasil pelo Decreto n. 41.721, de 25 de junho de 1957; e b) *Convenção n. 111* sobre discriminação em matéria de emprego e ocupação, aprovada na 42ª reunião da Conferência Internacional do Trabalho (Genebra — 1958), que entrou em vigor no plano internacional em 15 de junho de 1960 e foi ratificada pelo Brasil pelo Decreto n. 62.150, de 19 de janeiro de 1968. São normas que se completam e são aplicáveis em âmbito internacional e também em âmbito interno dos países signatários, apresentando a definição da OIT para o que considera discriminação:

> "Art. 1 — 1. Para os fins da presente convenção o termo "discriminação" compreende:
>
> a) toda distinção, exclusão ou preferência fundada na raça, cor, sexo, religião, opinião política, ascendência nacional ou origem social, que tenha por efeito destruir ou alterar a igualdade de oportunidade ou de tratamento em matéria de emprego ou profissão;

> b) qualquer outra distinção, exclusão ou preferência que tenha por efeito destruir ou alterar a igualdade de oportunidades ou tratamento em matéria de emprego ou profissão que poderá ser especificada pelo Membro interessado depois de consultadas as organizações representativas de empregadores e trabalhadores, quando estas existam, e outros organismos adequados.
>
> 2. As distinções, exclusões ou preferências fundadas em qualificações exigidas para um determinado emprego não são consideradas como discriminação. (...)
>
> Art. 5 — 1. As medidas especiais de proteção ou de assistência previstas em outras convenções ou recomendações adotadas pela Conferência Internacional do Trabalho não são consideradas como discriminação."

A *Convenção Internacional sobre a Eliminação de todas as formas de Discriminação Racial*, aprovada na 13ª Assembleia Geral das Nações Unidas, pela Resolução n. 1.904 de 20 de novembro de 1963, foi promulgada pelo Brasil no Decreto n. 65.810, de 08 de dezembro de 1969, e estabelece em seu artigo V o compromisso de "*proibir e a eliminar a discriminação racial em todas suas formas e a garantir o direito de cada um à igualdade perante a lei sem distinção de raça, de cor ou de origem nacional ou étnica, principalmente no gozo dos seguintes direitos*" dentre outros: direitos ao trabalho, à livre escolha de seu trabalho, às condições equitativas e satisfatórias de trabalho, à proteção contra o desemprego, a um salário igual para um trabalho igual, a uma remuneração equitativa e satisfatória, à liberdade plena, ao tratamento igualitário e isonômico sem qualquer distinção ou discriminação.

Recentemente o Brasil ratificou, pelo Decreto 10.932, de 10 de janeiro de 2002, a *Convenção Interamericana contra o Racismo, a Discriminação Racial e Formas Correlatas de Intolerância*, que havia sido firmada na 43ª Sessão Ordinária da Assembleia Geral da Organização dos Estados Americanos, na Guatemala, em 5 de junho de 2013. Referida convenção, além de apresentar os conceitos internacionais contemporâneos de discriminação racial, discriminação racial indireta, discriminação múltipla ou agravada, racismo e intolerância, bem como explicar o que sejam "medidas especiais" e 'ações afirmativas", estabelece que *"Todo ser humano é igual perante a lei e tem direito à igual proteção contra o racismo, a discriminação racial e formas correlatas de intolerância, em qualquer esfera da vida pública ou privada."* (art. 2º).

Na sequência, essa convenção estabelece a obrigação estatal de implementação de medidas efetivas e eficazes para prevenir, eliminar, proibir e punir, todos os atos e manifestações de racismo, discriminação racial e formas correlatas de intolerância, inclusive através da adoção de políticas especiais e ações afirmativas aptas para assegurar o gozo ou exercício dos direitos e liberdades fundamentais das pessoas ou grupos sujeitos ao racismo, à discriminação racial e formas correlatas de intolerância, com o propósito de promover condições equitativas para a igualdade de oportunidades, inclusão e progresso para essas pessoas ou grupos, vedando a manutenção de direitos separados para grupos distintos e a permanência além de um período razoável ou após terem alcançado seu objetivo (art. 5º). Tais políticas públicas devem propiciar tratamento equitativo, gerar igualdade de oportunidades, eliminar integramente qualquer forma de discriminação ou intolerância, proteção à segurança, respeito à diversidade em sociedade, acesso igualitário ao sistema de justiça, realização de pesquisas das naturezas e das causas das manifestações de discriminação, racismo e intolerância, bem como coleta, compilação de dados e divulgação, incentivando a celebração de cooperação internacional para intercâmbio de ideias e experiências frutíferas à concretização dos objetivos dessa convenção internacional.

A *Convenção Internacional sobre a Eliminação de todas as formas de Discriminação contra a Mulher*, de 18 de dezembro de 1979, ratificada pelo Brasil pelo Decreto n. 4.377, de 13 de setembro de 2002, estabelece que os países que a ela aderirem devem adotar medidas apropriadas para *"Modificar os padrões sócio-culturais de conduta de homens e mulheres, com vistas a alcançar a eliminação dos preconceitos e práticas consuetudinárias e de qualquer outra índole que estejam baseados na ideia da inferioridade ou superioridade de qualquer dos sexos ou em funções estereotipadas de homens e mulheres"*, obrigando a adoção de medidas para liminar o tráfico de mulheres e exploração de mulheres na prostituição, a formulação e a execução de políticas governamentais para participação feminina em cargos públicos e funções públicas, assim como em organizações e associações não governamentais, a garantia de igualdade de gênero, com vedação de qualquer discriminação, com eliminação de todo conceito estereotipado dos papéis masculino e feminino em todos os níveis e em todas as formas, a isonomia no trabalho, com igualdade de oportunidades de emprego e critérios de seleção, a igualdade de remuneração, a proteção à seguridade social, à saúde, à segurança nas condições de trabalho, a proteção à maternidade e durante a gravidez, dentre outros direitos.

A *Convenção sobre os Direitos das Pessoas com Deficiência e seu protocolo facultativo*, aprovados na Sede das Nações Unidas em Nova Iorque, em 30 de março de 2007, foi ratificada pelo Brasil em 25 de agosto de 2009, através do Decreto n. 6.949. Referido tratado internacional objetiva tornar efetivos os direitos das pessoas com deficiência, envolvendo implementação de política de inclusão social em seu sentido mais amplo, para garantir igualdade de oportunidades e combater toda forma de discriminação e barreiras sociais — não apenas arquitetônica, mas culturais e sociais — para viabilizar o pleno exercício de direitos, com autonomia, liberdade e respeito à dignidade das pessoas com deficiência. Essa convenção estabelece como princípios inerentes à proteção dos direitos das pessoas com deficiência:

"Art. 3

Princípios gerais

Os princípios da presente Convenção são:

a) O respeito pela dignidade inerente, a autonomia individual, inclusive a liberdade de fazer as próprias escolhas, e a independência das pessoas;

b) A não discriminação;

c) A plena e efetiva participação e inclusão na sociedade;

d) O respeito pela diferença e pela aceitação das pessoas com deficiência como parte da diversidade humana e da humanidade;

e) A igualdade de oportunidades;

f) A acessibilidade;

g) A igualdade entre o homem e a mulher;

h) O respeito pelo desenvolvimento das capacidades das crianças com deficiência e pelo direito das crianças com deficiência de preservar sua identidade."

A *Convenção Internacional sobre a Proteção de todos os Trabalhadores Migrantes e dos Membros de suas Famílias*, adotada pela Resolução 45/158, de 18 de Dezembro de 1990, da Assembleia Geral das Nações Unidas, entrou em vigor internacionalmente em 1 de julho de 2003. No entanto, aguardava para ser ratificada pelo Brasil desde 2010, quando do envio de Mensagem 696/2010 à Câmara de Deputados, sendo aprovada pelo colegiado especial da Câmara de Deputados em 12 de dezembro de 2022, mas com algumas reservas em razão da Lei de Migração brasileira, posterior a essa convenção internacional.

Essa convenção se aplica *"a todos os trabalhadores migrantes e aos membros das suas famílias sem qualquer distinção, fundada nomeadamente no sexo, raça, cor, língua, religião ou convicção, opinião política ou outra, origem nacional, étnica ou social, nacionalidade, idade, posição econômica, patrimônio, estado civil, nascimento ou outra situação"* (art. 1º), exceto às pessoas por ela excluídas, como empregados de organismos internacionais, refugiados, apátridas, etc (art. 3º). E estabelece os seguintes direitos dos migrantes, dentre outros: a vedação à discriminação em matéria de direitos (art. 7º), o respeito aos direitos humanos dos trabalhadores migrantes e de seus familiares (art. 8º), inclusive à liberdade,à saúde, à segurança (art. 8º), ao direito à vida (art. 9º), a vedação à tortura e aos tratamentos crieis, desumanos e degradantes (art. 10), a proibição de submissão à escravidão e à servidão (art. 11, item 1), a proibição ao trabalho forçado ou obrigatório (art. 11, item 2), a proteção à sua segurança contra violência, maus tratos, ameaças, intimidações (art. 16, itens 1 e 2), o tratamento com humanidade e respeito à dignidade da pessoa humana e à sua identidade cultural (art. 17º), tendo direito ao respeito de direitos trabalhistas quanto a condições de trabalho, jornada, descanso semanal, férias remunerada, segurança, saúde, rescisão contratual (art. 25, item 1, a), o respeito à idade mínima para ingresso no mercado de trabalho (art. 25, item 1, b), a igualdade de tratamento em matéria de trabalho (art. 25, item 2), dentre outros direitos.

Oportuno citar que, anteriormente, o Brasil havia ratificado, outras normas de assuntos correlatos, quais sejam: a) *Convenção relativa ao Estatuto dos Refugiado*s *e Apátridas*, adotada em 28 de julho de 1951 pela Conferência das Nações Unidas de Plenipotenciários, convocada pela Resolução 429 (V) da Assembleia Geral das Nações Unidas, de 14 de dezembro de 1950, a qual foi ratificada pelo Brasil pelo Decreto n. 50.215, de 28 de janeiro de 1961; e b) *Convenção n. 97 da OIT* sobre trabalhadores migrantes, a qual havia sido aprovada na 32ª reunião da Conferência Internacional do Trabalho (Genebra — 1949) e entrado em vigor no plano internacional em 22.01.1952, sendo ratificada pelo Brasil pelo Decreto 58.819, de 14/07/1966.

As normas citadas sobre proteção ao migrante e refugiado e seus familiares, devem ser analisadas e aplicadas em conjunto com as demais normas internacionais gerais quer perpassam direta ou indiretamente sobre o tema, tais como a Declaração Universal de Direitos Humanos (DUDH – 1948), o Pacto Internacional sobre Direitos Civis e Políticos (PIDCP – 1966), o Pacto Internacional sobre Direitos Econômicos, Sociais e Culturais (PIDESC– 1966) e a Convenção Americana sobre Direitos Humanos (CADH).

No que diz respeito a eliminação do trabalho forçado, obrigatório, escravo e tráfico de pessoas, destacam-se o Protocolo de Palermo, Convenção sobre a Escravatura de Genebra e a Convenção Suplementar sobre a abolição da escravatura, as Convenções da OIT ns. 29, 105, 182 e 189.

A Convenção sobre a Escravatura assinada em Genebra a 25 de setembro de 1926 e emendada pelo Protocolo aberto à assinatura na sede das Nações Unidas, em Nova Iorque em 7 de dezembro de 1953 e a Convenção Suplementar sobre a Abolição da escravatura, do Tráfico de Escravos e das Instituições e Práticas Análogas à Escravatura, adotada em Genebra a 7 de setembro de 1956, foram ratificadas pelo Brasil pelo Decreto n. 58.563, de 01 de junho de 1966. Referidas normas internacionais estabeleceram a necessidade de realizar a abolição progressiva de instituições e práticas que ainda subsistiam de forma enquadrável na definição de escravidão.

O *Protocolo de Palermo*, criado pela Convenção das Nações Unidas contra o Crime Organizado Transnacional, foi ratificado pelo Brasil pelo Decreto n. 5.017, de 12 de março de 2004, e se trata de documento internacional que objetiva a implementação de ações eficazes para prevenir e combater a exploração e o tráfico de pessoas, em especial mulheres e crianças, punir os traficantes de pessoas, proteger as vítimas desse ilícito e protegendo seus direitos fundamentais, internacionalmente reconhecidos, inclusive mediante cooperação internacional.

Para fins de aplicação desse protocolo, considera-se:

"Art. 3

Definições

Para efeitos do presente Protocolo:

a) A expressão "tráfico de pessoas" significa o recrutamento, o transporte, a transferência, o alojamento ou o acolhimento de pessoas, recorrendo à ameaça ou uso da força ou a outras formas de coação, ao rapto, à fraude, ao engano, ao abuso de autoridade ou à situação de vulnerabilidade ou à entrega ou aceitação de pagamentos ou benefícios para obter o consentimento de uma pessoa que tenha autoridade sobre outra para fins de exploração. A exploração incluirá, no mínimo, a exploração da prostituição de outrem ou outras formas de exploração sexual, o trabalho ou serviços forçados, escravatura ou práticas similares à escravatura, a servidão ou a remoção de órgãos;

b) O consentimento dado pela vítima de tráfico de pessoas tendo em vista qualquer tipo de exploração descrito na alínea a) do presente Artigo será considerado irrelevante se tiver sido utilizado qualquer um dos meios referidos na alínea a);

c) O recrutamento, o transporte, a transferência, o alojamento ou o acolhimento de uma criança para fins de exploração serão considerados "tráfico de pessoas" mesmo que não envolvam nenhum dos meios referidos da alínea a) do presente Artigo;

d) O termo "criança" significa qualquer pessoa com idade inferior a dezoito anos."

Não há que se confundir o trabalho forçado, com o tráfico de pessoas, pois este último tem como elementos diferenciadores: a) a atividade (recrutamento, transporte, transferência, alojamento ou acolhimento de pessoas), b) os meios utilizados (uso da força, manipulação, rapto, coação, fraude, ameaça, abuso de autoridade ou posição de vulnerabilidade), e c) o objetivo (exploração, incluindo trabalho forçado, ou extração de órgãos).

A *Convenção n. 29 da OIT*, provada na 14ª reunião da Conferência Internacional do Trabalho realizada em Genebra, em 1930, entrou em vigor no plano internacional em 1º de maio de 1932, sendo ratificada pelo Brasil pelo Decreto n. 41.721, de 25 de junho de 1957. Referida convenção internacional, que tem por objetivo que os países signatário se obriguem a suprimir o emprego do trabalho forçado ou obrigatório em todo território nacional no mais curto prazo possível, estabelecendo o seguinte conceito de trabalho forçado:

"Art. 2 — 1. Para os fins da presente convenção, a expressão 'trabalho forçado ou obrigatório' designará todo trabalho ou serviço exigido de um indivíduo sob ameaça de qualquer penalidade e para o qual ele não se ofereceu de espontânea vontade.

2. Entretanto, a expressão 'trabalho forçado ou obrigatório' não compreenderá, para os fins da presente convenção:

a) qualquer trabalho ou serviço exigido em virtude das leis sobre o serviço militar obrigatório e que só compreenda trabalhos de caráter puramente militar;

b) qualquer trabalho ou serviço que faça parte das obrigações cívicas normais dos cidadãos de um país plenamente autônomo;

c) qualquer trabalho ou serviço exigido de um indivíduo como conseqüência de condenação pronunciada por decisão judiciária, contanto que esse trabalho ou serviço seja executado sob a fiscalização e o controle das autoridades públicas e que dito indivíduo não seja posto à disposição de particulares, companhias ou pessoas privadas;

d) qualquer trabalho ou serviço exigido nos casos de força maior, isto é, em caso de guerra, de sinistro ou ameaças de sinistro, tais como incêndios, inundações, fome, tremores de terra, epidemias, e epizootias, invasões de animais, de insetos ou de parasitas vegetais daninhos e em geral todas as circunstâncias que ponham em perigo a vida ou as condições normais de existência de toda ou de parte da população;

e) pequenos trabalhos de uma comunidade, isto é, trabalhos executados no interesse direto da coletividade pelos membros desta, trabalhos que, como tais, podem ser considerados obrigações cívicas normais dos membros da coletividade, contanto, que a própria população ou seus representantes diretos tenham o direito de se pronunciar sobre a necessidade desse trabalho."

A *Convenção n. 105 da OIT*, aprovada na 40ª reunião da Conferência Internacional do Trabalho realizada em Genebra, em 1957, entrou em vigor no plano internacional em 17 de janeiro de 1959, sendo ratificada pelo Brasil pelo Decreto n. 58.822, de 14 de julho de 1966, tendo por objetivo disciplinar a abolição internacional do trabalho forçado, em complementação à Convenção de 1926, relativa à escravidão, e à Convenção Suplementar de 1596, relativa à abolição da escravidão, do tráfico de escravos e práticas análogas à escravidão, estabelecendo medidas a serem implementadas para se evitar o trabalho forçado ou obrigatório gere condições análogas à escravidão.

O objetivo da Convenção n. 105 da OIT é fazer com que os países signatários se obriguem a suprimir o emprego do trabalho forçado ou obrigatório em todo território nacional no mais curto prazo possível, estabelecendo o seguinte conceito de trabalho forçado:

Portanto, os elementos distintos do trabalho forçado – em comparação ao tráfico de pessoas — envolve: a) a realização de qualquer trabalho, de forma que a natureza jurídica do trabalho ser irrelevante, b) realizado por qualquer pessoa, sendo irrelevante a idade e gênero, c) ameaça, castigo ou outra forma de coação, sendo suficiente para sua configuração a coação pela ameça de perda do salário, d) inexistência de manifestação livre da vontade de aderir e de se manter nesse sistema de trabalho "forçado" ou "compulsório".

A *Convenção n. 182 da OIT* estabelece o tráfico de crianças e de adolescentes, o trabalho escravo infantil, o trabalho forçado ou compulsório de crianças e adolescentes, como sendo as piores formas de trabalho infantil, dada a gravidade extremada desse ilícito internacionalmente praticado.

As mais recentes normas internacionais da Organização Internacional do Trabalho ratificada pelo Brasil se refere a *Convenção n. 189 e a Recomendação n. 201*, sobre Trabalho Decente para as Trabalhadoras e os Trabalhadores Domésticos, as quais foram adotadas pelas 99ª e 100ª Conferência Internacional do Trabalho em 2011, sendo ratificada pelo Brasil em 31.01.2018, estando em vigor no país em 31.01.2019. Seu objetivo é assegurar a promoção e proteção efetiva de direitos humanos a todos trabalhadores domésticos, mediante lhe assegurar liberdade de associação e sindical, eliminação de todas as formas de trabalho forçado ou obrigatório, erradicando o trabalho infantil doméstico e eliminando a discriminação em matéria de emprego doméstico, determinando seja fixada idade mínima para ingresso no trabalho doméstico não inferior a 18 anos de idade, proteção dos trabalhadores domésticos contra toda forma de abuso, assédio e violência, adoção de medidas que assegure condições equitativas de emprego e trabalho decente ao trabalhador doméstico, determinando-se que tenham direito de manter sob sua posse seus documentos de identidade e viagem, isonomia de direitos trabalhistas entre os trabalhadores domésticos e os empregados em geral, vedando-se a discriminação remuneratória em razão de sexo, direito a laborar em ambiente seguro e saudável, proteção à maternidade e seguridade social.

No que diz respeito à saúde e segurança no trabalho, inúmeras são as Convenções da OIT, citando-se as de ns.: 18, 42, 115, 121, 136, 139, 148, 155, 161, 162, 167, 170, 172, 174, 177, 183, 184, 187, 186, 189 e 190, as quais constituem um mínimo de proteção aceitável ao desenvolvimento do trabalho humano.

Destaca-se a *Convenção n. 155* da OIT sobre segurança e saúde dos trabalhadores, aprovada na 67ª reunião da Conferência Internacional do Trabalho (Genebra — 1981), que entrou em vigor no plano internacional em 11 de agosto de 1983, sendo ratificada pelo Brasil pelo Decreto n. 1.254, de 29 de setembro de 1994. Referida convenção estabelece o dever de os países signatários de formularem uma política nacional em matéria de segurança e saúde dos trabalhadores e o meio ambiente de trabalho, visando prevenir acidentes e danos à sapude como consequência do trabalho e com nexo de causalidade com a atividade desempenhada, objetivando reduzir os riscos à saúde do trabalhador a grau mínimo, nos termos de seu art. 4º:

> "Art. 4 - 1. Todo Membro deverá, em consulta com as organizações mais representativas de empregadores e de trabalhadores, e levando em conta as condições e as práticas nacionais, formular, pôr em prática e reexaminar periodicamente uma política nacional coerente em matéria de segurança e saúde dos trabalhadores e o meio ambiente de trabalho.
>
> 2. Essa política terá como objetivo prevenir os acidentes e os danos à saúde que forem consequência do trabalho tenham relação com a atividade de trabalho, ou se apresentarem durante o trabalho, reduzindo ao mínimo, na medida que for razoável e possível, as causas dos riscos inerentes ao meio-ambiente de trabalho."

Embora ainda não ratificada pelo Brasil, possui relevância e destaque internacional a *Convenção n. 187 da OIT* que institui o marco promocional para a segurança e saúde do trabalhador (2006), a qual tem por finalidade *"promover a melhoria contínua da segurança e saúde ocupacional com o objetivo de prevenir lesões, doenças e mortes causadas pelo trabalho através do desenvolvimento de uma política, sistema e programa nacional, em consulta com as organizações mais representativas de empregadores e trabalhadores."* (art. 2º), mediante monitoramento e revisão periódica do Programa Nacional de Segurança e

Saúde Ocupacional, o qual deve abranger do esenvolvimento de uma cultura nacional de prevenção em questões de saúde e segurança no trabalho, contribuir para proteção dos trabalhadores, eliminando ou minimizando os riscos profissionais, prevenindo lesões, doenças e mortes decorrentes do trabalho, fixando indicadores e metas nacionais progressivas.

A Convenção mais atual da OIT, é a *Convenção n. 190* que é uma referência em saúde mental por coibir todo e qualquer tipo de violência, ainda que focada na questão de gênero. Ela foi aprovada na 108ª Conferência Internacional do Trabalho, em Genebra em 21 de junho de 2019, ainda não ratificada pelo Brasil, e estabelece importantes definições:

> **"I. DEFINIÇÕES**
>
> **Art. 1º**
>
> 1. Para efeitos da presente Convenção:
>
> (a) o termo "violência e assédio" no mundo do trabalho refere-se a um conjunto de comportamentos e práticas inaceitáveis, ou de suas ameaças, de ocorrência única ou repetida, que visem, causem, ou sejam susceptíveis de causar dano físico, psicológico, sexual ou económico, e inclui a violência e o assédio com base no género;
>
> (b) o termo "violência e assédio com base no género" significa violência e assédio dirigido às pessoas em virtude do seu sexo ou género, ou afectam de forma desproporcionada as pessoas de um determinado sexo ou género, e inclui o assédio sexual."

O objetivo dessa convenção internacional é coibir todo tipo de violência e assédio no mundo do trabalho, durante a jornada de trabalho, relacionada com o trabalho ou decorrente do trabalho ainda que ocorridos durante os deslocamentos a trabalho ou no trajeto da residência ao local de trabalho e no seu retorno, bem como em alojamento fornecido pelo empregador, praticados por quaisquer meios, inclusive "através de comunicações relacionadas com o trabalho, incluindo as facilitadas pelas tecnologias da informação e comunicação;" (art. 3º). Para tanto, mais do que proibir violências e assédios, obriga os países a adotarem políticas estratégicas preventivas e repressivas, adoção de mecanismos de aplicação e acompanhamento da eficácia dessas políticas, garantia de acesso às vias de reparação, apoio às vítimas, estabelecimento de sanções pelas violações, implementação de ferramentas e meios de orientação, educação, formação e sensibilização acessíveis e apropriados, bem como garantia de meios eficazes para investigação dos casos de violência e assédio (art. 4º).

Conforme amplamente exposto e analisado, verifica-se que o trabalho decente é um instituto amplo e completo, que envolve a proteção do ser humano em sentido irrestrito, no que diz respeito à sua vida, segurança, saúde, liberdade, justa remuneração, igualdade ampla, não estando instituído em norma isolada, mas decorrendo de um conjunto de direitos e garantias instituídos em tratados internacionais e reforçados pelos objetivos de desenvolvimento sustentável, a serem alcançados e cumpridos até 2030.

4. Conclusão

Da necessidade de se assegurar a concretização efetiva dos direitos humanos, em especial no pós guerra, as organizações internacionais criadas pelo Tratado de Paz, sem detrimento de outras, passaram a editar diversos tratados internacionais, declarações pactos, convenções, recomendações, protocolos, dentre outros documentos internacionais, destinados a assegurar proteção aos direitos humanos fundamentais.

As Nações Unidas e a Organização Internacional do Trabalho destacam-se nesse intuito, por serem delas que amanaram as mais relevantes declarações, pactos, convenções e recomendações, especialmente voltadas a promover o trabalho decente.

Embora a adoção internacional da expressão "trabalho decente" seja relativamente recente quando comparado com os primeiros documentos históricos a instituir e a assegurar direitos humanos, é a expressão mais atualizada e significativa, indispensável para a concretização da Agenda 2030, um pacto global voltado ao desenvolvimento humano sustentável, que conclama os estados membros da Organização das Nações Unidas — ONU a adotarem as medidas necessárias e eficazes para promover o desenvolvimento sustentável (econômica, social e ambiental) até o ano de 2030, mediante proteção ao meio ambiente, inclusive meio ambiente do trabalho, erradicação ao trabalho infantil, combate ao trabalho forçado, escravo, tráfico de pessoas, promoção da igualdade no trabalho e combate a discriminação em todas as suas formas, para ao cabo conseguir viabilizar melhores condições de vida a todos.

Há, ainda, muito por fazer para se conseguir concretizar os 17 objetivos de desenvolvimento sustentável, indispensáveis para a concretização da Agenda 2030 para implementação do trabalho decente. Há ainda vários tratados internacionais não ratificados pelo Brasil.

No entanto, como o Brasil é membro fundador da ONU e da OIT, por ser subscritor da *Convenção de Viena sobre o Direito dos Tratados*, assumiu o compromisso de adotar internamente o primado do Direito Internacional sobre o Direito Interno, de forma a legislação interna não pode violar tratados internacionais e normas imperativas de Direito Internacional.

Assim sendo, ganha especial destaque o papel do Poder Judiciário Brasileiro, para concretizar as normas internacionais de direitos humanos e os tratados internacionais sobre trabalho decente, pela análise se as normas internas estão em conformidade com eles, no exercício do controle de convencionalidade.

A Justiça do Trabalho é um berço excelente para implementação da averiguação da conformidade normativa trabalhista de proteção infantojuvenil no mercado de trabalho, proteção à segurança e saúde no trabalho, promoção da igualdade em matéria de emprego e ocupação, de eliminação de toda forma de discriminação, de abolição do trabalho infantil, escravo, servidão, forçado.

Referencias

BRASIL. Constituição (1988). *Constituição da República Federativa do Brasil de 1988*. Disponível em: <http://www.planalto.gov.br/ccivil_03/constituicao/constituicao.htm>. Acesso em: 30 ago. 2023.

______. *Decreto n. 5.017, de 12 de março de 2004*. Promulga o Protocolo Adicional à Convenção das Nações Unidas contra o Crime Organizado Transnacional Relativo à Prevenção, Repressão e Punição do Tráfico de Pessoas, em Especial Mulheres e Crianças. 2020. Disponível em: <http://www.planalto.gov.br/ccivil_03/_ato2004-2006/2004/decreto/d5017.htm>. Acesso em: 30 ago. 2022.

______. *Decreto n. 3.597, de 12 de setembro de 2000*. Promulga Convenção n. 182 e a Recomendação n. 190 da OIT sobre a Proibição das piores formas de trabalho infantil e ação imediata para a sua eliminação. Disponível em: <http://www.planalto.gov.br/ccivil_03/decreto/d3597.htm>. Acesso em: 30 ago. 2022.

______. *Decreto n. 4.134, de 15 de fevereiro de 2002*. Promulga a Convenção n. 138 e Recomendação n. 146 da OIT sobre Idade Mínima de Admissão ao Emprego. Disponível em: <http://www.planalto.gov.br/ccivil_03/decreto/2002/d4134.htm>. Acesso em: 30 ago. 2022.

______. *Decreto n. 4.377, de 13 de setembro de 2002*. Promulga a Convenção Internacional sobre a Eliminação de Todas as Formas de Discriminação contra a Mulher. Disponível em: <https://www.planalto.gov.br/ccivil_03/decreto/2002/D4377.htm>. Acesso em: 30 ago. 2023.

______. *Decreto n. 6.949, de 23 de agosto de 2009*. Promulga a Convenção Internacional sobre os Direitos das Pessoas com Deficiência e seu Protocolo Facultativo. Disponível em: <https://www.planalto.gov.br/ccivil_03/_ato2007-2010/2009/decreto/d6949.htm>. Acesso em: 30 ago. 2023.

______. *Decreto n. 7.030, de 14 de dezembro de 2009*. Promulga a Convenção de Viena sobre o Direito dos Tratados. Disponível em: <http://www.planalto.gov.br/ccivil_03/_ato2007-2010/2009/decreto/d7030.htm>. Acesso em: 30 ago. 2022.

______. *Decreto n. 10.088, de 5 de novembro de 2019*. Consolida atos normativos editados pelo Poder Executivo Federal que dispõem sobre a promulgação de convenções e recomendações da Organização Internacional do Trabalho — OIT, ratificadas pela República Federativa do Brasil. Disponível em: <http://www.planalto.gov.br/ccivil_03/_Ato2019-2022/2019/Decreto/D10088.htm#art5> Acesso em: 30 ago. 2022.

______. *Decreto n. 50.215, de 28 de janeiro de 1961*. Promulga a Convenção relativa ao Estatuto dos Refugiados. Disponível em: <https://www2.camara.leg.br/legin/fed/decret/1960-1969/decreto-50215-28-janeiro-1961-389887-publicacaooriginal-1-pe.html>. Acesso em: 30 ago. 2023.

______. *Decreto n. 58.563, de 1º de junho de 1966*. Promulga e Convenção sobre Escravatura de 1926 emendada pelo Protocolo de 1953 e a Convenção Suplementar sobre a Abolição da

Escravatura de 1956. Disponível em: <http://www.planalto.gov.br/ccivil_03/Atos/decretos/1966/D58563.html>. Acesso em: 30 ago. 2023.

______. *Decreto n. 65.810, de 08 de dezembro de 1969*. Promulga a Convenção Internacional sobre a Eliminação de todas as Formas de Discriminação Racial. Disponível em: <http://www.planalto.gov.br/ccivil_03/decreto/1950-1969/D65810.html>. Acesso em: 30 ago. 2023.

______. *Decreto n. 10.932, de 10 de janeiro de 2022*. Promulga a Convenção Interamericana contra o Racismo, a Discriminação Racial e Formas Correlatas de Intolerância, firmado pela República Federativa do Brasil, na Guatemala, em 5 de junho de 2013. Disponível em: <https://www.planalto.gov.br/ccivil_03/_Ato2019-2022/2022/Decreto/D10932.htm>. Acesso em: 30 ago. 2023.

______. *Decreto n. 99.710, de 21 de novembro de 1999*. Promulga Convenção sobre Direitos da Criança. Disponível em: <http://www.planalto.gov.br/ccivil_03/decreto/1990-1994/d99710.htm>. Acesso em: 30 ago. 2022.

______. Supremo Tribunal Federal. Pleno. Acórdão sobre prisão de depositário infiel. *Recurso Especial 466.343-SP*. Luciano Cardoso Santos e Banco Bradesco S/A. Relator Ministro Cezar Peluso. Data do Julgamento: 3 dez. 2008. *DJe* 4 jun. 2009. Disponível em: <https://redir.stf.jus.br/paginadorpub/paginador.jsp?docTP=AC&docID=595444>. Acessoem: 30 ago. 2022.

______. SUPREMO TRIBUNAL FEDERAL. *Agenda 2030*. 2020a. Brasília: STF. Disponível em: <https://portal.stf.jus.br/hotsites/agenda-2030/>. Acesso em: 1º set. 2023.

MAZZUOLI, Valério de Oliveira. *Controle jurisdicional de convencionalidade das leis*. 5. ed. Rio de Janeiro: Forense, 2018.

NAÇÕES UNIDAS. *Agenda 2030*. Disponível em: <https://nacoesunidas.org/pos2015/agenda2030/>. Acesso em: 29 fev. 2020.

MELO, Herena Neves Maués Corrêa de. O Tráfico de Pessoas para fins de Trabalho Escravo Contemporâneo como Ruptura dos Princípios da Ordem Econômica Constitucional: Análise Jurídica a partir das Práticas Perversas de Gestão das Vinícolas de Bento Gonçalves. *Coleção Estudos Enamat — A Justiça do Trabalho e a erradicação do trabalho forçado, da escravidão de qualquer natureza e do tráfico de pessoas*, vol. 4. Coordenação, organização e revisão técnica: Mauricio Godinho Delgado, Evandro Pereira Valadão Lopes, Adriene Domingues Costa e Bruno Alves Rodrigues – Brasília-DF: Obra coletiva Enamat, ago. 2023. p. 447-459. *eBook* disponível em: <http://www.enamat.jus.br/?page_id=22518>. Acesso em: 1º set. 2023.

OEA. *Convenção Americana de Direitos Humanos – Pacto San José da Costa Rica, de 22 de novembro de 1969*. Disponível em: <https://www.cidh.oas.org/basicos/portugues/c.convencao_americana.htm>. Acesso em: 29 fev. 2020.

ONU. *Convenção Internacional sobre a Proteção dos Direitos de Todos os Trabalhadores Migrantes e dos Membros das suas Famílias*. 1990. Disponível em: <https://www.oas.org/dil/port/1990%20Conven%C3%A7%C3%A3o%20Internacional%20sobre%20a%20Protec%C3%A7%C3%A3o%20dos%20Direitos%20de%20Todos%20os%20Trabalhadores%20Migrantes%20e%20suas%20Fam%C3%Adlias,%20a%20resolu%C3%A7%C3%A3o%2045-158%20de%2018%20de%20dezembro%20de%201990.pdf. Acesso em: 30 ago. 2023.

______. *Convenção Internacional sobre a Eliminação de Todas as Formas de Discrminação Racial.* Disponível em: <https://www.oas.org/dil/port/1965%20Conven%C3%A7%C3%A3o%20Internacional%20sobre%20a%20Elimina%C3%A7%C3%A3o%20de%20Todas%20as%20Formas%20de%20Discrimina%C3%A7%C3%A3o%20Racial.%20Adoptada%20e%20aberta%20%C3%A0%20assinatura%20e%20ratifica%C3%A7%C3%A3o%20por%20Resolu%C3%A7%C3%A3o%20da%20Assembleia%20Geral%202106%20(XX)%20de%2021%20de%20dezembro%20de%201965.pdf>. Acesso em: 30 ago. 2023.

______. *Declaração Universal dos Direitos Humanos, de 10 de dezembro de 1948.* Disponível em: <https://www.unicef.org/brazil/declaracao-universal-dos-direitos-humanos>. Acesso em: 30 ago. 2023.

______. *Objetivo de Desenvolvimento Sustentável 8* — Trabalho Decente e crescimento econômico. Disponível em: <https://brasil.un.org/pt-br/sdgs/8>. Acesso em: 1º set. 2023.

______. *Os Objetivos de Desenvolvimento do Milênio.* 22 jun 2010. Disponível em: <https://brasil.un.org/pt-br/66851-os-objetivos-de-desenvolvimento-do-mil%C3%Aanio>. Acesso em: 1º set 2023.

______. *Sobre o nosso trabalho para alcançar os Objetivos de Desenvolvimento Sustentável.* Disponível em: <https://brasil.un.org/pt-br/sdgs>. Acesso em: 1º set. 2023.

______. *Transformando Nosso Mundo:* A Agenda 2030 para o Desenvolvimento Sustentável. Disponível em: <https://brasil.un.org/sites/default/files/2020-09/agenda2030-pt-br.pdf>. Acesso em: 1º set. 2023.

______. *Pacto Internacional dos Direitos Civis e Políticos.* 1966. Disponível em: <https://www.oas.org/dil/port/1966%20Pacto%20Internacional%20sobre%20Direitos%20Civis%20e%20Pol%C3%Adticos.pdf>. Acesso em: 30 ago. 2023.

______. *Pacto Internacional dos Direitos Econômicos, Sociais e Culturais – PIDESC.* 1966. Disponível em: <https://www.oas.org/dil/port/1966%20Pacto%20Internacional%20sobre%20os%20Direitos%20Econ%C3%B3micos,%20Sociais%20e%20Culturais.pdf>. Acesso em: 30 ago. 2023.

OIT. *Constituição da Organização Internacional do Trabalho (OIT) seu Anexo (Declaração de Filadélfia).* 1946. Disponível em: <https://www.ilo.org/wcmsp5/groups/public/---americas/---ro-lima/---ilo-brasilia/documents/genericdocument/wcms_336957.pdf>. Acesso em: 30 ago. 2023.

______. *Convenção n. 97.* Trabalhadores Migrantes (revista). 1949. Disponível em: <https://www.ilo.org/brasilia/convencoes/WCMS_235186/lang--pt/index.htm>. Acesso em: 30 ago. 2023.

______. *Convenção n. 29.* Trabalho Forçado ou Obrigatório. 1930. Disponível em: <https://www.ilo.org/brasilia/convencoes/WCMS_235021/lang--pt/index.htm>. Acesso em: 30 ago. 2023.

______. *Convenção n. 100.* Igualdade de Remuneração de Homens e Mulheres Trabalhadores por Trabalho de Igual Valor. 1953. Disponível em: <https://www.ilo.org/brasilia/convencoes/WCMS_235190/lang—pt/index.htm>. Acesso em: 1º set. 2023.

______. *Convenção n. 105.* Abolição do Trabalho Forçado. 1959. Disponível em: <https://www.ilo.org/brasilia/convencoes/WCMS_235195/lang--pt/index.htm>. Acesso em: 30 ago. 2023.

______. *Convenção n. 155.* Segurança e Saúde dos Trabalhadores. 1981. Disponível em: <https://www.ilo.org/brasilia/convencoes/WCMS_236163/lang--pt/index.htm>. Acesso em: 1º set. 2023.

______. *Convenção n. 187.* Marco Promocional para a Segurança e Saúde no Trabalho. 2006. Disponível em: <https://www.ilo.org/dyn/normlex/es/f?p=NORMLEXPUB:12100:0::NO::P12100_INSTRUMENT_ID:312332>. Acesso em: 1º set. 2023.

______. *Convenção n. 189.* Convenção e Recomendação sobre Trabalho Decente para as Trabalhadoras e os Trabalhadores Domésticos. 2011. Disponível em: <https://www.ilo.org/wcmsp5/groups/public/---europe/---ro-geneva/---ilo-lisbon/documents/genericdocument/wcms_729459.pdf>. Acesso em: 1º set. 2023.

______. *Convenção n. 190.* Eliminação da violência e do assédio no mundo do trabalho. 2019. Disponível em: <https://www.ilo.org/wcmsp5/groups/public/---ed_protect/---protrav/---travail/documents/publication/wcms_169517.pdf>. Acesso em: 1º set. 2023.

______. *Declaração da OIT sobre os Princípios e Direitos no Trabalho.* 1998. Disponível em: <https://www.ilo.org/public/english/standards/declaration/declaration_portuguese.pdf.>. Acesso em: 29 fev. 2020.

SCARABELLI, Camila Ceroni Scarabelli. A importância da atuação da Justça do Trabalho na Promoção da Prioridade Absoluta para Resgate da Infancia e Erradicação da Exploração Infantojuvenil. *Estudos Enamat — Uma prioridade absoluta: a erradicação do trabalho infantil, o incentivo à aprendizagem e a proteção à convivência familiar da criança e do adolescente na Justiça do Trabalho*, vol. 5. Coordenação, organização e revisão técnica: Maurício Godinho Delgado, Evandro Pereira Valadão Lopes, Adriene Domingues Costa e Bruno Alves Rodrigues – Brasília-DF: Obra coletiva Enamat, agosto 2023. pp. 413-433. *eBook* disponível em: <http://www.enamat.jus.br/?page_id=22518>. Acesso em: 1º set. 2023.

______. Controle de Convencionalidade acerca do Trabalho Infantil. *Coleção Direito Internacional do Trabalho – A Comunicabilidade do Direito Internacional do Trabalho e o Direito do Trabalho Brasileiro*, vol.2. São Paulo: Tirant Lo Blanch, 2020. p. 110-122. *eBook* disponível em: <https://editorial.tirant.com/br/libro/a-comunicabilidade-do-direito-internacional-do-trabalho-e-o-direito-do-trabalho-brasileiro-claudio-jannotti-da-rocha-9786586093759>. Acesso em: 30 ago. 2022.

ONU. *Transformando Nosso Mundo:* A Agenda 2030 para o Desenvolvimento Sustentável. Disponível em: <https://brasil.un.org/sites/default/files/2020-09/agenda2030-pt-br.pdf>. Acesso em: 1º set. 2023.

As Eleições de 2022 e o Assédio Eleitoral nas Relações de Trabalho

The 2022 Elections and Electoral Harassment in Labor Relations

Marcel de Ávila Soares Marques[(1)]

Resumo: O presente trabalho tem como objetivo analisar o contexto histórico das eleições de 2022, o conceito de assédio eleitoral e os fatos trazidos a público pela imprensa; ademais, pretende analisar as consequências que podem vir a ser suportadas pelos assediadores.

Palavras-chave: Eleições — Assédio eleitoral — Relações de trabalho — Contexto histórico.

Abstract: The present work aims to analyze the historical context of the 2022 elections, the concept of electoral harassment and the facts which were made public by the press; moreover, it intends to analyze the consequences that may be borne by the harassers.

Keywords: Elections — Election harassment — Work relationships — Historical context.

1. Introdução

O término do regime de exceção vivido em nosso país desde 1964 pela tomada do poder pelos militares abriu caminho para a redemocratização, inclusive com a possibilidade de eleição dos membros que exercem atividade política. A Constituição Federal de 1988 (doravante "CF/88") garante o direito a eleições para os membros do Poder Legislativo e do Poder Executivo; já os membros do Poder Judiciário de carreira, por sua vez, são selecionados mediante concurso público de provas e títulos para o cargo de juiz.

(1) Especialista em Direito e Processo do Trabalho. Professor e Juiz do Trabalho.

O direito ao voto passou a ser constitucionalmente garantido, bem como o exercício da liberdade de expressão. O voto deve ser livre, não podendo ser manipulado por qualquer agente.

Neste artigo, trataremos dos casos denunciados de assédio eleitoral cometido por empregadores na campanha eleitoral das eleições de 2022.

2. Contexto histórico

Desde a promulgação da Constituição Federal em 1988, tivemos 5 presidentes eleitos e 2 vice-presidentes empossados presidentes no decorrer do mandato, ou seja, em 35 anos (artigo escrito em 2023), tivemos apenas 7 pessoas ocupando o cargo de presidente da República.

Em 1990, tivemos a posse de Fernando Collor de Melo; em 1992, a posse de Itamar Franco; em 1995, a posse de Fernando Henrique Cardoso, reeleito em 1997 para mais um mandato; em 2003, Luiz Inácio Lula da Silva é empossado, reeleito em 2006 para mais um mandato; em 2011, a posse de Dilma Roussef, reeleita em 2014 para mais um mandato; em 2016, a posse de Michel Temer; em 2019, a posse de Jair Bolsonaro; e, em 2023, a posse de Luiz Inácio Lula da Silva, para o seu terceiro mandato como presidente da República.

No primeiro governo de Fernando Henrique Cardoso, foi aprovada uma proposta de Emenda Constitucional que autorizava a reeleição, e, desde a sua aprovação, apenas Jair Bolsonaro não foi reeleito.

Em 2010, foi aprovado um projeto de lei de iniciativa popular que ficou conhecido como "Lei da Ficha Limpa" que impede a disputa de eleições por candidatos condenados em duas instâncias.

A operação Lava Jato investigou diversos crimes de corrupção e acabou por condenar o ex-presidente à época Luiz Inácio Lula da Silva em duas instâncias, o que impediu a sua participação como candidato ao cargo de presidente da República nas eleições de 2018, eleição em que o candidato Jair Bolsonaro se sagrou vencedor na disputa com Fernando Haddad. Jair Bolsonaro foi eleito, em segundo turno, com 55,15% dos votos válidos, totalizando 57.797.847 (cinquenta e sete milhões, setecentos e noventa e sete mil, oitocentos e quarenta e sete votos). No decorrer do mandato de Jair Bolsonaro, o Supremo Tribunal Federal (doravante "STF") decidiu anular as condenações impostas a Luiz Inácio Lula da Silva em consequência do reconhecimento da incompetência da 2ª Vara Federal de Curitiba e, posteriormente, pelo acolhimento da suspeição do ex-juiz Sérgio Moro para a condução e para decisão daqueles processos.

Não é nosso intuito adentrar na análise das decisões judiciais proferidas pelo juiz Sérgio Moro, confirmadas pelo Tribunal Regional Federal da 4ª Região (TRF4) e pelo

Superior Tribunal de Justiça (STJ) e, por fim, anuladas pelo STF. Após a decisão do STF, o senhor Luiz Inácio Lula da Silva retoma o seu direito a concorrer ao cargo de presidente da República.

O país já estava dividido politicamente ao término das eleições de 2018, e, no decorrer de seu mandato, o presidente Jair Bolsonaro acabou por acirrar ainda mais tal divisão entre direita e esquerda. Diante de seus posicionamentos, com destaque a sua postura antivacina durante a pandemia da Covid-19, o abrandamento no discurso e nas ações de combate à corrupção, inclusive envolvendo seus filhos, bem como o insucesso das políticas econômicas, a divisão da população foi crescendo exponencialmente, tendo seu ápice no pleito eleitoral de 2022, quando Jair Bolsonaro concorreu à reeleição, e Luiz Inácio Lula da Silva obteve sua terceira vitória.

Em 30 de outubro de 2022, no segundo turno das eleições, o candidato Luiz Inácio Lula da Silva foi eleito presidente da República com 50,90% dos votos, contra 49,10% de Jair Bolsonaro. Foi o resultado com menor diferença de votos de todo o histórico eleitoral de nosso país pós-redemocratização. Tal diferença apertada deixa claro o quão dividido o país se encontrava naquele momento, inclusive gerando suspeitas se o presidente eleito seria empossado ou se o candidato derrotado Jair Bolsonaro, que ainda estava no exercício da presidência, tomaria alguma atitude para impedir tal acontecimento. Investigações e operações policiais no ano de 2023 revelaram, inclusive, um documento que previa uma forma de golpe de Estado. No dia 01 de janeiro de 2023, o presidente eleito tomou posse, e, no dia 08 de janeiro de 2023, a capital federal foi alvo de atentados, os quais foram todos neutralizados, e o governo continuou atuando.

Por fim, cumpre destacar que, nos estados de São Paulo e Minas Gerais, foram eleitos governadores que apoiavam a candidatura do ex-presidente Jair Bolsonaro; ademais, a composição da Câmara dos Deputados e do Senado Federal também foi formada com maioria apoiadora do ex-presidente.

2.1. As eleições no Brasil

Desde 1988, a CF do Brasil prevê, em seu art. 14, que a soberania popular será exercida pelo sufrágio universal e pelo voto direto e secreto, com valor igual para todos. O § 1º do mesmo artigo determina que o voto é obrigatório aos maiores de 18 anos. Tanto homens quanto mulheres têm o dever de votar nas eleições, do contrário precisam justificar a ausência. A quitação com os deveres eleitorais é requisito para o exercício pleno de diversos direitos, entre eles o de tomar posse em cargo público, após aprovado em concurso.

Vamos tratar um pouco da história do voto no Brasil, definindo como marco a Proclamação da República em 1889. Nesse período, os menores de 21 anos, mulheres, analfabetos, mendigos, soldados rasos, indígenas e integrantes do clero não tinham direto ao voto. Apenas em 1891, nas eleições de Prudente de Moraes, é que o voto secreto apareceu, e, a partir desse momento, vivemos a República do café com leite, alternando um presidente oriundo do estado de São Paulo e outro oriundo do estado de Minas Gerais.

A República Velha é o período entre 1889 e a Revolução de 1930, tendo sido marcado por fraudes eleitorais. O voto de cabresto era o instrumento utilizado para "legitimar" a escolha dos governantes, porém foi a forma adotada pelos detentores do poder econômico e político para manipularem os resultados das urnas.

Para o cientista político Jairo Nicolau, autor de um livro sobre a história do voto, a República representou um retrocesso em relação ao Império, em razão da prática do voto de cabresto:

As eleições deixaram de ter relevância para a população, eram simplesmente uma forma de legitimar as elites políticas estaduais. Elas passaram a ser fraudadas descaradamente, de uma maneira muito mais intensa do que no Império. Dessa época vêm as famosas eleições a bico de pena: um dia antes da eleição, o presidente da Mesa preenchia a ata dizendo quantas pessoas a tinham assinado, fraudando a assinatura das pessoas que compareciam.(2)

Mesmo com o golpe protagonizado por Getúlio Vargas que tirou Washington Luís do governo, a década de 30 foi marcada por muitas conquistas relacionadas aos direitos políticos. No início da década, com a criação dos Tribunais Regionais Eleitorais e do Tribunal Superior Eleitoral, foi estabelecido o voto secreto; em 1932, as mulheres conquistaram o direito ao voto, porém, em 1937, foi instituído o Estado Novo, estabelecendo a ditadura de Getúlio Vargas que manteve o país sem eleições por 8 anos. Em 1945, foi eleito presidente do Brasil o General Dutra, e passamos por 19 anos de democracia e eleições, até o ano de 1964, quando ocorreu o golpe de Estado que levou os militares ao poder.

Em 1972, foram retomadas as eleições para senadores e para prefeitos, com exceção das capitais. Durante esse período, foi instituído o bipartidarismo, com MDB e Arena. No ano de 1979, fica extinto o bipartidarismo, e o pleito de 1982 dava sinais de encerramento do período de autoritarismo.

O ano de 1984 foi marcado pela intensa campanha das "Diretas já" capitaneada por Ulysses Guimarães, que ficou conhecido como "Senhor Diretas", mas a proposta de Emenda Constitucional não foi aprovada. A desembargadora do Distrito Federal Ana Maria Amarante explica que, apesar dos apelos, a emenda das Diretas não foi aprovada naquele período porque "não era conveniente para importantes lideranças, não apenas

(2) BRASIL. Câmara dos Deputados. Conheça a história do voto. Agência Câmara Notícias. [Brasília]: Câmara dos Deputados, 03 ago. 2018. Disponível em: <https://www.camara.leg.br/noticias/122465-conheca-a-historia-do-voto-no-brasil/>. Acesso em: 26 set. 2023.

militares. As lideranças civis temiam, talvez, uma mudança muito drástica: a ascensão do populismo sempre esteve nas preocupações da elite brasileiras", afirma.(3)

As eleições de 1985 elegeu o primeiro civil depois de 21 anos de presidentes militares. Foi eleito Tancredo Neves para presidente, e José Sarney, para vice-presidente. Ainda que eleito de forma indireta, tal pleito marcou o fim do Regime Militar e o início da redemocratização do país. Tancredo Neves vem a falecer antes de tomar posse, e o vice José Sarney assume a presidência como sendo o primeiro presidente civil, ainda que fosse o líder do partido Arena.

Um novo pleito ocorre em 1986, o MDB sai vitorioso, elegendo 22 governadores, 77% dos senadores e 53% dos deputados. Nesse mesmo ano, o Congresso eleito ganha poderes constituintes e inicia a redação daquela que viria ser conhecida como a Carta Cidadã, promulgada em 5 de outubro de 1988, prevendo eleições diretas para presidente no ano seguinte.

Em 1989, após 29 anos de eleições indiretas para o cargo de presidente da República, a população volta a escolher, por meio do voto secreto e universal, o ocupante da principal função do Poder Executivo do nosso país. A campanha eleitoral foi marcada por muitos comícios e com a participação de 22 candidatos. Os candidatos mais expoentes foram Fernando Collor de Melo, Luiz Inácio Lula da Silva, os quais disputaram o segundo turno, além de Leonel Brizola, Ulysses Guimarães, Paulo Maluf e, até mesmo, o apresentador de televisão e proprietário do Sistema Brasileiro de Televisão, Silvio Santos, todos vencidos no primeiro turno.

No dia 17 de dezembro de 1989, os brasileiros foram às urnas e elegeram Fernando Collor de Melo presidente da República com 53,03% dos votos válidos. A posse ocorreu no dia 15 de março de 1990, e a Era Collor encerrou-se em 27 de dezembro de 1992, com sua renúncia, após os escândalos de corrupção.

Itamar Franco assume o governo e junto de sua equipe econômica, liderada por Fernando Henrique Cardoso, ministro da Fazenda, apresentam o plano Real, plano econômico que tinha como foco a estabilização da inflação e o fortalecimento da nova moeda. O sucesso do plano Real potencializou a campanha presidencial de Fernando Henrique Cardoso que foi eleito presidente da República em 03 de outubro de 1994, em primeiro turno, com 54,04% dos votos válidos, em disputa com Luiz Inácio Lula da Silva, que ficou em segundo lugar, tomando posse no dia 01 de janeiro de 1995. Durante seu primeiro mandato, é aprovada a Emenda Constitucional da reeleição. Em 04 de outubro de 1998, o candidato Fernando Henrique Cardoso reelege-se Presidente da República, novamente em disputa com Luiz Inácio Lula da Silva, com 53,06% dos votos válidos, sendo empossado em 1º de janeiro de 1999.

---

(3) BRASIL. Câmara dos Deputados. Década de 80: as Diretas-já. *Agência Câmara Notícias*. [Brasília]: Câmara dos Deputados, 05 ago. 2010. Disponível em: <https://www.camara.leg.br/noticias/90151-decada-de-80-as-diretas-ja/>. Acesso em: 26 set. 2023.

As eleições de 2002 encerram a Era FHC e abrem portas para a Era Lula. O candidato Luiz Inácio Lula da Silva concorreu à presidência da República nas eleições de 1989, de 1994, de 1998, tendo sido eleito em 24 de outubro de 2002, em segundo turno, concorrendo com José Serra, com 61,27% dos votos válidos. Sua posse ocorre em 01 de janeiro de 2003. No primeiro mandato, enfrentou acusações de corrupção, sendo o caso mais famoso o Mensalão, julgado pelo STF com condenação de diversos políticos que apoiavam o governo Lula. Mesmo com todos os escândalos, Luiz Inácio Lula da Silva reelege-se presidente da República em 29 de outubro de 2006, no segundo turno, dessa vez concorrendo com Geraldo Alckmin, com 60,83% dos votos válidos, tomando posse em 01 de janeiro de 2007.

Após oito anos de governo, o candidato Luiz Inácio Lula da Silva indica a sua ministra da Casa Civil, Dilma Roussef para disputar o cargo de presidente da República nas eleições de 2010, sexta eleição presidencial após a promulgação da CF/88. Em 31 de outubro de 2010, Dilma Roussef é eleita, em segundo turno, disputado com José Serra, com 56,05% dos votos válidos, tomando posse no dia 01 de janeiro de 2011. Após 4 anos, nas eleições de 2014, Dilma Roussef reelege-se Presidente da República, no dia 26 de outubro de 2014, em segundo turno disputado com Aécio Neves, com 51,64% dos votos, sendo empossada em 01 de janeiro de 2015.

Em 31 de agosto de 2016, após aprovação do impeachment de Dilma Roussef pelo Congresso Nacional, Michel Temer, vice-presidente eleito em 2014 na chapa de Dilma Roussef, toma posse como Presidente da República.

Como pudemos observar pelos índices apresentados nas eleições, desde as eleições de 2010, o país viveu uma polarização: o candidato é eleito com pouco mais de 50% dos votos. Nas eleições de 2018, não foi diferente, o candidato Jair Bolsonaro alavancou sua campanha adotando uma postura de criminalização da política, apresentando-se como o candidato de fora da política. As condenações e todos os escândalos de corrupção desvendados pela operação Lava Jato, envolvendo grandes empreiteiras nacionais, acabaram por enfraquecer o Partido dos Trabalhadores, partido vencedor das últimas 4 eleições presidenciais. O ex-presidente Luiz Inácio Lula da Silva teve sua candidatura indeferida com aplicação da Lei da Ficha Limpa e indicou o s.r Fernando Haddad como seu candidato à presidência. Em 28 de outubro de 2018, em segundo turno, o candidato Jair Bolsonaro foi eleito presidente com 55,13% dos votos válidos, tomando posse em 01 de janeiro de 2019.

Por fim, cumpre destacar que, desde 1994, o Brasil inseriu, no pleito eleitoral, a urna eletrônica, e as eleições presidenciais de 2002, 2006, 2010, 2014, 2018 e 2022 foram integralmente realizadas por meio dessa modalidade de voto, que já teve constatada a sua segurança e permite uma apuração mais ágil e eficaz, de modo a entregar o resultado final das eleições no mesmo dia em que ocorre o pleito, por volta das 21h.

2.2. A campanha eleitoral de 2022

Analisado, ainda que de forma resumida, o histórico eleitoral no Brasil, passaremos à análise da campanha eleitoral para presidência da República do ano de 2022. O Tribunal Superior Eleitoral publica previamente um calendário com as datas importantes e definidoras do calendário eleitoral, pois temos diversas regras que precisam ser seguidas pelo candidato, para que não haja impugnação e chance de cassação da candidatura.

No ano de 2022, tivemos datas importantes no calendário eleitoral, as quais serão, em seguida, descritas.

O dia 02 de abril de 2022, sábado, seis meses antes do pleito, ficou estabelecido — como o último dia para registro de estatutos dos partidos — o pré-candidato ter domicílio onde pretendesse concorrer, e o mais importante, governadores, prefeitos e presidente da república deixarem o mandato, caso quisessem concorrer a algum cargo diferente. No cenário de 2022, o governador de São Paulo João Doria e o governador do Rio Grande do Sul Eduardo Leite deixaram seus cargos de governadores, pois pretendiam concorrer ao cargo de presidente da República, o que, por fim, não se confirmou.

A partir do dia 05 de abril, ficou proibida a revisão geral de remuneração dos servidores públicos que excedesse a recomposição da perda de seu poder aquisitivo ao longo do ano da eleição. Essa medida visava a que os exercentes de cargo que pretendiam a reeleição ou a eleição para outro cargo se utilizassem de manobras como concessão de aumento real de remuneração dos servidores para obtenção de votos com uma categoria sabidamente organizada e formadora de opinião.

O dia 04 de maio ficou definido como o último dia para os presos provisórios e adolescentes internados que não possuíam inscrição eleitoral regular fossem alistados ou requeressem a regularização de sua situação, para votarem nas eleições de 2022. Essa informação tornou-se importante diante da viralização, nas redes sociais, de um vídeo em que presos supostamente comemoravam a eleição do candidato Luiz Inácio Lula da Silva, entoando seu jingle. Posteriormente, foi constatado que se tratava de uma fraude audiovisual que teve o áudio adulterado, e o vídeo original era de 2016.

A partir de 30 de junho, fica vedado às emissoras transmitir programa apresentado ou comentado por pré-candidato. No Brasil, temos o hábito de ter diversos apresentadores de programas em televisão e rádio se candidatando a cargos políticos, por isso a importância dessa data.

O dia 02 de julho ficou definido como sendo a data em que os agentes públicos ficaram proibidos de praticar diversas condutas, como propaganda institucional, salvo hipóteses previstas na legislação e pronunciamento em cadeia de TV e rádio fora do horário eleitoral gratuito, a não ser quando, a critério da Justiça Eleitoral, se tratar de matéria urgente, relevante e característica das funções de governo.

A partir de 20 de julho, passou a ser assegurado o exercício do direito de resposta ao candidato, partido, federação de partidos ou coligação atingidos, ainda que de forma indireta, por conceito, imagem ou afirmação caluniosa, difamatória, injuriosa ou sabidamente inverídica, difundidos por veículo de comunicação social. Sem sombra de dúvidas, essa foi uma das realidades constatadas na campanha eleitoral de 2022: deparamo-nos constantemente com *fake news* e grande parte com direito de resposta assegurado pelo Poder Judiciário.

A campanha eleitoral teve seu início oficial no dia 16 de agosto, data a partir da qual os partidos começaram as campanhas, inclusive na internet, televisão e rádios.

Em 26 de agosto deu-se início à propaganda eleitoral gratuita no rádio e na televisão, com duração de 37 dias.

No dia 02 de outubro, ocorreu o primeiro turno das eleições, e foram conduzidos ao segundo turno o candidato Jair Bolsonaro e o candidato Luiz Inácio Lula da Silva.

No dia 30 de outubro de 2023, tivemos o segundo turno do pleito, dia em que o candidato Luiz Inácio Lula da Silva foi eleito presidente da República. É importante destacar que a campanha eleitoral refletiu a polarização vivida no dia a dia da sociedade brasileira. As pesquisas constataram que boa parte da população gostaria de escolher entre outros candidatos, tanto que a candidata Simone Tebet conseguiu ter uma evolução exponencial no seu número de votos, superando um candidato recorrente nas eleições presidenciais, Ciro Gomes, e alcançando o terceiro lugar no pleito de primeiro turno.

A candidata Simone Tebet declarou apoio à candidatura de Luiz Inácio Lula da Silva no segundo turno, colaborando com a sua eleição. Na campanha de segundo turno, o candidato Luiz Inácio Lula da Silva apresentou a formação de uma frente ampla pela democracia para combater o candidato Jair Bolsonaro. Nessa formação, alguns membros da elite econômica passaram a apoiar o candidato Lula, inclusive economistas criadores do plano Real, como Pérsio Arida, Arminio Fraga, Paulo Malan, entre outros; ademais, diversos membros representantes da produção cultural do país também passaram a declarar apoio expresso ao candidato Luiz Inácio Lula da Silva, entre eles, atrizes e atores, cantoras e cantores, diretoras e diretores de cinema, televisão e teatro, entre outros. Tais pessoas são formadores de opinião, exercendo assim alguma influência sobre a sociedade.

Vale destacar que tivemos fatos marcantes no período de campanha, como, por exemplo, quando a deputada eleita Carla Zambeli perseguiu, no centro de São Paulo, um cidadão, empunhando uma arma. Também ocorreu uma denúncia relativa a propagandas de rádio do candidato Jair Bolsonaro as quais não estavam sendo veiculadas em rádios da região Nordeste, o que se mostrou inexistente na sequência; inclusive, uma das rádios apontadas era de propriedade do Ministro das Comunicações à época.

Por fim, podemos constatar que a campanha eleitoral de 2022 foi marcada por profunda polarização, inclusive criando conflitos familiares. Predominou o discurso do nós contra eles; sem sombra de dúvidas, uma campanha nesses moldes acaba enfraquecendo a democracia, pois pouco se discutiram projetos de governo, propostas e planos econômicos para se enfrentar a recessão pós-pandemia.

3. Assédio eleitoral

O voto secreto é um direito fundamental garantido em nossa Carta Magna, devendo ser exercido livremente pelos cidadãos conforme sua consciência. O professor Ronaldo dos Santos disserta que:

> [...] trata-se de uma liberdade de autodeterminação política de cada pessoa. O exercício do direito de voto, porém, pressupõe a garantia de outras liberdades e direitos fundamentais, igualmente consagradas na Constituição Federal de 1988, como a liberdade de locomoção (art. 5º, XV), a liberdade de trabalho (e de não trabalho no dia da votação), a liberdade de consciência (art. 5º, VI), a garantida da intimidade e da vida privada (art. 5º, X), a liberdade de expressão (art. 5º, IV e IX), a liberdade de crença (art. 5º, VI), do direito à sua convicção política (art. 5º, VIII) e da liberdade partidária (art. 17, *caput*), pois a pluralidade de partidos políticos representa a diversidade política e social da própria sociedade brasileira.(4)

O trabalhador, como cidadão livre, tem garantido o seu exercício de voto conforme sua consciência, não podendo ser influenciado por seu empregador ao condicionar a manutenção do seu emprego em eventual vitória de algum candidato.

O Código Eleitoral prevê diversas situações que podem caracterizar o assédio eleitoral. O art. 234 desse código vaticina que ninguém poderá impedir ou embaraçar o exercício do sufrágio; já o art. 237 é mais explícito ao prever que a interferência do poder econômico e o desvio ou abuso do poder de autoridade, em desfavor da liberdade de voto, serão coibidos e punidos. A partir do art. 289, temos um extenso rol de crimes eleitorais: o art. 297, por exemplo, traz a previsão mais ampla de crime, prevendo que é crime eleitoral impedir ou embaraçar o exercício do sufrágio.

Destarte, conclui-se que o assédio eleitoral pode ser caracterizado como qualquer ação que tenha por objetivo influenciar, impedir, embraçar, instigar ou condicionar o exercício regular do voto livre e secreto.

---

(4) *JOTAINFO*. O que é assédio eleitoral e quais suas repressões trabalhistas. Disponível em: <https://www.jota.info/opiniao-e-analise/artigos/o-que-e-assedio-eleitoral-e-quais-suas-repressoes-trabalhistas-21102022>. Acesso em: 26 set. 2023.

No âmbito das relações trabalhistas, foram relatados pela imprensa diversas situações que podem ser caracterizadas como assédio eleitoral. Foram observados empregadores tentando coagir seus empregados a votarem em determinado candidato sob pena de, caso assim não o fizessem, estes seriam despedidos ou que aqueles fechariam suas empresas e desempregariam toda a gama de funcionários. Em grupos da rede social (WhatsApp), foram denunciadas mensagens de empregadores provocando e instigando outros empregadores a coagirem seus funcionários a votarem em determinado candidato.

É necessário destacar que a maioria das matérias jornalísticas que denunciavam condutas de empregadores que poderiam ser caracterizadas como assédio eleitoral apontavam que o candidato a que deveria ser destinado o voto do empregado era Jair Bolsonaro. Nesse ponto, novamente nos deparamos com o exercício do poder econômico de uma classe dominante sobre seus empregados. Também foram denunciadas situações no campo, lideradas por pessoas ligadas à produção agropecuária nacional.

O professor Ronaldo Santos novamente leciona ao declarar que:

> O assédio eleitoral no âmbito empresarial constitui uma versão atualizada do voto de cabresto, que marca os processos eleitorais brasileiros ao longo da sua história. A figura do coronel nos rincões do Brasil é reconfigurada no coronelismo empresarial que marca as eleições do Brasil no século 21. Somente com o implemento da cidadania, diminuição da pobreza, incremento da justiça social, fortalecimento das instituições públicas e privadas, com o combate e punição dos novéis coronéis empresariais, em todas as esferas jurídicas, poder-se-á acreditar na efetivação de um regime verdadeiramente democrático no Brasil, onde cada trabalhador-cidadão possa exercer com plena e total liberdade de consciência o seu direito fundamental de voto.(5)

No segundo turno das eleições, as buscas nos sítios de internet acerca do conceito de "assédio eleitoral" cresceram em 4000%, isso mesmo, quatro mil porcento. No período entre os dias 03 e 26 de outubro, as denúncias de assédio eleitoral cresceram exponencialmente. O MPT informa ter registrado 1.572 denúncias de assédio eleitoral em 1.200 empresas espalhadas pelo país. O número é 740% maior do que foi contabilizado nos dois turnos das eleições de 2018.

Ao cabo, destaca-se que os crimes eleitorais previsto no Código Eleitoral preveem as penas que deverão ser cumpridas, mas tais penas só podem ser aplicadas a pessoa física do empregador ou a quem esteja cometendo o ato diretamente. Nesse ponto, vale

---

(5) *JOTAINFO*. O que é assédio eleitoral e quais suas repressões trabalhistas. Disponível em: <https://www.jota.info/opiniao-e-analise/artigos/o-que-e-assedio-eleitoral-e-quais-suas-repressoes-trabalhistas-21102022. Acesso em: 26 set. 2023.

destacar que os empregados que tenham sofrido assédio eleitoral em seus ambientes de trabalho devem denunciar, junto ao Ministério Público do Trabalho, ou ajuizar reclamatória trabalhista relatando tais situações. Inegável que a prática de assédio eleitoral configura um ilícito e causa um dano, passível de reparação, podendo o empregado requerer o pagamento de indenização em decorrência do assédio eleitoral, podendo se equiparar às situações de assédio moral.

Nesse diapasão, uma das consequências a que está submetida a pessoa jurídica empregadora possivelmente acusada pela prática de assédio eleitoral é na fixação de um quantum indenizatório destinado ao empregado sob o título de indenização por danos morais.

Outra forma de assédio eleitoral possível é aquela realizada no dia das eleições, como, por exemplo, não permitir que algum empregado que esteja trabalhando no dia vá votar, oferecer benesses, como almoços, um dia de festa, tentando convencer algum funcionário a não ir votar. Oferecer qualquer benesse, seja monetária, seja in natura, com o objetivo de convencer a pessoa a votar no candidato de sua preferência, pode configurar assédio eleitoral.

Por fim, a imprensa noticiou diversos casos de assédio eleitoral cometidos por empregadores, noticiou, inclusive, reuniões em que o empregador ameaçava seus funcionários de fechamento da empresa ou de despedimento, caso um candidato vencesse as eleições. Tais fatos deixam claro a realidade de dominação que o poder econômico tenta e, muitas vezes, sai exitosa. As consequências que podem vir a sofrer são as seguintes: caso seja pessoa física, a caracterização de crime eleitoral, com penas estabelecidas no código eleitoral; na justiça do trabalho, a empresa pode vir a ser condenada em indenização por danos morais decorrentes de assédio eleitoral, conforme responsabilização — constante no código civil —, de forma objetiva, da empresa por atos de seus prepostos.

4. Considerações finais

As eleições do ano de 2022 deixam um legado preocupante para o nosso país: a impressão que temos é de que regredimos consideravelmente no quesito democracia. A tentativa de submissão dos trabalhadores aos interesses eleitorais de seus empregadores mostra o quão frágil está a nossa base democrática. Sabemos que o Brasil se redemocratizou faz pouco mais de 30 anos: vivemos momentos de democracia mais consolidados, em que os atores das eleições se enxergavam como adversários, e não como inimigos.

As democracias de todo o planeta estão se vendo em cheque; sem sombra de dúvidas, é possível afirmar que a evolução dos meios de comunicação, o acesso irrestrito às redes sociais, a inclusão digital crescendo exponencialmente e a possibilidade de divulgação de informações que não condizem com a realidade (mas que são convincentes) potencializam os debates e intensificam o acirramento e a polarização.

As instituições democráticas precisam estar atentas e preparadas para agir. Vimos isso acontecer no pleito de 2022: nunca dantes o Poder Judiciário teve de estar tão presente. A atuação do Tribunal Superior Eleitoral e dos juízes eleitorais mostrou-se essencial para a manutenção do Estado Democrático de Direito.

Por fim, relembro que, no dia do segundo turno das eleições, foram deflagradas operações da Polícia Federal em estados da região Nordeste, dificultando o trânsito de eleitores até as sessões de votação, o que deixa claro o quanto ainda precisamos evoluir. Fica aberto o debate para as próximas eleições.

Referências

BRASIL. Câmara dos Deputados. *Conheça a história do voto*. Agência Câmara Notícias. [Brasília]: Câmara dos Deputados, 03 ago. 2018. Disponível em: <https://www.camara.leg.br/noticias/122465-conheca-a-historia-do-voto-no-brasil/>. Acesso em: 26 set. 2023.

______. Câmara dos Deputados. *Década de 80:* as Diretas-já. Agência Câmara Notícias. [Brasília]: Câmara dos Deputados, 05 ago. 2010. Disponível em: <https://www.camara.leg.br/noticias/90151-decada-de-80-as-diretas-ja/>. Acesso em: 26 set. 2023.

______. *Código Eleitoral*. 12. ed. Brasília, DF: Presidência da República, 1965. Diário Oficial da União, 19 de julho de 1965. Disponível em: <https://www.planalto.gov.br/ccivil_03/leis/l4737compilado.htm>. Acesso em: 25 set. 2023.

______. *Constituição da República Federativa do Brasil de 1988*. Brasília, DF: Presidência da República, 1988. Diário Oficial da União, 5 out. 1988. Disponível em: <http://www.planalto.gov.br/ccivil_03/constituicao/constituicao.htm>. Acesso em: 25 set. 2023.

JOTAINFO. *O que é assédio eleitoral e quais suas repressões trabalhistas*. Disponível em: <https://www.jota.info/opiniao-e-analise/artigos/o-que-e-assedio-eleitoral-e-quais-suas-repressoes-trabalhistas-21102022>. Acesso em: 26 set. 2023.

Crítica Marxista ao Conceito de Trabalho Decente

Marxist Criticism of the Concept of Decent Work

Jorge Luiz Souto Maior[1]

"... o que distingue o pior arquiteto da melhor abelha é que ele figura na mente sua construção antes de transformá-la em realidade."
Karl Marx

Trabalho decente, segundo a OIT seria o ponto de convergência de quatro objetivos estratégicos da organização:

1. o respeito aos direitos no trabalho, especialmente aqueles definidos como fundamentais (liberdade sindical, direito de negociação coletiva, eliminação de todas as formas de discriminação em matéria de emprego e ocupação e erradicação de todas as formas de trabalho forçado e trabalho infantil);

2. a promoção do emprego produtivo e de qualidade;

3. a ampliação da proteção social;

4. e o fortalecimento do diálogo social.

(1) Professor da Faculdade de Direito da USP. Desembargador do Trabalho Aposentado.

O conceito em questão teria surgido na 87ª reunião da Organização Internacional do Trabalho, OIT, ocorrida, em Genebra, no ano de 1999, por sugestão do então diretor-geral Juan Somavia, o primeiro diretor proveniente do hemisfério sul.

Muito se tem falado a respeito, em uma perspectiva positiva, mas há uma evidente redução de potência nas políticas institucionais de proteção do(a) trabalhador(a) no modelo de sociedade capitalista, conforme se vinha preconizando até então.

Senão, vejamos.

Primeiro, é essencial lembrar que quando se fala em trabalho, no contexto do processo de produção capitalista, está se falando, propriamente, de força de trabalho, ou seja, do trabalho transformado em mercadoria, que é vendida como forma de sobrevivência daqueles que historicamente foram alijados da propriedade dos meios de produção.

O trabalho, essencialmente, como explicam José Paulo Netto e Marcelo Braz, é o que "torna possível a produção de qualquer bem, criando os valores que constituem a riqueza social" e pelo trabalho que o ser humano realiza suas necessidades e até mesmo se percebe em sua subjetivamente.

Ou, como diria Karl Marx, "o trabalho é um processo de que participam o homem e a natureza, processo em que o ser humano com sua própria ação impulsiona, regula e controla seu intercâmbio material com a natureza. Defronta-se com a natureza como uma de suas forças. Põe em movimento as forças naturais de seu corpo, braços e pernas, cabeça e mãos, a fim de apropriar-se dos recursos da natureza, imprimindo-lhes forma útil à vida humana. Atuando assim sobre a natureza externa e modificando-a, ao mesmo tempo modifica sua própria natureza."

O trabalho transformado em força de trabalho, no entanto, não completa este ciclo, desenvolvendo um mecanismo de perda da subjetividade, pois o ser humano não se identifica mais com o resultado do seu trabalho. O que se projeta com a venda da força de trabalho é meramente a aquisição de outra mercadoria, o dinheiro, pela qual se adquirem outras mercadorias.

E em uma sociedade moldada por este modo de produção as relações humanas acabam sendo intermediadas pelas mercadorias, o que Marx denominou de "fetichismo da mercadoria".

Portanto, quando se fala em trabalho no modo de produção capitalista, está se referendo a trabalho-força de trabalho, trabalho objetivado e trabalho alienado, tudo dentro de um contexto de relações sociais impulsionadas por mercadorias e de consequente reificação da própria condição humana.

Assim, qualquer iniciativa institucional, dentro desse sistema, que vise a valorizar o trabalho e a proteger o trabalhador, por mais promissora que pretenda ser, não passará disso, ou seja, de conferir maior preço à mercadoria trabalho e de minimizar os danos à condição humana do(a) trabalhador(a).

De todo modo, há de se reconhecer que existem diversos graus de perda da subjetividade e de reificação, de modo que não são irrelevantes as medidas de contenção e de promoção, construídas no bojo das tensões sociais, para regular a relação trabalho e capital.

Não se trata de um jogo de tudo (o socialismo) ou nada (o capitalismo). E também não seria o nada o impulso para uma construção automaticamente do tudo, sendo este. Até porque, se assim fosse, e se no capitalismo a classe trabalhadora, objetivada, alienada e fetichizada, estivesse diante do nada, o tudo já estaria construído. Há um processo histórico, produzido pela ação humana, que precisa ser considerado e conscientemente construído, para que não se chegue à barbárie.

Mas também é urgente perceber que a ânsia ilimitada de lucros e de superação e até eliminação da concorrência que fundam o sistema capitalista conduz a uma lógica destrutiva de tudo e de todos. Trata-se de um sistema que agride o meio ambiente; alimenta ódios; produz miséria, sofrimento e conflitos de toda espécie e, ao mesmo tempo, destrói todas as formas (políticas, econômicas e jurídicas) que se concebem para a sua autopreservação.

O advento e o conteúdo de trabalho decente é um exemplo de como o capitalismo não consegue levar adiante suas promessas de autossustentação.

A leitura atenta da Constituição da OIT, trazido no bojo do Tratado de Versalhes, em 1919, deixava clara a preocupação em torno da construçao de uma nova sociedade baseada na justiça social.

Justiça social seria representada por uma maior e melhor distribuição da riqueza produzida, acompanhada de medidas de inserção política, econômica e democrática da classe trabalhadora no projeto de sociedade capitalista, de modo a promover uma diminuição das diferenças sociais e econômicas entre as classes do trabalho e do capital e a minimização do sofrimento da classe trabalhadora.

É neste sentido que se fixou no preâmbulo da Declaração Universal dos Direitos Humanos, em 1948, que todos os seres humanos são integrados à "família humana", partindo do pressuposto do "reconhecimento da dignidade" de todas e todos, indistintamente.

No mesmo documento, inclusive, fixou-se o princípio de que "o trabalho não deve ser considerado como simples mercadoria ou artigo de comércio, mas como colaboração livre e eficaz na produção das riquezas" (art. 427, da Constituição da OIT).

A partir daí foram vários os documentos jurídico-políticos, em âmbito internacional e nacional, reafirmando o compromisso em torno da elevação da condição social e econômica, além da integração política, da classe trabalhadora, como fator de reconhecimento de sua dignidade humana e de efetivação da justiça social.

Na Declaração Americana dos Direitos e Deveres do Homem de 1948 restou consignado que "Toda pessoa tem direito ao trabalho em condições dignas e o de seguir livremente sua vocação, na medida em que for permitido pelas oportunidades de emprego existentes" e que "Toda pessoa que trabalha tem o direito de receber uma remuneração que, em relação à sua capacidade de trabalho e habilidade, garanta-lhe um nível de vida conveniente para si mesma e para sua família" (art. XIV).

Na Carta Americana de Garantias Sociais (1948), consignou-se o compromisso dos Estados Americanos em efetivar as normas que protejam de forma progressiva os trabalhadores. Consignou-se, ainda, o preceito da "unidade humana", a essencialidade da realização dos postulados da justiça social, a partir do princípio principal de que: "El trabajo es una función social, goza de la protección especial del Estado y no debe considerarse como artículo de comercio" (art. 2, "a").

A Declaração e Programa de Ação, fruto da Conferência Mundial dos Direitos Humanos, realizada em junho de 1993 na cidade de Viena, em seu item 15, visando a dar efetividade plena a todos os compromissos anteriormente assumidos para a construção da justiça social, fixou o preceito de que "o respeito aos direitos humanos e liberdades fundamentais, sem distinções de qualquer espécie, é uma norma fundamental do direito internacional na área dos direitos humanos".

Conforme se constada dos "considerandos" da Declaração de Viena, de 1993, repetindo diretriz já traçada na Carta das Nações Unidas, os Estados devem implementar políticas necessárias para "preservar as gerações futuras do flagelo da guerra, de estabelecer condições sob as quais a justiça e o respeito às obrigações emanadas de tratados e outras fontes do direito internacional possam ser mantidos, de promover o progresso social e o melhor padrão de vida dentro de um conceito mais amplo de liberdade, de praticar a tolerância e a boa vizinhança e de empregar mecanismos internacionais para promover avanços econômicos e sociais em benefício de todos os povos".

A mesma Declaração destaca que "todos os direitos humanos são universais, indivisíveis, interdependentes e inter-relacionados", estabelecendo que "a comunidade internacional deve tratar os direitos humanos de forma global, justa e equitativa, em pé de igualdade e com a mesma ênfase. Embora particularidades nacionais e regionais devam ser levadas em consideração, assim como diversos contextos históricos, culturais e religiosos, é dever dos Estados promover e proteger todos os direitos humanos e liberdades fundamentais, sejam quais forem seus sistemas políticos, econômicos e culturais".

A Constituição Federal brasileira, promulgada em 1988, como resultado da luta política dos trabalhadores contra o regime ditatorial e o rebaixamento econômico e jurídico do qual foi vítima nos anos 1960 e 1970, elevou os direitos trabalhistas ao patamar de Direitos Fundamentais (Título II) e firmou, de modo expresso e inequívoco, o compromisso da construção de uma sociedade "livre, justa e solidária", além de "garantir o desenvolvimento nacional", "erradicar a pobreza e a marginalização e reduzir as desigualdades sociais e regionais" e "promover o bem de todos, sem preconceitos de origem, raça, sexo, cor, idade e quaisquer outras formas de discriminação", tendo como fundamento "a dignidade da pessoa humana" e "os valores sociais do trabalho e da livre iniciativa", além de subordinar a ordem econômica à "valorização do trabalho", de modo a "assegurar a todos existência digna, conforme os ditames da justiça social".

Assim, dentro de um cenário de dominação dos ideários neoliberais, impregnados ainda com maior vigor nos países periféricos (colonizados), e que propugnava a quebra dos pactos em torno da distribuição equitativa da riqueza socialmente produzida, resultando no império da destruição da proteção jurídica trabalhista, disfarçada no discurso da "flexibilização", quando a OIT, ao final da década de 1990, vira a chave do trabalho digno e da promoção da justiça social, para a noção de "trabalho decente", o que se tem, concretamente, é uma adaptação aos novos tempos, buscando-se, unicamente, impedir que a precarização generalizada das condições de trabalho pudesse ir ao ponto da retomada do trabalho em condições análogas à escravidão, o que, de fato, acaba se verificando na periferia do capital e em benefício óbvio das grandes potências econômicas mundiais.

Não há muito, pois, o que se comemorar com a política do "trabalho decente", vez que se trata de uma grande derrota histórica para a classe trabalhadora e a fragilização política da própria Organização Internacional do Trabalho, até porque, considerado este contexto, os próprios preceitos firmados em torno do "trabalho decente", além de bastante menos ambiciosos que aqueles construídos dentro do compromisso da justiça social e da dignidade humana, são carregados de inefetividade.

São declarações desprovidas de força compromissória, não passando, pois de expressões retóricas, sem efeitos normativos ou mesmo peso político.

Vejamos, inclusive, o teor de alguns documentos firmados pela OIT a respeito, que bem demonstram a fragilidade de propósitos da agenda, sobretudo no aspecto do enfrentamento do poder econômico.

I – Trabalho decente nas Américas: uma agenda hemisférica, 2006-2015 (OIT)

A OIT assume, abertamente, que para os países periféricos a única agenda possível é a do trabalho decente, que, no fundo, não é nada além de que uma tentativa retórica de minimizar os efeitos da precarização do trabalho, a qual, inclusive, sequer é vista como um alvo a ser combatido.

Nos termos do documento em questão, estabelece-se que os "Principais desafios enfrentados na região para a geração de trabalho decente" (item 2) são:

"2.1 Assegurar que o crescimento econômico promova o trabalho decente;

2.2 Assegurar a aplicação efetiva dos princípios e direitos fundamentais no trabalho;

2.3 Gerar maior confiança na democracia e no diálogo social;

2.4 Ampliar e fortalecer os esquemas de prevenção e de proteção social dos trabalhadores;

2.5 Ampliar a inclusão social e no mercado de trabalho para reduzir a desigualdade."

Perceba-se que a agenda deixa de lado o papel essencial do Estado e retoma a ideia de que os direitos sociais, para que sejam garantidos, dependem do "crescimento econômico", debruçando, de forma retrógrada, sobre os direitos sociais a carga de serem normas de caráter programático.

Além disso, submete a efetividade da agenda ao "diálogo social", de modo a pressupor uma aceitação do poder econômico.

Como dito no item 4 do documento:

> "4. Agenda Hemisférica para geração de trabalho decente; 4.1 Políticas gerais para a realização dos objetivos centrais da estratégia de geração de trabalho decente; 4.1.1. Crescimento econômico promotor do emprego; 4.1.2. Respeito efetivo aos princípios e direitos fundamentais no trabalho; 4.1.3. Maior eficiência e abrangência da proteção social; 4.1.4. Diálogo social efetivo."

Esta perspectiva encontra-se expressa no item 154:

> "Uma experiência recente, e particularmente importante, é o 'diálogo com os setores produtivos', que vem sendo implementado no México. O Presidente da República criou, em fevereiro de 2001, o Conselho para o Diálogo com os Setores Produtivos, do qual participam órgãos do setor público, organismos sindicais e patronais, assim como instituições acadêmicas e o setor agropecuário. Devido à importância e ao êxito dessa modalidade de diálogo social, as autoridades e organismos estatais, aproveitando os avanços tecnológicos e a rede de secretariado técnico em todo o país, constituíram os Conselhos Estaduais para o Diálogo, que, além de conhecer e participar da agenda nacional e das políticas de desenvolvimento, planeja sua agenda

> conforme as necessidades de desenvolvimento de cada uma de suas entidades. Animados pelo sucesso dessa iniciativa, os setores representados no Conselho para o Diálogo com os Setores Produtivos assinaram, em 30 de agosto de 2004, o 'Compromisso pela Competitividade para o Emprego e a Justiça Social', convalidando o Conselho como instância de vinculação permanente entre os diferentes atores sociais, visando a busca de consensos sobre a competitividade, a formação e capacitação profissional, a estabilidade no emprego e a justiça social, tanto no âmbito nacional como no regional e estadual. O Conselho tem como meta otimizar os recursos para proporcionar vantagens competitivas e revalorizar a dignidade da pessoa e de seu trabalho como requisito indispensável para estabelecer relações de trabalho harmônicas e sustentáveis a longo prazo."

II - Agenda Nacional de Trabalho Decente — Brasil — 2006

Em 2003, o governo de Luiz Inácio Lula da Silva, firmou com a OIT, ainda na gestão de Juan Somavia, o "Memorando de Entendimento", que previa a formação de um "Programa Especial de Cooperação Técnica para a Promoção de uma Agenda Nacional de Trabalho Decente", mas que também dependeria da realização de "consulta às organizações de empregadores e de trabalhadores".

Em maio de 2006, foi, então, elaborada a Agenda Nacional de Trabalho Decente, durante a XVI Reunião Regional Latino-Americana da OIT, realizada em Brasília.

A Agenda previa:

— Gerar trabalho decente, para combater a pobreza e as desigualdades Sociais;

— Gerar mais e melhores empregos, com igualdade de oportunidades e de tratamento;

— Erradicar o trabalho escravo e eliminar o trabalho infantil, em especial em suas piores formas;

— Fortalecer os atores tripartites e o diálogo social como um instrumento de governabilidade democrática.

III - Declaração e o Plano de Ação de Mar del Plata — 2005

No âmbito da Cúpula das Américas, 34 países, por intermédio de seus chefes de Estado e de governo, de todo o hemisfério americano assinaram o documento em questão, pelo qual reafirmam:

> "(...) nosso compromisso de combater a pobreza, a desigualdade, a fome e a exclusão social para melhorar as condições de vida de nossos povos

e fortalecer a governabilidade democrática nas Américas. Conferimos ao direito ao trabalho, tal como está estipulado nos instrumentos de direitos humanos, um lugar central na agenda hemisférica, reconhecendo assim o papel essencial da criação de trabalho decente para a realização desses objetivos." (§ 1º da Declaração de Mar del Plata)

A Declaração reconhece ainda

> "(...) o valor do trabalho como atividade que estrutura e dignifica a vida de nossos povos, como um instrumento eficaz de interação social e um meio para a participação nas realizações da sociedade, objetivo primordial de nossa ação governamental para as Américas" (§ 76).

Nesta Declaração, os países comprometem-se a:

> "(...) implementar políticas ativas que gerem trabalho decente e criem condições de emprego de qualidade, que dotem as políticas econômicas e a globalização de um forte conteúdo ético e humano, que coloquem a pessoa no centro do trabalho, da empresa e da economia. Promoveremos o trabalho decente, ou seja, os direitos fundamentais no trabalho, o emprego, a proteção social e o diálogo social." (§ 21)

E solicitam à OIT que trate:

> "(...) em sua Décima Sexta Reunião Regional a realizar-se em 2006, o que foi o tema central da XIV CIMT: 'As pessoas e seu trabalho no centro da globalização', com ênfase particular no trabalho decente, e considere ações governamentais e tripartites para fazer cumprir a Declaração e o Plano de Ação de Mar del Plata." (§ 73)

O documento prevê atuações para:

— Gerar mais e melhores empregos, com igualdade de oportunidades e de tratamento, apontando como "resultados esperados":

a) Política Nacional de Emprego elaborada e implementada em um processo de diálogo com os interlocutores sociais.

b) Metas de criação de emprego produtivo e de qualidade incorporadas nas estratégias nacionais de desenvolvimento econômico e social (incluídas as estratégias de redução da pobreza e da desigualdade social) e nas políticas setoriais (industrial, agrícola, agrária, de promoção do turismo e de promoção da economia criativa).

Para se alcançar esses objetivos o documento considera importante;

• Fomento do investimento público e privado em projetos e setores produtivos com maior capacidade de geração de emprego;

• Promoção do desenvolvimento local, das redes ou cadeias produtivas e dos arranjos produtivos locais, com foco no fortalecimento das micros e pequenas empresas e de programas de economia solidária e cooperativas.

• Ampliação do acesso das micros e pequenas empresas, das cooperativas e dos empreendimentos da economia solidária e da agricultura familiar ao crédito e demais recursos produtivos. Políticas Públicas de Emprego, Administração e Inspeção do Trabalho

• Fortalecimento do sistema público de emprego, trabalho e renda, como agente de integração das políticas ativas e passivas de mercado de trabalho (seguro-desemprego, orientação profissional, intermediação de mão de obra, qualificação e certificação profissional, produção e gestão de informação sobre o mercado de trabalho e fomento ao empreendedorismo).

• Fortalecimento de políticas e programas de promoção do emprego de jovens, em consonância com as recomendações da Rede de Emprego de Jovens (Youth Employment Network — YEN), bem como com a Resolução adotada pela Conferência Internacional do Trabalho sobre Emprego de Jovens (junho de 2005).

• Fortalecimento da inspeção e da administração do trabalho. Políticas de Salário e Renda • Recuperação e valorização do salário-mínimo como instrumento de política salarial e de melhoria da distribuição de renda.

• Aperfeiçoamento dos programas de transferência de renda condicionada e sua articulação com as políticas de geração de emprego, trabalho e renda e de desenvolvimento econômico local.

No aspecto da Promoção da Igualdade de Oportunidades e de Tratamento e Combate à Discriminação, o documento prevê:

• Desenvolvimento de ações de promoção da igualdade de gênero e raça no mercado de trabalho, focalizadas especialmente nos seguintes aspectos: – eliminação das barreiras de entrada das mulheres, especialmente das mais pobres, no mercado de trabalho; – diminuição das taxas de desemprego e aumento das taxas de ocupação; – diminuição das desigualdades de rendimento entre homens e mulheres, brancos(as) e negros(as); – diminuição da informalidade e aumento da proteção social.

• Implementação de programas e ações de combate à discriminação no trabalho, com atenção especial para mulheres, população negra, jovens, idosos, pessoas vivendo com HIV/Aids e pessoas com deficiência. Efetiva aplicação das seguintes convenções da OIT: Convenção n. 100, de 1951, sobre igualdade de remuneração para trabalho de igual valor; Convenção n. 103, de 1952, sobre proteção à maternidade; Convenção n. 111, de 1958, sobre discriminação em matéria de emprego e ocupação; promoção da ratificação da Convenção n. 156, de 1981, sobre trabalhadores com responsabilidades familiares.

Almeja-se, ainda, um planejamento em torno da Extensão da Proteção Social. A respeito o que se vislumbrou foi:

• Desenvolvimento de mecanismos de extensão progressiva da proteção social para os trabalhadores e trabalhadoras da economia informal.

• Melhoria das condições de trabalho, renda e proteção social de trabalhadoras e trabalhadores domésticos, assegurando-lhes todos os direitos trabalhistas previstos na Consolidação das Leis do Trabalho (CLT).

• Melhoria das condições de trabalho dos trabalhadores migrantes.

• Promoção da ratificação da Convenção da OIT n. 102, de 1952, sobre seguridade social (normas mínimas).

No aspecto pertinente às condições de trabalho propriamente ditas, o planejamento foi no sentido da:

• Implementação de uma Política Nacional de Segurança e Saúde do Trabalhador, em consonância com as normas internacionais do trabalho sobre a matéria;

• Identificação de mecanismos e desenvolvimento de ações voltadas à garantia de um ambiente de trabalho seguro e saudável.

IV – Plano Nacional de Emprego e Trabalho Decente — 2010

Em 2010, foi elaborado o Plano Nacional de Emprego e Trabalho Decente, visto como "uma referência fundamental para a continuidade de debate sobre os desafios de fazer avançar as políticas públicas de emprego e proteção social".

O seu objetivo seria o do "fortalecimento da capacidade do Estado brasileiro para avançar no enfrentamento dos principais problemas estruturais da sociedade e do mercado de trabalho, entre os quais se destacam: a pobreza e a desigualdade social; o desemprego e a informalidade; a extensão da cobertura da proteção social; a parcela de trabalhadores e trabalhadoras sujeitos a baixos níveis de rendimentos e produtividade; os elevados índices de rotatividade no emprego; as desigualdades de gênero e raça/etnia; as condições de segurança e saúde nos locais de trabalho, sobretudo na zona rural".

V – Os Objetivos de Desenvolvimento Sustentável no Brasil — ONU — 2015

Em setembro de 2015, durante a Cúpula das Nações Unidas sobre o Desenvolvimento Sustentável, adotou-se uma agenda mundial, composta por 17 objetivos e 169 metas, que deveriam ser atingidos até 2030.

A agenda representava um "apelo global à ação para acabar com a pobreza, proteger o meio ambiente e o clima e garantir que as pessoas, em todos os lugares, possam desfrutar de paz e de prosperidade".

Para o Brasil, destaca-se o objetivo 8, cujos itens buscam "promover o crescimento econômico sustentado, inclusivo e sustentável, emprego pleno e produtivo e trabalho decente para todas e todos".

Mas vale perceber que a preocupação principal é a da manutenção da produtividade, inclusive com suporte do Estado, para atender os interesses das empresas multinacionais em atuação exploratória no país.

Vejamos, pois, o que se consignou nos itens respectivos:

"**8.1** Sustentar o crescimento econômico per capita de acordo com as circunstâncias nacionais e, em particular, um crescimento anual de pelo menos 7% do produto interno bruto [PIB] nos países menos desenvolvidos;

8.2 Atingir níveis mais elevados de produtividade das economias por meio da diversificação, modernização tecnológica e inovação, inclusive por meio de um foco em setores de alto valor agregado e dos setores intensivos em mão de obra;

8.3 Promover políticas orientadas para o desenvolvimento que apoiem as atividades produtivas, geração de emprego decente, empreendedorismo, criatividade e inovação, e incentivar a formalização e o crescimento das micro, pequenas e médias empresas, inclusive por meio do acesso a serviços financeiros;

8.4 Melhorar progressivamente, até 2030, a eficiência dos recursos globais no consumo e na produção, e empenhar-se para dissociar o crescimento econômico da degradação ambiental, de acordo com o Plano Decenal de Programas sobre Produção e Consumo Sustentáveis, com os países desenvolvidos assumindo a liderança;

8.5 Até 2030, alcançar o emprego pleno e produtivo e trabalho decente para todas as mulheres e homens, inclusive para os jovens e as pessoas com deficiência, e remuneração igual para trabalho de igual valor;

8.6 Até 2020, reduzir substancialmente a proporção de jovens sem emprego, educação ou formação;

8.7 Tomar medidas imediatas e eficazes para erradicar o trabalho forçado, acabar com a escravidão moderna e o tráfico de pessoas, e assegurar a proibição e eliminação das piores formas de trabalho infantil, incluindo recrutamento e utilização de crianças-soldado, e até 2025 acabar com o trabalho infantil em todas as suas formas;

8.8 Proteger os direitos trabalhistas e promover ambientes de trabalho seguros e protegidos para todos os trabalhadores, incluindo os trabalhadores migrantes, em particular as mulheres migrantes, e pessoas em empregos precários;

8.9 Até 2030, elaborar e implementar políticas para promover o turismo sustentável, que gera empregos e promove a cultura e os produtos locais;

8.10 Fortalecer a capacidade das instituições financeiras nacionais para incentivar a expansão do acesso aos serviços bancários, de seguros e financeiros para todos;

8.a Aumentar o apoio da Iniciativa de Ajuda para o Comércio [Aid for Trade] para os países em desenvolvimento, particularmente os países menos desenvolvidos, inclusive por meio do Quadro Integrado Reforçado para a Assistência Técnica Relacionada com o Comércio para os países menos desenvolvidos;

8.b Até 2020, desenvolver e operacionalizar uma estratégia global para o emprego dos jovens e implementar o Pacto Mundial para o Emprego da Organização Internacional do Trabalho [OIT]."

Não há dúvida, pois, que nada se vislumbrou em torno da ampliação de direitos e da proteção e ascensão social da classe trabalhadora.

VI – Conclusão

Todos esses documentos comprovam que o conceito de trabalho decente integra uma agenda para difusão da concepção de que a única projeção que resta à classe trabalhadora na sociedade capitalista, notadamente nos países periféricos e dependentes, é do contentamento (que se apresenta como uma vitória) com uma exploração que não se identifique como trabalho forçado ou trabalho escravizado.

Além disso, mesmo os compromissos adotados para que não se chegue a este patamar não são minimante sérios, tanto que, no Brasil, o que se tem como resultado de todos esses compromissos assumidos foi, em 2017, a aprovação da "reforma" trabalhista, que vai na direção contrária de tudo que se preconizou nos documentos em questão.

A lógica da "reforma" não foi a da ampliação de direitos e da melhoria das condições de trabalho e da expansão da proteção social, como anunciado nos programas. O raciocínio que conduziu a "reforma" e que, sem contestação, tem imperado na realidade jurídica nacional, foi o de que quem tem direitos é "privilegiado" e que são estes "privilegiados", sobretudo quando defendem os seus direitos e projetam ampliações, os culpados pela condição de condição de miserabilidade e de estado de necessidade de tantas outras pessoas.

A solução buscada, então, foi a de rebaixar direitos de quem tinha direitos, para que outros, sem direitos, seguindo uma linha já rebaixada do padrão de proteção social, pudessem ser integrados ao processo produtivo. Uma espécie fajuta de distribuição de "riqueza" no seio da própria classe trabalhadora, para a qual a classe capitalista não foi chamada e se manteve apenas como beneficiária do aumento da força de trabalho e com custo ainda mais reduzido.

Isto não é uma avaliação pessoal. Foi o que se consignou, expressamente, na justificativa do relator do projeto de lei da "reforma":

> "Assim, convivemos com dois tipos de trabalhadores: os que têm tudo — emprego, salário, direitos trabalhistas e previdenciários — e os que nada têm — os informais e os desempregados. A reforma, portanto, tem que almejar igualmente a dignidade daquele que não tem acesso aos direitos trabalhistas. E essa constatação apenas reforça a nossa convicção de que é necessária uma modificação da legislação trabalhista para que haja a ampliação do mercado de trabalho, ou seja, as modificações que forem aprovadas deverão ter por objetivo não apenas garantir melhores condições de trabalho para quem ocupa um emprego hoje, mas criar oportunidades para os que estão fora do mercado." ("COMISSÃO ESPECIAL DESTINADA A PROFERIR PARECER AO PROJETO DE LEI N. 6.787, DE 2016, DO PODER EXECUTIVO, QUE "ALTERA O DECRETO-LEI N. 5.452, DE 1º DE MAIO DE 1943 - CONSOLIDAÇÃO DAS LEIS DO TRABALHO, E A LEI N. 6.019, DE 3 DE JANEIRO DE 1974, PARA DISPOR SOBRE ELEIÇÕES DE REPRESENTANTES DOS TRABALHADORES NO LOCAL DE TRABALHO E SOBRE TRABALHO TEMPORÁRIO, E DÁ OUTRAS PROVIDÊNCIAS)

Concretamente, os efeitos de todos esses "compromissos" firmados em torno da agenda do "trabalho decente" são: o aumento das horas extras; o aumento da informalidade; a redução da renda da classe trabalhadora; a diminuição da sindicalização; a proeminência de obstáculos de acesso á justiça; a proliferação da terceirização e de outras formas precárias de contratação; o aumento dos acidentes e do sofrimento nas relação de emprego; a explosão de casos de assédio moral e sexual; o aumento da prepotência e da delinquência patronal etc.

Este é o resultado efetivo da falseada agenda do trabalho decente, que não merece, por isso, nenhum tipo de afago. Urge, pois, lutar contra ela e contra as demais formas que tem servido para conferir ao capital um certo ar de "humanismo" e "altruísmo", enquanto os capitalistas, sobretudo as grandes empresas atuando nos países de capitalismo dependentes, aumentam suas taxas de lucros à custa de uma precarização do trabalho, legitimada pelo discurso e das práticas fugidias do "trabalho decente".

São Paulo, 05 de outubro de 2023.

Limites da Autonomia Negocial Coletiva

Limits of Collective Business Autonomy

Raimundo Simão de Melo[(1)]
Guilherme Bassi de Melo[(2)]
Rena Prieto Furriel[(3)]

1. Introdução

Objetiva-se com este breve artigo fazer algumas reflexões sobre os limites da autonomia negocial coletiva, se é que existem. Para tanto, serão feitas rápidas abordagens sobre conceito de negociação coletiva, os princípios da negociação coletiva, o conteúdo da negociação coletiva, a flexibilização dos direitos trabalhistas por meio de negociação

---

(1) Doutor e Mestre em Direito das Relações Sociais pela PUC/SP. Professor Titular do Centro Universitário — UDF, no Mestrado em Direito das Relações Sociais e Trabalhistas e na Faculdade de Direito de São Bernardo do Campo/SP, na Pós-Graduação em Direito e Relações do Trabalho. Consultor Jurídico e Advogado. Procurador Regional do Trabalho aposentado. Membro da Academia Brasileira de Direito do Trabalho.

(2) Mestre em Direito das Relações Sociais pela PUC/SP. Pós-graduado em Direito pela Universidade de Coimbra. Assessor de Desembargador do Trabalho/TRT15. Autor e Professor.

(3) Analista Judiciária do Tribunal Regional do Trabalho da 15ª Região - Campinas/SP. Assessora de Desembargador. Bacharel em Direito pela Faculdade de Direito da Universidade de São Paulo — FADUSP. Especialista em Direito e Processo do Trabalho pela Verbo Jurídico Educacional. Coautora de artigos publicados pela LTr Editora.

coletiva, a negociado sobre o legislado, na forma do art. 611-A da CLT e, finalmente, será enfrentada a questão a respeito dos limites da autonomia negocial coletiva, concluindo sobre a questão principal formulada como centro de atenção do trabalho.

Com isso e com tal finalidade, honrosamente homenageio o Professor Nelson Mannrich, que tanto tem contribuído para o direito do trabalho, como Auditor Fiscal do Trabalho, Professor, Pesquisador e Advogado. Parabéns a esse grande mestre e cultor do direito do trabalho!

1. Conceito de negociação coletiva

A negociação coletiva é um processo de diálogo entre empresas e trabalhadores, estes por intermédio de seus representantes legais, os sindicatos. Esta é a regra imposta pelo inc. VI do art. 8º da Constituição Federal do Brasil ("é obrigatória a participação dos sindicatos nas negociações coletivas de trabalho). A negociação coletiva busca um consenso entre empregados e empregadores e é incrementada com a elaboração de normas coletivas para serem aplicadas nas relações individuais de trabalho.

Negociação coletiva é um processo de tratativas. Convenção Coletiva e Acordo Coletivo de trabalho são os instrumentos que a materializam. São os resultados positivos da negociação coletiva, quando alcançados.

A negociação coletiva, portanto, é o caminho percorrido para concretizar a Convenção Coletiva e o Acordo Coletivo de trabalho.

A negociação coletiva como meio de solução de conflitos trabalhistas constitui direito fundamental dos trabalhadores, como decorre do disposto no art. 7º, inc. XXVI da Constituição Federal. Referido dispositivo constitucional dispõe sobre o direito fundamental ao reconhecimento das Convenções Coletivas de Trabalho e Acordos Coletivos de Trabalho.

A Convenção n. 154 da OIT, ratificada pelo Brasil, dispõe sobre o fomento à negociação coletiva por intermédio da autonomia privada coletiva, que é o efeito da negociação concernente no reconhecimento por parte do Estado, da prevalência da norma coletiva, fruto da negociação, sobre as normas estatais.

A autonomia privada coletiva parte do fato de que as normas resultantes da negociação coletiva são mais democráticas e têm mais condições de atender especificamente os reclames de seus destinatários, uma vez que elaboradas por eles próprios.

Em alguns países democráticos, onde há sindicatos livres, fortes e bem organizados, a autonomia privada coletiva tem impacto grande no mundo do trabalho. No Brasil, entretanto, não se pode falar em total prevalência das normas negociadas sobre as normas estatais, uma vez que os sindicatos não são fortes e amadurecidos o suficiente para esse encargo. Falta representatividade autêntica na maioria deles, o que se acentuou sobremaneira com a reforma trabalhista de 2017, trazida pela Lei n. 13.467/2017.

Quanto mais rígida é a organização sindical, mais tormentosa é a negociação coletiva. Quanto mais fortes e representativos são os sindicatos, menor é a necessidade de intervenção legislativa. Assim, o Estado atua mais, legislando e fazendo prevalecer as normas de ordem pública, de indisponibilidade absoluta, que não podem ser objeto de negociação coletiva, salvo para melhorá-las.

2. Princípios da negociação coletiva

São princípios que regem a negociação coletiva: a) boa fé, b) dever de informação, c) inescusabilidade da negociação, d) razoabilidade.

Boa fé: a negociação coletiva deve ser no sentido de encerrar o conflito coletivo de trabalho, e não instigá-lo ainda mais. Devem as partes observar os deveres morais da ética e lealdade.

Dever de informação: é fundamental o conhecimento da situação real da empresa, bem como das necessidades dos trabalhadores, por ambas as partes, a fim de que a negociação possa se embasar na realidade. Informação deve ser preservada.

Inescusabilidade da negociação: A negociação coletiva é um dever dos empregadores e dos trabalhadores. Por isso que, antes da instauração de uma greve e da propositura do Dissídio Coletivo de trabalho as partes devem esgotar a negociação coletiva prévia. Só quando houver recusa de uma das partes ou quando não se alcançar o resultado almejado é que os interesses conflitantes devem ser levados ao Poder Judiciário (CF, art. 114, §§ 1º e 2º).

Razoabilidade: as partes devem atuar com bom senso nas negociações coletivas. Não devem exigir condições impossíveis de atendimento nem contrárias aos direitos indisponíveis dos trabalhadores.

3. Funções da negociação coletiva

Dentre as funções da negociação coletiva estão a **normativa**: função de criar normas coletivas aplicáveis às relações individuais de trabalho. É o real objetivo que move os atores sociais no processo de diálogo para pacificar os interesses divergentes entre empregadores e empregados; a **compositiva**: a negociação coletiva tem natureza de meio compositivo como forma de restabelecer a paz social; **obrigacional**: estabelece normas obrigacionais destinadas a reger as relações entre empregados e empregadores, vinculando-os ao seu conteúdo; **política**: visa democratizar as relações sociais e favorecer o diálogo social entre as partes, para que elas próprias determinem os rumos da regulação aplicável às suas relações; **econômica**: define formas de distribuição de riqueza, possuindo um caráter econômico; **social**: permite a participação dos trabalhadores na vida e no desenvolvimento da empresa, com implicâncias diretas nas suas próprias condições sociais de vida e trabalho.

4. Conteúdo da negociação coletiva

No âmbito da negociação coletiva, tudo que for diferente da lei, mais benéfico, poderá ser objeto de uma convenção ou acordo coletivo de trabalho, desde que não contrarie normas proibitivas estatais de ordem pública e não afaste direitos indisponíveis dos trabalhadores.

Os contratos de trabalho, em regra, estão submetidos aos princípios da proteção e da indisponibilidade. Deve ser aplicável ao contrato de trabalho a condição mais benéfica ao empregado, sendo vedada a criação de condições inferiores ao previsto em normas de ordem pública de conteúdo mínimo obrigatório, correspondente aos direitos humanos fundamentais, sem os quais há desrespeito ao princípio da dignidade humana, valor social do trabalho e ao pleno emprego (CF, arts. 1º e 170).

São exemplos dessa proibição as normas de Segurança e Medicina do Trabalho, Registro Profissional, Convenções e Tratados internacionais que versem sobre direitos fundamentais, direitos da criança e adolescente etc.

Nas matérias de indisponibilidade relativa podem as partes dispor de forma diversa do que está na lei, como, por exemplo, sobre modalidade de pagamento de salário, fixação da jornada, fornecimento ou não de utilidades e suas repercussões nos contratos de trabalho.

A própria Constituição Federal e a lei preveem casos de flexibilidade que podem ser viabilizadas por intermédio da negociação coletiva, por exemplo: a) a redução de salário (art. 7º, III, CF), b) compensação de jornada anual (art. 7º, XIII, CF c/ Lei n. 9601/98), c) negociação de jornada para o trabalho em regime de turno ininterrupto de revezamento (art. 7º, XIV, CF), d) trabalho em tempo parcial (art. 58-A, CLT), e) suspensão do contrato de trabalho para cursos profissionalizantes (art. 476-A, CLT) e f) contrato por prazo determinado (Lei n. 9.026/98).

O grande problema hoje no Brasil são os sindicatos, cuja maioria deixa a desejar em termos de legitimidade. Muitos são fracos e desorganizados. São poucas as boas exceções de sindicatos verdadeiramente atuantes e que cumprem verdadeiramente seu papel em prol dos representados.

Com a reforma trabalhista de 2017 a situação dos sindicatos piorou porque, não obstante se tenha falado muito na sua importância nas negociações coletivas, na verdade e ao contrário disso, muito foi feito para enfraquecê-los mais ainda. Exemplo indiscutível foi a extinção abrupta do principal meio de sustento financeiro de suas atividades, que era a contribuição sindical, sem a criação de outro meio alternativo.

Por isso, a flexibilização por intermédio da negociação coletiva precisa ser vista com cuidados no Brasil, observando-se o princípio da adequação setorial negociada. As normas negociadas podem prevalecer em relação às normas estatais nos seguintes casos: **a**) quando as normas autônomas implementam um padrão setorial de direitos superior ao padrão geral oriundo da legislação heterônoma aplicável; **b**) quando as normas autônomas transacionam setorialmente parcelas trabalhistas de indisponibilidade relativa.

5. Flexibilização dos direitos trabalhistas por meio de negociação coletiva

Na lição de Octávio Bueno Magano flexibilização é o "processo de adaptação das normas trabalhistas à realidade cambiante"(4), lembrando que a flexibilização de direitos trabalhistas ganhou importância em razão da crise econômica e do desenvolvimento da técnica, que colocaram em discussão a rigidez da ideia tradicional do direito do trabalho, importando fortalecimento da autonomia privada coletiva em detrimento do ordenamento jurídico trabalhista estatal(5).

Para Arnaldo Sussekind(6) a flexibilização surgiu para propiciar a implementação de novas tecnologias ou novos métodos de trabalho e evitar a extinção de empresas, com reflexo nas taxas de desemprego e agravamento das condições socioeconômicas, prestigiando os grupos sociais na formação do pluralismo jurídico.

O objetivo da flexibilização é criar condições de trabalho diversas ou inferiores ao disposto em lei, pela vontade coletiva das partes, por meio da negociação coletiva (Acordo Coletivo de Trabalho ou Convenção Coletiva do Trabalho), porque é obrigatória a participação dos sindicatos para não expor os trabalhadores individualmente perante seus empregadores. Os trabalhadores individualmente não têm capacidade para negociar em igualdade de condições com seus empregadores, como é óbvio e, por isso, não podem abdicar de direitos legalmente assegurados. O objetivo do legislador foi igualar as forças na negociação coletiva, evitando fraudes e desvantagens para os trabalhadores.

Assim, para assegurar o patamar mínimo civilizatório, que representa a dignidade do trabalhador, a flexibilização das normas trabalhistas deve ser interpretada de forma restritiva, sendo casos permitidos expressamente no art. 7º, incisos VI, XIII, XIV da Constituição Federal de 1988, a redução de salários e a compensação de jornada e trabalho em turnos de revezamento, mas sempre sob tutela sindical.

A mera supressão de direitos deve ser evitada, sendo aconselhável alguma contrapartida em favor dos trabalhadores, quando houver flexibilização, sendo exemplo a redução de salários mediante a concessão de estabilidade aos trabalhadores durante o período dessa redução.

---

(4) MAGANO, Otávio Bueno. *Política de Trabalho.* São Paulo: LTr, 1995. v II, p. 95-96.

(5) *Idem.*

(6) SÜSSEKIND, Arnaldo. *Instituições de Direito do Trabalho.* 20. ed. São Paulo: LTr, 2002. v. I, p. 204.

Por isso, a flexibilização de normas trabalhistas é uma exceção ao princípio da inderrogabilidade das normas de proteção ao trabalho, admitida nos limites do sistema jurídico brasileiro como exceção, ante o princípio da vedação ao retrocesso social.

Anote-se que o legislador constituinte autorizou a flexibilização do direito do trabalho pela via da negociação coletiva para adequar a legislação a situações econômicas momentâneas. Essa flexibilização, porém, não pode ser a regra no ordenamento jurídico brasileiro, haja vista a indisponibilidade de grande parte dos direitos trabalhistas.

É certo que essa permissão, por analogia, poderá ser ampliada de forma excepcional para atender adaptações urgentes decorrentes de novos processos tecnológicos, mas sempre preservando as condições mínimas de garantias dos trabalhadores.

Isto significa dizer que as partes não podem, por meio de critérios próprios, estabelecer quais são os direitos mínimos assegurados aos trabalhadores, pois existe um caráter de inderrogabilidade dos direitos indisponíveis nas relações de trabalho, que são de ordem pública.

Não se pode esquecer de que o art. 7º, inc. XXVI da Constituição, ao reconhecer a força dos instrumentos coletivos negociados o fez para garantir melhores condições de trabalho. Essa interpretação decorre de texto expresso contido no *caput* do referido art. 7º ("além de outros que visem à melhoria de sua condição social"). Por essa razão, não se pode admitir a precarização de condições de trabalho por intermédio de negociação coletiva.

Cabe sempre lembrar que o modelo de organização sindical brasileira é ultrapassado, contando com entidades sindicais que pouco ou nada representam e protegem os trabalhadores, o que permite presumir que muitos casos de flexibilização não favorecem os interesses dos trabalhadores, servindo, na verdade, como desproteção dos seus direitos básicos.

Essa questão foi acentuada pela reforma trabalhista de 2017, que retirou a principal fonte de custeio dos sindicatos, qual seja, a contribuição sindical, tornando ainda mais frágeis as organizações sindicais. Essa reforma criou forte contrassenso entre aumentar o poder de negociação coletiva e diminuir a força econômica, tornando os sindicatos economicamente fracos, o que lhes reduziu a capacidade de negociar com algum equilíbrio.

Não se está, com isso, defendendo a manutenção de sistema contributivo compulsório. Defende-se que sua extinção deveria ter sido acompanhada da criação de outra forma de sustento financeiro das atividades sindicais, porque sem dinheiro os sindicatos não têm condições de bancar campanhas salariais e promover negociações coletivas livres.

Por isso José Cláudio Monteiro de Brito Filho preceitua que, *ipsis litteris*:

> "Há risco, então, de ser o instrumento de flexibilização somente uma forma de aviltar as condições de trabalho, com um retrocesso inaceitável

> nas ralações entres trabalhadores e empregadores do Brasil que, sempre foi marcada pelo signo do descumprimento, poderá ser agora reconhecida ainda, pela marca da proteção insuficiente, principalmente porque o judiciário trabalhista pouco poderá fazer na análise do conteúdo dessas negociações coletivas."(7)

Esse alerta foi feito em face da introdução do art. 611-A na CLT e incisos, fomentando flexibilização de normas trabalhistas legais, para fazer prevalecer o negociado sobre o legislado no plano coletivo.

6. Negociado sobre o legislado na forma do art. 611-A da CLT

É, sem dúvida, da maior importância o princípio da liberdade sindical, concretizado pela figura das entidades sindicais, desde os primeiros anos do século XX (Decretos ns. 979/1903 e 1.637/1907), passando por evoluções e modificações, até as bases atuais trazidas com as alterações introduzidas sobre a organização sindical e direito de greve pelos arts. 8º e 9º da Constituição Federal de 1988.

A Constituição Federal de 1988 consagrou o princípio basilar da unicidade sindical de forma clara e objetiva, assim como a representatividade sindical das categorias respectivas, atuação e função dos sindicatos no que se refere à natureza social, negocial, assistencial, política, financeira e representativa no campo dos direitos coletivos, pontuando-se o inc. III do art. 8º ("ao sindicato cabe a defesa dos direitos e interesses coletivos ou individuais da categoria, inclusive em questões judiciais ou administrativas").

No entanto, a inserção dos dispositivos legais do art. 611-A da CLT pela Lei n. 13.467/2017 trouxe consideráveis mudanças, que vêm gerando impactos no cenário laboral, como alertam Mauricio Godinho DELGADO e Gabriela Neves DELGADO:

> "Dessa maneira, seja pela enormidade de alguns desses dispositivos (o art. 611-A, com 15 incisos e cinco parágrafos, ao lado do art. 611-B); a inserção do novo par. 3º no art. 614 da CLT; por fim, a nova redação conferida ao art. 620 da Consolidação das Leis do Trabalho. Tais novos preceitos, em seu conjunto, tiveram o evidente objetivo de produzir mudança de grande impacto no regime da negociação coletiva no Direito do Trabalho."(8)

A Reforma Trabalhista de 2017, nessa disposição legal, com objetivação meramente econômica, trouxe mudanças que claramente resultam na preocupação de estudiosos, julgadores, profissionais do direito e doutrinadores.

---

(7) MONTEIRO. José Cláudio de. *Direito Sindical*. 7. ed. São Paulo: LTr, 2018. p. 205.

(8) DELGADO, Mauricio Godinho; DELGADO, Gabriela Neves. *A reforma Trabalhista no Brasil*. 2. ed. São Paulo: LTr, 2018. p. 274.

Isso decorre da análise de dispositivos da Constituição Federal, como os arts. 1º, 3º, 7º e 170, entre outros, que leva à ideia de que a inserção da flexibilização pretendida pelo legislador da reforma trabalhista de 2017 não poderá se transformar em mecanismo de precarização das condições de trabalho ou mesmo como instrumento estrangulador da força laboral, força esta que movimenta a economia e gera riqueza para a sociedade brasileira.

Assim, conforme a ordem jurídica constitucional brasileira, não há possibilidade de interpretação literal do dispositivo do art. 611-A da CLT, que permita uma flexibilização precarizante das condições de trabalho, atingindo normas de caráter inderrogável, com o rebaixamento do valor do trabalho humano.

Na acepção conceitual e de objetivos reconhecidos mundialmente, como regra a negociação coletiva é instrumento de elevação de direitos sociais e de condições melhores de trabalho e não avassalador meio de retirar direitos laborais mínimos. Por exceção permite-se a flexibilização de direitos por meio da negociação coletiva, principalmente para se fazer adequações em momentos de crises econômicas ou por razões de mudanças tecnológicas.

7. Limites da autonomia negocial coletiva

Principal questão sobre negociação coletiva diz respeito a saber se os respectivos sujeitos podem tratar livremente de qualquer assunto trabalhista.

Não resta dúvida sobre a importância e necessidade da negociação coletiva para resolver conflitos de trabalho, como, aliás, está assegurada e mesmo prestigiada pela Carta constitucional brasileira de 1988, como consequência da liberdade sindical insculpida no seu art. 8º e seguintes.

Essa importância da negociação coletiva é reconhecida pela Corte Suprema do País, *in verbis*:

> **EMENTA**: DIREITO DO TRABALHO. ACORDO COLETIVO. PLANO DE DISPENSA INCENTIVADA. VALIDADE E EFEITOS. 1. (...) 2. (...) 3. (...) 4. A Constituição de 1988, em seu art. 7º, XXVI, prestigiou a autonomia coletiva da vontade e a autocomposição dos conflitos trabalhistas, acompanhando a tendência Supremo Tribunal Federal mundial ao crescente reconhecimento dos mecanismos de negociação coletiva, retratada na Convenção n. 98/1949 e na Convenção n. 154/1981 da Organização Internacional do Trabalho. O reconhecimento dos acordos e convenções coletivas permite que os trabalhadores contribuam para a formulação das normas que regerão a sua própria vida. (...). (RE 590.415, PLENÁRIO, 30.04.2015. Relator MIN. ROBERTO BARROSO).

Não obstante sua importância e necessidade, como alinhado nos tópicos acima, a negociação coletiva não é irrestrita em termos de matérias a serem por ela tratadas, encontrando limites e temperamentos nas normas de caráter indisponível, que, por isso, não podem ser derrogadas ao talante das partes.

O Direito do Trabalho tem por fundamento primeiro o princípio da proteção do trabalhador, visando exatamente contrabalancear o desequilíbrio econômico, social e político que há e sempre haverá entre empregados e empregadores.

Com a Lei n. 13.467/17, que promoveu grande reforma trabalhista no país, sobreveio como um dos seus principais objetivos a possibilidade de as condições negociadas entre patrões e empregados por intermédio de Convenção Coletiva ou Acordo Coletivo de Trabalho prevalecerem sobre as normais legais existentes, conforme disposto nos incisos do art. 611-A da CLT.

A nova alteração legal trouxe permissivo mais amplo para a negociação coletiva, com a prevalência do negociado sobre o legislado em desfavor dos trabalhadores, atingindo até direitos sociais mínimos, o que viola os princípios norteadores do Direito do Trabalho brasileiro, como, por exemplo, o da prevalência da norma mais favorável, da irrenunciabilidade de direitos, da adequação setorial negociada e do princípio da vedação ao retrocesso social, expresso em diversas convenções internacionais ratificadas pelo Brasil.

Essa permissão de ampliação da negociação coletiva prevalecente sobre a lei, como nos parece, não assegura que sindicatos e empresas firmem instrumentos coletivos de trabalho regulando e flexibilizando, por exemplo, as cotas de aprendizagem e excluindo certas ocupações da base de cálculo dessas cotas, como já tem ocorrido. Também, a exemplo, tem ocorrido o mesmo em relação às cotas de pessoas com deficiência, diminuindo o número de vagas a serem preenchidas por trabalhadores aprendizes ou com deficiência. Também não podem tratar de normas sobre saúde, higiene e segurança do trabalho, que são indisponíveis e inderrogáveis ao talante das partes.

Negociação sobre esses itens, exemplificativamente falando, é imprópria, porque contraria a Constituição Federal e a legislação trabalhista que regulam matérias de ordem publica, de natureza indisponível, que não podem ser reguladas pelas partes em patamares abaixo da lei. Se for acima e para melhorar a condição dos trabalhadores, não haverá impedimento, pois estará de acordo com o princípio da norma mais favorável, que é o fundamento primordial da negociação coletiva, qual seja, atuar além da norma legal para melhorar a condição social dos trabalhadores, como preceitua o *caput* do art. 7º da Constituição Federal.

Neste ponto cabe ponderar e lembrar que o art. 611-B da CLT elencou as matérias que não podem ser objeto de negociação coletiva, que versem sobre direitos e garantias fundamentais dos trabalhadores, assegurados pela Constituição Federal, destacando-se os incisos XXIII e XIV, que afirmam constituir objeto ilícito de CCT ou ACT a supressão ou a redução dos seguintes direitos, entre outros: proibição de trabalho noturno, perigoso ou insalubre a menores de 18 anos e de qualquer trabalho a menores de 16 anos, salvo na condição de aprendiz, a partir de 14 anos (inc. XXIII); medidas de proteção legal de criança e adolescentes (inc. XXIV).

De qualquer forma, os permissivos sobre o que pode e não pode e como deve ser negociado decorrem da compreensão do art. 7º da Constituição Federal, que diz serem direitos dos trabalhadores o constante dos seus incisos, além de outros que visem à melhoria de sua condição social.

É nesse modelo que deve ser interpretado e aplicado o disposto no art. 611-A da CLT, o qual não pode ser visto isoladamente.

Cabe lembrar que o Comitê de Perito da OIT se manifestou em 07.02.2018 sobre o disposto no art. 611-A da CLT, trazido pela Reforma Trabalhista de 2017, alertando que tais disposições possibilitam a derrogação de direitos assegurados em lei, por intermédio de negociação coletiva, o que contraria preceitos inscritos nas Convenções ns. 98 e 154 daquela Organização, ambas ratificadas pelo Brasil e incorporadas ao seu ordenamento jurídico.

Assim, a autonomia negocial das entidades sindicais e setor patronal, de regular, por intermédio de instrumentos normativos, termos e condições de emprego não pode ser considerada absoluta, especialmente quando se desvia de sua finalidade essencial, que é o asseguramento dos direitos e garantias fundamentais dos trabalhadores e a melhoria da sua condição social, conforme preconiza o *caput* do art. 7º da Constituição Federal.

8. Conclusões

A questão principal das reflexões neste artigo disse respeito a saber se os sujeitos da negociação coletiva podem tratar livremente de quaisquer matérias trabalhista por meio de negociação coletiva.

Em todo o trabalho foi enaltecida a importância e necessidade da negociação coletiva de trabalho para resolver conflitos coletivos de trabalho, como assegurada pela Carta constitucional brasileira de 1988 em face da liberdade sindical insculpida no seu art. 8º e seguintes.

A importância da negociação coletiva é reconhecida pela própria Corte Suprema do País, uma vez que a Constituição de 1988, em seu art. 7º, inc. XXVI, prestigiou a autonomia privada coletiva e a autocomposição dos conflitos trabalhistas, acompanhando a tendência mundial pelo crescente reconhecimento dos mecanismos de solução autônoma, como retratam as Convenções ns. 98 e 154 da Organização Internacional do Trabalho — OIT.

Não obstante sua importância e necessidade, a negociação coletiva não é irrestrita em termos de matérias a serem por ela tratadas, encontrando limites e temperamentos nas normas de caráter indisponível, de ordem publica.

Essa assertiva decorre de que o Direito do Trabalho tem por fundamento primeiro o princípio da proteção do trabalhador, visando contrabalancear o desequilíbrio econômico, social e político que há entre empregados e empregadores, daí, a necessidade de proteção legal de direitos mínimos que formam o patamar necessário para a dignificação dos trabalhadores.

A negociação coletiva como meio de solução de conflitos trabalhistas constitui direito fundamental dos trabalhadores, como decorre do disposto no art. 7º, inc. XXVI da Constituição Federal. Referido dispositivo constitucional dispõe sobre o direito fundamental ao reconhecimento das Convenções Coletivas de Trabalho e Acordos Coletivos de Trabalho.

E certo que a própria Constituição Federal e a lei prevêem casos de flexibilidade que podem ser viabilizadas por intermédio da negociação coletiva, como, por exemplo: a) a redução de salário (art. 7º, III, CF), b) compensação de jornada anual (art. 7º, XIII, CF c/ Lei n. 9.601/98), c) negociação de jornada para o trabalho em regime de turno ininterrupto de revezamento (art. 7º, XIV, CF), d) trabalho em tempo parcial (art. 58-A, CLT), e) suspensão do contrato de trabalho para cursos profissionalizantes (art. 476-A, CLT) e f) contrato por prazo determinado (Lei n. 9.026/98).

Todavia, o grande problema hoje no Brasil sobre negociação coletiva são os sindicatos, que, na maioria são fracos e desorganizados, os quais restaram mais enfraquecidos ainda com a reforma trabalhista de 2017, que da noite para o dia acabou com a principal fonte de custeio de suas atividades, sem criar meios alternativos. E, sem dinheiro os sindicatos não têm condições de suportar o necessário embate com os setores patronais nas negociações coletivas, porque sequer podem contratar serviços de assessorias jurídica, econômica e outros meios de sustentação da luta sindical.

Para valorizar de verdade a autonomia privada coletiva é necessário fortalecer os sindicatos e o direito de greve, este, que é o mecanismo mais adequado para propiciar negociação coletiva real.

E, por fim, para se implementar negociação coletiva livre cabe ao Estado promover a liberdade sindical e não ajudar a enfraquecer os sindicatos, como tem acontecido no Brasil nos últimos tempos.

Referências

ALVARENGA. Rubia Zanotelli. O negociado sobre o legislado: arts. 611-A e 611-B da Lei n. 13.467 de 13 de julho de 2017, In: *Direito do Trabalho e Estado Democrático de Direito*. São Paulo: LTr, 2018.

AROUCA, José Carlos. *Curso Básico de Direito Sindical*. 6. ed. São Paulo: LTr, 2018.

BRITO FILHO, José Cláudio Monteiro de. *Direito Sindical*. 7. ed. São Paulo: LTr, 2018.

DELGADO, Mauricio Godinho. *Princípios Constitucionais do Trabalho e Princípios de Direito Individual e Coletivo do Trabalho*. 5. ed. São Paulo: LTr, 2017.

______; DELGADO, Gabriela Neves. *A reforma Trabalhista no Brasil*. 2. ed. São Paulo: LTr, 2018.

FRANCO FILHO, Georgenor de Sousa. *Curso de Direito do Trabalho*. 4. ed. São Paulo: LTr, 2018.

MAGANO, Otávio Bueno. *Política de Trabalho.* São Paulo: LTr, 1995. volume II.

MARTINS, Sérgio Pinto. *Direito do Trabalho.* 31. ed. São Paulo: Atlas, 2015.

SÜSSEKIND, Arnaldo. *Instituições de Direito do Trabalho.* 20. ed. São Paulo: LTr, 2002. volume I.

Nova Lei Geral do Esporte (Alguns) Aspectos Trabalhistas Controvertidos

New General Sports Law (Some) Controversial Labor Aspects

Francisco Alberto da Motta Peixoto Giordani[(1)]

Estou em que, ao se abordar uma legislação feita para o esporte, há, desde logo, ter em mente o quanto o esporte mexe, como já se disse, tantas e tantas oportunidades, e "*tão profundamente com as sensações e emoções humanas*", o que, a par de torná-lo altamente empolgante, pode transformá-lo em "*um fenômeno facilmente manipulável*", como, bastas vezes, se dá, de uma maneira geral, quando potencializadas e/ou muito afloradas as aludidas sensações e emoções humanas, como já bem foi sintetizado:

> "O esporte tem o significado do seu tempo. E mais, exatamente por mexer tão profundamente com as sensações e emoções humanas, o esporte é um fenômeno facilmente manipulável. Quer dizer, o esporte é um prato cheio para inúmeros interesses – com predominância dos interesses econômicos —, daí não só a possibilidade, mas a necessidade de se fazer uma reflexão sobre as atividades esportivas."[(2)]

Outrossim, como corolário dos aspectos retro-apontados, não há surpreender que, ao se legislar sobre as relações envolvendo atletas profissionais e organizações esportivas,

---

(1) Advogado. Desembargador Federal do Trabalho aposentado do Tribunal Regional do Trabalho da 15ª Região. Membro da ANDD — Academia Nacional de Direito Desportivo. Autor de livros e artigos jurídicos.

(2) Ricardo Melani, em prefácio ao livro de Carlos Donbosco Assis, *"A Verdadeira Dor do Atleta"*, Edições Pulsar, 1997. p. 06.

as preocupações e cuidados se voltem, não raro, bem mais ou quase só, se não tão somente, a estas últimas, o que, se em tempos mais recuados ainda se apresentava como algo meio confuso, não muito claro, com o passar dos tempos, se tornou/torna bem e/ou mais nítido, percebendo aqueles (os atletas profissionais) que menores e/ou quase inexistentes, ou, em certos momentos e/ou aspectos, inexistentes, quaisquer preocupações e cuidados para com eles, suas necessidades e a real situação em que suas carreiras se desenvolvem, havendo uma distância estratosférica entre umas e outras, o que também passou/passa a ser percebido por outros segmentos da sociedade, naturalmente, em um quadro assim, há ter-se como pintando a realidade o sentimento de que: "*A verdadeira dor do atleta não é aquela dor da fratura, da lesão muscular, da fadiga, da pancada que você levou no jogo. Esses problemas a medicina tem resolvido na medida do possível. A dor a que se refere aqui neste livro está relacionada aos aspectos de ordem econômica, política e social e o atleta não tem como se omitir desses fatores*"(3).

Ora, como também seria/é natural, a ligação de um atleta com a organização esportiva, acaba por ser mais tênue então, por não corresponder ao *quod plerumque accidit*, esperar que um ser humano (o atleta), sabendo/vendo/sentindo que, em uma relação em que esteja envolvido com outra parte (com a organização esportiva), suas necessidades/interesses são bem menos ou quase nada ou nada tidos/levados em consideração, comparados com os da outra, tenda/acabe por se sentir menos ligado, afetiva e/ou sentimentalmente, com a, no caso aqui em tela, organização esportiva, limitando-se a cumprir rigorosa e profissionalmente o que lhe cabe fazer, e aí, ganhe espaço a ideia/versão de que os atletas não são mais como antigamente, em termos de "amor ao clube", mas, num quadro assim, dá para ser? Sem um certo equilíbrio no trato/disciplina dos interesses/necessidades/direitos, fica prejudicada a respeitante relação e quem vai perdendo/perde com isso é, no nosso caso, o futebol, já tão afetado pelos interesses econômicos que para ele se voltam, e que se justificam com argumentos de necessidade. Mutatis mutandis, com as adaptações devidas, ao invés de lealdade sentimento/ligação, dá-se o mesmo com o apontado pelo grande juslaborista Jorge Pinheiro Castelo: "*A lealdade {o sentimento/a ligação} é um relacionamento participativo; e se o empregador diz aos empregados que têm de agir por conta própria e que a empresa não ajudará quando precisarem, então, não há muito por que os empregados serem leais em relação à empresa*"(4). O (d)efeito é o mesmo quando a lei balança (rectius: despenca) para um lado, o que, conforme a intensidade, até para o leigo (aqui, o atleta, mas não só) em questões jurídicas, é claramente perceptível, afetando, destarte, o relacionamento entre as partes envolvidas, com prejuízos para o esporte mesmo, aqui, o futebol!

Dai que, é preciso/urgente buscar/procurar o reequilíbrio na disciplina legal da relação atleta/organização esportiva, superando-se a visão do "ou", clube ou atleta, pela do "e", clube e atleta, seguindo-se a seguinte lição: "*Em vez de se reprimir com a 'Tirania*

(3) Carlos Donbosco Assis, *"A Verdadeira Dor do Atleta"*, Edições Pulsar, 1997. p. 13.

(4) Jorge Pinheiro Castelo, *"O Direito do Trabalho Liquido"*, LTr, 2017. p. 45.

do OU', as empresas altamente visionárias se libertam com a 'Genialidade do E' – a capacidade de englobar os dois extremos de uma série de dimensões ao mesmo tempo. Em vez de escolher entre 'A ou B, elas descobrem uma forma de ter A e B"[(5)].

Prosseguindo, há ser mencionado o art. 70, da Lei Geral do Esporte, verbis: "No nível da excelência esportiva, as relações econômicas que advêm do esporte devem basear-se nas premissas do desenvolvimento social e econômico e no primado da proteção do trabalho, da garantia dos direitos sociais do trabalhador esportivo e da valorização da organização esportiva empregadora", cuja leitura, conjuntamente com os artigos seguintes, faz lembrar uma interessante passagem: "É *uma flor de retórica, mas tem também ares de engodo, ainda que um pouco grande demais*"[(6)], de vez que, em diversas ocasiões, seus elevados propósitos não se encontram retratados nos dispositivos que lhe seguem!

Nessa linha, uma advertência desde logo há de ser feita, e diz com o preceituado no art. 71, da Lei Geral do Esporte, assim: "O trabalhador da área do esporte desempenha atividades laborais permeadas por peculiaridades e especificidades, estabelecendo relações com as organizações esportivas, independentemente de sua natureza jurídica, por meio das formas previstas na legislação civil ou trabalhista", já "preparando" o caminho, arrancando a plantação protetiva do direito do trabalho, para o art. 82:

> "A atividade assalariada não é a única forma de caracterização da profissionalização do atleta, do treinador e do árbitro esportivo, sendo possível também definir como profissional quem é remunerado por meio de contratos de natureza cível, vedada a sua participação como sócio ou acionista da organização esportiva.
>
> Parágrafo único. A atividade profissional do atleta, do treinador e do árbitro esportivo não constitui por si relação de emprego com a organização com a qual ele mantenha vínculo de natureza meramente esportiva, caracterizado pela liberdade de contratação."

Atividade assalariada?

Horror a falar em empregado, emprego, preferindo-se outras denominações... Mas esse profissional... será "remunerado", como referido no próprio artigo! O parágrafo único do aludido art. 82?! Ora, se não preenchidos os requisitos do art. 3º, CLT, não haveria/haverá vínculo de emprego[(7)], de fato, não é algo isolado, porquanto se nota, mui clara e fortemente, uma insistente tendência rumo a um desvio/fuga/descaracterização

---

(5) James C. Collins e Jerry I. Porras, *"Feitas Para Durar* — Praticas bem-sucedidas de empresas visionárias", Editora Rocco, 1995, p. 75. Na mesma linha, *"Uma mão não se lava sozinha"*, provérbio *tswana* (povo que habita o Botswana e a África do Sul); pode ser referido, ainda vindo da África, o conceito do UBUNTU : *"somos humanos somente por intermédio da humanidade dos outros"*.

(6) Jakob Wassermann, *"O Processo Maurizius"*, Campinas, SP, Editora Sétimo Selo, 2021. p. 125.

(7) Ver, a respeito, o substancioso artigo "Lei n. 14.593/23 e o 'Desvínculo de emprego: novidades vetustas ou Caixa de Pandora da 'Modernização das Relações de Trabalho" Almiro Eduardo de Almeida e Oscar Krost, in *site "Direito do Trabalho Crítico"*, acesso em: 20 jun. 2023.

do vínculo de emprego, sucesso que não se dá apenas no âmbito Legislativo, mas, surpreendentemente, no Judiciário também, notadamente, na Suprema Corte que, por mais incrível que possa parecer — e é incrível mesmo, "atravessa", "*permissa venia*", princípios e regras de direito material e processual, para desmerecer/anular decisões, afinadas com os princípios e regras do direito material e processual do trabalho, por isso, então, ajustadas aos fins — constitucionais inclusive -que justificam sua existência, ignorando, desse modo, o espírito da Constituição, o que se afirma sem receio de ser tido como à caça de assombrações, mas com amparo da lição de José Afonso da Silva, um dos grandes constitucionalistas pátrios, quando ensina(8):

> "A hermenêutica do espírito procura a ideia fundante, a concepção básica que encontra sua expressão ou incorporação na Constituição. É nessa concepção básica, por detrás da multiplicidade das normas constitucionais, que descobrimos a unidade de seu sentido."

Como corolário e/ou aquando da aplicação do ensinamento que vem de ser reproduzido, é preciso cautela para notar o quão insuficientes/incompletos ou mesmo especiosos podem ser certos argumentos, que arrancam de um artigo isolado, que é "pinçado" para, por seu intermédio, se ter, com ares de irretorquivelmente fundamentada alguma posição, reputada/apresentada, destarte, com a que corresponde ao desenho constitucional, conclusão que, respeitada lição do eminente constitucionalista reproduzida nas linhas imediatamente anteriores, logo se percebe não corresponder.

Benjamin Cardoso bem explicava/explica isso... "*Há vogas e modas na jurisprudência como na literatura, na arte e no vestuário*"(9). Mas não só, já que também na lei e na interpretação, como se vê ...

Às vezes, pensamos que uma Constituição é como uma fortaleza inexpugnável, que basta ser promulgada e constar em um texto, ao alcance de todos, para reger, pacificamente, a vida em sociedade, contando com a obediência/observância geral, nada, portanto a, nem de longe, ameaçar a sua existência; todavia, não é assim, como alerta o Prof. Oscar Vilhena, ao apontar que: "*... a sobrevivência da Constituição depende de muitos fatores, entre os quais o compromisso dos diversos setores da sociedade, das lideranças políticas e dos atores institucionais com as regras do jogo democrático e seus pressupostos*"(10). E, antes, já havia advertido(11): "*Os tribunais constitucionais, por mais ativos e proeminentes que possam ser, são apenas uma das ferramentas de garantia da Constituição, e isso não os isenta, no entanto, de cumprirem sua função de guardas desse conjunto de leis.*" Por que faço esta observação?

(8) José Afonso da Silva, *"Comentário Contextual à Constituição"*, Malheiros Editores. 9. ed., 2014. p. 18.

(9) Benjamin N. Cardoso, *"A Natureza do Processo"*, Editora Nacional de Direito, 1956. p. 32.

(10) Oscar Vilhena Vieira, *"A Batalha dos Poderes"*, São Paulo: Companhia das Letras, 2018. p. 218.

(11) *Idem.*

Porque, ao que tudo me leva a crer, por meios sutis, às vezes nem tanto, se vê, por parte de alguns, uma maneira de "deixar de lado" a centralidade do trabalho, conferida pela Magna Carta, abrindo-lhe flancos por todos os lados, seja pura e simplesmente retirando- lhe do lugar que lhe foi destinado, como dito, pelo legislador constituinte, com uma legislação que desloca-a de sua posição original, para o que conta com um "empurrãozinho" de alguma jurisprudência, notadamente da Suprema Corte, e aí talvez, seja já um "empurrão", seja com e/ou também por meio de um absenteísmo do Estado, no particular, designadamente, quanto a sua intervenção na garantia dos direitos fundamentais sociais dos trabalhadores, sem a qual, esvazia-se a aludida centralidade, no ponto, já se expôs, em lição que tem aplicação ao que vem de ser dito, que: *"O nosso sistema constitucional não consagra a ideia de um Estado que se abstém da tutela e da intervenção para a garantia da observância a direitos fundamentais, ao contrário, apresenta um Estado voltado ao bem-estar social. Assim, a premissa é de que a omissão Estatal viola a ordem constitucional pois torna-se impensável hoje um retorno ao modelo de Estado Abstenseísta* (Bastos, 1994, p. 68). *Nessa perspectiva o Estado tem total responsabilidade no processo de consolidação da cidadania"*[12].

Atento ao asseverado nas linhas transatas, e já agora tendo sob as vistas a Lei Geral do Esporte, estou em que, em suas prescrições onde previstas as possibilidades de contratação e/ou mudança do que estiver previsto em seus dispositivos por pactuação direta, sempre haverá a possibilidade de futura discussão, dando por exemplos os arts. 82, § único, "*caracterizado pela liberdade de contratação*"; 85, "*cláusulas estabelecidas no contrato especial de trabalho esportivo*"; 97, III, "*salvo previsão contratual diversa*" e outras expressões equivalentes e/ou do tipo.

Com relação aos acréscimos remuneratórios, houve radical mudança em sua disciplina, comparativamente ao anteriormente estatuído pela Lei Pelé, como se pode inferir com o exame do art. 97, III, da Lei Geral do Esporte: "Aplicar-se-ão aos atletas profissionais da modalidade futebol as disposições desta Lei e, especificamente, o seguinte: ...

> III – não serão devidos acréscimos remuneratórios em razão de períodos de concentração, de viagens, de pré-temporada fora da sede e de participação de atleta em partida, em prova ou equivalente, salvo previsão contratual diversa"

Mas essa não era sua razão maior de ser? Servirão então para que fim? Estar-se-á perante um dispositivo vazio, ou quase vazio, praticamente sem finalidade?

As "surpresas" não param por aqui, continuam, como se pode constatar passando os olhos pelo mesmo art. 97, VII, § 3º, da Lei Geral do Esporte, que assim se apresenta:

(12) Mônica de oliveira Casartelli, "A Proposta de Superação da Crise Econômica por Meio da Flexibilização da Legislação Trabalhista Via negociação Coletiva", *Revista do Tribunal Regional do Trabalho da 4ª Região*, n. 44, 2016, p. 70.

"Aplicar-se-ão aos atletas profissionais da modalidade futebol as disposições desta Lei e, especificamente, o seguinte: ...

> VII – será assegurada, no caso de participação em jogos e em competições realizados em período noturno, remuneração com acréscimo de pelo menos 20% (vinte por cento) sobre a hora diurna, salvo condições mais benéficas previstas em convenção ou acordo coletivo;
>
> (...)
>
> § 3º Para os efeitos do inciso VII do *caput* deste artigo, considera-se trabalho noturno a participação em jogos e em competições realizados entre as 23h59 (vinte e três horas e cinquenta e nove minutos) de um dia e as 6h59 (seis horas e cinquenta e nove minutos) do dia seguinte.

Bem se sabe o quão largo é o espaço de atuação/deliberação/decisão/conformação do legislador, bastas vezes adequado/necessário, o que não significa absoluto/sem freios e/ou sem limites a observar, como os inafastáveis parâmetros de racionalidade e a própria realidade que o circunscreve, e que se traduz no modo de ser/viver da respeitante sociedade, além, obviamente, do quanto estatuído pela Carta Política, aqui, de ceder o passo aos ensinamentos do preclaro Christiano Falk Fragoso: "... *não se pode estabelecer uma lei penal contra a Constituição Federal (que estabelece limitações materiais e formais ao poder), contra os tratados internacionais de direitos humanos e contra parâmetros de racionalidade que tomem em consideração dados da realidade.*"(13) (destaques não constam do original).

Insista-se: o legislador deve atuar sem olvidar e/ou arrostar/ignorar (ainda que aparentando observá-la) a Lei Maior, de vez que, se e/ou ao assim proceder, gerará, de imediato ou a curto/médio prazo insegurança jurídica e todos os debates que sempre acompanham-na, além de dever, como salientado já, não perder de vista, a cultura, o modo de ver e viver do povo, pena de produzir legislação estéril/nociva e que ao invés de harmonizar e pacificar a existência em sociedade, contribuirá para o aprofundamento das divergências/cizânias em seu território, o que provocará/levará a maiores e ingentes esforços – e vai se saber depois das dificuldades para superá-las — para reaproximar, no nosso caso, as relações entre os atletas e as organizações esportivas, ou, como superiormente dito pelo insigne Luis Regis Prado, em lição que, embora voltada ao direito penal, bem se aplica ao direito do trabalho: "*A construção legislativa tecnicamente correta e conforme à Constituição se apresenta ainda hoje e mais do que nunca como instigante e premente desafio à Política Criminal. (...) Para além disso, perpetua-se constante inflação legislativa — quase sempre desnecessária e com absoluta falta de clareza e determinação —, incrementada pela esterilidade de teorias e discussões doutrinais, pela globalização e traslado de institutos, conceitos e regras em descompasso com a cultura e tradição jurídica própria de cada país, pela degradação da linguagem jurídica, pela falta de eficiência real do processo criminal, que, entre outros fatores, propiciam ou aprofundam o agravamento da crise na construção e no emprego da lei penal.*" Resultado disso: "*O resultado dessa situação vem a ser obviamente a corrosão*

---

(13) Christiano Falk Fragoso, *"Autoritarismo e SistemaPenal"*, Rio de Janeiro, Lumen Juris, 2016. p. 11-12.

da segurança jurídica, entendida como face da própria justiça (Radbruch), e a colocação em risco da própria noção de Estado de Direito e a sua capacidade de arrostar os ingentes problemas criminais (v.g., *terrorismo, tráfico de pessoas, drogas e armas etc.) que assolam a sociedade democrática*"[14].

Por favor, que não sirvam de "justificativa" argumentos do tipo "*assim diz a lei*", "*a faz porque o legislador que*", os quais, atento a lição do (merecidamente) afamado Eugenio Raúl Zaffaroni, apenas demonstram falta de fortes e mais consistentes argumentos, a par da falta de êxito em termos de racionalidade, é ver[15]: "*Fica clara a negação da coerência interna do discurso jurídico-penal quando se esgrimem argumentos tais como: 'assim diz a lei', 'a faz porque o legislador o quer' etc. Estas expressões são frequentemente usadas em nossa região e implicam a confissão aberta do fracasso de qualquer tentativa de construção racional e, por conseguinte, legitimadora do exercício de poder do sistema penal*".

Que não passe sem rápida referência que não se vê aqui alguma relação com a saúde do trabalhador, que justifique o horário noturno estabelecido; então...

Comparando-se o § 4º, do art. 28, da Lei Pelé, com o art. 85, da Lei Geral do Esporte, pode-se ter este último como mais "objetivo" e/ou técnico, pois dele não consta a ressalva "às peculiaridades constantes desta Lei", que aquele abrigava. Todavia, de notar que o caminho do art. 85, Lei Geral do Esporte, foi/está anteriormente "aplainado", pelo art. 71, da mesma *lex*, o qual dispõe que:

> "O trabalhador da área do esporte desempenha atividades laborais permeadas por peculiaridades e especificidades..."

Para iniciar o que pretendo expor aqui, de ver as seguintes passagens: "*Já segundo os clubes, a Lei Geral do Esporte, 'aproxima a legislação do esporte ao que já vale para todos os demais trabalhadores*" (sem destaques no original)[16], aqui, parece que não contam muito; o mesmo, entretanto, se não dá, em outra e anterior manifestação, com o seguinte teor: "*Segundo o Ministro Orlando Silva, uma das principais mudanças propiciadas pelo novo projeto de lei é a valorização do clube que investe na formação de atletas... Orlando Silva também destaca entre os avanços o reconhecimento de características peculiares da atividade de futebol, que exigem flexibilidade em alguns temas da legislação*" (sem destaques no original)[17], aqui, ao que parece, contam — e muito. Ou seja, "peculiaridades e especificidades", são vocábulos utilizados de acordo com os interesses/conveniências do momento, conforme a ocasião, o que, força é convir, torna-os bem manipuláveis (lembrar da observação com a qual principiei este singelíssimo trabalho!!!).

---

(14) Prefácio de Luiz Regis Prado a obra de José Luiz Díez Ripollés, *"A Racionalidade das Leis Penais"*, São Paulo: RT, 2016. 2. ed., p.13.

(15) Eugenio Raúl Zaffaroni, *"Em busca das penas perdidas"*, Rio de Janeiro: Editora Revan, 2. reimp, 2012. p. 17.

(16) *Folha de S. Paulo*, 15 jul. 2022, acesso em: 07 jul. 2023.

(17) <jusbrasil.com.br>, publicado há 13 anos, acesso em: 07 jul. 2023.

Conquanto reconheça-as, essas especificidades e peculiaridades, estou em que não se possa utilizá-las, como óbvio e natural, para "driblar" a legislação, vista em seu todo e de modo sistemático, como há de ser, mesmo porque, não se encontra revogada a Lei Pelé, e ainda há a CLT... (ah, como isso pode ser doloroso para determinados espíritos!) Aqui, portanto, fecundo espaço para aplicação da teoria do Diálogo das Fontes:

> "Essa teoria de Erik Jayme do diálogo das fontes tem se mostrado muito útil para a decisão de casos difíceis e jogado nova luz à solução dos conflitos de leis, assegurando uma aplicação simultânea e coordenada das leis brasileiras de forma a dar efetividade aos mandamentos constitucionais, em especial o da proteção aos mais fracos. Aplicar as leis, interpretá-las e colmatar eventuais lacunas, sem perder de vista os valores e mandamentos constitucionais, assegurando uma unidade valorativa das fontes e do ordenamento jurídico brasileiro é a tarefa difícil, mas necessária."(18)

Outrossim, a aplicação da teoria das fontes se encontra amplamente justificada, por conta de um fenômeno complexo e que pode ser objetivamente constatado nos ordenamentos jurídicos, que é o da pluralidade de fontes normativas, a essa altura, de ceder o passo ao culto processualista Daniel Mitidiero: "É notória a complexidade dos *ordenamentos jurídicos contemporâneos, marcados fortemente pela pluralidade de fontes normativas*"(19), e ainda na lição deste mestre(20): "*O Direito hoje, gravado que está pelo advento do Estado Constitucional, requer uma dogmática mais fluída e flexível, 'mitte', consoante entre as aponta a doutrina, sendo de rigor alçar-se mão, para compreensão e aplicação do sistema jurídico, de um diálogo incessante entre as fontes do direito. O desiderato desse diálogo está na coordenação e na harmonia entre as soluções dimanadas dessa ou daquela manifestação do jurídico*".

Mais, pois levando em conta e/ou tendo que coerência bem pode ser tida como uma harmonia "elaborada", de bom proveito a transcrição de ensinamento da ilustre Cláudia Lima Marques, em que discorre sobre a importância, para um sistema jurídico, de coerência, suas, portanto, as palavras que se seguem:

> "Como afirma Erik Jayme, no que tange à teoria, 'o sistema jurídico pressupõe uma certa coerência — o direito deve evitar a contradição', pelo que

(18) Cláudia Lima Marques, *"A Teoria do 'Diálogo das Fontes' hoje no Brasil e seus Novos Desafios: uma Homenagem à Magistratura Brasileira"*, coordenação Cláudia Lima Marques e Bruno Miragem, *"Diálogo das Fontes — Novos estudos sobre a coordenação e aplicação das normas no direito brasileiro"*, Thomson Reuters Brasil/Revista dos Tribunais, São Paulo, 2020. p. 19.

(19) Daniel Mitidiero, *"Processo Civil e Estado Constitucional"*, Livraria do Advogado, 2007, p. 78.

(20) *Idem.*

'O juiz, na presença de duas fontes, com valores contrastantes, deve buscar coordenar as fontes, num diálogo das fontes."[21]

Realmente, não se pode ignorar que, a cada dia mais, as leis se distanciam do interesse geral — ao qual, ao que parece e em verdade, não foram/não são totalmente ligadas e/ou consideram, e em muitos casos, nem se disfarça mais, procurando "dourar a pilula", pelo que há buscar, e aqui uma inestimável utilidade/relevância da teoria do diálogo das fontes, caminhos/fundamentos para uma necessária reaproximação com esse interesse geral, interesse esse que passa pela proteção dos mais vulneráveis da sociedade, em suas diversas manifestações, de modo que não nos referimos apenas aos trabalhadores, mas a esmagadora, maioria dos integrantes da sociedade. Note-se que em suas lições, a ilustre Professora Cláudia Lima Marques, não tem a vista voltada, direta e especificamente, aos trabalhadores, enquanto tais, mas aos mais fracos, de um modo geral!

Quantas não foram/são as vezes em que me surpreendo pensando que a teoria do Diálogo das Fontes em muito se aproxima, parece até ter se originado do princípio tão nosso conhecido da Aplicação da Norma Mais Favorável. Esse Direito do Trabalho... e sua luta pela pessoa humana que é o trabalhador, pelo reconhecimento de sua dignidade... Aliás, como recorda o culto Ipojucan Demétrius Vecchi:

> "*Conforme lembra Häberle, foi o movimento trabalhista que trouxe a ideia da dignidade das especulações filosóficas para dentro da prática jurídica. Afirma o autor: 'Na metade do século XIX a dignidade humana se tornou 'ideia-motriz-política do movimento trabalhista'. Lassalle exige a melhoria das condições materiais das classes trabalhadoras e que se lhes proporcione uma existência verdadeiramente digna. Proudhon dá uma passo adiante, ao incluir a dignidade da pessoa na ideia de justiça. Com isso, o pensamento da dignidade humana abriu-se a uma nova dimensão, a do Direito e da justiça, transitando do reino do 'pensamento puro' para a prática jurídica.*"[22] (sem destaques no original)

Situação curiosa, estabelece o art. 87, da Lei Geral do Esporte no sentido de que: "Convenção ou acordo coletivo de trabalho disporá sobre a regulação do trabalho do atleta profissional, respeitadas as peculiaridades de cada modalidade esportiva e do trabalho das mulheres, bem como sobre a proteção ao trabalho do menor[23].

---

(21) Cláudia Lima Marques, *"A Teoria do 'Diálogo das Fontes' hoje no Brasil e seus Novos Desafios: uma Homenagem à Magistratura Brasileira"*, coordenação Cláudia Lima Marques e Bruno Miragem, *"Diálogo das Fontes — Novos estudos sobre a coordenação e aplicação das normas no direito brasileiro"*, Thomson Reuters Brasil/Revista dos Tribunais, São Paulo, 2020. p. 19.

(22) Peter Häberle, *"A Dignidade Humana como fundamento da Comunidade Estatal"*, *apud* Ipojucan Demétrius Vecchi, *"Direito Material do Trabalho"*, vol. I, Juruá Editora, 2014. p. 310.

(23) Parece que o legislador se descuidou/olvidou ou pouco se importou, quiçá em uma manifestação conforme à colonialidade (e não à Constituição) de que: "Apesar de adotado pela CLT, e também pelos Códigos Civil e Penal, além de ser largamente utilizado pela doutrina, o termo 'menor' é considerado pejorativo, pois

Parágrafo único. **O poder público, especialmente os órgãos do Poder Judiciário, atenderão à prevalência das normas** convencionadas ou acordadas na forma do caput deste artigo sobre as disposições legais, inclusive quanto às disposições desta Lei e das normas que se aplicarem subsidiariamente a ela, respeitados os direitos sociais de caráter heterônomo constantes da Constituição Federal."

Já o art. 97, da Lei Geral do Esporte e ai a "curiosidade", dispõe: "Aplicar-se-ão aos atletas profissionais da modalidade futebol as disposições desta Lei e, especificamente, o seguinte: ...

Desta feita, o melhor é optar pela utilização de outras expressões, tais como 'criança', 'adolescente', 'pessoas em desenvolvimento', 'infante', 'sujeito de direitos especiais' etc.". Luciano Alves Rossato e Paulo Eduardo Laporé, *"Direitos Trabalhistas das Crianças, Adolescentes e Jovens"*, SP, RT, 2011, páginas 61-62 § 1º. Convenção ou acordo coletivo **poderá dispor de forma diversa** ao estabelecido neste artigo.

Dispositivos diferentes e ai? Pode/poderá parecer/ser precipitada uma resposta que simples a solução, que seria/é a de se aplicar o art. 87, mais geral, eis que consta da Secção III, que disciplina o "Do Contrato Especial de Trabalho Esportivo", em sua Subsecção I, que cuida "Das Características do Contrato Especial de Trabalho Esportivo", ao passo que o art. 97 se encontra na Secção VI, mais específica e que regula as "Disposições Específicas ao Futebol", e isso porque, a se seguir esse raciocínio, poder-se-á enveredar por sinuosa e complicada senda, como se pode aferir tendo-se outra regra do mesmo art. 97, localizada em seu inciso VIII, litera ad litteram : "**será** caracterizada a atividade do atleta profissional da modalidade futebol por remuneração **pactuada em contrato especial de trabalho esportivo** firmado com organização que se dedique à prática esportiva, isso, ao passo que o art. 86, "caput", que também está localizado na Secção III, que disciplina o "Do Contrato Especial de Trabalho Esportivo", em sua Subsecção I, que cuida "Das Características do Contrato Especial de Trabalho Esportivo", estabelece que: "O atleta profissional **poderá** manter relação de emprego com organização que se dedique à prática esportiva, com remuneração pactuada em contrato especial de trabalho esportivo, escrito e com prazo determinado, cuja vigência não poderá ser inferior a 3 (três) meses nem superior a 5 (cinco) anos, firmado com a respectiva organização esportiva, do qual deverá constar...". E Ainda há o art. 82, este na "Subsecção V, "Disposições Comuns aos Trabalhadores Esportivos", com a seguinte redação: "A atividade assalariada **não é a única forma de caracterização da profissionalização do atleta**, do treinador e do árbitro esportivo, **sendo possível também definir como profissional** quem é remunerado por meio de contratos de natureza cível, vedada a sua participação como sócio

---

remete ao antigo Código de Menores de 1979, que tratava crianças e adolescentes como pessoas em situação irregular, e as fazia carregar o estigma de marginalização, delinquência e abandono, o que não se coaduna com os novos paradigmas invocados e trabalhados pelo Estatuto {ECA}, que prima pela proteção constante e integral das pessoas em desenvolvimento.

ou acionista da organização esportiva",ou seja, o mesmo raciocínio desenvolvido para responder a primeira questão, aplicado à segunda, poderá "justificar" o entendimento de que também o atleta profissional de futebol poderá unir-se a uma organização esportiva por meio de um contrato de natureza civil, o que, quer me parecer, não permite a Lei Geral do Esporte, e se assim se concluir, parece que mais restrito o § 1º, do art. 97, do que o parágrafo único do art. 87, ambos, claro, da Lei Geral do Esporte.

Prosseguindo, quanto às luvas, de apontar lição do eminente Professor Rafael Ramos, que adverte: "*Ademais, esse novo art. 85, § 1º da LGE* é inconstitucional por confrontar o art. 195, I, a), da CF/88, que dispõe sobre a incidência *de 'contribuições socais sobre a folha de salários e demais rendimentos do trabalho pagos ou creditados às pessoas físicas, ainda que sem vínculo empregatício*"(24). Tendo a atenção voltada para o quanto deixaria/deixa de ir para a Seguridade Social (seus cofres), em razão disso, ver-se-á o peso de tal sentir.

Outrossim, no que tange aos prêmios, a redação do art. 85, §§ 1º e 2º, podem também provocar dúvidas e posicionamentos diversos, e isso porque reza o aludido § 1º que: "Os prêmios por performance ou resultado, o direito de imagem e o valor das luvas, **caso ajustadas**, não possuem natureza salarial e **constarão de contrato avulso de natureza exclusivamente civil**", e o § 2º dita: "**Consideram-se prêmios** por performance as liberalidades concedidas pela organização que se dedique à prática esportiva empregadora em dinheiro a atleta, a grupo de atletas, a treinadores e a demais integrantes das comissões técnicas, em razão do seu desempenho individual ou do desempenho coletivo da equipe da organização que se dedique à prática esportiva, **previstas em contrato especial de trabalho esportivo ou não**"; já para a nossa CLT, como consta de seu art. 457, § 2º, "As importâncias, **ainda que habituais**, pagas à título de ajuda de custo, auxílio-alimentação, vedado seu pagamento em dinheiro, diárias para viagem, **prêmios** e abonos não integram a remuneração do empregado, não se incorporam ao contrato de trabalho e não constituem base de incidência de qualquer encargo trabalhista e previdenciário".

Dúvidas que ocupam a mente, então: é mesmo necessária a previsão em forma apartada, constando em "contrato de natureza exclusivamente civil"? E se não constar? A habitualidade conta, de alguma forma, diante da diferença na redação? E se se voltar o olhar ao art. 86, § 9º, da Lei Geral do Esporte, que recorre a "**eventualidade**", o quadro misturará mais ainda suas cores (pintura moderna, refletindo em uma legislação moderna?): "Não constituirá nem gerará vínculo de emprego a remuneração **eventual** de atleta de qualquer modalidade por participação em prova ou partida, **inclusive as premiações**

(24) Parece que o legislador se descuidou/olvidou ou pouco se importou, quiçá em uma manifestação conforme à colonialidade (e não à Constituição) de que: "Apesar de adotado pela CLT,, e também pelos Códigos Civil e Penal, além de ser largamente utilizado pela doutrina, o termo 'menor' é considerado pejorativo, pois remete ao antigo Código de Menores de 1979, que tratava crianças e adolescentes como pessoas em situaçao irregular, e as fazia carregar o estigma de marginalização, delinquência e abandono, o que não se coaduna com os novos paradigmas invocados e trabalhados pelo Estatuto {ECA}, que prima pela proteção constante e integral das pessoas em desenvolvimento.

por resultado alcançado, concedidas eventualmente e em razão de desempenho superior ao ordinariamente esperado no exercício de suas atividades, bem como a percepção de auxílios na forma de bolsas ou de remuneração não permanente por meio de patrocínios ou direito sobre a exploração comercial de sua imagem"! Sempre pensando que a lei não deve conter palavras/expressões inúteis, contando que essa lição ainda deva ser seguida, claro!

Bem possível se entender que o 84, § 1º, da Lei Geral do Esporte, por mais abrangente, há prevalecer sobre a Lei Pelé, quanto ao que esta dispõe em seu art. 45, § 2º, tendo-se, também aqui, boa ocasião para a aplicação da teoria do Diálogo das Fontes e do princípio da prevalência da norma mais favorável, e em rara ocasião, para que prevaleça um dispositivo da Lei Geral do Esporte, é conferir:

Art. 84, § 1º. "A organização esportiva contratante é responsável pelas despesas médico-hospitalares, fisioterapêuticas e de medicamentos necessárias ao restabelecimento do atleta ou do treinador enquanto a seguradora não fizer o pagamento da indenização a que se refere este artigo, independentemente do pagamento de salário", e

Art. 45, § 2º. "A entidade de prática desportiva é responsável pelas despesas médico-hospitalares e de medicamentos necessários ao restabelecimento do atleta enquanto a seguradora não fizer o pagamento da indenização as que se refere o § 1º deste artigo".

Abrange despesas com fisioterapia, com o treinador e, ainda mais, com esse contrato de natureza civil...

Quanto alguns dos vetos, que devem ser cogitados nesse comenos, pelos debates que ainda suscitam, há mencionar, relativamente ao art. 86, I, "c", cuja redação é: "O atleta poderá manter relação de emprego com a organização que se dedique à prática esportiva, com remuneração pactuada em contrato especial de trabalho esportivo, escrito e com prazo determinado, cuja vigência não poderá ser inferior a 3 (três) meses nem superior a 5 (cinco) anos, firmado com a respectiva organização esportiva, do qual deverá constar, obrigatoriamente: I- cláusula indenizatória esportiva, devida exclusivamente à organização esportiva empregadora à qual está vinculado o atleta, nas seguintes hipóteses... c) dispensa motivada", realmente se justifica, pois, para além de ser mais uma demonstração excessiva de boa vontade para com as organizações esportivas, dentre outras que se encontram na Lei Geral do Esporte, provoca, ainda mais e novamente, um desequilíbrio abissal na relação destas com os atletas, pelas consequências que pode provocar (rectius: provocará) na continuidade da carreira e subsistência, é dizer, na vida mesmo destes últimos, que, então, para além de poderem ser despedidos por justa causa, o que já é algo de graves repercussões, ainda ficam, de pronto, obrigados ao pagamento de uma indenização, antes mesmo de poder discutir, pelos meios apropriados, se é ou não devida, se deu azo ou não à sua aplicação; por certo, não defendo, aqui, uma certa (ou errada) irresponsabilidade do atleta, mas, isso sim, o modo com que dispôs a lei acerca de assunto de tão "pesada" consequência! Para aceitar a redação do dispositivo, no ponto em tela, poder-se-á pretender esgrimir com o argumento de que, em seu texto, não está expressamente consignado que o pagamento deva ser imediato, na situação "sub examen", mas, para além de contrariar o ordenamento jurídico, visto de modo sistemático, podendo-se, neste comenos, referir os arts. 134 e 331, do Código Civil, ainda atrita(ria) com o também vetado § 4º, do inciso II, do mesmo art. 86, que permite(iria) o pagamento, já agora da cláusula compensatória esportiva em parcelas, ou seja, quando pretendeu possibilitar o parcelamento, o legislador assim dispôs!

Aproveitando a referência que se vem de fazer a respeito do art. 86 e ao parcelamento que possibilita à organização esportiva, tem-se que seu inciso segundo, § 4º, está assim redigido: "A cláusula compensatória esportiva será paga pelo clube em favor do atleta em parcelas mensais e sucessivas até o termo final do contrato originariamente pactuado e será devida a partir da rescisão do contrato especial de trabalho esportivo", este dispositivo pode(ria) ser visto também como traduzindo um tratamento desigual, a partir dai insustentável, se mantido o preceituado na alínea "c", do inciso I, deste artigo.

Continuando quanto aos vetos, também quanto ao art. 86, seu § 5º recebeu a redação que segue: "Caso, no curso do pagamento da cláusula compensatória esportiva, o atleta celebre novo contrato de trabalho com distinta organização de prática desportiva, será a organização de prática esportiva anterior remida do pagamento das parcelas finais da cláusula compensatória esportiva quando o salário do atleta com a nova organização esportiva for igual ou superior àquela que recebia anteriormente ou, caso seja inferior, será devida pela organização de prática esportiva anterior somente a sua diferença, e seguirá o parcelamento em curso apenas pelo saldo", aqui, tem-se dois pontos de vista sedutores, quer o que justifique o dispositivo pelo argumento do enriquecimento injustificado, diante de uma nova contratação do atleta, e outro, que assim não enxerga, entendendo não cuidar-se, na espécie, de enriquecimento injustificado, pela origem diversa de ambos; de minha parte, em um primeiro momento, senti-me tentado pela primeira hipótese, talvez movido por sucesso verificado com o meu time de coração e um atleta entretanto, depois, refletindo mais sobre a quaestio, acabei por inclinar-me pelo argumento de que se trata de motivações diversas, e lembro de casos que já apareceram e aparecem nas Varas do Trabalho, em que um empregado procura uma indenização por estabilidade não usufruída, a qual é refutada, sob o argumento, entre outros, de que o obreiro estaria já trabalhando para novo empregador, alegação essa que, a meu aviso, não empolga, porquanto, à uma, esse trabalhador tinha que sobreviver e, destarte, tendo condições, mínimas e precárias que fossem, haveria de mourejar, e algumas vezes, em situação pior do que essas mínimas e precárias, de maneira que essa circunstância, não poderia alforriar o respectivo dador de serviço de sua responsabilidade, uma vez comprovada sua existência, em satisfazer o direito reconhecido ao trabalhador, e à duas porque, a se permitir essa situação, favorecer-se-á o contratante que descumpriu o concertado, e mais, sabendo que seu atleta necessitará procurar e celebrar contrato com outra organização esportiva, pois suas carreira (lembro: curta!) e sobrevivência sua e dos seus dependem disso, sentir-se-ão, algumas organizações esportivas, estimuladas a romper o ajustado com determinado(s) atleta(s), na confiança de que, ao fim e ao cabo, não terão de cumprir, de maneira integral e provavelmente sequer em montante significativo, o que a lei determina para a hipótese em foco, de modo que não se deve mesmo aquiescer com um tal dispositivo.

O § 7º, do mesmo art. 86, igualmente vetado, tem estreita ligação com o estatuído para o § anterior e já aqui mencionado, e assim estabelece: "A cobrança judicial da cláusula compensatória esportiva sujeitar-se-á ao seu comprovado inadimplemento nos termos do § 5º deste artigo", rejeitado aquele, há seguir o mesmo destino este, de todo modo, sempre remanesceria algum debate acerca do ônus da prova.

Preceitua o § 11º, do "inesgotável" art. 86, da Lei Geral do Esporte que, "Em caso de ocorrência de acidente de trabalho, na hipótese de o clube optar não realizar o comunicado de acidente de trabalho e assumir a integralidade dos salários durante o afastamento do atleta até a sua plena recuperação, ficará afastada qualquer estabilidade ou indenização substitutiva prevista em lei." A dúvida que assoma neste particular é se, pelo fato de a organização esportiva assumir a totalidade dos estipêndios em tal caso, tudo estaria reparado/indenizado, o que não parece ser o caso, pois não se pode inferir que essa postura da organização esportiva, que, ao que parece, já ocorre quanto a algumas delas (daí, quiçá, a "motivação" deste preceito), justifique a inviabilidade de o atleta perseguir alguma indenização a que entenda fazer jus, por conta de um acidente do trabalho que tenha sofrido.

No que tange ao § 12º, novamente do art. 86, da Lei Geral do Esporte, está assim expresso: "Será aplicado ao contrato especial de trabalho esportivo o disposto no parágrafo único do art. 444 da Consolidação das Leis do Trabalho, aprovada pelo Decreto Lei n. 5.452, de 1º de maio de 1943, dispensada a exigência de diploma de nível superior quando o atleta profissional for assistido na celebração do contrato por advogado de sua escolha". Mais desproteção? Justificá-la com qual argumento? Menor escolaridade, talvez, de uma larga quantidade de atletas? Esse argumento legitimaria tal preceito?

Passando (conseguindo passar!) para o art. 97, tem-se seu inciso IV, insculpido da seguinte forma: "Será assegurado repouso semanal remunerado, preferencialmente em dia subsequente à participação do atleta na partida, quando realizada no final de semana, com possibilidade, em caráter excludente e limitativo da presente disposição, de treino regenerativo de até(duas) horas e 30 (trinta) minutos no cômputo da jornada de trabalho, o qual poderá ser realizado no dia do repouso semanal. De indagar: tem cabimento essa "possibilidade"? Tirar parte do DSR? Chegaria as raias da discriminação? Como justificar uma tal imposição a um trabalhador, ainda que atleta e/ou só por sê-lo? Lendo um dispositivo como este, acaba por vir à lembrança aquele conhecido dito do "boi na sala", ou seja, coloca-se algo, já pensando em tirá-lo posteriormente, mas para que outros preceitos permaneçam... Poderia/pode ser?

Chegando ao art. 160, tem-se em seu § 1º que: "Salvo convenção ou acordo coletivo de trabalho em contrário, 5% (cinco por cento) da receita proveniente da exploração de direitos de difusão de imagens de eventos esportivos serão repassados pelas organizações esportivas de que trata o *caput* deste artigo aos atletas profissionais participantes do evento, proporcionalmente à quantidade de partidas ou provas por estes disputadas, como parcela indenizatória de natureza civil", aqui, abstração feita a outras discussões que já acompanham leis anteriores, bem é de ver que remanesce a questão da fixação do percentual, como fica e/ou será definido então, mormente se os interessados não se acertarem a respeito? Qual será? Aqui, o veto deixa em aberto um problema, de maneira que se afigura, então, questionável.

Como o título deste modesto escrito desnuda, o objetivo foi abordar, de forma sucinta e em uma primeira análise, alguns pontos controvertidos e/ou com potencial para, com o tempo provocarem controvérsiaas, da nova Lei Geral do Esporte, acerca da qual, as reflexões devem prosseguir.

O Dano Moral Coletivo à Luz da ADPF n. 944: A quem Destinar os Recursos

Collective Moral Damage in Light of ADPF n. 944: To whom to Allocate the Resources

João Alberto Alves Machado(1)

Guilherme Guimarães Feliciano(2)

Resumo: Com o ajuizamento da ADPF n. 944-DF, a Confederação Nacional da Indústria pretendeu limitar, no âmbito da Justiça do Trabalho, as possibilidades judiciais de destinação dos dinheiros arrecadados por conta de condenações de empresas ao pagamento de indenizações por danos morais coletivas e por danos sociais. O artigo demonstra que essa pretensão é inadmissível, do ponto de vista processual, por conta do princípio da subsidiariedade, como também é improcedente, do ponto de vista material, em razão do binômio pertinência/eficiência que deve informar tais destinações, das próprias diretrizes hermenêuticas que devem reger a matéria e da inadequada compreensão de que as destinações atípicas configurem "ativismo judicial" censurável.

---

(1) Vice-Presidente Judicial do Tribunal Regional do Trabalho da 15ª Região (2023-2025). Desembargador Federal do Trabalho. Professor universitário.

(2) Professor Associado II do Departamento de Direito do Trabalho e da Seguridade Social da Faculdade de Direito da Universidade de São Paulo. Juiz Titular da 1ª Vara do Trabalho de Taubaté. Presidente da Associação Nacional dos Magistrados da Justiça do Trabalho no biênio 2017-2019. Livre-Docente (Universidade de São Paulo), Pós-Doutor (IGC/CDH — Universidade de Coimbra) e Doutor (Universidade de Lisboa, Universidade de São Paulo) em Direito. Acadêmico Titular da Cadeira n. 43 da Academia Brasileira de Direito do Trabalho. Coordenador dos Núcleos de Pesquisa e Extensão "O Trabalho além do Direito do Trabalho" e "Meio Ambiente do Trabalho" (DTBS/FDUSP).

Palavras-chaves: Danos morais coletivos — Danos sociais — Fundo de Defesa de Interesses Difusos — ADPF n. 944-DF — Ativismo judicial.

Abstract: With the presentation of the ADPF n. 944-DF, the National Confederation of Industry intended to limit, within the scope of the Labor Court, the judicial possibilities for the allocation of money collected because of convictions of companies to pay compensation for collective moral damages and for social damages. The paper demonstrates that this claim is inadmissible, from a procedural point of view, because of the principle of subsidiarity, and also unfounded, from a material point of view, because of the pertinence/efficiency binomial that must inform such destinations, because of hermeneutical guidelines and because of the inadequate understanding that atypical destinations constitute objectionable "judicial activism".

Keywords: Collective moral damages — Social damages — Fund for Defense of Diffuse Interests — ADPF n. 944-DF — Judicial activism.

Introdução

No dia 16 de fevereiro p.p., a Confederação Nacional da Indústria (CNI) apresentou ao Supremo Tribunal Federal a ADPF n. 944-DF, que pretende ver reconhecida a inconstitucionalidade das decisões judiciais que destinam indenizações (*rectius*: compensações) por danos morais coletivas e/ou danos sociais para fundos ou finalidades outras que não sejam aquelas previstas literalmente no art. 13 da Lei n. 7.347, de 24 de julho de 1985 (Lei da Ação Civil Pública — doravante, LACP).

Na opinião da CNI, com efeito, essas destinações "atípicas" configurariam reprovável elemento de ativismo judicial, cabendo ao Supremo Tribunal Federal dar cobro dessa prática e determinar, com vinculatividade abstrata e eficácia *"erga omnes"*, a estrita aplicação dos dinheiros obtidos em condenações judiciais por danos morais coletivos ou sociais, no âmbito da Justiça do Trabalho, adstrita ao fundo do art. 13 da LACP; ou, se muito, ao Fundo de Amparo ao Trabalhador (FAT), instituído pela Lei n. 7.998, de 11.01.1990 (art. 10).

Na dicção da peça, contrariam o ordenamento jurídico em vigor as *"decisões judiciais proferidas no âmbito da Justiça do Trabalho, em ações civis públicas, nas quais, ao invés de haver ordem de reversão dos valores das condenações a um Fundo gerido por um Conselho Federal, nos termos do art. 13 da Lei n. 7.347/1985, outras destinações vêm sendo dadas a esses valores"*.

A relatora, Min. Rosa Weber, entendeu pelo descabimento da arguição de descumprimento de preceito fundamental, propondo a extinção do processo sem resolução de mérito (com toda razão, a propósito, como adiante apontaremos). Seguiram-se os votos dos Ministros Roberto Barroso, Dias Toffoli e Gilmar Mendes e o voto-vista do Ministro André Mendonça, em sentido contrário, porque todos conheciam da ADPF; e, bem assim, o voto do Ministro Edson Fachin, acompanhando a d. Relatora. A seguir, na sessão virtual plenária de 23.6.2023 a 30.6.2023, pediu vista dos autos o Ministro Alexandre de Moraes. Os autos foram devolvidos para julgamento em 2.8.2023, com previsão de agendamento para a pauta de 11.8.2023 a 21.8.2023. A questão, portanto, segue em aberto no momento do fechamento deste estudo (17.8.2023).

Nada obstante — e independentemente do que venha a decidir o Excelso Pretório —, esse tema está a merecer uma análise mais cuidadosa e garantista, para além dos eflúvios emocionais que se leem cá e lá, geralmente a reboque de críticas mal postas a um suposto "ativismo judicial".

Vejamos com maior vagar, retomando reflexões que já publicamos em outros ensejos.

1. Primeiras aproximações: o dano moral coletivo e sua reparação. Sobre destinos e finalidades

É fato que o tema do dano moral coletivo (e do dano social, que com ele se conecta) ainda suscita intensas polêmicas em doutrina e jurisprudência. Em se tratando de dano moral coletivo, ainda no século passado, lecionava Carlos Alberto Bittar Filho:

> [...] Com supedâneo, assim, em todos os argumentos levantados, chega-se à conclusão de que o dano moral coletivo é a injusta lesão da esfera moral de uma dada comunidade, ou seja, é a violação antijurídica de um determinado círculo de valores coletivos. Quando se fala em dano moral coletivo, está-se fazendo menção ao fato de que o patrimônio valorativo de uma certa comunidade (maior ou menor), idealmente considerado, foi agredido de maneira absolutamente injustificável do ponto de vista jurídico; quer isso dizer, em última instância, que se feriu a própria cultura, em seu aspecto imaterial. Tal como se dá na seara do dano moral individual, aqui também não há que se cogitar de prova da culpa, devendo-se responsabilizar o agente pelo simples fato da violação (*damnum in re ipsa*). (45-46)
>
> Ocorrido o dano moral coletivo, que tem um caráter extrapatrimonial por definição, surge automaticamente uma relação jurídica obrigacional que pode ser assim destrinchada: a) sujeito ativo: a coletividade lesada (detentora do direito à reparação); b) sujeito passivo: o causador do dano (pessoa física, ou jurídica, ou então coletividade outra, que tem o dever de reparação); c) objeto: a reparação — que pode ser tanto pecuniária quanto não pecuniária. Sobre essa relação incide a teoria da responsabilidade civil."

(Do dano moral coletivo no atual contexto jurídico brasileiro. *Jus.com.br*. Disponível em: <http://www1.jus.com.br/doutrina/revista/texto/6183>. Acesso em: 17 ago. 2023).

No mesmo sentido se encaminha XISTO TIAGO DE MEDEIROS NETO (*Dano Moral Coletivo*. São Paulo: LTr, 2007. p. 136):

> [...] pode-se elencar como pressuposto necessário à configuração do dano moral coletivo, de maneira a ensejar a sua respectiva reparação, (1) a conduta antijurídica (ação ou omissão) do agente, pessoa física ou jurídica; (2) a ofensa a interesses jurídicos fundamentais, de natureza extrapatrimonial, titularizados por uma determinada coletividade (comunidade, grupo, categoria ou classe de pessoas); (3) a intolerabilidade da ilicitude, diante da realidade apreendida e da sua repercussão social; (4) o nexo causal observado entre a conduta e o dano correspondente à violação do interesse coletivo (lato sensu); [...]

No mais, o Eg. STJ tem reiteradamente decidido pelo cabimento da condenação por danos morais coletivos em sede de ação civil pública. Neste sentido:

> [...] 3. CONDENAÇÃO POR DANOS EXTRAPATRIMONIAIS COLETIVOS. CABIMENTO
>
> [...]
>
> 3. A jurisprudência do Superior Tribunal de Justiça tem perfilhado o posicionamento de ser possível, em tese, a configuração de dano extrapatrimonial coletivo, sempre que a lesão ou a ameaça de lesão levada a efeito pela parte demandada atingir, sobremodo, valores e interesses fundamentais do grupo, afigurando-se, pois, descabido negar a essa coletividade o ressarcimento de seu patrimônio imaterial aviltado.
>
> (REsp 1.315.822-RJ, rel. Ministro MARCO AURÉLIO BELLIZZE, TERCEIRA TURMA, julgado em 24.03.2015, *DJe* 16.04.2015)

No particular, merece transcrição as lapidares lições lançadas pelo Ministro relator em seu voto:

> [...] 4. **Da Condenação por Danos Morais Extrapatrimoniais. Cabimento.**
>
> Em que pese a existência de respeitáveis opiniões quanto ao não cabimento de reparação por danos morais transindividuais (por todos, Teori Albino Zavascki, in Processo Coletivo – Tutela de Direitos Coletivos e Tutela Coletiva de Direitos, Ed. Revista dos Tribunais. Ed. 2006), sob o argumento de que o abalo psíquico, por envolver, necessariamente, dor, sentimentos inerentes ao indivíduo, seria incompatível com a indeterminabilidade do sujeito passivo e da indivisibilidade da ofensa e da reparação da lesão (com ressonância, inclusive, em julgados desta Corte de Justiça – REsp ns. 598.281; 971.844), certo é que a jurisprudência mais recente do STJ tem superado o referido entendimento, para admitir a existência de dano extrapatrimonial coletivo e o correspondente dever de repará-lo.

E o faz com esteio em expressa previsão legal. O art. 6º, VI, do Código de Defesa do Consumidor é explícito ao possibilitar o cabimento de indenização por danos morais aos consumidores, tanto de ordem individual quanto coletivamente. De igual modo, o art. 1º da Lei de ação civil pública, admite a pretensão reparatória por danos extrapatrimoniais causados a qualquer interesse difuso ou coletivo.

Assim, a jurisprudência do Superior Tribunal de Justiça tem perfilhado o posicionamento de ser possível, em tese, a configuração de dano moral coletivo, sempre que a lesão ou a ameaça de lesão levada a efeito pela parte demandada atingir, sobremodo, valores e interesses fundamentais do grupo, afigurando-se, pois, descabido negar a essa coletividade o ressarcimento de seu patrimônio imaterial aviltado.

Ainda ao mesmo propósito, citem-se os seguintes precedentes:

ADMINISTRATIVO – TRANSPORTE – PASSE LIVRE – IDOSOS – DANO MORAL COLETIVO – DESNECESSIDADE DE COMPROVAÇÃO DA DOR E DE SOFRIMENTO – APLICAÇÃO EXCLUSIVA AO DANO MORAL INDIVIDUAL – CADASTRAMENTO DE IDOSOS PARA USUFRUTO DE DIREITO – ILEGALIDADE DA EXIGÊNCIA PELA EMPRESA DE TRANSPORTE – ART. 39, § 1º DO ESTATUTO DO IDOSO – LEI N. 10.741/2003 VIAÇÃO NÃO PREQUESTIONADO.

1. O dano moral coletivo, assim entendido o que é transindividual e atinge uma classe específica ou não de pessoas, é passível de comprovação pela presença de prejuízo à imagem e à moral coletiva dos indivíduos enquanto síntese das individualidades percebidas como segmento, derivado de uma mesma relação jurídica-base.

2. O dano extrapatrimonial coletivo prescinde da comprovação de dor, de sofrimento e de abalo psicológico, suscetíveis de apreciação na esfera do indivíduo, mas inaplicável aos interesses difusos e coletivos.

3. Na espécie, o dano coletivo apontado foi a submissão dos idosos a procedimento de cadastramento para o gozo do benefício do passe livre, cujo deslocamento foi custeado pelos interessados, quando o Estatuto do Idoso, art. 39, § 1º exige apenas a apresentação de documento de identidade.

4. Conduta da empresa de viação injurídica se considerado o sistema normativo.

5. Afastada a sanção pecuniária pelo Tribunal que considerou as circunstâncias fáticas e probatória e restando sem prequestionamento o Estatuto do Idoso, mantém-se a decisão.

6. Recurso especial parcialmente provido.

(REsp 1057274/RS, rel. Ministra ELIANA CALMON, SEGUNDA TURMA, julgado em 1º.12.2009, *DJe* 26.02.2010)

ADMINISTRATIVO E PROCESSUAL CIVIL. VIOLAÇÃO DO ART. 535 DO CPC. OMISSÃO INEXISTENTE. AÇÃO CIVIL PÚBLICA. DIREITO DO CONSUMIDOR. TELEFONIA. VENDA CASADA. SERVIÇO E APARELHO. OCORRÊNCIA. DANO MORAL COLETIVO. CABIMENTO. RECURSO ESPECIAL IMPROVIDO.

1. Trata-se de ação civil pública apresentada ao fundamento de que a empresa de telefonia estaria efetuando venda casada, consistente em impor a aquisição de aparelho telefônico aos consumidores que demonstrassem interesse em adquirir o serviço de telefonia.

[...]

7. A possibilidade de indenização por dano moral está prevista no art. 5º, inciso V, da Constituição Federal, não havendo restrição da violação à esfera individual. A evolução da sociedade e da legislação têm levado a doutrina e a jurisprudência a entender que quando são atingidos valores e interesses fundamentais de um grupo, não há como negar a essa coletividade a defesa do seu patrimônio imaterial.

8. O dano moral coletivo é a lesão na esfera moral de uma comunidade, isto é, a violação de direito transindividual de ordem coletiva, valores de uma sociedade atingidos do ponto de vista jurídico, de forma a envolver não apenas a dor psíquica, mas qualquer abalo negativo à moral da coletividade, pois o dano é, na verdade, apenas a consequência da lesão à esfera extrapatrimonial de uma pessoa.

9. Há vários julgados desta Corte Superior de Justiça no sentido do cabimento da condenação por danos morais coletivos em sede de ação civil pública. Precedentes: EDcl no AgRg no AgRg no REsp 1440847/RJ, rel. Ministro MAURO CAMPBELL MARQUES, SEGUNDA TURMA, julgado em 07.10.2014, *DJe* 15.10.2014, REsp 1269494/MG, relª. Ministra ELIANA CALMON, SEGUNDA TURMA, julgado em 24.09.2013, *DJe* 1º.10.2013; REsp 1367923/RJ, rel. Ministro HUMBERTO MARTINS, SEGUNDA TURMA, julgado em 27.08.2013, *DJe* 06.09.2013; REsp 1197654/MG, rel. Ministro HERMAN BENJAMIN, SEGUNDA TURMA, julgado em 1º.03.2011, *DJe* 08.03.2012.

10. Esta Corte já se manifestou no sentido de que "não é qualquer atentado aos interesses dos consumidores que pode acarretar dano moral difuso, que dê ensanchas à responsabilidade civil. Ou seja, nem todo ato ilícito se revela como afronta aos valores de uma comunidade. Nessa medida, é preciso que o fato transgressor seja de razoável significância e desborde os limites da tolerabilidade. Ele deve ser grave o suficiente para produzir verdadeiros sofrimentos, intranquilidade social e alterações relevantes na ordem extrapatrimonial coletiva. (REsp 1.221.756/RJ, rel. Min. MASSAMI UYEDA, *DJe* 10.02.2012).

11. A prática de venda casada por parte de operadora de telefonia é capaz de romper com os limites da tolerância. No momento em que oferece ao consumidor produto com significativas vantagens — no caso, o comércio de linha telefônica com valores mais interessantes do que a de seus concorrentes — e de outro, impõe-lhe a obrigação de aquisição de um aparelho telefônico por ela comercializado, realiza prática comercial apta a causar sensação de repulsa coletiva a ato intolerável, tanto intolerável que encontra proibição expressa em lei.

12. Afastar, da espécie, o dano moral difuso, é fazer tabula rasa da proibição elencada no art. 39, I, do CDC e, por via reflexa, legitimar práticas comerciais que afrontem os mais basilares direitos do consumidor.

13. Recurso especial a que se nega provimento.

(REsp 1397870/MG, rel. Ministro MAURO CAMPBELL MARQUES, SEGUNDA TURMA, julgado em 02.12.2014, *DJe* 10.12.2014)

A dogmática atual afasta-se, pois, da concepção individualizada do abalo psíquico, para reconhecer a existência de dano extrapatrimonial coletivo indenizável sempre que a lesão ou a ameaça de lesão vulnerar, de modo contundente, valores intrínsecos à própria coletividade ou a grupo determinado de indivíduos.

De outra parte, é relevante considerar a compreensão corrente — agora posta em xeque no âmbito do Excelso Pretório — de que a indenização fixada, nas hipóteses de danosidade coletiva, deverá ser revertida em benefício de instituições, projetos ou iniciativas que atuem na tutela dos direitos e interesses da coletividade atingida pela conduta ilícita sancionada pela sentença.

Nesse sentido, nos lindes deste Regional, é imperioso referir as decisões proferidas pelo Desembargador Lorival Ferreira dos Santos no Processo 0012540-40.2019.5.15.0077 (RO) e no Processo 0011225-93.2020.5.15.0027 (RO), ambos julgados pela 5ª Câmara da 3ª Turma do TRT 15ª Região, *mantendo* — com insuperáveis argumentos — a destinação dos recursos das indenizações a *entidades locais nas comunidades alcançadas pelos danos*.

Isto foi assim — e, antecipamos, *deve sempre ser* — porque é intuitivo que, se o dano extrapatrimonial é coletivo, a coletividade diretamente prejudicada deve ser a principal beneficiada com o produto da indenização (ainda que não seja a única), o que traduz verdadeiro pressuposto para considerar atendido o princípio da reparação integral do dano causado.

Para tanto, por outro lado, afigura-se razoável que entidades ou projetos a serem beneficiados sejam indicados pelo Ministério Público em conjunto com o Juízo ou Tribunal, operando-se a especificação final do destino na fase de cumprimento do julgado (e ouvida para tanto, se necessário, a própria comunidade prejudicada).

De outra parte, a pura e simples destinação dos recursos ao FAT (Fundo de Amparo ao Trabalhador), como parece ser a tese agora "ressuscitada", não vinha se revelando capaz, de modo geral — e considerando as atividades do Fundo —, de atender ao desiderato de promover a recomposição dos direitos imateriais e do patrimônio moral da comunidade atingida.

A propósito, vale lembrar que o FAT foi criado pela Lei n. 7.998/1990 para o custeio do Programa de Seguro Desemprego, de modo que a sua finalidade precípua se restringia a prover assistência material ao trabalhador desempregado. Trata-se de finalidade que, embora importante e de grande alcance social, não se revela capaz de atender ao requisito da máxima reparação possível do dano moral coletivo causado.

Em verdade, em se tratando de danos morais coletivos, em virtude da natureza metaindividual dos direitos atingidos, *deve-se buscar a restituição das partes ao estado anterior, na medida do possível*, adotando-se as medidas obrigacionais ou pecuniárias mais aptas a cumprir esse desiderato; e, se isso não for possível, convirá sempre *compensar economicamente a própria comunidade atingida*, evitando-se a externalização do proveito.

No particular, e como exemplo emblemático do Eg. TRT da 15ª Região, é importante registrar que, no acordo celebrado ao ensejo da ACP 0010230-31.204.5.15.0079, ajuizada em face do Grupo Odebrecht, foram atendidas solicitações diversas contemplando inúmeros hospitais, asilos, casas de repouso e saúde e entidades beneficentes e religiosas de amparo a crianças e adolescentes, idosos e pessoas com deficiências e doenças diversas, manejando de modo socialmente justo os recursos disponibilizados (que acabaram sendo direcionados para aproximadamente 80 instituições distribuídas por cerca de 31 Municípios do Estado de São Paulo).

Da mesma maneira, não se pode deixar de apontar o inegável acerto na amplitude de atuação do Ministério Público e do Poder Judiciário no que concerne ao direcionamento dos recursos decorrentes do acordo celebrado no famoso e emblemático caso Shell-Basf, como assinala, com propriedade, Raimundo Simão de Melo. *"In verbis"*:

> Por esse acordo, a empresa assumiu, entre outras obrigações, as de dar atendimento médico vitalício a 1.058 vítimas, entre ex-trabalhadores e familiares, além de outras que comprovem sua necessidade no futuro, bem como a pagar uma indenização por danos morais coletivos no valor de R$ 200 milhões, a serem destinados pelo Ministério Público do Trabalho a instituições por ele indicadas (Processo TST-RR 22200-28.2007.5.15.0126), para fins assistenciais.
>
> Esse valor de R$ 200 milhões parece até elevado (a 1ª e a 2ª instância arbitraram essa indenização em R$ 622 milhões). Todavia, considerando-se o tamanho dos danos causados com referida contaminação, com a ceifa da vida de muitas pessoas, enquanto outras estão doentes e muitas na iminência da eclosão das doenças, e a capacidade econômica da empresa Shell, chega-se a outra conclusão, qual seja, a indenização, que tem por fim punir exemplarmente o ofensor, não foi elevada.
>
> Desse valor, considerado o maior da história da Justiça do Trabalho em termos de indenização por danos morais, o Ministério Público do Trabalho doou R$ 120 milhões para instituições da área da saúde, como o Centro Infantil Boldrini e a Fundacentro, em Campinas. Já o Hospital do Câncer de Barretos recebeu R$ 70 milhões, sendo que parte dessa doação viabilizou o Centro de Pesquisa Molecular em Prevenção de Câncer, em Barretos, inaugurado em março. Outros R$ 30 milhões foram investidos no Centro de Diagnóstico de Câncer de Campinas.
>
> Com essa doação, o Hospital de Câncer de Barretos (SP) construiu uma unidade em Campinas (SP), o Hospital de Amor (inaugurado em 18/7/2017), em terreno doado pela prefeitura local, destinada à prevenção e tratamento da doença, e para manter centros móveis na cidade, pesquisa, prevenção, tratamento e educação em oncologia. São cinco unidades móveis (carretas), quatro adaptadas e equipadas para o diagnóstico e realização de exames de colo do útero, pele e pulmão, e uma para a educação, direcionada para as escolas, no intuito de despertar nos jovens o interesse por hábitos saudáveis,

> qualidade de vida e para o diagnóstico precoce e os cuidados na prevenção ao câncer.
>
> O caso, sem dúvida, foi um marco importante nas atuações do Ministério Público do Trabalho e da Justiça do Trabalho, não somente na defesa da saúde dos trabalhadores, mas também para viabilizar considerável benefício a grande massa da população da região de Campinas, onde ocorreu uma das maiores contaminações, com incalculáveis consequências sociais e humanas.
>
> De outra parte, foi acertada a destinação da indenização, revertendo-a em benefício da população, para combate e prevenção do câncer, por um dos mais importantes e respeitados hospitais da América Latina no tratamento da referida doença.
>
> Assim, o art. 13 da lei da ação civil pública, que manda que o valor das indenizações coletivas seja revertido para recuperação dos bens lesados, certamente foi bem cumprido e atingirá a sua finalidade. Foi melhor do que mandar para o FAT (Fundo de Amparo ao Trabalhador), que, apesar do nome, não cumpre a finalidade atribuída pela lei, qual seja, recuperar os bens lesados."
>
> (Indenização do caso Shell foi bem aplicada na construção de hospital. *Consultor Jurídico*. Disponível em: <https://www.conjur.com.br/2018-mar-23/reflexoes-trabalhistas-indenizacao-shell-foi-bem-aplicada-construcao-hospital>. Acesso em: 17 ago. 2023).

Além desses recursos, vale ainda ponderar que parte dessas indenizações também permitiram o financiamento da construção do Barco Hospital Papa Francisco, inaugurado oficialmente em agosto de 2019. Sediado na cidade de Óbidos, no Pará, o barco atende a mais de 1000 comunidades ribeirinhas na região amazônica, contando com uma estrutura moderna que contempla consultórios médicos, odontológicos, centro cirúrgico, sala oftalmológica, laboratório de análise e equipamentos de diagnóstico, além de leitos de enfermaria e sala de vacinação.

Eis a primeira lição a se apreender: como o produto da indenização deve ser destinado à coletividade, *não existem fundamentos legais ou jurídicos para reverter seu pagamento apenas à categoria profissional ou ao sindicato, e tanto menos a comunidades ou populações não afetadas,* o que limitaria seu alcance e campo de abrangência.

Nessa ordem de ideias, os Tribunais poderiam — e deveriam — regulamentar os procedimentos, em parceria com o Ministério Público, de modo claro e transparente, valendo-se para tanto, inclusive, da realização de *audiências públicas*; e, a par disso, criando, que por meio de resoluções ou atos regulamentares similares, um cadastro de entidades, projetos e iniciativas. Poder-se-ia, ademais, estabelecer critérios gerais para orientar o direcionamento dos valores das indenizações às comunidades lesionadas em cada caso concreto.

O dano moral coletivo é essencialmente transindividual, de natureza coletiva típica, tendo como destinação os interesses difusos e coletivos; logo, não se compatibilizando com a lógica própria da tutela de direitos individuais homogêneos. Tal controvérsia tem por baliza o alcance e o cumprimento da norma inscrita no art. 13 da Lei de Ação Civil Pública, que determina, de forma expressa, que, "[h]*avendo condenação em dinheiro, a indenização pelo dano causado reverterá a um fundo gerido por um Conselho Federal ou por Conselhos Estaduais de que participarão necessariamente o Ministério Público e representantes da comunidade, sendo seus recursos destinados à reconstituição dos bens lesados*". E, no entanto, até o momento não houve a constituição de fundos, por conselhos federais ou estaduais, com a amplitude de atuação e finalidade requerida pela legislação de regência para as questões de meio ambiente do trabalho.

Ora, a pura e simples remessa de valores ao FAT, com a devida vênia, pelos mais variados fatores não tem logrado atender ao intuito que inspirou a ideia de construção de fundos para reparação de danos causados, mormente porque o FAT é um fundo genérico de âmbito geral, que não contempla projetos individualizados ou regionais. Atente-se, ademais, para a somatória de recursos já naturalmente destinados ao FAT, cuja proposta orçamentária para o ano de 2023 é da ordem de impressionantes R$ 111,90 bilhões de reais, sendo que, desse total, R$ 78,90 bilhões serão destinados ao pagamento do seguro-desemprego e do abono salarial, ao passo que R$ 23,7 bilhões serão repassados para o financiamento de programas de desenvolvimento econômico ao BNDES. E, ao serem comparados esses importes com os valores e os benefícios alcançados nas destinações específicas, não se pode deixar de considerar que, apesar de serem comparativamente pequenos os valores liberados para projetos e comunidades locais, *a repercussão nessas coletividades tem sido expressiva e duradoura, gerando efeitos multiplicadores*.

O exame dos números e a experiência concreta demonstram que a gestão unificada e centralizada dos recursos não tem se revelado eficaz. Ao reverso, a gestão descentralizada tem proporcionado melhores frutos e resultados. Daí porque, em nosso entendimento, o foco deve estar, sempre, na busca pelo aprimoramento da gestão e da destinação dos recursos, tendo por escopo atender aos interesses duradouros da comunidade lesada pelo dano que se busca reparar. Daí porque as indenizações por danos morais coletivas, porquanto endereçadas a uma coletividade, devem sobretudo se destinar à melhoria e/ou à recomposição da vida das pessoas que integram essa mesma coletividade ou grupo, visando a amenizar ou neutralizar o dano causado, por meio da atuação de entidades ou projetos específicos indicados pelo Ministério Público, com oportuna chancela pelo juiz natural da causa, para melhor atender ao interesse público coletivo.

Verticalizemos, porém, esse debate, tendo agora em conta os argumentos específicos vazados na ADPF n. 944-DF.

2. A destinação das indenizações por danos morais coletivos e sociais na jurisprudência atual: uma breve referência

A ADPF n. 944-DF foi distribuída à Min. Rosa Weber e, até este momento, não houve apreciação liminar. É certo, porém, que se identifica uma importante resistência a destinações que não revertam aos fundos de defesa de direitos difusos (LACP, art. 13), federal ou estaduais, e/ou ao FAT. Vejam-se, *e.g.*, TST, RR 18543220105030111, relª. Minª. Maria de Assis Calsing, j. 24.6.2015, 4ª Turma, publ. 26.6.2015; TRT 20, RO 00019295120155200005, rel. Des. Jorge Antonio Andrade Cardoso, publ. 13.9.2018; TRT 1, RO 01010325920175010241, rel. Des. Rogerio Lucas Martins, j. 5.6.2019, 7ª Turma, publ. 15.6.2019; TRT 3, AP 00350000620085030056, relª. Desª. Paula Oliveira Cantelli, j. 20.8.2020, 4ª Turma, publ. 20.08.2020 (conquanto, nesse caso, em razão da coisa julgada); e assim sucessivamente.

Em sentido diverso, por outro lado, veja-se, *e.g.*, TST, ARR 1019008520055050131, rel. Min. Walmir Oliveira da Costa, j. 30.9.2020, 1ª Turma, publ. 2.10.2020. Nesse julgado, o saudoso Ministro Walmir Costa mantinha — por razões processuais, é verdade — a destinação da indenização por dano moral coletivo, em unidade baiana da Ford Motors Company, para o *Funtrad/BA*(3) e não para o FAT.

Há, com todas as vênias, tanto naquele repto judicial como nesse pendor jurisprudencial mais restritivo, ao menos quatro equívocos — e, com eles, um grande retrocesso argumentativo — que devem ser trazidos à luz.

Analisemo-los doravante.

3. A ADPF n. 944-DF e seus aspectos processuais. O princípio da subsidiariedade

Em primeiro lugar, e com todas as vênias, a ADPF não admitiria sequer conhecimento, porque viola o princípio da subsidiariedade, ínsito à regência processual das arguições de descumprimento de preceito fundamental, nos precisos termos da Lei n. 9.882, de 3.12.1999.

Com efeito, tal ação de controle abstrato de constitucionalidade é de restritíssima via, eis que *"a petição inicial será indeferida liminarmente, pelo relator, quando não for o caso de arguição de descumprimento de preceito fundamental, faltar algum dos requisitos prescritos nesta Lei ou for inepta"* (art. 4º); e, na forma do respectivo § 1º, "[n]*ão será admitida arguição de descumprimento de preceito fundamental quando houver qualquer outro meio eficaz de sanar a lesividade"*.

---

(3) "Fundo de Promoção do Trabalho Decente", vinculado à Secretaria do Trabalho, Emprego, Renda e Esporte (SETRE) do Estado da Bahia,

Ora, o cabimento ou não da destinação das indenizações por danos sociais e morais coletivos a determinado fundo, e a suficiência das respectivas instâncias de gestão (i.e., se atreladas ou não a um "conselho federal"), são questões a serem aferidas caso a caso, sob o rigor da garantia do juiz natural, nas ações civis públicas e coletivas que reclamem tais compensações.(4) Daí porque, à partida, a ADPF n. 944-DF não deveria sequer ser admitida, por absoluta inadequação, *ut* art. 485, VI, 2ª parte, do CPC.

4. A ADPF n. 944-DF e seus aspectos meritórios (1): a pertinência/eficiência dos fundos de defesa de interesses difusos para os danos de base laboral

Em segundo lugar, deve-se ter em conta que os preditos "fundos de defesa de interesses difusos", previstos no art. 13 da LACP, não estão sequer completamente constituídos em todos os Estados da Federação; e, de um modo geral, os usos previstos pelas respectivas regulamentações não dizem respeito, por exemplo, à saúde e segurança do trabalho (ou, dir-se-á com melhor técnica e maior abrangência, ao **meio ambiente do trabalho,** *ut* art. 200, VIII, *in fine,* c.c. art. 225, *caput,* da CRFB). Não raro, prestam-se a intervenções restaurativas no meio ambiente natural ou no patrimônio cultural brasileiro, por exemplo.

Ora, a finalidade das "indenizações" de índole coletiva que se obtêm após o reconhecimento de danos ao meio ambiente — inclusive o do trabalho — é precisamente recuperar o bem jurídico coletivo, *na sua especificidade ontológica*; ou, se menos, minorar os impactos deletérios da atividade lesiva ou perturbadora. Essa é a razão, aliás, pela qual a Lei n. 12.288, de 20.7.2010 (Estatuto da Igualdade Racial) introduziu, no precitado art. 13 da LACP, o seu atual § 2º:

> [...] § 2º. Havendo acordo ou condenação com fundamento em dano causado por ato de discriminação étnica nos termos do disposto no art. 1º desta Lei, a prestação em dinheiro reverterá diretamente ao fundo de que trata o *caput* e será utilizada para ações de promoção da igualdade étnica, conforme definição do Conselho Nacional de Promoção da Igualdade Racial, na hipótese de extensão nacional, ou dos Conselhos de Promoção de Igualdade Racial estaduais ou locais, nas hipóteses de danos com extensão regional ou local, respectivamente. (g.n.)

Com efeito, é da melhor doutrina que todo dano merece uma reparação justa e, preferencialmente, passível de reverter fenomenicamente a situação criada (de lesão a um determinado bem jurídico) ao seu *"status quo ante"*, evitando-se a transformação maciça

(4) V., *e.g.*, STF, ADPF n. 172-RJ (MC), rel. Min. Marco Aurélio Mello, Tribunal Pleno, j. 10.6.2009. V. ainda RTJ 184/373, RTJ 189/395. Na doutrina, v., por todos, GOMES, Ana Cláudia Nascimento. O destino da ADPF n. 944/DF e de outras propostas genericamente contra "decisões judiciais proferidas no âmbito da Justiça do Trabalho". *Migalhas de peso.* Migalhas, 24.2.2022. Disponível em: <https://www.migalhas.com.br/depeso/360396/o-destino-da-adpf-944-df-e-o-principio-do-juiz-natural-do-trabalho>. Acesso em: 16 mar. 2022.

de todos os direitos em pecúnia(5) (= patrimonialização)(6); e essa é, a rigor, a ideia mais adequada de "reparação integral" que deve informar o tratamento jurídico dos danos difusos e coletivos. E, justamente por isso, mesmo a destinação ao FAT termina sendo, ao mais das vezes, algo *inservível* para a recomposição do bem jurídico coletivo especificamente lesado ou ameaçado, quando estivermos tratando de direitos difusos e coletivos de cariz laboral.

Imagine-se, p. ex., a hipótese de uma indenização por dano moral coletivo derivado da exploração de mão de obra análoga a de escravo (CP, art. 149); ou ainda a de uma indenização por dano social derivado do reiterado descumprimento das regras de saúde e segurança do trabalho impostas pela NR 18 para o setor da construção civil. Caso esses valores sejam revertidos para o FAT (Lei n. 7.998/1990, art. 11, V), servirão basicamente para custear benefícios previdenciários *"lato sensu"*, como são o seguro-desemprego (Lei n. 7.998/1990, arts. 3º e 4º) e a bolsa de (re)qualificação profissional (Lei n. 7.998/1990, art. 2º-A). Tais benefícios são concedidos difusamente, por todo o território nacional, de acordo com as políticas do Conselho Deliberativo do Fundo de Amparo ao Trabalhador (Codefat).

Logo, é certo que, no final das contas, os recursos destinados aos tais "fundos geridos por conselhos" não beneficiarão própria e especialmente a comunidade ou o município diretamente afetado pela cooptação de trabalho escravo contemporâneo, no primeiro caso; ou tampouco a categoria profissional diretamente prejudicada (trabalhadores da construção civil), no segundo caso. A finalidade da indenização, que se alinha à ideia-força do princípio da *"restitutio in integrum"*(7) (*supra*) — ainda que nem sempre se

(5) TRAMONTE, Marina Silva; MELHADO, Reginaldo; NATALI, Heiler Ivens de Souza. A inadequação da destinação de recursos obtidos pelo MPT ao Fundo de Amparo ao Trabalhador e sua utilização em ações de política pública social. *Revista de Direito Público*. Londrina: Universidade Estadual de Londrina, v. 7, n. 1, p. 149-164, jan./abr. 2012. Disponível em: <http://dx.doi.org/10.5433/1980-511X.2012v7n1p149>. Acesso em: 8 mar. 2022.

(6) De nossa parte, já dissemos alhures que o Direito do Trabalho contemporâneo padece de três grandes vezos: ele se *patrimonializou* demais (o que se revela no pendor pelas reparações pecuniárias, mesmo no campo dos interesses difusos e coletivos), como também se *individualizou* demais (e isso também se revela nas decisões judiciais que pretendem distribuir os dinheiros decorrentes das indenizações por danos morais coletivos aos próprios trabalhadores; v., *e.g.*,) e, por fim, *contratualizou-se* demais (e, quanto a isso, veem-se já tendências de "terceirização" dos riscos, no campo dos interesses difusos e coletivos, por meio da contratação de seguros específicos para esses sinistros, o que pode estimular o desinvestimento em prevenção/precaução). Cf. FELICIANO, Guilherme Guimarães. *Curso crítico de Direito do Trabalho:* Teoria Geral do Direito do Trabalho. São Paulo: Saraiva, 2013, *passim*; v. também FELICIANO, Guilherme Guimarães. Prefácio. In: NETO, Alberto Nemer; ROCHA, Cláudio Jannotti da; FILHO, José Rizk; PIMENTA, José Roberto Freire; BRITTO, Ricardo José Macêdo de. *Direito material e processual do trabalho constitucionalizados.* Porto Alegre: OAB Nacional/LexMagister, 2020, v. 4 (Processo Coletivo do Trabalho), *passim*; FELICIANO, Guilherme Guimarães. *Discurso de posse.* Brasília: Academia Brasileira de Direito do Trabalho, 27.11.2020. Disponível em: <https://andt.org.br/academicos/guilherme-guimaraes-feliciano>. Acesso em: 8 mar. 2022.

(7) Afinal, cabe entender — especialmente em tema de meio ambiente do trabalho — que, "[...] *em caso de dano ambiental especificamente considerado, não sendo possível a restauração natural no próprio local, a chamada restauração* in situ, *deverá ser invocada a compensação por equivalente ecológico (restauração* ex situ),

alcance a plena restauração (o que, diga-se claramente, é natural e aceitável, precisamente porque estamos lidando com uma *norma-princípio*, i.e., com um *"Optmierungsgebot"*[(8)]) —, estará larga e severamente comprometida.

5. A ADPF n. 944-DF e seus aspectos meritórios (2): a necessária construção hermenêutica dialógica

Em terceiro lugar — e em acréscimo ao argumento anterior —, a impugnação judicial prefere desconhecer as lições da hermenêutica clássica em torno dos *métodos de interpretação*; neste caso, em especial, os métodos de interpretação *histórica*, *sistemática* e *teleológica*, que devem preferir à própria interpretação gramatical. Essa via de inteleção, a propósito, não é "facultativa", nem pressupõe juízes mais "progressistas"; ao revés, deriva do expresso e positivo teor da legislação vigente: nos termos do Decreto-lei n. 4.657, de 4.9.1942 (Lei de Introdução às Normas do Direito Brasileiro — doravante, LINDB), "[n]*a aplicação da lei, o juiz atenderá aos fins sociais a que ela se destina e às exigências do bem comum*".

Ora, a interpretação histórica supõe que a fonte formal do direito seja interpretada de acordo com as condições do meio social e do momento em que a fonte foi elaborada, impondo um olhar para o passado. Já a interpretação teleológica requer, na direção do art. 5º da LINDB, que o intérprete ultrapasse os baremas da lógica formal e construa uma semântica que assegure o melhor proveito ao bem da vida ou ao interesse jurídico tutelado pela fonte.[(9)] E a interpretação sistemática, enfim, busca construir objetivamente o sentido e o alcance da norma, no contexto do sistema jurídico-positivo em que ela se insere — com seus princípios, regras e valores (*"mens legis"*) —, relativizando a intelecção do legislador histórico (*"mens legislatoris"*).[(10)]

---

por meio da substituição do bem afetado por outro que lhe corresponda funcionalmente. [...] *Desse modo, tem-se que o princípio da reparação integral impõe o dever de se buscar a reparação do dano ambiental de forma a se restabelecer o equilíbrio ecológico por meio de ações que visem ao retorno da situação evidenciada de forma mais próxima ao* status quo ante. *Em não sendo possível, deve-se buscar a adoção de medida compensatória equivalente, de sorte a propiciar algo próximo daquilo que era antes da sua ocorrência, que se traduz, ao fim e ao cabo, em mecanismo voltado ao restabelecimento do equilíbrio ecológico"*. MILARÉ, Édis; FRANCO, Rita Maria Borges. Reparação integral: "pensando" melhor. *Revista do Advogado.* São Paulo: Associação dos Advogados de São Paulo, ano 37, n. 133, p. 57-58, mar. 2017.

(8) "Mandado de otimização". Cf. ALEXY, Robert. *Theorie der Grundrechte.* 3. Aufl. Frankfurt am Main: Suhrkamp, 1996. p. 75-77 e 122-125.

(9) V., por todos, AGUIAR JUNIOR, Ruy Rosado de. Interpretação. *Revista AJURIS*. Porto Alegre: Associação dos Juízes do Rio Grande do Sul, v. 16, n. 45, p. 7 e ss., mar. 1989.

(10) V., *e.g.*, LOBO, Jorge. Hermenêutica, interpretação e aplicação do Direito. *Revista do Ministério Público do Estado do Rio de Janeiro*. Rio de Janeiro: MPRJ, n. 72, p. 125-146, abr./jun. 2019.

Para questões como a deste estudo, as duas últimas são as que devem prevalecer,[(11)] considerando-se sobretudo o tempo considerável que medeia entre a publicação da LACP (1985) e o tempo presente: são praticamente *trinta e sete* anos de evolução processual (com um novo CPC em 2015) e de transformações institucionais (com a ressignificação da Justiça do Trabalho pela EC n. 45/2004) que não podiam ser sequer cogitadas em meados dos oitentas.

Nesse caso, é de rigor considerar que, em diversas hipóteses, o sistema legal brasileiro revela a estrita necessidade de que os ativos derivados de condenações por danos coletivos sirvam essencialmente à reparação/promoção dos próprios bens jurídicos coletivos lesados ou ameaçados. É o que se dá com os danos ambientais, para os quais foram originalmente pensados para o(s) fundo(s) de defesa de interesses difusos do art. 13 da LACP; ou com os danos coletivos derivados de atos de discriminação ética, como dito há pouco, cujas indenizações também devem reverter para aquele(s) fundo(s) do art. 13 da LACP, mas com afetação específica às *"ações de promoção de igualdade étnica, conforme definição do Conselho Nacional de Promoção da Igualdade Racional* [...] *ou dos Conselhos de Promoção de Igualdade Racial estaduais ou locais"* (LACP, art. 13, § 2º), conforme a extensão geográfica do próprio dano; ou, ainda, para os danos coletivos derivados de ilícitos praticados contra crianças e adolescentes, cujas indenizações devem reverter para o Fundo da Criança e do Adolescente (FDCA).[(12)]

Ocorre, porém, que esse nível de especialização gerencial não se verifica (ainda) em todas as hipóteses-modelos de lesões a interesses difusos e coletivos; não há, por exemplo, um fundo para a promoção da saúde e da segurança do trabalho, ou um fundo para a promoção da liberdade sindical (e nem haverá, diante da atual resistência do próprio Poder Executivo federal — e, por consequência, de setores importantes do Congresso Nacional — à criação de "fundos autônomos" que impactem ou imobilizem parcialmente o orçamento da União)[(13)].

---

(11) Nesse sentido, a propósito, Miguel Reale ponderava que *"o trabalho do intérprete, longe de reduzir-se a uma passiva adaptação do texto, representa um trabalho construtivo de natureza axiológica, não só por se ter de captar o significado do preceito, correlacionando-o com outros da lei, mas também porque se deve ter presente os da mesma espécie existentes em outras leis: destarte, a sistemática jurídica, além de ser lógico-formal, como se sustentava antes, é também axiológica ou valorativa"* (REALE, Miguel. *Lições preliminares de direito.* 27. ed. São Paulo: Saraiva, 2004. p. 287 e ss.).

(12) Lei n. 8.069/1990, art. 260.

(13) Veja-se, p. ex., o caso do PL n. 6.786/2016 (que advém de anteprojeto elaborado no âmbito da Associação Nacional dos Magistrados da Justiça do Trabalho., quando a presidimos, e que *"[r]egulamenta o art. 97 da Lei n. 13.105, de 16 de março de 2015 (Código de Processo Civil), no âmbito da União, cria o Fundo de Modernização do Poder Judiciário da União e dá outras providências"*): conquanto se trate de iniciativa legislativa destinada a basicamente regulamentar um fundo já previsto pela legislação em vigor (CPC/2015, art. 97), a resistência à sua tramitação é de tal ordem que, até o presente momento, o projeto sequer foi votado na Comissão de Trabalho, Administração e Serviço Público (CTASP) da Câmara dos Deputados. Confira-se em: <https://www.anamatra.org.br/imprensa/noticias/26582-projeto-que-cria-fundo-de-modernizacao-judiciario-da-uniao-recebe-parecer-favoravel-na-comissao-de-trabalho-da-camara>. Acesso em: 16 fev. 2022. A proposta foi apresentada, em 21.12.2016, pelo Dep. Alessandro Molon, e obteve, na CTASP, parecer favorável do relator, Dep. Wolney Queiroz, com substitutivo.

Para situações como essas, a única maneira de se conferir *coerência* ao sistema jurídico-positivo e atender minimamente a finalidade da indenização judicialmente deferida, convergindo para o princípio da *"restitutio in integrum"* (e sua especificidade intrínseca), é admitir que o juiz ou tribunal, na condição de sujeito político concretizador das normas-princípios[(14)] (e revelador da capacidade de aprendizagem das normas constitucionais em geral)[(15)], possa estabelecer *destinações especiais, sob balizas claras de gestão* — o que não significa, registre-se, criar fundos "judiciais" a esmo, à base da caneta, sem diálogo interinstitucional e mínimas condições de viabilidade a longo prazo —, que atendam à especialidade do dano e sirvam à reparação/promoção específica do bem da vida lesado ou ameaçado. A não ser assim, certos interesses difusos e coletivos estarão sempre mais bem atendidos do que outros, apenas porque aqueles primeiros foram primeiramente e/ou casuisticamente galardoados pelo legislador federal ordinário, estabelecendo-se uma "hierarquia" de proteção jusfundamental que não se justifica constitucionalmente.

6. A ADPF n. 944-DF e seus aspectos meritórios (3): "ativismo judicial"?

Em quarto lugar, e por último, cabe entender bem essa interminável polêmica do "ativismo judicial", até mesmo porque envolve frequentemente jogos semânticos perigosos. O que é ser "ativista"? Julgar conforme a Constituição, *apesar* da lei? Se for isto, o Supremo Tribunal Federal talvez seja, de todos, o mais "ativista" dos tribunais; e estaremos inadvertidamente fazendo coro com recentes clamores de "indignação" — inclusive de altas autoridades da República[(16)] — que flertam com o imobilismo judiciário, com uma ideologia retroliberal radicada no século XVIII (do juiz *"bouche de la loi"*)[(17)], com a falência do saudável regime de *"checks and balances"* que anima as repúblicas e, algures, com

(14) V. CANOTILHO, J. J. Gomes. *Direito constitucional e teoria da Constituição*. 7. ed. Coimbra: Almedina, 2003. p.1086-1087.

(15) *Id., ibid.*, p. 1.085. V. também FELICIANO, Guilherme Guimarães. *Por um processo realmente efetivo:* Inflexões do *"due process of law"* na tutela processual de direitos humanos fundamentais. São Paulo: LTr, 2016, subseção 12.2, IV. Entre os autores alemães, procure-se pela expressão *"Lehre-Fähigkeit"*.

(16) Cf., e.g., <https://oglobo.globo.com/politica/bolsonaro-diz-que-barroso-fez-politicalha-ativismo-judicial--ao-mandar-abrir-cpi-da-pandemia-3-24963045>. Acesso em: 16 mar. 2022.

(17) Porque, nas repúblicas, a lei — e apenas ela — seria a "rainha de todos os mortais e imortais"; jamais "justa" ou "injusta", mas sempre soberana. Cf. MONTESQUIEU, Charles de Secondat, Baron de. *Do espírito das leis*. Trad. Roberto Leal Ferreira. São Paulo: Martin Claret, 2010. p. 21 (a obra foi escrita originalmente em 1748). As interpretações judiciais, portanto, seriam sempre "declaratórias", jamais constitutivas; aliás, os juízes sequer deveriam se organizar em carreiras — não teria cabimento um corpo judiciário profissionalizado, como há nas democracias contemporâneas —, mas, antes, cumpririam mandatos circunscritos cronologicamente, de modo a que os tribunais durassem "apenas o tempo necessário". Essa visão de mundo, *d.v.*, já não se sustenta há muitas décadas. Nesse sentido, v., *e.g.*, TAMANAHA, Brian Z. *Beyond the formalist-realist divide:* The role of politics in judging. Princeton: Princeton University Press, 2010, *passim* (e sua teoria realista do Direito); BARAK, Aharon. *Purposive interpretation in law.* Trad. Sari Bashi. Princeton: Princeton University Press, 2005, *passim* (com a tese unificadora da dita "interpretação intencional", convergindo para o que propusemos acima); e, para uma releitura particular e crítica da obra de Oliver Wendell Holmes Jr. (a partir de uma compreensão menos formalista das possibilidades do direito judiciário), v. ALSCHULER, Albert W. *Law without values:* The life, work, and legacy of Justice Holmes. Chicago/London: University of Chicago Press, 2001. p. 98 e ss. (referindo, a partir de Holmes, a figura do *"deductive formalist bogeyman"*, ou "bicho-papão dedutivo-formalista").

a autocracia e o autoritarismo. A ser assim, ademais, estaríamos condenando aos umbrais da ilicitude qualquer esforço de controle difuso de constitucionalidade por parte de juízes e tribunais por todo o mundo.

Diriam os detratores da ideia, por outro lado, que a aderência das leis à Constituição suscita múltiplas opiniões, o que levaria a uma grande insegurança jurídica; e que, portanto, cumpriria sempre privilegiar a presunção de legitimidade e constitucionalidade das leis, algo iterativamente desacatado pela copiosa jurisprudência "ativista", especialmente no campo laboral. Mas, a seguir por aí, o debate seria estatístico: em quantas ocasiões a lei trabalhista aprovada, promulgada e sancionada teve a sua constitucionalidade questionada? Poderíamos afirmar que, mesmo em relação à Lei n. 13.467/2017, tão ampla e incisivamente criticada – inclusive por nós –, a maioria dos novos preceitos teve a sua vigência negada por algum sub-reptício expediente "hermenêutico"? Ou, ao revés, a despeito das críticas doutrinárias mais extensas e inespecíficas (inclusive no sentido de que "toda" a reforma trabalhista seria ilegítima(18) e/ou inconstitucional), deve-se reconhecer que a discussão jurisprudencial ateve-se, finalmente, a determinados *temas sensíveis* — independência judicial, direito fundamental à desconexão, direito fundamental à redução dos riscos inerentes ao trabalho, direito fundamental ao trabalho decente (e, logo, não precário), autonomia sindical etc. –, que realmente suscitam dúvida quanto à legitimidade constitucional, inclusive do ponto de vista da literalidade dos preceitos (v., *e.g.*, o caso dos arts. 790-A e 791-A, § 4º, da CLT, na perspectiva do art. 5º, LXXIV, da CRFB, vertido na ADI n. 5.766-DF)?

Parece claro que uma análise desapaixonada, a partir da própria pesquisa jurisprudencial, decerto apontará nessa última direção.

Então, afinal, concluiremos que a jurisprudência trabalhista não padece desse "ativismo" malsão, tantas vezes vociferado como a mais odiosa distorção legada pela Justiça do Trabalho. Há, sim, falácia e resistência ideológica; mas não há fundamentos efetivos. Como dissemos, noutro contexto, o diabolizado "ativismo" nada mais é, as mais das vezes, do que o produto de uma "inexorável mudança de perspectiva": hodiernamente,

> "[...] não se pode mais interpretar a Constituição pelas lentes míopes das leis, como se o legislador fosse o único intérprete autorizado do texto constitucional. Manda a hermenêutica contemporânea, libertada dos arreios do positivismo jurídico (e diz-se dela, por isso mesmo, ser "pós-positivista"),

(18) V., *e.g.*, o Enunciado n. 1 da Comissão 1 da 2ª Jornada de Direito Material e Processual do Trabalho da Associação Nacional dos Magistrados da Justiça do Trabalho (Anamatra, 2018): *"A Lei n. 13.467/2017 é ilegítima, nos sentidos formal e material"*. Cfr. FELICIANO, Guilherme Guimarães; MIZIARA, Raphael. *Enunciados da 2ª Jornada de Direito Material e Processual do Trabalho:* Organizados por assunto. Disponível em: <https://juristas.com.br/wp-content/uploads/2018/03/Enunciados-da-2-Jornada-de-Direito-Material-e-Processual-do-Trabalho-da-ANAMATRA-Organizados-por-Assunto-1-1.pdf>. Acesso em: 16 mar. 2022.

que se interpretem as leis conforme a Constituição; não o contrário. Eis aqui, altaneiro, o princípio da supremacia da Constituição, festejado aos quatro ventos desde a célebre sentença do juiz Marshall no caso Marbury x Madison. Se a lei é contrária à Constituição, deve ser expungida do sistema; se a lei admite variegadas interpretações, deve-se optar pela interpretação conforme a Constituição; se a lei é lacunosa, deve-se completá-la com os princípios constitucionais. [...]"[19]

Nessa direção é que se devem compreender, afinal, as decisões judiciais que determinam destinações "alternativas" às indenizações por danos coletivos (sejam morais, sejam sociais): **construções judiciárias de adequação legítima da legislação em geral — e do art. 13 da LACP em especial — às necessidades do caso concreto, para a efetiva reparação/promoção do bem da vida vulnerado pela(s) conduta(s) do réu.** E sempre revisitamos, a esta altura, a indefectível dicção de Marinoni:

> "[...] a norma constitucional que afirma a ação institui o direito fundamental à tutela jurisdicional efetiva [...]. O direito fundamental à tutela jurisdicional efetiva **obriga o juiz a garantir todos os seus corolários, como o direito ao meio executivo capaz de permitir a tutela do direito**, além de obrigar o legislador a desenhar os procedimentos e as técnicas processuais adequadas às diferentes situações de direito substancial. [...] As novas técnicas processuais, partindo do pressuposto de que o direito de ação não pode ficar na dependência de técnicas processuais ditadas de maneira uniforme para todos os casos ou para alguns casos específicos, incorporam normas abertas, isto é, normas voltadas para a realidade, deixando claro que **a ação pode ser construída conforme as necessidades do caso conflitivo**. [...]"[20]

Não há como dizer ou entender melhor.

6. Considerações finais

Já se afirmou que o ato humano de julgar, nos foros e tribunais, dá-se por empréstimo divino. De nossa parte, jamais chegaríamos a tanto.

A justiça dos homens é, ao revés, genuinamente humana, como tem de ser, com todos os predicamentos inerentes à humanidade. É racionalizante, mas também intuitiva; é limitada e ocasionalmente falha, mas também pacificadora. Tanto mais pacificadora, aliás, quanto mais se aproxime dos valores subjacentes à norma jurídica.

(19) FELICIANO, Guilherme Guimarães. "Ativismo judicial" para bom entendedor. *Folha de S. Paulo*, 25 maio 2009, p. 3 (Opinião). V. também BARROSO, Luís Roberto. Judicialização, ativismo judicial e legitimidade democrática. *Revista de Direito do Estado*, Rio de Janeiro: Renovar, ano 4, n. 13, p. 71-91, jan./mar. 2009.

(20) MARINONI, Luiz Guilherme. *Teoria Geral do Processo*. 3. ed. São Paulo: Revista dos Tribunais, 2008. v. I, p.285-291 (g.n.).

Essa constatação enseja, mais uma vez, a ressignificação da máxima de Coríntios 2, 3: *"A letra mata, mas o Espírito vivifica"*. O art. 13 da LACP, nesse sentido, deve ser entendido para além da sua letra, com vislumbres mais francos do seu espírito.

Referências

AGUIAR JUNIOR, Ruy Rosado de. Interpretação. *Revista AJURIS*. Porto Alegre: Associação dos Juízes do Rio Grande do Sul, v. 16, n. 45, mar. 1989.

ALEXY, Robert. *Theorie der Grundrechte*. 3. Aufl. Frankfurt am Main: Suhrkamp, 1996.

ALSCHULER, Albert W. *Law without values:* the life, work, and legacy of justice Holmes. Chicago/London: University of Chicago Press, 2001.

BARAK, Aharon. *Purposive interpretation in law.* Trad. Sari Bashi. Princeton: Princeton University Press, 2005.

BARROSO, Luís Roberto. Judicialização, ativismo judicial e legitimidade democrática. *Revista de Direito do Estado.* Rio de Janeiro: Renovar, ano 4, n. 13, jan./mar. 2009.

BIITAR FILHO, Carlos Alberto. Do dano moral coletivo no atual contexto jurídico brasileiro. *Jus.com.br.* Disponível em: <http://www1.jus.com.br/doutrina/revista/texto/6183>. Acesso em: 17 ago. 2023).

CANOTILHO, J. J. Gomes. *Direito constitucional e teoria da Constituição.* 7. ed. Coimbra: Almedina, 2003. p. 1.086-1.087.

FELICIANO, Guilherme Guimarães. "Ativismo judicial" para bom entendedor. *Folha de S. Paulo*, 25.5.2009, p. 3 (Opinião).

______. *Curso crítico de direito do trabalho:* teoria geral do direito do trabalho. São Paulo: Saraiva, 2013.

______. *Discurso de posse*. Brasília: Academia Brasileira de Direito do Trabalho, 27.11.2020. Disponível em: <https://andt.org.br/academicos/guilherme-guimaraes-feliciano>. Acesso em: 8 mar. 2022.

______. *Por um processo realmente efetivo:* inflexões do *"due process of law"* na tutela processual de direitos humanos fundamentais. São Paulo: LTr, 2016.

______. Prefácio. In: NETO, Alberto Nemer; ROCHA, Cláudio Jannotti da; FILHO, José Rizk; PIMENTA, José Roberto Freire; BRITTO, Ricardo José Macêdo de. *Direito material e processual do trabalho constitucionalizados.* Porto Alegre: OAB Nacional/LexMagister, 2020, v. 4 (Processo Coletivo do Trabalho).

______; MIZIARA, Raphael. *Enunciados da 2ª Jornada de Direito Material e Processual do Trabalho:* organizados por assunto. Disponível em: <https://juristas.com.br/wp-content/uploads/2018/03/Enunciados-da-2-Jornada-de-Direito-Material-e-Processual-do-Trabalho-da-ANAMATRA-Organizados-por-Assunto-1-1.pdf>. Acesso em: 16 mar. 2022.

GOMES, Ana Cláudia Nascimento. O destino da ADPF n. 944/DF e de outras propostas genericamente contra "decisões judiciais proferidas no âmbito da Justiça do Trabalho". *Migalhas de peso*. Migalhas, 24 fev. 2022. Disponível em: <https://www.migalhas.com.br/depeso/360396/o-destino-da-adpf-944-df-e-o-principio-do-juiz-natural-do-trabalho>. Acesso em 16 mar. 2022.

LOBO, Jorge. Hermenêutica, interpretação e aplicação do Direito. *Revista do Ministério Público do Estado do Rio de Janeiro*. Rio de Janeiro: MPRJ, n. 72, abr./jun. 2019.

MARINONI, Luiz Guilherme. *Teoria Geral do Processo*. 3. ed. São Paulo: Revista dos Tribunais, 2008. v. I.

MEDEIROS NETO, Xisto Tiago de. *Dano Moral Coletivo*. São Paulo: LTr, 2007.

MELO, Raimundo Simão de. Indenização do caso Shell foi bem aplicada na construção de hospital. *Consultor Jurídico*. Disponível em: <https://www.conjur.com.br/2018-mar-23/reflexoes-trabalhistas-indenizacao-shell-foi-bem-aplicada-construcao-hospital>. Acesso em: 17 ago. 2023.

MILARÉ, Édis; FRANCO, Rita Maria Borges. Reparação integral: "pensando" melhor. *Revista do Advogado*. São Paulo: Associação dos Advogados de São Paulo, ano 37, n. 133, p. 57-58, mar. 2017.

MONTESQUIEU, Charles de Secondat, Baron de. *Do espírito das leis*. Trad. Roberto Leal Ferreira. São Paulo: Martin Claret, 2010.

REALE, Miguel. *Lições preliminares de direito*. 27. ed. São Paulo: Saraiva, 2004,

TAMANAHA, Brian Z. *Beyond the formalist-realist divide:* the role of politics in judging. Princeton: Princeton University Press, 2010.

TRAMONTE, Marina Silva; MELHADO, Reginaldo; NATALI, Heiler Ivens de Souza. A inadequação da destinação de recursos obtidos pelo MPT ao Fundo de Amparo ao Trabalhador e sua utilização em ações de política pública social. *Revista de Direito Público*. Londrina: Universidade Estadual de Londrina, v. 7, n. 1, p. 149-164, jan./abr. 2012. Disponível em: <http://dx.doi.org/10.5433/1980-511X.2012v7n1p149>. Acesso em: 8 mar. 2022.

O Pensamento Fabiano e o Direito do Trabalho

Fabian Thought and Labor Law

Manoel Carlos Toledo Filho(1)

Bruna Rosa Sestari(2)

"In the great establishments of modern industry, where large numbers of manual workers are massed together, the wage contract implicitly includes many other conditions besides those of the time to be spent in labor, and the rate at which this is to be paid for. The wage-earner sells to his employer, not merely so much muscular energy or mechanical ingenuity, but practically his whole existence during the working day."(3)

"The cultivation of open-mindedness it is the only way to temper by wise moderation the victory of the extremes."(4)

"John Lennon was once asked at school what he wanted to be when he grew up. He wrote down 'happy'. The school said he didn't understand the assignment. He responded by saying they didn't understand life."(5)

---

(1) Desembargador do Tribunal Regional do Trabalho da 15ª Região. Bacharel, Mestre e Doutor em Direito do Trabalho pela Universidade de São Paulo. Membro efetivo das Associações Argentina e Uruguaia de Direito do Trabalho e da Seguridade Social. Diretor da Escola Judicial do TRT-15 no biênio 2017/2018. Professor do curso de pós-graduação em direito do trabalho e processual do trabalho da PUC-Campinas.

(2) Advogada. Especialista em direito do trabalho pela Pontifícia Universidade Católica de Campinas.

(3) WEBB Beatrice; WEBB Sidney. *Industrial democracy*. Londres, Nova York e Bombaim: Longmans, Green and CO, 1902. Disponível em: <http://digamoo.free.fr/webb1897.pdf>. Acesso em: mar. 2022, p. 354.

(4) Harold J. Laski. In: NEEP, E. J. C. *Sedicious offences*. Londres: Fabian Society, 1926. p. 6. Disponível em: <https://digital.library.lse.ac.uk/objects/lse:nos546fel>. Acesso em: mar. 2022.

(5) HAQUE Rayhan. *Working It Out*. Londres, 2020. Disponível em: <https://fabians.org.uk/working-it-out/>. Acesso em: mar. 2022.

Resumo: Este texto objetiva externar um breve panorama das ideias defendidas por integrantes da Sociedade Fabiana, tanto em seus primórdios quanto nos dias atuais, em relação a aspectos ou temas integrantes do direito do trabalho.

Palavras-chave: Sociedade Fabiana — Direito do Trabalho — Negociação Coletiva — Jornada de Trabalho.

Abstract: This text aims to present a brief overview of the ideas defended by members of the Fabiana Society, both in its early days and today, in relation to aspects or themes that are part of labor law.

Keywords: Fabian Society — Labor Law — Collective Bargaining — Work Period.

1. Introdução

A Sociedade Fabiana (*Fabian Society*)[6] foi fundada no dia 04 de janeiro de 1884 em Londres. Veio ela a lume, portanto, em uma época emblemática, ainda no transcurso da Era Vitoriana, e menos de um ano após a morte de Karl Marx, ocorrida em 14 de março de 1883. Seus membros pertenciam à *elite intelectual* do Reino Unido, nela se havendo reunido pensadores e políticos do carisma e da importância de George Bernard Shaw, Beatrice e Sidney Webb, Annie Besant, Ramsay MacDonald, Graham Wallas, Harold Laski, dentre inúmeras outras figuras ilustres.

O objetivo fundamental da Sociedade Fabiana estava focado na reorganização da sociedade, mediante a emancipação da terra e do capital industrial do âmbito da propriedade individual, direcionando-os para o proveito coletivo da comunidade em geral,[7] operando uma transição do capitalismo para o socialismo através da consecução de pequenas ou pontuais reformas sociais. É dizer, o pensamento fabiano, em seus moldes originais, assumia que a sociedade deveria caminhar do capitalismo para o socialismo de uma forma lenta e pacífica, sem saltos abruptos ou rupturas violentas, sustentando a ideia-força da "inevitabilidade do gradualismo".[8]

(6) O nome da sociedade foi sugerido por Frank Podmore, em homenagem ao cônsul romano *Fabius Cunctator* (275-203 AC), que, durante as segundas guerras púnicas, conseguiu importantes êxitos militares diante do mítico general e exímio estrategista cartaginês Aníbal, para tanto adotando uma tática de desgaste gradual do exército adversário, evitando combates ostensivos. In: FREMANTLE, Anne. *This little band of prophets: the british fabians*. New York, The New American Library, 1960. p. 28. Esta perspectiva coincidia com a ideia abraçada pela Sociedade Fabiana no sentido de mudar o capitalismo sem um confronto direto, é dizer, sem apelar para uma revolução ou mudança abrupta mediante o uso da força, mas sim utilizando uma política de progressivo aprimoramento social.

(7) *Ibidem*, p. 263.

(8) MILBURN, Josephine Fischel. The Fabian society and the British Labor Party. In: *The Western Political Quarterly*, vol. 11, n. 2, jun. 1958, p. 329. Disponível em: <https://www.jstor.org/stable/444409?read-now=1&seq=1>. Acesso em: abr. 2022.

Em ordem a bem expor suas ideias e projetos e buscando "educar todas as classes na direção do socialismo",(9) uma profícua e impressionante literatura foi produzida pelos integrantes da Sociedade Fabiana já nos primeiros anos de sua criação, e muitos dos temas que naquele momento foram examinados e debatidos seguem sendo completamente atuais.

A Sociedade Fabiana, ademais, participou ativamente no desenvolvimento do Partido Trabalhista Inglês (fundado em 1900), havendo a interação entre ambos se intensificado de tal maneira que, em 1945, não apenas o Primeiro-Ministro do Reino Unido era um fabiano (Clement Attlee), mas também nada menos que duzentos e vinte e nove (229) membros do Parlamento então eleito,(10) havendo ocorrido uma situação similar a essa mais recentemente, no ano de 1997.(11)Os fabianos foram ainda diretamente responsáveis pela criação, em 1895, daquela que é hoje considerada uma das mais prestigiadas entidades acadêmicas do mundo, a *London School of Economics*.(12)

A Sociedade Fabiana segue em plena e intensa atividade, identificando-se, em seu sítio oficial (<https://fabians.org.uk/>), como "o futuro da esquerda desde 1884".

2. Pensamento Fabiano original

2.1. Jornada de trabalho (Sidney Webb)(13)

É consabido que, ao longo do século XIX, houve no Reino Unido a apresentação de diversos projetos de lei buscando disciplinar e limitar as jornadas de trabalho resultantes do novo modelo de organização empresarial determinado pela revolução industrial, da qual fora aquela nação a expoente mais emblemática.

Em novembro de 1889, o comitê político da Sociedade Fabiana apresentou uma proposta de projeto de Lei(14) com o escopo de "evitar o excessivo número de horas de trabalho", que em seu art. 3º estabelecia jornadas máximas 08 horas diárias e 48 horas semanais(15), e cujos fundamentos foram desenvolvidos em outros textos, tais como o que ora aqui se comenta, publicado por Sidney Webb em 1891.

---

(9) *Ibidem*, p. 320.

(10) FREMANTLE, *op.cit*, p. 09.

(11) "After Tony Blair's landslide victory in 1997, over 200 Fabians sat in the House of Commons, including many of the cabinet". Disponível em: <https://fabians.org.uk/about-us/our-history/>. Acesso em: mar. 2022.

(12) "LSE was the brain child of Sidney Webb, supported by his wife, the social investigator Beatrice Webb, the political scientist Graham Wallas, and the writer George Bernard Shaw". Disponível em: <https://www.lse.ac.uk/about-lse/our-history>. Acesso em: mar. 2022.

(13) Este item examinou as considerações feitas no texto *The case for a eigth hours bill* (1891), de autoria de Sidney Webb. Disponível em: <https://digital.library.lse.ac.uk/collections/fabiansociety/tracts1884-1901>. Acesso em: mar. 2022.

(14) Cujo conteúdo integral pode ser encontrado no extrato "Eigth hours bill", de Sidney Webb, publicado em 1890 e disponível em: <https://digital.library.lse.ac.uk/collections/fabiansociety/tracts1884-1901>.

(15) *Eigth hours bill, cit.*, p. 4.

À época da redação do texto, estava em vigor o *Factory and Workshop Act de 1878*, que consolidou uma série de preceitos anteriores, e que se destinava, primordialmente, à proteção do trabalho desenvolvido por mulheres e crianças nas fábricas e oficinas, estabelecendo uma série de restrições específicas que variavam conforme a natureza da atividade exercida, como, por exemplo, nas indústrias têxteis, onde a jornada máxima semanal era de 56 horas, podendo alcançar até 60 horas semanais nas outras indústrias,(16) ademais de uma proibição geral de trabalho para as crianças com menos de 10 anos de idade (art. 20). Também existiam limites à jornada fixados em acordos negociados pelos sindicatos mais fortes ou mais bem organizados.(17)

Sem embargo, muitas categorias ainda desempenhavam jornadas absurdamente extensas: nas lojas ou mercearias, a carga de trabalho era da ordem de 75 a 90 horas semanais, nas lavanderias, as mulheres trabalhavam cerca de 72 horas semanais, e, nos bares, as atendentes faziam a inacreditável jornada média de 100 horas semanais.(18)

Considerado este contexto, o autor principia asseverando que uma jornada limitada, ademais dos importantes aspectos de ordem sanitária e remuneratória, possibilitaria à classe assalariada oportunidades adicionais para sua realização pessoal, de sorte que lhe fosse possível não somente trabalhar, mas também desfrutar, não apenas cavar o solo, mas também colher os seus frutos, e ter igualmente a possibilidade de vestir, para além de exclusivamente tecer. A limitação legal da jornada, em suma, permitiria aos trabalhadores gozar de todas aquelas vantagens que seu labor estaria a criar.(19)

Após discorrer sobre a insuficiência das medidas tomadas por iniciativa própria patronal, pela pressão da opinião pública, ou pelos acordos sindicais, o texto analisa todos os argumentos apresentados contra a fixação de uma jornada máxima diária mediante lei, rebatendo os supostos efeitos nocivos que tal medida teria sobre os preços e a demanda em geral, o comércio em particular, o nível salarial, a fuga de capitais nacionais para o exterior e a independência ou liberdade pessoal.

Assim é que, quanto a um eventual rebaixamento dos salários, o texto se reporta às experiências legislativas similares antecedentes, tanto nacionais quanto alienígenas, nenhuma das quais produzira tal efeito, até porque o valor do salário se determina pela concorrência, e menos horas significam mais vagas de trabalho, ou seja, menos competição entre os trabalhadores e mais competição entre os empregadores, o que tenderia a aumentar o nível salarial, não a diminui-lo; observa que tampouco se advertira prejuízo

(16) *The case...*, p. 8-9. Sidney Webb registra, outrossim, que, embora literalmente tais restrições se estendessem somente às mulheres e crianças, elas acabavam beneficiando igualmente os homens, mercê da dificuldade prática da indústria em estabelecer linhas de produção com horários de trabalho distintos para uns e outros.

(17) *Ibid*em, p. 7.

(18) *Ibidem*, p. 5.

(19) *Ibidem*, p. 3.

ao comércio ou à economia pelo só fato de serem colocados limites legais às condições de trabalho[20]. Assinala ademais que, com o advento da revolução industrial, o controle pessoal do trabalhador sobre sua jornada seria similar ao controle que ele teria sobre o momento do nascer do sol,[21] pelo que sua independência estaria melhor servida se ele pudesse ter tempo para descanso e recomposição, ao invés de ser exposto a jornadas exaustivas de labor, ou, em outras palavras, a lei, ao invés de aprisioná-lo, o libertaria da tirania industrial.

Por fim, Webb ironiza a suposta fuga de capitais nacionais para o exterior, argumentando que uma revolução no Brasil ou um pânico na Argentina seguramente possuiriam um efeito intimidador superior a uma alteração na taxa de juros, ou seja, que medidas pontuais de ajuste do mercado, por si sós, não teriam impacto econômico suficiente para fazer o capital realmente se afastar.[22]

Em que pese a solidez dos argumentos colocados, fato é que o Reino Unido não logrou estabelecer, a nível estatal, um limite máximo diário geral para a jornada de trabalho, situação que assim permanece até hoje. Não deixa de ser algo *paradoxal* que, justamente ali, onde houve uma intensa pressão sindical, reforçada pelo renitente esforço científico e político de intelectuais do porte dos integrantes da sociedade Fabiana, não se tenha conseguido estabelecer, pela via legal, uma jornada geral diária máxima de 08 horas. Atualmente, o limite legal geral que abrange os trabalhadores adultos (acima de 18 anos) se reporta apenas ao *módulo semanal*, à razão de 48 horas (*The Working Time Regulations*, 1998, art. 4). Já para os trabalhadores jovens (*young workers*) existe uma limitação diária explícita da ordem de 08 horas (*Children and Young Persons Act* 1933, art. 18).

2.2. Salário-mínimo legal (William Stephen Sanders)[23]

Após assinalar que muitos políticos e economistas da época, mesmo alguns daqueles favoráveis à intervenção estatal nas relações de trabalho, entendiam que levar tal interferência ao plano salarial seria um pecado imperdoável, o texto registra que, sem

(20) O célebre jurista e político argentino Alfredo Palácios, falando perante o Parlamento de seu país em 1907, destacou que o argumento levantado pelos empregadores acerca do prejuízo supostamente trazido à economia pelas normas de limitação da jornada de trabalho mais não era que uma *cantilena antiga* sem fundamento empírico real ou base factual consistente. In: *Por las mujeres y los niños que trabajan*. Valencia: F.Sempere y Compania Editores, S/D. p. 84-85.

(21) *The case...*, p. 12.

(22) *Ibidem*, p. 11. Nessa mesma linha de raciocínio, observa o professor Thomas C. Leornard, que "Minimum-wage effects, at least for current U.S. magnitudes, are small potatoes" (LEONARD, Thomas C. "The very idea of applying economics: the modern minimum-wage controversy and its antecedents". In: *History of Political Economy*, vol. 32, dez. 2000. p. 117). Disponível em: <https://www.princeton.edu/~tleonard/papers/minimum_wage.pdf>. Acesso em: mar. 2022.

(23) As considerações deste tópico se reportam a: SANDERS, William Stephen. *The case for a legal minimum wage*. Londres: Fabian Society, 1906. Disponível em: <https://digital.library.lse.ac.uk/objects/lse:wuq882hij>. Acesso em: mar. 2022.

essa medida estrutural, todas as demais, referentes à duração da jornada, à instrução infantil, à higidez e segurança no trabalho, seriam de utilidade limitada, já que famílias que estivessem vivendo perto ou abaixo da linha de subsistência (pelo menos 12 milhões de pessoas à época) não conseguiriam manter uma existência física saudável.(24)

Ao argumento de que o aumento do custo do trabalho teria o potencial de inviabilizar o empreendimento, o autor responde que essa mesma objeção era antiga e superada, recordando que os proprietários da indústria do algodão afirmaram em 1855 (apoiados pelos professores de economia da época) que se tivessem de suportar o investimento de tornar seus locais de trabalho seguros (ou "decentes") seus negócios seriam arruinados e que, se os legisladores não lhes permitissem lucrar, melhor seria então fecharem as suas fábricas. Porém, a legislação veio, a indústria seguiu operando, as fábricas permaneceram abertas e os empreendimentos não deixaram de prosperar e lucrar, demonstrando que os fatos tinham pouco respeito pelas doutrinas econômicas cuja consistência a academia pregava(25), o que ademais poderia ser reforçado pelas recentes e bem-sucedidas experiências a este respeito efetuadas na Austrália e na Nova Zelândia.(26)

Sobre o valor a ser estabelecido, o texto enfatiza que o parâmetro fundamental a utilizar seria o montante necessário para que um trabalhador tivesse uma "existência saudável", e ter abrangência nacional, ainda que eventualmente se permitisse alguma discrepância regional onde o montante fixado estivesse adequado ao nível do correspondente custo de vida ("salário real").

O texto também aborda o tema do desnível salarial entre homens e mulheres que executam as mesmas tarefas, considerado uma das maiores dificuldades no caminho para obter-se uma solução equitativa. (27) Após explicar que a origem de tal disparidade estaria na crença de que, sendo o homem o provedor natural do lar, ele deveria ganhar mais para fazer frente ao integral mantenimento da família, são apontadas as falhas evidentes deste raciocínio, como o fato de homens solteiros — logo, sem o indigitado ônus familiar — trabalharem ao lado de viúvas com filhos delas dependentes (ou seja, com uma carga familiar superlativa), e serem os homens, ainda assim, comparativamente, mais bem remunerados. Sem embargo, admite-se que diante da perspectiva social preconcebida de que o labor masculino teria melhor qualidade de que o feminino, igualar a remuneração

(24) SANDERS, *op.cit.*, p. 2.3. Nas palavras de Thomas C. Leonard, "Minimum wages were connected to mid-Victorian-era trade union movements and were an important item on the Fabian socialist agenda to "democratize" unregulated industries and improve working conditions". In: LEONARD, *op. cit.*, p. 121.

(25) SANDERS, *op.cit.*, p. 5.

(26) Na lição do renomeado jurista uruguaio Héctor-Hugo Barbagelata, "... para los *fabianos* el *intervencionismo legal* es indispensable y no puede ser sustituido por ningún otro medio. Por otra parte, los *fabianos* invitaban a recordar que la puesta en aplicación de las leyes fabriles desmintió la afirmación de los empleadores de que estas leyes iban a arruinarlos". BARBAGELATA, Héctor-Hugo. *Curso sobre la evolución del pensamiento juslaboralista.* Montevideo: FCU, 1. ed., out. 2009. p. 106. Destaques do original.

(27) SANDERS, *op. cit..*, p. 9.

de ambos potencialmente tenderia a afastar as mulheres do mercado de trabalho já que, pelo mesmo custo, os empregadores prefeririam contratar homens. Diante disso, a sugestão apresentada é que homens e mulheres tenham salários-mínimos desiguais, resolvendo-se situações como a da viúva provedora através de uma renda estatal complementar, ou seja, mediante um mecanismo de seguridade social.

O texto igualmente enfrenta a correlação entre o salário-mínimo e o desemprego, aduzindo que o primeiro não resolve o problema do segundo, podendo aliás, em um primeiro momento, até agravá-lo; contudo, este efeito estaria relacionado não propriamente à eliminação de empregos, mas sim de subempregos, é dizer de postos de trabalho mantidos à custa de salários aviltantes (*starvation wages*), que fariam bem em ser mesmo eliminados, assim como aqueles negócios ou indústrias que sobrevivessem à sua exclusiva custa. Tais trabalhadores, destarte, deveriam ser assistidos de alguma outra forma que não lhes solapasse a dignidade, a saber, através de uma adaptação das leis de assistência social (*poor laws*).[28]

A campanha pela fixação do salário-mínimo induziu, em 1909, à aprovação do *Trade Boards Act*, que criou uma comissão encarregada de fixar pisos remuneratórios para trabalhos que, na terminologia contemporânea, poderiam ser classificados como insalubres, penosos ou perigosos (*sweated industries*). Já no tocante à igualdade salarial entre homens e mulheres, como se antevia, o caminho foi bem mais longo, vindo a ultimar-se somente com o *Equal Pay Act* de 1970.

2.3. Negociação coletiva (Beatrice Webb e Sidney Webb)[29]

O professor francês B. Raynaud atribuiu a criação da expressão "negociação coletiva" (*collective bargaining*) a Beatrice Webb.[30] Os próprios Webb afirmam na obra ora em comento que desconheciam a utilização de tal expressão antes do texto publicado por Beatrice em 1891, intitulado *The cooperative movement in Great Britain.*[31] De sorte que, até onde se tem notícia, cabe à autora inglesa a distinção de haver batizado o instituto que, ao lado da organização sindical e do direito de greve, constitui o *tripé estrutural* do direito coletivo do trabalho.[32]

(28) *Ibidem*, p. 12.

(29) Este item se reporta às considerações constantes da obra *Industrial democracy*, de autoria de Beatrice Webb e Sidney Webb, edição publicada em 1902 (a edição original veio em 1897), às páginas 173-221.

(30) *Le contract collectif en France*. Paris, 1921. p. 10. *Apud* GALLART FOLCH, Alejandro. *Las convenciones colectivas de condiciones de trabajo en la doctrina y en las legislaciones estranjeras y española*. Granada: Editorial Colmares S. L., 2000. p. 9.

(31) *Industrial democracy...*, p. 173.

(32) Como esclarece o professor argentino Carlos Alberto Toselli, as relações coletivas de trabalho se assentam em uma *trípode*: relações de associação, relações de negociação e relações de conflito. In: TOSELLI, Carlos Alberto. *Derecho del trabajo y de la seguridad social*. v. 2, 3. ed. Córdoba, Alveroni Ediciones, 2010. p. 151.

Os autores principiam esclarecendo que a essência da negociação coletiva está em desconsiderar as necessidades pessoais ou exigências particulares dos trabalhadores, estabelecendo um parâmetro de negociação que seja comum a todos, é dizer, que prestigie a perspectiva do conjunto, com isso evitando que os assalariados compitam entre si, o que tenderia naturalmente a rebaixar o nível da remuneração. Também examinam a questão desde a perspectiva do empregador, já que algumas empresas podem estar menos ou mais propícias que outras a ceder às pretensões dos seus respectivos grupos de trabalhadores, assinalando que os sindicatos devem, portanto, negociar de forma ampla, abrangendo todos os empreendimentos de uma determinada cidade, região ou nação, a depender da natureza ou intensidade da concorrência, de sorte que as vontades isoladas de cada empregador tampouco prevaleçam sobre o interesse do conjunto.(33)

Quanto ao conteúdo da negociação coletiva, ele poderia abranger a jornada de trabalho, pisos salariais, remuneração da hora extra (*overtime*), a idade e o número dos aprendizes a serem admitidos, o prazo do aviso prévio, as instalações para refeições e para acomodação dos equipamentos de trabalho, diárias para viagem, feriados, tempo de trajeto (*walking time*), atividades cuja realização, apesar de longa e tediosa, rendia monetariamente pouco (*grinding money*), entre outras disposições. Tais ajustes, pois, consubstanciavam genuínos *códigos privados*, que, segundo os autores, existiam em grande quantidade, sendo rara a cidade onde eles não se fizessem presentes,(34) que foram gradualmente sendo aceitos pelos empregadores como parte do "costume do negócio"(35) e que, se bem não fossem ultimados apenas através dos sindicatos, destes dependeriam para obter sua máxima eficiência.

Considerando que os acordos coletivos, por minuciosos que fossem, não poderiam desde logo antever todas as situações de desacordo que surgissem na rotina industrial cotidiana, havendo, pois, a perene necessidade de interpretar seu conteúdo ou suprir suas lacunas, os autores fazem referência à frequente utilização de comissões paritárias, que deveriam buscar conciliar os interesses em conflito, assim como a prática de se recorrer a um árbitro quando o consenso não resultasse possível.(36)

Um ponto deveras interessante abordado pelos autores é que tais comissões, se bem resolvessem muitos impasses, foram igualmente alvo de forte críticas, tanto pelos

---

(33) Como registra o professor Monereo Pérez, para os Webb, "la democracia industrial parte de la premisa de que las relaciones laborales son relaciones asimétricas de poder, de manera que el Derecho del Trabajo ha de buscar un equilibrio entre el poder directivo del empleador a través del reconocimiento del poder del sindicato y la posibilidad de una codeterminación negocial e institucional conjunto entre ambos poderes sociales con voluntad de potencia y facultades de autorregulación". In: MONEREO PÉREZ, José Luis. "Estado democrático y pluralismo jurídico-social en Harold J. Laski. In: *Revista Derecho del Trabajo*, ano IX, n. 30, 2021, p. 246.

(34) *Industrial democracy*, p. 175.

(35) *Ibidem*, p. 178.

(36) É fácil intuir nessas "comissões de conciliação e arbitragem" um embrião de tribunal industrial ou corte do trabalho, nos moldes historicamente adotados por diversos países ao longo do tempo.

trabalhadores quanto pelos patrões. Os trabalhadores reclamavam da demora na solução das controvérsias, circunstância potencialmente apta a deixar uma eventual decisão que lhes fosse favorável sem efeito prático. Já os empregadores vislumbravam nas decisões das comissões uma interferência indevida na condução dos seus negócios, especialmente quando, mais além de meramente interpretar o alcance de um determinado regramento coletivo, elas criavam condições novas, ou seja, desempenhavam um inopinado "poder normativo"[(37)].

3. Pensamento Fabiano contemporâneo

Entre os diversos temas expostos pela Sociedade Fabiana ao longo de seus mais de 130 anos de existência, se destacam, como já referido anteriormente, aqueles que debatem sobre a regulamentação do trabalho em suas diversas faces.

Um dos temas que vêm sendo amplamente discutidos pelos fabianos atualmente é o avanço da tecnologia[(38)] no mercado de trabalho. Em um texto publicado em julho de 2019, Norman Pickavance indica a existência de três tendências relacionadas ao uso da inteligência artificial e da robótica no trabalho[(39)].

A primeira tendência trata-se do "aumento do trabalho". Este seria o lugar onde a inteligência artificial poderia se unir às pessoas para tornar o trabalho e a vida melhores. Cita como exemplo, o uso da tecnologia pelos profissionais da saúde e como o diagnóstico médico pode ser aprimorado neste caso.

A segunda área Pickavance chama de "intensificação do trabalho", onde as tecnologias disponíveis assumem os elementos mais "simples", deixando apenas o complexo para ser realizado por humanos. Nestes casos já podem ser observadas consequências mais severas ao substituir o trabalho humano pelo uso de tecnologias avançadas.

Já a terceira e última tendência é chamada de "erradicação do trabalho" e de acordo com o autor, certos setores industriais que possuem tarefas repetitivas poderão testemunhar a erradicação de quase todo o trabalho humano. Neste cenário, o autor sugere, entre outras, a adoção de estratégias de transição econômica principalmente para aqueles lugares que podem ser mais impactados pelas novas tecnologias.

O trabalho rural também é tema de assíduas discussões entre os membros da Sociedade Fabiana. Em agosto de 2017, David Drew, membro do parlamento e do partido trabalhista inglês, relembrou que os grandes atos de reforma trabalhista envolveram as áreas rurais no passado. Cita que o período entre 1999 e 2004 foi marcado por grandes conquistas para a população rural, com investimentos e formulação de programas sociais que investiram até 1 bilhão de libras. Afirma, no entanto, que hoje tais áreas estão sendo

(37) *Industrial democracy*, p. 187.

(38) ABEY, Josh. *Future Uncertainties*. Londres, 2019. Disponível em: <https://fabians.org.uk/future-uncertainties/>. Acesso em: mar. 2022.

(39) PICKAVANCE, Norman. *Thinking The Unthinkable About The Future Of Work*. Londres, 2019. Disponível em: <https://fabians.org.uk/thinking-the-unthinkable-about-the-future-of-work/> Acesso em: mar. 2022.

subestimadas devido à ausência de políticas públicas que fomentem a região: '*One nation socialism means tackling problems in the countryside as well as the cities*'[40]

Já em 2020, a jornada de trabalho volta a ser tema central das discussões fabianas após a campanha eleitoral do ano anterior mencionar a possibilidade de uma semana de trabalho de quatro dias.[41] Foi analisado que o Reino Unido está entre os países com jornada mais longa da Europa, contabilizando 42,5 horas semanais, sendo que os números oficiais demonstram que 15,4 milhões de dias de trabalho foram perdidos por doenças relacionadas ao trabalho, como estresse, depressão ou ansiedade.

Os números preocupam quando mais da metade dos professores ingleses têm problema de saúde mental diagnosticado, de acordo com um estudo da *Universidade Leeds Beckeet*, sendo que as cargas de trabalho excessivas foram uma das principais razões citadas para os problemas de saúde dos professores.

Ainda, de acordo com Rayhan Haque, autor do texto e fundador da Good Work Commission:

> "Three quarters of the public support moving to a four-day week, according to YouGov. Encouragingly, nearly two thirds of businesses also back a shorter working week. Political leaders have also been pushing for change. During the election campaign, the Labour party committed to introducing a 32-hour week for all within a decade, using collective bargaining and increased annual leave."[42]

Por fim, a Sociedade Fabiana também vem propondo discussões acerca do mundo pós pandemia de Covid-19. Segundo a professora da Universidade de Massachusetts *Elora Halim Chowdhury*, como seria mesmo de se esperar no contexto político e econômico do capitalismo, a propagação e as consequências da pandemia foram muito mais letais para aqueles que não possuem condições de se proteger:

> "To remedy this, we need a sense of collective good and a deeper appreciation of the interdependence between humans and the natural world. The pandemic has conjured war-like metaphors even though what will actually save us, ironically, is ethical care for one another. We cannot be isolated from the idea of sociality — that our lives must be in touch, that our sense of responsibility must involve solidarity, reciprocity and mutuality."[43]

---

(40) DREW David. *Rural Thread*. Londres, 2017. Disponível em: <https://fabians.org.uk/rural-thread/>. Acesso em: mar. 2022.

(41) "First, a job should provide an income that is enough not only to live on, but that affords security, comfort and a decent life." DROMEY, Joe. *Thinking big*. Londres, 2019. Disponível em: <https://fabians.org.uk/thinking-big/>. Acesso em: mar. 2022.

(42) HAQUE Rayhan. *Working It Out*. Londres, 2020. Disponível em: <https://fabians.org.uk/working-it-out/>. Acesso em: mar. 2022.

(43) CHOWDHURY, Elora Halim. *The precarity of pre-existing conditions*. Londres, 2020. Disponível em: <https://fabians.org.uk/the-precarity-of-pre-existing-conditions/>. Acesso em: mar. 2022.

4. Conclusão

Os integrantes da Sociedade Fabiana, desde suas primeiras manifestações públicas, sempre fizeram questão de deixar claramente registrada a sua opção ideológica pelo *socialismo.*

Assim é que, em seu "Manifesto", apresentado no ano de 1884, afirmaram que a situação da sociedade naquele momento determinava que a riqueza não poderia ser obtida sem miséria nem usufruída sem desonra; que o loteamento privado da terra e do capital dividira a sociedade em classes hostis, com muito jantar e nenhuma fome de um lado e muita fome e nenhum jantar do outro; e que era preferível enfrentar uma guerra civil a ter de suportar outro século de sofrimento como aquele.(44)

Pouco depois, em 1886, ao serem esboçadas as bases estruturais de sua organização, a primeira frase inserida no documento respectivo foi "A Sociedade Fabiana é composta por socialistas".(45)

Sem embargo, o termo "socialista", era — e ainda é — um termo *plurívoco*, insuficiente, portanto, para precisar tanto a *orientação econômica real* quanto a *perspectiva política completa* de grupos, partidos ou pessoas.

Um bom exemplo desta ambiguidade pode ser encontrado na figura do pensador norte-americano Henry George que, segundo Bernard Shaw, teria servido de inspiração ou modelo para "cinco-sextos" dos socialistas de sua época(46). Henry George, contudo, não se considerava socialista,(47) se definindo como um "homem do "imposto único".(48) Já o *Papa Leão XIII*, na visão do mesmo Henry George, em vista das propostas apresentadas em sua célebre encíclica *Rerum Novarum*, poderia ser considerado um socialista

(44) SHAW, George Bernard. *A manifesto*. Londres: Fabian Society, 1884. Disponível em: <https://digital.library.lse.ac.uk/objects/lse:fay308fuv>. Acesso em: mar. 2022.

(45) FREMANTLE, Anne, *op. cit.*, p. 9. Esse mote foi formalmente incorporado às "Basis of the Fabian Society" em 23.05.1919 (*ibidem*, p. 263). O ano de 1919, aliás, foi deveras emblemático, com a fundação de "repúblicas soviéticas" de curta duração na Baviera, na Eslováquia e na Hungria. Até no Brasil se chegaram a ensaiar alguns movimentos semelhantes (a este respeito: DIAS, Everardo. *História das lutas sociais no Brasil*. 2. ed. São Paulo, Alfa-Omega, 1977. p. 89-100).

(46) "Shaw has said that five-sixths of those who like himself were swept into the great Socialist revival of 1888 had been converted by Henry George". FREMANTLE, Anne, *op. cit.*, p. 20.

(47) "Divergimos dos socialistas no diagnóstico dos males sociais e quanto ao remédio a aplicar-lhes. Não temos receio algum do capital que nós consideramos como aliado natural do trabalho. Consideramos o juro, em si mesmo, como natural e justo. Não procuramos estabelecer limite algum à acumulação, nem impor tributo algum ao rico que não recaia também sobre o pobre. Não vemos mal algum na livre competição e pensamos que ela é tão necessária à saúde do organismo social como a livre circulação do sangue o é para a saúde do organismo humano, por ser ela o meio pelo qual se pode assegurar a mais completa cooperação". GEORGE, Henry. "A condição do trabalho". In: *A doutrina social da igreja*, Rio de Janeiro: Gráfica Editorial Laemmert, 1968. p. 87.

(48) "...nós, que nos chamamos homens do imposto único (expressão que apenas indica o nosso meio prático), vemos nas relações sociais e industriais entre os homens, não uma complicada máquina a ser construída, mas um organismo que se precisa apenas deixar desenvolver". GEORGE, *op. cit.*, p. 88.

moderado.[(49)] Na Alemanha, a pecha de socialista igualmente foi atribuída a *Otto Von Bismarck*, que, aliás, em um discurso pronunciado perante o parlamento daquele país em 15 de março de 1884 – coincidentemente, o mesmo ano de fundação da Sociedade Fabiana — se mostrava inclusive confortável com esse rótulo.[(50)] Nem mesmo um ícone do liberalismo clássico como *John Stuart Mill* escapou da referência em apreço.[(51)]

Sendo este o contexto da época, talvez então devêssemos averiguar não quem seria socialista, mas quem indiscutivelmente não o seria, é dizer, qual a base ou o fundamento de uma postura "não socialista", ou, ainda, que perspectiva poderia ser reputada genuína e hermeticamente refratária à influência do socialismo político ou econômico.

A resposta para tal perquirição pode ser intuída no indigitado discurso de Bismarck. Ali, ele faz menção à situação da França, onde não haveria leis destinadas à proteção dos mais pobres, e cujo Ministro das Finanças, Léon Say, declarara que todo cidadão francês tinha o direito de passar fome e o Estado não deveria impedir o exercício de tal direito.[(52)] Essa postura ecoa pensamentos antecedentes, como aquele expressado por Arthur Young em 1771, segundo o qual só um idiota não perceberia a lógica em manter as classes mais baixas em estado de pobreza, pois apenas assim elas aprenderiam a ser diligentes.[(53)]

Como se denota, a *antítese ideal* do pensamento socialista seria um *liberalismo radical*, para quem as mazelas da sociedade consubstanciariam, fundamentalmente, um resultado direto da inaptidão, desinteresse ou incúria daqueles que delas padecessem, e

---

(49) "Estes remédios, embora de alcance limitado, são de natureza socialista. E, embora a Encíclica não deixe de reconhecer o caráter individual do homem e a prioridade do indivíduo e da família em relação ao Estado, a tendência geral e o espírito dessas propostas inclinam-se claramente para o socialismo, um socialismo extremamente moderado, é verdade, para um socialismo tolhiço e anemiado pelo supremo respeito à propriedade privada, mas, ainda assim, socialismo". *Ibidem*, p. 100.

(50) "If one argues against my position that this is socialism, then I do not fear that at all. The question is, where do the justifiable limits of state socialism lie? Without such a boundary we could not manage our affairs. Each law for poor relief is socialism. There are states that distance themselves so far from socialism that poor laws do not exist at all. I remind you of France. From these conditions in France the theories of the remarkable social politician, Léon Say, whom Herr Bamberger referred to, are quite naturally accounted for. This man expresses the French view that every French citizen has the right to starve and that the state has no responsibility to hinder him in the exercise of his right". Disponível em: <https://germanhistorydocs.ghi-dc.org/docpage.cfm?-docpage_id=2727>. Acesso em: mar. 2022. O discurso de Bismarck estava relacionado a uma proposta de Lei de compensação aos trabalhadores, a qual abarcava institutos como a proteção contra acidentes de trabalho.

(51) "Sidney Webb based his essay on Mill's theory of social reform by means of the Ricardian law of rent, but took it much further. Mill, though he died a **confessed Socialist**, had stopped at land reform, but Webb noted that as soon as production was sufficiently advanced to furnish more than the barest necessities, a struggle for the surplus began. Whatever individuals or classes were in power used it to get hold of that surplus product, leaving the rest of society practically nothing beyond the means of subsistence according to the current local standard". FREMANTLE, *op. cit.*, p. 87. Destaque nosso.

(52) *Vide* nota 50 supra.

(53) *Apud* TAWNEY, Richard Henry. *A religião e o surgimento do capitalismo*. São Paulo: Editora perspectiva, 1971. p. 254.

diante das quais, por conseguinte, nada ou quase nada incumbiria ao Estado providenciar.[(54)] Não é difícil deduzir que, em sua máxima medida, essa vertente de opinião poderia facilmente justificar a existência da servidão[(55)] ou, inclusive, até mesmo da própria escravidão.[(56)]

Mas o principal problema com essa perspectiva parece mesmo ser a sua *incoerência prática*. Como a história demonstrou repetidas vezes, sempre que as classes ou segmentos sociais desfavorecidos decidem incorporar plenamente esta visão, assumindo as rédeas de seu próprio destino e buscando com isso demolir de baixo para cima o sistema político ou econômico que os oprime, o Estado passa da *inação completa* para a *ação absoluta*, em ordem a prontamente reprimir o exercício do "livre arbítrio" transformador da massa descontente.

Diante de uma *contradição palmar* como esta, era apenas natural que o contraponto socialista ganhasse força, dentro do qual aquele albergado pela Sociedade Fabiana representou uma vertente coerente e equilibrada, cujo objetivo fora o de reformar a sociedade pela via do debate democrático, é dizer, não pela *revolução*,[(57)] mas sim pela *evolução*[(58)], ou ainda, mediante uma *revolução consentida*.[(59)]

Mas, quiçá justamente porque fundado em bases empiricamente consistentes e intelectualmente convincentes, o Socialismo Fabiano parece despertar uma sorte de verdadeiro pavor nos adeptos do pensamento conservador. Já se disse, por exemplo, que a Sociedade Fabiana constituiria uma agremiação revolucionária secreta ou camuflada, cujo objetivo seria persuadir psicologicamente o Reino Unido e o mundo acerca da ine-

(54) Poder-se-ia, talvez, atender melhor à precisão terminológica utilizando-se as expressões "intervencionista" e "não intervencionista".

(55) Um exemplo desse tipo de perspectiva pode ser encontrado em um recente projeto de lei de regulamentação do trabalho rural cujo conteúdo dava margem a inferir que o empregado rural poderia ser remunerado somente à base de alimentação e moradia (PL n. 6.442/2016 da Câmara dos Deputados, Disponível em: <https://www.camara.leg.br/proposicoesWeb/fichadetramitacao?idProposicao=2116421>. Acesso em: mar. 2022). Escrevendo a respeito, assinalou Angelo Cabral que o conceito de trabalhador rural adotado pelo projeto poderia ensejar a interpretação no sentido de que "ao invés de salário, a contraprestação pelos serviços prestados seja a simples moradia ou esta somada à alimentação — prática que os (neo)escravagistas já praticam ao arregimentar trabalhadores e lhes impor jornadas exaustivas, abrigando-os em galpões fétidos e com alimentação precária, fornecida pelas "vendas" oficiais do fazendeiro". In: Projeto de lei para trabalhadores rurais legaliza a servidão. *Justificando*. Acesso em: mar. 2022.

(56) A esse respeito, Tawney, que aliás também era Fabiano, observou que no lapso de 1660 a 1760 até os filantropos discutiam se seria eventualmente desejável restabelecer a escravidão (*op.cit.*, p. 253-254).

(57) "Al igual que Bernard SHAW, los WEBB se preocuparon por diferenciar el socialismo *fabiano* del *marxista*. Con ese propósito, aseveran que, para los fabianos, *el socialismo es simplemente una prolongación progresiva del ideal democrático burguês*". BARBAGELATA, *op. cit.*, p. 107. Destaques do original.

(58) Consoante Hugh Geistkell, em artigo publicado no *New York Times* em 08 abr. 1956, p. 233. Disponível em: <https://timesmachine.nytimes.com/timesmachine/1956/04/08/306035692.html?auth=login-smartlock&pageNumber=233>. Acesso em: mar. 2022.

(59) Conforme LASKI, *apud* MONEREO PÉREZ, *op. cit.*, p. 259.

vitabilidade do socialismo — nem que para tanto precisassem trabalhar e esperar meia década ou mais — e cuja influência teria, dentre outras coisas, evitado que o General Douglas MacArthur vencesse a guerra da Coreia em menos de duas semanas e simultaneamente eliminasse o perigo representado pela China comunista.[60] A *faceta paranoica* da crítica, por si mesma, já dispensa maiores comentários a respeito.

É certo, de todo modo, que os integrantes da Sociedade Fabiana tiveram seus *pecados capitais*. Endossaram abertamente posicionamentos racistas, eugenistas e colonialistas, prestigiando teorias que, como é óbvio, contradiziam a essência mesma de seu pensamento social solidário.[61] Por mais que se queira assinalar que tais posturas estivessem profundamente arraigadas no pensamento científico dominante de sua época fundadora[62] — como efetivamente estavam[63] — eles, sem dúvida, poderiam e deveriam ter sabido melhor.

---

(60) Conforme MARTIN, Rose L. *Fabian freeway:* high road to socialism in the USA. 1884-1966. Belmont: Western Islands, 1966, p. IX, 20 e 364. Disponível em: <https://cdn.mises.org/Fabian%20Freeway%20High%20Road%20to%20Socialism%20in%20the%20USA%20-Digital%20Book_3.pdf>. Acesso em: mar. 2022. Curiosamente, esse tipo de ataque talvez seja o melhor elogio que se possa fazer aos Fabianos: afinal, por meio dele se sugere que, ademais de *formidáveis* (ou seja, aptos a despertar profundo temor), eles também seriam inteligentes, idealistas, pacientes e disciplinados. Numa palavra: *admiráveis.*

(61) "The members of the society were radicals for their time but their views reflected the age they lived in. Leading members of the society held racist prejudices and opinions which were not in keeping with the society's commitment to equality for all, either then or now. Fabians engaged in debates on eugenics and were racist towards people of Jewish, black and Asian origin. Views on the role of Empire varied amongst members, with some supporting rapid decolonisation and others seeing the British Empire as a potentially progressive force in the world". Disponível em: <https://fabians.org.uk/about-us/our-history/>. Acesso em: mar. 2022.

(62) Como registra Camilo Rodríguez, os EUA foram "un país donde las ideas y las políticas basadas en la eugenesia encontraron un importante desarrollo, siendo en 1907 el primer país en consolidar una política de esterilización obligatoria bajo los postulados de la eugenesia y que se continuo hasta 1970 (Levine, 2017). Entre 1907-1908 se fundó, en Reino Unido, una cátedra en paralelo al Galton Laboratory denominada Eugenics Education Society (actual Galton Institute) de fuerte filiación mendeliana que en 1908 integró a Galton como su presidente honorario (cargo que ocupó hasta su fallecimiento en 1911). En este proceso de fundación de las primeras instituciones eugenésicas, también se destaca en 1905 la creación de la Sociedad Alemana de Higiene Racial (Deutsche Gesellschaft für Rassenhygiene) por Alfred Ploetz (1860-1940)". In: RODRÍGUEZ, Camilo. *La eugenesia en el Uruguay y su vínculo con el campo de la educación física (1900-1948).* Montevideo: Universidad de la República. Tese de maestria, set. 2020. p. 70-71. Disponível em: <https://www.cse.udelar.edu.uy/wp-content/uploads/2022/03/camilo-rodriguez.pdf>. Acesso em: mar. 2022.

(63) Rememore-se, a esse respeito, o célebre e infame comentário realizado pelo Juiz da Suprema Corte Americana Oliver Wendell Homes, uma das mentes jurídicas mais brilhantes da história daquele país, no julgamento do célebre caso *Buck vs Bell* (1927), onde se examinava a possibilidade legal da esterilização forçada de pessoas consideradas deficientes. Holmes, ao votar pela licitude da prática, ponderou, referindo-se à família da parte (Carrie Buck), que "*three generations of imbeciles are enough*". *Vide Buck v. Bell*, 274 U.S. 200 (1927), Disponível em: <https://supreme.justia.com/cases/federal/us/274/200/>. Acesso em: mar. 2022. Entre nós, Oliveira Vianna, em 1920, sustentava a existência de "mulatos superiores", que poderiam ser considerados "arianos pelo caráter e pela inteligência ou, pelo menos, suscetíveis da arianização, capazes de colaborar com os brancos na organização e civilização do País", porquanto teriam, de alguma maneira, herdado "todos os caracteres psíquicos e, mesmo, somáticos da raça nobre". In: VIANNA, Oliveira. *Populações meridionais do Brasil.* Brasília: Senado Federal, Conselho Editorial, 2005. p. 171. Disponível em: <https://www2.senado.leg.br/bdsf/bitstream/handle/id/1108/743391.pdf?sequence=4&isAllowed=y>. Acesso em: mar. 2022.

Sem embargo, não há como desconsiderar a notável contribuição que os integrantes da Sociedade Fabiana conferiram à formação da legislação do trabalho. Seus diagnósticos acerca da necessidade de equilibrar a relação laboral subordinada, de estabelecer limites mínimos e máximos ao seu conteúdo, de compreender e valorizar o papel das entidades sindicais na dimensão política da sociedade e na negociação de normas gerais de conduta, permanecem, todos eles, rigorosamente atuais. E seu trabalho de *reflexão humanística*, como se viu, segue em marcha, focado que está tanto em problemas novos, como em questões que, se bem tenham origem antiga, ainda se apresentam prementes e atuais.

Por tudo isso, examinar com atenção o trabalho e os estudos da Sociedade Fabiana, mais além de uma *homenagem histórica*, consubstancia também, indiscutivelmente, uma atividade relevante e necessária para a compreensão do presente e do futuro das relações de trabalho de caráter dependente.

Referências

ABEY, Josh. *Future Uncertainties*. Londres, 2019. Disponível em: <https://fabians.org.uk/future-uncertainties/>. Acesso em: mar. 2022.

BARBAGELATA, Héctor-Hugo. *Curso sobre la evolución del pensamiento juslaboralista*. 1. ed. Montevideo: FCU, out. 2009.

BISMARCK, Otto Eduard Leopold von. *Reichstag Speech on the Law for Workers' Compensation (March 15, 1884)*. Disponível em: <https://germanhistorydocs.ghi-dc.org/docpage.cfm?docpage_id=2727>. Acesso em: mar. 2022.

BRASIL. Câmara dos Deputados. *Projeto de Lei n. 6442/2016*. Disponível em: <https://www.camara.leg.br/proposicoesWeb/prop_mostrarintegra;jsessionid=node01bfrexrt2yyar1a7ilbq0s-qp7n48877249.node0?codteor=1505778&filename=PL+6442/2016>. Acesso em: mar. 2022.

CABRAL, Angelo. *Projeto de lei para trabalhadores rurais legaliza servidão*. Disponível em: <https://www.justificando.com/2017/05/04/projeto-de-lei-para-trabalhadores-rurais-legaliza-servidao/>. Acesso em: mar. 2022.

CHOWDHURY, Elora Halim. *The Precarity Of Pre-Existing Conditions*. Londres, 2020. Disponível em: <https://fabians.org.uk/the-precarity-of-pre-existing-conditions/>. Acesso em: mar. 2022.

DIAS, Everardo. *História das lutas sociais no Brasil*. 2. ed. São Paulo: Alfa-Omega, 1977.

DREW David. *Rural Thread*. Londres, 2017. Disponível em: <https://fabians.org.uk/rural-thread/>. Acesso em: mar. 2022.

DROMEY, Joe. *Thinking big*. Londres, 2019. Disponível em: <https://fabians.org.uk/thinking-big/>. Acesso em: mar. 2022.

FABIAN SOCIETY. Dispopnível em: <https://fabians.org.uk/>. Acesso em: mar. 2022.

FREMANTLE, Anne. *This little band of prophets:* the british fabians. New York: The New American Library, 1960.

GALLART FOLCH, Alejandro. *Las convenciones colectivas de condiciones de trabajo en la doctrina y en las legislaciones estranjeras y española.* Granada: Editorial Colmares S. L., 2000.

GEORGE, Henry. "A condição do trabalho". In: *A doutrina social da igreja.* Rio de Janeiro, Gráfica Editorial Laemmert, 1968.

GEISTKELL, Hugh. *The New York Times.* Edição de 08 abr. 1956. Disponível em: <https://timesmachine.nytimes.com/timesmachine/1956/04/08/306035692.html?pageNumber=233>. Acesso em: mar. 2022.

HAQUE Rayhan. *Working It Out.* Londres, 2020. Disponível em: <https://fabians.org.uk/working-it-out/>. Acesso em: mar. 2022.

LEONARD, Thomas C. "The very idea of applying economics: the modern minimum-wage controversy and its antecedents". In: *History of Political Economy*, vol. 32, DEZ> 2000, p. 117–144. Disponível em: <https://www.princeton.edu/~tleonard/papers/minimum_wage.pdf>. Acesso em: mar. 2022.

LONDON SCHOOL OF ECONOMICS AND POLITICAL SCIENCE. Disponível em: <https://www.lse.ac.uk/>. Acesso em: mar. 2022.

MALLON, J.J. *The Trade Boards Act.* Industrial Law Committee, 1910. Disponível em: <http://tankona.free.fr/mallon1910.pdf, Acesso em: mar. 2022.

MARTIN, Rose L. *Fabian freeway: high road to socialism in the USA.* 1884-1966. Belmont: Western Islands, 1966. Disponível em: <https://cdn.mises.org/Fabian%20Freeway%20High%20Road%20to%20Socialism%20in%20the%20USA%20-Digital%20Book_3.pdf>. Acesso em: mar. 2022.

MONEREO PÉREZ, José Luis. "Estado democrático y pluralismo jurídico-social en Harold J. Laski. In: *Revista Derecho del Trabajo*, ano IX, n. 30, 2021, p. 215-284.

MILBURN, Josephine Fischel. The Fabian society and the British Labor Party. In: *The Western Political Quarterly,* vol. 11, n. 2, jun. 1958, p. 319-339. Disponível em: <https://www.jstor.org/stable/444409?read-now=1&seq=1>. Acesso em: abril de 2022.

NEEP, E.J.C. *Sedicious offences.* Londres: Fabian Society, 1926. Disponível em: <https://digital.library.lse.ac.uk/objects/lse:nos546fel>. Acesso em: mar. 2022.

PALÁCIOS, Alfredo. *Por las mujeres y los niños que trabajan.* Valencia: F.Sempere y Compania Editores, S/D.

PICKAVANCE, Norman. *Thinking The Unthinkable About The Future Of Work. Londres*, 2019. Disponível em: <https://fabians.org.uk/thinking-the-unthinkable-about-the-future-of-work/>. Acesso em: mar. 2022.

REINO UNIDO. *Children and Young Persons Act 1933.* Disponível em: <https://www.legislation.gov.uk/ukpga/Geo5/23-24/12>. Acesso em: mar. 2022.

______. *Equal Pay Act 1970.* Disponivel em: https://www.legislation.gov.uk/ukpga/1970/41/enacted>. Acesso em: mar. 2022.

______. *Factory and Workshop Act 1878.* Disponível em: <http://www.educationengland.org.uk/documents/acts/1878-factory-workshop-act.html>. Acesso em: mar. 2022.

______. *The Working Time Regulations 1998.* Disponível em: <https://www.legislation.gov.uk/uksi/1998/1833/contents/made>. Acesso em: mar. 2022.

______. *Trade Boards Act 1909.* Disponível em: <https://en.wikisource.org/wiki/Trade_Boards_Act_1909>. Acesso em: abril de 2022.

ROBERTSON, Geoffrey. *We should say sorry, too.* Disponível em: <https://www.theguardian.com/commentisfree/2008/feb/14/australia>. Acesso em: mar. 2022.

RODRÍGUEZ, Camilo. *La eugenesia en el Uruguay y su vínculo con el campo de la educación física (1900-1948).* Montevideo: Universidad de la República. Tese de maestria, set. 2020. Disponível em: <https://www.cse.udelar.edu.uy/wp-content/uploads/2022/03/camilo-rodriguez.pdf>. Acesso em: mar. 2022.

SANDERS, William Stephen. *The case for a legal minimum wage.* Londres: Fabian Society, 1906. Disponível em: <https://digital.library.lse.ac.uk/objects/lse:wuq882hij>. Acesso em: mar. 2022.

SHAW, George Bernard. *A manifesto.* Londres: Fabian Society, 1884. Disponível em: <https://digital.library.lse.ac.uk/objects/lse:fay308fuv>. Acesso em: mar. 2022.

TAWNEY, Richard Henry. *A religião e o surgimento do capitalismo.* São Paulo: Editora perspectiva, 1971.

TOSELLI, Carlos Alberto. *Derecho del trabajo y de la seguridad social.* v. 2. 3. ed. Córdoba: Alveroni Ediciones, 2010.

UNITED STATES SUPREME COURT. *Buck* v. *Bell*, 274 U.S. 200 (1927), Disponível em: <https://supreme.justia.com/cases/federal/us/274/200/>. Acesso em: mar. 2022.

VIANNA, Oliveira. *Populações meridionais do Brasil.* Brasília: Senado Federal, Conselho Editorial, 2005. Disponível em: <https://www2.senado.leg.br/bdsf/bitstream/handle/id/1108/743391.pdf?sequence=4&isAllowed=y>. Acesso em: mar. 2022.

WEBB Beatrice; WEBB Sidney. *Industrial democracy.* Londres, Nova York e Bombaim: Longmans, Green and CO, 1902. Disponível em: <http://digamoo.free.fr/webb1897.pdf>. Acesso em: mar. 2022.

WEBB, Sidney. *The case for a eigth hours bill.* Londres: Fabian Society, 1891. Disponível em: <https://digital.library.lse.ac.uk/objects/lse:vix669nag>. Acesso em: mar. 2022.

Os Riscos da Discriminação Digital Laboral

The Risks of Digital Laboral Discrimination

Firmino Alves Lima[1]

Resumo: O texto aborda a preocupação crescente com a discriminação perpetuada por sistemas de inteligência artificial (IA), especialmente em contextos laborais. O destaque se dá no paradoxo entre os avanços na proibição da discriminação no direito internacional e interno, e o avanço da inteligência artificial e seus preocupantes resultados. O avassalador desenvolvimento desta tecnologia apresenta efetivos riscos de agravar práticas discriminatórias. O texto visa fornecer um entendimento básico sobre as implicações éticas e jurídicas da inteligência artificial, focando como ela pode violar direitos fundamentais. Por fim, pretende explorar a doutrina antidiscriminatória para combater a discriminação no ambiente de trabalho.

Palavras-chave: Discriminação digital — Ambiente laboral — Riscos — Combate.

Abstract: The text addresses the growing concern about discrimination perpetuated by artificial intelligence (AI) systems, especially in work-related contexts. The highlight is the paradox between advances in prohibiting discrimination in international and domestic law, and the concerning outcomes of artificial intelligence development. The fast advance of this technology presents real risks of exacerbating discriminatory practices. The text aims to provide a basic understanding of the ethical and legal implications of artificial intelligence, focusing on how it can violate fundamental rights. Finally, it intends to explore anti-discrimination doctrine to combat discrimination in the workplace.

Keywords: Digital discrimination — Work environment — Risks — Combat.

1. Homenagem

O Dr. Lorival Ferreira dos Santos é meu mentor e um verdadeiro pai na Magistratura laboral. Desde quando o conheci, fiquei encantado com o modo de falar daquele

(1) Mestre e Doutor pela Faculdade de Direito da Universidade de São Paulo e Juiz do Trabalho Titular de Vara. Autor de obras e diversos textos jurídicos sobre discriminação laboral.

então Juiz do Trabalho de Araçatuba, pois ele é uma fonte inesgotável de sabedoria em todos os aspectos e possui uma fantástica capacidade de ação. Fez parte da diretoria da Amatra XV quando fui Presidente, depois vim a trabalhar com ele na Escola Judicial, como Juiz Auxiliar da Presidência do Tribunal Regional do Trabalho da 15ª Região e, por seis anos, dividimos os desafios do Programa Trabalho Seguro na nossa Região. Dono de um otimismo contagiante, sempre disposto a enfrentar os desafios mais complexos, sabendo ouvir seus auxiliares para construir, conjuntamente, soluções para os problemas, mesmo as mais impensáveis, guiadas por um espírito ético ímpar. Sempre atento ao combate à discriminação, foi totalmente inovador ao estabelecer cotas raciais para o ingresso na Magistratura. É o homem que me deixa uma marca indelével, um verdadeiro pilar no meu jeito de ser como Juiz, bem como me ensinou como navegar nos intrincados corredores do Poder Judiciário e do mundo político, sempre trilhado na integridade, ética e pela paixão por aquilo que faz. Sou eternamente grato e apresento este modesto texto em sua homenagem.

2. Introdução

A proibição da discriminação é uma das maiores marcas civilizatórias conquistadas na metade do século passado, com diversas normas de proibição de sua prática em documentos internacionais e, em diversas constituições e normas legais de países de todo o mundo. Não há dúvida que sua proibição esteja entre os diversos objetivos de desenvolvimento sustentável (ODS) da agenda 2030 da ONU, especialmente nas ODS 4, 5, 8, 10 e 16. No entanto, ainda que seja um dos pilares mais importantes da estruturação do sistema de direitos humanos, a discriminação apresenta um preocupante cenário no qual a sua proibição não tem demonstrado efetividade no que tange às práticas discriminatórias por todo o mundo e em diversos aspectos da vida moderna. É cada vez mais impactante a presença da inteligência artificial no mundo digital atual, e ela possui um desenvolvimento assustador, descontrolado e desregulado, na medida em que é cada vez mais utilizado esse ramo da ciência da computação, visando criar sistemas cada vez mais complexos, os quais podem colocar a humanidade sob severo risco. Poder-se-ia comparar a um gigantesco caminhão em uma descida, sem freio algum e acelerando, sem a mínima possibilidade de saber de que forma essa viagem vai acabar. Como exemplo, o famoso modelo amplo de linguagem de inteligência artificial generativa *ChatGPT* foi lançado em novembro de 2022 e, em março do ano seguinte lançou a versão 4, bem mais potente, e menos de um ano depois, em 28 de agosto último, a empresa apresenta uma nova versão destinada ao meio empresarial, o *ChatGPT Enterprise*, um assistente de IA voltado para empresas que oferece acesso ilimitado ao GPT-4 em velocidades mais rápidas(2). Estamos diante de uma dinâmica de desenvolvimento técnico jamais vista na história da civilização humana.

(2) ARS TECHNICA. The New Spreadsheet? OpenAI introduces ChatGPT Enterprise for businesses. Benj Edwards. 28 ago. 2023. Disponível em: <https://arstechnica.com/information-technology/2023/08/the-new--spreadsheet-openai-introduces-chatgpt-enterprise-for-businesses/>. Acesso em: 28 ago. 2023.

Deixando de lado os aspectos filosóficos sobre o risco da inteligência artificial para um futuro muito próximo, a possibilidade de incremento das práticas discriminatórias por tais sistemas é uma tendência real, crescente e extremamente preocupante para o futuro sustentável, e em paz, da civilização humana.

De tal forma que, este texto pretende tratar tanto da discriminação realizada por sistemas de inteligência artificial (IA), seja na obtenção de decisões automatizadas, como também através do uso de inteligência artificial generativa, aquela capaz de gerar textos, imagens, entre outras tantas formas de conteúdo.

Tais dispositivos de alta tecnologia já possuem grande importância em todas as áreas que necessitam de decisões baseadas na análise de grande contingente de dados, bem como na composição de diversos conteúdos de trabalho. Não poderia ser diferente na área das relações do trabalho, com largo e muitas vezes, controvertido uso. O que se pretende, inicialmente, é fornecer algumas noções muito elementares sobre a inteligência artificial e suas preocupações tanto no contexto ético como no jurídico, uma vez que os resultados de sua atuação podem concretizar graves violações de direitos fundamentais, especialmente aqueles que tratam da igualdade entre os seres humanos e a sua dignidade. Já, em um segundo momento, pretende-se abordar a questão do uso de dados, seu tratamento e processamento, para a obtenção de decisões e seus impactos, principalmente quando elas apresentam práticas discriminatórias. Por fim o texto pretende expor alguns caminhos existentes no direito antidiscriminatório laboral, para combater a nefasta prática da discriminação.

3. Proteção de dados

O primeiro aspecto a ser tratado, quando pretendemos falar sobre discriminação por inteligência artificial, é a questão do direito à proteção dos dados pessoais, situação de extrema importância por será um dos elementos chave capazes de desencadear uma prática discriminatória digital. Em tais situações, entra em cena o princípio da autodeterminação informativa (*Informationelles Selbstbestimmungsrecht*), como princípio do art. 2º, inciso II, da Lei n. 13.709/2018 (LGPD — Lei Geral de Proteção de Dados). É um pilar da proteção constitucional de dados estabelecida no inciso LXXVIII do art. 5º da Constituição Federal de 1988. Trata-se do poder que cada cidadão tem sobre seus próprios dados pessoais, inclusive as permissões para coleta, tratamento e compartilhamento. Sua ligação é muito intensa com o princípio de proteção contra a discriminação, posto que a coleta, tratamento e compartilhamento de dados, bem como o uso não responsável da inteligência artificial e generativa, podem propiciar, e em grande escala, tanto as práticas discriminatórias digitais em decisões automatizadas, assim como na geração de conteúdos, como poderemos ver.

A proteção de dados e a proibição da discriminação são princípios simbióticos, tanto que a LGPD assinala como princípio, no seu art. 6º, IX, a proibição da discriminação como princípio a ser observado na proteção de dados pessoais, capaz de não permitir a realização de tratamentos de dados para fins discriminatórios ilícitos ou abusivos.

Por outro lado, o art. 5º da referida lei, em seu inciso segundo, define dados sensíveis como aqueles que se referem a diversas características pessoais, as quais exige um tratamento mais rigoroso, exatamente para que não seja promovida a discriminação por meio de seu uso indevido. Mas o conceito de dados sensíveis vai além do que preconiza a referida norma. Catarina Sarmento e Castro define como dados sensíveis aqueles que, pela sua natureza, conduzem a que seu tratamento possa constituir um perigo agravado para a sua privacidade, possuindo tais dados características de especial sensibilidade que podem ser utilizadas como fatores de atos discriminatórios(3). A mencionada autora lusitana aponta que tais dados possuem características de especial natureza, asseverando que, por tais motivos, seu tratamento deva ser ainda mais rigoroso. Como não há limitação para os motivos de práticas discriminatórias dentro do direito antidiscriminatório laboral(4), a utilização de dados sensíveis vai muito além do que dispõe a norma e, de tal forma, a especificação do texto legal é meramente exemplificativa.

As decisões automatizadas e a produção de diversos conteúdos pela inteligência artificial se baseiam na coleta, processamento e até mesmo compartilhamento de dados, cujos limites não são definidos por falta de regulação da própria inteligência artificial. O processamento de quais e quantos dados ocorrerá conforme a escolha de um determinado algoritmo que produzirá uma decisão automatizada ou algum conteúdo de qualquer espécie. Portanto, quando se fala sobre discriminação perpetrada por inteligência artificial, podemos constatar diversas formas, no presente caso mais focada em processos decisórios e a criação de conteúdo, daí a importância a sua proteção até mesmo como direito fundamental.

Canotilho diz que o princípio da proteção autodeterminativa como sendo a faculdade de o particular determinar e controlar a utilização de seus dados pessoais(5). No espaço virtual/digital, formado por constante fluxo de informações diante de uma ampla transmissão de dados, a consagrada noção de privacidade como "direito a ser deixado só" pode ter sido ultrapassada na sociedade da vigilância, passando a ser a possibilidade de um sujeito conhecer, controlar, endereçar e interromper o fluxo das informações a ele relacionados. A noção de privacidade atual é o direito de cada um no controle sobre os fluxos de dados que ajudam a compor o seu perfil identitário segundo Stefano Rodotá(6)

---

(3) CASTRO, Catarina Sarmento e. *Direito da Informática, privacidade e dados pessoais*. Coimbra: Almedina, 2005. p. 89.

(4) LIMA, Firmino Alves. *Teoria da Discriminação nas Relações do Trabalho*. Rio de Janeiro: Elsivier, 2011. p. 119.

(5) CANOTILHO. J. J. Gomes. *Direito constitucional e teoria da Constituição*. 6. ed. Coimbra: Almedina, 2002. p. 510.

(6) RODOTÀ, Stefano. A vida na sociedade da vigilância. *A privacidade hoje*. Org. Maria Celina Bodin de Moraes. Rio de Janeiro: Renovar, 2008. p. 92.

e que Luis Claudio Martins de Araújo aponta como o controle sobre o fluxo de dados que ajudam a compor seu perfil identitário[7]. De tal modo que vivemos uma sociedade em intensa e permanente comunicação, que a defesa da privacidade é uma clara limitação à liberdade da transferência de dados.

O uso crescente da tecnologia da informação, da internet, das plataformas virtuais e, também das redes sociais, entre outros sistemas, acaba em resultar em engenhosos meios de captação de dados, formando um gigantesco universo de dados conhecido como *Big Data*. Tal situação, tal qual aponta José van Djick, configura a era do *dataísmo*, na qual a informação digital resultante em dados possui valor supremo derivadas do fluxo informacional obtido de técnicas modernas de análise de dados em grande quantidade, e que venham a representar a forma mais sofisticada para a tomada de decisão de forma empírica[8].

Com base no gigantesco universo de dados acima apontado é que a inteligência artificial irá constituir meios para tomada de decisões automatizadas pois, captando-os, processando-os e analisando-os, substitui a atividade humana em diversos ramos de atividades. Não é demais lembrar que tais decisões podem, em muitos casos, substituir o componente pessoal da direção das atividades de um empregador, como no caso do *ChatGPT Enterprise*, se assim desejar adotar os resultados de uma decisão que o sistema apresentar, dentro da atribuição para que foi ordenada pelo algoritmo.

Se a robotização do trabalhado humano era um fator de redução dos postos de trabalho menos qualificados, vivemos a fase em que o gerenciamento e a gestão empresarial estão sendo substituídas por sistemas automatizados e que, com o avanço da tecnologia, irão escalando a hierarquia de postos, até o comando mais elevado. O exemplo das plataformas digitais aponta para a existência de uma empresa com gestão totalmente automatizada, e que o algoritmo exerce o poder de controle, vindo a formar uma subordinação tecnológica do trabalhador atual.

Desde as origens da civilização humana, toda informação tem cunho estratégico, como meio de poder e capaz de gerar riqueza ou a dominação sobre outros povos. E todo e qualquer dado é um grande poder de informação sobre pessoas, especialmente se forem tratados de uma forma pela qual se permite a revelação de suas características, com diversas finalidades, positivas ou negativas, como será visto adiante. Isoladamente,

---

(7) ARAÚJO, Luis Claudio Martins de. Direito à Privacidade e Segurança Nacional: Contemporaneidade Social e Fragilidades Posicionais na Perspectiva dos Direitos Fundamentais. *Anais de Artigos Completos do VII CIDHCoimbra 2022*, vol. 2. César Augusto R. Nunes *et. al.* (Orgs.) [*et al.*]. Campinas/Jundiaí: Brasílica / Edições Brasil, 2023. p. 35-48, p. 39.

(8) DJICK, José van. Datafication, dataism and dataveillance: Big Data between scientific paradigm and ideology. *Suveillance & Society*, vol. 12, n. 2 (2014): Big Data Surveillance. Queen's University Library. Canada. p. 197-208, p. 201. Disponível em: <https://ojs.library.queensu.ca/index.php/surveillance-and-society/article/view/datafication>. Acesso em: 26 ago. 2023.

um dado solitário pode parecer não ter qualquer importância, porém, agregado a outros dados, pode adquirir um novo valor e quanto maior a base, melhor imagem se tem de alguma coisa. Em uma era da capacidade quase que infinita de processamento de dados em pouco tempo, a reunião de dados "sem importância", muitos deles cedidos voluntariamente em redes sociais, se torna um fator de alta vulnerabilidade para qualquer ser humano. Como exemplo, adota-se como dado o gosto de determinada pessoa por balas de goma. Aparenta ser uma informação totalmente desprezível e tola, porém, sendo ela tratada com outros dados, pode configurar motivos capazes de alterar a precificação de um seguro saúde ou mesmo um seguro odontológico. Aliados tais dados a estatísticas em que demonstram que os consumidores de tal produto podem ter maiores predisposições para o diabetes ou mesmo as caries dentárias, certamente ensejará um preço maior pelo seguro, pois tal filtro pode alterar o cálculo atuarial, em face da existência do risco mais acentuado, comprando-se com o de outras pessoas.

Assim, é de crucial importância saber as informações sobre quais, quantos, quando e como determinados dados estão sendo tratados pelo algoritmo, para que ele chegue a uma decisão automatizada, para que seja constatada uma prática discriminatória. Ou seja, quando não há tal conhecimento, a decisão tomada praticamente perde qualquer chance de ser justificada. Assim, a proteção dos dados e o princípio da autodeterminação informativa podem ser essenciais para evitar, ou pelo menos mitigar, os efeitos discriminatórios de decisões automatizadas.

4. Algoritmo e inteligência artificial

Os algoritmos são de suma importância para tomadas de decisões automatizadas governadas pelo que se conhece como inteligência artificial, e pedem uma análise mais aprofundada. A inteligência artificial é, atualmente, um gigantesco fator de preocupação global, pois cede um grande poder de decisões no mundo moderno a sistemas informatizados a ponto de ser, num futuro próximo, capaz de governar e até mesmo dominar os seres humanos. A inteligência artificial avançada pode representar uma mudança profunda na história da vida na Terra e deve ser planejada e gerida com muito cuidado, segundo uma carta assinada por mais de 33 mil especialistas no assunto, entre eles Elon Musk e Yuval Noah Harari(9). Segundo a carta, os sistemas de IA são capazes de criar desinformação e falsificações de aparência autêntica que degradam as fundações fáticas compartilhadas da sociedade e inflamam tensões políticas(10). O referido documento pediu, em março de 2023, uma moratória de seis meses que cessasse o desenvolvimento de tal ramo da

(9) FUTURE OF LIFE INSTITUTE. *Pause Giant AI Experiments:* An Open Letter. Disponível em: <https://futureoflife.org/open-letter/pause-giant-ai-experiments/>. Acesso em: 25 ago. 2023.

(10) RATHJE, Steve; BAVEL, Jay J. Van; LINDEN Sander van der. *Out-group animosity drives engagement on social media*, Proceedings of the National Academy of Sciences, 118 (26) e2024292118, jun. 23, 2021, and Tiany Hsu; Stuart A. Thompson, 'Disinformation Researchers Raise Alarms About A.I. Chatbots,' *The New York Times*, fev. 8, 2023. Disponível em: <https://www.pnas.org/doi/10.1073/pnas.2024292118>. Acesso em: 25 ago. 2023.

ciência da computação até que fosse regulada, para poder evitar riscos gravíssimos para a civilização humana, em proporção superior ao aquecimento global.

O lançamento do sistema generativo de conteúdos *ChatGPT* pela OpenAI, em novembro de 2022, realmente provocou um verdadeiro abalo sísmico em todo o mundo tecnológico, quando aproximou o usuário comum à inteligência artificial que, até então, tinha um contato indireto com ela. Capaz de gerar diversos tipos de conteúdo, o *ChatGPT* é capaz de redigir textos razoavelmente, de qualquer espécie, resumir textos, elaborar poemas, propor fórmulas matemáticas, entre tantas outras capacidades que se assemelha a um ser humano, incendiando o debate global sobre os limites da inteligência artificial. Acompanhando o sucesso da empresa criadora, as *big techs* correm atrás para desenvolverem outros sistemas semelhantes(11) e, nos presentes dias, instauraram uma corrida alucinada na busca de desenvolvimento de sistemas semelhantes, ou mais potentes, em todos os ramos da atividade humana. Inclusive, a versão 4 do referido sistema foi uma espécie de "limite" da referida moratória, da qual não poderia ultrapassar, tamanho o seu impacto em toda a humanidade. A proposta não teve sucesso.

A inteligência artificial começa a ser concebida por um algoritmo, o qual indica uma sequência de instruções coordenadas a um sistema, de tal forma que possam conduzir a um resultado esperado, de tal forma a capacitá-lo tomar decisões autonomamente. Tais sistemas, concebidos por seres humanos especialistas na tecnologia da informação, uma vez tendo recebido um objetivo complexo, atuam na dimensão física ou digital percepcionando o seu ambiente mediante a aquisição e coleta de dados, interpretando-os, sejam estruturados ou não, raciocinando sobre o conhecimento ou processando as informações resultantes, para propor melhores ações para adotar para atingir o objetivo estabelecido.

Tais sistemas tem a incrível capacidade de adaptar o seu comportamento, mediante uma sistemática análise do modo como o ambiente foi afetado pelas suas ações anteriores, em uma frenética ação de aprimoramento por tentativas de melhoria entre erros e acertos. Na atualidade, tais sistemas são utilizados em decisões bem delicadas e impactantes como atribuições de penas, avaliação de professores, seleção de funcionários, precificação de produtos, ofertas de crédito, e planos de saúde, identificam padrões de compra, analisam de mudanças de vida, na predição de crimes, na análise de processos e decisões judiciais, entre tantas outras. Enfim, tais sistemas já possuem uma gigantesca capacidade de afetar todas as formas de vida neste planeta, com um desenvolvimento assustador.

---

(11) ENTSMINGER, Josh; ESPOSITO, mark; TSE, Terence; JEAN, Aurelie. The Dark Side of Generative AI: Automating Inequality by Design. *California Review Management*. Inside Management. Vol. 65, Issue 4, Summer 2023, 26 jun 2023, Berkeley University. Disponível em: <https://cmr.berkeley.edu/2023/06/the-dark-side-of-generative-ai-automating-inequality-by-design/>. Acesso em: 28 ago. 2023.

O algoritmo permite a criação de ferramentas automatizadas capazes de tomar, ou mesmo auxiliar decisões, seja por sua complexidade ou mesmo pela capacidade de avaliar um número muito elevado de dados em pouco tempo. Ele pode apresentar um número elevadíssimo de decisões em pouquíssimo tempo, no último caso, uma situação praticamente impossível para ser realizada por um ser humano, ou mesmo uma grande e qualificada equipe.

Tais sistemas se tornam possíveis ao tomar como base a alimentação de dados pela existência de um grande volume disponível, os quais são essenciais para a formação do processo decisório, bem como tomar tais decisões sem qualquer interferência humana, e em grande escala. A sofisticação da tecnologia de informação, bem como as incríveis melhorias no aperfeiçoamento de máquinas em forma exponencial, como relatam as leis de Moore (aumento da capacidade de processamento) e de Kryder (aumento da capacidade de armazenamento), permite a existência de sistemas que ora substituam as decisões humanas. Também se torna possível conseguir tomar decisões muito além da capacidade humana, servindo como exemplo o *add-on* do ChatGPT, o *Code Interpreter*. Na atualidade e em futuro próximo quando se tornarem acessíveis o uso generalizado de *computadores quânticos*, máquinas que tem capacidades incrivelmente superiores de processamento em comparação às atuais, se desenha um cenário extremamente preocupante de como tais sistemas irão interferir na atividade humana.

Os sistemas que se auto programam mediante os dados que colacionam e em incrível velocidade, através de diversos sistemas de aprimoramento acima narrado, modificam o comportamento do sistema autonomamente, em sua própria experiência. São conhecidos como *machine learning*, que se concentram no uso de dados e algoritmos para imitar a maneira como os humanos aprendem, melhorando gradualmente sua precisão. Já os sistemas de *deep learning* (aprendizado profundo) são derivados dos *machine learning* que, por meio de camadas de redes neurais artificiais, buscam imitar a modelação do cérebro humano, aprendendo com grandes quantidades de dados que, por sua vez, podem processar novos dados, sem a intervenção humana em grande velocidade. Trata-se de um dispositivo digital que pode tomar forma própria e se desenvolve autonomamente, quiçá desviar de seu objetivo original ao perder o controle humano, o que não é algo tão impensável assim. Como muito pondera Ana Frazão, *quanto mais complexo for o julgamento algorítmico e quanto mais intenso for o seu impacto na vida das pessoas, maior o cuidado que deve ser adotado em relação a ele e maiores as dificuldades para que se possa entendê-lo como a palavra única e final*[12].

---

(12) FRAZÃO, Ana. Discriminação algorítimca. Compreendendo a "datificação" e a estruturação da sociedade de comunicação. Parte II. *Jota Info*, 23 jun. 2021, Disponível em: <https://www.jota.info/opiniao-e-analise/colunas/constituiçao-empresa-e-mercado/discriminacao-algoritimica-2-23062021>. Acesso em: 03 fev. 2022, p. 4.

É uma situação muito delicada, aliado ao fato que tais sistemas, por sua própria constituição, ou de seus programadores, podem tomar sua própria base de dados, bem como um universo de dados incompleto, irreal ou desatualizado, pode aumentar significativamente a chance de promover decisões equivocadas e questionáveis, incluindo-se a ampla possibilidade de tomar decisões de cunho discriminatório. Os exemplos são fartos nesse sentido, e uma das razões de tal constatação é o fato que tais sistemas adotam dados baseados na realidade atual, o que sabemos que é extremamente discriminatória, podendo trazer resultados igualmente discriminatórios, quando não muito potencializando tais diferenciações não permitidas. Outro ponto delicado é pensar como tais sistemas podem reproduzir idealizações através de fórmulas matemáticas as quais não são muito claras, ou podem estar totalmente equivocadas. Mais ainda, a escolha de uma determinada base de dados, seja ela parcial, desatualizada ou mesmo indutora de determinados comportamento, pode não refletir a realidade necessária para embasar a tomada de uma decisão automatizada. Ou seja, como bem aponta Teresa Coelho Moreira, em uma passagem extremamente ilustrativa:

> Na verdade, a inteligência artificial e os algoritmos baseiam-se na informação que lhes é fornecida, incluindo comportamentos que podem ser discriminatórios e, por isso, não podemos esquecer-nos que a tecnologia é em si mesma neutra, o mesmo não se podendo dizer de quem a utiliza, cujo *leitmotiv* pode ser a eventual discriminação das pessoas. Por meio da linguagem que é transmitida ao algoritmo estar-se-á, consciente ou inconscientemente, possibilitar uma discriminação muitas vezes de grupos de pessoas que já enfrentam problemas de desigualdade, *inter alia*, em razão do gênero, raça, idade e deficiência(13).

A questão da inteligência artificial e suas implicações dentro da sociedade humana demanda, sem sombra de dúvidas, um debate ético e jurídico, porque se, de certo modo, pode auxiliar o trabalho de alguns, da mesma forma pode impactar negativa e gravemente a vida de muitos. Se tais sistemas não são passíveis de controle ou auditabilidade, podem provocar efeitos inimagináveis. A inteligência artificial é como um martelo, pode ser uma ferramenta extremamente útil, como também pode ser uma arma, dependendo dos seus propósitos de uso. No mundo do trabalho o problema é candente e já é percebido como algo muito grave.

O primeiro deles é a desumanização de decisões de impacto no âmbito laboral, com graves efeitos especialmente em casos de recrutamento, promoções e dispensas, situações críticas cuja decisão deve ser a mais acertada possível para não incorrer práticas

(13) MOREIRA, Teresa Coelho. A discriminação algoritmica. *Inteligência artificial nas relações de trabalho.* CARLOTO, Selma (Org.). Leme: Editora Mizuno, 2022. p. 219-234, 238-239.

discriminatórias. São situações cada dia mais crescentes, estabelecendo uma verdadeira muralha chinesa criada pela tecnologia que filtra currículos por critérios não muito claros ou necessários, impedindo milhões de pessoas de conseguir postos de emprego. Tais sistemas podem levar empresas a rejeitarem candidatos viáveis, ao seguir comandos automatizados, onde grupos mais vulneráveis estão sob maior risco, pois seu conjunto de dados tendem a ser menos atraentes. Para eles, a primeira barreira a ser vencida é a triagem feita pela inteligência artificial. É um sistema de filtro comum de amplo uso na atualidade, capaz de provocar graves discriminações, pois a imensa maioria das empresas em países desenvolvidos contam com a referida tecnologia para processos seletivos, e muitas delas podem rejeitar excelentes candidatos em alguns casos.

Por outro lado, uma das vantagens da inteligência artificial é poder tratar muito mais rapidamente situações do que um ser humano, ao poder emitir um gigantesco número de escolhas. Elas promovem tratamento em massa para questões que dependem muitas vezes de um olhar humano por seu impacto, o que é muito grave pois, pois pode abandonar valores imprescindíveis para a manutenção de uma sociedade minimamente civilizada.

Outro aspecto ainda mais perigoso é que a inteligência artificial pode tomar decisões baseando-se em dados de nenhuma ou relativa importância para os objetivos buscados, recebendo até mesmo vieses dos próprios programadores. Os resultados são inimagináveis. Como exemplo, uma pessoa compra seu primeiro carro e ao cotar seu seguro, verifica que o preço é muito mais alto para tal situação comparativamente com um proprietário de um carro por mais tempo, porque pode indicar que o seu condutor está ainda em aprendizado, portanto com mais risco a sinistros. Porém, ao determinar preço maior, pode vir a ser injusto se não for informado que, apesar do proponente ter seu primeiro veículo próprio, era anteriormente motorista profissional de larga experiência, portanto, injustamente irá pagar um seguro mais caro injustamente. Tudo isso pode ocorrer quando a base de dados for incompleta, viciada ou mesmo desatualizada. A possibilidade na escolha de trabalhadores para recrutamento, promoção ou dispensa, passa a ser extremamente perigosa, se não for bem supervisionada.

Ainda mais, sistemas sofisticados podem apresentar vieses discriminatórios baseados em outros sistemas, e um deles, de conteúdo extremamente delicado é o de reconhecimento facial, cuja acurácia é bastante questionável e ainda se baseia em um dado sensível legalmente reconhecido.

O próprio governo norte-americano, através da comissão de equalização de oportunidades de trabalho (EEOC — *Equal Employment Opportunity Comission*), vinculada ao departamento de trabalho do governo federal daquele país, demonstra sua preocupação na discriminação de candidatos com deficiência propiciada por sistemas que não analisam adequadamente seus currículos por se basearem em "palavras-chave" de seleção, bem como sistemas auxiliares e *chatbots* que podem atuar de forma discriminatória quando o candidato não preenche requisitos pré-determinados, ou mesmo o sistema possa avaliar candidatos pela metalinguagem apresentada em uma entrevista virtual(14).

O Município de Nova Iorque aprovou uma lei no sentido de que toda empresa que adote decisão sobre emprego tomada de forma automatizada, deve informar o candidato de tal situação, bem como tal sistema poderá ser anualmente auditável, cujo resultado será divulgado, inclusive na perspectiva da existência de vieses(15). Também, a referida norma exige a informação prévia ao candidato de quais critérios e as características do sistema que serão utilizados para a avaliação.

Os seus resultados discriminatórios já são percebidos há um bom tempo. Uma pesquisa realizada pela escola de administração da Universidade de Harvard publicado em 2021 apontou que diversos talentos são barrados em candidaturas a postos de emprego porque ferramentas automatizadas de recrutamento, usadas em mais de 90% das empresas que foram objeto da pesquisa, afastam candidatos que não se moldam adequadamente aos parâmetros estabelecidos, e que poderiam proporcionar um alto desempenho, caso fossem treinados. Cerca de 88% dos empregadores concordaram com a pesquisa por conta dos exatos contornos de exigências formuladas e tal descontentamento com ferramentas sobe para 94% no caso de trabalhadores de média qualificação(16).

Cathy O'Neal(17) que chama tais dispositivos como "Algoritmos de Destruição em Massa" (ADM), é muito clara em apontar que tais sistemas optam inequivocamente pelos mais abastados por possuírem dados gerais mais atraentes, e punem demasiadamente os pobres ao criar uma espiral mortal de modelagem, capaz de tornar cada vez mais perigosa a sua vida, enquanto posicionam as classes mais ricas em lugares protegidos e confortáveis. A referida autora é profundamente crítica de como tais sistemas podem ser discriminatórios para os mais pobres pois, sob a falsa promessa de eficiência e justiça, tais sistemas distorcem o ensino superior, aumentam as dívidas, estimulam o encarceramento em massa, esmagam os pobres em quase todos as situações e minam a democracia, promovendo o aumento da desigualdade humana.

Os casos de evidente discriminação pululam mundo afora, mas pouco se tem feito para um controle, tanto no desenvolvimento de sistemas que muitas vezes são duvidosos,

---

(14) U.S. EQUAL EMPLOYMENT OPPORTUNITY COMISSION. The Amercans with Disabilities Act and the Use of Software, Algorithms, and Artificial Intelligence to Assess Job Applicants and Employees. 05 dez. 2022. Disponível em: <https://www.eeoc.gov/laws/guidance/americans-disabilities-act-and-use-software-algorithms--and-artificial-intelligence>. Acesso em: 27 ago. 2023.

(15) THE NEW YORK CITY COUNCIL. *Local Laws of The city of New York*. n. 144. Disponível em: <https://legistar.council.nyc.gov/LegislationDetail.aspx?ID=4344524&GUID=B051915D-A9AC-451E-81F8-6596032FA3F9&Options=ID%7CText%7C&Search=>. Acesso em: 27 ago. 2023.

(16) HARVARD BUSINESS SCHOOL. *Hidden Workers:* Untapped Talent. FULLER, Joseph B.; RAMAN, Manjari; SAGE-GAVIN, Eva; HINES, Kristen. 2022. Disponível em: <https://www.hbs.edu/managing-the-future-of-work/Documents/research/hiddenworkers09032021.pdf>. Acesso em 27 ago. 2023.

(17) O'NEAL, Cathy. *Algoritmos de Destruição em Massa*. Trad. Rafael Abraham.1.ed. Santo André: Editora Rua do Sabão, 2020. p. 185.

como pelo uso cego e frio das decisões oferecidas. Teresa Coelho Moreira aponta que, ao mesmo tempo que tais inovações podem auxiliar a avançar o combate à discriminação por gênero, podem levar ao aumento de tal prática, pela falta de incentivos ao aprendizado feminino como a criação de estereótipos negativos, propiciando o incremento do *gender digital divide*, ou seja, separação digital por gênero(18).

São práticas discriminatórias sofisticadas e individualizadas, de percepção muito mais difícil. As maiores vítimas das discriminações geradas por decisões automatizadas serão aquelas pessoas mais frágeis e vulneráveis na sociedade, pois a tomada de decisões em massa certamente levará em conta o pensamento e a modelagem dos grupos sociais predominantes, seja pela base de dados, ou mesmo por vieses de seus criadores. No âmbito das relações de trabalho, a inexistência de regulamentação clara sobre o uso de tais sistemas podem gerar impactos nefastos, clamando por urgente regulamentação da proteção dos trabalhadores sujeitos a eles.

Mesmo que seja elaborado um sistema de forma neutra, mas despida da análise dos impactos negativos para determinados grupos, podem incorporar vieses discriminatórios ou mesmo, adoção de dados equivocados, desatualizados ou bastante fora do contexto da decisão, capazes de prejudicar bastante um determinado grupo. Patrick Schramowski, com outros autores, apontam diversos estudos os quais afirmam que, por tais sistemas de inteligência artificial serem treinados em linguagem humana, eles carregarão consigo os vieses discriminatórios históricos, como a equivocada ideia de que mulheres são menos qualificadas para se manterem em profissões de alto prestígio(19). Os autores questionam no mesmo texto como pode ser equipado um sistema com a capacidade de aprender escolhas éticas e moralmente aceitas.

Não menos perigosos em termos discriminatórios são os sistemas generativos por inteligência artificial. O impacto do lançamento do *ChatGPT* 3.5 em novembro de 2022 apresentou ao mundo algo que não era tão novo, mas nada tão impressionante como suas capacidades. Trata-se de um sistema que permite, entre outras tarefas tipicamente humanas, escrever textos autonomamente, assim, são conhecidos como modelos amplos de linguagem (LLM na língua inglesa). O lançamento realizado pela empresa OpenAI teve um impacto brutal em todo o mundo.

No primeiro contato com o sistema, qualquer um fica impressionado, e não seria para menos. Você pode estabelecer uma conversa com o sistema e ir perguntando ou mesmo solicitando a composição de diversos conteúdos, e ele escreve ou age como se humano fosse, com uma boa qualidade de redação de textos. Mas não fica somente nisso,

---

(18) MOREIRA, Teresa Coelho. A discriminação algoritmica. *Ibidem*, p. 221.

(19) SCHRAMOWSKI, Patrick; TURAN, Cigdem; JENTZSCH, Sophie; ROTHKOPF, Constantin; KERSTING, Kristian. The Moral Choice Machine. *Frontiers in Artificial Intelligence*. Maio 2020, V. 3, art. 36, p. 1-15, p. 2.

tais sistemas podem elaborar diversos outros conteúdos com qualidade aceitável, significando uma autêntica revolução em diversas atividades humanas como a educação e o direito, por exemplo. Trata-se de um *chatbot* (robô que conversa, em tosca tradução) de natureza avançada e movido por inteligência generativa com a capacidade de produzir conteúdo a partir de uma base de dados, além de aprender a escrever e conversar com os próprios usuários, através dos seus dados. Mas tais sistemas não se limitam a criar linguagem, mas também conteúdo de áudio e vídeo com uma capacidade extremamente rápida e com perfeição impressionante, bem como capazes de uma leitura tão sofisticada de dados que pode analisar uma gigantesca quantidade e elaborar os mais diversos conteúdos para entender o seu significado e propor caminhos desejados pelo usuário, como o *Code Interpreter*.

Tais sistemas nos colocam defronte a uma possibilidade muito inquietante e perturbadora: Até que grau a máquina pode reproduzir as habilidades tipicamente humanas? Tais sistemas não são capazes de pensar, ainda, eles não possuem consciência dos significados apresentados, apenas criam conteúdos com qualidade semelhante a de um humano. E como faz isso? Ele se baseia tanto nos dados do próprio usuário que se apresenta a ele, bem como extrai dados da *big data*.

Por conta disso, tais sistemas tem apresentado algumas situações de criação de conteúdo totalmente irreal ou falso, conhecidas como "alucinações". Efetivamente é verificado em tais sistemas uma incrível capacidade de inventar informações totalmente descompromissadas da realidade, o que já foi constatado por inúmeros usuários inclusive por este autor, principalmente na área jurídica com invenções de precedentes e julgados, com gravíssimas consequências e até mesmo punições pelo seu uso indevido. Como se vislumbra, não se trata de um sistema perfeitamente confiável e isso até mesmo ele avisa, traduzindo em risco para os usuários que não checarem a veracidade das informações contidas no conteúdo produzido.

Mas um problema não menos grave surge na produção de seus conteúdos, que podem apresentar ou inserir vieses de natureza discriminatória ou informações capazes de promover discriminações posto que tais generativos não apresentam a fonte utilizada, salvo o sistema *Bing*, não imune às alucinações também. Não somente ainda incorre em riscos de violações a direitos autorais, muito mais ainda o usuário não tem noção de onde foram extraídas tais informações. Elas podem ser obtidas em qualquer lugar em que o aplicativo entender como suficiente para produzir o conteúdo, sem uma certificação de que a informação seja verdadeira ou não. Com o advento das *fake news*, é muito mais complicado ainda conseguir constatar a veracidade de alguma informação adicionada a um conteúdo. E mais, podem invadir bases de dados sensíveis e os divulgar indiscriminadamente, algo extremamente perigoso e potencializador de práticas discriminatórias.

Como a internet tem de tudo, de bom e de ruim, não seria surpresa alguma produzir algum conteúdo extraído de uma base de dados de natureza extremamente discriminatória como, por exemplo, informações produzidas por grupos supremacistas, isso sem contar a obtenção de dados baseados em notícias falsas, como apontam Buolamwini e Gebru[20]. Este é um aspecto que os sistemas generativos tentam lidar, alguns já mencionando que não tecem comentários sobre determinados assuntos e não elaboram conteúdo em situações que possam ser discriminatórias, mas é algo muito difícil de conseguir estancar.

Outro, e talvez tão grave problema como o anterior, é o sistema incutir nos seus conteúdos, opiniões dos próprios fabricantes, dos programadores e, por que não, opiniões formadas por interesses comerciais ou políticos, podendo minar até mesmo a democracia. O certo é que, ao elaborar o conteúdo, o usuário tem que se certificar que este reproduz exatamente suas ideias pensadas na sua elaboração, para que não corra o risco de ser algum meio de manipulação. E neste aspecto, há de ser tomado muito cuidado, pois os sistemas informatizados possuem enorme potencial manipulativo, especialmente as redes sociais.

É muito importante que a sociedade humana, especialmente os profissionais do ramo jurídico, e mais ainda aqueles que se dedicam ao direito do trabalho, tenham a real noção de como esses sistemas podem implicar em gravíssimas discriminações que, muitas vezes, são imperceptíveis ou de extrema sutilidade. E mesmo quando percebidas, podem não ter como aperfeiçoar tais sistemas, pois o caminho percorrido para se atingir determinado resultado pode não ser desvendado, até mesmo pelos seus programadores.

5. Como combater tais sistemas discriminatórios

Como foi possível verificar, será extremamente difícil, senão impossível, a constatação inequívoca de uma intencionalidade discriminatória em sistemas de inteligência artificial. Temos que nos socorrer, então, da teoria antidiscriminatória para podermos encontrar meios de combater a discriminação por decisões automatizadas e conteúdos artificialmente gerados pela inteligência artificial, em face da nítida opacidade e ampla carência de auditabilidade de seus algoritmos.

Assim como já se encontra estabelecido na teoria antidiscriminatória, em tais situações restará apenas como meio de identificar uma prática discriminatória, pelos efeitos que resultará. Ainda que iniciativas de uso de tais sistemas sejam neutras ou não intencionais, somente seus resultados nos permitirão constatar uma prática discriminatória, especialmente contra grupos ou indivíduos. Nos resta se apoiar cada vez mais no modelo conhecido por *discriminação por impacto adverso* para uns, *discriminação indireta* para outros e, também, discriminação por *efeito adverso*. O reconhecimento de tal modalidade discriminatória foi um dos principais avanços na teoria antidiscriminatória no começo dos anos 70 e, agora, torna-se mais atual e útil do que se possa imaginar.

---

(20) BUOLAMWINI, Joy; GEBRU, Timnit. Gender Shades: Intersectional Accuracy Disparities in Commercial Gender Classification. Proceedings of Machine Learning Research. 81:1-15, 2018. Massachusetts Institute of Technology Press. Disponível em: <http://proceedings.mlr.press/v81/buolamwini18a/buolamwini18a.pdf>. Acesso em: 23 maio 2023.

Tal modalidade discriminatória pode se originar em uma prática neutra ou não intencional, mas seus resultados podem ser danosos para uma pessoa ou determinado grupo, especialmente aqueles que sempre foram as maiores vítimas de práticas discriminatórias. Ela não pode ser apurada pela constatação do ato discriminatório em si mas, tão somente, pelos resultados discriminatórios que a conduta produz, especialmente quando atingem grupos historicamente prejudicadas.

A primeira decisão de grande repercussão envolvendo esta modalidade discriminatória está na *ratio decidendi* do *caso Griggs v. Duke Power Co.*[(21)] em 1971. Trata-se de uma decisão inovadora que reconheceu como discriminatória uma prática de testes realizados pela empresa ré, os quais dificultavam o acesso de negros a cargos mais elevados, adotando-se uma interpretação extensiva das normas antidiscriminatórias da Lei dos Direitos Civis, de 1964. Seu reconhecimento passou a exigir da parte atingida a precisa identificação e constataçãodo impacto adverso.

Na Europa, onde a preocupação com a discriminação feminina sempre foi objeto de maior atenção, tal forma de reconhecimento já vinha sendo consagrada por decisões da Corte Europeia da então Comunidade Econômica Europeia. Um caso muito importante é uma decisão da Corte de Justiça da CEE, o caso *Giovanni Maria Sotgiu v. Deutsche Bundespost*[(22)], de 12 fev. 1974. Neste caso em particular, a referida Corte entendeu como ilegais as exigências de domicílio formuladas pela parte acionada, reconhecendo a prática discriminatória pelos resultados desfavoráveis indiretamente verificados, ainda que as formas de discriminação fossem ocultas.

É um ponto delicado que deve ser analisado com maior profundidade, uma vez que não são divulgados ou até mesmo conhecidos, os fundamentos ou bases de uma decisão automatizada, ou mesmo um conteúdo artificialmente gerado. Somente a análise mais apurada da sua aplicação irá permitir o reconhecimento de uma prática discriminatória.

Tem-se então que, uma vez constatado o impacto diferenciado para determinadas pessoas ou grupos como consequência de decisões automatizadas ou conteúdos gerados, o ônus da prova é inquestionavelmente do controlador dos dados, nas relações de trabalho o empregador ou contratante de serviços.

A questão da terminologia é importante para a atualidade. A expressão norte-americana *impacto adverso* pode aparentar mais precisa para reconhecer discriminações por decisão automatizada ou conteúdo artificial. A terminologia europeia, nascida da

(21) SUPREMA CORTE DOS ESTADOS UNIDOS DA AMÉRICA. *Griggs v. Duke Power Co. 401 U.S. 424 (1971). Justia – US Supreme Court Center.* Disponível em: <http://supreme.justia.com/us/401/424/>. Acesso em: 28 out. 2009.

(22) CORTE DE JUSTIÇA DA COMUNIDADE ECONÔMICA EUROPEIA. Decisão caso *Giovanni Maria Sotgiu v Deutsche Bundespost.* Assunto n. 152/33. EUR-Lex. Disponível em: <http://eur-lex.europa.eu/LexUriServ/LexUriServ.do?uri=CELEX:61973J0152:EN:HTML>. Acesso em: 10 nov. 2009.

Corte de Justiça da Comunidade Europeia, aponta como modelo discriminatório a expressão *discriminação indireta*, sendo assim reconhecida em diversos normativos anti-discriminatórios posteriores, como a Diretiva 97/80, de 15 de dezembro de 1997[(23)]. Ela apresentou o conceito de discriminação indireta, consagrando o referido termo em uma norma positivada. No caso em questão, o reconhecimento de uma atitude discriminatória se funda na afetação desproporcional negativa comparativamente com outros grupos, por diversos motivos, salvo se tais práticas forem necessárias e possam ser justificadas por fatores objetivos como ações afirmativas por exemplo. Outras normas posteriores, como a Diretiva 2000/43 apresentou um conceito mais moderno de discriminação indireta no sentido de que ela ocorre sempre que uma disposição, critério ou prática aparentemente neutra coloque pessoas de uma dada origem racial ou étnica numa situação de desvantagem comparativamente com outras pessoas.

A percepção de tais afetações desproporcionalmente negativas ou situações de desvantagens podem demandar provas sofisticadas, como o uso de estatísticas para diversas finalidades, ou mesmo análises sociológicas, como forma de comprovação de tais resultados prejudiciais para um determinado grupo.

6. Conclusão

A realidade mostra como tais práticas discriminatórias assumem cada dia uma proporção de maior destaque em diversos ramos de nossas vidas, muitas vezes sem que saibamos que elas ocorrem, como ocorrem e quais serão os seus efeitos. É fundamental estarmos atentos sobre tais situações, inclusive adotando-se normas de diversos matizes, capazes de agir contrariamente a tais práticas, para evitar sua profusão dentro da nossa sociedade.

A detecção e localização de sua origem é bastante difícil, mas a adoção das provas acima, sem prejuízo de outras, podem ser extremamente úteis. O caso de uma Ação Civil Pública movida por entidades de defesas da população negra brasileira contra uma determinada corretora de valores em Porto Alegre teve, como prova impactante e caracterizador de discriminação indireta, uma foto publicitária apresentando seus integrantes compostos por imensa maioria de homens brancos, totalmente desproporcional à realidade étnica daquela região e com clara afetação de gênero. A proposição de uma ação civil pública foi um instrumento eficiente e impactante, para sinalizar que situações deste naipe não podem ser toleradas.

Por outro lado, tais sistemas devem ser auditáveis, já que os critérios e procedimentos utilizados para as decisões automatizadas devem ser conhecidas pelas pessoas afetadas, conforme os ditames do art. 20, *caput*, e seu parágrafo primeiro, da Lei n. 13.709/2018

---

(23) UNIÃO EUROPEIA. *Diretiva 97/80*. *EUR-Lex*. Disponível em: <http://eur-lex.europa.eu/LexUriServ/LexUriServ.do?uri=CELEX:31997L0080:PT:HTML>. Acesso em: 11 nov. 2009.

(LGPD) passíveis até de revisão solicitada pelo interessado, quando, de fato, deveriam ser obrigatórias, assim como a revisão ou supervisão humana como elemento validador. Assim, a auditabilidade do sistema se torna imprescindível para o empregador que a adotar, com graves riscos caso assim não seja, especialmente podendo ser responsabilizado civil e, em determinadas situações, penalmente, pela adoção de tais sistemas.

Trata-se do mais alto interesse de toda a sociedade, porque a vida humana a cada momento se torna mais digital e, muitas vezes, práticas discriminatórias estão ocorrendo sem que as vítimas sequer saibam, especialmente no mundo laboral. Tanto decisões automatizadas como a geração de conteúdos artificiais podem impactar decisivamente nossas vidas, tratando-se de um direito de informação, no sentido de alertar que foi utilizada uma decisão automatizada e que determinado conteúdo foi artificialmente gerido ou auxiliado. É exigida, urgentemente, uma ética e até mesmo uma legislação apropriada e eficiente para tratar de decisões automatizadas e conteúdos artificiais criados pela inteligência artificial. Sem que conheçamos limites éticos e jurídicos, tais sistemas, sejam decisórios ou generativos, continuarão sendo amplamente utilizados com a ampla possibilidade da prática de situações discriminatórias em massa.

Dentro do direito do trabalho em particular, é fundamental que os trabalhadores tenham assegurado o direito de conhecimento do uso de decisões automatizadas em suas relações com os empregadores, bem como os critérios que foram utilizados, da mesma forma que tais decisões sejam revisadas ou supervisionadas por seres humanos, para que seja permitida qualquer forma de ação questionadora e eficiente contra tais práticas discriminatórias, infelizmente cada vez mais presentes na realidade laboral. Do mesmo modo, conteúdos voltados para trabalhadores devem constar claramente que, parcial ou totalmente, foram gerados por sistemas generativos e devidamente revisados por humanos.

Como bem destaca Valerio De Stefano:

> Nós somente estamos começando a ver quais as implicações da automação disseminada, o uso da big data, e a introdução de inteligência artificial no mundo do trabalho, como nosso debate e, assim espero, o começo de uma análise abrangente e conjugada de pesquisas no âmbito trabalhista, em todos os campos, na direção de uma distribuição sustentável, transparente e justa dos benefícios do progresso tecnológico a todos os atores envolvidos[(24)].

Sistemas constituídos pela inteligência artificial tomam como base a realidade crua, baseando-se no *ser*, quando a ética de tais sistemas deveriam basear-se no *dever-ser*,

(24) DE STEFANO, Valerio, Introduction: Automation, Artificial Intelligence, and Labour Protection (June 13, 2019). *Comparative Labor Law & Policy Journal*, vol. 41, n. 1, 2019, Disponível em: <https://ssrn.com/abstract=3403837>. Acesso em: 23 maio 2023.

alinhando-se aos marcos civilizatórios mínimos de proteção contra a discriminação. Esse será o maior desafio para os pesquisadores e técnicos da informação, poder "adestrar" a inteligência artificial aos moldes civilizatórios historicamente construídos. Assim, devemos, seguindo o contagiante otimismo de Lorival Ferreira dos Santos, crer no uso da tecnologia em favor do trabalho decente, como objetivo para uma para um futuro da humanidade sustentável, e em paz.

Por Um Conceito para o Trabalho Decente em um Horizonte de Dignidade[1]

For a Decent Work Concept within a Horizon of Dignity

Patrícia Maeda[2]

Resumo: O surgimento dos direitos humanos, em sua concepção liberal, tem relação com a necessidade da reprodução da lógica do mercado, viabilizando a venda e a compra da força de trabalho. Como resposta ao movimento global de precarização do trabalho, a Organização Internacional do Trabalho (OIT) tem adotado a expressão "trabalho decente" para pensar direitos mínimos para quem vive do trabalho. A partir das reflexões acumuladas no âmbito da OIT e do conceito filosófico de sociedade decente, busca-se elaborar teoricamente o conceito de trabalho decente e ampliar o seu conteúdo.

Palavras-chave: Trabalho decente — Organização Internacional do Trabalho — Psicodinâmica do trabalho — Violência e assédio no mundo do trabalho.

Abstract: The advent of human rights, in its liberal conception, is related to the necessity of reproducing the logic of the market, enabling the sale and purchase of labor power. In response to the global movement towards precarious work, the International Labor Organization (ILO) has applied the expression "decent work" to consider minimum rights for those who make a living from work. Based on the acquired reflections within the scope of the ILO and the philosophical concept of decent society, the aim is to theoretically elaborate the concept of decent work and expand its content.

---

(1) Este artigo é a atualização de artigo com o mesmo título, publicado em DELGADO, Mauricio *et al* (Orgs.). *Colação estudos Enamat:* Direitos Humanos Sociais e Relações de Trabalho. v. 1. Brasília: Enamat, fev. 2023.

(2) Doutora em Direito do Trabalho pela Universidade de São Paulo (USP). Pós-doutoranda em Direito na USP. Juíza do Trabalho Substituta do Tribunal Regional do Trabalho da 15ª Região. Integrante do Grupo de Pesquisa Trabalho e Capital (GPTC) e do Grupo de Pesquisa em Direitos Humanos, Democracia e Desigualdades, ambos na USP.

Keywords: Decent work — International Labor Organization — Psychodynamics of work — Violence and harassment in the world of work.

1. A concepção liberal dos direitos humanos

A história da gênese dos direitos humanos é a história da gênese do capitalismo. O processo de transformação social que, em meio ao colapso do feudalismo, faz surgir o modo de produção capitalista, no qual a forma da mercadoria encontra seu completo desenvolvimento. Como o "outro lado da moeda", desenvolve-se a forma jurídica, que, por sua vez, enuncia os direitos humanos.

Os direitos humanos têm, portanto, sua história relacionada com o surgimento da forma do sujeito de direito, categoria necessária para a generalização das relações de troca, o que implica o reconhecimento das prerrogativas de liberdade, igualdade e propriedade. Kashiura Júnior ressalta que "a atribuição dessas prerrogativas ao homem[(3)] não tem qualquer caráter verdadeiramente humanista, ou seja, não é verdadeiramente derivada da dignidade ou da condição humana. É o próprio movimento interno do capitalismo que as engendra"[(4)]. O Estado, como forma política do capitalismo, restringe ou amplia os direitos humanos de modo a garantir a reprodução do mercado.

A quem se destinam os direitos humanos e a cidadania plena? Para Kant, filósofo da ascensão burguesa na Europa do século XVIII, os trabalhadores assalariados, as mulheres e as crianças são pessoas cujas existências constituem meras inerências e que não se qualificam para votar nem participar da administração do Estado. São os cidadãos passivos, pessoas sem personalidade civil, dependentes em termos de sustento e proteção de outrem, mas aptas a dispor de sua força de trabalho[(5)]. Essa base teórica possibilita o reconhecimento da liberdade contratual e da igualdade formal entre contratantes, viabilizando a venda e a compra da força de trabalho, sem tocar em outras "igualdades", como a política, a social e a de gênero.

A respeito da liberdade e da igualdade, observa-se que o trabalho assalariado pressupõe o possuidor livre da força de trabalho, ou seja, aquele que não dispõe de meios de produção e que possa se vincular por meio de contrato. Nesse ponto, a forma sujeito de direito é a forma-jurídica necessária para o capitalismo. Isso porque considerar o indivíduo sujeito de direito significa declarar sua liberdade e igualdade formal para vender sua força de trabalho no mercado, o que viabiliza a produção, a circulação e a valorização

---

(3) Apesar de as mulheres trabalhadoras serem constantemente invisibilizadas pela adoção do masculino genérico, para maior fluidez do texto, foram mantidas expressões como "homem", no sentido de seres humanos; "trabalhadores", como o coletivo de trabalhadoras e trabalhadores.

(4) KASHIURA JÚNIOR, Celso Naoto. *Crítica da igualdade jurídica* — contribuição ao pensamento jurídico marxista. São Paulo: Quartier Latin, 2009.

(5) KANT, Immanuel. Primeira parte — primeiros princípios metafísicos da doutrina. In: KANT, Immanuel. *Metafísica dos costumes*. Tradução de Clélia Aparecida Martins. São Paulo: Universitária São Francisco, 2013.

do valor. Enfim, a igualdade formal no contrato de venda e compra de força de trabalho esconde a desigualdade material entre as classes sociais a que pertencem os sujeitos. Por isso, o direito, ao corresponder à lógica de preservar esse modelo, tem a função de garantir a reprodução capitalista.

De todo modo, ao considerar o ser humano um fim em si mesmo e dar a base para a concepção da dignidade da pessoa humana como algo que não está à venda por preço algum, Kant poderia ser considerado até mesmo progressista na atualidade. Isso porque, três séculos após a teoria kantiana, o que se verifica é, sobretudo no tocante a direitos sociais, a relativização da dignidade humana por meio de argumentos jurídicos e econômicos como os da "reserva do possível"; do "conteúdo programático das cláusulas sociais"; e dos "orçamentos estatais". Em razão disso, a concepção de dignidade humana na atualidade mostra-se frequentemente mais frágil que a apresentada por Kant no século XVIII.

2. Trabalho decente nas organizações internacionais

Após o fim da Segunda Guerra Mundial, em plena disputa ideológica entre socialismo e capitalismo, a necessidade de contenção das aspirações revolucionárias pelos Estados Unidos da América para garantir seu projeto hegemônico foi uma das causas das "concessões" sociais por meio das organizações internacionais por eles lideradas. Apesar de sua declarada opção por um Estado liberal, no sentido de mínima intervenção no mercado e, sobretudo, de mínima proteção social, para Washington a "estabilidade mundial" estava em risco, dada a condição econômica e social de vários países centrais.

Nesse contexto, o art. 7º do Pacto Internacional de Direitos Econômicos, Sociais e Culturais, adotado em Assembleia Geral pela Organização das Nações Unidas (ONU) em 1966, trouxe pela primeira vez a noção de decência relacionada ao trabalho. De acordo com o referido artigo, as condições de trabalho justas e favoráveis devem assegurar uma existência decente para os trabalhadores e suas famílias, em conformidade com as disposições do referido Pacto. Da leitura deste, não se infere claramente o que seria uma existência decente, muito embora haja previsão de diversos direitos, como justa remuneração, condições de trabalho seguras e higiênicas, descanso, limite de jornada etc.

De acordo com a teoria geracional dos direitos humanos, dado o conteúdo de direitos sociais desse Pacto, declarados direitos humanos de segunda geração, houve a clara opção por uma concepção programática de suas normas, limitando a efetividade no plano material a mero compromisso dos Estados-partes, conforme seu art. 2º, § 1º.

Um tratamento diferenciado foi conferido ao Pacto Internacional dos Direitos Civis e Políticos de 1966, considerados direitos de primeira geração, com normas autoaplicáveis, com deveres e obrigações impostos expressa e imediatamente aos Estados signatários. Embora o referido Pacto represente um avanço em termos ideológicos, certo é que, por conta de sua perspectiva estritamente liberal, não coloca em xeque a crescente exploração do trabalho humano mascarada na forma-mercadoria, que se expande globalmente nos chamados 30 anos gloriosos que sucederam ao final da Segunda Guerra Mundial.

O equilíbrio aparente do capitalismo na também chamada Era de Ouro, representado pela combinação entre a estabilidade (e rigidez) do fordismo como regime de acumulação e modo de regulação, a proteção do Estado do Bem-Estar Social e o quase pleno emprego, foi gradativamente desmanchado (ou desmitificado). A queda da taxa de lucro iniciada nos anos 1960 nos Estados Unidos, o ingresso dos *baby boomers* no mercado de trabalho, o aumento da produtividade do Japão com o modelo toyotista (como técnica de gestão), o marco histórico da crise do petróleo de 1973, os avanços tecnológicos, dentre outros fatores, levaram a um rearranjo do capital ao mesmo tempo que o justificavam. É dizer que os avanços sociais conquistados no pós-Segunda Guerra Mundial não causaram a crise desencadeada em 1973, mas esta certamente justificou a opção pela resposta neoliberal implantada nos Estados capitalistas avançados a partir de meados da década de 1970, com reflexos mais aparentes no Brasil a partir de 1990.

Diversos Estados capitalistas optaram por uma política neoliberal de desregulamentação e flexibilização em resposta à crise do capitalismo iniciada na década de 1970. Esse fato, associado a uma nova forma de internacionalização da produção com a maior mobilidade do capital e as novas tecnologias de comunicação e transporte, resultou em uma nova divisão internacional do trabalho, onde se destacam as empresas transnacionais. A grande mobilidade do capital, por sua vez, aprofundou a concorrência em vários níveis: internacional, inter-regional, interestadual e até mesmo entre os sindicatos e os próprios assalariados. Assim, o capitalismo pós-fordista caracteriza-se por uma forte tendência à informalidade e à precarização no âmbito das relações de trabalho, como forma de redução de custos, de modo a atrair o capital móbil[(6)]. Além disso, a globalização e a financeirização do capitalismo parecem deslocar o trabalho como principal fonte de riqueza para ceder lugar ao capital especulativo, com o aumento da concentração da renda e das desigualdades sociais.

Apesar de tudo, no modo de produção capitalista, não há como produzir mais-valor sem trabalho humano. Se o capital tende a substituir capital variável (o trabalho) por maquinário, por outro lado, ele tem, pelo menos, dois limites elementares. Em primeiro lugar, o investimento em automação deve ser inferior ao preço a ser pago pelo trabalho humano, independentemente da técnica empregada para tal avaliação. Em segundo, a substituição completa de trabalho humano por máquinas aniquilaria o contingente necessário de consumidores de suas próprias mercadorias, que incrivelmente não vão ao mercado e realizam suas trocas por conta própria. Além do que robôs não são sujeitos de

(6) HIRSCH, Joachim. *Teoria Materialista do Estado*. Rio de Janeiro: Revan, 2010.

direito nem se vinculam por meio de contratos, formas-jurídicas essenciais à reprodução do capital.

Em que pesem esses limites, as medidas neoliberais no âmbito mundial se intensificaram e essa nova ordem socioeconômica se impôs "desde os principais países capitalistas do centro até os países menos desenvolvidos da periferia, geralmente ao custo de severas crises, como na Ásia e na América Latina durante as décadas de 1990 e 2000"[(7)].

Uma das reações à precarização das condições do trabalho decorrente da redução dos direitos trabalhistas, adotada como estratégia de recomposição das taxas de lucro, sobretudo nos países periféricos, foi protagonizada pela OIT por meio da campanha ou agenda do trabalho decente (TD).

No Relatório do Diretor Geral sobre o TD de 1999 é anunciada a "meta principal" da OIT: promover oportunidades para que mulheres e homens obtenham trabalho produtivo e decente, em condições de liberdade, igualdade, segurança e direitos humanos.

A primeira questão que surge é: qual a relação entre trabalho produtivo e TD? É importante pontuar que existe um grande debate sobre o que é produtividade, especialmente no setor de serviços, e não há consenso como deve ser sua aferição sequer no setor industrial.

A par disso, nota-se que não há uma definição do que seria o TD no referido relatório. São apontados, isso sim, os objetivos estratégicos da OIT: promoção dos princípios e direitos fundamentais do trabalho; criação de novas possibilidades de empregos e de renda para mulheres e homens; fortalecimento da proteção social; fortalecimento do diálogo social. A "convergência" desses objetivos ou aquela "meta principal" apresentada no mesmo relatório são adotadas indistintamente por autores com artigos publicados pela própria OIT (Tapiola, Ghai e Somavia, por exemplo) como o que seria o TD, sem a construção de um conceito.

Tapiola ressalta que a OIT sempre baseou sua ação em um princípio básico: o trabalho não é uma mercadoria. Portanto, para o autor, as normas para o mercado de trabalho não podem ser comparadas às que se aplicam aos produtos ou mercados de capitais. Ele argumenta que uma das razões para estabelecer normas mínimas seria garantir que a vantagem competitiva não levasse os seres humanos a trabalhar em condições inaceitáveis, indignas e arriscadas. Defende que, juntamente com as considerações econômicas e sociais, as normas de trabalho envolvem uma dimensão ética. Conclui que a força dos princípios e dos direitos fundamentais no trabalho encontra-se em conformidade com as diretrizes e aspirações filosóficas e espirituais fundamentais do mundo. O TD estaria,

---

(7) DUMÉNIL, Gérard; LÉVY, Dominique. *A crise do neoliberalismo*. Tradução de Paulo Castanheira. São Paulo: Boitempo, 2014. p. 19.

portanto, relacionado a "questões éticas, filosóficas e espirituais do mundo"[(8)] e nessa linha escrevem os demais autores do mesmo livro, sem, contudo, defini-lo.

Deranty e MacMillan[(9)] também relatam que a OIT parte da premissa de que o trabalho não é uma mercadoria, princípio reafirmado na Declaração de Filadélfia de 1944. De fato, argumento parecido assume Somavia, que subscreveu o relatório supra-mencionado. Ele frisa que o primeiro e mais importante valor acerca do paradigma do trabalho decente para a OIT é que o trabalho não é uma mercadoria, ainda que o custo da produção inclua o custo da mão de obra. Isso porque ao se tratar de um ser humano, não pode ter o mesmo significado que outros componentes materiais. Seria nesse ponto que as questões morais, éticas e de valores interviriam, uma vez que não deve ser o mercado quem define a condição humana da pessoa em relação à sociedade[(10)]. Todavia, ainda que seja louvável a iniciativa, não há como ignorar que, no capitalismo, o trabalho humano não seja mercadoria, além de que esta oculte "o fato de que há a exploração econômica"[(11)].

Somavia afirma ainda que o trabalho é mais importante que o capital, pois representa fonte de estabilidade familiar e paz por toda sociedade. No entanto, estudos sobre a conciliação entre o trabalho e a família[(12)] sugerem que os horários de trabalho influenciam (negativamente) as relações familiares[(13)]. Assim, ao invés de o trabalho representar a estabilidade familiar, ele aparece na vida da pessoa trabalhadora como concorrente do convívio familiar. No tocante à paz na sociedade, não é qualquer trabalho que a fomentaria. Wacquant relaciona os altos índices de criminalidade e de encarceramento estadunidenses com o trabalho assalariado dito flexível, adotado de forma sistemática pela política neoliberal, que resultou também em precariedade e pobreza em massa, generalização da insegurança social e aumento das desigualdades[(14)].

---

(8) TAPIOLA, Kari. Préface. In: PECCOUD, Dominique (Org.). *Le travail décent:* Points de vue philosophiques et spirituels. Genebra: Organização Internacional do Trabalho, 2004.

(9) DERANTY, Jean-Philippe; MACMILLAN, Craig. The ILO's Decent Work Iniciative: Suggestions for an Extension of the Notion of "Decent Work". In: *Jornal of Social Philosophy*, vol. 43, n. 4, p. 386-405. Wiley Periodicals, Inc., 2012.

(10) SOMAVIA, Juan. L'Agenda pour le travail décent de l'OIT en tant qu'aspiration des personnes: l'insertion des valeurs et de l'éthique das l'économie globale. In: PECCOUD, Dominique (Org.). *Le travail décent:* Points de vue philosophiques et spirituels. Genebra: Organização Internacional do Trabalho, 2004.

(11) CHAUÍ, Marilena. *O que é ideologia*. São Paulo: Brasiliense, 2006. p. 90-91.

(12) SOARES, Angelo (Org.). *Stratégies de résistance et travail des femmes*. Montreal: Harmattan, 1997.

(13) Se for considerado o impacto da desigualdade na divisão sexual e racial do trabalho, a pobreza do tempo e o reflexo no mercado de trabalho são claramente desfavoráveis às mulheres, em especial as racializadas. FERRITO, Bárbara M. R. S. *Direito e desigualdade:* uma análise da discriminação das mulheres no mercado de trabalho. São Paulo: LTr, 2021.

(14) WACQUANT, Loïc. *As prisões da miséria*. Rio de Janeiro: Zahar, 2011.

Para dar conta de conceituar o TD, Somavia afirma que o TD, ao mesmo tempo em que é aspiração das pessoas, é também aquele que busca os objetivos estratégicos da OIT: pleno emprego, direito dos trabalhadores, proteção social e diálogo social. Esses objetivos corresponderiam não só às necessidades humanas individuais, da família e da comunidade, mas também à perspectiva de desenvolvimento de um país. Ao final, Somavia defende que a agenda do TD seja um "instrumento moderno e adaptável". Segundo o autor, do ponto de vista da OIT, por exemplo, a subcontratação para melhor funcionar não seria um mal em si, desde que respeitasse as regras e os valores da OIT, embora reconheça a possibilidade de dumping social[(15)].

Apesar da indefinição do que seja TD, foram traçadas diversas metas e estratégias, além de indicadores para monitoramento pela OIT. Dessa forma, a base teórica que sustenta toda construção a partir do TD é frágil, imprecisa e pouco contestada. De fato, ninguém se volta contra virtudes como a decência. Quem se oporia ao trabalho decente? O peso da expressão 'trabalho decente' não colabora com o debate, permitindo que a falta do conceito se esconda atrás de retórica.

Mesmo sem defini-lo, Ghai[(16)] afirma que a importância da contribuição intelectual do conceito de TD está em prover uma estrutura unificada para suas áreas de atuação. Primeiramente, direciona o diálogo social necessário para implementação das normas e da legislação, além da infraestrutura institucional. Ademais, serve como estrutura para analisar e acompanhar seus diferentes componentes (liberdade, igualdade, segurança e direitos humanos). Por fim, provoca a questão sobre a universalidade e particularidade de seu paradigma.

Embora considere uma aspiração universal, Ghai admite em seguida que o alcance desses objetivos depende de cada país e região, considerando sua história e tradições, o nível de distribuição dos recursos, a estrutura econômica e social, o estágio de desenvolvimento e várias outras circunstâncias. Dessa forma, a proclamada universalidade é relativizada.

Rodgers[(17)], outro autor da OIT, ressalta que a questão do trabalho decente não pode se confundir com o pleno emprego e faz uma interessante distinção entre 'emprego bom', 'emprego ruim' e 'desemprego' para defender que a ideia de que "precisamos de mais emprego no mundo e de que depois tratamos de qualidade do emprego/direitos no trabalho/seguridade social" é uma falácia. Argumenta que, no limite, o pleno emprego

(15) SOMAVIA, Juan. L'Agenda pour le travail décent de l'OIT en tant qu'aspiration des personnes: l'insertion des valeurs et de l'éthique das l'économie globale. In: PECCOUD, Dominique (Org.). *Le travail décent:* Points de vue philosophiques et spirituels. Genebra: Organização Internacional do Trabalho, 2004.

(16) GHAI, Dharam (Org.). *Decent work:* objetives and strategies. Genebra: International Institute for Labour Studies, International Labour Organization, 2006.

(17) RODGERS, Gerry. The Goal of Decent Work. In: *IDS Bulletin*, vol. 39, n. 2, Genebra: Institute of Developmente Studies, 2008.

poderia abranger até mesmo o trabalho forçado e degradante. Ele sintetiza, pois, seis conjuntos de questões que devem somar à criação de empregos de modo a observar a agenda do trabalho decente: direitos no trabalho (liberdade de associação e superação do trabalho forçado e da discriminação); segurança no trabalho (proteção contra a dispensa arbitrária, prevenção de riscos ocupacionais e seguridade social que garanta a renda no caso de contingências como doença, maternidade, desemprego e aposentadoria); condições de trabalho (duração e intensidade do trabalho, adequado meio ambiente de trabalho, propósito de criatividade e auto-realização com possibilidade de desenvolvimento e aplicação de habilidades); remuneração do trabalho (salário decente, acima do limiar da pobreza, pago com regularidade ou uma renda decente e confiável no pequeno negócio); organização, representação e voz (participação na tomada de decisão e na negociação coletiva); modelo de igualdade e inclusão (no nível da sociedade como um todo, em especial as desigualdades no trabalho e na sua remuneração, e exclusões do mercado de trabalho).

Sem dúvidas, há muito o que se aproveitar de tal sistematização, mas afirmar que um salário que estivesse acima da linha da pobreza seria decente, de forma alguma, representa um ganho da classe trabalhadora ou a sua proteção; corresponde antes a uma necessidade da própria burguesia, para a realização do mais-valor.

A expressão TD volta a ser utilizada pela ONU, quando na Resolução 59/314 adotada pela Assembleia Geral de 13.9.2005 é relacionada com a globalização (justa) e com o emprego pleno e produtivo, com inclusão das mulheres e dos jovens, estratégias para redução da pobreza, eliminação das piores formas de trabalho infantil e do trabalho forçado e respeito aos princípios e direitos no trabalho. Trata-se, portanto, de um campo de atuação reduzido em relação ao preconizado pela OIT, sobretudo porque silencia a respeito da negociação coletiva e não combate ao trabalho infantil como um todo, mas apenas suas piores formas[18].

Em 2008, a OIT, ainda sem conceituar o TD, aprimora sua agenda na Declaração sobre Justiça Social para uma Globalização Equitativa, com um melhor detalhamento sobre seus objetivos estratégicos, considerando os desafios impostos pelo mercado global, mas ainda numa abordagem procedimental[19].

3. Pela construção do conceito de TD

A partir do histórico da atuação da OIT, sobretudo no tocante a políticas adotadas e normas produzidas, Deranty e MacMillan[20] extraem que o trabalho decente designa

(18) MAEDA, Patrícia. *A era dos zero direitos:* trabalho decente, terceirização e contrato zero-hora. São Paulo: LTr, 2017.

(19) *Idem.*

(20) DERANTY, Jean-Philippe; MACMILLAN, Craig. The ILO's Decent Work Iniciative: Suggestions for an Extension of the Notion of "Decent Work". In: *Jornal of Social Philosophy*, vol. 43, n. 4, p. 386-405. Wiley Periodicals, Inc., 2012.

um ideal a ser perseguido pelas políticas públicas e guiar idealmente as negociações tripartites, que pode ser resumido assim: indivíduos serão capazes de alcançar desenvolvimento pessoal pleno e inclusão social pela participação do trabalho, se este for moldado por um conjunto de instrumentos jurídicos que tanto reduzam a extrema sujeição às condições do mercado de trabalho, quanto garantam que a relação de trabalho não seja inclinada para a desvantagem do empregado no processo de negociação e na efetiva relação de trabalho. O trabalho decente dialogaria com o que Esping-Andersen[(21)] (1990) defendia com a desmercantilização, que consiste em reduzir o grau de autonomia e independência dos indivíduos em relação ao mercado.

Deranty e MacMillan identificam quais as dimensões concretas que tornariam decente o trabalho para a OIT: jornada de trabalho, questões de segurança e medicina ocupacionais e salário justo. Todavia, a forma de alcançá-lo seria indireto, pois o TD seria um resultado do processo de negociação e da relação de trabalho, desde que trabalhadores e empregadores estivessem em condições de igualdade. Ressaltamos que essa igualdade tende a ser apenas formal, pois a assimetria entre as partes é a característica principal do contrato de trabalho.

Segundo os autores, para a OIT, a condição de trabalhador como ser humano é o pilar para a relação de trabalho e deve ser respeitada na negociação sobre a organização do trabalho, conforme os quatro princípios fundamentais da Declaração de 1998: liberdade de associação e negociação coletiva, proibição do trabalho forçado e infantil e da discriminação no trabalho. Estes representam a importância da negociação coletiva e as principais formas sistêmicas de desrespeito ao indivíduo como trabalhador, que atingem a liberdade individual, o direito de autodesenvolvimento adequado e pleno acesso ao trabalho. Essa abordagem por "princípios" se justificaria no contexto mundial, pois as variações entre as expectativas culturais e entre os níveis de desenvolvimento econômico de cada país simplesmente inviabilizam qualquer tentativa de definir substancialmente quais as dimensões concretas do trabalho que o fariam decente, novamente relativizando o que pretendia ser universal.

Os autores demonstram a insuficiência da abordagem procedimental da OIT com um simples exemplo: o trabalho pode não ser decente para um grupo de trabalhadores, ainda que respeitados os princípios fundamentais de livre acesso a relação de trabalho, admitidos sem coerção para o contrato de trabalho, com jornada e salário razoáveis e alguma proteção social. Isso porque o próprio trabalho pode ser fonte de violência, como assédio moral, ou a organização de trabalho pode ser patológica, levando ao adoecimento físico ou moral do trabalhador, como a síndrome de burnout.

---

(21) ESPING-ANDERSEN, Gosta. *The Three Worlds of Welfare Capitalism*. Princeton: Princeton University Press, 1990.

Assim, o trabalho decente não seria assegurado apenas com emprego, termos e condições básicas garantidas ou com negociação suficientemente equilibrada, pois o conteúdo da atividade do trabalho também tem um papel importante. A sugestão dos autores seria complementar a campanha do trabalho decente com o modelo de Dejours de pesquisa sobre o trabalho como atividade subjetiva que mobiliza as capacidades emocionais, cognitivas e morais dos indivíduos e também as transforma para melhor ou para pior. A abordagem de Dejours teria três níveis: o trabalho como uma atividade individual, o trabalho como cooperação e a cultura política do trabalho.

O trabalho como atividade individual, basicamente, preenche a lacuna entre a tarefa prescrita e a realizada concretamente pelo trabalhador. Nesse sentido, o trabalho é decente se nele o projeto das tarefas e a organização do trabalho permitem os indivíduos a fazer uso pleno de suas capacidades no desenvolvimento de suas atividades, o que se contrapõe à figura marxiana do trabalhador parcial, que executa uma mesma operação simples durante toda sua vida e transforma seu corpo inteiro num órgão automaticamente unilateral dessa operação(22).

Da perspectiva da cooperação, os autores afirmam que para Dejours o trabalho seria "a atividade coordenada desenvolvida por homens e mulheres quando eles têm que suplementar o que na tarefa produtiva não consegue ser obtido pela estrita aplicação do que a organização do trabalho descreve"(23). A transformação para cooperação efetiva e eficiente requer uma complexa discussão entre os trabalhadores para interpretar diferentes normas e prescrições, além de organizar a realização das tarefas de trabalho. De acordo com esse nível, o TD requer práticas de gerenciamento e formas de organização do trabalho que permitam o debate entre os trabalhadores envolvidos e com seus superiores a fim de estabelecer a melhor forma de atingir eficiência produtiva. O diálogo social não é apenas a negociação coletiva, pois esta atinge apenas os termos e as condições do trabalho. Os trabalhadores devem participar da gestão. Todavia, as formas de gerenciamento atuais, tais como avaliação de desempenho individual e controle total da qualidade, são frequentemente implementadas de forma que destroem a possibilidade de cooperação e contribuem para as patologias do trabalho contemporâneo, muito embora tenham a aparência de conferir uma maior participação e autonomia do trabalhador.

Por fim, de acordo com Deranty e MacMillan, Dejours argui que o trabalho tem um impacto tão expressivo na subjetividade do indivíduo que tem significância não só em termos de desenvolvimento e bem-estar individuais, mas também na vida coletiva,

(22) MARX, Karl. *O Capital:* crítica da economia política: Livro I: o processo de produção do capital. Tradução de Rubens Enderle. São Paulo: Boitempo, 2013.

(23) DERANTY, Jean-Philippe; MACMILLAN, Craig. The ILO's Decent Work Iniciative: Suggestions for an Extension of the Notion of "Decent Work". In: *Jornal of Social Philosophy*, vol. 43, n. 4, p. 386-405. Wiley Periodicals, Inc., 2012. p. 401.

social e política. Nesse nível, o trabalho pode ser também um veículo para a vida democrática. Seu locus central é o local de trabalho, onde a democracia deve ser ensinada e colocada em prática. Para tanto, o TD requer um reconhecimento expresso pelas instituições sócio-políticas da importância central do trabalho para a vida coletiva e individual. A campanha do TD da OIT poderia, assim, incluir como parte de seus componentes-chave uma dimensão cultural e educacional com o fim de alertar autoridades e o público geral sobre a importância central das relações de trabalho na vida democrática.

Num primeiro momento a questão cultural e educacional pode parecer de menor importância diante das medidas neoliberais contundentes contra os direitos trabalhistas, mas não o é. As consequências da flexibilização das condições de trabalho para o crescimento pessoal e as relações sociais foram bem pontuadas por Sennett: o individualismo, a aceitação da fragmentação da vida profissional (os riscos são incentivados, assim como a alta rotatividade dos postos e a contínua reinvenção), a ausência de comprometimento etc. A essas consequências, o autor bem nomeou de "corrosão do caráter"(24).

A própria centralidade do trabalho é questionada no capitalismo pós-fordista, de maneira que se torna urgente a luta contra a aparente invisibilidade do trabalho, que, na nova morfologia do trabalho, designa "a expressão fenomênica que encobre a real geração de mais-valor em praticamente todas as esferas do mundo laboral nas quais ele possa ser realizado"(25). O debate sobre a centralidade do trabalho e o TD pode, nesse sentido, revelar o envolvimento manipulatório, "em que o capital busca o consentimento e a adesão dos trabalhadores, no interior das empresas, para viabilizar um projeto que é aquele desenhado e concebido segundo seus fundamentos exclusivos"(26), como forma de alienação ou estranhamento.

De outra parte, pensamos que a discussão sobre o que entra ou não no conceito de trabalho decente não o revela, mas apenas pontua sua abrangência. No entanto, a ausência da definição precisa do TD pode levar a inversoes orwellianas(27) do seu significado, como foi no caso do Brasil, por ocasião da denominada "reforma trabalhista". Sem a pretensão de esgotar a reflexão, acreditamos ser possível definir o trabalho decente como aquele que não precariza a condição social da trabalhadora e do trabalhador, pois não

(24) SENNETT, Richard. *The Corrosion of Character:* The Personal Consequences of Work in the New Capitalism. 1. ed. Nova Iorque: W.W. Norton & Company, 1998.

(25) ANTUNES, Ricardo. A nova morfologia do trabalho e suas principais tendências: informalidade, infoproletariado, (i)materialidade e valor. In: ANTUNES, Ricardo (Org.). *Riqueza e miséria do trabalho no Brasil II*. São Paulo: Boitempo, 2013.

(26) *Idem.*

(27) Bihr (2007) destaca que, como a *Novlangue* de Oceania, no romance 1984 de George Orwell, a linguagem contemporânea parecer-nos inverter o senso do real ("A liberdade é a escravidão"; "A ignorância é a força").

permite a sua humilhação, a partir de um paralelo com a construção filosófica de Avishai Margalit[28] sobre a sociedade decente — aquela cujas instituições não humilham pessoas.

O conceito negativo — não humilhação — seria justificado por razões morais, lógicas e cognitivas: é mais urgente erradicar os males dolorosos do que criar benefícios agradáveis; alguns objetivos podem ser alcançados diretamente, enquanto outros, não; é mais fácil de identificar uma situação de ataque (humilhação), que deva ser coibida, do que uma situação de defesa (respeito), que enseja proteção. Assim, para Margalit, eliminar a humilhação é prioridade em relação a promover o respeito; é um objetivo que pode ser diretamente alcançado; é mais fácil identificar um comportamento de humilhação, que enseja ataque, do que um de respeito, que envolve defesa. E, por essas razões, o autor escolhe o conceito negativo. No conceito positivo, sociedade decente é aquela que concede o respeito por meio de suas instituições para as pessoas sob a sua autoridade.

O conceito negativo é defensável, sobretudo no tocante à defesa de direitos trabalhistas, pois os discursos sobre o conteúdo do direito do trabalho, por vezes, são falaciosos. Por exemplo: à guisa de promover a geração de empregos, flexibilizou-se o estatuto do contrato de trabalho, permitindo-se a intermediação de força de trabalho, mediante o fenômeno da terceirização, e a desregulação do horário de trabalho, por meio do contrato de trabalho intermitente.

A contratação do trabalhador por intermédio de um terceiro — terceirização — evidencia, ao mesmo tempo que reforça, o caráter mercantil do trabalho. A terceirização fraciona o mais-valor entre o real empregador e o intermediário, o que significa uma dupla exploração da pessoa trabalhadora. Além disso, ela afasta a figura do trabalhador daquela do empregador e obscurece a relação social do trabalho assalariado sem alterá-la na essência, embora resulte em efeitos no plano normativo, como o deslocamento do tratamento jurídico trabalhista para o civilista, afastando a aplicação do princípio protetor do direito do trabalho.

Além de afastar o trabalhador do seu real empregador, com a dupla apropriação do resultado do trabalho, a terceirização está relacionada a uma série de fatores que agravam a condição da pessoa trabalhadora: redução salarial, dificuldade na execução de créditos trabalhistas, fragmentação da categoria profissional, enfraquecimento dos sindicatos, negativa do reconhecimento da subjetividade do/a trabalhador/a (discriminação do/a terceirizado/a), maior índice de acidentes de trabalho, intensificação do ritmo do trabalho, menor segurança, perda de benefícios, maiores jornadas e maior rotatividade nos postos de trabalho. Por esses motivos, dentre outros, a terceirização precariza a relação social do trabalho e não pode ser considerada uma maneira para se promover o trabalho

(28) MARGALIT, Avishai. *The Decent Society*. Tradução de Naomi Goldblum. Cambrigde/MA: Harvard University Press, 1998.

decente, cujo conceito ora se propõe repele o tratamento da pessoa trabalhadora como objeto, máquinas, animal ou subumano.

No que se refere ao contrato de trabalho intermitente, tal condição de trabalho afronta a dignidade humana (art. 1º, III, da Constituição Federal), pois a norma jurídica que o prevê coloca o/a trabalhador/a numa condição de mero objeto, como ferramenta, equipamento, maquinário, à disposição da atividade econômica empresarial. Este rebaixamento de status civilizatório contraria, ao mesmo tempo, a vedação de tratamento desumano (art. 5º, III) e a finalidade constitucional do direito do trabalho da melhoria da condição social do/a trabalhador/a (art. 7º, caput).

Nesse sentido, a proibição da humilhação do/a trabalhador/a pode ser mais efetiva e contundente no conceito de TD do que a mera abordagem procedimental dos organismos internacionais. Isso não significa refutar os objetivos já enunciados, pois conceito e objetivos não se confundem nem se excluem, antes se complementam. Dada a urgência de se evitar a degradação das condições de trabalho, essa reflexão se faz imperiosa.

Outros filósofos pensam na sociedade por meio de "negativo prescriptivo". O trabalho de Isaiah Berlin, por exemplo, influenciou bastante o de Avishai Margalit. Isaiah Berlin utiliza dois conceitos de liberdade — uma noção negativa e outra positiva — e o autor já alertava que

> Se minha liberdade ou de minha classe ou nação depende da miséria de um número de outros seres humanos, o sistema que a promove é injusto ou imoral. Mas se eu reduzo ou perco minha liberdade para diminuir a vergonha de tal desigualdade, e não para apenas ampliar a liberdade individual de outros, ocorre uma verdadeira perda de liberdade. Isso pode ser compensado pelo ganho em justiça ou em felicidade ou em paz, mas a perda remanesce, e é uma confusão de valores dizer que embora minha liberdade individual (liberal) possa ser arruinada, algum tipo de liberdade — social ou econômica — é aumentada. No entanto, continua a ser verdade que a liberdade de alguns deva ser abreviada para assegurar a liberdade de outros.[29] (tradução livre)

Assim, a liberdade não é um princípio absoluto e pode sofrer reduções para, por exemplo, reduzir desigualdades. Além disso, para Isaiah Berlin, a liberdade negativa significa "a abstenção de interferência através da fronteira mutante, embora sempre reconhecível" e tem prioridade sobre a positiva.

---

(29) BERLIN, Isaiah. Two concepts of liberty. In: BERLIN, Isaiah; HARDY, Henry. *Liberty:* incorporating "four essays on liberty". Oxford: Oxford University Press, 2002.

A contribuição de Avishai Margalit é mais contundente, porém, ao introduzir a não humilhação como noção da decência. Se a humilhação consiste em "qualquer tipo de atitude ou condição que constitua uma razão suficiente para que uma pessoa considere seu respeito próprio ferido", em um sentido normativo, independentemente dos sentimentos da pessoa humilhada ou ainda da intenção de quem comete a humilhação, uma vez que a ênfase é nas razões por que sentir humilhação como resultado de conduta — ação ou omissão — de outrem, é possível a construção de que a não humilhação no trabalho decente corresponda à não precarização do trabalho.

A humilhação pode ser parcialmente explicada como o tratamento não humano dispensado ao ser humano das seguintes maneiras: tratando-o como objeto; tratando-o como máquinas; tratando-o como animal; tratando-o como subumano (MARGALIT, 1998). E essas situações devem ser afastadas, proibidas, pelo conceito de trabalho decente, concebido, assim, apenas como forma de resistência. A pessoa trabalhadora não pode ser humilhada, isto é, tratada como objeto, máquinas, animal ou subumano. Em complemento, a humilhação, para Avishai Margalit, é normativa — qualquer tipo de atitude ou condição que constitua uma razão suficiente para que uma pessoa considere seu respeito próprio ferido. Nesse sentido, o trabalho decente tem também o potencial de fazer frente a questões como dano moral, assédio moral, bem como condições de trabalho desfavoráveis à saúde física e mental do trabalhador.

Para o autor, a humilhação pressupõe a humanidade da pessoa humilhada. O comportamento humilhante rejeita o outro como se fosse não humano, mas o ato de rejeição pressupõe que é uma pessoa que está sendo rejeitada, ideia próxima ao par dialético hegeliano do senhor-escravo. O senhor quer absoluto poder sobre o escravo, mas ele também quer que o escravo reconheça seu absoluto poder.

Margalit entende que a decência contém a dignidade, esta como uma representação externa da decência. Dignidade, para o autor, é a expressão do sentimento de respeito que as pessoas reconhecem em si mesmas como seres humanos; constitui o aspecto externo do respeito próprio — atitude que as pessoas têm pelo fato de serem humanas —; consiste nas tendências comportamentais que atestam o fato de que a atitude de alguém em relação a si mesmo seja uma atitude de respeito próprio. Nessa esteira, a humilhação pode ter relação com a violação de direitos, sobretudo os direitos humanos, mas contempla também a violação da dignidade, uma vez que gestos humilhantes violam a dignidade da vítima, enquanto a violação de direitos envolve a diminuição do respeito próprio. Dignidade é, para Margalit, a representação do respeito próprio e não corresponde apenas ao mínimo existencial, corrente comumente adotada no Brasil.

4. Limites do conceito proposto e a dignidade como algo a ser construído

É necessário reconhecer os limites do conceito de trabalho decente como aquele em que não se permite a humilhação do/a trabalhador/a ou, ainda, a precarização do trabalho, como relação social. O conceito é antes uma defesa e não se presta à emancipação da classe trabalhadora, pelo que se encontra limitado material e historicamente no capitalismo.

Não perdemos de vista que, como ensina Alysson Mascaro, entre a forma política e a forma jurídica, há um vínculo de conformação, que impõe os limites das duas formas de modo a garantir a reprodução do capital. Isso pode ocorrer "na quantidade da política e do direito, nunca na qualidade de estatal ou jurídico"(30).

O conteúdo do direito não emancipa e apenas a superação das formas jurídica e política estatal representaria uma real solução para a exploração do trabalho humano. Ainda assim, é necessária a luta por direitos. Se, por um lado, a luta por direitos pode redundar em reformismo, uma vez que "as lutas dos trabalhadores, engolfadas pela lógica da mercadoria, ao pleitearem aumento salariais, chancelam a própria reprodução contínua do capitalismo"(31), por outro, a urgência da resistência à precarização do trabalho torna a luta pelo direito do trabalho, imprescindível. A decência no trabalho é a necessidade do tempo presente.

Nesse contexto, como bem observou a juíza do trabalho Gabriela Lenz Lacerda, a adoção da Convenção n. 190 (C190) na sessão em que se comemorou os 100 anos da OIT pode indicar a incorporação da noção da não humilhação como fundamental para se pensar o trabalho em termos globais e, quiçá, o próprio TD.

O assédio moral no trabalho constitui um risco não visível, não mensurável e não quantificável, mas concreto e objetivo em suas consequências e violações à saúde, à dignidade, à honra, à imagem, à personalidade(32). O assédio moral consiste em condutas abusivas, que, de forma reiterada e sistemática, por meio do constrangimento e humilhação, visa controlar da subjetividade dos trabalhadores(33).

Embora a definição dada pela C190 não mencione expressamente a questão da humilhação, a opção pelo conceito ampliado de assédio e violência no mundo do trabalho aponta para uma abordagem ampla da questão que é estrutural na contemporaneidade: a exploração do trabalho a partir de práticas assediadoras como forma de alavancar os lucros.

> (...) o assédio moral se apresenta como estratégia de intensificação da extração de mais-valor no modelo de produção capitalista, através da extensão das jornadas de trabalho com o excessivo controle e rigor da prestação de

(30) MASCARO, Alysson Leandro. *Estado e forma política*. São Paulo: Boitempo, 2013.

(31) *Idem*.

(32) BARRETO, Margarida Maria Silveira. *Violência, saúde e trabalho:* uma jornada de humilhações. São Paulo: EDUC, 2003.

(33) ARAÚJO, Adriane Reis de. Assédio moral organizacional. *Rev. TST*, Brasília, vol. 73, n. 2, abr./jun. 2007.

> trabalho, restrições de intervalos e necessidades básicas, com a intensificação do trabalho pelas humilhações, ameaças de demissão, metas abusivas, sobrecarga de trabalho, altos níveis de pressão por tempo ou ainda perseguições por práticas sindicais ou coletivas.(34)

A referida convenção reconhece que a violência e o assédio no mundo do trabalho constituem violação a direitos humanos e correspondem a comportamentos e práticas inaceitáveis, ou ameaças disso, em ocorrência única ou repetida, que podem resultar em danos físicos, psicológicos, sexuais ou econômicos, incluindo a violência e o assédio baseados em gênero e o assédio sexual. O conceito utilizado pela convenção é importante, pois supera o critério da reiteração para o reconhecimento da violência e do assédio, o que fica condicionado à gravidade da conduta em si.

A norma visa à adoção pelos estados membros de uma organização inclusiva, integrada e com perspectiva de gênero que objetive a prevenção e a eliminação da violência e assédio, não apenas no âmbito legislativo, mas também de políticas públicas (educação, conscientização) e ações concretas (assegurar a fiscalização e investigação). Isso tudo demonstra a mudança da abordagem do assédio, que deixa de enfocar a precificação da dignidade ou da saúde da pessoa para justamente buscar preservá-las.

A agenda do TD ainda não abarca expressamente a C190, mas torna-se muito difícil conceber o TD que não enfrente a violência e o assédio no mundo do trabalho, ainda que este remanesça explorado. É preciso promover a dignidade.

Alysson Mascaro(35) explica que, para Ernst Bloch, a dignidade é parte da "possibilidade de antecipação" da "utopia concreta". Trata-se de uma visão otimista sobre o futuro e sobre as possibilidades de avanço da sociedade para além do que já foi manifestado, para o que ainda está inconsciente.

Segundo a linha de reflexão de Bloch, a utopia não é algo fantasioso, simples produto da imaginação, mas possui uma base real, com funções abertas à reestruturação da sociedade, obrigando a militância do sujeito, engajado em mudanças concretas, visando à nova sociedade. Assim, a utopia se torna viável à medida que possui o explícito desejo de ser realizada coletivamente.

A dignidade está então relacionada a um horizonte de luta que não represente apenas resistir, reformar ou reequilibrar, mas também a esperança no futuro melhor. Para além do trabalho decente e dos direitos humanos, pensar a plena dignidade humana é

(34) TELES, Gabriela Caramuru. Extração de mais-valor e "trabalho decente" nas técnicas de assédio moral do capitalismo. In: SERAU JUNIOR, Marco Aurélio (Org.). *Assédio moral e sexual no trabalho:* comentários à Convenção n. 190 da Organização Internacional do Trabalho (OIT). Belo Horizonte: Ed. IEPREV, 2021.

(35) MASCARO, Alysson Leandro. *Utopia e direito:* Ernst Bloch e a ontologia jurídica da utopia. São Paulo: Quartier Latin do Brasil, 2008-a.

desejar a igualdade não apenas no seu aspecto formal-jurídico, como defende o jusfilósofo Alysson Mascaro:

> É porque alguém deseja profundamente os direitos humanos que deve desejar com fervor a plena dignidade humana. Quem deseja a igualdade não pode dela desgostar apenas no que tange ao seu aspecto formal-jurídico. É preciso gostar de sonhar que, em algum dia, os seres humanos terão condições econômicas, sociais e culturais similares. O capitalismo não comporta a plena dignidade humana. A dignidade, que os direitos humanos exprimem e buscam consolidar, é maior do que o próprio horizonte jurídico dos direitos humanos. Fomos bárbaros; hoje somos formalmente civilizados; amanhã, num mundo fraterno e socialista, seremos plenamente humanidade.(36)

Resistir é importante, mas não devemos perder de vista as possibilidades do futuro.

5. Conclusão

O trabalho decente tem sido mencionado nos tratados internacionais no período pós-Segunda Guerra Mundial e pressupõe o trabalho assalariado, situando-se, portanto, nos limites do modo de produção capitalista e de sua forma jurídica. No entanto, não há construção teórica sobre seu conceito, uma vez que as organizações internacionais (OIT e ONU) formulam-no de maneira procedimental, sem considerar o conteúdo e a organização do trabalho. Dessa forma, a construção teórica a partir do que se supõe ser o trabalho decente ainda é frágil; embora aparentemente passe a dar conta de questões importantes como, por exemplo, da violência e do assédio no trabalho; e se reproduz em todas as ações promovidas sob a forma de agenda, metas etc. Por fim, no Brasil, o problema é agravado, uma vez que a agenda do trabalho decente se relaciona com o trabalho produtivo e o chamado 'mínimo existencial'. Diante desse quadro, são lançadas algumas reflexões, em especial um conceito possível de TD para a defesa do destinatário do direito ao trabalho decente, a pessoa trabalhadora, que não deve ser submetida à condição de objeto, máquina, animal ou subumano. Nesse sentido, além do conteúdo consolidado, o trabalho decente deve também abranger o enfrentamento das violências e dos assédios no mundo do trabalho.

Referências

ANTUNES, Ricardo. A nova morfologia do trabalho e suas principais tendências: informalidade, infoproletariado, (i)materialidade e valor. In: ANTUNES, Ricardo (Org.). *Riqueza e miséria do trabalho no Brasil II*. São Paulo: Boitempo, 2013.

ARAÚJO, Adriane Reis de. Assédio moral organizacional. *Rev. TST*, Brasília, vol. 73, n. 2, abr./jun. 2007.

---

(36) MASCARO, Alysson Leandro. Os direitos humanos e a dignidade humana. *Revista MPD Dialógico*, São Paulo: Movimento do Ministério Público Democrático, ano V, n. 21, 2008-b.

BARRETO, Margarida Maria Silveira. *Violência, saúde e trabalho:* uma jornada de humilhações. São Paulo: EDUC, 2003.

BERLIN, Isaiah. Two concepts of liberty. In: BERLIN, Isaiah; HARDY, Henry. *Liberty:* incorporating "four essays on liberty". Oxford: Oxford University Press, 2002.

BIHR, Alain. *La Novlangue Néolibérale:* La rhétorique du fétichisme capitaliste. Suíça: Page Deux, 2007.

CHAUÍ, Marilena. *O que é ideologia.* São Paulo: Brasiliense, 2006. p. 90-91.

DEJOURS, Christophe. Subjetividade, trabalho e ação. Tradução de Heliete Karam e Júlia Abrahão. *Revista Produção,* São Paulo, v. 14, n. 3, p. 27-34, set./dez. 2004, p. 33-34. Disponível em: <http://www.scielo.br/scielo.php?script=sci_arttext&pid=S0103-65132004000300004&lng=en&nrm=iso>. Acesso em: 15 maio 2015.

DERANTY, Jean-Philippe; MACMILLAN, Craig. The ILO's Decent Work Iniciative: Suggestions for an Extension of the Notion of "Decent Work". In: *Jornal of Social Philosophy*, vol. 43, n. 4, p. 386-405. Wiley Periodicals, Inc., 2012.

DUMÉNIL, Gérard; LÉVY, Dominique. *A crise do neoliberalismo.* Tradução de Paulo Castanheira. São Paulo: Boitempo, 2014. p. 19.

ESPING-ANDERSEN, Gosta. *The Three Worlds of Welfare Capitalism.* Princeton: Princeton University Press, 1990.

FERRITO, Bárbara M. R. S. *Direito e desigualdade:* uma análise da discriminação das mulheres no mercado de trabalho. São Paulo: LTr, 2021.

GHAI, Dharam (Org.). *Decent work:* objetives and strategies. Genebra: International Institute for Labour Studies, International Labour Organization, 2006.

HIRSCH, Joachim. *Teoria Materialista do Estado.* Rio de Janeiro: Revan, 2010.

KANT, Immanuel. Primeira parte — primeiros princípios metafísicos da doutrina. In: KANT, Immanuel. *Metafísica dos costumes.* Tradução de Clélia Aparecida Martins. São Paulo: Universitária São Francisco, 2013.

KASHIURA JÚNIOR, Celso Naoto. *Crítica da igualdade jurídica* — contribuição ao pensamento jurídico marxista. São Paulo: Quartier Latin, 2009.

MAEDA, Patrícia. *A era dos zero direitos:* trabalho decente, terceirização e contrato zero-hora. São Paulo: LTr, 2017.

MARGALIT, Avishai. *The Decent Society.* Tradução de Naomi Goldblum. Cambrigde/MA: Harvard University Press, 1998.

MARX, Karl. *O Capital:* crítica da economia política: Livro I: o processo de produção do capital. Tradução de Rubens Enderle. São Paulo: Boitempo, 2013.

MASCARO, Alysson Leandro. *Estado e forma política.* São Paulo: Boitempo, 2013.

______. *Utopia e direito:* Ernst Bloch e a ontologia jurídica da utopia. São Paulo: Quartier Latin do Brasil, 2008-a.

______. Os direitos humanos e a dignidade humana. *Revista MPD Dialógico,* São Paulo: Movimento do Ministério Público Democrático, ano V, n. 21, 2008-b.

NAVES, Marcos Bilharinho. *Marxismo e direito:* um estudo sobre Pachukanis. São Paulo: Boitempo, 2008.

ORGANIZAÇÃO INTERNACIONAL DO TRABALHO. *Un travail decent:* Rapport du Directeur Général. Conférence Internationale du Travail. Genebra: OIT, 1999.

PACHUKANIS, Evgeny Bronislavovich. *Teoria Geral do Direito e Marxismo.* São Paulo: Acadêmica, 1988.

RODGERS, Gerry. The Goal of Decent Work. In: *IDS Bulletin*, vol. 39, n. 2, Genebra: Institute of Developmente Studies, 2008.

SAAD FILHO, Alfredo. *O valor de Marx.* Campinas: Unicamp, 2011.

SENNETT, Richard. *The Corrosion of Character:* The Personal Consequences of Work in the New Capitalism. 1. Ed. Nova Iorque: W.W. Norton & Company, 1998.

SOARES, Angelo (Org.). *Stratégies de résistance et travail des femmes.* Montreal: Harmattan, 1997.

SOMAVIA, Juan. L'Agenda pour le travail décent de l'OIT en tant qu'aspiration des personnes: l'insertion des valeurs et de l'éthique das l'économie globale. In: PECCOUD, Dominique (Org.). *Le travail décent:* Points de vue philosophiques et spirituels. Genebra: Organização Internacional do Trabalho, 2004.

TAPIOLA, Kari. Préface. In: PECCOUD, Dominique (Org.). *Le travail décent:* Points de vue philosophiques et spirituels. Genebra: Organização Internacional do Trabalho, 2004.

TELES, Gabriela Caramuru. Extração de mais-valor e "trabalho decente" nas técnicas de assédio moral do capitalismo. In: SERAU JUNIOR, Marco Aurélio (Org.). *Assédio moral e sexual no trabalho:* comentários à Convenção n. 190 da Organização Internacional do Trabalho (OIT). Belo Horizonte: Ed. IEPREV, 2021.

WACQUANT, Loïc. *As prisões da miséria.* Rio de Janeiro: Zahar, 2011.

Apresentação de Voto de Relatoria do Desembargador Lorival Ferreira dos Santos

Presentation of Reporting Vote by Judge Lorival Ferreira dos Santos

Gisela Rodrigues Magalhães de Araujo e Moraes[(1)]

O Desembargador Lorival Ferreira dos Santos, além de Magistrado, atuou nesse Egrégio Tribunal Regional do Trabalho da 15ª Região como *Gestor Regional do Trabalho Seguro* e também compondo o *Comitê para a Erradicação do Trabalho Escravo Contemporâneo, do Tráfico de Pessoas, da Discriminação de Gênero, Raça, Etnia e Promoção de Igualdade*, empenhando-se em desenvolver estratégias e ações para enfrentar grandes desafios, influenciando diretamente na agenda e nas políticas adotadas pela Instituição e pela sociedade no que tange a tais temas.

A contribuição do Desembargador Lorival é imensurável, promovendo ações de combate às violações dos direitos humanos, exercendo seu ofício de forma ativa e contribuindo para a construção de uma sociedade mais justa e igualitária. Deixou um admirável legado para as gerações futuras, lutando pelos direitos humanos e pela dignidade de todas as pessoas.

Como Magistrado e Desembargador desta Corte, foi relator de diversos processos cujo temas representavam grandes desafios a serem enfrentados, pertinentes a casos sensíveis de trabalhadores rurais, pessoas que muitas vezes se encontram em condições análogas à escravidão, trabalhadores vítimas de assédio, preconceito racial e de gênero, questões acidentárias e de adoecimento, entre outros casos peculiares e adversos.

(1) Desembargadora do Trabalho. Presidente do TRT da 15ª Região no biênio 2018-2020.

A sensibilidade de um magistrado ao julgar casos emblemáticos é fundamental, pois frequentemente envolvem questões sociais, éticas e morais complexas que transcendem a mera aplicação da lei. Um magistrado sensível compreende a importância de considerar não apenas os aspectos legais, mas também as implicações sociais e humanas das decisões judiciais. Isso garante que a justiça seja verdadeiramente equitativa, respeitando os direitos individuais e coletivos, e promovendo valores como igualdade, justiça e dignidade. Além disso, a sensibilidade do magistrado contribui para a legitimidade do sistema judiciário, fortalecendo a confiança do público na capacidade da justiça de abordar questões cruciais e atender às necessidades da sociedade.

Foi uma honra compor a 5ª Câmara desta Colenda Corte ao lado do Desembargador Lorival, cujos ensinamentos em seus brilhantes votos jamais serão esquecidos.

Para ilustrar a grandeza de seu trabalho, transcrevo recente decisão proferida em 23.05.2023 acerca de um trabalhador rurícola no ofício de colhedor de laranja, na qual se percebe a apreciação cautelosa e minuciosa do caso:

IDENTIFICAÇÃO

PROCESSO n. 0011269-19.2021.5.15.0079 (ROT)

2ª VARA DO TRABALHO DE ARARAQUARA

JUÍZA SENTENCIANTE: CONCEICAO APARECIDA ROCHA DE PETRIBU FARIA

RECORRENTES: LUCIANO LOPES DE SOUZA, SUCOCITRICO CUTRALE LTDA

RECORRIDOS: LUCIANO LOPES DE SOUZA, SUCOCITRICO CUTRALE LTDA

RELATOR: LORIVAL FERREIRA DOS SANTOS

glm

FUNDAMENTAÇÃO

Vistos etc.

Inconformados com a r. sentença, na qual foi julgada procedente em parte a ação, recorrem as partes.

O reclamante pretende a reforma da r. sentença quanto: adicional de insalubridade (calor), reflexos do adicional de insalubridade nas horas *"in itinere"*, pausa de recuperação térmica (hidratação), para obrigatória do art. 72 da CLT, pausa do Anexo n. 3 da NR-15 nos meses de setembro a abril de cada ano e atualização monetária. Pede provimento.

A reclamada requer a modificação do julgado de origem quanto aos instrumentos normativos aplicáveis, limitação da condenação aos valores indicados na inicial, adicional de insalubridade (calor), honorários periciais, horas extras, reflexos e base de cálculo, horas *"in itinere"*, honorários sucumbenciais. Pede provimento.

Contrarrazões apresentadas.

Dispensada a manifestação da D. Procuradoria do Trabalho, nos termos do Regimento Interno deste E. Tribunal.

É o relatório.

VOTO

A presente reclamação trabalhista foi proposta em 28/12/2021 para pleitear direitos decorrentes de contrato de trabalho que perdurou no período de 14/05/2018 até 02/04/2020 (TRCT Id 66341b3). Portanto, aplicáveis as alterações de direito material introduzidas na CLT pela Lei n. 13.467/2017.

ADMISSIBILIDADE

Conheço dos recursos, porque atendidos os pressupostos legais de admissibilidade.

MÉRITO

ADICIONAL DE INSALUBRIDADE (CALOR FONTE ARTIFICIAL). INTEGRAÇÃO E REFLEXOS. HONORÁRIOS PERICIAIS

(matéria comum aos recursos)

A reclamada sustenta que "*que, mesmo anteriormente à Portaria 1.359/2019 a exposição ao calor por fonte natural não gera direito ao referido adicional.* ". Cita jurisprudência. Defende se inaplicável o item II da OJ 173, com fundamento no art. 8º, § 2º, da CLT, que vedar a criação ou eliminação de direitos por Súmulas e outros Enunciados do TST. Assim requer excluída sua condenação no pagamento de adicional de insalubridade no período entre 14/05/2018 até 08/12/2019. Também insurge quanto aos honorários periciais.

O reclamante requer seja deferido o adicional de insalubridade durante todo o período contratual imprescrito, mesmo a partir 09 de dezembro de 2019, vigência da Portaria 1.259/2019, diante dos gravíssimos efeitos do calor e radiação não ionizante na saúde dos trabalhadores a céu aberto, consoante ditames da NR-15 Anexo 3 de 1978. Também requer integração na base de cálculos da horas extras horas "in itinere" (Súmula ns. 139 e 264 e OJ 47 da SDI-I, todas do C. TST). Cita jurisprudência, debates, estudos técnicos e acadêmicos, além de estatísticas de mortes para reforçar para que seja afastada a aplicação da Portaria 1.359/2019.

O i. Juízo *"a quo"* reconheceu, com base no laudo pericial, que o reclamante, em suas atividades de colheita de cítricos trabalhou exposto calor solar acima dos limites de tolerância, sem a proteção adequada, acarretando a condenação ao pagamento de um adicional em grau médio (20%) pelo período contratual compreendido apenas entre 14/5/2018 e 8/12/2019, considerada a vigência da Portaria n. 1.359/19 e que nos meses de junho a setembro a temperatura é mais amena.

Vejamos.

Inicialmente consigna-se ser incontroverso que o reclamante foi contratada pela empresa ré como rurícula e sua função consistia em realizar a colheita de laranjas. Logo as atividades do reclamante foram desenvolvidas no campo, a céu aberto, com exposição direta e contínua aos efeitos nocivos dos raios e calor solares.

O laudo pericial (Id cc26df1) atestou que " *As atividades do reclamante são consideradas entre moderadas e pesadas. O trabalho se alternava entre posicionar a escada para alcançar os frutos subindo e descendo movimentando os braços e pernas, caminhando ao redor das árvores e transportando a bolsa pesada com as laranjas colhidas. Na avaliação do IBUTG, mesmo assumindo-se pausas, teríamos o valor obtido foi de IBUTGe = 27,30 é muito superior aos limites preconizados para a exposição conforme a legislação prevista no Anexo 3 da NR-15.*"

E concluiu: "*As atividades do reclamante se enquadram como insalubres,por exposição ao agente nocivo calor,em acordo com os preceitos do anexo 03 da NR15 da Portaria 3214/78 e da NHO-06 da Fundacentro, excetuando-se a época de labor durante o inverno (21 de junho a 22 de setembro), fazendo jus ao adicional de insalubridade em grau médio 20 %nos períodos: 14/05/2018 a 08/12/2019*"

Em sede de esclarecimentos o sr. perito afirmou que o reclamante relatou trabalho constante, principalmente pela pressão pela produtividade. Com base no quadro 3 do Anexo III da NR-15, refutou a tese de que as atividades desenvolvidas pelo autor poderiam ser consideradas leves.

De fato, não há dúvidas de que o juiz não está adstrito ao laudo pericial, haja vista o princípio do livre convencimento e da busca pela verdade real dos quais pode se valer, além das máximas da experiência e da razoabilidade que devem guiar a atividade jurisdicional.

É sabido que, pelas peculiaridades do serviço de colheita manual em lavouras, os trabalhadores ficam expostos, por longas horas, ao agente físico calor, como também aos raios solares, sem possibilidade de escolha entre ficar ou não expostos aos malefícios que provocam.

O calor solar também é fator físico danoso para a saúde do trabalhador, posto que modifica o organismo humano, causando, dentre outros malefícios, a vasodilatação sanguínea, a ativação intensa das glândulas sudoríparas (sudorese intensa), o aumento da frequência cardíaca e o aumento da temperatura interna do corpo humano.

Portanto, o trabalho em lavouras de cana-de-açúcar expõe o trabalhador rural a calor nocivo à saúde humana, especialmente pelo tempo de exposição ao sol e pela intensidade de sua agressão.

O art. 7º, XXII, da Constituição Federal, assegura a redução dos riscos inerentes ao trabalho, por meio de normas de saúde, higiene e segurança, abrangendo essa garantia a todos os trabalhadores indistintamente.

A CLT, através de seu art. 155, prevê que incumbe ao órgão competente estabelecer normas sobre a segurança e medicina do trabalho. E o art. 190 da CLT estabelece que o Ministério do Trabalho aprovará o quadro das atividades e operações insalubres e adotará normas sobre critérios de caracterização da insalubridade, os limites de tolerância aos agentes agressivos, meios de proteção e o tempo máximo de exposição do empregado a esses agentes.

A respeito das atividades e operações insalubres, o Ministério do Trabalho editou a NR-15. Tal norma busca estabelecer parâmetros para avaliação e controle dos ambientes de trabalho regulamentando ações e procedimentos de prevenção, com o intuito de garantir a saúde, integridade física, vida e segurança do trabalhador.

A NR-15, no quadro n. 1 do Anexo 3, estipula os limites de tolerância para exposição ao calor, sendo previsto o direito ao adicional de insalubridade aos trabalhadores que se exponham ao agente nocivo acima dos limites previstos.

Referida NR cuida tanto do calor por fonte artificial como também por fonte natural, tanto que é indicado dois procedimentos para o cálculo do IBUTG: uma para ambientes internos (sem carga solar) e outro para ambientes externos (com carga solar — Fontes Naturais e Fontes Artificiais ou somente Fontes naturais).

E o entendimento de que a NR-15 também é aplicável ao trabalhador exposto à carga solar passou a ser adotado pacificamente pela jurisprudência da Colenda Corte Suprema Trabalhista, o que gerou a alteração dos termos da Orientação Jurisprudencial n. 173 da SBDI-1, passando o inciso II a ter a seguinte redação:

> "II – Tem direito ao adicional de insalubridade o trabalhador que exerce atividade exposto ao calor acima dos limites de tolerância, inclusive em ambiente externo com carga solar, nas condições previstas no Anexo 3 da NR 15 da Portaria n. 3214/78 do MTE".

Rejeita a tese de inaplicabilidade do item II da OJ 173 da SDI-1 do C. TST, pois verifica-se que a r. sentença apenas observou a norma vigente, até porque trata-se de normativa editada pelo TST com o objetivo de uniformizar o entendimento acerca de determinado tema ou norma aplicável.

No mesmo sentido é a Súmula n. 88 deste E. Regional:

"ADICIONAL DE INSALUBRIDADE. TRABALHADOR RURAL. TRABALHO A CÉU ABERTO. EXPOSIÇÃO A CALOR. Comprovada a exposição do trabalhador rural ao calor excessivo, nas condições previstas no Anexo 3 da NR-15 da Portaria n. 3.214/78 do Ministério do Trabalho, é devido o pagamento do adicional de insalubridade." (RESOLUÇÃO ADMINISTRATIVA n. 01/2017, de 24 de janeiro de 2017 - Divulgada no *D.E.J.T.* de 26/01/2017, págs. 04-05; *D.E.J.T.* de 27/01/2017, págs. 01-02, no D.E.J.T. de 30/01/2017, págs. 04-05)

É certo, assim, que a jurisprudência atual é pacífica quanto à aplicação da NR-15 ao trabalhador exposto ao calor solar, como é o caso da reclamante nestes autos.

Entretanto, são notórias as variações das condições climáticas, não sendo possível concluir que os níveis de calor ficaram acima do limite de tolerância em todos os dias laborados ao longo de toda a contratualidade, estando correta a delimitação feita pelo sr. perito quanto aos meses do ano em que as condições laborais se tornaram insalubres (outubro a maio).

No mais, coaduno com o Juízo Primevo, quanto à necessidade de limitação da condenação em razão da edição da Portaria n. 1.359 de 09/12/2019, a qual, alterando o anexo n. 3, da NR-15, determina que a insalubridade em razão da exposição ao calor, acima dos limites de tolerância, não se aplica às atividades ocupacionais realizadas a céu aberto, sem fonte artificial de calor.

Registro que referida alteração não é retroativa, contudo, aplica-se ao período a partir de sua entrada em vigor.

E no caso em estudo, considerando que foi apurado calor acima dos limites de tolerância nos meses entre outubro e maio, agiu corretamente o sr. perito ao descaracterizar a insalubridade a partir de 09/12/2019 com base nas alterações do anexo 3 da NR-15 trazidas pela Portaria 1.359, de 9 de dezembro de 2019, cuja validade está sendo mantida, assim como a r. sentença que limitou a condenação a 8/12/2019, pleo que se mantém incólume a r. decisão proferida, inclusive quanto à exclusão (exceção) dos meses de inverno (junho a setembro).

Por fim, prospera a tese do autor quanto à integração e reflexos.

Comprovado o direito ao recebimento de adicional de insalubridade.

Nesse cenário, ressalto que os adicionais de insalubridade e periculosidade são verbas pagas em função do labor prestado em condições prejudiciais à saúde ou risco, possuem caráter salarial, de contraprestação. A Corte Máxima Trabalhista já pacificou seu entendimento no tocante à integração dos referidos adicionais no valor das horas extras, como segue:

"Súmula n. 139. ADICIONAL DE INSALUBRIDADE (incorporada a Orientação Jurisprudencial n. 102 da SBDI-1) – Res. 129/2005, *DJ* 20, 22 e 25.04.2005. Enquanto percebido, o adicional de insalubridade integra a remuneração para todos os efeitos legais. (ex-OJ n. 102 da SBDI-I – inserida em 01.10.1997)".

"OJ-SDI1-47. HORA EXTRA. ADICIONAL DE INSALUBRIDADE. BASE DE CÁLCULO (alterada) – Res. 148/2008, *DJ* 04 e 07.07.2008 – Republicada *DJ* 08, 09 e 10.07.2008. A base de cálculo da hora extra é o resultado da soma do salário contratual mais o adicional de insalubridade".

Além disso, de acordo com a jurisprudência do Colendo TST, o cálculo das horas extras deve ser realizado sobre a totalidade das verbas de natureza salarial, conforme Súmula n. 264, *"in verbis"*:

"HORA SUPLEMENTAR. CÁLCULO (mantida) – Res. 121/2003, *DJ* 19, 20 e 21.11.2003. A remuneração do serviço suplementar é composta do valor da hora normal, integrado por parcelas de natureza salarial e acrescido do adicional previsto em lei, contrato, acordo, convenção coletiva ou sentença normativa."

Portanto, inconteste a inadequação parcial da decisão de origem, no particular, pois a r. sentença já determinou a integração a base de cálculo das horas extras.

Assim, ante a natureza salarial e habitual reformo a sentença para a incluir o adicional de insalubridade na base de cálculo das horas *"in itinere"*.

Rejeita a alegação da reclamada (contrarrazões), de má-fé, pois a análise das questões suscitadas no recurso ordinário do autor revela que apenas se valeu do direito de recorrer, não havendo justificativa para imposição de penalidade.

Mantida a condenação ao pagamento do adicional de insalubridade, sendo a reclamada sucumbente na pretensão objeto das perícias, permanece com a recorrente o ônus pelo pagamento dos honorários periciais, conforme o disposto no art. 790-B da CLT. Com relação ao valor arbitrado, R$ 2.500,00, reputo adequado uma vez que está em consonância com o trabalho técnico apresentado, levando em consideração a complexidade do trabalho, o tempo exigido, a qualificação profissional e o grau de zelo no serviço efetivado.

Sendo assim, nego provimento ao da reclamada e dou parcial provimento ao do reclamante, conforme fundamentação supra.

RECURSO DO RECLAMADA

INSTRUMENTO NORMATIVO INAPLICÁVEL

A r. sentença rejeitou o pedido da defesa de aplicação ds normas coletivas juntadas com a defesa com os seguintes fundamentos:

"<u>Instrumento normativo inaplicável</u>

A reclamada, em sua defesa, pugnou pela aplicação das normas coletivamente pactuadas no acordo coletivo por ela vertido ao feito.

Todavia, é certo que o enquadramento sindical dos participantes da relação de emprego está adstrito ao local da prestação de serviço, isto é, tanto empregados quanto empregadores ficam obrigatoriamente restritos às cláusulas da Convenção Coletiva de Trabalho vigente no local do labor do obreiro.

Deste modo, o contrato de trabalho de um empregado que presta serviços na região de Rincão/SP (mais precisamente na Fazenda Santo Antônio localizada na referida cidade, conforme ficou demonstrado pelo conjunto probatório produzido neste feito), como ocorreu na hipótese vertente, sofrerá as consequências da norma coletiva vigente nesta cidade/região. Não importa à aplicação da *norma coletiva, se a sede da empresa fica localizada em outra cidade ou, então, se o contrato de trabalho tenha se constituído em município diverso. A lei do local é que determina o título normativo a ser obedecido, ou seja, aplica-se a norma coletiva do local da prestação do serviço.*

Ao trabalhador compete a escolha quanto à filiação ao sindicato representativo da categoria a que pertence, mas a ele não cabe a eleição do sindicato que lhe aprouver, pois o enquadramento sindical não se sujeita à vontade dos empregados ou empregadores, nem à localização da sede da empresa; a convenção coletiva aplicável é a do local da prestação de serviço do emprego (inteligência do art. 611 da CLT).

Portanto, independentemente de onde está situada a empresa ou de onde foi firmado o contrato, estando o empregado prestando serviços em determinada cidade, seu contrato de trabalho será regido pelo título normativo aplicável aos trabalhadores da categoria profissional do empregado na localidade e desde que nele figure a entidade patronal que representa a empresa no mesmo município.

No caso concreto, os instrumentos convencionais cujas cópias digitalizadas foram juntadas ao feito pela ré às fs. 96/117 não se aplicam, por óbvio, ao caso concreto, pois não abrange a base territorial do sindicato representativo da categoria do reclamante."

Irresignada, a reclamada insiste na aplicabilidade das normas coletivas anexadas por ela, pois o reclamante se beneficiou das mesmas durante o pacto laboral.

Sem razão, pois para fins de aplicação da norma coletiva deve-se adotar o princípio da territorialidade, observando-se a base territorial onde o empregado desenvolve seus trabalhos, até para que não se viole o princípio da livre concorrência. Nesse sentido destaco decisão do TST:

"(...) ENQUADRAMENTO SINDICAL. A jurisprudência desta Corte pacificou-se no sentido de que a representação sindical rege-se pelo princípio da territorialidade, nos termos do art. 8º, inciso

II, da Constituição Federal e do art. 611 da CLT, de modo que o contrato de trabalho será regido pelos pactos coletivos firmados na base territorial na qual o empregado presta serviços, ainda que tenha sido outro o local de sua contratação. Assim, inaplicáveis acordos e convenções quando firmados por sindicatos de bases territoriais diversas. Arestos oriundos de turmas do TST não habilitam o conhecimento do recurso de revista, conforme se extrai do art. 896, a, da CLT. A Súmula n. 374 do TST é inespecífica, pois não se trata de categoria diferenciada. Recurso de revista não conhecido." (RR – 1087-74.2010.5.15.0138, Relator Ministro: Augusto César Leite de Carvalho, Data de Julgamento: 21/03/2018, 6ª Turma, Data de Publicação: *DEJT* 23/03/2018)

Nego provimento.

LIMITAÇÃO DA CONDENAÇÃO AOS VALORES DA INICIAL

Requer a ré que a condenação seja limitada aos valores da inicial, nos termos do art. 840, da CLT.

Não obstante processo do trabalho perfilhe o caminho da singularidade, iniciando pela petição inicial (art. 840 da CLT), que originalmente exigia apenas a dedicatória, a qualificação das partes, uma breve exposição dos fatos, o pedido, data e assinatura, o parágrafo primeiro deste artigo foi ao longo do tempo sendo aperfeiçoado, com a introdução do valor da causa, através da Lei n. 5.584/70.

Agora, através da Lei n.13.467.17, foi dado nova redação ao § 1º do a CLT, acrescentando: "*o pedido, que deverá ser certo, determinado e com a indicação de seu valor,...*". "§ 3º Os pedidos que não atenderem ao disposto no § 1º deste artigo serão julgados extintos *sem resolução do mérito.*" Neste aspecto, a introdução do valor do pedido nos referidos parágrafos guardam similitude com o art. 852 B da CLT que introduziu o procedimento sumaríssimo no processo do trabalho, impondo-se de certa forma a limitação da condenação ao valor do pedido, em homenagem a congruência, nos moldes do art. 492 do CPC, que dispõe "*ser vedado ao juiz proferir decisão de natureza diversa da pedida, bem como condenar a parte em quantidade superior ou em objeto diverso do que lhe foi demandado*".

Assim considerando, nos parece que interpretação diversa não considerando os limites dos pedidos apontados na petição inicial, não seria razoável, pois tornaria inócua e desprovida de consequências jurídicas a alteração promovida pelo legislador acerca da indicação do valor do pedido, salvo se o reclamante justificadamente apontar ressalva nos termos do art. 324 do CPC, aplicável de forma subsidiária. Nesse sentido, recentemente decidiu O TST-E-ARR-110472-61.2015.5.18.0211, SBDI-I, rel. Min. Walmir Oliveira da Costa, 21.5.2020.

Acrescente-se que preceitua o "*caput*" do art. 324 do CPC de aplicação subsidiária que o pedido deve ser determinado, porém, o § 1º prevê ser lícito formular pedido genérico nas ações universais, se o (a) autor(a) não puder individualizar os bens demandados; quando não for possível determinar, desde logo, as consequências do ato ou do fato; ou, quando a determinação do objeto ou do valor da condenação depender de ato que deva ser praticado pelo réu.

Demandam indicação de valores os pedidos relativos a prestações pecuniárias e vencidas. Na esfera trabalhista, há pedidos que dependem de avaliação pericial para posterior arbitramento judicial, tais como: adicional de insalubridade (art. 192 da CLT), em que há graus mínimos, médio e máximo, pensão mensal por redução da capacidade laborativa e indenização por danos estéticos (art. 950 do CC), duração das pausas de recuperação térmica (a depender da classificação da atividade como leve, moderada ou pesada – NR-15), etc... Outros pedidos são implícitos e se sujeitam ao arbitramento judicial: honorários advocatícios (art. 791-A da CLT), multa e "astreintes" para cumprimento de obrigação de fazer ou não fazer.

No caso em exame, verifica-se que, ressalvados o adicional de insalubridade e as pausas para descanso e térmica (NR-31 e NR-15), não há outro pedido na inicial que pudesse comportar ressalvas, sendo portanto, pedidos simples, que o i. advogado dispunha de todos os dados necessários para o cálculo a ser apontado na petição inicial.

Por tais fundamentos e mais o que consta do § 1º do art. 840 da CLT, acolhe-se parcialmente o recurso da reclamada, para limitar a condenação aos valores indicados na exordial, à exceção do pedido de adicional de insalubridade e pausas para descanso (NR-31e NR-15), os quais, se procedentes, devendo ser apuradas em liquidação por simples cálculo.

DIFERENÇAS DE HORAS EXTRAS E REFLEXOS

Aduz a reclamada que "*não há se falar em afastar acordo de compensação de horas por laborar em jornada extraordinária e em condições insalubres. Veja-se- que a insalubridade deferida se resume ao período de 14/05/2018 a 08/12/2019, excluindo os meses de inverno, junho a setembro, sendo totalmente incoerente a r. decisão quando afirma que isto invalida o acordo de compensação para os demais períodos laborados* ". Defende que o simples excesso de jornada legal de forma alguma poder se causa de invalidade do pactuado, pois comprovou o cumprimento das normas ajustadas, inclusive os pagamentos dos adicionais, conforme documentos anexados aos autos e como permite a legislação (*vide* art. 59, § 2º, 3º, 4, 5º e 6º da CLT, bem como, o art. 59-B e § único da CLT). Defenda a inaplicabilidade da OJ 235, pois o colhedor de laranja não se equipara ao cortador de cana, Caso não seja o entendimento a prevalecer, requer seja limitado apenas ao adicional nos termos da Súmula n. 340 e OJ 235.

Sem razão.

No caso dos autos, foram validados os controles de jornada apresentados pela ré em relação aos dias laborados, ao horário de início e término da jornada, restando a controvérsia acerca do intervalo hidratação. Assim, à parte autora incumbia o ônus de comprovar suas alegações, por se tratar de fato constitutivo do seu direito, nos termos dos arts. 818 da CLT e 373, I, do CPC/2015, do qual, como muito bem ponderado pelo MM. Juízo *"a quo"*, o reclamante se desvencilhou diante da apresentação de apontamentos de diferenças e a constatação existência de condição insalubre no ambiente de trabalho invalidou o acordo de compensação de jornada, nos termos da Súmula n. 85, VI, do C. TST e do art. 60, *"caput"*, da CLT, que não foi alterado pela lei n. 13.467/2017, sendo necessária a licença prévia da autoridade competente para a prorrogação da jornada em tais casos, bem como o enquadramento como trabalho penoso.

Nesse diapasão, convém transcrevermos o trecho da r. sentença sobre a presente discussão:

> *"Como o reclamante reconheceu, em audiência, a validade dos apontamentos diários encartados ao feito (fs. 188/719 e 751/904), de se reconhecer, pois, que os horários de entrada, de intervalo (estes ainda que pré-assinalados) e os de saída consignados nos referidos controles de jornada estão corretos, inclusive a frequência neles registrada.*
>
> *Em sua réplica e razões finais, o autor reproduziu demonstrativo de existência de labor extraordinário sem a contraprestação equivalente.*
>
> *Demais, apesar do acordo de compensação de jornada semanal firmado entre as partes, certo é que o reclamante laborava em jornada extraordinária de forma habitual, inclusive aos sábados, bem como em condições insalubres, o que invalida o acordo de compensação de jornada, motivo pelo qual fica afastada sua aplicação ao caso concreto.*
>
> *No mais, mediante valoração da prova testemunhal produzida, forçoso concluir que a pausa para recuperação térmica (hidratação) era regularmente concedida, sendo 15min fruídos no período da manhã e 15min no período da tarde.*
>
> *Outrossim, tratando-se de trabalho penoso, entendo ser aplicável ao caso, por analogia, no que tange ao direito do trabalhador que aufere ganhos por produção em fazer jus às horas extras com o respectivo adicional, a Orientação Jurisprudencial n.. 235 do C. TST, in verbis:*
>
> "HORAS EXTRAS. SALÁRIO POR PRODUÇÃO (redação alterada na sessão do Tribunal Pleno realizada em 16.04.2012) - Res. 182/2012, *DEJT* divulgado em 19, 20 e 23.04.2012 - O empregado que recebe salário por produção e trabalha em sobrejornada tem direito à percepção apenas do adicional de horas extras, exceto no caso do empregado cortador de cana, a quem é devido o pagamento das horas extras e do adicional respectivo."
>
> *Pelo exposto, condeno a reclamada ao pagamento de horas extras excedentes à 44ª semanal, observado o limite de 8 horas diárias, considerando os horários de entrada, de intervalo (estes ainda que pré-assinalados) e de saída, bem assim a frequência, registrados nos controles de jornada (nos apontamentos diários de produção), com a fruição de duas pausas de 15min para recuperação térmica (hidratação). O divisor é 220."*

Rejeita-se.

Quanto à inaplicabilidade da OJ 235 do C. TST, bem como a tese sucessiva de limitação da condenação ao adicional, nos termos da Súmula n. 340 do C. TST, sem razão a reclamada recorrente, senão vejamos.

Muito embora este relator entenda, a princípio, que o salário por produção remunera a hora singela do serviço extraordinário, não posso deixar de considerar, para reconhecer a quitação dessas horas, as particularidades das condições em que o trabalho extraordinário é efetivado em cada caso.

Há estudos demonstrando que, nos trabalhos repetitivos, não se deveria permitir a remuneração à base de produção, eis que, nesse tipo de remuneração, fica o trabalhador estimulado a trabalhar mais, ultrapassando, muitas vezes, os limites de forças física e psíquica, prejudicando, assim, a sua saúde.

Conforme assinalado pela Juíza do Trabalho Maria da Graça Bonança Barbosa, em palestra proferida por ocasião do Congresso Nacional de Direito do Trabalho Rural em Barretos, o festejado jurista Martins Catharino, em sua obra "Tratado Jurídico do Salário, aponta as seguintes desvantagens do salário por produção:

> *"Induz o operário a produzir mais do que normalmente seria capaz, prejudicando-lhe a saúde, inconveniente que geralmente é relativo por força das normas sobre a duração do trabalho.*
>
> *Entretanto, a maior desvantagem do salário por unidade de obra decorre da possibilidade de ser fixado um preço tal por peça ou unidade que exija do operário uma capacidade produtiva excepcional para ganhar um salário razoável, equivalente ao que perceberia um operário remunerado por tempo."*

É inequívoco que o trabalho do colhedor de laranjas é extremamente árduo e estafante, exigindo força e energia do trabalhador, muitas vezes superiores à sua própria capacidade, sendo certo que o correto seria a fixação de jornada diária que não ultrapassasse mais de seis horas.

Ademais, sendo o trabalho penoso conceituado como aquele que está associado ao desgaste, dor e sofrimento, com consequências que afetam a saúde do trabalhador, é induvidoso que o serviço do colhedor de laranja enquadra-se nessa conceituação.

E, ainda que dependa de regulamentação infraconstitucional a compensação para o trabalho penoso fixada, pelo nosso ordenamento jurídico, a nível constitucional, (adicional de penosidade previsto no art. art. 7º, inciso XXIII), não se pode deixar sem a proteção devida o trabalhador que presta serviços nestas condições.

Em razão disso, há de se considerar que, na Constituição Federal de 1988, os direitos fundamentais foram erigidos à sua máxima importância, sendo que o princípio da dignidade da pessoa humana foi adotado como fundamento da República do Brasil, conforme dispõe o art. 1º, III, da CF/1988, constituindo a essência dos direitos fundamentais, de modo que é forçoso concluir que, se a finalidade maior da CF é tutelar a pessoa humana — a quem reconheceu direitos fundamentais —, a autonomia das relações de trabalho encontra limites na preservação da dignidade da pessoa humana.

Neste contexto, verificamos que a proteção jurídica da vida, da saúde e da integridade física do trabalhador deve guardar estreita relação com a proteção dos direitos fundamentais da pessoa humana.

Note-se que a CF/88, ao tutelar a saúde (art. 196), tem como finalidade a proteção da vida humana, como valor fundamental, sendo certo que a proteção constitucional se volta ao resguardo da saúde físico-psíquica do trabalhador enquanto cidadão, tanto é assim que, no inciso XXII do art. 7º, o legislador constituinte instituiu como direito do trabalhador a "redução dos riscos inerentes ao trabalho, por meio de normas de saúde, higiene e segurança".

De se concluir, assim, que o trabalho seguro e adequado constitui um direito fundamental do trabalhador.

Por consequência, pode-se afirmar que o respeito aos direitos fundamentais do indivíduo, nos quais se insere o direito à vida, à saúde e à redução dos riscos inerentes ao trabalho, como forma de concretizar a dignidade da pessoa humana, não autoriza o trabalho em condições penosas. Contudo, na hipótese do trabalho não ter sido efetivado em condições saudáveis e de segurança, a remuneração do trabalho nestas condições deve ser condizente com a nocividade do trabalho.

Destaque-se que, embora a contraprestação do trabalho extraordinário do colhedor de laranja que recebe por produção venha recebendo tratamento igual ao do trabalhador comissionado, tratam-se de serviços realizados em condições totalmente distintas, posto que não há penosidade no serviço desenvolvido pelo comissionista. Em razão disso, não se pode mais permitir que a remuneração do serviço extraordinário do trabalhador rural receba esse mesmo tratamento, eis que, para situações desiguais, exige-se tratamento desigual.

Seguindo esse mesmo rumo, vale transcrever arestos do Exmos. Sr. Desembargadores deste Tribunal Regional Samuel Hugo Lima, José Pedro de Camargo Rodrigues de Souza e Gerson Lacerda Pistori, respectivamente:

> "TRABALHADOR RURAL. CORTE DE CANA. ATIVIDADE EXTENUANTE. REMUNERAÇÃO POR PRODUÇÃO. JORNADA EXTRAORDINÁRIA. DESRESPEITO AOS PRINCÍPIOS CONSTITUCIONAIS DA DIGNIDADE DA PESSOA HUMANA E DOS VALORES SOCIAIS DO TRABALHO. INAPLICABILIDADE

DA REGRA GERAL INSERIDA NA OJ n. 235 DO C. TST. O constituinte, no art. 1º, elegeu a dignidade da pessoa humana, assim como os valores sociais do trabalho, como princípios centrais de todo o ordenamento jurídico, constitucional e infraconstitucional. Assim, a legislação infraconstitucional deve ser interpretada conforme os princípios acima relacionados. É norma geral de experiência que trabalhador rural, que se ativa no corte de cana, após extenuante jornada, tem a sua capacidade física manifestamente reduzida. Nessas condições de extrema fadiga, alegar que é suficiente a contraprestação no estertor do fôlego do trabalhador mediante singelo adicional extraordinário, colocando inclusive a sua vida em risco (em confronto com o inciso XXII do art. 7o da Carta Magna), é ignorar os princípios constitucionais acima mencionados. Portanto, a regra geral insculpida na OJ n. 235 do C. TST deve ser interpretada conforme os princípios constitucionais, ou seja, desde que atividade extraordinária não implique demasiado esforço físico. Conseqüentemente, o cortador de cana tem direito a receber, na jornada extraordinária, a hora extra acrescida do adicional extraordinário e não apenas este". (TRT 15ª Região- Proc. 00205-2008-112-15-00-7- Relator Desembargador Samuel Hugo Lima - Publ. - 12/01/2009)

"I - RECURSO ORDINÁRIO DA RECLAMADA - SALÁRIO POR PRODUÇÃO - CORTE DE CANA - PAGAMENTO DA HORA E DO ADICIONAL - HONORÁRIOS ADVOCATÍCIOS INDEVIDOS. As horas extras prestadas pelo cortador de cana, que recebe salário por produção, devem ser remuneradas integralmente e acrescidas do respectivo adicional. A cada ano que passa a "produtividade/produção" aumenta e o respectivo preço diminui, dele se exigindo cada vez mais trabalho nessa atividade notoriamente penosa e prejudicial à saúde, o que conspira contra o art. 7º, XIII e XVI da Constituição Federal (horas extras somente em serviços extraordinários) e, também, contra os fundamentos do Estado Democrático de direito (dignidade da pessoa humana, valores sociais do trabalho e da livre iniciativa), os princípios gerais da Atividade Econômica (art. 170) e da Ordem Social (art.193). Quanto aos honorários advocatícios, porém, dependem do preenchimento dos requisitos exigidos pela 5.584/70 e pelas Súmulas ns. 219 e 329/TST, o que não pode ser contornado com a aplicação do art. 389 do CC/2002. Recurso parcialmente provido." (TRT 15ª Região- Proc. n. 01182-2007-134-15-00-4 - Relator Desembargador José Pedro de Carmargo Rodrigues de Souza - Publ.- 22/08/2008)

"SALÁRIO POR PRODUÇÃO; ADICIONAL DE HORAS EXTRAS; REMUNERAÇÃO DO VALOR DO SALÁRIO NORMAL; POSSIBILIDADE.

Hoje em dia já não dá mais para negar que a remuneração com base na produtividade funciona como elemento que se contrapõe àqueles princípios protetivos à saúde e à higidez do trabalhador.

A remuneração do trabalho por produção deve ser vista como cláusula draconiana. Seu intuito é exatamente o de constranger o trabalhador a estar sempre prorrogando suas jornadas em troca de algumas migalhas salariais a mais, renda extra essa que, no final, acaba incorporada em seu orçamento mensal, criando, com isso, uma relação de dependência tal qual a da droga ou da bebida.

Trocando em miúdos, essa modalidade de remuneração faz do trabalhador rural verdadeiro escravo de sua própria produtividade. Sem perceber, essa sua necessidade em manter constante determinado nível de produtividade já alcançado gera o maior desgaste de sua própria saúde, assim como compromete, aos poucos, sua plena capacidade física para o próprio trabalho num futuro ainda próximo.

O que se verifica com isso é a total desregulamentação da forma de remuneração da jornada de trabalho, com uma prejudicial ideia de que todos saem ganhando quando, na verdade, a fatia do prejuízo passa a ser paga por aquele mesmo corpo já demasiadamente cansado e suado.

> Remunerar o trabalhador apenas com o adicional de horas extras em decorrência de seu trabalho por produção representa típico desrespeito àqueles princípios que visam a proteção à saúde e à integridade física de pessoa humana, valores estes que se constituem em primado constitucional (CF/1988, art. 7º, incisos XIII e XXII)." (TRT 15ª Região- Proc. 199-2005-150-15-00-1 RO – Relator Desembargador Gerson Lacerda Pistori – Publ. 31/08/2007)

Cuidando-se, no presente caso, de trabalhador rural que exerceu a função de colhedor de laranjas nas fazendas da reclamada, recebendo salário por produção, é inegável o desempenho de atividade extenuante assim como a dos cortadores de cana, principalmente em se considerando o ínfimo valor pago por caixa colhida. Tal fato obriga o empregado a laborar muito além do que deveria para auferir um salário mensal razoável, propiciando ao trabalhador desgaste físico e psíquico.

Por essa razão correta a r. sentença ao aplicar analogicamente ao caso dos autos a exceção constante na parte final da OJ 235 do C. TST, *"in verbis"*:

> "HORAS EXTRAS. SALÁRIO POR PRODUÇÃO (redação alterada na sessão do Tribunal Pleno realizada em 16.04.2012) – Res. 182/2012, *DEJT* divulgado em 19, 20 e 23.04.2012.

Sendo assim, é indiscutível que o autor tem direito a receber, na jornada extraordinária, não apenas o adicional extraordinário, mas também a hora singela acrescida do adicional.

Por fim, correta a determinação de inclusão do adicional de insalubridade na base de cálculo das horas extras deferidas, em face do que estabelecem as Súmulas 264 e 139, ambas do C. TST.

Diante disso, à míngua de outras provas, deve ser mantida a procedência da verba em comento.

Nego provimento ao recurso da reclamada.

HORAS *"IN ITINERE"*

A reclamada renova os argumentos expostos em sua contestação, de que, em resumo, não mais prevalece a obrigatoriedade do pagamento da hora itinerante, tendo em vista o novo disposto pelo § 2º, do art. 58, da CLT, alterado pela Lei n. 13.467/2017. Afirma que não estão preenchidos os requisitos da Súmula n. 90 do TST, uma vez que o tempo de trajeto casa x trabalho x casa percorrido pelo recorrido era inferior ao alegado e que pagava, por liberalidade, uma hora diária de percurso com adicional de 50%.

Diante da apurada análise do caso pelo MM. Juízo de origem, peço vênia para transcrever seus fundamentos, os quais acolho como razões de decidir, nos termos que seguem:

"*<u>Horas</u>* <u>"in itinere"</u> *<u>e reflexos</u>*

Em sua inicial, o autor afirmou que era transportado em veículo fornecido pela reclamada, por estrada sem transporte regular público e para local de difícil acesso, pretendendo por isso receber horas "in itinere", *alegando que gastava no percurso de ida e volta 2h40min diariamente.*

A reclamada refutou o pedido, afirmando que o tempo despendido era inferior ao alegado e que pagava, por liberalidade, uma hora diária de percurso com adicional de 50%.

Todavia, é incontroverso no feito que o autor laborou em zona rural (predominantemente na Fazenda Santo Antonio localizada entre as cidades de Santa Lúcia e Rincão) e que a ré fornecia condução aos empregados, o que induz à ilação de que o local de trabalho é de difícil acesso, sendo ônus da reclamada produzir a contraprova ou demonstrar a existência de transporte público regular e compatível.

Considerando que desse ônus não se desincumbiu, é devido o pagamento de 1h diária que era gasto pelo autor, por dia, sendo 30min (pela média) em cada sentido, conforme restou demonstrado pela prova oral produzida.

Fica autorizada a dedução de valores já pagos ao mesmo título a fim de evitar o enriquecimento sem causa.

O lapso temporal de percurso compõe a jornada diária ensejando labor extraordinário e como tal deve ser enriquecido com os adicionais já praticados pela reclamada para quitação de horas extras e na sua falta o legal de 50%. O divisor é 220.

Para o cálculo devem ser considerados, ainda, os dias efetivamente trabalhados e a evolução salarial da autora (Súmula n. 264 do C. TST).

Devidos reflexos em dsr´s (domingos e feriados), aviso-prévio, 13º salários, férias + 1/3 e FGTS (8%+40%, este onde couber).

A condenação em apreço será devida pelos dois períodos contratuais havido entre as partes (de 14/5/2018 a 5/4/2020 e de 1º/6/2020 a 2/12 /2020), pois é incontroverso que o autor era trabalhador rural e, portanto, a ele não se aplicam todas as regras da CLT, notadamente a nova redação do art. 58, § 2º da CLT dada pela Lei n. 13.467/2017.

Importa ressaltar que ao trabalhador rural, aplica-se a Lei n. 5.889/1973, regulamentada pelo Decreto n. 73.626/1974. Referido Decreto, em seu art. 4º, menciona expressamente os artigos da CLT que incidirão aos respectivos trabalhadores. Observa-se, no entanto, que não consta o mencionado art. *58 Consolidado. Deste modo, não se pode conceber que a alteração do § 2º do art. 58, que trata das horas de percurso, mudou a situação do trabalho rural.*

Destarte, as alterações introduzidas pela Lei n. 13.467/2017, mais especificamente o § 2º do art. 58, que excluiu o direito às horas de percurso do empregado urbano, não atingiu o empregado rural." g.o.

Acrescento, ainda, que por força do art. 7º, alínea *"b"* da CLT, o § 2º do art. 58 da CLT não é aplicável ao rurícula. É bem verdade que a Constituição Federal de 05 de outubro de 1988 no art. 7º e seus incisos, estabeleceu direitos aos trabalhadores urbanos e rurais, além de outros que visem melhoria de sua condição social, porém não mencionou dentre tais direitos as horas de percurso.

Por outro lado, é aplicável ao trabalhador rural a Lei n. 5.889/73, regulamentada pelo Decreto n. 73.626, de 12 de fevereiro de 1974, que em seu art. 4º manda aplicar alguns dos regramentos da CLT ao rurícula, porém, não manda aplicar a esses trabalhadores a regra do art. 58, da CLT, em face as especificidades de horários do campo, a exemplo do retireiro, horário considerado noturno etc. Logo, nos parece que a revogação das horas "in itinere" não alcança os trabalhadores rurais. Aliás, o próprio Governo, autor da Reforma Trabalhista, através Ministério do Trabalho e Emprego, editou a Portaria n. 1.087, de 28 de setembro de 2017, que em seu 3º considerando, diz expressamente que as alterações trazidas pela Lei n. 13.467/2017, *"por força de seu art. 7º, deixou de fora de seu objeto as importantes categorias dos empregados rurais, dos empregados domésticos, dos servidores públicos e de autarquias paraestatais, — entre outros —, todos regidos por legislação própria;"*.

Assim, restando comprovado se tratar de caso em que o local de trabalho é de difícil acesso ou não servido por transporte público regular, continua devido o pagamento das horas "in itinere", até porque, o deslocamento se deu para atender a exclusivo interesse do empregador. Além disso, não se pode ignorar na análise desse tema a previsão do art. 4º., da CLT, que considera como de serviço efetivo o período em que o empregado esteja à disposição do empregador, aguardando ou executando ordens.

De sorte que, o tempo de trajeto à disposição do empregador é perfeitamente aplicável, in casu, os termos do inciso I, da Súmula n. 90, do TST:

> "HORAS *'IN ITINERE'*. TEMPO DE SERVIÇO (incorporadas as Súmulas ns. 324 e 325 e as Orientações Jurisprudenciais ns. 50 e 236 da SBDI-1) – Res. 129/2005, *DJ* 20, 22 e 25.04.2005 I – O tempo despendido pelo empregado, em condução fornecida pelo empregador, até o local de trabalho de difícil acesso, ou não servido por transporte público regular, e para o seu retorno é computável na jornada de trabalho." (ex-Súmula n. 90 – RA 80/1978, *DJ* 10.11.1978)

Nesse sentido, para elucidar nosso entendimento transcreve-se a seguir o Enunciado 16 da 2ª Jornada de Direito Material e Processual do Trabalho realizada pela Associação Nacional dos Magistrados da Justiça do Trabalho (Anamatra), bem como o entendimento da ementa aprovada e aglutinada ao referido enunciado:

"16 HORAS DE TRAJETO: HIPÓTESES DE CÔMPUTO NA JORNADA APÓS A Lei n. 13.467/2017

1. A ESTRUTURA NORMATIVA MATRIZ DO ART. 4º DA CLT CONTEMPLA A LÓGICA DO TEMPO À DISPOSIÇÃO, NÃO ELIMINADA A CONDIÇÃO DE CÔMPUTO QUANDO SE VERIFICAR CONCRETAMENTE QUE O TRANSPORTE ERA CONDIÇÃO E/OU NECESSIDADE IRREFUTÁVEL, E NÃO DE ESCOLHA PRÓPRIA DO EMPREGADO, PARA POSSIBILITAR O TRABALHO NO HORÁRIO E LOCAL DESIGNADOS PELO EMPREGADOR, MANTENDO-SE O PARÂMETRO DESENVOLVIDO PELA SÚMULA N. 90 DO TST, CASO EM QUE FARÁ JUS O TRABALHADOR À CONTAGEM, COMO TEMPO DE TRABALHO, DO TEMPO DE DESLOCAMENTO GASTO EM TRECHO DE DIFÍCIL ACESSO OU SEM TRANSPORTE PÚBLICO POR MEIO FORNECIDO PELO EMPREGADOR, NA IDA OU RETORNO PARA O TRABALHO. INTELIGÊNCIA DO ART. 3º, C, DA CONVENÇÃO N. 155 DA OIT. 2. INAPLICABILIDADE DO § 2º DO ART. 58 DA LEI N. 13.467/2017 AO TRABALHO EXECUTADO NA ATIVIDADE RURAL."

Ademais, a reclamada não se desincumbiu do seu encargo de comprovar que o local de trabalho era servido por transporte público regular, portanto, correta a r. sentença em deferir o pleito do autor.

Por fim, nada há a ser modificado no tocante à condenação pelo tempo despendido de 1 h/dia, pois como bem ressaltou a origem, que era gasto pelo autor, por dia, sendo 30min (pela média) em cada sentido, conforme restou demonstrado pela prova oral produzida e i. Juízo *"a quo"* já autorizou a dedução dos valores quitados sob os mesmos títulos, razão pela qual não merece crédito as alegações recursais da recorrente quanto ao tema.

Assim, nego provimento ao recurso interposto pela reclamada.

HONORÁRIOS ADVOCATÍCIOS

Requer a reclamada a condenação do autor ao pagamento dos honorários advocatícios sucumbenciais, pois, ao condenar somente a parte reclamada no importe de 10%, a r. sentença feriu o princípio da isonomia e o art. 791-A, da CLT.

Vejamos.

O presente processo foi instaurado em 16/12/2020, já na vigência da Lei n. 13.467/2017 e, assim sendo, é perfeitamente aplicável ao caso as regras dos honorários advocatícios sucumbenciais constantes do art. 791-A, caput e §§ 1º até 5º, da CLT, conforme dispõe o art. 6º, da IN 41/2018 do TST, *"in verbis"*:

"Art. 6º Na Justiça do Trabalho, a condenação em honorários advocatícios sucumbenciais, prevista no art. 791-A, e parágrafos, da CLT, será aplicável apenas às ações propostas após 11 de novembro de 2017 (Lei n. 13.467/2017). Nas ações propostas anteriormente, subsistem as diretrizes do art. 14 da Lei n. 5.584/1970 e das Súmulas ns. 219 e 329 do TST."

Cumpre esclarecer que, o fator determinante da incidência da nova legislação sobre os honorários advocatícios é a data de ajuizamento da demanda e não a época dos fatos pleiteados.

Havendo sucumbência recíproca, é devida a verba em comento pela parte reclamante. Considerando-se os termos dos §§ 1º e 2º do art. 791-A, a realidade processual e a complexidade envolvida no processo, arbitro os honorários sucumbenciais em favor do patrono da reclamada no valor referente a 10% sobre o valor indicado na inicial a cada pedido julgado totalmente improcedente.

Quanto à aplicação do art. 791-A, § 4º, da CLT, com base no conteúdo da certidão de julgamento da ADI 5766, em sessão realizada em 20/10/2021, este Relator, assim como esta 5ª Câmara, vinha entendendo que o Plenário do E. Supremo Tribunal Federal havia declarado a inconstitucionalidade dos arts. 790-B, caput e § 4º, e 791-A, § 4º, da CLT, sob o fundamento de que tais dispositivos violariam as garantias constitucionais de acesso à justiça e da assistência jurídica integral e gratuita, à luz do art. 5º, XXXV e LXXIV, da Constituição Federal.

Contudo, depois da publicação do acórdão da referida ação (publicado no *DJE* de 3/5/2022) e decisão dos Embargos de Declaração (publicado no *DJE* de 29/6/2022) interpostos, verificou-se que a inconstitucionalidade discutida e considerada na ADI 5.766 pelo STF em relação aos honorários advocatícios, seria somente quanto a expressão "*desde que não tenha obtido em juízo, ainda que em outro processo, créditos capazes de suportar a despesa*", prevista no do § 4º do art. 791-A da CLT.

Portanto, houve a declaração parcial de inconstitucionalidade do dispositivo no sentido de afastar a compensação automática de créditos trabalhistas, nos próprios autos ou em outro processo. Ou seja, entendeu-se pela impossibilidade de presunção legal absoluta de que a obtenção de créditos, na mesma ou em outra ação, por si só exclua a condição de hipossuficiente do devedor da verba honorária. Assim, foram mantidas as obrigações sucumbências do beneficiário da justiça gratuita, as quais ficarão sob condição suspensiva de exigibilidade e somente poderão ser executadas se, nos dois anos subsequentes ao trânsito em julgado da decisão que as certificou, o credor demonstrar que deixou de existir a situação de insuficiência de recursos que justificou a concessão de gratuidade, extinguindo-se, passado esse prazo, tais obrigações do beneficiário, na forma da parte final do § 4º do art. 791-A da CLT.

Aliás, esse é o atual entendimento adotado pelo C. TST, conforme decisões "*in verbis*":

"AGRAVO DE INSTRUMENTO EM RECURSO DE REVISTA. LEIS NS. 13.015/2014 E 13.467/2017. HONORÁRIOS SUCUMBENCIAIS. BENEFICIÁRIO DA JUSTIÇA GRATUITA. ART. 791-A, § 4º, DA CLT. AÇÃO PROPOSTA APÓS 11 DE NOVEMBRO DE 2017. PROVIMENTO. Demonstrada possível contrariedade ao entendimento do STF na ADI 5766/DF e violação ao art. 5º, LXXIV, da Constituição da República, dá-se provimento ao agravo de instrumento para o amplo julgamento do recurso de revista. Agravo de instrumento a que se dá provimento. RECURSO DE REVISTA. REGÊNCIA DA LEI N. 13.467/2017. HONORÁRIOS SUCUMBENCIAIS. JUSTIÇA GRATUITA. ARTS. 791-A, § 4º, E 790-B DA CLT. AÇÃO DIRETA DE INCONSTITUCIONALIDADE n. 5.766/DF. TRANSCENDÊNCIA

POLÍTICA RECONHECIDA. 1. Este Relator vinha entendendo pela inconstitucionalidade integral dos dispositivos relativos à cobrança de honorários advocatícios do beneficiário da gratuidade judiciária, com base na certidão de julgamento da ADI 5.766/DF, julgada em 20/10/2021. 2. Contudo, advinda a publicação do acórdão, em 03/05/2022, restou claro que o Supremo Tribunal Federal, no julgamento da referida ação, declarou a inconstitucionalidade do trecho " desde que não tenha obtido em juízo, ainda que em outro processo" do art. 791-A, § 4º, e do trecho " ainda que beneficiária da justiça gratuita", constante do caput do art. 790-B, e da integralidade do § 4º do mesmo dispositivo, todos da CLT. 3. Em sede de embargos de declaração o Supremo Tribunal Federal reafirmou a extensão da declaração de inconstitucionalidade desses dispositivos, nos termos em que fixada no acórdão embargado, em razão da existência de congruência com o pedido formulado pelo Procurador-Geral da República. 4 A inteligência do precedente firmado pelo Supremo Tribunal Federal não autoriza a exclusão da possibilidade de que, na Justiça do Trabalho, com o advento da Lei n. 13.467/17, o beneficiário da justiça gratuita tenha obrigações decorrentes da sucumbência que restem sob condição suspensiva de exigibilidade; o que o Supremo Tribunal Federal reputou inconstitucional foi a presunção legal, iure et de iure , de que a obtenção de créditos na mesma ou em outra ação, por si só, exclua a condição de hipossuficiente do devedor. 5. Vedada, pois, é a compensação automática insculpida na redação original dos dispositivos; prevalece, contudo, a possibilidade de que, no prazo de suspensão de exigibilidade, o credor demonstre a alteração do estado de insuficiência de recursos do devedor, por qualquer meio lícito, circunstância que autorizará a execução das obrigações decorrentes da sucumbência. 5. Assim, os honorários de advogado sucumbenciais devidos pela parte reclamante ficam sob condição suspensiva de exigibilidade e somente poderão ser executados se, nos dois anos subsequentes ao trânsito em julgado da decisão que os certificou, o credor demonstrar que deixou de existir a situação de insuficiência de recursos do devedor, que, contudo, não poderá decorrer da mera obtenção de outros créditos na presente ação ou em outras. Passado esse prazo, extingue-se essa obrigação do beneficiário 6. A Corte de origem, ao aplicar a literalidade do art. 791-A, § 4º, da CLT, decidiu em desconformidade com o entendimento firmado pelo Supremo Tribunal Federal. Recurso de revista conhecido e parcialmente provido." (RR-192-84.2019.5.11.0017, 3ª Turma, Relator Ministro Alberto Bastos Balazeiro, *DEJT* 02/09/2022)

Nesse contexto, considerando o respeito que devemos guardar em relação às decisões da Suprema Corte, dado o caráter vinculante da decisão da ADI 5766 e o entendimento prevalecente perante o C. TST, revejo posicionamento, para considerar viável a condenação da parte beneficiária da justiça gratuita ao pagamento dos honorários sucumbenciais, bem como que as obrigações decorrentes de sua sucumbência ficarão sob condição suspensiva de exigibilidade e somente poderão ser executadas se, nos dois anos subsequentes ao trânsito em julgado da decisão que as certificou, o credor demonstrar que deixou de existir a situação de insuficiência de recursos que justificou a concessão de gratuidade, extinguindo-se, passado esse prazo, tais obrigações do beneficiário, nos termos da parte final do § 4º do art. 791-A da CLT.

Ressalta-se que, como decidido pelo STF, a autossuficiência do beneficiário da justiça gratuita não se presume e nem se comprova pela simples obtenção de créditos nesse ou em outro processo.

No caso, não elidida a situação de insuficiência de recursos que justificou a concessão de gratuidade da justiça para o reclamante, as obrigações decorrentes da sucumbência ficarão sob condição suspensiva de exigibilidade e somente poderão ser executadas, se, nos dois anos subsequentes ao trânsito em julgado da decisão que as certificou, houver demonstração inequívoca de insubsistência da condição de hipossuficiência econômica que ensejou a concessão de gratuidade, extinguindo-se tais obrigações após o decurso desse prazo, consoante expressa determinação do art. 791-A, § 4º, da CLT.

Assim sendo, dou parcial provimento ao recurso ordinário da reclamada para condenar o reclamante a pagar aos advogados da reclamada honorários advocatícios no importe de 10% do valor indicado na inicial a cada pedido julgado totalmente improcedente e determinar a suspensão da exigibilidade do pagamento da verba honorária devida ao patrono da reclamada, com fulcro no art. 791-A, § 4º, da CLT c/c o art. 98, § 3º, do CPC/2015.

Reformo parcialmente.

RECURSO DO RECLAMANTE

DAS PAUSAS TÉRMICAS NR-31 E 15 — ART. 72, DA CLT. VALORAÇÃO DA PROVA

A origem, decidiu com os seguintes fundamentos:

"Pausas para descanso do trabalhador – NR-31

O reclamante afirma que nunca fruiu as pausas previstas na NR-31, que são de 10 minutos a cada 90 minutos trabalhados (mediante aplicação analógica do art. 72 da CLT), e cujo pagamento postulou na inicial.

A reclamada refutou a pretensão em foco.

Pois bem.

Apesar de a NR-31 prever a existência de pausas para descansos nas atividades realizadas necessariamente em pé e para aquelas que exijam sobrecarga muscular estática ou dinâmica, referida norma não prevê sua aplicação ao rurícola e tampouco dispõe sobre a hipótese de falta de concessão dessas pausas.

Por outro lado, o citado art. 72 da CLT é específico para os serviços permanentes em mecanografia.

Embora não haja dúvida sobre a sobrecarga física que se submetem os trabalhadores rurais, a lei que trata dessa atividade nada dispõe a respeito.

Assim, não é o caso de aplicação analógica do artigo já mencionado, como pretende o trabalhador, pois não há identidade entre as atividades exercidas.

Em virtude da ausência de amparo legal, julgo improcedente o pleito em apreço formulado.

<u>Intervalo para recuperação térmica (NR-15) e reflexos</u>

O reclamante postula o pagamento de horas extraordinárias decorrentes da inobservância do intervalo para recuperação térmica estabelecido no Anexo 3 da NR-15 para o caso de exposição ao calor acima dos limites de tolerância.

No caso presente, de acordo com o laudo pericial produzido, analisando as condições de trabalho do reclamante, o Sr. Perito Judicial constatou que ele, exercendo a função de colhedor de citrus, trabalhava, de forma permanente, a céu aberto, ficando, assim, exposto ao calor solar acima dos limites de tolerância, sem a proteção adequada, exceto nos meses de junho a setembro em que a temperatura é mais amena, tendo limitado a condenação a 8/12/2019 em virtude da vigência da Portaria n. 1.359/19.

Assim, eventual deferimento do pedido de horas extras se restringe a este período.

Ora, como a limitação do reconhecimento da insalubridade deu-se até a edição da Portaria n. 1.359, de 9/12/2019, fica também limitado o deferimento das pausas até a data da vigência da nova redação do Anexo 3 da NR-15 (9/12/2019).

Pois bem. O anexo 3, no quadro 1, da NR 15 garante ao trabalhador intervalos para recuperação térmica, estabelecendo que os períodos de descanso são considerados tempo de serviço para todos os efeitos legais.

O trabalho realizado além dos níveis de tolerância ao calor gera o direito não apenas ao adicional de insalubridade, nos termos da OJ 173/SBDI-1/TST, como também a intervalos para recuperação térmica previstos pelo Ministério do Trabalho.

De se ressaltar que o C. TST firmou o entendimento de que a não concessão do intervalo previsto no Quadro 1 do Anexo 3 da NR 15 para os trabalhadores que laboram expostos ao calor excessivo enseja o pagamento do período suprimido como hora extraordinária, independentemente da concessão do adicional de insalubridade, não configurando "bis in idem", por possuírem naturezas jurídicas distintas, pois o adicional de insalubridade decorre da exposição do trabalhador ao agente insalubre (calor), ao passo que o pagamento do intervalo é devido porquanto as pausas para recuperação térmica não foram devidamente concedidas

Contudo, no caso em exame, conforme já explicitado em linhas pretéritas, mediante valoração da prova testemunhal produzida, ficou demonstrada a concessão de duas pausas de 15min na prestação dos serviços para hidratação dos trabalhadores.

Improcedente o pedido em tela, portanto."

Inconformado, o reclamante alega que a r. sentença não valorou a prova testemunhal adequadamente quanto ao reconhecimento de eram concedidas e que o autor usufruiu de 2 pausas térmicas (hidratação) de 15 minutos. Aduz que o depoimento da testemunha da reclamada não foi suficiente pra comprovar a concessão das pausas afirmando que por exercer função de confiança não teria isenção de seu depoimento, bem como diz que "*o depoimento da testemunha, deve ser valorado com parcimônia, uma vez que é o mesmo exerce função de técnico de segurança do trabalho responsável por dar ordens e fiscalizar os trabalhos dos empregados da recorrida, não sendo crível que afirmasse sua falha na fiscalização no labor do Reclamante.*" Também destaca que a testemunha não permanecia na turma do reclamante, vez que acompanhava 4 a 5 turmas, com 20/25, não estaria próxima ao fato controvertido e que os controles de jornada não possuem pre anotações ou pré-assinalação das citadas pausas. Pede a reforma para que seja reconhecido que não usufruía de qualquer pausa durante a contratualidade e a condenação como tempo à disposição, nos termos da Súmula n. 118, do C. TST

Vejamos.

No intuito de preservar a integridade física e psicológica do trabalhador ante o desgaste sofrido com o desenvolvimento de suas atividades laborais e visando a própria segurança no ambiente de trabalho, nosso ordenamento jurídico tem evoluído quanto à concessão de pausas e intervalos intrajornadas aos trabalhadores, inclusive pausas específicas para atividades desenvolvidas em condições mais desgastantes, com a missão de promover a redução dos riscos à saúde e vida do trabalhador.

No caso específico das atividades desenvolvidas pelo trabalhador rural, é cediço que a Portaria MTE n. 86, de 3/3/2005, revogou a Portaria MTb n. 3.067, de 12/4/88, instituindo a NR-31, para melhor disciplinar as condições de trabalho no meio rural, estipulando normas protetoras da segurança e saúde dos trabalhadores, representando um avanço significativo para essa classe de trabalhadores. Dentre as normas protetoras, encontramos aquelas relativas à imposição de alojamento e local para refeições adequados, como também local para a higiene pessoal, água fresca e socorro imediato a acidente.

Sobre as pausas obrigatórias, os itens "31.10.7" e "31.10.9" da referida NR, respectivamente, dispõem:

"Para as atividades que forem realizadas necessariamente em pé, devem ser garantidas pausas para descanso." (item 31.10.7)

> "Nas atividades que exijam sobrecarga muscular estática ou dinâmica devem ser incluídas pausas para descanso e outras medidas que preservem a saúde do trabalhador." (item 31.10.9)

No caso dos cortadores de cana e colhedores de citros, por exemplo, é inegável a excessiva penosidade do trabalho realizado, pois envolve a repetição de movimentos, flexão das pernas, subida em escadas, além de exposição ao calor, o que exige amplo esforço físico. E não há dúvida de que há uso repetido ou forçado de grupos musculares, mesmo quando se utiliza de máquinas para esse labor, tamanha a rapidez destas, o que acarreta malefício ao trabalhador, tornando-o vulnerável ao surgimento de lesões físicas e mentais e, inclusive, à ocorrência de acidente de trabalho, de sorte que se torna imprescindível a concessão de pausas durante o labor, com a finalidade de recomposição física e mental do seu corpo.

E, ao considerarmos que tais atividades pressupõem movimentos repetitivos, não podemos deixar de fazer uma comparação com o serviço de mecanografia/digitação, ao qual foram garantidos intervalos regulares remunerados (10 minutos de intervalo a cada 90 minutos, segundo disposto no art. 72 da CLT), apesar de tratar-se de serviço menos fatigante ao ponderarmos sobre o esforço físico empreendido pelo cortador de cana ou colhedor de laranjas.

Nessa ótica, considerando os fundamentos da dignidade da pessoa humana (art. 1º, III, da CF/88), bem como a preocupação com a tutela da saúde, alçada a nível constitucional (art. 196 da CF/88), combinados com a necessidade da redução dos riscos inerentes ao trabalho, por meio de normas de saúde, higiene e segurança (art. 7º, XXII, da CF/88 — direito fundamental, cuja aplicação é imediata — § 1º do art. 5º da CF/88), temos entendido perfeitamente aplicável a tais casos — por analogia — a regra estampada no art. 72 da CLT, cumprindo ainda observar que o trabalho rural, no particular, revela-se, indubitavelmente, mais penoso e desgastante em relação ao trabalho de mecanografia/digitação, consoante já ressaltado.

Nesse sentido, o nosso Tribunal Regional editou a Súmula n. 51, que estabelece:

> "TRABALHO RURAL. PAUSAS PREVISTAS NA NR-31 DO MINISTÉRIO DO TRABALHO E EMPREGO. APLICAÇÃO ANALÓGICA DO ART. 72 DA CLT. Face à ausência de previsão expressa na NR-31 do MTE acerca da duração das pausas previstas para os trabalhadores rurais, em atividades realizadas em pé ou que exijam sobrecarga muscular estática ou dinâmica, aplicam-se, por analogia, no que tange ao tempo a ser observado e à regularidade do descanso, as disposições contidas no art. 72 da CLT". (RESOLUÇÃO ADMINISTRATIVA n. 003/2016, de 17 de março de 2016)

Em sua defesa, a reclamada refutou as alegações do autor afirmando que oportunizava ao trabalhador a fruição das pausas pra tomar café e descansar (10/15 minutos), inclusive em decorrência dos usos e costumes em atividades rurais, como a do reclamante. Afirma que não há legislação específica, sendo inaplicável a aplicação analógica do art. 72 da CLT, NR-31, bem como o quadro 1 do anexo 3 da NR15 não é parâmetro para a fixação de horas extraordinárias.

No caso dos autos a controvérsia quanto às pausas términas foi dirimida pela prova oral, pois como bem pontuou a origem, o reclamante reconheceu, em audiência, a validade dos apontamentos diários encartados ao feito (fs. 188/719 e 751/904), de se reconhecer, pois, que os horários de entrada, de intervalo (estes ainda que pré-assinalados) e os de saída consignados nos referidos controles de jornada estão corretos, inclusive a frequência neles registrada.

Eis o teor dos depoimentos no particular:

"DEPOIMENTO DO RECLAMANTE:

01 – que a reclamada nunca forneceu hidratação; que o depoente nunca fez pausas para hidratação; que nunca foi falado aos trabalhadores sobre pausa e hidratação; (...)

PRIMEIRA TESTEMUNHA DO RECLAMANTE: DUIR MAXIMINO DE OLIVEIRA, (...) Advertida e compromissada:

01 – que trabalhou para a reclamada de 2019 a 2020 (durante a safra), como colhedor;

02 – que trabalhava na mesma turma do reclamante;

03 – que a reclamada nunca forneceu hidratação; que se levassem hidratação de casa e quisessem, poderiam fazer a pausa, mas quase nunca levavam hidratação; (...)

PRIMEIRA TESTEMUNHA DA RECLAMADA: MARCIO APARECIDO ALFENA, (...) técnico de segurança do trabalho, residente na rua são Pedro, 345/Motuca/SP. Advertida e compromissada:

01 – que trabalha para a reclamada desde 2004, sempre como técnico de segurança do trabalho;

02 – que acompanhava o serviço do reclamante; que o depoente acompanhava de 4 a 5 turmas na época, com 20/25 pessoas em cada turma; que passava o dia todo rodando estas 4/5 turmas;

03 – que o reclamante assim como os demais trabalhadores, gozavam pausa de hidratação de cerca de 15 minutos de manhã e o mesmo tempo na parte da tarde; que na contratação, os trabalhadores passam por uma integração, onde são orientados a fazer as pausas para hidratação de manhã e à tarde; entregam aos trabalhadores marmita e garrafão térmico na mesma oportundidade; que as pausas não são programadas e os trabalhadores param quando querem;" g.n.

Importante mencionar que o ônus da prova quanto à realização das pausas é da reclamada.

No caso dos autos, a prova oral não favoreceu a tese defensiva fruição de 2 pausas de 15 min, uma de manhã e outra a tarde, além do intervalo para almoço.

A testemunha do autor, Duir Maximino de Oliveira, confirmou a tese do reclamante de que a reclamada nunca forneceu hidratação e regularidade das pausas de 15 minutos.

Já a testemunha da reclamada, Marcio Aparecido Alfena, não tem força probatório suficiente para comprovar se o reclamante usufruía essas pausas, até porque, como técnico de segurança do trabalho, ficava rodando as 4/5 turmas de 20/25 pessoas, além de afirmar que "*que as pausas não são programadas e os trabalhadores param quando querem*;". Portanto, seu depoimento é muito frágil.

Do conjunto dos depoimentos, constata-se que havia a possibilidade de pequenas pausas, porém, a decisão estava a cargo do trabalhador decidir se fazia a pausa para se recuperar ou se seguia laborando. Além disso, a própria testemunha reclamada confirmou que não havia fiscalização para os trabalhadores cumprirem as pausas. Assim, por óbvio que, remunerado por produção, o trabalhador tinha ciência de que, no entendimento da reclamada, seria uma pausa não remunerada. Portanto, inquestionável que a empregadora não cumpriu seu dever de fornecer pausas regulares e, sobretudo, sob sua fiscalização e contraprestação, pois a escolha do trabalhador a períodos de repouso não remunerado não cumpre tal desiderato.

Sendo assim, inequívoco que o reclamante laborava como trabalhador rural sem que lhe fossem concedidas as pausas previstas na NR-31 e no anexo 3, no quadro 1, da NR-15, ressaltando que eventuais a concessão de eventuais pausas menores não seria suficiente para alcançar a finalidade da medida.

Ressalte-se, por fim, nem se alegue que a pausa térmica da NR 15 não existe para que o trabalhador descanse, mas sim para que ele se hidrate, não ensejando a supressão o pagamento de horas extras, pois a jurisprudência do Colendo TST é pacífica no sentido de que o desrespeito dos intervalos para recuperação térmica previstos no quadro 1 do anexo 3 da NR-15 enseja o pagamento de horas extras correspondentes ao referido período. Nesse sentido, os arestos a seguir transcritos:

> "RECURSO DE REVISTA REGIDO PELA LEI N. 13.467/2017. TRANSCENDÊNCIA RECONHECIDA. EXPOSIÇÃO AO CALOR. INTERVALO PARA RECUPERAÇÃO TÉRMICA. Esta Corte firmou o entendimento de que a inobservância do intervalo para recuperação térmica, no caso de exposição ao calor acima dos limites de tolerância, previstos no Anexo 3 da NR-15 da Portaria 3.214/78, enseja o pagamento de horas extras correspondentes ao referido período. Recurso de revista conhecido e provido". (RR – 11511-35.2016.5.18.0122, Relatora Ministra: Delaíde Miranda Arantes, Data de Julgamento: 27/02/2019, 2ª Turma, Data de Publicação: *DEJT* 01/03/2019)

> "RECURSO DE REVISTA. APELO INTERPOSTO NA VIGÊNCIA DAS LEIS N.OS 13.015/2014 E 13.467/2017. INTERVALO PARA RECUPERAÇÃO TÉRMICA. PAGAMENTO COMO HORAS EXTRAS. Considerando a competência do MTE para fixar disposições complementares referentes à segurança e medicina do trabalho e aquelas fixadas pela NR n. 15, Anexo 3, Quadro I, da Portaria MT n. 3.215/78 do MTE, que garantem aos trabalhadores expostos ao calor excessivo, não apenas o direito aos intervalos, mas que tais períodos de descanso sejam considerados tempo de serviço para todos os efeitos legais, sua inobservância enseja o pagamento do período correspondente como labor extra, nos moldes previstos no art. 71, § 4º, da CLT, aplicado analogicamente. Precedentes. Recurso de Revista conhecido e provido". (RR – 13238-83.2016.5.18.0201, Relator Ministro: Luiz José Dezena da Silva, Data de Julgamento: 06/02/2019, 1ª Turma, Data de Publicação: *DEJT* 08/02/2019)

"RECURSO DE REVISTA INTERPOSTO NA VIGÊNCIA DA LEI N. 13.015/2014 E REGIDO PELO CPC/2015 E PELA INSTRUÇÃO NORMATIVA N. 40/2016 DO TST. INTERVALO PARA RECUPERAÇÃO TÉRMICA. DESCUMPRIMENTO. PAGAMENTO DE HORAS EXTRAS. EXPOSIÇÃO A CALOR EXCESSIVO. INOBSERVÂNCIA DA PAUSA PREVISTA NO ANEXO 3 DA NR-15 DA PORTARIA 3.214/78 DO MTE. A controvérsia cinge-se em torno do direito ao pagamento de horas extraordinárias decorrentes da não concessão do intervalo para recuperação térmica estabelecido no Anexo 3 da NR-15 da Portaria 3.214/78 do MTE para o caso em que o empregado encontra-se exposto ao calor acima dos limites de tolerância. A mencionada norma regulamentadora fixa o intervalo para recuperação térmica conforme a atividade e o grau de exposição, estabelecendo que os períodos de descanso serão considerados tempo de serviço para os efeitos legais. Nos termos do art. 200, inciso V, da CLT, verifica-se que se insere na competência do MTE estabelecer disposições complementares atinentes à segurança e medicina do trabalho. Nessa linha, a concessão do intervalo para recuperação térmica estabelecida no Anexo 3 da NR-15 constitui medida que visa assegurar a higiene, a saúde e a segurança do trabalhador, a qual não se confunde com o direito ao adicional de insalubridade. Assim, a supressão do intervalo para recuperação térmica enseja o respectivo pagamento como horas extras, segundo exegese aplicada em relação aos intervalos dos arts. 71, § 4º, e 253 da CLT. Na hipótese dos autos, o Tribunal Regional decidiu que a inobservância dos intervalos previsto no Anexo 3 da NR-15 da Portaria 3.214/78 enseja apenas o pagamento do adicional de insalubridade, e não o de horas extras. Entretanto, oposto ao decidido pela Corte a quo, a inobservância dos intervalos para recuperação térmica, previstos na aventada norma regulamentadora, atraí o pagamento de horas extras correspondentes, sendo latente que a cumulação com o pagamento do adicional de insalubridade não configura bis in idem, por possuírem naturezas jurídicas distintas, visto que o adicional de insalubridade decorre da exposição do trabalhador ao agente insalubre (calor), ao passo que o pagamento do intervalo é devido porquanto as pausas para recuperação térmica não foram devidamente concedidas. Precedentes. Recurso de revista conhecido e provido." (RR – 11563-52.2016.5.03.0153, Relator Ministro: José Roberto Freire Pimenta, Data de Julgamento: 11/12/2018, 2ª Turma, Data de Publicação: *DEJT* 14/12/2018)

RECURSO DE REVISTA REGIDO PELA LEI N. 13.015/2014. INTERVALO PARA RECUPERAÇÃO TÉRMICA. CALOR EXCESSIVO. ANEXO 3 DA NR-15. A controvérsia diz respeito ao direito ao pagamento de horas extras decorrentes da supressão do intervalo para recuperação térmica (Anexo 3 da NR-15), em razão da exposição a calor acima dos limites de tolerância. A concessão do intervalo para recuperação térmica constitui medida de higiene, saúde e segurança do trabalhador, que não se confunde com o direito ao adicional de insalubridade. Assim, a supressão do intervalo previsto na norma regulamentadora enseja o seu pagamento como horas extras, conforme a disposição contida nos arts. 71, § 4º, da CLT. Recurso de revista conhecido e provido. (RR – 10567-75.2015.5.18.0281, Relator Ministro: Douglas Alencar Rodrigues, Data de Julgamento: 16/05/2018, 5ª Turma, Data de Publicação: *DEJT* 18/05/2018)

Dou parcial provimento ao recurso, no ponto, para condenar a reclamada ao pagamento como extras da pausa prevista na NR-15 (Quadro 01 do Anexo 3), que, no caso presente, resta fixada em 30 minutos após cada período de 30 minutos trabalhados, acrescidas do adicional de 50% ou convencional mais vantajoso, observando-se a Súmula n. 264 do TST, com reflexos em DSR, 13º salário, férias + 1/3, aviso prévio e FGTS + 40%.

Por não comprovadas as pausas, não há dizer em a compensação/dedução em liquidação.

Destaque-se que, tais intervalos são especiais e integram a jornada, não sendo o caso de se aplicar as circunstâncias do intervalo intrajornada pós-Reforma Trabalhista, como verba indenizatória.

Deverão ser observados os dias efetivamente trabalhados, conforme documentos colacionados aos autos.

JUROS E CORREÇÃO MONETÁRIA

Pretende o autor "*seja reconhecido e provido o presente recurso para determinar aplicação dos juros moratórios ou, alternativamente, condenar a recorrida ao pagamento da indenização a título de reparação de danos, regulamentada pelo art. 404 do Código Civil, equivalente aos juros compensatórios/remuneratórios de 12% ao ano, contando-se da data das respectivas lesões de direitos até a data em que o crédito for integralmente satisfeito*".

Sem razão.

Cuida-se de matéria objeto da Ação Declaratória de Constitucionalidade n. 58, em trâmite perante o E. STF que teve a seguinte decisão:

> "O tribunal por maioria, julgou procedente a ação, para conferir interpretação conforme a Constituição ao art. 879, § 7º, e ao art. 899, § 4º, da CLT, na redação dada pela Lei n. 13.467 de 2017, no sentido de considerar que à atualização dos créditos decorrentes de condenação judicial e à correção dos depósitos recursais em contas judiciais na Justiça do Trabalho deverão ser aplicados, até que sobrevenha solução legislativa, os mesmos índices de correção monetária e de juros que vigentes para as condenações civis em geral, quais sejam a incidência do IPCA-E na fase pré-judicial e, a partir da citação, a incidência da taxa SELIC (ART. 406 do Código Civil)."

Acrescente-se, também, que consta no andamento processual da mencionada ação que fora publicada em 04/11/2021 a decisão dos embargos declaratórios opostos, sem alteração pelo Excelso Pretório, como se vê do teor do dispositivo a seguir transcrito:

> "Decisão: (ED) O Tribunal, por unanimidade, não conheceu dos embargos de declaração opostos pelos amici curiae, rejeitou os embargos de declaração opostos pela ANAMATRA, mas acolheu, parcialmente, os embargos de declaração opostos pela AGU, tão somente para sanar o erro material constante da decisão de julgamento e do resumo do acórdão, de modo a estabelecer "a incidência do IPCA-E na fase pré-judicial e, a partir do ajuizamento da ação, a incidência da taxa SELIC (art. 406 do Código Civil)", sem conferir efeitos infringentes, nos termos do voto do Relator. Impedido o Ministro Luiz Fux (Presidente). Plenário, Sessão Virtual de 15.10.2021 a 22.10.2021."

E na modulação, consta no item "7" que "*a incidência de juros moratórios com base na variação da taxa SELIC não pode ser cumulada com a aplicação de outros índices de atualização monetária, cumulação que representaria* bis in idem".

Portanto, considerando o caráter vinculante e o respeito que devemos guardar em relação às decisões da Suprema Corte do País, devem ser observados exclusivamente os critérios de juros e atualização monetária estabelecidos pelo C. STF no julgamento da ADC 58, nos quais não cabe a cumulação da taxa SELIC com outros índices de atualização, como expressamente decidido.

Destarte, nego provimento ao recurso do autor.

PREQUESTIONAMENTO

Tendo em conta a adoção de tese explícita em relação à matéria recursal, nos termos da Orientação Jurisprudencial 118 da SDI-I do C. TST: *"Havendo tese explícita sobre a matéria, na decisão recorrida, desnecessário contenha nela referência expressa do dispositivo legal para ter-se como prequestionado este"*. Deste modo, considera-se regularmente questionada a matéria, na forma do entendimento consubstanciado na Súmula n. 297 do C. TST.

DISPOSITIVO

Ante o exposto, resolvo conhecer dos recursos ordinários interpostos por LUCIANO LOPES DE SOUZA, SUCOCÍTRICO CUTRALE LTDA e, no mérito, os PROVER EM PARTE para: a) acrescentar à condenação da reclamada o pagamento de horas extras decorrentes da pausa de descanso, os quais devem ser apurados em liquidação por simples cálculo; b) limitar a condenação aos valores indicados na exordial, à exceção do pedido de adicional de insalubridade e pausas para descanso e recuperação térmica; c) incluir o adicional de insalubridade na base de cálculo das horas "in itinere" d) condenar o reclamante a pagar aos advogados da reclamada honorários advocatícios no importe de 10% do valor indicado na inicial a cada pedido julgado totalmente improcedente e determinar a suspensão da exigibilidade do pagamento da verba honorária devida ao patrono da reclamada, com fulcro no art. 791-A, § 4º, da CLT c/c o art. 98, § 3º, do CPC/2015; tudo nos termos da fundamentação, que fica fazendo parte integrante do presente julgado. Para fins recursais, custas pela reclamada no importe de R$ 1.000,00, calculadas sobre o valor ora arbitrado à condenação de R$ 50.000,00.

Cabeçalho do acórdão

Acórdão

Sessão Extraordinária Híbrida realizada em 11 de maio de 2023, nos termos da Portaria GP n. 005/2023, 5ª Câmara – Terceira Turma do Tribunal Regional do Trabalho da Décima Quinta Região. Presidiu o Julgamento a Exma. Sra. Desembargadora do Trabalho ANA PAULA PELLEGRINA LOCKMANN.

Tomaram parte no julgamento:

Relator Desembargador do Trabalho LORIVAL FERREIRA DOS SANTOS

Desembargadora do Trabalho ANA PAULA PELLEGRINA LOCKMANN

Juíza do Trabalho ANA CLÁUDIA TORRES VIANNA

Convocada a Juíza do Trabalho ANA CLÁUDIA TORRES VIANNA para compor o *"quorum"*, nos termos do art. 52, § 6º do Regimento Interno deste E. Tribunal.

Presente o DD. Representante do Ministério Público do Trabalho.

ACORDAM os Magistrados da 5ª Câmara – Terceira Turma do Tribunal do Trabalho da Décima Quinta Região, em julgar o processo nos termos do voto proposto pelo Exmo. Sr. Relator.

Votação votação por maioria, vencida a Desembargadora do Trabalho Ana Paula Pellegrina Lockmann que declarou o voto nos seguintes termos:

> "DIVERGÊNCIA PARCIAL. PAUSAS PARA RECUPERAÇÃO TÉRMICA. Concordo que o autor faz jus ao pagamento, como horas extras, dos minutos para recuperação térmica não concedidos pela empregadora. No entanto, com a devida vênia, discordo do tempo fixado (30 minutos para cada 30 minutos trabalhados). Entendo que os períodos de descanso mencionados no Anexo 3 da NR-15 servem apenas como umas das variáveis da equação para fins de se estabelecer os limites de tolerância à exposição ao calor (agente insalubre). A meu ver, deve ser aplicado analogicamente o intervalo para recuperação térmica previsto no art. 253 da CLT (20 minutos para cada 1h40 trabalhados). Assim, <u>dou parcial provimento ao recurso do reclamante, nestes termos</u>. DRA. ANA PAULA. ERRO MATERIAL. PAUSAS DA NR-31 E DA NR-15. Com a devida vênia, não constou do dispositivo o deferimento das referidas pausas, consoante fundamentação. E também não constou o deferimento da pausa da NR-31 na própria fundamentação."

LORIVAL FERREIRA DOS SANTOS

Desembargador do Trabalho
Relator.